U0473817

中国现代教育社团史

周谷城 题

"中国现代教育社团史"丛书编委会

丛书主编：储朝晖

丛书编委会：（按姓氏笔画排序）

于书娟　马立武　王　玮　王文岭　王洪见
王聪颖　白　欣　刘小红　刘树勇　刘羡冰
刘嘉恒　孙邦华　苏东来　李永春　李英杰
李高峰　杨思信　吴冬梅　吴擎华　汪昊宇
宋业春　张礼永　张睦楚　陈克胜　陈梦越
周志平　周雪敏　钱　江　徐莹晖　曹天忠
梁尔铭　葛仁考　韩　星　储朝晖　楼世洲

审读委员会：（按姓氏笔画排序）

王　雷　王建梁　巴　杰　曲铁华　朱镜人
刘秀峰　刘继华　牟映雪　张　弛　张　剑
邵晓枫　范铁权　周　勇　赵国壮　徐　勇
徐卫红　黄书光　谢长法

"中国现代教育社团史"丛书书目

《中国现代教育社团发展史论》
《中华教育改进社史》
《中华平民教育促进会史》
《生活教育社史》
《中华职业教育社史》
《江苏教育会史》
《全国教育会联合会史》
《中国教育学会史》
《无锡教育会史》
《中国社会教育社史》
《中国民生教育学会史》
《中国教育电影协会史》
《中国科学社史》
《通俗教育研究会史》
《国家教育协会史》
《中华图书馆协会史》
《少年中国学会史》
《中华儿童教育社史》
《新安旅行团史》
《留美中国学生联合会史》
《中华学艺社史》
《道德学社史》
《中华教育文化基金会史》
《中华基督教教育会史》
《华法教育会史》
《中华自然科学社史》
《寰球中国学生会史》
《华美协进社史》
《中国数学会史》
《澳门中华教育会史》

推进教育治理体系和治理能力现代化……推动社会参与教育治理常态化，建立健全社会参与学校管理和教育评价监管机制。
——《中国教育现代化 2035》

当前，我国改革开放正在逐步地深入和扩大，激发社会组织活力，在整个社会治理体系建设中具有重要作用。现代教育治理体系的建设，也迫切需要发挥专业的教育社团的积极作用。在这个大背景下，依据可靠的历史资料，回溯和评价历史上著名教育社团的产生、发展、组织方式和活动方式等，具有现实意义和社会价值。总的来说，这个项目设计视角独特，基础良好，具有较高的学术价值、实践价值和出版价值。
——石中英

教育社团组织与中国教育早期现代化，既是一个有丰富内涵的历史课题，更是一个极具现实意义的重大课题。由中国教育科学研究院储朝晖研究员领衔的学术团队，多年来在近代教育史这块园地上努力耕耘，多有创获，取得了可喜的成果，积累了深厚的知识储备。现在，他们选择一批有代表性、典型性、产生过重大影响的教育社团组织，列为专题，分头进行深入的研究，以期在丰富中国教育早期现代化研究和为当代中国教育改革服务两个方面做出贡献，我觉得他们的设想很好。
——田正平

国家出版基金项目
NATIONAL PUBLICATION FOUNDATION

中国现代教育社团史　丛书主编/储朝晖

无锡教育会史

钱江　著

西南大学出版社
国家一级出版社　全国百佳图书出版单位

图书在版编目(CIP)数据

无锡教育会史 / 钱江著 . -- 重庆：西南大学出版社，2023.11
(中国现代教育社团史)
ISBN 978-7-5697-0558-4

Ⅰ.①无… Ⅱ.①钱… Ⅲ.①地方教育－学会－历史－无锡 Ⅳ.①G527.533

中国版本图书馆CIP数据核字（2022）第173765号

无锡教育会史

WUXI JIAOYUHUI SHI

钱江 著

策划组稿：尹清强　伯古娟
责任编辑：王传佳
责任校对：畅　洁
装帧设计：观止堂_朱璇
排　　版：杨建华
出版发行：西南大学出版社（原西南师范大学出版社）
重庆·北碚　邮编：400715
印　　刷：重庆升光电力印务有限公司
幅面尺寸：170mm×240mm
印　　张：35
插　　页：8
字　　数：650千字
版　　次：2023年11月 第1版
印　　次：2023年11月 第1次
书　　号：ISBN 978-7-5697-0558-4
定　　价：168.00元

《锡金教育会章程》（1906年）　　　《无锡县教育会章程》（1918年）

无锡教育会章程影像

1912年无锡县教育会秋季例会摄影

1913年夏无锡县教育会举行常会摄影

1913年夏无锡县教育会会所落成摄影

《白话报》
（1909年5月第6期）

《无锡教育杂志》
（1913年1月第1期）

《教育年刊》
（1918年11月）

《教育季刊》
（1924年春季）

《现代教育》
（1929年第13期）

无锡教育会所编辑报刊书影

《锡金教育会报告》
(1907年上学期)

《锡金教育会报告》
(1908年第4次)

《锡金教育会调查城乡学校一览表》(1908年)

《无锡教育会外部调查报告》
(1916年10月)

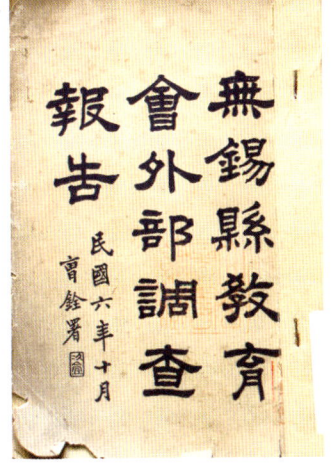

《无锡县教育会外部调查报告》
(1917年10月)

《无锡县教育会小学教育研究会会员录》(1921年10月)

无锡教育会所做的社会调查报告

蔡养默　　　孙靖圻　　　蒋仲怀

顾倬　　　侯鸿鉴　　　张鉴

秦冕钧　　　李惕平　　　杨震中

无锡教育会历任部分会长肖像

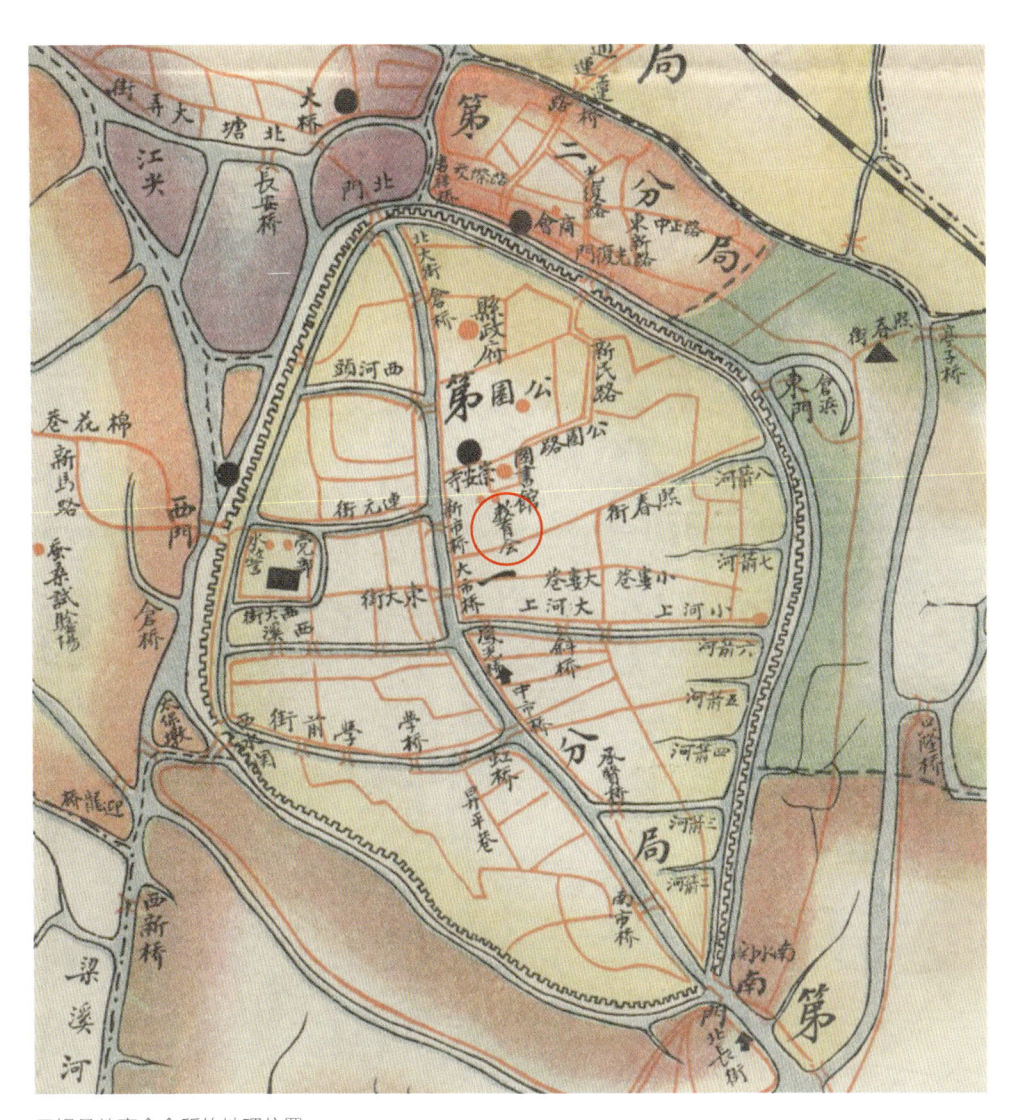

无锡县教育会会所的地理位置

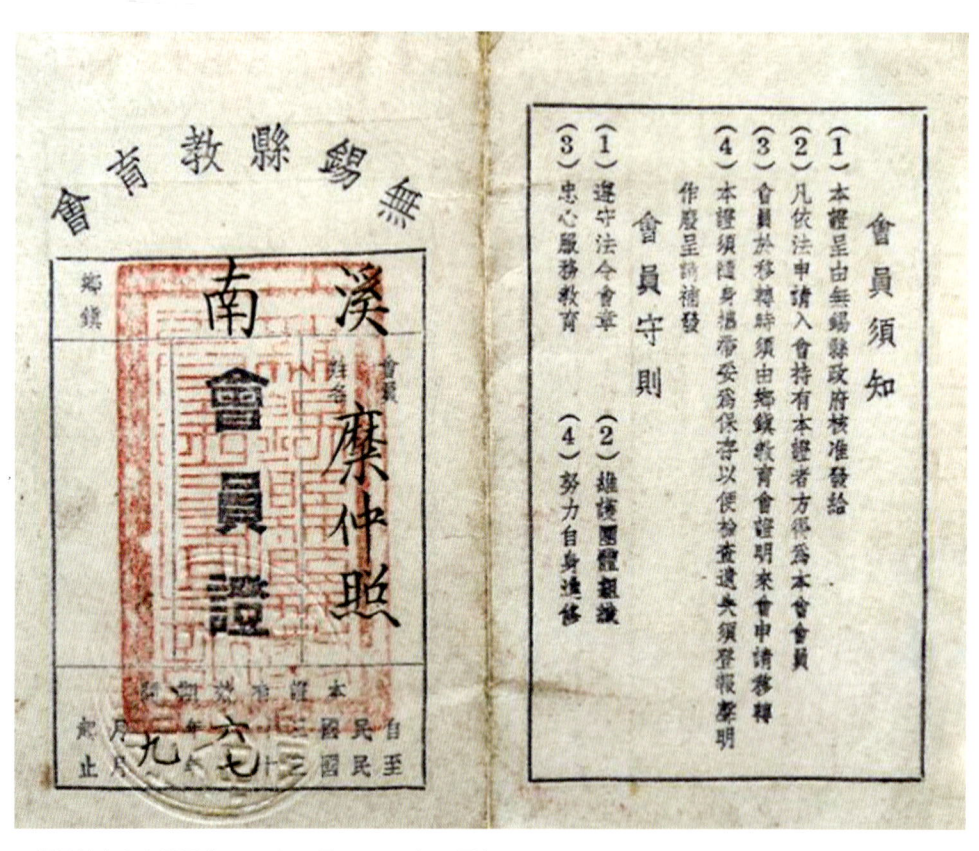

无锡县教育会会员证（1947年9月—1948年9月）

总序

在中国教育早期现代化的历史进程中,无论是清末,还是北洋政府和国民政府时期,在整个20世纪前期传统教育变革和现代教育推进波澜壮阔的历史舞台上,活跃着这样一批人的身影,他们既不是清王朝的封疆大吏、朝廷重臣,也不是民国政府的议长部长、军政要员,从张謇、袁希涛、沈恩孚、黄炎培,到晏阳初、陶行知、陈鹤琴、廖世承,有晚清的状元、举人,有海外学成归来的博士、硕士,他们不居庙堂之上,却念念不忘国家民族的百年大计;他们不拿政府的分文津贴,却时时心系中国教育的改革与发展。是"研究学理,介绍新知,发展教育,开通民智"这样一个共同理想和愿景,将这些年龄悬殊、经历迥异、分散在天南海北的传统士人、新型知识分子凝聚在一起,此呼彼应、同气相求,结成团体,组织会社。于是,从晚清最后十年的江苏学务总会、安徽全省教育总会、河南全省教育总会,到民国时期的全国教育会联合会;从中华职业教育社、中华新教育共进社、中华教育改进社,到中华平民教育促进会、生活教育社、中国社会教育社、中华儿童教育社、中国教育学会……在短短的半个世纪里,仅省级以上的和全国性的教育会社团体就先后有数十个,至于以县、市地区命名,以高等学校命名或以某种特定目标命名的各式各样的教育会社团体,更是难以计数。所有这些遍布全国各地的教育会社团体,通过持续不断的努力,从不同的层面,以不同的方式,冲刷着传统封建教育的根基,孕育和滋养着现代教育的因素。可以毫不夸张地说,在传统教育变革和现代教育推进的历史进程中,从宏观到微观,到处都留下这些教育会社团体的深深印记,它们对中国教育早期现代化的贡献可谓功莫大焉!

大约从上世纪90年代开始,中国近代教育会社团体的研究,渐渐进入人们的学术视野,20多年过去了,如今关于这一领域的研究,已经风生水起,渐成气候,取得了相当的成果,并且有着很好的发展势头。说到底,这是当代中国教育改革的需要和呼唤。教育是中华民族振兴的根基和依托,改革和发展中国教育,让中国教育努力赶上世界先进水平,既是中央政府和地方各级政府义不容辞的职责,也必须依靠广大教育工作者的自觉参与和担当。从这个意义上讲,中国近代教育会社团体与中国教育早期现代化研究,既是一个有丰富内涵的历史课题,更是一个极具现实意义的重大问题。中国教育科学研究院储朝晖研究员,多年来在关注现实教育改革的诸多问题的同时,对中国近代教育史有着特殊的感情,并在这块园地上努力耕耘,多有创获,取得了可喜的成果,积累了深厚的知识储备。现在,他率领一批志同道合的中青年学者,完成了"中国现代教育社团史"的课题,从近代以来数十上百个教育社团中精心选择一批有代表性、典型性、产生过重大影响的教育社团,列为专题,分头进行了深入的研究。我相信,读者诸君在阅读这些成果后所收获的不仅仅是对教育社团的深入理解和崇高敬意,也可能从中引发出一些关于当代中国教育改革的更深层次的思考。

是为序。

田正平

丁酉暮春于浙江大学西溪校区

目录

总　序（田正平）

第一章　清末锡金教育会（1903—1912年） /1
　　第一节　新时代的酝酿 /4
　　第二节　从附属支部到独立创建 /19
　　第三节　教育会的教育活动 /45
　　第四节　参与社会变革 /57

第二章　北洋政府时期的无锡教育会（1912—1927年） /75
　　第一节　会长制的确立与运行 /77
　　第二节　对地方教育的专业推动 /111
　　第三节　对社会事务的干预 /147
　　第四节　市乡教育会 /167
　　第五节　营建文化空间 /190

第三章　南京国民政府前期的无锡教育会（1927—1937年） /215
　　第一节　训政背景下的演进 /217
　　第二节　委员制的运行 /235
　　第三节　会务的新变化 /278
　　第四节　对地方教育经费的争取 /301
　　第五节　对教育行政的建议 /313

第四章　　沦陷时期的无锡教育社团(1937—1945年) /345

　　第一节　地方教育遭受的破坏　/347

　　第二节　教育社团的起伏　/355

　　第三节　教育会的会务　/378

第五章　　南京国民政府后期的无锡教育会(1945—1949年) /393

　　第一节　两次全县会员代表大会　/395

　　第二节　"福利教育会"的作为　/416

　　第三节　拓展会务的几项活动　/443

无锡教育会大事记(1903—1949年)　/463

附　录　/477

主要参考文献　/531

后　记　/545

丛书跋(储朝晖)　/547

第一章 清末锡金教育会（1903—1912年）

19世纪末至20世纪初的10余年间,中国社会发生空前巨变,旧制度的崩溃与新事物的萌生相伴随,可谓"旧的未去,新的已来"[①]。就无锡地方而言,应和300年未有之变局,近代企业、股份制、电报、电话、铁路、邮局、报刊、学堂、留学、教科书、新式社团等一一生成,并夹带着纷繁的新概念、新理念、新思想滚滚而来,为这个江南县城的演化打开无限空间,许多支撑其日后发展的新元素在此间生成。1903年创办的江苏教育会无锡支部(即锡金教育会前身)是近代中国成立最早的县级教育会。它应时率先创建,集结不断壮大的新学力量,成为地方教育发展的重要推手。无锡人薛福成曾说过:"彼其所以变者,非好变也,时势为之也。"[②]教育会社团的诞生与演变也是社会综合变迁的一个缩影。清末的锡金教育会是以倡导新学的同道集聚而成的组织,以认同新教育的传统绅士和留日归来的新知识分子为核心,志愿参加,开展调查地方学务、研究教学教法、创办各类学校、编写教科书、创办《白话报》、劝导私塾改良、编印《锡金教育会报告》、倡导教育改革、参与辛亥革命等,初步展示了近代社团对地方教育发展的推进和在地方事务演进中的特殊作用,可谓"志愿社团"。

[①] 汪春劼:《地方治理变迁——基于20世纪无锡的分析》,社会科学文献出版社,2012,第15页。
[②] 薛福成:《筹洋刍议》,载马忠文、任青:《中国近代思想家文库·薛福成卷》,中国人民大学出版社,2014,第184页。

第一节　新时代的酝酿

在地方社会变迁过程中，民族工商业的勃兴打开了新时代的大门，为新学的普及提供了物质的保障；东渡日本留学的学子，眼界大开，所见所闻成为他们依照的样板；新学堂的日益增多，为有志新学的旧知识分子提供了新的社会职场和事业舞台；而众多社团的组建，为教育会的最终成立准备了社会氛围和实践经验。

一、清末无锡概况：揭幕新时代

锡金教育会的创办者且长期担任会长一职的侯鸿鉴是这样介绍无锡山水的："锡金之位置，南通吴会，北接毗陵。东北百里外，长江襟带于左。西南数十里之间，高山屏障于右。其南则有太湖为之沼，又足以资吾临眺焉。山水雄秀，人才辈出，此地理之得，于自然、文物之足以竞胜于他邑，良有以也。"①

无锡位于中国长江三角洲的腹地，在长江与太湖之间，东离上海120多公里，西去南京170多公里。按清末到民国时期的区辖划分，它的周围是宜兴、荆溪、武进、阳湖、江阴、吴县、昆山、常熟诸县，其历史悠久，文化发达，是20世纪初中国近代教育起步最早、发展最快的核心区域之一。

距今6000多年前，已有先民在无锡这块土地上生活、劳作。至公元前12世纪的商朝，周太王古公亶父长子泰伯偕弟仲雍南来到此"荆蛮"之地定居开发，后建立吴国。汉高帝五年（公元前202年），无锡正式建县，始建国元年（9年）改名有锡县，到东汉建武年间恢复无锡县名称，唐大历十二年（777年）升为望县，元元贞元年（1295年）升为州，明朝洪武元年（1368年）又降为县。清朝雍正四年（1726年）"析无锡县之东境置金匮县，西境仍旧县"，②形成无锡、金匮两县同城而治的格局，统称锡金。1912年，民国建立，无锡、金匮两县合并为无锡县。

---

① 侯鸿鉴：《锡金乡土历史》上卷，梁溪文苑阁木活字本，光绪三十四年，第1页。
② 王镐等修、华希闵等纂：《乾隆无锡县志》第1卷，清乾隆十五年，第10页。

1949年4月,无锡解放,无锡废县设市。①

进入近代以后,无锡借助开放的机遇获得飞速发展,近代化起步早、发展快,到民国初年,它已发展为公认的"小上海",还获得了"模范县"的称号。②作为第一代开拓者的徐寿(1818—1884年)、薛福成(1838—1894年)等人在无锡近代化启动之初功不可没,影响深远。徐寿到上海后设计制造中国第一艘轮船"黄鹄"号,参与创建格致书院,编发中国第一种科学技术期刊《格致汇编》,翻译西方科技著作近20部,为中国兴办近代科学教育发挥了示范作用,为引进和传播国外先进的科学技术作出了杰出的贡献。薛福成是中国近代著名外交家、资产阶级早期维新派代表人物,他撰写发表了如《筹洋刍议》等众多文章,提出修改不平等条约、加强北方边防以及"官督商办"、私人集资兴办工商实业等建议,这些建议成为洋务运动的理论依据;他又担任出使英、法、意、比四国大臣,全面考察英、法、意、比、俄等国的政治、经济、教育、军事情况,并著文介绍宣传。作为无锡人,他们最早走出无锡,接触外面风云变幻的世界,又将最新的开办公司、出洋留学、创办学堂、组织社团等信息带到无锡,为地方人士打开了瞭望世界的窗口。

这一时期,无锡社会内部发生深刻变化。传统手工业、商业在发展过程中出现转型。无锡米市历史悠久,由于太平天国战乱冲击,一度受挫,后经恢复,1883年,在无锡城北、南、西水运要道,形成了"八段米市"的繁华贸易景象。1888年,清政府把原在浙江各州府采办漕粮的地点转到上海、无锡,又指定江苏各县的漕粮在无锡集中转运。这两条政策的出台和实施,使无锡粮食贸易额大幅增长,到1902年,无锡已有粮行120多家,每年各地流入无锡市场的粮食近800万石,无锡与芜湖、九江、长沙并称为全国四大米市。无锡种桑养蚕,盛于太平天国运动之后,这既有战乱后人口减少、荒地增多的可能,更是丝绸出口扩大、市场需要的结果。"自同治初,经乱田荒,人多植桑饲蚕,辄获奇羡,其风始盛,延及于各乡"。③当时,土丝价格上升,种桑养蚕者日多一日。根据时厘金总

---

① 为便于行文,本著作所及清末时期无锡、金匮地方名称,统作为无锡。
② 关于无锡被誉为"小上海"和"模范县"两词的演变,可参见拙文:《关于无锡"小上海"的演变》上、下,《无锡日报》2017年9月8、15日;《关于无锡"模范县"》,《江南晚报》2017年8月27日。
③ 裴大中、倪咸生等修,秦缃业等纂:《无锡金匮县志》卷三十一《物产》,光绪七年刻本。

局的统计,1879年,无锡生丝产量达153640海关斤,已超过了周边苏州、盛泽、奔牛、宜兴、溧阳等地。[①]这样,蚕茧、土丝交易在无锡成为大宗。由于以粮米、丝茧为代表的工商业的发展,同期无锡的钱庄业获得相应发展,"一时工商人士集资开设钱庄之风甚盛"[②]。

与此同时,新兴的近代企业,如纺织厂、面粉厂、缫丝厂也率先破土创办。1895年,顾叔嘉、吴保三、单蓉坡、冯观澜、刘鹤笙、杨藕芳、刘叔裴等筹建业勤纱厂。"本公厂纠约同志,惩前毖后,妥订规条,尽除公司流弊。凡属购机、建厂与夫用人、营运,莫不实事求是,悉秉大公。恒念附股诸君付托之重,不使少有遗憾,以期挽回薄俗,渐收利权。兹已勘定无锡县东门外兴隆桥水陆利便之区,克期营造,置设纱机,名曰'锡山业勤机器纺纱公厂',俟有成效,再行扩充。"[③]业勤纱厂成为无锡第一家近代企业,开无锡风气之先。1900年,荣宗敬、荣德生兄弟创办保兴面粉厂,"经共同策划,兄亦赞成创办面粉事业,共入股6000两,兄弟二人各3000两,均从广生盈余提出。余兄弟再招得9000两,与朱仲甫等共同开设保兴面粉厂,此为余兄弟从事实业之起点"。[④]1904年,江苏无锡县周新镇有裕昌缫丝厂一所,系在籍三品衔候补道周廷弼独资创办,造厂基金八万两。[⑤]这三家企业的相继开办,标志着无锡近代棉纺织、面粉和缫丝三大产业的起步,为无锡民族工商业的发展奠定了基础。经济的突飞猛进也为清末及民国年间无锡社会办教育提供了物质基础。

清末世纪之交,地处江南中心的无锡,社会风气和风俗大变,尤其是东西沪宁铁路的开通,使原来依托南北运河连通外界的无锡与外部世界的联系更加密切,进出无锡变得十分便捷。锡人见了外面精彩的世界,视野日益开阔,向上的积极性迅速激发。当时有评论说:

若讲到我们锡金的民气,是狠有指望的。我们锡金人眼光狠紧,耳朵里信

[①] 彭泽益:《中国近代手工业史资料》第2卷,中华书局,1984,第74页。
[②] 无锡市金融志编纂委员会:《无锡市金融志》,复旦大学出版社,1996,第45页。
[③] 钱江:《锡山业勤机器纺纱公厂集股章程》,载《近代史资料》总84号,第235、238页。
[④] 荣德生:《先兄宗敬纪事述略》,载宗菊如、陈林荣主编:《荣氏家族无锡创业史料》,世界华人出版社,2003,第84页。
[⑤] 高景岳、严学熙:《近代无锡蚕丝业资料选辑》,江苏人民出版社、江苏古籍出版社,1987,第31页。

息狠灵,心境上盘算起来狠快,个个爱着场面,样样不肯落后。所以别处的人,看了我们锡金人,十分羡慕,十分妒忌,造出一句闲话来,说道无锡人"一篷风"。……我们锡金有了这样的民气,若是好好的用起来,不单单能彀替常州府里争些场面,还要替我们江苏省争些场面,替我们中国争些场面。①

而对这"一篷风",张謇曾有感叹:"锡风气之开也较早,人各奋于自见,集财易而事较易举也。"②

荣氏兄弟筹办保兴面粉厂时,地方有绅士反对,而有杨某入股百分之一,表达希望地方兴旺之意。由此,荣德生感叹道:"邑中渐呈新气象,周新镇已发起创办丝厂,纱厂则已有杨氏业勤,丝、纱、面三者均已具根底。教育尤为先进,士人已无科举,皆入新学。于是,至日本、英、美留学者亦不少。"③这确实反映了当时无锡人思进取、生机盎然的大局面,创办实业、出洋留学、开办学堂、组织社团等均有无锡人率先而为。有人讲无锡人在科举时代,考试出人头地代代有人,康熙时有秦松龄、严绳孙,乾隆时有杨度汪、吴鼎、顾栋高,雍正时有蔡德晋等等,"所以我说,无锡人像甘草,任凭医生开什么方子,这甘草总是在里头的"④。这是近代无锡获得大发展的文化基因。

二、留学热潮涌动:以留日为中心

无锡为江苏风气特别发达之地,求学于四方者亦以无锡人为多。⑤按照舒新城的观点,近代中国的留学,最早可溯源到1847年容闳赴美,但真正启动还是要以他回国后"条陈派遣幼童赴美求学"为标志。⑥而中国近代第一波留学热潮发生在19世纪90年代,无锡赶上了。

无锡第一位留学生是杨荫杭,他是"近代中国最早的官费正式留日学

---

① 蹉跎:《锡金的民气》,《白话报》(锡金)1908年第3期,第1、2页。
② 《张謇全集》编委会:《张謇全集》第6卷,上海辞书出版社,2012,第435页。
③ 荣德生:《乐农自订行年纪事》,上海古籍出版社,2001,第37、44—45页。
④ 《甘草妙喻》,《中国官音白话报》(无锡),光绪二十四年(1898年)七月廿一日第19、20合期。
⑤ 《无锡无县令其人欤》,《警钟日报》1904年8月16日第173号。
⑥ 舒新城:《近代中国留学史 近代中国教育思想史》,商务印书馆,2014,第7、192页。

生"。①之后,无锡外出留学的人日益增多,到1920年,无锡留日学生达118人,留学美国的学生73人,留学欧洲的学生43人,另有7人未明国别。②无锡成为当时留学海外人数较多的县域之一,在全国、全省也占有一定比例,仅以清末三年的统计为例:

表1-1　清末无锡、金匮两县留学人数表(1901—1904年)③

时间	全国人数	江苏人数	无锡、金匮两县人数
1901年	274	46	10
1902年	570	115	20
1904年	2400	280	37

资料来源:《无锡的早期出国留学生》,载《无锡地方资料汇编》第8辑,第34页。

无锡的留学先是赴日本,后又有留学欧美的,但留学日本的总人数远多于后者,对无锡教育的影响也以留日归国学生为大。据统计,1904年前,无锡赴日留学的有37人之多,他们是杨荫杭(补堂)、廉隅(砺卿)、华承德(墨林)、胡尔霖(雨人)、吴朓(稚晖、敬恒)、孙揆均(叔方、寒厓)、吴荣鬯(震修)、范绍洛(补城)、张懋德(秉彝)、秦毓鎏(平夫)、黄以仁(子彦、子毅)、张肇桐(叶侯)、赵印(鸿雪)、嵇镜(涤生)、蔡文森(松如)、华熙(吉裳)、侯毅(疑始、习农)、顾沛然(雨生)、杨寿柱(石臣)、许嘉澍(湛之)、杨氓源(鉴安)④、胡彬夏(女)、秦岱源(申吉)、秦毓钧(平甫)、侯鸿鉴(保三)、顾倬(述之)、顾树屏(建伯)、侯毓汶(希闵)、过文冕(冠生)、华振(倩朔)、过耀根(尧羹)、杨邦藩(建时)、顾祥麟(瑞生)、许同

---

①桑兵:《清末新知识界的社团与活动》,北京师范大学出版社,2014,第126页。
②钱志仁:《无锡早期的留学生》,《无锡史志》2007年第4期,第17—18页。这份统计有重复统计之处,个别人是先留学日本,再转美英法等国,如杨荫杭、吴稚晖、张肇桐、胡彬夏等。存此供参考。未明国别的人中包括后来在教育会担任正、副会长的顾型(绍衣)、秦权(执中)等。
③该表统计并不全面准确,仅供参考。如章开沅等根据费正清《剑桥中国晚清史》(下卷第393页)中的数据,认为:"20世纪前半期中国留学日本的人数最多。1900年为159人,1903年即达1242人,1905年猛增为8000余人。"(章开沅、马敏、朱英:《中国近代史上的官绅商学》,湖北人民出版社,2000,第679页)存此供参考。
④钱志仁:《无锡早期的留学生》,《无锡史志》2007年第4期,第18页,作杨岷源。

莱(叔娱)、薛雄万(仲雄)①、章鸿远(康平)、许同莘(溯伊)。到1911年,无锡赴日留学的人数达88人。②

上述留日学生回国后,将所学的知识与家乡的情况相联系,对近代学堂的创办、学校建筑的规划、学制的设计、课程的设置、教材的编纂、单级教学法的推广以及教育行政政策的制订等开展了全方位的探索,促使无锡近代新式教育较早起步,迅猛发展。他们大多参与了地方事务,并成为推动无锡教育发展的中坚力量。侯鸿鉴留学日本弘文速成师范学校一年,即1903年。③在日本期间,他是江苏教育会的发起人之一,并组织成立无锡支部。其后他与留学生胡雨人、蔡文森、顾倬、华振、薛雄万、张肇熊、秦毓钧、过文冕等成为锡金教育会的第一批会员。即使后来进入政治、法律领域的吴稚晖、秦毓鎏、许同莘、华承德、许嘉澍等人,也都对教育发展有自己独特的贡献。在他们的带动下,更多的无锡人走出乡村,走出县城漂洋求学,到1911年,无锡出国的留学生达122人,④无锡也因此成为江苏乃至全国外出留学生最多的县域之一。

---

①《无锡的早期出国留学生》(载《无锡地方资料汇编》第8辑)一文第34页作"薛兄万",第50页作"蒋雄万"。钱志仁:《无锡早期的留学生》,《无锡史志》2007年第4期第17、18页作"薛雄万"。应为薛雄万(字仲雄)。参见无锡市博物院藏《江苏留学同乡录》(铅印本,未署编印者及时间,从内容判断刊印时间约为清末1905年5月后)第31页。

②参见《无锡的早期出国留学生》,《无锡地方资料汇编》第8辑,第34页。该资料与编者所见《江苏留学同乡录》中所列《常州府[者]》和《卒业归国者》两表出入较大。一是人物字、号不同,上引《江苏留学同乡录》;二是人数不同,《江苏留学同乡录》还列有张肇熊(渭生)、杨寿桐(高伯)、邹本铨(务生)、谈荔孙(丹崖)、汪廷襄(东磊)、华国铨(叔衡)、秦瑞玠(晋华)、安星(沼白)等,却没有胡尔霖(雨人)、吴眺(稚晖、敬恒)、孙揆均(叔方、寒厓)、赵印(鸿雪)、侯毅(疑始、习农)、许嘉澍(湛之)、杨氓源(鉴安)、胡彬夏(女)、秦毓钧(平甫)、许同莱(叔娱)之名。实际上,所谓留学,有人大学及以下中小学的,有上本科四年及一、二年速成预科或培训的。所以,假如泛而论之,这时期无锡赴外留学的学生还不止此数。如《选报》1902年7月5日第21期第27页有载:1902年"吴稚晖孝廉订定广东大学堂章程后,于四月下旬由粤抵沪,即回无锡,偕其夫人并女学生数人复至上海,已于昨日登轮,迳赴日本。兹将同行女学生八人名籍录后",八人中有18岁的华桂芳(疑为华桂馨,编者注)、15岁的胡彬华(疑为胡彬夏,编者注)、13岁的周佩珍、9岁的俞文婉和13岁的冯元赛,这5人均为无锡人,分别入日本"华族女学校"及分入"中小学校"。

③据《江苏留学同乡录》记载:侯鸿鉴是癸卯年(1903年)三月"抵东(京)",癸卯年十一月"卒业"。

④钱志仁:《无锡早期的留学生》,《无锡史志》2007年第4期,第17页。

三、新式学堂创办:毁学与兴学

无锡创办的第一所新式学堂为竢实学堂。①光绪二十三年(1897年)冬,无锡杨模②"以个人之力,创造艰难,经营惨淡,经济不足,则百方筹措之,以二千金赎旧时邑署而为校舍,又租上寿禅院之西舍为扩充之地"。光绪二十四年(1898年)正月二十四日正式开学,由杨模自任总理,聘请华蘅芳为总教习,蒋留春、蒋仲怀为副教习,教授算术,秦鼎臣教授国文、历史,杨维翰教授英文。"开校之日,雍雍一堂,生徒五十余人。"③继而吴松云任修身、国文教习,丁福保任算学教习,许侣樵任英文教习,还邀请日本人松本教授日语。学堂最初设置的课程有国文、历史、地理、修身、算学、英文、日文、体操等,教材用笔算数学、代数备旨、英华初阶、华英进阶、格致读本、经史大意及古文等。学级编制按学生程度分甲、乙、丙三班分别教授。这些新式学堂里教师任职及开设课程等情况,展示了新的教育形态在无锡的确立。竢实学堂是江苏省内开办最早的高等小学,后来有人说:"吾邑学校林立,于苏之各县可云最盛,溯厥最初,竢实盖始其基也。"④同年八月,俞复、吴稚晖、杜嗣程等在崇安寺西方殿创办三等公学堂。无锡新学由此起步。

到1906年,无锡、金匮两县创办学堂情况如下:

---

①"竢"为"俟"的异体字,但地方及学界均习惯用前者,故本著作尊重习惯用"竢"字。

②杨模(1852—1915年),字范甫,一字铁峰,号蛰盦,为"梁溪七子"之一。自小苦读经史。1872年考取秀才,1885年被选为拔贡。翌年应直隶总督李鸿章之招,任天津武备学堂汉文教习。后又入湖北湖广总督张之洞幕,襄办自强学堂,任国文教习,编译海外书籍。1894年经济特科举人。1896年应山西巡抚之聘,任山西武备学堂监督兼总教习。1898年在锡创办竢实学堂。1903年春,赴日本考察教育,赞助成立东京留学生江苏同乡会。回国后,任京师大学堂历史地理教习,不久仍回无锡主持学务。

③侯鸿鉴:《杨范夫[甫]先生创设无锡竢实学校十五年记略》,《无锡教育杂志》1913年第2期,第182页。丁福保于1917年10月所著《竢实学堂最初之历史》一书的第5页称:开学时学生共21人,"是时另有学生六人",在许侣樵先生房内读书,宛然另辟一私塾,后许君往上海南洋公学,学生"即改入竢校肄业"。

④楚孙:《敬告教育界》,《新无锡》1915年3月7日。

表1-2　无锡、金匮两县创办学堂一览表(1898—1906年)[①]

创办时间	创办学堂数量	学堂名称及地址
1898年	2所	竢实(城中连元街)、三等(城中崇安寺)
1899年	0所	
1900年	0所	
1901年	0所	
1902年	1所	东林(城内苏家弄)
1903年	4所	孙氏勉强(城中)、胡氏初等(天授村前)、莲溪(青城北七房)、辅仁(万安杨墅园)
1904年	2所	日新(开原河埒口)、堠山曹氏(北延查家桥)
1905年	10所	补公(城内三下塘)、城南(南门外跨塘桥)、城西(西门外棉花巷)、城北(北门外江阴巷)、振中(开化陶巷)、廷弼(扬名周新镇)、果育(南延荡口)、敏求(北延东亭)、竞志女学(城中水獭桥南)、振英女学(城中西□□)
1906年	32所	初级师范(北门外□巷上)、模范(城内西横巷)、秦氏公学(城内大河上)、侯氏公学(城中驳岸上)、致毅(城中堵家巷)、师古河(城中大河上)、城东(城中亭子桥)、蓉湖毓秀(北门外缸尖上)、节文(天授西漳)、夏港(天授西漳夏巷)、开明(青城礼社)、明德(青城齐家庄)、惠北(万安孟里)、树滋(万安孟里)、安阳(富安新渎桥)、荣氏公益(开原荣巷)、始功(开原丁巷)、养基(扬名桥王氏坊)、振新(新安华大房庄)、蓉田(天授茅竹桥)、强宗(天授茅竹桥)、泾皋(怀仁张泾桥)、正业(景云伯渎港)、鹅湖(南延荡口北黄石桥)、北上(北延后桥)、三兼(北延水渠里)、乐群(北延东亭)、补公女学(城内三下塘)、幼慈女学(西廓西门外棉花巷)、振秀女学(北廓北门外南尖)、进群女学(万安孟里)、鹅湖女学(南延荡口黄石街)
合计	51所	

资料来源：根据锡金教育会编《锡金教育会报告》戊申年所刊《城乡学校一览表》资料整理。该资料另列学校8所(北塘小学、勉行、普益、正则、胡氏单级女校、先声女学、钟英女学、群智)"创设年月"空缺，其中也应有1906年之前创办的，未列入上表统计。

[①] 本表所引用的《城乡学校一览表》(戊申年)是目前发现的最早的无锡学校统计资料，较为可靠。当然，由于当时统计不够全面，加之对学堂的概念认识并不一致，所以，上表多有疏漏，实际存在的学堂数量应该多于上表所列的总数。如其间王星陛在南泉创办的养正学堂、周舜卿在周新镇创办的廷弼商业学堂、胡雨人在尤家坦创办的师范传习所以及锡金公学等均未列入。另据侯鸿鉴的《锡金乡土历史》上卷第5页称，1908年"而邑中公立私立之学堂且七十余所"；陈钟英、周汉成写的刊于《无锡文史资料》第16辑的《关于教育会的补正》一文中称，自1898年至1905年的8年间，无锡、金匮两县"据初步统计，城乡共达46所"；刘谦冲主编的《无锡市教育志》第13页称，1905年"锡金城乡已有学堂42所"；等等。这些资料列此供参考备查。

由表1-2所列可见,1898年无锡近代新学发轫之后,在接下来的几年时间里,发展并不快,跟进开办的学校屈指可数,"从一八九九年至一九○一年三年中,无人继起办学,教育事业陷于停顿状态"①。直至1905年开始,无锡新办学堂数量才出现爆发式的增长。

无锡近代学堂创办之初以私立者居多,其中有地方绅商个人出资创办的,也有教育同人协力合办的,还有依托家族力量挹注开办的。而西方国家初等教育,即之后的义务教育,所需经费均由国家承担。杨模在1898年筹办竢实学堂时向城乡散发的《创设竢实学堂公启》中曾说:

盖以时局日新,人材难得。吾邑旧有东林书院,经费不敷,帖括诗赋之外,未遑他及。欣值南皮张制军,权节两江,慨然以振兴文教为己任。前经邑绅联衔历呈,以一邑之人力物力,兴育一邑之人才。查本邑地产所入,一丝茧为大宗,请于山户卖时,核算茧价,每洋银一元捐钱三文,合成每担鲜茧,捐洋一角,在商富为众擎易举,在书院则积少成多,两蒙督宪批准施行。②

在公启中,杨模提出办学经费问题及解决办法。竢实学堂开办之初,开办经费及常年经费均由杨模独力筹措,这解决了一时之需,但缺乏稳定的机制,且随着学堂规模的不断扩大,经费更成为办学的难题。

20世纪之初,清政府颁布了一系列教育新政,如《钦定蒙学堂章程》《钦定小学堂章程》《奏定初等小学堂章程》《奏定高等小学堂章程》等,要求各省府州县设立中小学堂,③这为无锡地方有识之士增设学堂,化解办学经费困难提供了政策依据。

无锡商市以米业为大宗,全年营业额相当可观。而按旧例,米行买卖粮食,每石抽取6厘作为捐款,供城区各庙宇使用,全年共计约有1万多元。"无锡米市向除正捐外,尚有庙捐。庙捐盖由绅董收集,以为演剧等费"④,演剧指的即是地

---

① 李康复:《解放前的无锡教育会》,载《无锡文史资料》第15辑,1986,第110页。
② 丁福保:《竢实学堂最初之历史》,1917年10月抄本,第2页。
③ 璩鑫圭、唐良炎:《中国近代教育史资料汇编·学制演变》,上海教育出版社,2007,第279、290、300、315页。
④ 《论民智不进之可忧》,《东方杂志》1904年11月2日第9期。

方赛会。无锡自明代以降,每年到农历三月二十八日(东岳大帝诞辰),城乡各庙皆要搞庆祝活动,谓之"解钱粮会",赛会"以这一天为盛"。①

上述米捐拨入神庙,"学界深以此举为靡费金钱,败坏风俗,群思设法禁止"②。他们认为,假如能将这笔钱用于地方新学发展,于米业无负担之增加,于教育则是开源的大益。1901年,邑绅王凤仪等就有《上抚院禀》,提出"议增学堂经费",代表了地方有识之士的建议。次年,学董孙赞尧等又有《上锡、金二县公呈》,提出:"为学堂经费支绌,各项筹捐甚难。请改拨各庙米厘,永为学堂之用。"1904年,孙赞尧与陶世凤、杨模等也再次上书县、府、学台、抚台,呼吁落实办学经费,支持新学,形成较大的呼声。③

但是,事情看似简单,实则"米捐"收付中间,隐藏着不少的猫腻。一则平时缴纳米捐,向无账目,有中饱私囊之嫌;二则往日缴纳米捐,实缴不足,中间截留等时有发生。所以,当地方主持新学的杨模等提出移用米捐办学的建议时,米业董事赵子新、行头张少和等当事者怕因此引发查账而施行抵制,但又知道自己理亏而不便完全反对。于是,他们以兼顾双方为借口,主张将庙捐分作两份,学堂与神庙各拨半数。然杨模等则坚持必须将该款项全部拨付学堂,支持新学发展。对此持相左意见的包括无锡知县陈诒、金匮知县汪鸣凤、常州知府德元等地方官员,皆庸懦无能,优柔不决。杨模自恃有政界作背景,就催促县政府拘捕赵子新、张少和,这在米业中引起不平。由于新学乍起,风气初开,一般邑人也认为:原来私塾,由学生缴纳修金之后,再无办学经费疑惑,现在办学怎么常呼经费不够?故舆论并不支持杨模他们,加上米业界一些好事之徒,四散谣言,于是矛头就直指杨模而去。

光绪三十年(1904年)夏,因筹款办学,抽米业税收充学捐,遭到米业的反对,无锡爆发了震惊全国的毁学风潮。后来薛南溟曾感叹道:"学堂为培养人才之地,锡金奉诏兴办历有岁年。迩来绅士之中频有冲突,甚或激成水火,而商业中人尤未能深悉学堂情形,于经费盈虚,每多隔膜,遂至疑窦丛生,捐款窒碍,循

---

① 章振华:《无锡风俗》,文汇出版社,2015,第154页。
② 《锡金迷信神权之积习》,《申报》1909年5月24日。
③ 郁有满:《江苏帮会史》,方志出版社,2004,第64页。

此不变,学堂永无发达之期。"①

(七月)初二晚上灯时候,予自崇安寺乘凉归,至大市桥堍,即见无数短衣椎髻少年,执大杖,匈匈渡桥,经东大街向锡署过,且扬言我等共毁杨宅,啮杀杨某去。②

这是当时所记毁学事件的起始。晚11时,面对骚乱,杨模发电江苏巡抚端方③紧急求助:"抚宪钧鉴,米商匿捐罢市两日,今晚聚众二千余至舍,劫掠索人,纵火房屋,危迫万状。速请钧裁,电饬营县,妥为解散,不胜待命。"④当天,无锡地方米商煽动众人,焚烧竢实学堂总理杨模住宅;第二天,又砸毁近代无锡创办最早的竢实、东林、三等、锡金四所学堂,并波及理化研究会。此事后由江苏巡抚端方出面干预平息,惩办了肇事者。至初四市面恢复正常,包括常州知府和锡、金两县知县在内的官员因处置不力被追究。米商答应拨充庙捐3厘和桥工捐1厘作为地方办学常年经费,以2万元赔偿杨模私人及波及族人的房屋家具,另以2000元建筑锡金学务处,作为地方教育机构办公之所。⑤

毁学事件是继1898年竢实学堂创办后,无锡近代教育史上的又一件大事,影响颇大。当时《申报》《警钟日报》《东方杂志》《大陆》等著名报刊对此事均有详细的报道。《警钟日报》刊发《无锡无县令其人欤》《详记无锡枭匪借端哄闹事》《无锡匪徒毁学始末记》等对该事件进行连续的报道与评论。⑥该事件被田正平称为"普遍见之于清末十年间的乡村社会"毁学行为的"开端"。⑦田正平、陈胜对1904年到1911年间全国17个省发生的针对新式学堂的毁学事件进行统计

---

① 薛南溟:《锡金学务禀准善后事宜》,《广益丛报》1905年第62—64合期,《奏牍》第7页。
② 杨模:《锡金学校重兴纪事》卷下,文明书局,光绪三十年八月,《附刻金匮匪徒毁学始末记》第10页。
③ 1904年,端方任职江苏巡抚。无锡人对其多有好感,有报评论:"无锡学界之人,闻端抚履苏,振兴学务,莫不振足精神,以兴办学堂为事业。"参见《无锡学界近闻》,《警钟日报》1904年8月12日第169号。
④ 杨模:《锡金学校重兴纪事》卷上,文明书局,光绪三十年八月,第1页。丁福保后来在竢实学堂二十周年纪念会上回忆:"是时,先生(杨模)适在华季萱先生宅内,闻报,颜色如平常,绝无慌张之状。后华艺三先生为代雇一舟赴苏。先生酣卧船中,竟棹至苏城方醒。后榜人知之,惊叹不已。古人临大事,决大业,成败厉害,不动于心,但知吾身之当为而已……"参见《县立高小学校廿周纪念会续志》,《新无锡》1918年4月3日。
⑤ 毁学事件过程可参见江春:《兴学与毁学:近代无锡新学的序幕》,《江南晚报》2018年9月29日。
⑥ 见该报1904年8月16日到9月8日各期。
⑦ 田正平:《清末毁学风潮与乡村教育早期现代化的受挫》,《教育研究》2007年第5期(总第328期)。

后认定：在总数达170起之多的事件中，发生于无锡的这次毁学事件为"清末民初第一起毁学事件"。①

当然，杨模自己也没有料到，"思化媚神佞鬼无用之财，为养士育材有用之费；并剔各庙董侵吞之私肥，办地方上重大之事业"②，这样的好事反而闹出一场毁学的风波。当时有人评论："此次无锡之事，吾不责各客□，不责诸游民，并不责赵子新，独责锡金两县令。以为两县令者，实为兹案之首恶，所当万世莫宥者也。"③这深刻地指出政府官员在地方教育发展过程中所持态度的重要性。无锡毁学风潮后，推进新学的风气一变，地方政府建立了专事处理新学的行政机构学务处，从而使地方教育的发展有了主管的部门，其"规划善后，办理一切，在苏省实为创举，地方亦自治先声"④。同时，以庙捐拨充学校经费，不但在无锡一地，更为全国各地建立推进新学普及的经费支持机制率先开辟了新的途径，具有示范意义。杨模因此被誉为"无锡县兴学开幕者"⑤。

事件平息后，无锡的教育势如破竹，迅速推进，学堂开办数量大增。"于是，吾邑之仇视学界者，一变而知学校之不可不办也"⑥。1904年毁学之前，竢实学堂只有学生四五十人，三等学堂有学生三四十人。1906年，两校学生增至260余人。后又续办的四城小学，有100多位学生。到1907年，"城乡小学，云起泉涌"，据教育会的调查，两县在校学生达2800余人，"他县啧啧盛称之"⑦。

赵利栋分析毁学事件说："清末的兴学，其实也是地方社会变迁的过程，在这一过程中，各种地方势力开始重新组织，最终形成以新式教育机构为中心的地方精英组织。"⑧这"教育机构"既是行政机关学务处，也是新式学堂，同样也应包括民间社团教育会，它使分散的地方新学精英有了集聚的处所。高田幸男也

---

① 田正平、陈胜：《中国教育早期现代化问题研究——以清末民初乡村教育冲突考察为中心》，浙江教育出版社，2009，第111、148页。
② 《记无锡匪徒毁学始末》，《大陆报》（上海）1904年第7号，第59页。
③ 《无锡无县令其人欤》，《警钟日报》1904年8月16日第173号。
④ 陆阳主编，刘桂秋校订：《钱孙卿集：孙庵年谱·孙庵私乘》，团结出版社，2016，第7页。
⑤ 《江苏教育行政月报》1913年第2号，《图画》第1页。
⑥ 侯鸿鉴：《无锡教育沿革大略》，《无锡教育杂志》1913年1月第1期，第309页。
⑦ 《锡金学务公所报告书》，《申报》1907年10月10日。
⑧ 赵利栋：《新政、教育与地方社会的变迁——以1904年无锡毁学案为中心》，载《中国社会科学院近代史研究所青年学术论坛（2005年卷）》，社会科学文献出版社，2006，第219页。

有类似的看法:"杨模等新势力受端方的支持抬头,学务处和教育会的成立标志着由绅士阶层中发展出参与教育事业的绅士集体——'教育界'。"①

四、社团组织蜂起:结社的尝试

无锡历史上崇文尚教,人才辈出,文人办会结社传统悠久,有名的东林党是明朝末年以江南士大夫为主的官僚政治集团,以无锡顾宪成、高攀龙等为首,"东林党"之"党",是朋党而非近代政党,其同好相聚、同疑相析的风范,为后世传颂。"自明季东林结社,士林中人渐化其个人观念及家族观念进而为社会、国家观念"②。明清两代,无锡的社团一般以文化为主题,有碧山吟社、忍草庵社、秦园九老会、涯臻诗社、云门社、双清八老会、听社、香雪社(一名九峰逸社)、素心吟社、开化文社等,而碧山吟社自成化直至乾隆,"跨越明清两代,历时三百年左右,无锡士人先后共有七次续举碧山吟社,流风余韵不绝于里中,这种现象在结社史上是绝无仅有的"③。

戊戌变法后,随着社会的开放,新思想的涌入和锡人赴沪及出洋的增多,结社之风再次兴盛,当时无锡第一代留学生,如杨荫杭、吴稚晖、秦毓鎏、侯鸿鉴等,无论在日本、欧美,还是在国内上海、北京,均是社团的积极组织者与参与者,并对鼓励结社作过积极的宣传。如仅1907年,杨荫杭就在《商务官报》上刊发介绍各国商会的系列文章多篇。所以,当时有人议论:"外国人不论什么行业,都有一个会,等那些做这行业的人,会集在一处,商酌商酌,应该改的便改,应该学的便学,那行业自然有进步了。"④持这观点的文章,虽是在锡金教育会成立之后刊载于自办的报纸上的,但也大体能反映这一时期新型知识分子对结社的认知。

在清朝最后十余年间,具有近代意义的社团组织、行业公会有了新的发展,无锡地方结社如雨后春笋。无锡近代教育社团的组建起步于19世纪末,时侯

---

① [日]高田幸男:《近代中国地域社会与地方教育会——无锡教育会的地位及其演变》,载张宪文主编《民国研究》(第1辑),南京大学出版社,1994,第244页。
② 《各县风俗制度调查报告表:无锡县》,《江苏教育行政月报》1914年10—12月第16号,第1页。
③ 王文荣:《明清江南文人结社考述》,凤凰出版社,2015,第72页。
④ 《开办农会》,《白话报》(锡金)1909年第4期,第15页。

鸿鉴在西溪组织诗文社及算学研究会,还编辑出版《积志学会月报》,供同人交流。①1897年,吴松云又在南市桥吴氏私塾开设英算讲习会;同年,廉泉在自己的家塾也创办算学研究会。参加上述团体活动的成员有80余人。另外,在此期间,还有许同蔺、周文甫在师古河开设英文算学学堂。②1898年,无锡裘廷梁、顾倬、吴荫阶、汪赞卿、丁福保等人认为"以白话文乃中国维新之本",必须大力倡导,于是依托《白话报》报馆,成立无锡白话学会,希望纠集同志"畅快"地干一场,其设想如下:

本馆现想创设一个白话学会,号召海内同志,开设白话书局,把中国三代以前经部书、史部书、子部书和泰西各国格致书、工艺书、农学书、商务书、公理公法书,一齐演成白话。等款项充足,就添请翻译,把泰西新出各种有用的书,一径用白话演出来,叫天下老的少的、男的女的、做官的、念书的、做生意的、种田的,个个开出智慧来,个个知道些实在学问的门径。务要做到这样地步,心里才畅快。③

这是编者所见的无锡人最早提出要建立学会的表述。在《中国官音白话报》还刊登有《开办白话学会简明章程》,提出了实际运作的方案。④

进入20世纪,无锡地方社团蜂拥建立,蔚为壮观。有励志学会(1901年,一称励志学社)、国学社(1903年)、理化研究会(1903年)、调查会(1905年)、算学研究会(约1905年)、理科研究会(1905年)、天足会(1905年)、露天演说会(1905年)、锡金商会(1905年)、锡金农会(1905年)、锡山绣工传习会(1907年)、女子理科研究会(1908年)等,在1908年前,地方还成立有体育会、教育谈话会等社团。⑤

---

① 侯鸿鉴:《侯鸿鉴自述》,载蒋士栋、丁福保等编《锡金游庠同人自述汇刊》,1932年春铅印本;侯鸿鉴:《病骥七十无量劫反省草》,1941年11月铅印本,第9页。
② 侯鸿鉴:《无锡教育沿革大略》,《无锡教育杂志》1913年1月第1期,第305页。
③ 《同声相应》,《中国官音白话报》(无锡),光绪二十四年(1898年)五月廿一日第9、10合期。
④ 《开办白话学会简明章程》,《中国官音白话报》(无锡),光绪二十四年(1898年)七月廿一日第9、10合期。
⑤ 侯鸿鉴:《锡金乡土历史》上卷,梁溪文苑阁木活字本,光绪三十四年,第9页。

励志学会的前身是中国留日学生在日本东京组织的励志会,它是最早的中国留学社团,杨荫杭是其重要的组织者之一。1901年暑假,杨荫杭回无锡组织无锡分会,会所设在连元街竢实学堂,会员有裘廷梁、俞复、侯鸿鉴、秦鼎臣等40多人,社长由裘廷梁担任,副社长由秦鼎臣、俞复担任。他们每星期日下午集会1次,活动采用座谈方式,在宣传新学的同时,以鼓吹种族主义、推翻满清王朝为目的。

1903年,杨荫杭、蔡文森、顾树屏、华裳吉等留日返国后,组织理化研究会于贝巷。"延日本藤田先生讲授高等理化学、博物学,顾君型、华君申祺、顾君祖瑛、钱君承驹、胡君雨人、陶君守恒等,皆入会听讲,杨荫榆、玢两女士亦入会听讲焉。男女同受高等教育于一校,此风始于吾邑为最早也。四方来学者甚多,会员共二十人云。"①1905年该会改名理科研究会,有会员80余人,主要成员有钱基博、吴锦如、吴干卿、沈西苑、赵挹清、曹仁化、黄蔚如、孙寅宾、蔡栽涵、张佩纫、秦振镐、黄星若、许瀑如、高涵叔等,聘华申祺讲物理,顾型讲化学、博物,华文祺讲生理卫生、日语,之后延伸组织理科学堂。②

1905年,地方还成立调查会,推裘剑岑任会务,"专以调查吾邑留外国及他省、他郡县之人数者也"。次年,"同人组织锡金教育会,而以调查会附入之"。③

无锡还成立了无锡算学研究会。该研究会公开发表《无锡算学研究会简章》,宣布宗旨是:"因吾国算学近三十年来,一无进步,而日本算学之发达,已与欧美诸邦抗衡,今拟将日本所有紧要算书,悉数购置,以供同人研究之资,以救故步自封之弊。"约法:"本会学友,无论成材初学,皆可与会。惟程度不齐,务宜谦衷和蔼,互相砥砺,一切骄矜傲岸攻击标榜之习,皆所不许。"经费:"本会开办经费,先由发起人倡捐一百银元,若有不足,再行续捐,并不在外集款,以杜口舌。"办法:"本会书籍,特请精通算学一二人,经理其事,不支薪水。本会于日本算书之外,凡吾国紧要算书,亦并购齐,以备调查。凡入会之人,须捐银一元,以助购书之费。凡会友欲借某书,须照该书原价,并外加十分之二,缴存管理人

---

① 侯鸿鉴:《无锡教育沿革大略》,《无锡教育杂志》1913年1月第1期,第308页。一说该会成立于光绪三十年(1904年)春。
② 陆阳主编,刘桂秋校订:《钱孙卿集:孙庵年谱·孙庵私乘》,团结出版社,2016,第37—38页。
③ 侯鸿鉴:《无锡教育沿革大略》,《无锡教育杂志》1913年第1期,第309—310页。

处,至还书时,再将存银取还。若过五十日不还,以后不得再还,管理人即以其银重买该书,所有外加余款,俟积多后添买新书。各友聚会日期,届时另有专章。每逢聚会时,会友中或担教授东文之义务,或担教授算学之义务,或演说学理,或讨论问题,均临时酌定。同志中或有捐赠书籍图书报章者,无论多寡,俱将台衔榜示会中,以矢勿忘。他日即为无锡藏书楼之基础。"[①]简章中的内容,各有指向,但其中平等、众筹等观念与方法被后来成立的诸多社团,尤其是锡金教育会所吸收。

近代以前的社团,基本以文学为主题,以诗社、文社为多,满足于同好的雅集唱和以娱乐身心。至19、20世纪之交,无锡涌现的社团变化明显,具有反清政治倾向的不多或并不明显,更多的是与教育救国的呼声相应和,结社与办学相联系,与新知识传播为目的,初步具备了近代社团的特征。当然,有的社团名曰"研究会""讲习会",貌似社团,但更像补习学校、培训班,这反映了在新旧转换过程中的正常错位,自在情理之中。参与这些社团的大多数会员,日后也投身于新式教育,成为县教育会的组织者和参与者。

第二节 从附属支部到独立创建

无锡地方教育会,肇始于光绪二十九年(1903年)冬,其最初的名称是江苏教育会无锡支部,是由无锡留日学生发起组织的近代社团,一度中止活动。到光绪三十二年(1906年)四月,该会再次集结会员,恢复活动。六月十四日(8月3日),正式成立锡金教育研究会,同年农历七月十八日(9月6日),应清政府要求,其改名为锡金教育会。在而后的40余年时间里经历了演变与发展,是近代中国成立最早、存续时间最长的县域教育会之一。

一、从江苏教育会无锡支部到锡金教育会:县域教育会之先声

1902年4月,蔡元培、蒋智由、林獬、叶瀚等人在上海发起成立中国教育会,

[①]《无锡算学研究会简章》,《教育杂志》(天津)1905年第7期,第47—48页。

它是近代中国出现的最早冠以"教育会"名称的社团,由此中国近代教育会的历史大幕拉开。受其影响,各地纷纷跟进组建教育会。1905年11月,江苏学务总会成立(1906年改名江苏教育会),这是一个以江苏士绅为主体组建的社团。另外稍早还有一个光绪二十九年(1903年)冬在日本成立的江苏教育会,那是由江苏留日学生组织成立的教育社团,[①]"癸卯冬,江苏留学日本同人,组织江苏教育会于东京。会员回国者十余人,约以于半年内在各府州县设立教育会支部"[②],只是一些研究清末江苏省教育会历史的学者对此均未提及[③]。

无锡最早成立的教育会,是成立于日本的江苏教育会的下属支部,名为"江苏教育会无锡支部",由无锡籍留学生组成,正式酝酿创办的时间是光绪二十九年冬,即1903年底:"吾邑教育会之名,创始于癸卯(1903年)冬间,由留东归国侯君保三等组织之"[④]。侯保三名鸿鉴,他是此社团的发起人和积极参与者,据他回忆:"甲辰春,鸿鉴偕顾(倬)、秦(毓钧)两君返里。余任竢实校务,述之任东林校务。"[⑤]由此可见,侯鸿鉴与顾倬等人在回锡之前,早在日本留学期间就开始了组织无锡教育会的相关工作。回国返锡后,按照在日本的约定,他俩继续聚集同志,开展活动。

他们制订的《江苏教育会无锡支部章程》共有宗旨、部务、职员、会议、会费5章加附则计6部分15条。第一章"宗旨"中提到:"本部遵本会定章,以普及国民教育、振起自立精神为宗旨。"第十四条写道:"本部为江苏教育会之支部,一切大纲,悉照本会总章遵行。"这反映了无锡支部在江苏教育会的方针框架下,以推进地方国民教育普及为目标的追求。其第二章"部务"中明确的准备着手从事的具体项目反映了无锡支部活动的内容。第三章"职员"表明该社团公开民主运作的基本架构。第四章"会议"表明会议的形式及节奏。第五章"会费"表明确保社团运作所需经费的制度性安排。[⑥]该章程与当时《江苏教育会试办总章》的内容多有相同,体现了一脉相承的连带关系。[⑦]

---

① 《江苏教育会试办总章》,《警钟日报》1904年8月5日第162号。
② 《江苏教育会无锡支部启事》,《警钟日报》1904年8月6日第163号。
③ 谷秀青:《清末民初江苏省教育会研究》,广西师范大学出版社,2009,第15页。
④ 陶守恒:《无锡教育会沿革记略》,《无锡教育杂志》1913年1月第1期,第313页。陶守恒,即陶达三。
⑤ 侯鸿鉴:《无锡教育沿革大略》,《无锡教育杂志》1913年1月第1期,第307页。
⑥ 《江苏教育会无锡支部章程》,《警钟日报》1904年8月6日第163号。
⑦ 参见《江苏教育会试办总章》,《警钟日报》1904年8月5日第162号。

该章程中,"部务"内容占全部篇幅的五分之三,可见该章程是份注重具体实践的教育社团规划。其设计的内容能在无锡留日学生回国后组织开展的一系列活动中找到实证,在日后正式成立的锡金教育会开展的会务里更有诸多的延续。

截至光绪三十年(1904年)六月,江苏教育会至少成立有7个支部,无锡支部是其中发展会员最多的,达30余人,创办事业也较多,甚至超过了作为总部的东京支部。

表1-3 江苏教育会各支部情况表(1904年8月)

支部名称	会员人数	事业开展情况
东京支部	20余人	无
无锡支部	30余人	师范讲习所、小学校
娄县支部	10余人	师范讲习所、小学堂
宝山支部	20余人	小学堂
江阴支部	20余人	小学堂
常熟支部	俟调查	俟调查
高邮支部	10余人	拟设阅报社,高等小学、半日蒙学校各1所,师范讲习会

资料来源:《教育会支部之建设》,《警钟日报》1904年8月18日第175号;《江苏教育会无锡支部启事》,《警钟日报》1904年8月6日第163号。

江苏教育会无锡支部还曾在《警钟日报》上刊登《江苏教育会无锡支部启事》:"凡我江苏各府县热心教育之志士,能设立教育会支部者,乞投函无锡教育会事务所,以通消息也。"[①]可见无锡支部在推动江苏各州县建立教育会工作中,是极其重要的推动者,可谓中坚力量。另据《警钟日报》报道,光绪三十年六月二十六日(1904年8月7日),无锡支部在三等学堂召开"例会",欢迎兄弟支部——东京支部代表蒋韶九[②]、宝山支部代表袁俶畲[③]。会议由无锡代表侯鸿

[①]《江苏教育会无锡支部启事》,《警钟日报》1904年8月6日第163号。
[②]蒋凤梧(1873—1949年),字韶九,晚号忍成居士,常熟城区人。日本弘文师范学校教育科毕业。历任苏州公立第一中学堂监督、苏州铁路学堂监督、共和党常熟分部副部长、常熟县立女子高等小学校校长、常熟县教育局董事会主席、江苏省第一师范学校(苏州中学前身)校长等职。
[③]袁希洛(1876—1962年),原名俶畲,字素民,江苏宝山人。清末秀才,曾就读于上海龙门书院,后去日本留学,1906年在东京参加同盟会。曾任苏州草桥中学校长。

鉴"宣开会辞并报告会中各事"。又由干事黄某①"报告会中各事",然后即请"蒋、袁二君演说"。蒋韶九演说"江苏教育事宜及办理教育之方针","议论精切,闻者莫不心折";袁俶畬报告"宝山教育会支部情形",并演说改良无锡耍货②。会议还由无锡会员丁福保提议"拨借地方积谷之巨款,办理博物馆、图书馆、仪器馆等,并拆毁三清殿为公家花园"。一时与会者"莫不鼓掌称快",会议决定就此提议"投公禀于苏抚"。是日,到会会员30余人,另有旁听者近30人,③规模空前。

无锡支部的活动曾一度中辍,陶守恒在1913年回忆:因该支部"入会者寥寥,至甲辰春遂停办"④。但上述所引资料表明,停办的时间至少要到1904年的8月以后。事实上,在教育会开办之初有暂停及恢复的反复也绝非个案,如浙江绍兴教育会也有过类似的波折。⑤

不少学者在研究清末江苏省教育会时,均未将成立于日本的江苏教育会列入考察的范围,可能主要是考虑到参与组织该会的留学生与参加后来成立于上海的江苏学务总会的地方士绅是完全不同的两批人员,加上该会组建时间较短,后续活动也未起波澜,故未作考虑深究。但从无锡情况来看,不管其一度"停办"的原因是什么,组织江苏教育会无锡支部的这批无锡留日学生不久以后仍然成为锡金教育研究会的主要发起者,直至民国年间,其中以侯鸿鉴、顾倬等为代表的会员成为延续教育会组织的主导力量。所以,本书将1903年冬作为无锡教育会创办的起点。⑥

根据谷秀青的统计,在江苏省近60个县中,除了情况不明的以外,其余各

---

①疑为黄淡如或黄蔚如。
②"无锡耍货"即无锡地方工艺产品惠山泥人。
③《无锡学界近闻》,《警钟日报》1904年8月12日第169号。
④陶守恒:《无锡教育会沿革记略》,《无锡教育杂志》1913年1月第1期,第313页。
⑤《教育界之组织(绍兴)》,《警钟日报》1904年8月19日第176号。
⑥关于教育会的成立时间,另见一则资料,列下参考:1921年5月,新安乡地方教育人士范叔梅、朱寄尘、郁雪明等在致乡学务委员周遇文的书信中提到:"吾邑教育会滥觞于前清光绪二十九年之教育研究会,三十二年改为锡金教育会,民国复始定为无锡县教育会。"《新安乡组织教育会之动机》,《新无锡》1921年5月15日。

县教育会成立时间均在1905年以后。①所以,根据可考证资料,锡金教育会是江苏省最早建立的县域教育会,亦是清末中国最早建立的县级教育会之一。地方人士一直以此为豪:"无锡之教育,是足以自豪的。无锡有教育会之时,中国教育尚在萌芽时代,故无锡县教育会是有相当的历史的意义。"②这个判断是有依据的。

光绪三十一年(1905年),侯鸿鉴、裘剑岑等还曾组织调查会,以调查无锡旅外同人情况,并欲组织研究会研究教育改良。这可以理解为从江苏教育会无锡支部到锡金教育研究会的过渡。

光绪三十二年(1906年)四月,顾倬、侯鸿鉴、裘剑岑、蔡文森、蒋仲怀、章秉嘉、黄淡如、陶达三等在林氏单级小学开会,再次发起组织锡金教育研究会,并就建会事宜进行商议。之后他们又曾在竢实学堂和孙氏勉强学堂多次集会讨论,"始由蒋君仲怀首自任为发起锡金教育研究会之人,继而蔡君持志、蒋君哲钦等均自任为发起人"。经公议"选举草拟章程之起草员",于是,推举顾倬、侯鸿鉴、黄淡如、蔡文森、孙仲襄、丁福保、裘剑岑、华申祺、蒋仲怀9人为教育会文件起草员。经起草员多次商议,章程草案形成。六月十四日(8月3日),同人在竢实学堂正式召开成立大会,到会签到的会员有60余人。是时恰逢暑假,不少旅外学习的无锡新学之人均回无锡参加大会,他们对地方教育会的成立寄予热切的希望,"此次到会,无不赞成"。这样,锡金教育研究会正式成立。③

会议通过了章程,选举华申祺为会长,主持会务工作。教育会内设评议、调查、治事3部,顾型为评议部部长,侯鸿鉴为调查部部长,顾倬为治事部部长,由

---

①谷秀青:《清末民初江苏省教育会研究》,广西师范大学出版社,2009,第43—44页。该书记载:锡金教育会创办于1905年6月,会长顾型,有会员121人。有误,详见下文所附《锡金教育(研究)会会长、部长和其他工作人员表(1906—1911年)》。

②《县教育会昨举行第八次代表大会改选县干事、省代表》,《新无锡》1937年4月12日。

③陶守恒:《无锡教育会沿革记略》,《无锡教育杂志》1913年1月第1期,第313—314页。有报道称,裘剑岑在建会过程中发挥了较大的作用,资料附下以作参考:"光绪乙巳,科举停罢,裘剑岑氏召集地方知名之士,开商榷会于竢实学堂,推举起草员订立会章,越月稿成,开第一次大会于勉强学堂,华申祺君以劝学所口董资格,被选为会长,各部事务亦次第举定职员担任,教育会之基础立矣。为便利事务上之进行起见,于劝学所右面建小楼二楹为会所。"参见《县教育会沿革史》,《新无锡》1918年7月15日。另,无锡地方志编纂委员会编《无锡市志》第1册(江苏人民出版社,1995,第27页)记载该会成立时间为"光绪三十一年(1905年)",误。

他们组成领导核心。①

锡金教育研究会成立之初,会所是租借的,"设教育会事务所于崇安寺"②,但因会所地方狭窄,所以,一般活动,尤其是开会,就"借竢实学堂及明伦堂为例会及大会会所",③后因原会所地方"逼仄不堪",故再向中隐院寺僧租用厅房3间,以资办公。④

光绪三十二年(1906年)六月,清政府学部颁布《教育会章程》,对地方教育会用名作出了统一的规定:"称某府厅州县教育会"。⑤故"锡金教育研究会"随即更名为"锡金教育会",时间是七月十八日(9月6日)。⑥

从1903年冬到1906年夏,在经历创建、中辍、恢复、更名之后,深刻影响近代无锡社会,促进地方教育发展,并在较大区域享有盛誉的锡金教育会,正式登上历史舞台。它与1905年建立的锡金县商会、农会并称"地方三法团",在清末民初,合力成为主导地方发展的重要力量。

二、会员与职员:第一代倡导者

据资料记载,1906年,锡金教育会会员名录如下:

胡尔霖(雨人)、吴廷槐(荫阶)、陶兆麟(介如)、华锡纶(绾言)、过文冕(冠生)、许栻(少仙)、陈作霖(湛如)、张兆熊(渭生)、蒋士荣(仲怀)、蔡养默(持志)、裘锴(剑岑)、丁福保(梅轩)、曹铨(衡之)、沈祖藩(伯伟)、顾鼎铭(介生)、黄龙骧(淡如)、侯鸿鉴(保三)、蔡文森(松如)、孙思赞(仲襄)、华申祺(实甫)、顾倬(植之)、顾型(绍衣)、华振(倩朔)、黄豹光(蔚如)、陶守恒(达三)、秦毓钧(平甫)、孙

---

① 陶守恒:《无锡教育会沿革记略》,《无锡教育杂志》1913年1月第1期,第314页。
② 侯鸿鉴:《锡金乡土地理》,梁溪文苑阁木活字本,光绪三十四年,第12页。
③ 锡金教育会:《锡金教育会章程》,1906年,第7页。
④ 锡金教育会:《锡金教育会报告》(一名《锡金教育会第三次报告》)丁未下学期,1907年。
⑤ 《酌拟教育会章程折》,《学部官报》1906年第3期,第52页。
⑥ 《县教育会纪念会记事》,《新无锡》1921年8月22日。文载:1921年8月21日县教育会召开该会第十五周纪念会,"公园路县教育会创造于民国初元,然该会之成立,则在前清光绪三十三年,寒来暑往,已越十四春秋矣。本年阴历七月十八日(即昨日)为该会第十五周纪念会之期,适值新会所再造落成之日,嘉会重逢,事非偶然,故虽秋风秋雨,而来宾之到会参观此纪念会与落成典礼者,实繁有徒也。"

第一章 清末锡金教育会(1903—1912年)

锡皋(鸣仙)、钱承驹(季常)、章鸿遇(丙嘉)、俞箴墀(德孟)、华荫榕(舲生)、张志勋(佩臣)、陶树森(伯方)、华廷(鉴远)、吴廷枢(干卿)、吴廷枚(锦如)、秦振镐(卓甫)、王永钰(醉亭)、顾猷鸿(景生)、许靖圻(定远)、吴至刚(养正)、孙国璋(蒂仲)、顾大受(与可)、顾大赉(雪鳣)、杨锺钰(章甫)、张鉴(杏村)、钱鉴莹(镜生)、吴涛(松云)、顾祖瑛(子静)、陆寿禧(小槎)、秦同培(于卿)、邹瘝荣(植甫)、华文祺(纯甫)、顾大奎(仰苏)、朱树敏(子远)、张光霁(亮时)、嵇长康(绍周)、薛雄万(仲雄)、孙荫培(景初)、孙蓉镜(荫午)、孙觐墀(季膽)、孙保圻(审懿)、汪士瀛(达洲)、陈善(献可)、周骏(渠清)、秦念淮(执中)、张汝和(泰初)、窦中正(孟敢)、杨光荣(心梅)、周公鼎(铭初)、程宏远(仲嘉)、高道源(仰山)、林锡荣(叔显)、孙靖圻(子远)、余梦龄(小禅)、范廷铨(寅伯)、周璜(雪禾)、孙光圻(曜青)、华冈(蔼人)、杨岷源(振清)、过锡昌(书侯)、顾鸣冈(蔼人)。①

以上名单共有82人。编者所见上述所引资料的文本原件,在书页名单最后,有用活字刻印的4人名字:蒋曾燠、沈寿桐、薛咏秋、钱祖勤。这明显是在该小册子付印后发现有疏漏,或又有人新入会而再新补加的。如算上他们,会员总数应为86人。这一规模在清末无锡成立的众多教育社团中是最大的。

把这份名单与1907年的会员名单作一对比,可以发现几个情况。其一,1906年入会的部分会员在1907年的名单里已经没有,初步统计,有19人之多,占全部会员数的22%,从这个比例来看,当时会员的流失还是比较大的。原因是成立之时,恰逢暑假,外出就学或教学的无锡人回乡度假,响应参会后又离开了无锡,故无法正常参加教育会的活动。其二,1907年的会员总数为120余人,考虑到退会等因素,1907年全年新增会员57人,由此可见,新会员报名比较踊跃。据记载,在1907年的第八次例会上增补会员4名,在第九次例会上增补会员5名,在第十次例会上增补会员10余名。②新会员的增加弥补了老会员流失给社团规模带来的损失,使教育会不断壮大发展。到1908年底,锡金教育会的会员总数已近200人。

锡金教育会自成立到1911年底,共产生7任会长。前3人各任职半年;自

---

① 《会员题名》,载锡金教育会编《锡金教育会章程》,1906年,第25—26页。
② 锡金教育会:《锡金教育会报告》(一名《锡金教育会第三次报告》)丁未下学期,1907年。

1908年起,"本年各职员始定为一年一任",故4年4人。建会初期,仅设会长1名,自1911年起,增设副会长1名。教育会下设治事、调查、评议3部,各设部长1人,工作人员若干人。详见表1-4:

表1-4 锡金教育(研究)会历任会长、部长和其他工作人员表(1906—1911年)

任职时间	会长	各部职员名单	备注
第一任:光绪三十二年(1906年)六月十四日起至该年年底	华申祺	**治事部部长**:顾倬 **调查部部长**:侯鸿鉴 **评议部部长**:顾型	
第二任:光绪三十三年(1907年)上半年	孙仲襄	**评议部部长**:黄淡如 **调查部部长**:章秉嘉 **治事部部长**:许械	
第三任:光绪三十三年(1907年)下半年	顾型	**评议部**:部长孙仲襄,书记周骏,评议员陶达三、沈祖藩、孙靖圻、张鉴、庄荫梧、杨岷源 **调查部**:部长蒋仲怀,书记孙国璋,调查员钱承驹、黄蔚如、吴廷枚、许械、叶荫□、张志勋、钱鉴莹、黄淡如、华振、过文冕、孙锡皋、朱树敏 **治事部**:部长章秉嘉,会计秦振镐,书记曹铨、顾祖瑛、顾鼎铭,庶务陶树森	
第四任:光绪三十四年(1908年)	蔡养默	**评议部**:部长蒋仲怀,评议员孙锡皋、黄淡如、黄蔚如、孙仲襄、钱承驹、丁福保、吴廷枚、华振、过锡昌 **调查部**:部长章秉嘉,调查员华廷辉、吴至□、孙靖圻、孙肇圻、顾鸣盛、陶达三、曹铨、周璜、秦振镐、顾祖瑛、周骏、吴廷枢、顾鼎铭、邹家麟 **治事部**:部长杨子佹,其他职员许械、沈祖藩、华荫榕、孙国璋	1908年起会长、职员任期时间由半年改为一年
第五任:宣统元年(1909年)	孙靖圻	**评议部**:部长陶达三,评议员蔡养默、秦振镐、吴涛、许械、过文冕、蒋曾烜、顾鼎铭、华镇奇、曹赞勋、曹铨、蔡浩、王廷奎、顾祖瑛、孙保鉴 **调查部**:部长孙锡皋,调查孙国璋、沈祖藩、张锡熙、顾宝琛、黄淡如、朱树敏、钱承驹、钱鉴莹、吴廷枚、华振、陆筱槎、王绍曾、陶树森、沈寿桐 **治事部**:部长黄蔚如,其他职员秦权、刘蘩耀、孙肇圻、邹家麟、周骏	

续表

任职时间	会长	各部职员名单	备注
第六任：宣统二年（1910年）	蒋仲怀	**评议部**：部长侯鸿鉴；评议员孙思赞、吴廷枢、张坚、黄淡如、周骏、顾宝琛、吴廷枚、薛锦明、钱承驹、黄蔚如、糜载南、张鉴、沈祖藩、孙觐墀、华昌寿、程宏远、王锡祺、浦应龙、秦权、孙锡皋、华振 **调查部**：部长秦振镐，调查员许械、蔡昌伦、蔡养默、龚宝瑗、孙肇圻、华廷辉、陶达三、华介珏、顾祖瑛、金声、华国均、钱珍、曹铨 **治事部**：部长陆筱槎，其他职员顾鼎铭、张锡熙、糜赞治、沈旭	
第七任：宣统三年（1911年）	顾倬	**评议部**：部长陶达三，评议员蔡养默、华国钧、程鸿昌、许械、张耀中、顾鼎铭、秦振镐、严为霖、蒋士荣、顾祖瑛、孙保鉴、荣善昌、曹铨、华廷弼、殷文炜 **调查部**：部长张鉴，调查员吴廷枚、周璜(?)、华廷辉、吴廷枢、顾宝琛、强欲治、黄淡如、顾祖瑛、龚宝瑗 **治事部**：部长孙仲襄，其他职员黄蔚如、周骏、秦权、蔡昌伦	本年添举副会长孙锡皋

资料来源：陶守恒《无锡教育会沿革记略》，《无锡教育杂志》1913年1月第1期，第313—316页；锡金教育会编《锡金教育会报告》（一名《锡金教育会第三次报告》）丁未下学期，1907年；锡金教育会编《锡金教育会报告》（一名《锡金教育会第四次报告》）戊申，1908年；无锡县政府编《无锡概览·教育》，文新印刷所，1935年5月铅印本。

7任会长的基本情况如下：[1]

华申祺（1870—1949年），字实夫（一作甫），又字实孚，无锡县人。甲午科举人。1906年任锡金县劝学所总董，同年，因为举人和总董头衔的影响，被推举担任锡金教育研究会首任会长。他对新学颇有研究，编著有《初等小学理科书》《应用本草分类辑要》等，还翻译有日本学者吴秀三所著《中学生理卫生教科书》、龟高德平著的《新体普通化学教科书》和饭冈桂太郎著的《初等实验化学教

---

[1] 人物介绍，除注明出处外，资料均引自笔者主编的《百人千书——无锡近代教育著作书目初编》所附《人物简历》。

科书》等,其中一本是与其胞弟,也同是最早参加教育会的华文祺合作的。[①]虽然他任会长一职仅半年,但对教育会贡献不小,主要是主持制订《锡金教育会章程》以及各部的附则,为教育会社团未来的发展提供了可行的操作框架。卸任后他还一度出任常州府学务公所议绅一职。1909年与顾倬、蔡文森等创办无锡女子职业学校。民国后"业医"为生[②],编有《中西痨病诊疗集》等著作。

孙仲襄(约1870—1919年),字思赞,金匮县人。1907年任竞志女学校教员。1908年,无锡教育会组织"私塾讲习所",其任国文课教员。1908年曾任锡金劝学所总董。[③]1911年被教育会聘为劝导员,1912年秋任锡金军政分府纠察科科长,[④]县公署成立后任县视学。民国初年曾任江苏省立第三师范学校教员。1918年9月,接替侯鸿鉴任无锡县立通俗教育馆经董。1919年3月任无锡私立竞志女学教员;10月,因病退职,12月去世。编有《无锡教育会外部调查报告》等。

顾型(1877—1946年),字绍衣,无锡城区人。光绪乙未(1895年)秀才。后至沪专攻理化科学,曾留学英国(一说日本)。1905年返锡后于理化研究会主讲化学博物课。民国初年,所编著的理化教科书为全国各省普遍采用。1914年,在上海中华书局顶楼、龙门师范顶楼、无锡县立图书馆顶楼,自制仪器,开通无线电报通信,为我国无线电报首创者之一。后任上海龙门师范学校教职、上海交通银行秘书多年,"一·二八"事变后退居回乡。长期从事科学普及工作,1914—1919年间在各杂志发表科普文章多篇,在《东方杂志》上有《嗅觉与性欲之关系》《飞行学要义》《免疫性》《燕窝谈》《大炮之威力》《绝对真空之利用》《火药爆发时之作用及其制法》,在《教育杂志》上有《实用主义理化新教授法》《暑假中之理化实验》,在《学生》上有《透明标本制作法》《勉学与时季》,在《中华教育界》上有《理科教材》等,甚多,著作有《飞行学要义》等。

---

① 从他译书的实情看,他应该曾接受过日文教育或有留学日本的经历,但编者没有找到相关的资料,只能在此存疑,期待再有新资料发现来印证这一判断。
② 《华实孚通告》,《新无锡》1923年3月4日。
③ 《锡金劝学所总董接办有人》,《申报》1910年1月18日。
④ 《锡金军政分府总机关部各科职员总》,载苏国强主编《辛亥革命在无锡》,古吴轩出版社,2011,第195页。

蔡养默(？—1914年)，字持志，金匮县人。1895年毕业于南菁书院。①《新无锡》载，他"精蕴国学，兼擅乐歌，从事教授历有年所，执教鞭于东林，处理校务卓著贤声"②。他还曾任竞志女校教员。③1911年任无锡县立乙种工业学校算术教师。④1913年赴苏州省立医学专门学堂就学务之职。他去世后，有文载《新无锡》称："蔡君赋性温和，热心教育，为不可多得之人才。乃天不假年，遽尔溘逝，曷胜惋惜也！"⑤关于蔡养默的资料不多，许少宣所作《挽蔡持志先生长联》或许能描绘出其模糊的形象：

中郎本儒林巨擘，十余载回翔学界，教泽长存，试思一曲琴歌，声传绛帐，数行书法，香满花笺，南国赖师资，方期共仰斗山，为吴地栽培后起，胡乃昊天不吊，顿萎哲人，夜月照寒窗，惨听四座悲号，血泪尽沾桃李树；

小子原累代通家，二三年离别故乡，感怀倍切，忆自鹅湖选胜，赠我新诗，虎阜探幽，饮余美酒，北塘还旧里，讵料难投药石，同及门哭拜先生，迄今知己云亡，空留遗迹，秋风惊落叶，怕闻诸孤痛泣，哀音写入蓼莪篇。⑥

孙靖圻(1876—1959年)，字子远，号次玄，无锡县北乡石塘湾人。⑦1896年秀才。曾参与创办理化研究会，开办竢实、东林等学堂，是无锡较早提倡新学的人物。1910年被推举为锡金劝学所总董。1911年夏，无锡、金匮两县劝学所发起组织教育研究所，他作为"劝学员长"被推举为主席。⑧他还到上海与黄炎培等人一起筹设江苏省教育会。清末民初任县视学。辛亥革命后转入政界，任无锡县民政部部长，武进、靖江等县知事。1923年任无锡商埠局坐办。著有《焦尾

---

① 高时良、黄仁贤：《中国近代教育史资料汇编·洋务运动时期教育》，上海教育出版社，2007，第840页。
② 《教育家逝世》，《新无锡》1914年9月15日。
③ 无锡私立竞志女学：《无锡私立竞志女学三十周年纪念刊》上册，1935，《校史》第2页。
④ 无锡县立乙种工业学校：《同学》，1914年11月，第1页。
⑤ 《教育家逝世》，《新无锡》1914年9月15日。
⑥ 许少宣：《悬瓢轩联语》，民国铅印本，第18—19页。
⑦ 孙靖圻：《孙靖圻自述》，载蒋士栋、丁福保等编《锡金游庠同人自述汇刊》，1932年春铅印本。
⑧ 《锡金教育研究所成立》，《申报》1911年8月27日。

集》《飞鸿集》《次玄诗草》等，1927年主编有《无锡县道计划书》。①在镇江曾有其所题江苏省会建设纪念碑文，②可见其在当时的地位与影响。

蒋士荣（1869—1929年），字仲怀，以字行，无锡县开原乡河埒口人。早年师从名儒荣作舟、赵葆钦，后潜心研习数理化。1898年受聘任竢实学堂数学教习。1904年与蒋可赞在家乡河埒口共同创办日新小学（后改名为开原乡第一小学、河埒口小学），以后又接办竞化女学并将其改名化新小学。1905年任竢实学堂校长。1907年任锡金初级师范学校教员，算学研究会教员。后任竞志女学教员。1910年任锡金教育会会长。1919年任开原乡乡董。1920年秋任公益工商中学校长。1921年8月任无锡县劝学所所长。1923年8月任国语研究会会长。1923年9月，劝学所与县署学务科合并，成立无锡县教育局，蒋仲怀任首任局长，直到1927年3月卸任。1926年，蒋仲怀在教育局设置小学指导员，并在河埒口小学推行陶行知的教育思想，10月，陶行知特来校参观，大为赞赏，写了《无锡小学之新生命》一文。1927年8月任无锡私立竞志女学校教务主任。晚年，地方推他为无锡县公款公产管理处主任、无锡县志编修委员会主任委员。1929年7月，出席南京国民政府召开的庶政会议。适值大暑，酷热异常，蒋仲怀回锡后病倒逝世。编著有《诵芬书屋算稿》《珠算详解》《普通珠算课本》《珠算增减法》《普通珠算课本》《加减乘除详解》《对数或问》《几何补编》等。

顾倬（1872—1938年），原名裕昆，字植之、述之，以字行，别号云窗，金匮县人。3岁而孤，靠母设馆课徒维持生活。5岁入塾，9岁受业于同邑名师龚叔度，14岁起因家贫而课徒自给。1893年中秀才，后就读于东林书院、南菁书院。光绪二十九年（1903年）正月和侯鸿鉴一起留学日本弘文学院师范科。1904年正月回国后任东林学堂教员，10月任校长。③后任上海中国图书公司编辑、天津直隶提学使署普通教育科科长等职。1905年与侯鸿鉴创办商余补习学校，并独立创办新民小学。1909年与友人华申祺、蔡文森合办无锡女子职业学校。宣统三

---

① 江庆柏：《江苏地方文献书目》上，广陵书社，2013，第745页；陈玉堂：《中国近现代人物名号辞典》（续），浙江古籍出版社，2001，第86页；陶宝庆：《无锡地方文献选目》，南京出版社，1992，第144页；《梅园主人谦宾记》，《新无锡》1923年3月10日。

② 陈日章：《京镇苏锡游览指南》，上海禹域出版社，1932，《镇江》第9页。

③ 无锡县立第二高等小学校：《无锡县立第二高等小学校十五周纪念录》，1917。无锡县立第二高等小学校原名东林学堂。

年(1911年)正月,江苏省立第三师范学堂创办,顾倬任监督(校长)。1919年3月兼任无锡私立竞志女学教员。1922年,出于对时局不满,辞去三师校长职务,息影家园。后迁至乡间居住。曾主编《江苏义务教育会刊》《行之小学教育月刊》。1929年冬出任江苏农民银行无锡分行经理。1935年任无锡国专教育股校董。全面抗战时避难长沙,不久病殁。编著有《高等小学国文读本》《幼儿保育法》《小学各科教授法》《初等小学修身课本》《初等小学修身教授本》《通俗教育谈》《简明单级教授法》《初等小学国语课本(改正单级用)》《江苏省立第三师范学校五周年之概况》《春晖小识》《高等小学国文课本》《学潮研究》,校订有《论理学通义》《简明实用教育学》《家事课本》《心理学》《教育史》《教育学》《初等小学女子国文教授本》《军国民读本》《幼儿保育法》,与人合著有《初等小学国文课本》《初等小学国文教授本》《国文》《江苏无锡县农村经济调查第一集第四区》等,合校有《小学劣等生救济法》等。

其间为教育会的成立和发展做出重大贡献的职员,如侯鸿鉴、张鉴等人物,将在第二章予以介绍,此处从略。

纵观这一时期教育会的会长、职员以及会员的情况,有两个特点:

一是认同新教育的传统绅士在教育会创办初期被推举充任领导,发挥了旗帜的标识作用。据《申报》报道:

锡金劝学所总董一席,兼管两邑两等小学堂二处,初等小学堂四处,师范传习所二处,简易小学堂一处,半日小学堂二处,聘请教员,指拨款项,责任綦重。本年自孙君思赞、蒋君士荣,因一年期满。申请学宪辞职。学宪以二君办理学务颇有经验,迭经批县切实慰留,以资熟手。但二君去志坚决,不可挽留,特于本月初二日,由教育会召集城乡学界中人,在劝学所集议,公推孙君靖圻、蔡君樾、孙君思赞、侯君鸿鉴四人,以视学员兼劝学所总董之任,当即函请两邑令遴选详派,现已由县选定孙君靖圻、蔡君樾接办,并详请学宪札派委任。①

上文所提到的充任劝学所总董的人选,均是教育会的重要领袖。他们虽为

---

①《锡金劝学所总董接办有人》,《申报》1910年1月18日。

传统科举浸润而获得功名,但因较早接受西方新思想,对新学有较深理解,并率先投身创办新学堂,在地方新旧转换之际,拥有较多的政府与社会资源,有较高的地方认知威信。由这样背景的他们出任教育会早期的领袖,能发挥示范作用,使新生的教育会更容易被人接受,更利于发展壮大。他们人数虽少,但号召力非常强,影响广泛。

二是留学归来的新知识分子在教育会中唱主角。王赓唐在分析无锡近代知识分子的形成时说:"近代知识分子的形成,初始阶段在数量上并不多,但多半是'新政'前后在政府派[遣]游学政策的鼓舞下出国留学的人,并由他们形成一个核心,再从这一核心向周围辐射,带动并培育了一批新型的知识分子,如此层层递进,队伍就不断地扩大开来。"[①]留日学生侯鸿鉴、顾倬、胡雨人等人均成了教育会的创立者和重要的骨干。

三、运作设计:会长制的草创

在《锡金教育会章程》制定之前,全国已有多地教育会制定了章程。如1902年,中国教育会就制定有《中国教育会章程》。[②]1903年,绍兴教育会制定有《绍兴教育会详细章程》。[③]1905年,江苏教育会制定有《江苏学会暂定简章》。[④]为规范各地日益增多的教育会组织,光绪三十二年(1906年)六月,清政府第一次颁发《教育会章程》,[⑤]这体现了政府对教育会社团这一新生力量的认可与规范,同时也为各地教育会制订章程提供了范本。对比这一时期各地教育会制订的章程,虽详略各有不同,但均清楚地规定了一个近代社团所必须具备的诸如名称与地点、宗旨与目的、会员进出、职员选举、组织设置、经费筹集、会议规则等要素内容,规划了教育会组织的运行路径。

[①] 王赓唐:《辛亥革命前无锡社会的变迁——纪念辛亥革命九十周年》,载钱江、章振华、徐仲武主编《无锡,辛亥百年》,苏州大学出版社,2011,第125页。
[②]《中国教育会章程》,《选报》1902年第21期,第25—27页。
[③]《绍兴教育会详细章程》,《绍兴白话报》1903年第13期。
[④]《江苏学会暂定简章》,《东方杂志》第2年第12期。该文与刊于《申报》1905年12月12、13号的文字有不少出入。
[⑤]《酌拟教育会章程折》,《学部官报》1906年第3期,第50—55页。

第一章　清末锡金教育会(1903—1912年)

《锡金教育会章程》之总章共分定名、宗旨、组织、职任及权限、选举与任期、事业、经济、会所及会期、规约、会场规则、入会及退会、附则等12章,计50条。[①]

总章第一章"定名"曰:"本会今遵奏定章程,定名锡金教育会。"取名锡金教育会是考虑无锡、金匮两县同城而治,事业实为一体的实际情况,这一切表明,在教育界,两县已合作一体,无锡辛亥革命胜利后,两县正式合一是顺应潮流。"奏定"的表述,使得此时成立的教育会与清末无锡其他教育社团有了本质的区别:后者大多是无政府色彩的纯民间组织,延续中国古时社团历史的传统;而前者则是将自发组织的社团主动纳入政府管理的范畴,依据政府制定的规章规范自己的活动,以得到政府的认可,并作为政府行政的延伸和补充,成为近代法定社团,简称"法团"。其标志是教育会的印鉴,据记载,光绪三十一年八月初一(1907年9月8日),新一届教育会从提学处领到"锡金教育会图章",并于该年八月十三日(9月20日)启用。[②]它与清末无锡地方成立的商会、农会一起,被统称为地方"三法团"。自此直至20世纪40年代末,不管风云变幻,在它的会务开展过程中,始终有行政管理的意志存在,只是不同的时期有不同的表现。

清廷《教育会章程》第二条"宗旨"规定:"研究本邑之教育,联络城乡各校教员,以图教育之普及、改良及进步为目的。"[③]这体现了清政府的要求。仅从文字表述作比照,它与《江苏学会暂定简章》所述"专事研究本省学务之得失,以图学界之进步"[④]的宗旨内容较为接近。它不像中国教育会希望"以教育中国男女青年开发其智识而增进其国家观念,以为他日恢复国权之基础为目的"[⑤],也不像绍兴教育会还有以"振兴实业为目的"的内容[⑥]。纵览清末创办的各级、各地教育会组织,各社团对自己的立会宗旨并不统一,同时,其指向也呈现出多元性,这是由于各地的社会背景以及参与筹建者的价值取向不一。锡金教育会在建

[①] 本节第三、四小节所引资料,除注明出处之外,均引自1906年锡金教育会编《锡金教育会章程》,恕不一一注明。《锡金教育会章程》包括了7个部分:《锡金教育会总章》《锡金教育会治事部办事细章》《锡金教育会调查部办事细章》《锡金教育会评议部办事细章》《锡金教育会名誉赞成员题名》《会员题名》《会友题名》。参见本书附录。

[②] 锡金教育会:《锡金教育会报告》(一名《锡金教育会第三次报告》)丁未下学期,1907年。

[③]《酌拟教育会章程折》,《学部官报》1906年第3期,第52页。

[④]《江苏学会暂定简章》,《东方杂志》第2卷第12期。

[⑤]《中国教育会章程》,《选报》1902年第21期,第25页。

[⑥]《绍兴教育会详细章程》,《绍兴白话报》1903年第13期。

会一开始就量力而行,专注教育,以推动地方教育发展为己任,发挥专业人做专业事的不可替代的社会作用,这使得其在日后推动近代无锡地方教育的发展过程中作出了不可磨灭的贡献。

教育会的组织架构由会员和职员组成,具体如下:

一是会员。凡愿入会者"由本会会员介绍报告会长,先任会友",然后,"由本会职员介绍报告会长,开会时提出,经众公认,推为会员"。当然,如果会员严重违反章程,可"由会长布告全体会员除名",将其清理出会。"会友"属教育会的外围成员,是会员的基础或来源,但因为不是会员,所以没有选举权与被选举权,但可以列席教育会召开的各种会议。教育会成立之初,有会友19人。这样的制度设计,很明显是立足于改造私塾,争取学堂的支持。早期教育会还设有"旁听员",凡年龄在18岁以上的师范生以及各学校学生或学界中人,能守会场规则,愿入会场旁听者,在教育会开会时,经会员介绍,可允许参会旁听,这同样是为进一步扩大教育会影响,培育后备会员的制度安排。据记载,陈献可因之前入初级师范,故告退会员,至1908年卒业,又恢复其会员资格。[①]可见会员因故可告退,也可恢复资格。1908年,教育会讨论决定"本会绍介会员,须照章先为会友,绍介书内应添入志愿入会字样",作为预备会员;另外,在会员与会友之外,还设有"特别职员",即"名誉赞成员",一般为地方绅商有协力赞助之举或慷慨捐助经费者,实质是一种争取社会支持的荣誉安排。在教育会成立之初,担任名誉赞成员的有裘廷梁、丁宝书、蔡樾、杨鼎复、唐德镇5位。在1907年召开的第三次大会上,又推举薛南溟、秦岐臣、秦穆卿等为名誉赞成员,同时因杨鼎复的请辞,注销了他名誉赞成员资格,但仍保留会员。[②]

二是职员。教育会设会长一名,下设治事部、调查部、评议部三部作为内设工作机构。治事部负责会务及内部事务安排、财务管理及对外联络;调查部负责开展调查城乡各公私立学校;评议部负责维持会员的风纪。会长、各部部长以及各部工作人员均统称为职员。早期教育会仅设会长1名,不设副会长;

[①]锡金教育会:《锡金教育会报告》(一名《锡金教育会第四次报告》)戊申,1908年。所以教育会会员名录资料中,1906年入会的陈献可,在1907年会员名录中消失,而在1908年的会员名录中再次出现就是一例。

[②]锡金教育会:《锡金教育会报告》(一名《锡金教育会第三次报告》)丁未下学期,1907年。

1911年起,县教育会增设副会长1名,并被民国以后的教育会所沿袭。教育会如按计划开会而会长不能到会,则于部长中推选一人临时替代。会长是教育会社团的灵魂和核心,直到20世纪中叶,这一职位一直由地方教育界的权威担当,充分体现了专家办会的特征。治事部、调查部和评议部3部是教育会的核心机构,承担了日常工作开展的具体事务。各部设部长1名,会计、书记、庶务等工作人员若干。从实际情况看,调查员和评议员等部员人数是随着无锡教育的发展、教育会会务的繁重而增加的,如1907年分别是12人和6人,1908年增至14人和9人。会长与各部长的任期,在1908年之前是半年一届,自1908年起,改为一年一届。值得一提的是,在锡金教育会的文书里,1906年初建时,三部排列次序依次是治事部、调查部及评议部。但到1907年底,就作了调整,为评议部、调查部及治事部。这一次序的调整,是与这一时期教育会的评议工作承担了本该由政府承担的管理学校的职能分不开的,同时管理学校成为此时教育会的重要会务。对于各部的职责,在章程之外,教育会同时还制定了《锡金教育会治事部办事细章》《锡金教育会调查部办事细章》《锡金教育会评议部办事细章》,分别有42条、45条、47条,规定非常详细,[①]这充分反映了教育会在成立之初对自身组织规范的高度重视。

定期举行会议是教育会活动的重要形式,当时称"会期",共有5种。第一种是经常会期。每月开例会一次,半年开大会一次。其中选举会每年定期开两次,由会长召集,按章程有会员大会和会员代表大会两种,但由于会员散居城乡四处,召集困难,故一般仅召开代表大会。第二种是特别会期,是指有特别事件时召集的特别会议,按提议人不同分两种:由会长发起的,可报告三部长,召集会员召开临时大会;由会员发起的,经会长许可,亦得开临时大会。第三种是全体职员会期,是指会中有需要商量的事项,随时由会长召集全体职员所开的会议。第四种是职员交替会期。于选举大会后三休沐内,新旧会长确定时间,由新旧职员参加交接。第五种是职员会期,是各部有应行商议事项,随时由各部长召集该部职员召开的职员会议。如评议部,一般召开的会议有评议员选举会、评议员组织会和评议会三种。

---

① 参见本书附录二。

在教育会开展的活动中,会议是最重要的形式。据记载,如1908年全年,锡金教育会共召开新职员组织会1次、大会1次、特别会2次、例会3次、全体职员会7次(各部职员会除外)。评议部共召开本部职员大会8次,事项涉及选举、商榷会长告退事、评议本部会员及教员开演文明新剧事、评议本会调查之各校事等。①平均每月均有会议,会务之繁忙可见一斑。

在教育会会务中,选举是一个重要环节,按规定会长由"全体会员投票选举",治事部、调查部、评议部三部部长在"选定职员后由各部职员在本部中投票互选"。治事部、调查部两部的职员,"由会员投票举定后,再由职员分部投票互选";而评议员,"由全体会员在会员中分区投票选举,每一区一人,宁缺毋滥"。由此可见,会长由全体会员直接选举,其工作也是对全体会员负责。各部部长的选举分两步,先由全体会员选举各部职员,再由当选的职员,互推选举各部部长。而评议员则是分区选举,以利日常评议工作开展。

在清末,地方政府因机构简陋,无力全面承担管理地方教育的责任。在此背景下,教育会在开展的具体会务中,有代行行政之权的情况,如章程规定,校长、教员或相关人员有以下4种情况教育会要给予奖励:"任事最劳者""效验最著者""特别独捐巨款或筹集巨款者""道德上、教授上、办事上足为人模者"。奖励方法是"由全体会员公赠"各等徽章一具。反之,则有权加以惩罚。

初建的锡金教育会制定了一套较为完整可行的运作规程,尤其是对会员权责的公平,会长选自会员又受制于会员等,均符合近代社团的基本理念。同时也表明,锡金教育会已完全不同于清末的其他传统社团,而成为具有新时代特征的近代社团。从其之后的发展情况看,直至民国年间,教育会基本保持这一特质,只是根据时代的不同,一些表述更加完善。如在1907年下半年举行的第九次例会上对章程加以修改,主要内容涉及"添收所得税""添举检票员""职员任期改一年""减少治事部职员""改正评议员""改进选举办法"等。②

---

① 锡金教育会:《锡金教育会报告》(一名《锡金教育会第四报告》)戊申,1908年。
② 锡金教育会:《锡金教育会报告》(一名《锡金教育会第三次报告》)丁未下学期,1907年。

四、经费收支:社团账略

经费收支反映社团的经济侧面,是社团活动的重要内容,也是其社务开展的重要保证。通过对锡金教育会收支情况进行分析,可了解其创办之初的运行状况。现存1907年到1911年间两年半的四柱总结表[①]如表1-5:

表1-5　1907年下半年及1908年、1911年全年锡金教育会四柱总结表[②]

四柱	1907年下半年	1908年(全年)	1911年(全年)
旧管(上期结存)	洋104.483元	洋122.887元	洋325.1元;宾兴款钱1万千文(存各典户)
新收(本期收入)	洋327.351元	洋1004.162元;钱1万千文	洋755.612元(遗族扶助金在内)
开除(本期支出)	洋308.347元	洋847.551元	洋734.807元
实在(本期结存)	洋122.887元	洋279.498元;钱1万千文(内由劝学所转入本会宾兴款项除存各典户外)	洋309.07元;宾兴款钱1万千文(存各典户);遗族扶助金洋36.835元

资料来源:锡金教育会编《锡金教育会报告》(一名《锡金教育会第三次报告》)丁未下学期,1907年;《锡金教育会报告》(一名《锡金教育会第四次报告》)戊申,1908年;《锡金教育会报告》辛亥秋冬季,1912年2月。

按照《锡金教育会总章》第七章"经济"的规定,锡金教育会的经济来源有三种:第一是"经常费",即会费,由会员每月参加会议时当场缴付,最初规定每人

---

①"四柱结算法"是我国古代的会计结算法,亦称"四柱清册"。所谓"四柱"是指旧管(相当于"上期结存")、新收(相当于"本期收入")、开除(相当于"本期支出")、实在(相当于"本期结存")四个部分。"四柱结算法"把一定时期内财物收支记录,通过"旧管+新收=开除+实在"(即上期结存+本期收入=本期支出+本期结存)这一平衡公式,加以总结,既可检查日常记账的正确性,又可系统、全面和综合地反映经济活动的全貌。

②说明:原资料是农历纪年,为方便表述,现转用公历。1907年下半年实在数,原文洋122.887元,笔者重计为123.487元。考虑到1908年旧管项也用前数,且差异不大,故上表未作修正。表中的"宾兴"是指"专门用于无偿资助考生参加各类科举考试的公益基金"。在明清科举社会,尤其是清代,各地均有这笔基金。其资金来源主要是地方官方财政拨款或民间士绅捐赠,用于场景布置、戏剧演出、宴请酒水、赴试路费等。根据毛晓阳的考证,宾兴有多种释义,主要有六种含义。参见毛晓阳:《清代科举宾兴史》,华中师范大学出版社,2014,第19—34、116页。

银两角;第二是"特别费",是在教育会有特别用款项目时临时筹集;第三是"赞助费",即由名誉会员随时赞助教育会的资金。[①]1907年下半年和1908年全年,锡金教育会的收入,即"新收"的具体情况如表1-6:

表1-6 1907年下半年和1908年全年锡金教育会收入表

1907年下半年收款项		1908年全年收款项	
项目	金额	项目	金额
林虎保先生捐助	40元	尤惜阴君(特别捐)	30元
劝学所津贴	132元	丁慕韩君(特别捐)	3元
各会员会费	小洋951角(如折大85.59元)	张轶殴[欧]君(特别捐)	3元
华叔衡先生捐助	8元	各会员会费	190.006元
顾倬先生捐助	11.644元	宾兴款项	钱1万千文
侯鸿鉴先生捐助	9元	调查会移交	2元
劝学所(贴还劝宣员外资饭食半费)	37.516元	旧治事部移交(装订报告费)	2.3元
信成银行存息	3.034元	张鉴、华蒻人君上年劝宣□剩费	1.31元
游戏器械出借税	0.558元	游戏器具(租息)	0.744元
游戏器械出借损失赔偿(纱球1个)	0.009元	调查会贴印刷墨油	0.2元
^	^	春夏两季宾兴典息	387.722元
^	^	秋冬两季宾兴典息	377.655元
^	^	达源庄另款利息	6.225元
合计	327.351元	合计	1004.162元;钱1万千文

资料来源:锡金教育会编《锡金教育会报告》(一名《锡金教育会第三次报告》)丁未下学期,1907年;《锡金教育会报告》(一名《锡金教育会第四次报告》)戊申,1908年。

从表1-6可知,1907年下半年教育会收入项目以金额多少为序,分别为劝学所津贴、会费、捐助、银行存息及出租器械收入。锡金劝学所成立于毁学风潮后,按照当时的制度设计,它的职责是主管地方学务,为地方教育行政的主导机

[①] 锡金教育会编《锡金教育会章程》,1906年,第7页。

第一章 清末锡金教育会(1903—1912年)

构,而教育会则是以发展地方教育为己任的辅佐社团。至于侯鸿鉴所设想的"盖教育会与劝业所,一为教育立法部,一为教育行政部,其机关固互相联助者也"[1]在当时并没有实行的可能。因此,劝学所对教育会的津贴,实质是一种行政拨款,其数量超过了教育会总收入的40%,这对教育会而言是一笔重要收入。值得注意的是,在次年教育会的收入项目中此款项就不再出现,可见其属于临时拨款而非经常性拨款项目。1907年,"锡邑所有调查会及教育会的调查会全部并入教育会调查部,统一开展工作",私塾改良会另聘专员,由教育会与劝学所同办,兼任宣讲之事,其所需费用由劝学所筹措500元,"为劝导员薪俸饭食舟资等用",[2]因此这笔款项应算作劝学所对教育会承担地方教育调查工作及聘用劝导员的一种补偿性支付,而政府定期、定额补助教育会活动经费机制要至民国初年才形成。

锡金教育会在成立之初的章程中规定,会员每人每月缴会费2角,半年每人缴12角。丁未年(1907年)下学期共有109人缴纳会费,例外的也有,如裘剑岑缴了2元,而过书侯缴了16角,但当时就注明"余4角入明年会费",故实际仍然是当期缴了12角,余下的是预付下期的会费。以12角除1907年下半年所收小洋951角的会费总数,理论上讲,约有80名会员足额上缴了会费,考虑到存在个别人多缴、少数人缓缴或不缴的情况,[3]这一收入项目与会员的总数[4]还是基本吻合的,说明教育会成立之初,会费缴纳总体比较正常。另外,教育会也接收捐助,但数额并不多。为增加收入并满足学堂办学之需,教育会还购买了一些游戏器械,供学堂租借使用,所以在收入栏目里有"游戏器械出借税"及"损失赔偿"的记载。这事得到经费不足的学堂的欢迎,故借用很是频繁,可谓一举两得。为规范借用行为,教育会"特订立章程,以方便提供各学校借用"。[5]

1908年教育会的收入情况,最大的特点是劝学所停止发放津贴后,增加了"宾兴"的划拨项目,由此教育会新增了"宾兴典息",每年取息使用,成为教育会

---

[1] 侯鸿鉴:《锡金乡土地理》,梁溪文苑阁木活字本,光绪三十四年,第12页。
[2] 锡金教育会:《锡金教育会报告》(一名《锡金教育会第三次报告》)丁未下学期,1907年。
[3] 如有少数人补缴月捐4角、8角、12角不等,估计是错过了正常缴纳时间,或新入会后的补缴。
[4] 据记载,教育会6月底发展了8名会员,8月底发展了4名会员,10月底发展了5名会员,到1907年底,锡金教育会的会员规模应该在100人左右。
[5] 锡金教育会:《锡金教育会报告》(一名《锡金教育会第三次报告》)丁未下学期,1907年。

经费稳定的来源。在清末,无锡和金匮两县称该款项为"宾兴公项"。太平天国战争爆发前,宾兴公项"有制钱一万千文,邑人孙元楷经管"。战乱期间,款项多不明晰,到1864年,基金规模较战前减少了近三分之二。到1871年,邑人秦赓彤、杨宗濂等复请扩充该项经费,"乃于厘金项下拨给钱三千六百千文,存典生息"。①到20世纪之初,将传统的宾兴挪注于新学的做法各地已有先例。②裘廷梁在谈到"县教育费"时曾说:"东林书院产业及基本金、宾兴田租及基本金,两邑尊东林、竢实冬漕捐,小课捐及由县带征之各项附加税,皆属之。据本年劝学所预算岁入,连闰约一万元。此项为城乡公共之款,亦即锡金二县公共之款。"明确了传统宾兴为新学经费的定位。当然,宾兴款项的划拨,也是经过一定程序的,"由学宪批准,以宾兴典息拨充经费"。③在各方请求下,经清廷江苏提学使批准立案,1908年农历八月起,锡金宾兴款项"全数拨入会中,存典生息",以每年典息960千文(约折合洋1000元),作为教育会常年经费。④所以,在教育会戊申年(1908年)的收入表中,有收宾兴款项钱1万千文的记录。另有春夏两季宾兴典息387.722元,秋冬两季宾兴典息377.655元的记载。这两笔钱占到教育会全部收入的76%,可见作用巨大。一向节俭的教育会,原来无人驻会处理会务,终于在这一年,得以延请一人专职驻会办公。⑤当然,会员缴纳会费还是不可缺失的,故对有不能即缴者,由会计派人催收,如满三次不能收到,即根据情节,予以包括劝诫、诘问、夺权、除名方式在内的处理。对于在外地任事或游学的会员,要求在参加大会时缴纳,或于暑假及年假归里时缴付。⑥比较两年的收入情况,1908年因为有了宾兴典息,教育会收入大增。

有一个值得注意的现象,教育会的宾兴款项,总数1万千文,所存典户却十分分散,详见表1-7:

---

①裴大中、倪咸生等修,秦缃业等纂:《无锡金匮县志》卷六《学校志》,光绪七年刻本,第19页。

②如瓜州等处圩田共1000余亩为宾兴公款,1905年有陈姓人氏,"私将款项肥己",结果,激起众怒,"为通邑三百余人控于各大宪衙门,上宪访知陈实无赖之徒,遂将此田归入仪征小学堂"。而1906年,镇江丹徒县也将宾兴公款移拨兴办各乡蒙学。参见《宾兴田拨入学堂》,《申报》1905年8月14日。

③裘廷梁:《锡金均教育费私议》,《申报》1909年6月25日。

④《县教育会沿革史》,《新无锡》1918年7月15日;锡金教育会:《锡金教育会报告》(一名《锡金教育会第四次报告》)戊申,1908年。

⑤锡金教育会:《锡金教育会报告》(一名《锡金教育会第四次报告》)戊申,1908年。

⑥锡金教育编:《锡金教育会章程》,1906年,第6页。

表1-7 锡金教育会宾兴款项存各典户细数

典户名	存款数/千文	典户名	存款数/千文	典户名	存款数/千文
济通	200	西泰	300	元泰	500
济通	200	公顺	300	保裕	500
济通	200	保大	500	豫泰	300
济顺	700	德大	200	德生	500
济顺代	500	保泰	900	元吉	300
豫兴	300	永裕	300	保康	500
宝源	400	通源	300	保康代	300
允济	200	保滋	500	保和	500
允济	300	润通	300		

资料来源：锡金教育会编《锡金教育会报告》(一名《锡金教育会第四次报告》)戊申，1908年。

这笔钱不算巨款，却分存于20余家典当，[①]最多的一家存3笔，一般各存1笔；每笔存款最多900千文，最少仅200千文。1911年，依然是合计钱1万千文，存了26家典当，"利折二十六个"[②]。其中的原因推测有二：一是当时教育会与典当间存在某种利益默契，平衡照顾各方关系；二是为了防范风险，避免将鸡蛋放在一个篮子里，以求基金的安全。但是，这样过于分散，一方面增加了手续的繁琐，另一方面依然有钱庄变动的风险存在。所以，是否有平衡某种关系的考虑，尚待新资料的发现。

1907年下半年和1908年全年锡金教育会经济支出情况见表1-8：

表1-8 1907年下半年及1908年全年锡金教育会支出表

1907年下半年支出项		1908年全年支出项	
开支项目	金额/洋元	开支项目	金额/洋元
事务所房租	18	算盘1把(司人会计用)	0.24
事务所书记修	30	名戳匣2只(洋铁)	0.18

[①] 清末无锡的典当行，除了承揽抵押借款业务外，也同时开展存款付息业务。
[②] 锡金教育会：《锡金教育会报告》辛亥秋冬季，1912年2月。

续表

1907年下半年支出项		1908年全年支出项	
开支项目	金额/洋元	开支项目	金额/洋元
事务所会计兼庶务修	40	铜锁1具(司人会计用)	0.09
事务所听差工资	4.808	铜书证1个	0.225
事务所年终赏听差	1	铜墨匣1只	0.315
事务所会计及听差饭食	20.364	雨伞2把	0.35
开会日饭食	0.878	印色缸1只	0.1
经常调查员舟资饭食	27.377	仁朱缸1只	0.075
特别调查舟资饭食	1.453	月牙式黑漆牌1块	2
调查简表雕板	0.77	漂白布台单1条(连做)	1.628
印刷调查详简表	1.023	元竹布手巾1块(连做)	0.22
华倩叔先生(上教育谈话课舟金)	2	茶叶瓶1个	0.06
顾倬先生(上教育谈话课火车费,连前学期)	10	洋铁板大、小两块,铜笔管3个	0.165
侯鸿鉴先生(上教育谈话课火车费,连前学期)	9	《游庠续录》1本	0.072
华叔衡先生(上教育谈话课火车费)	8	明伦堂开会(听差工零星费)	0.862
毛边纸(印讲义及决议事件用)	6	代表谘议(会长赴申车费、华绅到所轿费)	2.584
劝导员、宣讲员舟资饭食	75.033	会长到荡口(果育学校考试毕业贴船)	1.192
劝导私塾告示雕板	2	贴城乡联合游艺会各费	4.931
印刷告示及裱工	3.782	《白话报》主笔薪水	30
调查私塾雕板及印工	2.396	《白话报》印运费	89.58
小黑板(劝导员用)	2	雕会员姓字戳(177个)	2.147
班关纸(即旧时印刷告示用纸——编者注)	2.16	铅印修改《章程》	2.3
模式课台两张	0.44	印传单、收条、表册、票等	3.19
黑漆牌4块	1.088	毛边纸、蜡纸、墨油、膏棍等	20.511
添置零件	2.067	装订上年报告、本年表册等	3.053
笔墨纸张	4.225	邮票信力	14.163
原纸墨油	3.7	各乡经常调查费	36.974

续表

1907年下半年支出项		1908年全年支出项	
开支项目	金额/洋元	开支项目	金额/洋元
补付前学期用墨油（少仙先生手）	0.712	特别调查费	5.683
邮票信力	5.856	贴上年调查会	10
印刷各件	1.735	劝宣传单（木板1块计0.3元，与劝学所各任）	0.15
《蒙师箴言》89本	3.118	劝宣传单（印2000张计2.3元，与劝学所各任）	1.15
添置书籍	1.009	锡劝宣告示费（共3.34元，与劝学所各任）	1.67
油火、茶水	1.926	各乡劝导船饭费	75.065
杂支	2.291	各乡劝导信力	1.788
开会日赏竢实听差	0.815	送私塾改良书籍	43.455
补付前学期谈话课赏竢实听差（少仙先生手）	0.361	表册、课卷（私塾用）	4.839
印刷报告纸张及装订费	7	文字课私塾奖品	19.15
		事务所房租	35
		劝导员薪水	180
		会计、书记薪水	148
		听差工钱连节赏	21.527
		司事、听差饭食	60.73
		簿籍、信纸壳、笔墨、纸张	6.932
		修钟、配书橱玻璃、裱图等	1.92
		煤油、灯笼、灯草、壁灯等	8.611
		茶、炭、颜料、耗水零星等	4.674
合计	308.347	合计	847.551

资料来源：锡金教育会编《锡金教育会报告》（一名《锡金教育会第三次报告》）丁未下学期，1907年；锡金教育会编《锡金教育会报告》（一名《锡金教育会第四次报告》）戊申，1908年。

从表1-8可知，教育会的经费支出大致分为五类。第一是工作人员薪金，此为大头，1907年占了约30%，1908年占了近50%。当然，教育会职员是不取报酬的，但会所听差、书记、会计、庶务等的薪水、饭食、节赏等是不能少的；另所聘调查员、劝导员也要给予一定补贴。第二是编刊《白话报》费用，《白话报》是教育会编辑出版的刊物,1908年,支付主笔薪水和印刷、运输费用约120元。第三是补助各项活动,主要是用于讲演、调查、改良私塾、劝导宣传、游艺会等,约占40%,其中以改良私塾为重,1908年,仅送私塾书籍就有43.455元,奖品近20元,劝学员舟船、饭食费有75元,由此也印证改良私塾是清末教育会的主要工作。第四是会所场地租金,1907年下半年付18元,1908年全年付35元,这一局面直到民国初年自建会所后才彻底改变。第五是零星办会费用,该项支出相当有限。

总体而言,清末草创的锡金教育会"经费奇绌",说得明白些是经费的来源与所想做的事业不匹配。所以在宾兴款项外,教育会又特与劝学所经董协商,希望争取拨申捐归教育会用以会务,当时尚未有结果,从后来《申报》的报道看,这一提议获得了同意。另外,将儒寡会的公积归教育会经理,除旧有对象照给外,添加教员遗族补助,并设法扩充本金,"以垂久远"。[①]1911年,教育会将旧余会费作为会员遗属挟助金,并减收会费。[②]这反映了锡金教育会在经费困难的背景下,对生活艰难的会员遗族等给予相应关爱的努力,借此凝聚起会员的合力。进入民国以后,这一做法成为教育会社团的优良传统,得以延续。

锡金教育会建会之初,为了有效、合理地使用经费,制订了较为严格的财务制度,《锡金教育会治事部办事细章》中规定,财务文书建有《半年预算表》《会费簿》《收支簿》《月结簿》《决算表》等,分别反映经费预算安排、会费缴纳、日常收支、每月使用、半年度决算等情况。教育会每半年或一年有经费预算,经会员大会通过后执行。列入预算的经常费项目,由相关分管事务部长签发,再由会计支付;如系特别支出,则由部长报告会长,经一定形式集议后筹措。全部财务收支情况是公开的,如锡金教育会于1909年春召开全体职员会,曾议决:"本会支款,向须年终报告,现议按月造决算表,悬挂事务所门首,以示大众。"[③]

总而言之,锡金教育会以章程为中心的制作安排,保证了自身的规范活动,对周边各城市教育会也有影响。如常州成立教育会就参照锡金教育会的章程内容制定了本会的章程。[④]

[①]锡金教育会:《锡金教育会报告》(一名《锡金教育会第三次报告》)丁未下学期,1907年,第2页。
[②]陶守恒:《无锡教育会沿革记略》,《无锡教育杂志》1913年1月第1期,第315页。
[③]《教育行政上议事机关》,《申报》1909年5月8日。
[④]《常州:教育会之组织》,《神州日报》1907年10月5日。

第三节 教育会的教育活动

锡金教育会初创的会务设想集中体现在其编订的《锡金教育会总章》第六章"事业"里,从实际的开展情况来看,除了教育杂志的编发延迟至民国初年创办外,其他所提各项内容均有序尝试和推进,重要的有以下几项。

一、开展学务调查:视察与监督

早在锡金教育会成立之前,地方上就成立有调查会,从事教育事业的调查。[1]最初主要从事调查旅外学人的基本状况,以便联络。锡金教育会成立后,其内部设有调查部,为内设3个机构之一,由侯鸿鉴担任第一任部长,调查会就不再单独活动。

调查部成立后,教育会将调查的重点转移到地方教育之上,坚持每学期对城乡学校开展一次调查,在此基础上,再编写《城乡学校一览表》,附入教育会每年所编的《锡金教育会报告》中。到1908年,教育会职员任期由半年改为一年,故决定《城乡学校一览表》也改作年终编发一册。从1908年春刊印的《锡金教育会调查城乡学校一览表》来看,该小册子记载保存了1907年底无锡、金匮两县88所男校、13所女校以及包括手工传习所、算学研究会、理科乐歌补习所、夏期法政研究会、女子理科研究会等5所社会办学机构的名称、地址、教员姓名、学生数等信息。可见,当时学校在两县城区以及城外四乡已广泛分布,近代无锡教育相较全国其他地区起步早,有此为证。

教育会的调查内容,并不止于学堂的基本情况,更在于明了情况,以作纠正。在学务处初建,行政力量有限的背景下,与调查相随的是行使对学校和教员的管理权,教育会"每半年调查城乡各学堂,评议其优劣"[2],所以它的"要旨"是"专调查城乡各学校教授上、管理上之各事件,以图教育改良"[3]。担任调查员

---

[1] 陶守恒:《无锡教育会沿革记略》,《无锡教育杂志》1913年1月第1期,第313页。
[2] 侯鸿鉴:《锡金乡土地理》,梁溪文苑阁木活字本,光绪三十四年,第12页。
[3] 《锡金教育会调查部办事细章》,载锡金教育会编《锡金教育会章程》,1906年,第15页。

的均是学有专长的地方教育专家,他们到学校关注所设课程、学生在校时间、人员设施、教学管理等情况,指向办学规模和业绩。调查的具体情况见表1-9:

表1-9　锡金教育会调查学校内容表(1906年)

分类	调查事项内容
教学科目	1.初等第一、二学年凡四科:(1)修身,(2)国文,(3)算学,(4)游戏(运动、乐歌); 2.初等第三、四学年凡八科:(1)修身,(2)国文,(3)算学,(4)历史,(5)地理,(6)图画,(7)体操,(8)乐歌; 3.高等四学年凡九科:(1)修身(讲经附),(2)国文,(3)算学,(4)历史,(5)地理,(6)理科,(7)图画,(8)体操,(9)乐歌,(10)英文(随意科)。
在校时间	1.初等第一、二学年,每周不得过24小时;第三、四学年,每周不得过30小时; 2.高等第一、二学年,每周不得过33小时;第三、四学年,每周不得过36小时。
学校情形	1.教员(正教员、副教员); 2.学级(单级、多级); 3.课堂(多开窗户、流通空气、注意洁净); 4.操场(宜宽广、宜种浅草、宜围竹篱); 5.校具(风琴、地图、黑板、粉笔、时钟、课台、名戳、标本、点名册、叫人钟、记过牌、教习台、分数簿、罚过牌、各种规条、各种报章、参考书籍、游戏器具、理化试验器、课程时间表)。
教授法	1.教授不宜贪多,宜求通贯、求熟记; 2.教授宜注意复习,如多数不记忆、不通贯,应即复讲; 3.作文次序:(1)拼字,(2)嵌字,(3)作短句,(4)作短笔述,(5)白话翻文言,(6)伸短作长,(7)节长作短,(8)仿调,(9)授意义,格局自定,(10)只将题目讲明,一切听其自行经营; 4.教授时,宜并留心训练学生,稍有不规则之举动,即宜多方惩戒。
管理法	1.整理秩序,出入严肃; 2.奖励其勤而优者,分言语奖励、名誉奖励、品物奖励三等,奖励宜多于惩罚; 3.惩罚其惰而劣者,体罚宜除,酌扣分数,不堪造就者开除; 4.考试分月考或季考、学期考、年考。
学校卫生	1.校舍之位置; 2.课堂之光线及空气; 3.桌椅之构造及距离; 4.服装之合度与否。

续表

分类	调查事项内容
调查规则	1.调查员须束身自爱,确守规则; 2.调查时,须和婉亲厚,不得有粗莽骄矜之状态; 3.调查事件,务须周详审慎,得其真相; 4.调查各校时,须照该校参观规则,如有应行询问事宜,不得于上课时搀入; 5.调查各校时,如有款留膳点,概行谢绝。

资料来源:根据1906年锡金教育会编《锡金教育会章程》第18—19页所刊《锡金教育会调查部办事细章》整理。

这样的调查,是教育会集体有计划、有目的组织开展的。如宣统元年(1909年)初,锡金教育会开会讨论:"本会春季向由调查员分赴城乡各校调查一周,以评优劣,现应照常出发。"[1]教育会规定:"调查员专任调查城乡公私各学校,该校如于教授上、管理上种种事项竟有大相背谬者,准由调查员录其事实,报告本部部长,经部长报告会长,交评议部评议,调查员于调查时并无纠正之责。"[2]在光绪三十三年(1907年)十二月初一日"调查各校表交评议部",初九、十六日两次开会,由调查部"综合各校办理情形",递交评议部议决奖励18校(师范、惠北、三等、果育、□文、竢实、始功、北塘、东林、秦氏、勉强、泾皋、济阳、养基、蓉阳、□□、竞志、鹅湖),惩戒9校(养明、万家坦、蓉湖毓秀、夏苍蒙学、志成、振中、开明、雨化、振新)。[3]在光绪三十四年(1908年)六月二十四日和八月二十五日召开的第五、六次评议会上议决:"调查时未见教授法、管理法者凡十六校,应请会长交调查部复查,等汇齐后,再行评议。"在十二月十二日召开的第七次评议会上,续议调查各校事议决:"各校详简表,由本日到会之职员分任携归,评阅加金,再约日开会,公同判决其应奖、应惩者。"在十二月十七日召开的第八次评议会上,再续议调查各校事,议决:"据调查部报告,综核各校办理情形,得应行第二种奖励(会场宣告)者二十七校(惠北、泾皋、东林、养基、师范、斗西、胶南、模范、城北、补公、勉强、方泉、城东、溪北养正、城南、果育、求我、秦氏、城西、竢实、

---

[1]《教育机关之补助》,《申报》1909年4月21日。
[2]《锡金教育会调查部办事细章》,载锡金教育会编《锡金教育会章程》,1906年,第15页。
[3]锡金教育会:《锡金教育会报告》(一名《锡金教育会第三次报告》)丁未下学期,1907年。

理科学校、竞志、进群、济阳、鹅湖、翼中、莲溪幼稚),第一种惩戒(通函劝戒)者六校(明德、三兼、先声、雨化、又新、江陂),应请会长分别施行。"①

民国初年,有人回忆说:"会中经常[派]调查员分途往城乡公私各校调查,缮就表册,报告会中,由职员审查其优良者,开大会时当众奖誉,腐败者施以惩戒。一时声势煊赫,固以代议机关而操褒贬之权者也。及后设置县视学员,而此制遂废。"②讲的就是这事。有学者分析清末教育会时论及:"在清末推行新政的过程中,教育会还将活动空间扩展到本应由政府部门运作的领域。在教育行政上,它们承担了更多的公共职能,所起的作用已经超过了'辅助'的范围。"③"活动空间"的拓展,在清末教育会的活动中是普遍存在的,这是在清末县级教育行政尚属软弱,县级视学制度尚未落地的背景下对行政空间的填充。这一情况实际上是在清末新学堂大量涌现的背景下,政府、社团与学校三者作用发挥与关系协调的一种新尝试。

二、组织教学活动:发挥专长

教育会是教育人的集合团体,以发展教育为目的,其最基本和核心的影响力体现在教育的专业领导力上。清末,政府教育体制改革的新政尚处酝酿草创之中,作为新型社团的教育会,其会务也处探索阶段,除了开展对地方教育的调查外,更多的是通过持续的开办讲座、培训师资等,宣传新学,普及新知,辛勤耕耘。

早在教育会酝酿过程中,蔡文森等就纠集同志,创办理化研究会,延请日本人藤田教授物理、化学、生物学,社会报名踊跃。教育会成立后,为解决小学体育教师缺乏问题,创办小学游戏体操传习所,延请松江唐靖臣教授普通操、瑞典式操及低年级游戏等科。④为解决小学手工教师缺乏问题,创办手工传习所,延请华廷辉、陆福培教授纸工、竹工、金工等科。为提高一般教师的教学水平,光

---

① 锡金教育会:《锡金教育会报告》(一名《锡金教育会第四次报告》)戊申,1908年。
② 《县教育会沿革史》,《新无锡》1918年7月15日。
③ 陈敏:《论清末教育会学务活动空间的扩张——以江苏省教育会为例》,《教育评论》2008年第6期。
④ 陶守恒:《无锡教育会沿革记略》,《无锡教育杂志》1913年1月第1期,第314页。

绪三十三年(1907年)创办教育谈话会,会长由顾型兼任,每星期一次,利用业余时间,延请侯鸿鉴、顾倬、过文冕、华国铨等讲授教育学、教育史、教育制度、教授法、心理学等课程。为推行小学单级教学,宣统元年(1909年)创办单级教学讲习会,延请俞子夷先生为讲师;①同年暑期,教育会聘张鉴任劝导员,开办单级教授讲习会,仍请俞子夷任教,听讲者达70余人。②

考虑到"良以求学者如绅界、如商学界,每苦无多闲暇,而乡镇人士势不能相率城居,舍职业而沈浸于学"的实际情况,教育会把培训范围扩大到绅界、实业界、商界,自城区到乡村,不仅自己独立举办多种培训班,还与劝学所、商会等政府机构、社团联合办理。1909年三月,教育会联合劝学所、商会等,共同成立锡金法政讲习会。该会由秦晋华、蔡文森介绍日本早稻田法政毕业生周仲荫、日本法政大学卒业生潘砚生为讲员,并由秦晋华编纂讲义,约请他们由上海来锡,"约两周一至,以惠桑梓"。其宗旨是:"钦遵谕旨预备立宪,使全邑绅商学界明习法政。"听讲资格:"年在二十岁以上,文理清通,小染嗜好者。"开设宪法、经济学、行政法、刑法、咨议局章程、民法、城镇乡自治章程、商法、法学通论、财政学。每期时间为一年,每周八时,周六午后三时,周日五时。③讲习会开办后,"一时就学者颇为踊跃,约共一百四十余名"④。

在锡金商会会长华文川的请求下,教育会还联络商界,协助商会立足于提高商店青年学徒文化知识的需要,借竹场巷钱业、丝业公所为校舍,开办商余补习学校,每日晚间授课2小时。⑤从这些活动可以看出,教育会自开始就面向社会,服务地方,推进地方自治,开展民众教育、实业教育、社会教育,为日后教育会会务的全面深化延伸,开创了先例。

教育会也关注教育的联动发展,如侯鸿鉴就倡议地方各学校联合办学。

锡金教育会里侯君保三,倡议联合城乡各学堂,开联合学艺会,请各学堂的

---

① 侯鸿鉴:《无锡教育沿革大略》,《无锡教育杂志》1913年1月第1期,第312页;李康复:《解放前的无锡教育会》,载《无锡文史资料》第15辑,1986,第113页。
② 陶守恒:《无锡教育会沿革记略》,《无锡教育杂志》1913年1月第1期,第315页。
③《锡金法政讲习会之成立》,《申报》1909年3月2日。
④《法政讲习所补讲民法》,《申报》1909年7月30日。
⑤ 李康复:《解放前的无锡教育会》,载《无锡文史资料》第15辑,1986,第113页。

代表在劝学所商量办法,赞成这件事情的,有三十几处学堂,大约就要举行的。这件事做起来,在我们锡金地面上关系狠大,一件是各学堂借此联络,交通声气,化除界限;一件是各处学堂,经这一大番观摩,在日后学艺上,不知要振起多少精神,在日后交际上,不知解去几多嫌忌;一件[是]学生父兄,也受些振动,渐渐的想到帮助学堂,把子弟留心着,时刻鼓励鼓励;一件是地方上看了我们学界里做出这件美事,各人顾着各人的意思,也要放开些,将来地方上办起公事来,就有进步了。①

教育会还十分重视社会舆情,在每年编印的会务报告中,设有《来函摘要》专栏,将一些有价值的来信建议予以刊登,以供教育同行参考。如1908年在会务报告里就刊登了几则来信编摘。其一,有位侯雪农,基于地方一些考生,因视力不好而无缘外地学校录取,故提出其原因是就读学堂房屋庭院太小,光线不佳和少时喜戴眼镜,建议今后选择校舍,用房及庭院宜求宽广向阳,并严禁幼童看细字书,劝人勿轻易戴眼镜。其二,华玉梁推荐《暂行兵操法》一书,大力呼吁提倡开展兵式体操。另外,他发现无锡各学堂学生外出都不穿制服,认为学生统一着制服,有利于规范学生行为;万一发生意外,也便于外人识别;学生路途相遇,更便于相互招呼,培养注重礼貌的习惯,故建议地方学堂的学生应统一着装外出,以利教育。②1907年下半年,在一次教育会的会议上,还曾讨论议决各校体育教师上课时"须一律穿着操衣,以资表率"等议题。③上述内容,均非国策宏论,却事关教育细节,点滴的改变是可为也是易行的,这充分反映了教育会在新教育推进过程中的务实作风。

教育会开展的不少活动是与劝学所联合组织的,除了常规的办学外,宣统二年(1910年),还组织地方新学堂参加在南京举办的中国历史上首次以官方名义主办的国际性博览会——南洋劝业会,"印刷征集出品传单,分送各学堂",并要求学堂对送展作品登记目录上报,"计学校用品五十八件,历史地理图一百零二件,图画、习字、手工成绩五百零五件,动植物标本二百五十七件,刺绣三十七

---

① 《要闻·本邑要闻》,《白话报》(锡金)1908年第1期,第11页。
② 锡金教育会:《锡金教育会报告》(一名《锡金教育会第四次报告》)戊申,1908年。
③ 锡金教育会:《锡金教育会报告》(一名《锡金教育会第三次报告》)丁未下学期,1907年。

件,造花四十二件,书籍一百九十七件,学校摄影三十三件,统共一千二百三十一件,尚有不及造送各学堂甚多"。《申报》评论:"该两县①教育出品之盛,诚可谓首屈一指矣!"②由教育会送展的作品,充分反映无锡地方新学教育取得的成果,提高了无锡教育的知名度。宣统二年(1910年)十月二十三日,锡金教育会会同劝学所,在城中公园举办第二次城乡各校联合运动会,③参加的有竢实、东林两等小学,城南、城西、城东、勉强、侯氏、溪西、秦氏、三等、致毅、养基各初等小学,圣公会学堂共13校。但由于会场隘窄,人多杂乱,现场"亦不免有拥挤之虞"。这反映了当时教育会举办大型活动经验不足的情况。对此,蔡文森借鉴日本的经验认为"吾国近年小学校运动会,秩序渐整,惟有应行改良之处",专门翻译了日本福冈县教育支会研究部的调查报告《小学校运动会改良案》,提供改良建议,以供借鉴。④但锡金教育会这一举措实属创举,地方报纸亦评价:"庚戌秋月,城乡公私各校之联合运动会亦属该会提倡之功。"⑤

教育会与劝学所还共同承担学校办学成绩的认定责任。1910年暑假,由华鸿模独立捐助的荡口果育高等小学校开办已有6年,成效卓著。有李鹤年等4名学生,临届毕业,"业由劝学所、教育会到堂照章会考在案,各兹科试卷,已由该校堂长华绅鸿模等判定分数,并填具部颁学生履历、分数表格,移县钤印,申送提学司察核矣"⑥。

众多资料表明,在各地教育会与劝学所处于"保障与制约""顺应与抗争"⑦的关系磨合期中,锡金教育会与劝学所却保持了良好的合作关系,双方共同组织地方教育活动,且密切配合,达到相辅相成的作用。有报道称:

> 锡金劝学所因城乡各校平时无会集之所互相联络,以致教授管理不能画

---

① 指无锡、金匮两县。
② 《教育出品之踊跃》,《申报》1910年1月19日。
③ 1905年冬,无锡城乡各校第一次联合运动会在城南演武场举行,"实为吾邑运动会之创始"。参见李锺瑞:《无锡运动会略史》,《教育季刊》(无锡)民国十三年(1924年)夏季。
④ 蔡文森:《小学校运动会改良案》,《教育杂志》1910年第2卷第8期。
⑤ 《县教育会沿革史》,《新无锡》1918年7月15日。
⑥ 《果育高等小学举办毕业》,《申报》1910年9月10日。
⑦ 杨卫明:《中国近代教育学会与政府之关系论略》,《福建师范大学学报(哲学社会科学版)》2014年第2期。

一,爰议设立各学堂教员会一所,以资研究。特于初十日开第一次锡金各学堂教员联合大会,签名到会者约共五十九人。三时入座,孙君子远报告教员会之设立,意在连络两邑公私各校教员研究学校之原理方法,共同进化,增学校之价值,以坚社会之信用。至集会之主体物,于教员自应以学校教育为莫大之天职,与教育会之兼含社会教育,范围广狭不同。次公推孙君为临时议长,议定本会名称为锡金各学堂教员会,四星期开会一次,即假定劝学所为会所,每届开会前一星期,由本会通信召集。次孙君提议组织实地授业批评会,表同情者有二十余人,俟各校教员尽力提倡,庶几赞成者多成此宏业。余如陶君达三提议:教员须研究儿童个性;荣君吉人提议:教科书宜谋归一;秦君执中提议:学校宜注重管理;过君冠生等提议:编制教案,均为有关系之议题,俟各会员研究后,于下届会场续议,末,公推孙君续任议长之职,五时三十分散会。①

从上述报道可以看出,与以共同趋向而自愿结社的"教育会"所不同的"教员会"的设立,体现了在清末作为政府行政机关的学务处主导地方教育的深化;当时明确两者"范围广狭不同",且之后"教员会"很快就销声匿迹,退出了教育舞台,而教育会则长期坚持下来并获得较大的发展,这一过程反映了政府在近代选择行政管理路径中的彷徨。同时,从"教员会"成立会的情况看,教育会的会员在其间扮演了主角,他们提出的如"教员须研究儿童个性""教科书宜谋归一""学校宜注重管理""编制教案"等建议,很具前瞻性,体现教育会社团在新学普及之初对教育问题认知的整体水平。

三、编著教科书:斐然的书单

无锡是中国近代教科书的摇篮。②1902年,无锡人廉泉、俞复、丁宝书等集股在上海创办了中国最早的出版机构之一文明书局,开办之初即出版《蒙学读本全书》,由无锡人丁宝书执笔,赵鸿雪绘图,杜嗣程缮写,有书画文三绝之称。该书作为"集体智慧的结晶","是我们发现的最早配备教授法的教科书",并"是

---

① 《统一城乡各校教育之基础》,《申报》1910年3月25日。
② 毕苑:《建造常识:教科书与近代中国文化转型》,福建教育出版社,2010,第91页。

同期最完备、最漂亮的新式教科书"。①所以,"不及三年,已重印十余版;在小学教育界占势力者,五六年"②。锡金教育会成立后,丁宝书也参加为"名誉赞成员"。③

这一开拓创举的成功,鼓舞和带动了无锡地方编写教科书的热情。客观上,无锡地方新学的快速发展,迫切需要有与新学相匹配的新式教科书和传播新学理念、方法的教育著作的编写出版。锡金教育会在成立之初,确立"编辑课书"的设想,④顺应时代需要。据不完全统计,在清末最后十年间,锡金教育会约有20位会员参与编写了以教科书为主要内容的教育著作百余部(套),⑤这数量对于一个县级城市来讲相当可观,从全国来看也屈指可数。考虑到著作颇丰,在1907年下半年,教育会曾开会专门作出决定:教育会会员于各书局出书日多,故取教科用书二百余种存储会所,以供教育家参观。⑥分析这些著作,有以下四点值得关注:

第一,教育著作的编写确立了会员的专业权威。由会员编撰或编译的著作以新式学校教科书为主,出版地点及机构,除了个别是留学生在日本或是由无锡学堂出版外,绝大多数是在上海出版的,尤以文明书局、中国图书公司为多。无锡近邻上海,近代的崛起与上海的辐射紧密相联,经济如此,教育亦如此。无论是在清末还是在民国时期,无锡教育会的会员都与上海出版界保持了经常性的互动,如顾倬、侯鸿鉴、秦同培、秦执中、曾可述、廉建中、高阳、糜赞治、蔡文森、薛明剑、秦凤翔等会员均是如此,不仅将著作委托出版,甚至出任编辑为职。教育会会员与上海出版界联系的密切程度甚至超过了与同处上海的江苏省教育会的联系。通过开放的上海,会员的教育著作不再局于一隅,传播范围更广,众多教育会会员也以此来确立个人在地方或更广泛空间教育界的学术地位。

第二,教学研究覆盖了新教育的全部。会员所编纂的著作,在教科书方面,

---

① 石鸥、吴小鸥:《中国近现代教科书史》上册,湖南教育出版社,2012,第80页。
② 蒋维乔:《编辑小学教科书之回忆》,转引自李桂林、戚名琇、钱曼倩:《中国近代教育史资料汇编·普通教育》,上海教育出版社,2007,第189页。
③ 锡金教育会:《锡金教育会章程》,1906年,第25页。
④ 锡金教育会:《锡金教育会章程》,1906年,第6页。
⑤ 钱江:《百人千书——无锡近代教育著作书目初编》,江苏凤凰教育出版社,2016,第2—29页。
⑥ 锡金教育会:《锡金教育会报告》(一名《锡金教育会第三次报告》)丁未下学期,1907年。

从服务对象讲,以小学学段为主;从学科科目讲,涉及国文、文法、尺牍、日语、地文、算学、心算、笔算、代数、珠算、历史、地理、天文、博物、动物、植物、格致、化学、生理、卫生、修身、唱歌等几乎当时开设的所有学科,并有配套的教授书、教学法;在教育专业指导方面,包括教育史、学校视导报告、单级教授法等,内容包罗万象,基本覆盖当时新式教育的全部内容。从参与编著的人员数量而言,无锡的不少学堂或机构均编辑出版有新式教科书,如竢实学堂编的《竢实学堂外课文》《最新教授法》《最新学校管理法》,务实学堂编的《梁溪务实学堂课文》,三等公学堂编的《蒙学读本全书》《中国理科教科书》《蒙学理科教科书》《高等小学国文读本》,城南公学堂编的《学校唱歌集》以及无锡译书公会译编的《初等东文文法教科书》《汉文和解小辞典》《简明商业教科书》《最新植物学教科书》,均没有具体署名,应该是由一个团队集体承担,其中也必有会员参与,只是因为资料关系,无法一一确指。这些成果表明了会员自身的学术研究实力,这在清末中国的县级城市中恐怕很难有第二个可望其项背的。

第三,在全国最早开展了单级教授法的研究与推广。有学者指出,我国第一部完备的单级教学法著作是1909年杨保恒、周维城所著的《单级教授法》,该书是杨保恒、周维城于日本考察期间编译而成的,1909年由中国图书公司出版发行,是中国第一部真正意义上的单级教授法著作。[①]该书由江苏省教育会印行,初版于宣统元年(1909年)七月。杨保恒与俞子夷、周维城等受江苏省教育会指派,赴日本考察单级教学的时间是该年春。在该书卷首,作者写道:

> 己酉春,江苏教育总会委赴日本调查单级小学。既抵东京,适值春假,旅居赋闲,乃先广搜单级书籍,悉心研究。越旬,各校开课,每日至师范学校附属小学参观其实地教授,或访教育实验室,晰疑问难。晚间归寓,从事编译。历时二月,调查蒇事,而是书亦成。回国即谋印行,冀广流播,并借作报告云。宣统元年五月编者识。[②]

[①] 戴长征:《清末民初"单级教授练习所"研究》,《江苏教育学院学报(社会科学版)》2007年第3期;肖朗、杨卫明:《江苏教育总会与清末"单级教授"的导入和推广》,《华东师范大学学报(教育科学版)》2009年第4期。

[②] 杨保恒等:《单级教授法》,江苏省教育会,1915年10月增订第5版,卷首及版权页。

第一章 清末锡金教育会(1903—1912年)

江苏教育会记载:

小学之要重在编制乡僻之地,单级尤宜。故教员缺乏,供不敷求。于是,筹备川资,选派办理小学已有经验之杨保恒、俞子夷、周维城,赴东考察。胡宝书自备资斧同往。于前清宣统元年二月东渡,五月归国,七月开办练习所,……。①

在此之前的光绪二十九年(1903年),侯鸿鉴与顾倬就联袂留学日本弘文学院一年,回国后在无锡试办单级小学,并推广单级教学法。宣统元年(1909年)元月,顾倬编辑的《简明单级教授法》一书已由上海中国图书公司出版;同年三月,侯鸿鉴编辑的《单级教授法略说》一书也由中新书局印刷、无锡速成师范学校刊印出版。两者均早于杨、周所著的《单级教授法》。且孙掞曾就这一问题有一评说:

余友侯君保三,研究单级教授法有年,年来视学苏属各郡邑,时以单级教授法,偕各属小学教员研究之。……今者江苏教育总会派杨、俞诸君,赴东考察,归国后,单级教授法,其庶有改正之一日乎。此稿其先觉也。②

在辛亥革命前后,包括他俩在内的无锡教育会会员陶守恒、黄龙骧、章鸿遇等均有相关著作出版。俞子夷后来回忆道:当时在学习"复式、单级教法,仅找到一本很简略的小册子,编者无锡顾硕[倬],辛亥革命后为江苏第三师范首任校长"③。宣统元年(1909年)暑假,锡金教育会联合劝学所,开设"单级教授讲习会一所,为各校教员研究教育之地","传习单级教育学,俾城镇乡各校教员研究

---

①《江苏省教育会二十年概况》,《江苏教育公报》1926年7月第9年第7期。
②孙掞:《单级教授法略说序》,载侯鸿鉴:《单级教授法略说》(教育丛书之三),中新书局印刷、无锡速成师范学校出版,宣统元年(1909年)。
③俞子夷:《单级、复式、二部教法》,转引自李桂林、戚名琇、钱曼倩:《中国近代教育史资料汇编·普通教育》,上海教育出版社,2007,第221页。

单级教授,以期教育之普及",所请讲师即是俞子夷。①可见,在推广单级教授法上,俞子夷与无锡地方多位学人有共同的成绩,俞子夷对推广单级教授法功不可没,②但这并不能掩盖锡金教育会在当时的贡献。我国第一部完备的单级教学法著作是顾倬所编的《简明单级教授法》,这头功应该属于他。其间,侯鸿鉴对单级教授法的推广出力独多,值得肯定。③而多位锡金教育会会员对单级教学法的研究与推广所形成的群体性贡献,确立了无锡教育在全国的领先地位。

第四,在全国最早编写乡土教材。"甲午惨败后,中国人的时间观念开始从'黄历'向'公元'转换,'家—国—天下'的传统空间观念也迅速倒塌,被'世界—国家—乡土'的现代空间观念取代。初步具备现代时空观念的知识阶层更注重从世界视野中寻找、建构中国,也更注重从世界、中国视野中重新认识生于斯长于斯的乡土,且逐渐萌动出一种新的意识——通过认识乡土来改进乡土,通过改良乡土来带动整个国家的改良。在这种意识之下,具有新观念、新方法、新形式的现代乡土史志应运而生,并在1904年后随着清政府倡导乡土教育蓬勃发展。"④无锡最早用"新观念、新方法、新形式"来编写乡土历史地理教材的是留日归来的锡金教育会会员顾倬、侯鸿鉴。

光绪丙午(1906年)闰四月,侯鸿鉴在为自编出版的《锡金乡土历史、地理》的《序言》中记载:

> 顾君植之,曾在东林编锡金乡土志,积二十余课而中辍。敝人即其所辑,而分编乡土历史、乡土地理两卷。其八十余课以之教小学生,徒愧未能浅深合度,暂将课文之短者,每休沐分历史、地理,各授二课;课之长者,每休沐各分授一课,一年之中,除放假、月考停课外,约计三十休沐,得一百二十时,以课之长短相间授之,约一年毕业。用之于寻常小学第三年或第四年,为适当之程。⑤

---

① 《暑期单级教授讲习会成立》,《申报》1909年7月26日。
② 董远骞:《近代教育家俞子夷与复式教学》,《课程·教材·教法》1989年第9期。
③ 参见钱江:《百人千书——无锡近代教育著作书影选编》,江苏凤凰教育出版社,2016,第45页;李光伯:《中国复式教学史》,南京师范大学出版社,2014,第361—364页。
④ 姜萌:《乡土意识与国家情怀:清末乡土史志书写的特点及其问题》,《史学月刊》2014年第5期。
⑤ 《序言》,载侯鸿鉴:《锡金乡土历史、地理》合订本,无锡艺文斋,光绪三十二年。

这说明顾倬、侯鸿鉴早在光绪三十二年(1906年)之前就已着手编著乡土教材。侯鸿鉴在光绪三十四年(1908年)对这一编写过程作了说明:"岁甲辰(1904年),因编《乡土历史》上、下两卷,《乡土地理》上、下两卷,付诸梓人,以城乡各小学之需用是书也,时阅三年,印凡三版。"①所以有学者认为,侯鸿鉴是"我们目前所知江苏省最早编纂乡土志的学者",并进而认为这两书"为我国最早编成的小学乡土史地教材"。②由于侯氏"尝研究儿童心理学,知十岁内外之儿童,其思想知识之范围,不出一乡一邑间,外此者必多谬误之想象"③。这套课本篇幅不大,叙述平白浅显,具有较强的生活气息,故而能连续四年再版。

第四节　参与社会变革

锡金教育会成立之初,把研究教育定为立会的基本宗旨,同时又把自己的会务延伸到教育政策的变革、社会风俗的改良等方面,乃至在地方发生诸如辛亥革命这样的大事件中,也以自身特有的方式参与其中,承担相应的地方和社会责任,这使其近代社团的色彩更趋饱满。

一、创办《白话报》:移风易俗

就办报而言,无锡也是全国最早创办的城市之一。光绪二十四年(1898年)闰三月廿一日,由裘廷梁创办的《无锡白话报》出版,它"是我国最早的白话刊物",以五日刊形式发行。先后出版30期。第五期起改名《中国官音白话报》,每两期合出一册。④由于该报"为开通社会计",故"斯时报纸发行,遐迩购阅者,殊欢迎《无锡白话报》"。

该报虽然创办于教育会成立之前,但事后组织教育会的不少人曾参与其

---

① 《序言》,载侯鸿鉴:《锡金乡土历史》,梁溪文苑阁木活字本,光绪三十四年。
② 王兴亮:《清末江苏乡土志的编纂与乡土史地教育》,《历史教学》2003年第9期。
③ 《序言》,载侯鸿鉴:《锡金乡土历史》,梁溪文苑阁木活字本,光绪三十四年。
④ 上海市出版工作者协会《出版史料》编辑组:《出版史料》第1辑,学林出版社,1982,第130页。

中：担任编辑的有侯鸿鉴、顾倬、裘锴等；①捉笔撰文的有顾倬、丁福保、侯鸿鉴、吴荫阶等；曹铨、侯鸿鉴等人的住处还作为报馆的"定报处"，承担代理发行业务；②而裘廷梁自己也是锡金教育会的名誉赞成员。③该报认为："故今日中国将变未变之际，以扩张报务为第一义"，"欲民智大启，必自广兴学校始。不得已而求其次，必自阅报始。报安能人人而阅之，必自白话报始"④。这些观点，深刻影响日后筹建教育会的成员。更何况该报出版后，"蒙远近诸君，同声许可"⑤，被称"是现今第一种好报，将来销报的广阔，要和英国泰晤士报一样"⑥。这样的欢呼声也鼓励了他们办报的热情。

1906年，锡金教育会成立，在最初制订"章程"时，就有办理《白话报》的设想。⑦光绪三十四年（1908年）十月由锡金教育会编辑出版的《白话报》（锡金）正式问世，"每月一册，二十日发行，第一期十月二十日发行"，主编为孙锡皋，尤惜阴任编辑。该报当年出版3期，第二年至少出版4期。⑧

该报在当时报刊还是"稀罕"之物的年代，影响颇广。"教育会创办《白话报》，月出一册，远近购置者甚多。"⑨它的出版，既表现了教育会的前卫行为，更体现了其引领地方教育发展登高呼吁的声势。具体表现为如下几个方面：

第一是创新会务。这份《白话报》的办报宗旨是："开通各乡镇风气，立说浅显，以补教育之不及。"它成为教育会从城区延伸到乡镇，从学堂延伸到社会，推广教育、移风易俗的重要工具。该报撰稿人有会员黄淡如、侯鸿鉴、张鉴、孙锡皋、尤惜阴、俞丹石等，另有署名蹉跎、淘余、庸言等的作者不知其详，教育会会员成为该报的撰稿主力。栏目设有《本国要闻》《本邑要闻》《乡谈》《小说》《来件》《实业谈》等。"每册照付印成本定价，远处函购，信力自给。"该报还开展广告业务，"代登广告，四号字一百起码，每百字第一期收刊资银一元，多则以五十字

---

① 侯鸿鉴：《无锡教育沿革大略》，《无锡教育杂志》1913年1月第1期，第306页。
② 《本邑定报处》，《无锡白话报》光绪二十四年（1898）闰三月廿一日第1期。
③ 锡金教育会：《锡金教育会章程》，1906年，第25页。
④ 《〈无锡白话报〉序》，《时务报》1898年第61期。
⑤ 《本馆告白》，《无锡白话报》光绪二十四年（1898年）四月初六日第4期。
⑥ 《同声相应》，《中国官音白话报》（无锡），光绪二十四年（1898年）五月廿一日第9、10合期。
⑦ 锡金教育会：《锡金教育会章程》，1906年，第6页。
⑧ 该报1909年停刊，具体停刊时间及刊印期数不详，现见7期。
⑨ 侯鸿鉴：《无锡教育沿革大略》，《无锡教育杂志》1913年1月第1期，第312页。

第一章　清末锡金教育会(1903—1912年)

递加。第二期九折,第三期八折。长登另议。凡公益及慈善事件,另议减让"。该报欢迎社会热心人士投稿,"为广通声气,借以增长见闻起见,凡吾乡伯叔兄长,留心社会,随时录所闻见,函告本社,尤所感激,一经登录,酌赠本报以酬高谊","本报撰述学识肤浅,尤望吾乡同志出所巨着[著],以广开通。录登以后,按字数多少,由本社酌量酬劳"。①

第二是普及新知识。每期《白话报》多有文章以白话文形式介绍社会消息、各地风情,包括修筑铁路、咨议机构、民众教育、市面商事、开办学堂、投资办厂的情况,内容十分丰富。见表1-10：

表1-10 《白话报》所刊部分文章篇目

文章署名	文章名称	备注
杏村	《富安兴学》《私塾孔夫子》	作者张鉴
保三	《家庭教育》	作者侯鸿鉴
鸣仙	《实业为钱财之母》《咨议局复选举》《南洋劝业会》《大老爷灯》《爱国的小儿女》《咨议局初选举》《常州物产会》《强迫教育快要实行》	作者孙锡皋
惜阴	《强勉生幸福》	作者尤惜阴
丹石	《虎观载笔》	作者俞丹石
蹉跎	《酿造公司》《埋金》《青白眼》《扫毒》《得意少年》《锡金的民气》《说忙》	体裁以小说为主
庸言	《死冤家变好朋友》《公德谈》	
淡如	《论识字读书》《说工业之不可轻》《说咨议局》	作者黄淡如
北萱	《节场》	作者孙北萱
柏森	《养蚕发财的方法》	作者辛柏森
郁耀卿	《中国的商战问题》	

资料来源：参见《白话报》(锡金)各期。

清末,正值政体变动时期,西方不少新的政治概念传入中国。《白话报》刊文一一予以介绍,如国会、咨议局、自治、选举权等,采用百姓喜闻乐见的文体,通

①《试办简章》,《白话报》(锡金)1908年第1期。

过讲故事,将专业的名词解释得明白易懂。

该报"本国要闻"栏目报道的内容多关于国计民生,如:国内造了"极大"的机器厂,还要进口机器,故要"塞漏卮";统一银元、铜元,实行"一币制";电报费降价;唐山一带出现鼠疫,要"防瘟疫";等等。①对于新法实业也多有介绍。无锡是丝茧大县,养蚕事关百姓生计,孙锡皋撰文说:"但是我们锡金养蚕的人家,个个只晓得依了旧法,不会改换改换,收成一齐靠着天时。……所以,我拿各国现在通行的养蚕新法,说给各位听听。"②其文详细介绍了西方先进的养蚕方法,以利百姓生计。从该报现存七期刊发文章的内容来看,该报做了"补教育之不及"的工作,后人评价:"彼时人民思想虽极顽旧,然经诸先进同志之努力工作,或事奔走,或事宣传,设立报馆,鼓吹革命,影响甚大。"③可见,虽然因种种原因,该报所办时间不长,但在当时社会还是发挥了较大的启蒙作用。

第三是推广白话文。无锡作为近代中国最早推行白话的城市之一,以1898年创办《无锡白话报》为中心,集合和培养了一批从事白话文推广的热心人。故有人说:

> 无锡做白话头一个人是吴朓,号叫稚晖,……另外还有七个举人,是窦士镛号晓湘、高翔号伯安、杜嗣程号香如、杨寿栻[枏]号味云、俞复号仲培[还]、许士熊号侣樵[吕肖]、华申祺号硕甫;一个优贡,是秦瑞玠号晋华;一个廪生,是秦宝钟号鼎臣;四个秀才,是蔡樾号荫阶、顾祖玑号子重、祝简号汉青、华文祺号纯甫,都要捡天下有用的书,演成白话。④

其中华申祺、华文祺兄弟等后来成为锡金教育会的最早发起人。光绪三十四年(1908年)教育会出版的第一份刊物也以《白话报》命名。⑤以教育会会员为编辑和撰稿主体,其所刊文字不再用"之乎者也"的文言,而是用平白的语言以及聊天一样的叙述方法向社会各界人士,尤其是乡村的农民,讲述外界陌生或

---

① 《本国要闻》,《白话报》(锡金),1908年第3期,第10页。
② 鸣仙志:《绪言》,《白话报》(锡金)1909年第7期,第7页。"鸣仙"为孙锡皋笔名。
③ 无锡县政府无锡市政筹备处:《无锡年鉴》,华丰印刷铸字所,1930,"党务"第1页。
④ 《白话大行》,《无锡白话报》光绪二十四年(1898年)闰三月廿一日第1期。
⑤ 为了区别无锡之前和其他地方出版的《白话报》,故一般把它称作《白话报》(锡金)。

身边熟悉的事情。如在《白话报》第1期所刊的《发刊缘起》正是这样表述的：

> 我们锡金是扬子江南岸一块水陆交通的好地方，往上边去，过常镇，到江宁，往下边去，经苏松，到上海。近两年来，火车通行，上下便当，交通的便利，不必说了，就是火车不曾通行的时候，轮船早已通行。行教的教士，贩茧的茧商，不是在我们地方上，狠有势力的吗？我们锡金人吃苦是最早的，见机也是狠早的，所以在十年前，便有白话报，别处学堂不会发动，我们锡金的埃实学堂，三等学堂，早已开起来；别人家教科书没有编出，我们锡金城内三等学堂里，已经有小学读本编起来；别处地方教育会没有成立，我们锡金的教育会又开了各处的先。因为我们锡金教育事业上，占了风气的先，海内外的热心君子，都称赞着我们锡金，盼望着我们锡金。我们锡金学界里边的同人，格外互相勉励，总要想在教育上边，多尽一分力，所以聘请宣讲员，到各乡宣讲，听讲的也有些感动。但是我们教育会里的几位办事人想到宣讲员在教育事业上狠忙，宣讲的时候，也狠有限，所到的地方，也是有数几处，不能毂替四乡父老们，伯叔兄弟们，时常讲讲，所以急急要印出一种浅显的白话报来，给几个识字人看看，看罢了，还要费心讲与几位不识字的听听，补足了我们教育会的缺憾，这便是本报发起的缘由。[①]

这样的行文是非常通俗的，受到了坊间的广泛好评。

另外，浏览当时锡金教育会执笔撰写的如《章程》《会务报告》《调查城乡学校一览表》等公文，虽不是完全的白话，但也绝非文言，两相比较，其风格还是更多地偏向于白话。从这些行文中可以看到教育会推广和率先使用白话的努力，直至民国初年，推广白话、提倡国语成为其重要的会务内容被延续了下去。

第四是移风易俗。"上行下效之谓风，众心安定之谓俗。"也就是说，"风"是正在形成中的民情，"俗"则是相对稳定的民情，而民情风俗，事关社会进步，以教育为己任的锡金教育会对此十分重视。《白话报》在第一期就广而告之，表明教育会办报承担指向社会改造的责任。

---

①《发刊缘起》，《白话报》（锡金）1908年第1期，第1—2页。

本报是锡金教育会编印的,所以内中带着一种教育的性质,与他种报稍些有点不同。本报的主意,在盼望不读书、不进学堂的人,也能彀晓得些立身处世的道理,也能彀实实在在预备着做个立宪国的国民,所以说话概从浅显,使讲报的不费力,听讲的容易明白。①

每届农历三月二十八日传为东岳大帝诞辰,无锡城厢各庙皆有庆祝活动。②据统计,时"各庙消耗费约在万元以外"。1908年春,"邑绅某君拟欲倡议禁革,商界侦知,大肆阻力,且借口近年生意清淡,辄归咎于倡禁赛会之人。某君鉴昔年毁学风潮,未敢强阻"③。由此可见,风俗的变化是个长期的过程,并非一时的新旧之争可以促成的。对此,教育会会员开展了润物细无声的艰苦工作。

侯鸿鉴说得更明白:"风俗之美恶,固不可一例而论,然犹当责难于我侪中等社会之人,负改良风俗之责任,救弊扶衰,一归纯良之俗也。"④《白话报》上所刊文章,涉及民风民俗改良的非常多。如张鉴的《锡金人的烧香念佛》、侯鸿鉴的《公德》、尤惜阴的《劝大家移岁时节礼费作办实业用》、淘馀的《卫生谈》等。最典型的是侯鸿鉴介绍外国的公德,以引导地方百姓习惯的改良:

要像我们中国这纷纷扰扰挤挤轧轧凌乱得极的一种样子,却是没有的。现在我们中国人,到了公园里去走走,看见了花开得好,你一枝,我一枝,都要闻闻香。住了客栈里头,嘻嘻哈哈,不管隔房住客闹个不了。至于热闹地方,都是涕涕吐吐,满地乱唾,不管人家讨厌。碰到了挤轧的时候,你抢我夺,那个占先就是得着。那轮船里、火车里,种种不道德的事情,真正令人气死,要破除这种样的习惯,必得人人要知道公德两个字,处处存有公德心才好。⑤

---

① 《暂定办法》,《白话报》(锡金)1908年第1期,第2页。
② 章振华:《无锡风俗》,文汇出版社,2015,第154页。
③ 《锡金迷信神权之积习》,《申报》1909年5月24日。
④ 侯鸿鉴:《锡金乡土历史》上卷,无锡艺文斋,光绪三十二年。
⑤ 保三:《公德》,《白话报》(锡金)1909年第4期,第17—18页。

再有如尤惜阴撰写反对铺张浪费、提倡节俭过节的文章,呼吁:"照我们两县算来,一月月应酬费,已经要动千动万,若全国一齐做起来,每节省下的节礼费,不知可以做成多少新事业。"①甚至还有从救国的角度谈"保胎"问题的:"诸位要想保身家吗,先要救国;要想救国吗,先要强种;要想强种吗,先要把这个胎教讲究讲究。"②为了配合移风易俗,教育会还组织开演文明新剧,地方观众一时不能接受。为此,教育会于光绪三十四年(1908年)"五月廿三日及六月初四日,开第三、四次职员会,为评议本会会员及教员开演文明新剧事,决议:开演文明新剧,固为开通社会起见,惟吾邑一般人民之见解与沪上略有不同,故上次开演之后,人言啧啧,于学界名誉似有关系,应请会长于会员中选择相当之人,前往规劝,以尽忠告之谊"③。

二、改良私塾:去旧化新

私塾是中国古代社会开展教育的重要场所,明清时期达到鼎盛。近代以降,私塾仍以传授传统文化为主,"其上者,高视阔步,聪明自负,即有浅近诗歌,足资童蒙启发者,又多不屑教读。其庸庸者,则又墨守成例,《千字》《百家》、《神童》《千家诗》之外,不敢稍改旧章"④。其已落后于时代,其教育理念、课程内容、教育方法、培养目标等,既不能满足民众受教育需求的变化,又不能适应国家新政改革的要求。"自兴学之说,留溢全国,而私塾之弊,亦渐为当世所诟病。"⑤所以改良私塾成为大势所趋。教育会成立后,对私塾实施改良成为其会务的重要内容。

第一是聘请劝导员。1906年教育会成立之初,专门组织私塾改良会,由热心改良私塾的会员组成,它聘请兼职的劝导员,分区深入城乡各处开展劝导。还制作劝导私塾告示雕板,印刷告示,四乡张贴,以壮声势。当时遇到的最大困难是私塾数量众多,遍布各地,而劝导员人数有限,"惟各区面积甚广,路途僻

---

① 惜阴:《劝大家移岁时节礼费作办实业用》,《白话报》(锡金)1909年第7期,第4页。
② 《胎教》,《白话报》(锡金)1908年第1期,第9页。
③ 锡金教育会:《锡金教育会报告》(一名《锡金教育会第四次报告》)戊申,1908年。
④ 璩鑫圭:《中国近代教育史资料汇编·鸦片战争时期教育》,上海教育出版社,2007,第410—411页。
⑤ 沈颐:《论改良私塾》,《教育杂志》1910年第2卷第12期,第119页。

远,仍有不能遍及之憾"①。为增加力量,到第二年下半学期,私塾改良会增聘专员,教育会"按照二十一学区,选举二十一个会员,分区劝导,……到各乡各镇,苦口劝说"②。并与劝学所共同办理,兼任宣讲之事。劝学所还筹措500元专项经费,为劝导员薪俸饭食舟资等用③,帮助解决劝导员的后顾之忧。1908年,教育会新聘孙仲襄、黄蔚如、吴锦如、陶达三等担任劝导员,划片分区劝导,并举行字课、文课,择优奖励。④到1910年,教育会继续聘孙仲襄任劝导员,劝导私塾改良,并将私塾改良会向农村延伸,组织乡私塾改良会,共有170余所私塾入会,涉及学生1800余人。举办私塾学生联合会考,成绩优良者,由教育会奖给新式教科书等书籍、文具,以资鼓励。⑤为了扩大宣传,教育会还会同劝学所,联合在《申报》上刊登致城乡绅商学各界函,以争取地方绅董及商学各界的支持。

敝所、敝会延聘孙君仲襄为劝宣员,兼任劝导私塾暨宣讲事宜,曾经移请锡金两邑尊札派在案。查敝会为社会教育之主体,劝导私塾,直接以谋社会之改良,实间接以求学校之进步,至实行宣讲为敝所专责,固以教育宗旨所在,为最先致意之点。而于近日新政推行之际,凡筹备地方自治、调查选举等项,俱为国民教育不可缺少之智识,苟非利导于先,决不能收推行无阻之效。惟是听讲者程度不齐,尤赖地方绅董暨商学各界尽力提倡,本身作则,庶几奔赴不遑,乡人士有如水归流之象。⑥

第二是私塾改良与新学创办同步推进。在锡金教育会成立之初,该会就成立调查部,对公私立各学校开展调查,但"惟私塾不立校名者,暂缓调查"⑦。在教育会看来,取缔私塾是"堵后门",但作为社会改造的内容,非一日之功,需假时日,具有长期性和艰巨性。创办新式学堂是"开前门",也是吸纳改良塾师及

---

① 锡金教育会:《锡金教育会报告》(一名《锡金教育会第三次报告》)丁未下学期,1907年,第1页。
② 杏邨:《私塾教法当急改良》,《白话报》(锡金)1909年第5期,第3页。
③ 锡金教育会:《锡金教育会报告》(一名《锡金教育会第三次报告》)丁未下学期,1907年,第1页。
④ 锡金教育会:《锡金教育会报告》(一名《锡金教育会第四次报告》)戊申,1908年。
⑤ 李康复:《解放前的无锡教育会》,载《无锡文史资料》第15辑,1986,第113页。
⑥《提倡社会教育之热诚》,《申报》1910年3月26日。
⑦《锡金教育会调查部办事细章》,载锡金教育会编《锡金教育会章程》,1906年,第15页。

第一章 清末锡金教育会(1903—1912年)

原私塾学生最好的办法,是根本消除私塾的治本之策,可谓一举两得。自1904年毁学风潮平息后,无锡新式学堂的创办气势如虹,"到光绪三十四年(1908年)截止,公立的私立的,城乡共有一百多处,在江苏省属县当中说起来,也算盛的了"①。从当时情况来看,教育会所派的劝导员深入乡村,除了宣传私塾之弊,更提倡学堂之优,成效很大。尤其是在远离城区的广阔农村,广泛动员民间力量创办私立学堂,效果更好。张鉴曾说:

近来改办学堂,城里城外四乡八镇,已经立了一百多处,也总算一蓬风的了。但则有一层,乡间识字的人,不及城里的多;乡间读书的人,更比城里的少。无锡乡下素来算孟里(石塘湾)顶盛,金匮乡下就要轮到荡口了,至于别处总比较不上。这是什么缘故呢?一来他们两处地方来得富钱,二来热心教育,提倡的人多,所以到得能举一停。孟里同荡口两处,随即变换新法,开办男学堂、女学堂,劝导近街子弟,大家进去读书,两处学堂都办得差不多。所以学堂的名声也极好。今年春天光,我到孟里去调查私塾,见街上不过四五处。教书的法子,都已改良。问其缘故,因学堂开办以后,大家都到学堂里去了。私塾先生看见这种情形,恐怕这碗饭,就要吃不长,也就改头换面,讲讲写写,改良起来的。我听见这句话,佩服得了不得。②

诸祖耿曾有回忆,当时他族里有位姐姐,在家中开了家私塾,他由母亲送去就读。后来,科举废,学校兴,无锡城中,开了一所竞志女校,姐姐为了自己的深造,停了私塾,进城上学去了。他也就上了新式学堂。③这反映的就是这一过程。

第三是培训塾师。改造私塾,改良塾师是关键。一些塾师对劝学员说:"你不要来烦,改良的话头虽说得好,我也只好照我祖宗的老规矩,空下来拿个字义替他们讲讲罢了。"④侯鸿鉴曾上书提出:"注重师范为地方培植教材。其已设师

---

① 杏邨:《私塾教法当急改良》,《白话报》(锡金)1909年第5期,第3页。
② 杏邨:《私塾孔夫子》,《白话报》(锡金)1909年第6期,第18页。
③ 《世纪学人自述》第一卷,第294页。转引自蒋纯焦:《一个阶层的消失——晚清以降塾师研究》,上海书店出版社,2007,第187页。
④ 杏邨:《私塾孔夫子》,《白话报》(锡金)1909年第6期,第19页。

范之地方,广招高等小学毕业生徒,入初级师范之本科;其未设师范之地方,广劝私塾教员,入师范之简易科,其入师范之肄业者,务必于单级教授法、复式训练法等,加意注重,以救今日各学堂教员研究教育之缺点。"①早在1902年胡雨人就在家乡天上市尤家坦设立师范传习所,开创无锡师范教育的先声。1906年,侯鸿鉴创办私立速成师范,②内设有附科,招收私塾教师,有50多人,开启了规模化培训私塾教师的先例。1907年,教育会联合劝学所,设立私塾促进会;次年,又组织私塾讲习所,不久改名初级师范传习所,聘请孙仲襄、陶达三、黄蔚如、吴锦如等人教授国文课等。③通过有效的劝导、培训,当时不少私塾教师改入新式学堂任教师,他们中的不少人成为当时教育会会员的重要来源。民国初年,江苏省视学第二届视察无锡教育状况"报告"中特别指出:"扬名乡学务委员凤冈④,规划教育颇能得力,召集塾师七十余人组织教育会,而研究之前途必有裨益。"⑤充分肯定这位早期教育会会员在担任乡学务委员后对私塾教师改良所做的工作。

在新学开启之后,私塾与塾师始终为改良与取缔的对象。但基于中国社会,尤其是农村社会的广阔性和复杂性,它还是续存了较长时间,直至1928年底,无锡尚有私塾198所,接纳学生2980人。⑥甚至到20世纪30年代中期,还有人肯定塾师在乡村的作用。⑦但塾师毕竟是一个逐渐消失的阶层。民国以后,地方政府力量成为改良私塾的主要承担者,但锡金教育会创立之初对私塾的改良,开创之功不可没。

三、关注教育制度:倡导改革

对于以科举为核心的中国传统教育体制,连远道来华的外国人也给予批

---

① 《江苏省视学侯鸿鉴第一次上樊提学书(去年十二月十八日上)》,《申报》1909年7月26日。
② 亦称西师范。因同年早些时候劝学会创办有锡金初级师范,地点在北门外贝巷,故称东师范。
③ 刘谦冲:《无锡市教育志》,三联书店,1994,第157页。
④ "凤冈"即庄荫梧。
⑤ 《本省之部:训令第一百五十四号》,《江苏教育行政月报》1913年1月第1号,第14页。
⑥ 《全县私塾统计表》,《无锡教育周刊》1928年11月21日第53期(无锡县教育概况专号),第69页。
⑦ 亮:《塾师与教员》,《新无锡》1934年1月17日。

评:"正是这种制度阻碍了中国的思想发展,如果它能在年轻人的教育上给以更多的自由,中国也许就能跻身世界强国之列。"①彼时,虽然清廷已经下令废除科举,但新教育制度的设计,从上到下均在酝酿和探索之中,在此破旧立新之际,锡金教育会积极参与宏观及微观的教育政策规划。

一是建议地方加强教育经费的筹措与管理。有人在分析清末中国教育不发达的原因时,所列第一条即"办学经费之无从筹措"②。新学经费筹措是伴随新教育而来的新问题,这既是全国面上的情况,也是无锡点上的问题。只是无锡因近代教育起步早,故遇到问题也早于其他地方。

1904年,以杨模为代表的地方绅商提出抽取米业庙捐充作教育经费,结果引发了毁学事件的轩然大波。事后,虽然建立了管理地方教育经费的学务公所,③并确定锡金两邑的租赋分成及学田租赋归教育所用,但随着新学堂的开办日增,关于教育经费来源的具体项目以及合理分配等问题依然没有得到根本的解决。为此,教育会在筹措地方教育经费上多有积极作为,贡献卓著。

光绪三十四年(1908年),无锡县劝学所曾提议:"拨积谷一成二厘,串捐二成半,补助城乡各小学办学之用。"④教育会积极参与该款项的争取,认为该事应由教育会拟定章程详呈学宪。⑤至次年3月19日,教育会认为:"兹事体大,宜取决于公众,三星期前通函各会员,各伸意见,本日举定起草员四人,罗集各会员意见,编成草案,至常会时再行通告议决。"⑥后来会议议决:"劝学所前议将串捐、积谷补助城乡各校,现由本会议定,编成草案,一律均分,以学生作单位,俟开常会时,即行公布并移请锡金两邑尊转详立案。"⑦5月16日下午3时,锡金教育会在竢实学堂开春季大会,到会会员共50余人。会长孙靖圻通报了劝学所前议串捐、积谷补助城乡各校的争取情况以及教育会屡次召开职员会商议办法

---

①[英]约翰·麦高恩:《近代中国人的生活掠影》,李征、吕琴译,南京出版社,2009,第146页。
②《论我国学校不发达之原因》,《申报》1909年5月24日。
③亦称学务处,光绪三十二年(1906年)改名劝学所。
④《申报》报道为:"串捐一成二厘半、积谷二成半,协济城乡各校。"参见《教育机关之补助》,《申报》1909年4月21日。
⑤锡金教育会:《锡金教育会报告》(一名《锡金教育会第四次报告》)戊申,1908年。
⑥《教育机关之补助》,《申报》1909年4月21日。
⑦《教育行政上议事机关》,《申报》1909年5月8日。

的情况。会议讨论暂定"章程"六条,明确地方教育经费的使用规则。①

米业是无锡大宗交易商品,米捐可充作教育经费;那么,无锡也是丝茧生产和贸易的重要地区,数量可观的茧捐可否作为教育经费呢?有邑绅认为:"我们地方上,有了这种大款子,不拿他办点同大众有益的事,却听凭他给人吃没,岂不可惜。……想来这样一件事情,拿本来极无益处的经费,改作极要紧的学堂经费,凡是明白人,是万万不会反对的。"②金匮绅士华秉钧等70余人,以乡学经费支绌,也提出筹措茧捐为办学经费的设想,并呈请县署。③

对于包括教育会会员在内的地方人士的呼吁,教育会积极支持,在自办的地方报纸上鼓吹:"我们锡金人,第一信重的,是神道同佛,住在城里头的人,迎神赛会,自年初九起至九月十九日为止,也不知花费多少银钱。……这样浪费,岂不可惜么!"④有会员杨曾诰还致函教育会,他认为:"只要财力、民智,无事不可办;除去财力、民智,一事不能成",锡金可先全国成立全国财政会锡金分支、全国义务教育会锡金分支、全国文字改良会锡金分支,在全国率先推动县域发展。⑤这表达了他无限的展望。

经过教育会的积极争取,到宣统元年(1909年),全县教育费总额有所增加,包括东林书院产业及基本金,宾兴田租及基本金,两邑尊东林、竢实冬漕捐、小课捐及由县代征之各项附加税等约有1万元。⑥

在争取更多教育经费的同时,锡金教育会还就经费的分配提出建议。有一则资料较为全面地反映了这一情况:

我们锡金学堂的多,在江苏省里头是著名的,但则学堂虽多,却大半缺少款子,办理极不容易。所以旧年劝学所决定拨出三千块洋钱,作为补助各学堂经费,分给各学堂经费不足的。另外再到省里头去禀,卖买房屋田产的中费,每块洋钱抽取二角,也作为补助各学堂经费。这个分给各学堂的法子,便从县里交

---

① 《支配各校补助金之计划》,《申报》1909年5月20日。
② 《请拨茧捐做学堂经费》,《白话报》(锡金)1909年第5期。
③ 《茧行庙捐改充学费》,《申报》1909年5月27日。
④ 杏村:《锡金人的烧香念佛》,《白话报》(锡金)1909年第4期,第16页。
⑤ 锡金教育会:《锡金教育会报告》(一名《锡金教育会第四次报告》)戊申,1908年。
⑥ 裘廷梁:《锡金均教育费私议》,《预备立宪公会报》1909年第2卷第12期,第27页。

到教育会,请教育会去定。后来虽然有人嫌劝学所拨的款子不多,招了锡金二县二十一区办学堂的人商酌,要叫劝学所再多拨点,因劝学所不答应,便到总督跟前去上禀单。这件事到如今还没有了结,然而款子的多少虽然不曾定,那分的法子,却同款子的多少是无关的,不妨预先定好。所以前两天,教育会里,便通信到各会员处,请各会员拿对这项款子分法的意思,写出来送到教育会。后来,一共收到廿一封信。当中的意思,大约有三种:一种说照各学堂学生的数目均分,一种说照了学堂均分,一种说各归各区的出款分。此外还有说要捡学堂好的,方才分给他,不好的便不分。这几种说法里头,说照学生数目分的顶多,所以教育会里的职员,便决定照学生数目分,定了几条分的法子。三月二十七,教育会里头,开例会,便拿这个办法问各会员,各会员多以为是的,所以照各学堂学生数目均分的,这个法子,便算决定了。①

二是建议国家加快教育改革。这方面的代表是教育会创办人之一、首任调查部部长侯鸿鉴,他于1906年被江苏提学使聘任担任省视学,巡视江苏各县,这为他提供了观察和思考教育问题的更广空间。自1909年6月至1910年2月,《申报》刊发了侯鸿鉴三次《上樊提学②意见书》,前后连载了9期,总字数逾万。这些文字反映了众多基于地方教育发展现状的建议,其主要体现在三个方面。一是"对于各属劝学所之意见",提出了统一管理教育经费、统一学制、统一教科书等建议。③二是"对于各属教育会之意见",提出了加强教育会研究工作开展、加强教育会与劝学所的合作等建议。④三是"对于各属小学堂教员之意见",提出了稳定小学教员任职、提供小学教员合理薪俸、奖励优秀教师、加强教学研究、重视女子教育等。⑤另外,侯鸿鉴还有"对于江苏教育之意见""对于学务公所之意见",直率地抨击其存在的弊端,表达了自己的"耳目之所感触""有不得

---

① 《补助城乡学校款子的分清已定》,《白话报》(锡金)1909年第5期。
② 即樊稼轩,时任江苏学使。
③ 《江苏省视学侯鸿鉴上樊提学意见书》,《申报》1909年7月6日。
④ 《江苏省视学侯鸿鉴上樊提学意见书》(续十九),《申报》1909年7月19日。
⑤ 《江苏省视学侯鸿鉴上樊提学意见书》(续十九),《申报》1909年7月19日;《江苏省视学侯鸿鉴上樊提学意见书》(再续),《申报》1909年7月24日;《江苏省视学侯鸿鉴上樊提学意见书》(三续),《申报》1909年7月25日。

不言之者"。①除此以外,侯鸿鉴对中央政府也多有教育建议。

再有如教育会会员胡雨人,其在全国较早喊出要重视乡村教育的呼声,并在1908年上书学部提出具体的建议。②在当时普及教育的大潮席卷而来的过程中,他敏锐和超前地指出,当时推进教育发展的机制,一方面促使新学快速发展,另一方面乡村教育与城市教育不均衡、不公平的二元撕裂日益扩大,建议政府必须高度重视,并采取有效方法予以解决。

四、辛亥革命:会员参与

"无锡并不是辛亥革命的首义之地,也算不上军事重镇或政治的敏感地区,但是无锡地处最大的开埠城市上海与辛亥革命政权——临时政府所在地南京之间,是较早响应起义的城市之一,靠近革命漩涡的中心。"③在宣统三年(1911年)秋无锡光复的过程中,作为地方三法团之一,商会是最为重要的力量,它依托商团组织光复队,顺利攻占无锡、金匮两县衙门,成为起义的核心力量。这形成清末地方社团参与地方政治的一种模式:社团作为主导革命的核心力量,整体影响地方发展的方向。而教育会在此过程中并没有整体性地参与地方光复的活动,但这并不表明其成员不持态度,无所作为。它以会员个人身份参与到事件的过程之中,形成了清末地方社团参与地方政治的另外一种模式。④

一是表现出反清反封建的思想共识。教育会的众多会员,反对科举,倡导新学,更对清政府的腐败无能表示失望。侯鸿鉴在年轻时就"远愤清政日非,诟

---

①《无锡侯鸿鉴第三次上樊提学使意见书——对于学务公所之意见》,《申报》1910年2月15日。

②胡尔霖:《拟上学部条陈》,转引自李桂林、戚名琇、钱曼倩:《中国近代教育史资料汇编·普通教育》,上海教育出版社,2007,第241—242页。

③汤可可:《前言》,载钱江、章振华、徐仲武主编《无锡,辛亥百年》,苏州大学出版社,2011,第3页。

④纵览国内众多地方史著作可以发现,地方史研究者往往依据国内学术权威构建的国家历史篇章结构所呈现的宏大叙事来相应梳理地方的人事资料,编纂与之相呼应的地方史志,形成主动适应诠释的学术倾向。而实际上,其中多有偏颇,出现"现代观念"与"历史语境"的背离,把复杂多元的历史简单化了。以无锡教育会为例,在清末民初,国家发生辛亥革命、袁世凯复辟、二次革命等诸事件中,地方建立绅商学会、倡导自治、主动开埠、筹备设市等活动中,其参与度均不高,远不及同时期的商会等地方社团,即使参与其间,也自有其特有的风格,其参与辛亥革命的表现方式即是一例。

那拉后之荒淫,以为亡清者,必斯人",①表明对晚清政府的强烈不满。他又说"天下初发难也,俊雄豪杰,连号一呼,当是时也。天下之士,云合雾集,不惮徒手赴义,划除五千年专制之政,缔造新邦,一跃而为共和,何其盛也"②,讴歌辛亥革命。胡雨人在日本留学期间,积极参与留学生的革命活动,加入孙中山的兴中会。③辛亥前夕,他们从各处赶回无锡,表达投身革命的意愿。教育会副会长孙锡皋参加同盟会成为会员,辛亥革命期间,他担任竢实学堂校长,曾带领学生将县城里玉皇殿、三清殿、新庙、老庙和城外惠山的东岳庙、不二法门中的神像全部打毁,④以表达与封建的决裂。

二是教育会会员参与锡金军政分府的具体工作。据钱基博所撰《无锡光复志》(民国刊本)记载,教育会众多会员参与其间,至少有孙保圻、吴廷枚、华申祺、侯鸿鉴、蒋仲怀、胡雨人、孙靖圻、孙仲襄等。对此,侯鸿鉴在回忆辛亥革命前后个人经历时曾有记载:

入京代表江西⑤参预学部全国教育会议,返南昌,适湖北光复,江西继起,以余严行视学,得罪巨室,致遭通缉。吴复初都督手片檄,嘱代表江西赴沪组织新政府,以小轮送余趋九江。出赣境时,逻者密布江干,幸脱险返锡。整理竞校,辟地北禅寺巷,定新历元旦行庆祝礼。二十一年来,提倡新历,迄今未改。著《民国教育制度》二巨册,走金陵谒蔡孑民教长,商改教育方针。既临时县议会成立,胡雨人为议长,余被选为副议长。江苏县议会联合会成立于镇江,余被选为会长,柳贻徵副之。民国元年,开第一次全国教育会议,教部聘余为会员,入京建议教育方针、学校系统、小学废讲经、读经等案。⑥

这一记述表明,教育会会员不仅在无锡,更在省及国家层面参与新政权的建设,尤其为教育发展出谋划策。在无锡地方参与锡金军政分府工作的有:吴

---

① 侯鸿鉴:《侯鸿鉴自述》,载蒋士栋、丁福保等编《锡金游庠同人自述汇刊》,1932年春铅印本。
② 钱基博:《发刊词》,《无锡教育杂志》1913年1月第1期,第1页。
③ 刘谦冲:《无锡市教育志》,三联书店,1994,第383页。
④ 汪春劼:《地方治理变迁——基于20世纪无锡的分析》,社会科学文献出版社,2012,第69页。
⑤ 侯鸿鉴时任江西省视学——编者注。
⑥ 侯鸿鉴:《侯鸿鉴自述》,载蒋士栋、丁福保等编《锡金游庠同人自述汇刊》,1932年春铅印本。

廷枚、孙保圻担任副总理,华申祺担任司法部部长,蔡荫阶担任民政部总务科科长,孙仲襄担任总机关纠察科科长,秦颂石担任文牍科起草员,钱伯圭担任庶务之职,等等。①1911年10月,锡金军政分府成立市区工程局,吴廷枚作为市区工程局成员,参与地方道路、桥梁的规划与建设。②宣统三年(1911年)十月初十日下午3时,军政分府召开谈话会,商讨地方司法、行政、军事、民生等多项议题,胡雨人、蔡荫阶参加讨论。黄淡如还多次致函锡金军政分府,"条陈意见"。1912年1月5日,钱基博、钱孙卿兄弟两人联袂赴锡金军政分府,商谈保护地方文物,提出:"毁坏庙宇亟宜收管,并须保存各处碑文古迹。"③远在河南的会员华国铨于1912年2月1日也曾向锡金军政分府函送施政意见书,表达对地方建设的期盼:

一、查核现在钱漕总数,以支配现时各项费用。

二、设共和政治研究会,以使上流之人皆有共和政治之知识。

三、选派宣讲员四出宣讲,以开通乡间愚民。

四、调查户口,有数种重要之关系,一使完新租税,二使定选举区,三使定学区,四使行强迫教育。

五、立地方议会,此事最要。盖地方议会为地方立法部,□地方议会则法不立,民政部所行之政为何政,司法部所用之法为何法耶。故地方议会□于速举,而选举议员之法,可暂时简便行之(如城市邀集现有开通之各绅董,乡间招集各乡开通之扇董、图董是),至选举法成立后,下届可以如法选举议员开会,地方议会所议之事。④

---

① 《锡金军政分府总机关部各科职员总》,载苏国强主编《辛亥革命在无锡》,古吴轩出版社,2011,第195—198页;钱江、章振华、徐仲武:《无锡,辛亥百年》,苏州大学出版社,2011,第31页。

② 《锡金军政分府民政部示谕·设立市区工程宣告》,载苏国强主编《辛亥革命在无锡》,古吴轩出版社,2011,第14页。

③ 《锡金军政分府总理处日记》,载苏国强主编《辛亥革命在无锡》,古吴轩出版社,2011,第112、120、139页。

④ 锡金军政分府档案:《华国铨就施政建议致锡金军政分府总理暨各部长函》[标题为编者所加],1912年2月1日。张振强藏件。

他们所提建议，有不少也得到了军政分府的采纳。如1912年2月，无锡市学务员、教育会荣誉会员蔡樾向县军政分府提出：

> 吾邑市区各大王庙，本不列入祀典，现在光复伊始，此等淫祀亟应淘汰。兹拟于二月二十一日（即阴历正月初四日），将各庙神像一律迁入新城隍庙，所遗房屋改作学堂及各项公益之用，第恐无知愚民不无惶惑，应请贵分府先期出示晓谕，俾众周知。①

1912年2月19日，锡金军政分府总理处发布第91号《告示》，认为："办法极妥，合行出示晓谕。为此，示仰各军民人等一体知悉，毋得阻挠滋扰，致于重咎，切知。"②采纳了蔡樾的建议并予以了实施。

三是为锡金军政分府提供援助。锡金军政分府总理处曾致函新组建的江苏省立第三师范学校，询问是否可以借用学校操场训练军队。顾倬领导的三师复函："云：该学府门前操场可以借用，内操场未便擅入，以期以该学堂停课之时为限。"③这表达了欢迎允诺的意思。不久，部队就借用操场开展了训练，并根据校方"以该堂停课之时为限"的建议，训练时间的安排避开了学校上课之时。锡金军政分府还多次组织演讲，教育会会员孙仲襄、秦卓甫、孙靖圻、秦执中、邹同一、孙锡皋、黄蔚如、张鉴、黄淡如、周渠清、顾彬生等被锡金军政分府民政部聘为宣讲员，积极参加相关工作，④得到积极评价。如孙仲襄等人，"本月初九赴新安华大房庄，承陆君阁臣之导引，即至该乡自治公所，乡佐倪君□□、队长周君冕臣暨自治职员、各乡董事均在座，听讲者得二百人左右。演讲毕，由队长推举陆君阁臣等四人，分任该乡宣讲事宜。"⑤

---

① 锡金军政分府档案：《蔡樾致锡金军政分府函》[标题为编者所加]，约1912年2月中旬。张振强藏件。
② 苏国强：《辛亥革命在无锡》，古吴轩出版社，2011，第60页。
③ 《锡金军政分府总理处命令·命令》，载苏国强主编《辛亥革命在无锡》，古吴轩出版社，2011，第70页。
④ 《锡金军政分府总理处日记》，载苏国强主编《辛亥革命在无锡》，古吴轩出版社，2011，第94、110、118页。
⑤ 锡金军政府分档案：《宣讲员孙君仲襄报告》，1911年秋，张振强藏件。《锡金军政分府总理处日记》（苏国强主编《辛亥革命在无锡》，古吴轩出版社，2011，第111、123页）中记载：1911年10月10日"接孙仲襄报告宣讲士[事]"。故推测该件时间应为1911年秋。10月24日军政分府文档中还有"复孙仲襄函"的记载。

四是与锡金军政分府存在较大的分歧。教育会会员曾与锡金军政分府有过密切的联系,如竞志女学校召开运动会,校长侯鸿鉴还致函锡金军政分府,请求活动期间派兵维持秩序。曾任教育会会长的孙靖圻也与锡金军政分府保持了较为密切的关系,如"有南昌程氏姻亲自沪到锡,随带行李八十件",所以,他请官员帮忙,"请给护照,即行照发"。1912年1月17日,孙靖圻还专程到锡金军政分府,帮助"曹衡之要民政部文牍科徽章一枚",分府官员"答以将来送一纪念章以酬夙劳"。① 这些资料反映了教育会与锡金军政分府之间保持着的紧密关系。而索要纪念章也反映了会员对锡金军政分府敬重的事实。但是,在这看似密切的关系中也包含有巨大的分歧。在军政分府民政部部长裘廷梁"谢病去"后,对分府推荐的新任人选,"无锡县议事会议长胡雨人率众力争以为不可"②,另据锡金军政分府总理处1912年2月18日日记记载,该日"收临时县参议会胡议长雨人油印《通告书》,指摘本府种种违法情形"。这说明作为参议会议长的胡雨人对军政分府的不少做法看不惯,存在较大分歧与矛盾。对于胡雨人所提"种种违法情形"是什么内容,笔者不敢妄加猜测。但在前一天,即17日,锡金军政分府曾收苏督训令三件,其中一件主题是"议会胡雨人等请划清财政、民政权限事"。③ 这应该是包含在"种种违法情形"之中的事项。辛亥革命爆发时,胡雨人正在北京担任北京女子师范学堂教务长。无锡辛亥光复时,他赴锡参与活动,后被推举为县临时参议会第一任议长。但任职不久,到1912年他就辞职而去,受聘江苏省公立南菁学校校长,这一职业变动与上述情况不会是没有关联的。邹家麟也是无锡辛亥起义的发动者之一。但地方光复后,他因与新成立的锡金军政分府的执政者意见不合,"乃洁身去"。④

教育会会员参加辛亥革命的情况,既说明革命参与力量的多源性,也说明参与方式的多样性。会员的群体性参与表现了教育社团参与政治的独特风格。对于锡金教育会来讲,是其办会历史上重要的一页。

---

① 《锡金军政分府总理处日记》,载苏国强主编《辛亥革命在无锡》,古吴轩出版社,2011,第147、155、163—164、页。
② 钱基博:《无锡光复志》,民国刊本,第47页。
③ 《锡金军政分府总理处日记》,载苏国强主编《辛亥革命在无锡》,古吴轩出版社,2011,第169页。
④ 邹同一:《辛亥革命光复之实写》,载苏国强主编《辛亥革命在无锡》,古吴轩出版社,2011,第277页。

北洋政府时期的无锡教育会
（1912—1927年）

第二章

民国创建,北洋统治。北洋政府时期,新学在无锡获得空前壮大。无锡教育会作为地方教育社团,以学绅为核心,以学人为基础,充分发挥自身的专业优势,专注于教学研究,表现出色,成为推动地方教育发展,尤其是教育内涵发展的中坚力量,成为无锡教育的一面旗帜,也在更大范围为人瞩目,享有时誉,充分呈现了研究型社团的特征。1914年5月,江苏省视学臧佛根、张彬士来锡调查无锡教育,在他们后来递交省教育厅的《调查教育会之报告》中有云:"民国成立以来,各县教育会之名义类多虚设。无锡县教育会,岿然而新落成者,会所也;灿然而成卷帙者,杂志也。以言调查,则每岁必及一周;以言研究,则每岁必开会议数次。"[1]这表达了对无锡教育会开展会务卓有成效的由衷赞叹。这一时期可谓是无锡教育会的黄金时代,而长期出任会长的侯鸿鉴功不可没。由此对教育会而言,这也是侯鸿鉴时代。

第一节 会长制的确立与运行

北洋时期,一方面新建政府开始近代化的构建,多有建树,另一方面,长期的军阀混战,也实属乱世。在这样的大背景下,作为江南名城的无锡,多有波及,或受惠,或遭殃。在此过程中,无锡教育会获得较大发展空间,这既得益于

---

[1]《省视学之会批评》,《新无锡》1914年9月26日。

当时相对宽松的行政管理,更在于社团自身形成的运作模式的良好运行。

一、从清末到民国:新瓶旧酒

1912年1月14日,锡金教育会借竢实小学召开特别会议,到会会员有70多位。这次会议是其以旧名召开的最后一次大会。根据辛亥革命后无锡、金匮两县合并为无锡县的要求,锡金教育会也更名为无锡县教育会,所以这次会议也是该社团启用新名称后召开的第一次大会,时有会员220余人。经选举,侯鸿鉴任会长,孙肇圻为副会长。次月25日,召开新职员组织会议,推举顾倬为评议部部长,孙保鉴为调查部部长,秦振镐为治事部部长。①这样,新的领导机构诞生。县教育会认为,尽管有名称的变化,但会务仍是过去的延续,因此当时把新建立的这一届称为第八届,会长为第八任,以此翻开了会长主导的教育会历史新的一页,并一直延续到1927年2月的第二十二届终止,先后存续时间达15年之久。

从锡金教育会到无锡县教育会,跨越了清末、民国两个不同的时代。就国家来看,是以革命的方式完成不彻底的更替。而对于作为社团的县教育会来说,这一过渡仅完成领导人的交接,新任会长、部长等职员均是以侯鸿鉴为代表的教育会元老级的创始人和忠实会员,这样的更替,如一次常规的换届改选而已,就连基本章程也未曾修订就被完整地继承下来,似乎一切的延续均悄无声息。这样的演进,值得注意的有两点:

第一,就教育会与社会变迁来讲。清末因为辛亥革命,专制清廷被民国政府所取代,对于国家体制而言是巨变,但对地处南京、上海之间的江南水乡无锡来说,其演变状态,与之相比有较大差异。虽说辛亥革命在无锡也经历了无锡、金匮两县衙门被同盟会组织的武装力量攻克的暴力革命,清政府的地方基层政权被推翻,代表新生力量的锡金军政分府建立并在地方社会诸如政治、军事、市政建设等多方面实施改革,有所作为,但社会上普通民众对变化的实际感受很

---

① 陶守恒:《无锡教育会沿革记略》,《无锡教育杂志》1913年1月第1期;《无锡学界记事》,《无锡教育杂志》1913年1月第1期。

第二章　北洋政府时期的无锡教育会(1912—1927年)

是有限。无锡律师陶廷枋①时从日本留学回乡,家乡给他的印象是这样的:"民国二年,岁在癸丑,重修家谱。时正共和成立之明年,一观当时风气,绝无开国气象而安于逸乐,致叹迁流而不知所届,内忧外患之来,胥于此,阶之厉也,可谓不幸而言中矣。"②教育会在这一过程中所呈现出来的平稳过渡,或可作为地方辛亥革命影响实况的一个诠释,其按照新政理念的超前设计,提前释放了革命的冲击。

第二,就无锡教育会社团自身来说。纵观清末至民国近半个世纪该会发展的历史,本书根据国家社会的变革及教育会社团自身的演变情况,把它分作清末时期(1903—1912年)、北洋政府时期(1912—1927年)、南京国民政府前期(1927—1937年)、沦陷时期(1937—1945年)、南京国民政府后期(1945—1949年)五段。概括而言,教育会在每一阶段的起步组建,均是相同的酝酿节奏;而每一阶段的终结却各有各个时代政治、军事突变所带来的深刻影响,即教育会组织被时势突变所产生的冲击导致戛然崩断的无奈。从清末至民国,无锡教育会平稳迈过历史的门槛,是个案。

民国前期的无锡教育会,每年的会务情况,自有其规范。会员秦惜华留下了该社团1924年全年的会务概要③,借此可窥全貌。

(甲)会务报告:本年收县公署及各处往来公文函牍七十四件,各处寄到杂志及印刷品六十八件,各会员提议案三十七件,新会员入会志愿书二十三件。

(乙)开会次数:全年开例会两次,大会一次,新职员组织会一次,职员会十次,小学教员研究会三次,欢送会一次(欢送侯会长保三赴欧美考察教育),报告会一次(侯会长报告在欧美考察教育实况)。

(丙)名人演讲:函请北大教授朱君经农及高君仁山,演讲平民教育及乡村

---

①陶廷枋(1872—1941),原名陶铸,字念钧,无锡北门北栅口人,陶炽孙之父。光绪二十一年(1895年)秀才。1904年无锡发生"米业毁学"事件,因讥讽朝政,被投入监狱。出狱后于1906年东渡日本留学,并参加孙中山领导的同盟会。1910年毕业于明治大学法律系,获法学士学位。1913年回国,任职于黑龙江省审判院,因秉性刚直,看不惯官场的黑暗,于次年卸职回无锡,挂牌做律师。1941年病逝于无锡。遗著有《悠然草堂文稿》等。参见赵永良:《无锡名人辞典》,南京大学出版社,1989,第133页。
②陶廷枋:《无锡陶氏家谱叙言》,载《无锡陶氏家谱》,北塘街毓秀堂,2009,第98页。
③《教育会概况摘要》,《无锡年报》(第1号),1925年2月。

教育；广西中学校长谢君道济、云南教育会长秦君继蕃[蕃]①，演讲桂滇两省中小学教育状况及在各处参观教育情形；本省国语指导员兼视察员刘君绍成，讲演国语教育方法及报告视察本邑国语状况。

（丁）招待参观：各省县教育团体到锡参观者颇多，类多到会请予介绍，本年接洽者约六十余处。

（戊）出版书籍：本年出季刊三期，第一期为学校号，第二期为体育号，第三期为国语号②。

可见，教育会从会务形式到内容基本延续了清末教育会的套路，未有明显的变化。

二、两次修订章程：会长制的确立

民国创立之初，新兴的中央政府开始制定新政权的法律框架，对教育会作为重要社团的定位也没有遗漏。1912年9月6日，教育部部令第8号发布《公布教育会规程》；7年后的1919年11月18日，《修订教育会规程》再次公布，③这两部规程，体现了国家意志，表达了政府对教育会社团的期盼。北洋时期的无锡教育会依托其在清末制订的锡金教育会章程，提出了自己的规章。但实际情况只是比照新规，对旧章程作了两次修订，其行文变化并不大，这也可视作平稳过渡。

进入民国以后，无锡教育会社团开展会务的依据还是旧有的章程，直到1913年2月15日，在召开的第九次大会上，经部分会员的提议，才"商榷修改章程事"，④这一时间比教育部颁布教育会规程的时间晚了5个多月。这次"商榷"，仅提议修改事，可能对相关内容作了些讨论，但并未有程序性的确认。从实际情况看，清末制定的锡金教育会章程一直沿用到1917年年底。

---

① 即秦君光华，字继蕃。
② 疑应为训育号——编者注。
③ 朱有瓛、戚名琇、钱曼倩、霍益萍：《中国近代教育史资料汇编·教育行政机构及教育团体》，上海教育出版社，2007，第260—263页。
④ 无锡县教育会：《无锡教育杂志》1913年7月第2期，第194页。

第二章 北洋政府时期的无锡教育会(1912—1927年)

1916年,无锡教育会对章程启动了第一次修改。这次修改是在时任会长孙仲襄主持下完成的。从当时报道来看,修改工作一直延续到1917年底才完成,历时一年多。修改的蓝本为《锡金教育会总章》,教育会还将该章程再次油印分发给会员作参考。"日前曾经油印分致各会员征集意见,无如函复者甚少。用特再另行油印分致各会员,各抒意见,尽阳历四月二十二日以前,函知会中,以便定期开会,商确一切云。"在8月召开的会议上,"会长孙仲襄君主席将近数月会中各事报告后即将修改《章程》,逐一讨论,因《章程》中修改条文过多,讨论之时仅通过三分之一,余剩各条须另行择期开会再行讨论"①。在之后教育会召开的多次会议上均有"仍未全行通过""仍未完竣"之类的记载,如"前次例会提议修改章程尚未议决终了,继续讨论,仍未全行通过,议决下星期开特别大会,再行讨论"②,"因所有事宜仍未完竣,故定于本月廿五号又将续开特别会继续修改"③。关于这次章程修改,文本框架上继承了清末的章程格式,具体章、条内容,涉及社团名称、宗旨表述、职员任期、事业概况、会所地点、奖惩办法、会员入退会程序等方面,并删去了第十章"会场规则",全文从原来的12章50条,精简为11章30条,作了较大的归并。④

第二次修改工作的时间是在1921年,这一次是在会长侯鸿鉴主持下进行的。背景是一年多前教育部颁布了《修订教育会规程》,故作相应调整。1921年7月27日,教育会召开特别会议,完成对1917年所修订章程的又一次修改。修正的条目有十二条,具体内容涉及选举、职员数量、会员发展、增设编辑部、会费标准、会期等,⑤而其余各条则没有变化。下面将该会1906年、1918年与1921年三个版本的章程结构列表对比,以便更全面地了解修改的内容。

---

① 《县教育会例会志闻》,《锡报》1917年8月27日;1917年8月27日《新无锡》刊文《县教育会开会志闻》记载:"县教育会于昨日(26日)下午三时,特行开会。是日虽天气燠炎,而到会者人数达四十余人。首由会长孙仲襄君提出丙辰(应为丙午,1906年,编者注)所订教育会《章程》,因此项《章程》系十年前开办时所订,对于今日亟应筹议修改,故特逐条宣布讨论,以便修正。闻是日学务科钱孙卿君等均到席,至议决者,仅三分之一,而为时已钟鸣五下矣。"

② 《县教育会例会志闻》,《锡报》1917年11月5日。

③ 《县教育会开特别会豫志》,《新无锡》1917年11月24日。

④ 参见《锡金教育会总章》和《无锡县教育会章程》(1918年修正)。

⑤ 《县教育会开会纪事》,《锡报》1921年7月28日。该文报道时所标第十六条、第十九条、第二十二条在后来印制的章程文本里改作第十七条、第二十一条、第二十四条,参见本书附录。

表2-1　无锡县教育会章程三版本结构对比表

《锡金教育会总章》（1906年）		《无锡县教育会章程》（1918年）		《无锡县教育会章程》（1921年）		修改的主要内容
各章名称	条款数目	各章名称	条款数目	各章名称	条款数目	
第一章 定名	1条	第一章 定名	1条	第一章 定名	1条	
第二章 宗旨	1条	第二章 宗旨	1条	第二章 宗旨	1条	
第三章 组织	8条	第三章 组织	5条	第三章 组织	4条	机构设置、会员发展
第四章 职任及权限	10条	第四章 责任及权限	8条	第四章 责任及权限	10条	职员职责
第五章 选举及任期	2条	第五章 选举及任期	2条	第五章 选举及任期	3条	
第六章 事业	1条	第六章 事业	1条	第六章 事业	1条	
第七章 经济	2条	第七章 经费	2条	第七章 经费	2条	会费标准
第八章 会所及会期	2条	第八章 会所及会期	2条	第八章 会所及会期	2条	会议频率
第九章 规约：惩治及奖励	4条	第九章 惩治	2条	第九章 惩治	2条	1918年章名改作"惩治"
第十章 会场规则	9条	第十章 入会及出会	2条	第十章 入会及出会	2条	1918年删除"会场规则"一章，并将原第十一章改作为第十章
第十一章 入会及退会	3条	第十一章 附则	4条	第十一章 附则	4条	1918年将原第十二章改作为第十一章
第十二章 附则	7条					
条款总数	50条		30条		30条	

资料来源：锡金教育会编《锡金教育会总章》，1906年；无锡教育会编《无锡县教育会章程》（修正），1918年；无锡教育会编《无锡县教育会章程》，1921年。

从表2-1分析,1918年的章程条款约缩较多,"会场规则"9条全部删除,内容调整有:追认增设副会长1名,各部人员扩充,设部次序原在最后的评议部列最前,"事业"表示为更为简约原则,会费从每月2角钱减为每年1元,会期为经常会从每月一次减为每季一次,等等。1921年的修订幅度没有1918年的修订幅度大,其修订主要集中在几个方面:评议员分区产生比例调整;内设机构从三部扩展到四部,增设编辑部,为开展教育研究提供平台;扩大各部职员数量,放宽会员资格限制,夯实社团基础。核心是对会长制加以完善。从当时的情况看,新修订的章程不仅确保了无锡教育会社团的顺利运作,也成为周边兄弟教育会借鉴的榜样,如1922年,江阴筹备成立教育会,曾特致函无锡教育会,请无锡教育会"将现行《章程》惠寄一份,以便借镜"。[1]

三、社团组织运行:治理模式的形成

(一)关于会员发展

民国初年的无锡教育会对发展会员的标准,依然坚持社团创办以来"研究教育"的宗旨,为"凡有志研究教育者,由会员二人以上之介绍,经评议部审查合格,得为本会会员"。[2] 与教育部公布的强调个人身份与资历的两个《规程》的规定[3]相比较,无锡教育会对会员入会的条件则不强求身份与资历,而追求研究教育的志同道合。同时,取消了原有的"名誉赞成员""会友""旁听员"等成员身份而统一为"会员",使原本复杂的会员结构变得更简单。

会员的数量呈现逐步递增的情形。"吾邑教育会自丙午年(1906年)成立迄今八年,会员有二百七八十人"[4],并不断扩充壮大。1920年6月,县教育会开夏

---

[1]《澄教育会筹备组织》,《锡报》1922年6月25日。
[2] 无锡县教育会:《无锡县教育会章程》(1921年),载李默渊编著《无锡教育实业名胜概览》,三师附属商科附设三小商店,1924。本目引用资料,除注明出处之外,均引自该书。
[3] 教育部《公布教育会规程》(1912年9月6日)、教育部《修订教育会规程》(1919年11月18日),均要求会员为"现任教育职务者"和"现任学校教职员"。参见朱有瓛、戚名琇、钱曼倩、霍益萍:《中国近代教育史资料汇编·教育行政机构及教育团体》,上海教育出版社,2007,第260—262页。
[4]《县教育会会员发达》,《新无锡》1914年9月26日。

季例会前,先开评议部会议,"通过职员介绍之新会员十二人"。①1922年"本届该会加入之新会员有九人",②1924年全年收到"新会员入会志愿书二十三件"③。教育会"向例于每届大会时,得绍介新会员,其手续须由二人之绍介,经评议部通过,方能入会",以示慎重。④同时对出格的会员则按照章程予以惩处。⑤到1922年底,县教育会会员增至974人。⑥

从当时会员的职业情况来看,有以下五种类型。第一是学校校长,如薛明剑、严蔚苍等。第二是学校教师,主要以小学教师为主体。第三是教育行政人员,如县署三科科长钱孙卿,县教育局局长蒋仲怀,县视学秦颂石、张鉴、孙仲襄等。第四是基层市乡教育会负责人,如市乡学务委员蔡荫阶、陆小槎、华澄波、糜赞治等。第五是非从事教育工作的热心人,如荣棣辉、冯晓钟等。荣棣辉虽担任过开原乡学务委员,襄助荣德生在地方办学,贡献不小,但自民国初年起,即加入荣氏企业集团任职。冯晓钟早年自上海法学院毕业后,回锡集资创办锡澄长途汽车公司并任董事长,1918年任教育会评议部职员,到1932年才创办锡钟高级商业职业学校并任校长从事教育。⑦他们的职业背景均是在企业工作,入会是热心于教育,志趣相同。当然其中有不少会员的职业并不是单一而稳定的,而是随着社会的变迁,在不断地发生变换,如钱孙卿、薛明剑等。

地方性的无锡教育会,其会员几乎是清一色的地方人物,很少有外来者。他们操着一口无锡话,各人还带有小区域的差异:"侯保三'个格',钱孙卿'当然''容或''据我目光……',顾述之'吾里''大约着',秦执中'垆块'"。⑧他们以这样的乡音腔调交流着对教育的见解,成为无锡教育会的区域特色。

---

①《补纪县教育会开会情形》,《新无锡》1920年6月2日。
②《县教育会召集大会之通令》,《锡报》1922年8月19日。
③《教育会概况摘要》,《无锡年报》(第1号),1925年2月。
④《市教育会绍介新会员》,《无锡新报》1922年9月18日。
⑤1917年,有真应道巷私立尚友国民学校校长朱维孙与该校女教员胡萃新因恋情,惹起风波。县教育会开"特别会议,讨论惩戒朱维孙办法"。教育会评议议决:"照本会会章第二十五条丁项办理,将朱维孙除名,逐出教育界,以为惩戒。候本届大会当提出公决。"参见《教育界之趣闻》,《锡报》1917年6月22日)、《教育界之趣闻八志》(《锡报》1917年7月17日)。
⑥无锡县教育会:《无锡县教育会年刊》,1923年第4期,第5页。
⑦赵永良:《无锡名人辞典》,南京大学出版社,1989,第167、185—186页;《县教育会选举职员》,《新无锡》1918年1月21日。
⑧蕙芬女士:《演说家之语助词》,《新无锡》1925年11月18日。

以同乡、同好为纽带发展会员的模式,深刻地影响了教育会社团的实际运行。民国年间,尤其在北洋时期,无锡教育会体现了团结协作、朝气蓬勃的崭新风貌,丝毫不见其他县教育会内部出现争权夺利、沽名钓誉的情况。这无疑是它作为社会团体能立足地方、推动教育发展的重要原因。

(二)关于组织机构

与清末教育会设计的组织框架比较,北洋时期教育会组织最大的变化是扩容。

增设副会长1名的制度设计肇始于清末的1911年,第一任副会长是孙锡皋。由于资料的缺乏,具体原因不甚清楚。但视作应对日益繁杂的会务,协助会长处理日常工作应该是其常理。辛亥后,这一改革被继承,在1912年1月14日召开的县教育会第一次特别会议上进行选举时,又产生了副会长1人。但这一做法被写进章程而成为该会正式的制度,则是在1921年8月召开的第十七次大会上。也是在这次会议上,内设办事机构在原来的评议、调查、治事三部基础上,又增加了编辑部[①],并将治事部更名为理事部。随着会员人数的增加,各部职员人数比清末有较大的增加,通常维持在3至5名。但其中评议员数量最多,一般保持在20名左右,最多是在1919年和1920年两个年份,均超过了30名。1921年后,稳定在14人左右。另外,在1921年8月召开的第十七次会员大会上还选举了5名候补理事,[②]即候补职员。但这一制度没有得到延续,可能这是当时为解决某些问题而作出的一次临时性特别安排。

根据章程,正、副会长由会员大会选举产生;理事、调查、编辑各部职员,由会员大会"按照三部职员额数,一次举出,再由会长分配职务",各部如书记、庶务、会计等办事员由部长在职员中聘定。选会长采用"记名单记法",选职员用"记名连记法"。[③]所有正副会长及职员任期均为1年,但"连举者连任",并无限制,所以,如会长侯鸿鉴,自1912年至1927年的15年中,除有4年中断外,先后

[①]《无锡教育杂志》创办于1913年,之后编辑任务就成为一项常规性的工作,目前资料所见最早提及要增设编辑部的记载是在1920年7月的例会上,有会员提议:"本会编辑事宜须修订妥善章程,增添编辑主任,以专责成。"参见《纪县教育会之职员会》,《新无锡》1920年7月27日。

[②]《县教育会大会记事》,《新无锡》1921年8月22日。

[③]《县教育会改选职员志闻》,《新无锡》1914年9月28日。

任职11年，[①]成为无锡教育会历史上任职时间最长的会长。

在选举中，评议员的产生是个特例。其并非大会选举，而是在选举大会召开之前两周，由会员"分区选举"，根据各区会员人数的多少，按所定比例分别产生，再报县教育会选举大会予以确认。关于产生的比例，前后还曾有过变化。民国初年，教育会人数不多，基本是每8—10名会员推举1位评议员。如1914年9月召开第十一次大会前，该会发出选举评议员的函，明确产生的比例："其评议员照章应于大会分区通信选举，每区会员满十人者举一人（如不满十人，满八人亦得举一人；不止十人者，满十六人得举二人，二十六人得举三人，三十人以上类推），在会员过少之区，联合两学区或数学区公举。"[②]进入19世纪20年代，由于会员人数增加，这一比例作了调整。1921年在修改的《章程》中，就改作"每学区会员人数在十人以上二十人以下者，举一人，满四十人者举二人，六十人举三人，以上类推。在会员人数不满十人之区，得联合两学区或数学区公举如上率"。这一新规定一直延续到1926年10月北洋时期的最后一次选举大会。

比之民国其他一些地方社团用豆子作为投票依据的做法，县教育会的选举方法要显得文雅些，均是通过书写选票，以多者当选。每次选举大会参选会长、副会长及职员的得票数，不仅在会中当场唱票，还会在地方报纸报道会议的简讯里予以公布，这充分体现了无锡教育会这个社团所拥有的公平、公开的特征。

在这一时期，教育会的职员，从正副会长到各部部长，虽每年都有选举调整，但长期保持了基本稳定。这稳定既表现在职员担任职务基本不变，也表现在副会长和部长、职员之间轮换任职。所以当时有记者认为："县教育会亦于昨日开会交替，四部长尽为旧职员，驾轻车就熟路，将来学制之变迁、科学之开展，正未有艾。迎合世界潮流，促进地方教育，其责匪异人任也。"[③]有研究者认为，会长职位的争夺不仅仅是江苏省教育会特有的现象，在县级教育会和其他省教

[①]1914年9月25日《新无锡》刊登《县教育会定期开会》一文，报道说："闻正副会长及调查部、治事部职员在会场选举，照新章连举者连任，本职连任满三次者，得自行辞退云。"但从实际情况来看，会长侯鸿鉴和副会长孙北萱到1914年9月召开会员大会前，均已连任二次，在9月27日的会议上，两人继续连任。次年11月召开的会员大会选举结果，侯鸿鉴第四次连任会长，仅孙北萱换了孙仲襄。

[②]《县教育会定期开会》，《新无锡》1914年9月25日。

[③]含茹：《为教育界进一言》，《新无锡》1923年10月8日。

育会中也司空见惯。①但从无锡教育会的实践看,却从未出现这样的状况。

(三)关于会议

北洋时期的无锡教育会延续了清末的会议制度。一是例会,"每年以二月为例会期,报告半年间会务进行状况;以八月为大会期,改选会长和部职员并报告进行状况"。实际操作多有变动。例会根据召开时间不同,分别称春季、夏季、秋季或冬季例会。大会又称年会。这两类会议均有连续编号,这一时期的会议编号是连着清末锡金教育会会议的次序延续衔接的。二是特别会员大会,一般是有重要事项商量,由会长发起召开的,如上述的1921年7月为修改章程召开的特别会议等。三是临时会议。按章程规定,凡由会员10人以上发起,经会长同意,即可召开。临时会议主要是应对一些突发事件,需要紧急商榷时召开,如1920年春,无锡县署拟停办无锡县立女子师范学校,学生宣言罢课,"县教育会因该问题为吾邑教育界重大事件",特召开临时大会。②但这样的会议仅偶然召开。四是职员会议,由会长召集全体职员开会商量,会期无定期。但一般是在大会选举产生正副会长和职员后三周内,由新旧会长召集新旧职员召开,其最重要的任务是选举产生各部部长及明确职员分工,称组织会与交替会。五是各部职员会议,由各部部长根据工作情况,随时召集本部职员开会商讨相关事宜。六是谈话会,因天气等因素,由于到会会员人数过少,不足法定规定,就所到会会员召开的会议称谈话会。从实际操作情况看,这样的会议还不少,如1924年2月,"开春季例会,因会员仅到十人,改开谈话会"③。但谈话会并非闲谈,事实上依然讨论问题并作出"议决",如1915年10月11日,县教育会召开例会,适值大雨连绵,故到会者寥寥,会长侯鸿鉴因到会人数过少,改开谈话会,议决相关事项。④具体会议召开情况如下:

---

①谷秀青:《清末民初江苏省教育会研究》,广西师范大学出版社,2009,第61页。
②《县教育会召集临时大会》,《新无锡》1920年4月8日。
③《县教育会开会志闻》,《锡报》1924年2月25日。
④《县教育会例会略志》,《新无锡》1915年10月12日。

表2-2　无锡教育会历次会议表(1912—1927年)①

时间	会议名称				备注
	例会	会员大会	职员会	组织会	
1912年1月14日		第8次			特别大会
1912年2月25日				▲	
1912年8月4日	夏季例会				
1912年11月17日	第22次				
1913年2月15日		(第9次)			
1913年4月27日			▲		
1913年5月4日	第23次				
1913年8月10日			▲		
1913年9月7日		(第10次)			上午会所落成
1913年9月21日			▲		
1913年10月26日			▲		
1914年2月8日	第24次				
1914年6月4日			▲		
1914年9月13日			▲		
1914年9月27日		(第11次)			
1914年10月25日			▲		
1914年12月13日	第25次				原记载为第5次，误
1915年1月10日			▲		
1915年5月2日			▲		
1915年5月23日	第26次				
1915年9月12日			▲		

①制表说明：1.该表部分会议因资料无法查找而多有缺失，故所列内容并非所有会议的记录。2."▲"表示召开会议。3.报纸对会议的报道，前后用词不尽一致，有时用"次"，有时用"届"，总体而言，用"次"比用"届"多，本表统一用"次"。4.1918年9月13日—10月5日的《新无锡》报连载刊登有《五年之教育回顾》一文，该文记载自1912年9月—1918年9月间无锡教育会召开的历次换届改选大会的次数，其中召开于1917年1月14日的是第13次；而《新无锡》1917年1月15日载文称"昨日为本邑县教育会开年会之期"，未记届次。在之后的1918年1月20日所开的改选大会，《新无锡》报道是第十三届，与《五年之教育回顾》一文所记会议少一次。不知何故，记录备查。本表格采录自《五年之教育回顾》中的会议次数加括号，以示区别。

第二章 北洋政府时期的无锡教育会(1912—1927年)

续表

时间	会议名称				备注
	例会	会员大会	职员会	组织会	
1915年10月11日	第27次				人少开谈话会,一说为10日
1915年11月7日		第12次(第12次)			
1915年12月12日				▲	
1916年1月26日				▲	新旧职员交替会
1916年4月30日	第28次				
1916年9月3日			▲		
1916年9月10日	第29次				
1916年9月24日					特别会
1917年1月14日		(第13次)			未计数,称年会
1917年1月16日				▲	
1917年2月28日				▲	
1917年3月11日				▲	新旧职员交替会
1917年3月25日			▲		
1917年4月15日	第30次				
1917年7月8日			▲		
1917年7月26日					特别会(修改章程)
1917年8月10日			▲		
1917年8月26日	第31次				
1917年9月21日			▲		
1917年10月2日			▲		
1917年11月4日	第32次				
1917年11月11日					特别大会
1917年11月25日					续开特别大会(修改章程)
1917年12月23日			▲		
1918年1月13日			▲		
1918年1月20日		第14次			
1918年1月27日			▲		

续表

时间	会议名称				备注
	例会	会员大会	职员会	组织会	
1918年8月4日		▲			未标届次
1918年8月13日			▲		
1919年3月9日			▲		
1919年8月3日		▲			未标届次
1920年7月25日			▲		
1920年8月8日		第16次			
1920年9月12日				▲	
1920年11月21日	冬季例会				
1921年1月30日			▲		仅见1月20日《锡报》预告
1921年4月17日			▲		
1921年6月5日	夏季例会				仅见6月1日《锡报》预告
1921年7月17日			▲		
1921年7月27日					特别大会(修章)
1921年8月21日		第17次			
1921年9月15日				▲	
1921年9月18日				▲	新旧职员交替会
1921年12月8日			▲		
1921年12月18日			▲		
1922年2月19日	春季例会				
1922年8月27日		第18次			也称秋季大会
1922年9月10日				▲	当日因出席职员过少,至17日再补开会完成选举
1923年2月13日			▲		
1923年5月13日			▲		
1923年6月24日			▲		
1923年9月23日		第19次			
1923年10月7日			▲		

续表

时间	会议名称				备注
	例会	会员大会	职员会	组织会	
1923年10月17日				▲	
1924年2月7日			▲		
1924年2月20日					原报道未标会议类型
1924年2月24日	春季例会				
1924年8月24日		第20次			原报道为22次,误
1924年9月27日				▲	一说27日,仅见预告
1924年10月7日					四部长谈话会
1924年11月9日				▲	仅见预告
1924年11月12日			▲		
1925年9月27日		第21次			
1925年10月18日	秋季例会				
1925年12月13日			▲		
1925年12月15日				▲	
1926年10月17日		第22次			报道称"改选大会"
1926年11月21日				▲	
1926年12月22日			▲		

资料来源:《五年之教育回顾》,《新无锡》1918年9月13日—10月5日;《锡报》《新无锡》《无锡日报》《无锡新闻》《无锡新报》等相关报道;无锡教育会编《无锡教育杂志》1913年1月第1期。

会员参加社团活动是他们职业之外的社会聚集,必须以职业时间的保证为前提。所以,每次县教育会开会的最后一项议程会规定下次会议召开的时间,便于职员工作和生活的安排。对间隔周期比较长的会议,教育会在会议召开前一周,在地方报纸再次刊登告示通知一次,以作提醒。开会的时间安排在上午的很少,绝大多数会议在下午举行,而下午则又以3时为多,有时甚至到4时、6时才开会。如1916年4月30日,下午两点,先召开17市乡各校教员研究会议,结束后"又四时半,所开第二十八次例会,职员、会员到者亦甚多"[1]。所以往往"散会已

---

[1]《县教育会开会志》,《新无锡》1916年5月2日。

旁[傍]晚七时矣"①。这样的安排主要是要保证各会员有参会的时间。而对于远道而来的会员,当天来不及赶回去,就只能投宿旅馆,经济条件差的就留宿在教育会会所内,第二天再返回。由此可见,开一次会议也是十分不容易的事。

一般而言,教育会会议结束的次日,地方报纸会有关于会议具体内容的报道。检索各报道可知,各报刊载的文字是由教育会提供的通稿,所以内容基本相同。但有时,相关报纸的记者编辑因关注点的不同,对内容会有不同的增删,这尤其反映在换届改选等受人关注的会议内容之上。会议报道有基本的套路,内容包括:时间、地点、会议名称、出席者及人数、主席人(即主持人)、通报事项、议决事项诸要素。如:

县教育会于昨日下午三时开新职员组织会及交替会,到会者十余人,由侯会长保三主席。(甲)报告事件:(一)开学校行政图表及儿童读物展览会经过情形;(二)开博物标本展览会日期及征集到物品数目;(三)第三师范区小学教育研究会开会及推举辛柏森、陶达三、李康复、汤时斋四君赴宜出席情形。(乙)开选举部长票:结果,评议长顾述之当选,调查部长蒋仲怀当选,编辑部长廉谏钟当选,理事部长辛柏森当选,当由廉部长推举戴晓甫为编辑部书记员,其余评议、调查、理事三部书记、会计等,因新部长均未到会,由会中先行通知,俟星期日例会时,再行推举。(丙)提议事件:(一)征收会费方法案,议决先从本届新职员缴起,能连上年缴者最好,万一不便,至少先缴本年度一元;(二)补编上半年《教育季刊》案,议决上半年季刊,定名《学校行政图表号》,下半年季刊定名《自然教育号》,即日征集稿件,以便付印;(三)本会会员任事地点多有变更,故通信往往未能接到,应如何办法案,议决先从调查入手,在市乡请一会员担任调查各学校及各会员确实通信地点,以便查考。及散会,已钟鸣五下矣。②

(四)关于经济

经济是维持和保证社团组织开展会务活动的重要保证。北洋时期的无锡

---

① 《县教育会大会记事》,《新无锡》1921年8月22日。
② 《县教育会开会纪事》,《锡报》1926年11月22日。廉谏钟即廉建中。

教育会,其经济来源主要是基本金、政府补助和会费、特别费等。其收支情况与清末没有根本的区别,呈现总量有限、开支拮据、量入为出的基本特征。

这里以1918年上半年教育会经费收支情况作一分析。

表2-3　无锡教育会经费四柱总结表(1918年2—7月)

四柱情况	金额
旧管(上期结存)	洋135.677元,钱5700千
新收(本期收入)	洋382.129元
开除(本期支出)	洋301.584元
实在(本期结存)	洋216.222元,钱5700千

表2-4　无锡教育会经费收支表(1918年2—7月)

收入		支出	
项目	金额	项目	金额
会员费(215角八八折)	银18.92元	干事员修(六个月)	银72元
^	^	会役工	银14.4元
典息	银207.354元	膳食	银43.44元
^	^	表册、簿籍	银1.06元
收市房顶首(蒋李)	银60元	印刷、雕刻	银5.048元
^	^	排印《章程》	银32元
房租	银85.15元	纸张、笔墨	银7.622元
^	^	邮资信力	银6.835元
出售教育杂志	银9.315元	添置物件	银4.8元
^	^	修理会所	银1.05元
遗族扶助金息	银1.39元	报章费	银18.732元
^	^	电灯费	银38.038元
^	^	电话费	银18元
^	^	杂支	银27.959元
^	^	达源庄息	银0.93元
^	^	市房水木作修理及漆油	银9.67元
总额	银382.129元	总额	银301.584元

资料来源:《纪县教育会之交替会》,《新无锡》1918年9月3日。

从表2-4收入项目看，教育会收入的主要来源是会费、典息和房租。按照教育会章程的规定，此时每年每位会员应缴纳会费1元。这一新标准至少在1918年前就实施了。①依据这一规定，当时会员总数按200人计算，每人缴半年，那会费收入至少也能有100元的收入，不至于仅区区20元不到。事实上，由于主客观的原因，当时会员拖欠会费是一种常态。但在县教育会其他收入有限的前提下，会费依然成为教育会开展活动的重要依靠，更何况会员还享受参观补贴、赠送会刊等实惠；同样，是否按时缴纳会费也是衡量会员对社团认可程度的体现。所以想方设法催讨会费，成为教育会筹措经费的重要手段。如在1916年4月30日召开的第二十八次例会上，讨论会费整顿方法如下："议决分三种：甲，自四年度秋季起，各会员所欠会费由本会通函催缴，或由本会饬人收取；乙，四年度秋季以前欠缴之费，亦通函催缴，收到后拨入遗族扶助金；丙，本会现任各职员先将会费照缴。"②在1919年3月9日下午召开的全体职员会议上，"复提催议缴各会员费"。③1921年县教育会曾向全体会员发出通函："谨启者，查本会定章，会员会费年纳一元，先生应纳×年度会费银×元，请即掷下收条，当即寄奉，此请先生大鉴。无锡教育会治事部长孙广镐谨启。"④1924年11月12日，县教育会召开职员会常会，会上，"辛君柏森提议会费欠缴殊多，宜先从职员入手、照章缴纳案，议决照办，当由到会职员先补缴上年度会费银一元"。⑤可见，当时不要说一般会员，就是职员也多有拖欠。

典息即清末教育会争取到政府的宾兴款项，每年取息使用，自清末归教育会支配使用后，成为其重要而稳定的收入。北洋时期，县教育会在物价波动、币制变换的背景下，对存入典当的这笔资金注意保值处理。在1925年9月27日召开的第二十一次大会上，会员李继曾等提议："本会存典基本金向归钱码计算，今洋价飞涨，拟将此款一律改折洋价案。议决：由新会长审查情形向存典各户接

---

① 《县教育〈会〉开会预志》，《新无锡》1918年7月28日。
② 《县教育会开会志》，《新无锡》1916年5月2日。
③ 《县教育会开会记》，《新无锡》1919年3月10日。
④ 《县教育会催缴会费》，《新无锡》1921年1月13日。
⑤ 《县教育会常会纪》，《锡报》1924年11月14日。

洽。"①到1926年,"存典基本金,已于去年冬季,照二千四百文洋价折合银元,现已归洋码计算矣"②。另外,民国初年,县教育会在城中公园路建设会所的同时,也在会所附近购买了一些田地,建筑房屋,用于出租取息,如后来建的县通俗教育馆,就是由教育会将"后面隙地租与通俗教育馆建筑"③,定期收取租金的。

从表2-4支出项目可见,所列基本是维持会所正常运转的费用,并未见有开展会务活动的支出。事实上,维持教育会社团运行的费用远不止这些,一般另有四种方式,以专项的形式出现,实报实销,经费直接由活动承办单位支付,不经教育会账。这方面的资料虽然不多,但还是有一些历史的痕迹。

第一种是收取服务费用。县教育会开展的教育活动,大多数是公益性的,但也有一些活动需收取一些成本费用。如1916年,包括华国钧在内的多位教育会会员提议"创办短期师范讲习所,专招收一般私塾教师,养成其为小学教员"。该案经教育会职员会通过后办理,"收讲义费、膳宿费四十元"。④

第二种是政府定额补助。进入20年代,教育会经过争取,终于获得了县政府每年新的财政支持,至少自1921年起,每年"补助县教育会经费三百元(说明:本款由县教育会请议补助列如上数)"。⑤1923年度《无锡县地方费预算册》第二类第十六款第一项记载:"补助县教育会银三百元(说明:按照十一年度开列)"⑥。在无锡县议事会第二届临时会议上讨论通过的《1923年地方财政预算》第十六款中标明,"补助教育经费银六百五十元",其中"第一项补助县教育会经费银三百元,第二项补助竞志女学经费银一百元,第三项补助振秀女学银五十元,第四项补助童子军联合会银二百元。无讨论,一律通过"⑦。可见在政府的预算中,教育会还是获得了政府较大的支持,每年有300元的定额补助。

第三种是政府专项划拨。这是教育会通过自办被政府认可的活动,或是与

---

①《县教育会改选职员》,《锡报》1925年9月28日。
②《县教育会开会记》,《锡报》1926年10月18日。
③《县教育会特别会纪闻》,《无锡日报》1916年9月25日。
④《县教育会开会志》,《无锡日报》1916年9月11日。
⑤《十年度地方预算册》(续),《新无锡》1922年3月17日。
⑥无锡县议事会:《无锡县议事会第一届第二年度第一、第二届临时会议决案》,1923年刊印,第13页。无锡市图书馆藏。
⑦《地方预算三读大会记》,《新无锡》1923年9月23日。

政府联合办理的活动,争取获得的政府划拨专项经费。上述1916年创办的短期师范讲习所,除部分收费外,由教育会"行文县公署,于县经费内筹划此项开办短期讲习所之经费"①。当然,这样的费用是在政府预算之外的,需要向政府耐心地做工作才能如愿。对开办短期师范讲习所一事,此案早已"详请县知事筹款开办",但县署"经费支绌,无从措款",共议"事在必办,经费一项,仍请县筹划。再行备文呈请"。②

第四种是社会赞助委托。如1919年,由地方著名人士丁福保、祝大椿等发起组织成立无锡贫民教育社,开展贫民教育,所有筹备各事,均托县教育会办理③,开展贫民教育,"祝君所慨捐之现洋一万元,已存梅村保源典内,常年一分起息,订定章程,立折为凭"④。

值得一提的是,第二、第三种政府资金,可能是采取实报实销的方式给予支持,故在教育会的账表上未有反映。

(五)关于会长

侯鸿鉴曾说过:"一邑教育之盛衰,胥视提倡教育之人为何如耳!提倡教育之人,苟能排弃众疑,不避艰险,尽心力而为之,破私囊以营公益,洁一己以励同人,教育事业庶乎?"⑤丁钢也曾提醒:必须先走入中国教育,先将中国教育时空中的人物、事件描述出来,才有可能获得对中国教育的理解。⑥同样的,只有将教育会人物描述出来,才会更清晰地理解这一社团的作用,找到恰当的诠释语境。

自1912年1月至1927年3月,无锡教育会共有十五届十五任会长,涉及职员多人。详情见表2-5:

---

①《县教育会开会志》,《无锡日报》1916年9月11日。
②《无锡县教育会特别会纪事》,《申报》1916年9月27日。
③《县教育会开会预志》,《新无锡》1919年4月10日。
④《贫民教育社之进行》(十一),《新无锡》1919年5月1日。
⑤侯鸿鉴:《无锡教育沿革大略》,《无锡教育杂志》1913年1月第1期,第305页。
⑥丁钢:《声音与经验:教育叙事探究》,教育科学出版社,2008,第13页。

表2-5 无锡教育会历任会长、副会长、部长等汇总表(1912年1月—1927年3月)①

届次	任职时间	历任正副会长、部长名单	职员名单
第8届	1912年1月14日、2月25日	会长:侯鸿鉴 副会长:孙北萱 评议部部长:顾倬 调查部部长:孙保鉴 治事部部长:秦振镐	**评议部**:孙仲襄、糜杓、庄荫梧、黄豹光、胡雨人、陆小楂、吴廷枚、孙儒珍、吴建昌、黄龙骧、强欲治、杨嘉善、章鸿遇、张鉴、吴廷槐、严树声、秦权、过锡昌 **调查部**:许械、蒋仲怀、张耀中、顾鼎铭、强光治、孙伦鉴、蔡养默、孙寅宾、孙锡皋 **治事部**:陶达三、华国钧、龚宝瑗、曹铨
第9届	1913年9月7、21日	会长:侯鸿鉴 副会长:孙北萱 评议部部长:蒋仲怀 调查部部长:顾倬 治事部部长:孙仲襄	**评议部**:许械、沈寿桐、丁鹏振、顾型、蔡养默、严为霖、顾祖瑛、孙保鉴、诸汝贤、秦振镐、孙寅宾、糜赞治、钱孙卿、倪均荣、殷文炜、陶达三、陈然、郁赞廷、顾祖玑、蒋廷章 **调查部**:华国钧、陶赞、华廷辉、张鉴、龚宝瑗、吴廷槐、曹铨、顾鼎铭 **治事部**:秦权、周骏、张锡熙、黄豹光
第10届	1914年9月27日、10月25日	会长:侯鸿鉴 副会长:孙北萱 评议部部长:孙仲襄 调查部部长:张鉴 治事部部长:顾子静	**评议部**:黄蔚如、顾倬、钱承驹、黄淡如、华叔衡、王宝书、吴荫阶、章丙嘉、孙鹤生、孙保鉴、顾彬生、诸金吉、殷涤新、糜资襄、糜载南、蒋仲怀、殷垂之、周耀西、华国钧、陆阁臣、张厉若 **调查部**:许械、秦振镐、孙寅宾、陶达三、庄荫梧、秦权 **治事部**:周渠清、张伯纯、陶伯绶、龚笠如
第11届	1915年11月7日;12月12日;1916年1月26日	会长:侯鸿鉴 副会长:孙仲襄 评议部部长:孙北萱 调查部部长:曹铨 治事部部长:蒋仲怀	**评议部**:秦权、顾倬、庄荫梧、陶达三、顾型、严为霖、秦振镐、孙寅宾、胡雨人、顾祖瑛、孙儒珍、袁咏裳、许械、糜赞治、吴士枚、钱孙卿、殷文炜、华昌寿、沈寿桐、糜杓、华国钧、华国铨、陆小楂、严树声 **调查部**:孙保鉴、周骏、黄豹光、吴廷枢、陶大杰(伯绶)、顾鼎铭 **治事部**:李康复、徐荃、高文海、孙伦鉴

①该表所列任职时间,分别为召开换届选举大会和交替会的时间。任职时间栏内两时间,前者是召开大会选举正副会长及职员的时间,后者是职员开会选举各部部长的时间。

续表

届次	任职时间	历任正副会长、部长名单	职员名单
第12届	1917年1月14、16日,2月28日	会长:孙仲襄 副会长:孙保鉴 评议部部长:蒋仲怀 调查部部长:侯鸿鉴 治事部部长:李康复	**评议部**:胡雨人、许栻、顾祖瑛、秦振镐、钱孙卿、黄豹光、吴廷枢、陶守恒、秦权、黄淡如、钱承驹、陆小槎、朱正色、陆凤藻、孙广钊、孙莘农、张耀中、糜赞治、戴宗德、糜杓、严为霖、顾彬生、张鉴、华国钧、袁咏裳、华昌寿 **调查部**:殷文炜、孙寅宾、边宗夏、孙伦鉴、顾倬、殷献臣 **治事部**:邵宗虎、庄荫梧、孙雏飞、薛明剑
第13届	1918年1月20、27日	会长:孙仲襄 副会长:孙保鉴 评议部部长:张鉴 调查部部长:李康复 治事部部长:孙寅宾	**评议部**:顾子静、黄蔚如、顾倬、顾型、许栻、钱孙卿、顾鼎铭、秦振镐、陶达三、秦权、曹铨、胡雨人、过永伯、殷文炜、糜赞治、戴翼先、张载臣、孙伦鉴、冯晓钟、吴干卿、华宸清、袁咏裳、严蔚苍、庄荫梧、陆小槎、朱正色、陆凤藻、华昌寿、孙雏飞 **调查部**:蒋仲怀、侯鸿鉴、华国钧、孙广钊、邹仁达、胡桐荪 **治事部**:薛明剑、邵宗虎、金声、陶大杰
第14届	1918年8月4、13日	会长:张鉴 副会长:孙仲襄 评议部部长:孙保鉴 治事部部长:朱正色 调查部部长:秦颂石	**评议部**:孙寅宾、孙伦鉴、邵虞臣、严为霖、赵鹏、糜赞治、殷炜文、戴宗德、邹仁达、许宗岳、王肱、陆筱槎、陆凤藻、蒋仲怀、浦武、庄荫梧、胡桐荪、黄蔚如、许栻、顾倬、秦振镐、秦权、顾子静、钱孙卿、顾型、陶达三、李康复、钱承驹 **治事部**:薛明剑、孙莘农、高文海、袁凤起 **调查部**:孙广钊、沈寿桐、华国钧、辛柏森、过探先、龚笠如

续表

届次	任职时间	历任正副会长、部长名单	职员名单
第15届	1919年8月3日	会长:张鉴 副会长:孙仲襄、秦权（孙去世后,10月26日递补） 评议部部长:蒋仲怀 治事部部长:李康复 调查部部长:华国钧	**评议部**:顾子静、黄蔚如、秦卓桴、秦颂石、曹铨、秦权、陶达三、顾型、钱孙卿、许械、钱承驹、胡雨人、蔡振亚、殷涤新、糜子襄、戴翼先、孙保鉴、张醉仁、孙信卿、贾仲伟、杨荔秋、谈友三、严尧卿、严肖兰、王翰秋、丁逸清、张伯藩、叶志青、朱正色、陆翰飞、华少纯 **治事部**:孙寅宾、孙君初、庄荫梧、孙藕生 **调查部**:胡凤清、孙莘农、袁凤起、李继曾、辛干(柏森)、龚笠如
第16届	1920年8月8日,9月12日	会长:侯鸿鉴 副会长:孙保鉴 评议部部长:华国钧 治事部部长:孙广钊 调查部部长:孙寅宾	**评议部**:顾倬、黄蔚如、钱承驹、陶达三、顾子静、秦颂石、李康复、许械、秦权、钱孙卿、吴干卿、严尧卿、张鉴、严慰苍、糜子襄、殷文炜、戴翼先、华国钧、胡雨人、陆筱槎、叶志青、陆翰飞、朱正色、吴侍梅、庄荫梧、许湘涛、张醉仁、孙藕生、贾仲伟、边振卿 **治事部**:孙寅宾、孙莘农、辛柏森、李继曾、龚笠如 **调查部**:孙广钊、胡凤清、蒋仲怀、薛明剑、秦卓桴、陶伯绶、刘品棠
第17届	1921年8月21日,9月15、18日	会长:侯鸿鉴 副会长:秦权 评议部部长:蒋仲怀 调查部部长:孙莘农 理事部部长:孙保鉴 编辑部部长:李康复	**评议部**:顾倬、陶达三、钱承驹、吴干卿、严尧卿、孙寅宾、张伯范、糜子襄、陈献可、朱正色、庄康复、俞宗振、袁凤起 **编辑部**:钱孙卿、薛明剑、辛干、秦振镐、顾坚 **调查部**:许械、秦颂石、陶伯绶、尤鸣梧、徐赞廷 **理事部**:孙广钊、顾子静、秦冰臣、张鉴、严仰斗 (另选候补理事:孙筱寅、周渠清、孙赸香、顾型、高涵叔)

续表

届次	任职时间	历任正副会长、部长名单	职员名单
第18届	1922年8月27日,9月1日	会长:侯鸿鉴 副会长:秦权 评议部部长:蒋仲怀 调查部部长:秦颂石 理事部部长:尤鸣梧 编辑部部长:李康复	**评议部**:顾倬、许械、陶达三、钱承驹、庄荫梧、俞宗振、袁凤起、朱正色、华澄波、张鉴、孙寅宾、王干城、戴任先 **调查部**:范叔梅、郁雪明、顾子静、吴干卿、邓汉祥 **理事部**:孙保鉴、严仰斗、孙广钊、许雪岩、钱企文 **编辑部**:顾鸿志、徐志彬、钱孙卿、薛明剑、惠绥之
第19届	1923年9月23、30日,10月7日	会长:侯鸿鉴 副会长:秦权 评议部部长:顾倬 调查部部长:蒋仲怀 编辑部部长:薛明剑 理事部部长:辛干	**评议部**:黄蔚如、秦颂石、陶达三、华国钧、袁咏裳、张鉴、庄荫梧、孙保鉴、唐模、蔡浩、荣棣辉、陆凤嗜、叶锡爵 **调查部**:尤鸣梧、许锡彦、华澄波、庄凤清、曹翌丞 **理事部**:严仰斗、吴干卿、陶伯绶、孙寅宾、邹云翔 **编辑部**:顾鸿志、李康复、钱孙卿、徐志彬、廉建中
第20届	1924年8月24日,9月27日	正会长:侯鸿鉴 副会长:秦权 评议部部长:顾倬 调查部部长:吴廷枢 编辑部部长:廉建中 理事部部长:辛干	**评议员**:许械、秦颂石、秦振镐、胡雨人、戴宗德、孙保鉴、袁咏裳、张鉴、蔡浩、贾道曾、庄荫梧、王肱、周锡璜 **理事、调查、编辑三部职员**:李康复、顾鸿志、徐振新、孙寅宾、李慰祖、尤鸣梧、秦金鉴、钱允中、冯汉异、孙广钊、胡凤清、薛明剑、陶大杰、严仰斗
第21届	1925年9月27日,12月13日	会长:侯鸿鉴 副会长:秦权 评议部部长:顾倬 调查部部长:吴干卿 编辑部部长:廉建中 理事部部长:辛干	**评议部**:12人 **调查、编辑、理事三部职员**:15人。 **调查部**:秦冰臣(书记) **编辑部**:秦惜华(书记) **理事部**:孙寅宾(会计)、尤鸣梧(书记)、顾鸿志(书记)、李希曾(庶务)、庄凤清(庶务)

续表

届次	任职时间	历任正副会长、部长名单	职员名单
第22届	1926年10月17日,11月21日	会长:侯鸿鉴 副会长:秦权 评议部部长:顾倬 调查部部长:蒋仲怀 编辑部部长:廉建中 理事部部长:辛干	**评议部**:庄荫梧(书记)、陶达三、秦颂石、程鸿远、俞宗振、戴宗德、张耀中、邹建章、张鉴、陆筱槎、朱邦涵、陆凤藻、曹同文 **调查部**:陶大杰(书记)、许械、钱孙卿、吴廷枢、徐志咏 **编辑部**:戴标(书记)、华寰清、杨锡类、顾鸿志、秦惜华 **理事部**:孙寅宾、孙保鉴(书记)、李康复(书记)、尤鸣梧(庶务)、李希曾(庶务)

资料来源:根据《锡报》、《新无锡》、《无锡新报》、《无锡教育杂志》、《教育季刊》(无锡)、《无锡县教育会年刊》等所载报道以及《无锡教育会外部调查报告》《无锡文史资料》《无锡概览》《薛明剑日记》等资料整理。

无锡最早出洋留学的女学生胡彬夏在考察美国教育后指出:"如教育会会长不善地方,必受其害。"[①]她较早意识到教育会会长对地方教育会社团的重要性。北洋时期,先后担任无锡教育会会长一职的为侯鸿鉴、孙仲襄、张鉴三人。其中侯鸿鉴任期最长,这在无锡教育会的历史上是独一无二的,即使不任会长,他也担任调查部部长等职。所以,他是无锡教育会历史上最重要的人物。

侯鸿鉴(1872—1961年),字保三(一作葆三),别字梦狮,号铁梅、病骥老人、沧一。1898年中秀才,次年己亥(1899年)科试补廪膳生。1903年赴日留学弘文学院师范科。1904年从日本回锡后,在竢实学堂任校长,讲授史地、理化、乐歌等课程。1905年他出资创办私立竞志女校。该校为我国近代创办最早的女校之一,成绩卓著。侯鸿鉴还担任了大量的社会职务,曾担任过江苏、江西二省教育视学之职。1912年被推举为无锡县议会副议长、江苏省县议会联合会会长。1921年任县劝学所劝学员。1928年任郑州陇海铁路机要秘书。1928年秋任福建省教育厅秘书。1930年1月奉福建省政府令代行教育厅厅长职务。1930年9月又被聘任为江苏省教育厅秘书,1932年改任第三科科长。侯鸿鉴还

[①] 胡彬夏:《胡桃山女塾之校长》,《留美学生年报》1911年第1期,第11页。

曾以教育部视察名义,到东三省及河南、陕西、甘肃、山西、内蒙古等地视察。这些经历为他全面了解和研究各地教育创造了有利的条件。他还先后到日本、菲律宾、新加坡、马来西亚、印度尼西亚及欧美各国考察教育,使他的教育观更具国际视野。侯鸿鉴对教育会的贡献是多方面的。一是在无锡教育会的前身江苏省教育会无锡支部和锡金教育会成立的过程中,他是首倡者并积极参与其中,贡献独特。二是组织完成教育会会所建设,包括新建、被毁后重建的全过程,使教育会在县城中心区域有了自己的家。同时募集资金在会所周围购地建筑房屋用于出租取息,经营收入成为支撑教育会会务开展的重要来源,租予新创办的县立通俗教育馆也拓展了教育会活动的"疆域"。三是全面组织开展研究型教育会社团的会务,确立如举办讲座、开办学校和培训班、编辑教育刊物、组织外出考察、开展教学问题研究等为主要形式与方法的会务框架和机制。四是以个人的学识与威望在地方乃至更大的区域建立起教育会社团的权威形象,在协调社团与政府、社团与社会、社团和突发事件中发挥了不可替代的作用。总而言之,侯鸿鉴任会长时期的无锡教育会,是该社团发展的黄金时期。他任职时间最长,贡献独多,是教育会的灵魂人物,其任职时期可谓无锡教育会的"侯鸿鉴时代"。[1]

孙仲襄在前章曾有过介绍,他在1907年上半年担任过锡金教育会的第二任会长,是锡金教育会最初三位任期仅半年的会长之一,算教育会的资深元老。在民国元年,他担任无锡县第一任教育视学,并长期在竞志女学校与江苏省立第三师范学校任教。1915年11月,他继孙北萱之后出任教育会副会长,成为侯鸿鉴的助手。1917年1月当选为会长。1918年8月,在张鉴接任会长后,他又转任副会长,辅助张鉴开展会务。这样的经历在县教育会历任会长中也是绝无仅有的。在他任会长期间,主持制订民国无锡教育会的第一个章程,[2]该章程成为北洋时期无锡教育会活动的准则,这是他对教育会最大的贡献。同时,他还主持开展了对无锡人在外地求学等情况的调查,主编了《无锡县教育会外埠调查报告》一书。可惜天不假年,1919年10月他因病去世,去世时还不到50岁。

---

[1] 参见钱江、陆阳:《侯鸿鉴先生著作编年目录》,2018。

[2]《县教育会开会志闻》,《新无锡》1917年7月27日。

钱孙卿曾评价:"孙君性恳挚,自任视学,克勤厥职,每岁必周历城乡,对于视察学校,尤取善善从长之义,多指导而少督责。余性近严毅,为人所惮,而君常能以和柔济之。其卒也,邑教育界有垂涕相向者。"[1]这可能是对他经历较为恰当的褒奖。

继孙仲襄任无锡教育会会长的是张鉴。张鉴(1868—1950年),字杏邨,晚号牧叟,无锡张泾桥人。1883年负笈邑城。1884年设塾授徒。1891年入表兄严紫卿军幕。1892年中秀才。1894年投笔从戎,东经辽海,西越秦岭,南过苍梧,北踏长城,这一经历后来被他记载在自编的《漫游纪程》一书中。1909年初归锡,入锡金劝学所任劝导宣讲职。1910年任东林学堂主任教员。1912年任无锡县署学务课(次年改为第三科)科员。1914年底任省立医学专门学校教务课职。1917年8月任江苏省立第三师范舍监。1919年10月继孙仲襄后出任无锡县视学,他根据视察情况编有《民国八年度无锡县视学服务概况》一书,为民国初期无锡现存最早的视学报告汇编。1921年8月任工商中学舍监兼教员,两年后转任校务主任。1922年8月任私立竞志女学校教员。1925年任职县教育局。1929年4月任县政府第一科科员,之后又任第三科科员、科长。1935年2月任无锡县政府教育局文牍。1938年6月出任伪无锡县教育科科长并任无锡县立女子初级中学校校长。1940年兼任亮工幼稚园董事。[2]晚年编有自己的诗文集《辛庐古文钞》《辛庐拾存》等。张鉴从1918年8月初到1920年8月初任无锡教育学会会长,计两届整两年。他在任内做了几件事。一是恰逢五四运动爆发,他领导教育会,主张:"当此国步艰难之日,学生有爱国运动,正宜因势利导,从而激扬以风,动国人为外交后盾,岂可故事摧残以快一二人之私想。"[3]对于安庆发生"倪军两次围奸蚕桑学校女生、教员"之恶劣事件,率领无锡教育会予以声讨。[4]这些均表达了教育会对社会事件的关注态度。二是在地方劝学所和热心人士支持下,开办国语讲习所、平民学校等,推广白话文和普及教育,取得一

---

[1]陆阳主编,刘桂秋校订《钱孙卿集:孙庵年谱·孙庵私乘》,团结出版社,2016,第59页。
[2]参见《亮工幼稚园概况》,1940年9月刊印本,第5页。赵永良:《无锡名人辞典》,南京大学出版社,1989,第124页《张鉴》小传称其去世时间为"1938年",恐有误。
[3]《县教育会致省教育会电》,《新无锡》1919年5月8日。
[4]《公电》,《申报》1919年12月17日。

定成效。三是在教育会之前编辑的《教育杂志》基础上,改版组织编辑出版《无锡县教育会年刊》,1918年11月出版第1期,开创教育会办刊史上又一先例。[①]

教育会副会长、部长个人简介列表如下：

表2-6 无锡教育会副会长及部长简介(1912—1927年)

姓名等	任职	个人主要经历
孙肇圻(字北萱,号颂陀) (1881—1953)	副会长、评议部部长	无锡石塘湾人。少时就读于蓉溪书院。1902年秀才。1909年拔贡。1912年协同章炳麟于北京参与统一党筹建。曾任江苏省第一届省议会议员,无锡万安市总董,省教育研究所所长,江苏省教育厅秘书长、第三科科员。1922年赴沪习商,后任上海茂新、福新、申新总公司文牍,华商面粉交易所董事。1947年参与发起修缮东林书院。著有《萧心剑气楼诗存》《箫心剑气楼联语》《缀珍集》。
孙仲襄(思赞) (约1870—1919)	副会长,治事部、评议部部长	略(参见第2章第1节)
孙保鉴(克明) (1883—1960)	副会长,调查部、评议部、理事部部长	无锡石塘湾人。早年历任石塘湾树滋学堂校长、常州中学庶务主任。1914年任县立第六高等小学校长。1921年任县立第一小学校长、上海申新纱厂庶务科长。1932年任无锡私立匡村中学校长、中华职业教育社社员。
秦权(尧佐、念淮、执中) (1874—1958)	副会长	师范生。1920年任私立唐氏小学校长。1921年任新教育研究社社长。曾任孙氏勉强学校主任、秦氏公学校长、蔡氏小学校长。1919年参与发起组织无锡佛教协会。1933年任培西小学校长。20年代前后多年任无锡市教育会会长。编著有《秦氏公学纪念录》《春晖追痛录》。
顾倬(述之) (1872—1938)	评议部、调查部部长	略(参见第1章第2节)
秦振镐(卓夫、卓桴、大镛) (1871—1935)	治事部部长	庠生,理科研究会毕业。1898年任竢实学堂教师。历任秦氏公学、竢实学堂校长,松江吴江中学教员,无锡市议员。民国初年参与县图书馆建设。著有《云间旅稿》《杭游小草》《学算一得》《乙种师范算术讲义》。

[①]参见钱江:《清末民国(1906—1926)无锡县域教育视学研究》,江苏人民出版社,2019,第119—122,270—272页。

续表

姓名等	任职	个人主要经历
蒋士荣(仲怀)(1869—1929)	评议部、治事部、调查部部长	略(参见第1章第2节)
张鉴(杏邨、杏村)(1868—1950)	会长,调查部、评议部部长	略(参见第2章第1节)
顾祖瑛(子静)(1879—1961)	治事部部长	无锡城中凤光桥人。1899年秀才。1904年从丁福保习医。1906年任无锡竢实学堂监院。1907年任锡金初级师范学校、竢实两等小学校教员。1911年任东林学堂理科教员。辛亥后曾任无锡县立第一小学校长。1916年任县立女子师范学校校长。1924年任公益工商中学理化教员兼附小主事。1926年筹建诊所悬壶行医,除兼任几所学校校医外,行医师为业。著有《新本草教本》《本草纲目释要》《中医西医治疗伤寒之病理比较》等。
曹铨(衡之)(约1866—?)	调查部部长	无锡人。1898年参与创办三等学堂,后任校长至20年代初。清末民国初年曾兼任东林学堂、锡金初级师范学校、竢实小学校、东林两等小学堂、孙氏勉强学堂、竞志女学校、济阳女学校、北塘小学校、无锡国学专修学校教员。参与创办锡金公园及无锡县立图书馆。1927年任私立培新小学校长。工书画。著有《新教育尺牍教本》。
侯鸿鉴(保三)(1872—1961)	会长,调查部部长	略(参见第2章第1节)
李昆(康复)(1890—1967)	调查部、治事部、编辑部部长	无锡城区人。1907年起任私塾教师以及小学教师。1911年任上海世界语学会文书,同时入上海神州大学中文系读书。1914年返锡,先后在无锡女子职业学校、县立乙种工业学校、私立秦氏小学、唐氏小学以及第三师范等校任教。1925年,任县立女子师范学校教务主任。1934年任竞志女中教员,后任辅仁中学初中部主任。1937年任辅仁中学训育主任。长期任无锡市教育会副会长职。著有《儿童自治指导书》《现代教育制度》等,合编有《新法国文教科书》《新法国文教授书》《国音白话注学生词典》《小学训育的实际》等。

续表

姓名等	任职	个人主要经历
孙寅宾(广镐)(1888—?)	治事部、调查部部长	1924年任县立第六小学校长。
朱正色(镜澄)(1887—1924)	治事部部长	无锡县开化乡庙桥村人。6岁入私塾。1903年肄业于东林学堂。1907年入锡金师范学堂,后考入南京两江师范学堂。曾任新安乡立第一小学校长、公益第一小学校教员、县立第三高等小学和县立第一高等小学校长。1921年任茂新面粉公司文牍。编有《纪念册》《无锡乡土教科书》《素庵文存》等。
秦铭光(仲实、颂石、颂硕、硕石)(1876—1965)	调查部部长	庠生。1908年京师大学堂师范科毕业。1909年奏奖举人,四品衔学部补用司务。曾任保定师范教习,无锡劝学所所长、县视学。1918年任无锡县立通俗教育馆经董。1924年春任代办县教育局局长。1938年6月任县立图书馆馆长。著有《瑞春轩诗词稿》。
华国钧(国均、雍倩、雍千)	调查部、评议部部长	1923年任县立第五学校校长。曾任无锡佛学研究会副会长。
孙广钊(辰初)(1894—1962)	治事部部长	1916年任万安市教育会副会长。1922年参与创办南京美术专门学校。1923年任无锡水利研究会会员。
孙辛农(莘农、在丰)(1893—1969)	调查部部长	无锡石塘湾人,1921年任万安市教育会会长。1927年任县立第六学校校长。
薛明剑(1895—1980)	编辑部部长	无锡玉祁人。1907年入东林学堂就读。1912年任德馨小学校长。民国初年任寨门经正两等小学、县立第六高小、青城市立十一小学校、泰伯市第一小学教员、校长。1917年1月被推选为无锡教育会治事部主任,应聘兼任上海《妇女时报》编辑。1917年9月任江苏省立女子蚕业学校教员,1918年2月任省育蚕试验所事务部主任。1918年10月任无锡县立公共体育场首任场长。1920年起,任无锡申新第三纺织厂总管理处处长。1923年创办《无锡杂志》。1924年8月任中国红十字会无锡分会总务主任。1928年4月兼任上海茂福申新总公司同仁储蓄部无锡营业部主任。1934年任无锡县政府县政会议会员。1935年3月任中华职业教育社劳工服务部副部长。编著有《工场设计及管理》《废物利用方法》《现代军用毒气及制造避毒面具常识》《纺织工场设计及管理》《民众实用工艺》《教育用具制造法》《衣食住行工艺概要》《五五纪年》等,合编有《实地养兔法》等。

续表

姓名等	任职	个人主要经历
辛干(柏森) (1886—1956)	理事部部长	毕业于锡金师范学堂。1916年任县立第二高等小学校长,先后任教于私立无锡中学、省立常州中学、无锡师范学校等。1947年4月任县立图书馆馆长。著有《贫庐文存》《无锡艺文志长编》《馆藏乡贤著述目录》。
吴廷枢(干卿) (1883—?)	调查部部长	无锡城区人。生员。早年参加理科研究会,为会员。历任无锡市立第四小学、第五小学、女子职业、无锡县立第一小学校长兼教员,私立荣氏女子小学、孙氏勉强学校教员。长期为无锡市教育会会员,1921年9月曾被推举为评议员。
廉建中(谏钟) (1896—1986)	编辑部部长	无锡城区后祁街人。先后毕业于镇江神学院、沪江书院、上海持志学院。历任无锡培之、作新、积余、涤新等学校教职。1927年任无锡市教育协会执委,同年任惠工桥私立劳工第五小学校校长。1928年任黄埠墩民众学校校长。1929年创办无锡启明商业中学并任校长。1938年,在上海创办弘道中学并任校长。著有《庚申唱和集》《蓉湖甲子唱和集》《蓉湖庚申唱和集》《蓉湖诗钞》《晚晴唱和集》《实验养猪法》《毛用兔饲养法摘要》《实验养鱼法》《蓉湖双栖图题咏集、水晶婚唱和集合刊》《实验养兔法》《实验养猪法》《实验养蜂法》《精选国文教科书》《教育法之研究》等。

资料来源:根据《锡报》《新无锡》《苏民报》《无锡商务日报》《西神日报》等所载报道以及《百人千书——无锡近代教育著作书目初编》《锡金游庠同人自述汇刊》《惠山祠堂群楹联》《无锡工商先驱周舜卿》《江苏艺文志·无锡卷》《无锡名人辞典》《锡山秦氏人物资料辑要》等资料整理。

表2-6所列充任会长和各部部长的22位人物组成的集合团队,构成了北洋时期无锡教育会的核心。虽然因资料关系,我们对他们中的一些人知晓不多,但综合起来分析,还是可以概括出这一时期无锡教育会核心人物的群像特征。

第一,从成员组成看,无锡教育会形成了以传统士绅为主体、新生学人为辅助的协力格局。民国以降,无锡教育会承接清末的传统,一大批传统士绅在汲取新学知识后,成为推动地方教育近代化的第一代人物。正如章开沅等所说的:"在20世纪的头二三十年间,由传统士人转化而来的知识分子曾在整个知识分子群体中占有相当的比例,其作用也不可忽视。"①22位人物中的大多数出生于19世纪六七十年代,既接受传统科举教育而具有旧学根底,又转而较早接受新学,有些还留学日本。这时,旧学之士已退出历史舞台,完全接受新学的新生代尚未成熟,历史给他们提供了展示才华的空间,他们中不少人也有出色的表现,如侯鸿鉴、孙仲襄、顾倬、蒋仲怀、张鉴、秦颂石等。他们是无锡近代从旧学转向新学过程中独领风骚的一群人,为无锡新学的开拓者。同时,与清末锡金教育会领袖团队单一地由旧绅士组成形成鲜明比照的是,以孙保鉴、李康复、孙寅宾、孙广钊、孙莘农、薛明剑、辛干、廉建中等为代表的由新式学堂培养出来的新一代人物居于协助地位,"这表明这时期的教育会以'年老者'为中心,逐渐吸收'年壮者',共同办理会务"②。他们大多出生于19世纪90年代左右,虽然有些人也通过私塾初懂八股,但之后则完全接受了新学的熏陶,成为新学培养的第一代学人。他们这样的经历是与清廷废除科举(1905年)和无锡创办新学(1898年)的时间基本相吻合的。这样有主辅结合的格局,使无锡教育会的会务开展既老成稳扎,又充满活力,传承有序。

第二,从领导状况看,相对于清末的锡金教育会和之后的国民政府、日伪政府时期的教育会,此时的教育会更多地呈现稳定的状况。

一方面是在社团内部形成了一个稳定的任职轮转状态。其间,无锡教育会先后产生15任会长,实际仅有3人充任。其中侯鸿鉴共任11届,任职时间达12年(1912年1月—1917年1月,1920年8月—1927年3月)。孙仲襄(1917年1月—1918年8月)和张鉴(1918年8月—1920年8月)分别任职2届,前者任职1年8个月,后者任职整两年。3位会长在卸任会长之职后均先后接任过部长之职,副会长中除秦权外,孙仲襄、孙保鉴也在卸职后有接任部长的经历。内设各部部长也是相当稳定地在有限的人选中轮换,如孙保鉴、蒋仲怀、顾倬、李康复等人均曾有转任三部部长的经历,孙寅宾、华国钧等人也曾担任过两部部长。同时,县教育会会员还稳定地兼任着市乡教育会会长的职务。如1912年无锡

---

①章开沅、马敏、朱英:《中国近代史上的官绅商学》,湖北人民出版社,2000,第659页。
②[日]高田幸男:《近代中国地域社会与地方教育会——无锡教育会的地位及其演变》,载张宪文主编《民国研究》(第1辑),南京大学出版社,1994,第251页。

市教育会成立,钱孙卿"膺选"会长,[1]成为第一任会长,后来是孙仲襄,到20年代,则是由秦权、李康复长期担任正副会长之职。[2]孙莘农是万安市教育会会长,蒋仲怀是开原乡教育会会长,华国钧是天下市教育会会长;薛明剑多年担任青城市教育会治事部、调查部部长之职;[3]更多的市乡教育会会长虽不曾担任县教育会部长之职,但也均是县教育会骨干。这样的任职情况使教育会内部保持了长期的稳定。

另一方面是在教育会外部也形成了与地方教育界和谐相处的稳定环境。北洋时期地方政府规模很小,主管教育的主要是县署学务课(三科、教育局)、劝学所及视学等。县署学务课(1912年由原劝学所更名而来,1914年11月改称第三科),历任课长(1914年负责人改称课主任)为钱孙卿(1912—1913年)、蒋仲怀(1913—1914年)、钱孙卿(1914—1921年)、许少仙(1921—1923年)。1918年5月,无锡县署恢复劝学所,与第三科并存(具体分工:第三科监管教育行政,劝学所则掌管教育经费),历任所长为秦颂石(1918—1921年)、蒋仲怀(1921—1923年)。[4]1923年改设县教育局,第一任局长是蒋仲怀(1923—1927年),视学分别是孙仲襄(1912—1919年)、张鉴(1919—1921年)、秦颂石(1921—1927年)。由此可见,在地方教育行政岗位上任职的人物均是县教育会的核心成员,而唯一没有任职的侯鸿鉴在这一时期也兼任着江苏省视学的职务。[5]这样的架构,使得许多教育问题的沟通有了"政社趋同"的协调途径,为教育会会务的顺利开展和地方教育的发展铺平了道路。同时,这一代教育会的核心成员,无一例外,兼任着学校校长之职,如任公办学校校长的有顾子静(县立第一小学校)、辛干(县立第二小学校)、华国钧(县立第五学校),孙寅宾(县立第六学校)、孙保

---

[1]陆阳主编,刘桂秋校订《钱孙卿集:孙庵年谱·孙庵私乘》,团结出版社,2016,第46页。
[2]《市教育会开会志》,《新无锡》1923年10月1日。
[3]薛明剑:《五五纪年》,载无锡市史志办公室编《薛明剑文集》上册,当代中国出版社,2005,第12—17页。薛记载1917年1月14日,"余被举为无锡县教育会治事部主任"。实误,《无锡商务日报》1917年2月21日载文《教育会选举部长》中称:"吾邑教育会,本届选举各部长,前日已选出,李君昆为治事部长……",薛为治事部职员。
[4]唐涵德:《无锡县教育志》,上海科学技术文献出版社,1992,第226—232页;陆阳主编,刘桂秋校订《钱孙卿集:孙庵年谱·孙庵私乘》,团结出版社,2016,第46—49页。
[5]侯鸿鉴于1917年夏辞去该职务,参见《教育家辞职志闻》,《新无锡》1917年7月30日。

鉴(县立第六学校)、顾倬(江苏省立第三师范学校),任私立学校校长的有侯鸿鉴(竞志女校)、秦权(秦氏公学)、秦振镐(秦氏公学)等。这些学校均为当时无锡知名的学校。他们的任职为发现教育问题,组织教育教学研究,提出政策建议,实施教学改革,提供了有利的操作空间。

  第三,从组织程度看,相较于同期周边地区的其他教育会,无锡教育会长期维持协力团结的局面。不少地方教育会成立以后,活动并不正常,其原因之一是内部的名利之争。如1919年,江苏省教育厅厅长胡家祺曾派临时视学员赴苏属各县调查,得到的结果是:"各教育会对于研究教育上各项事宜毫不注意,专以植党营私,排除异己为事,以教育机关视为私有团体,于学务前途何堪设想。而常熟县教育会之发生选举舞弊,致正副会长双方激起风潮,即其明证。"为此,胡厅长还呈教育部核准,从"规定会员资格"入手,慎重制订会员发展资格标准,以"杜绝流弊"和"不得滥竽充数"。[①]而这一时期的无锡教育会作为一个社团,整体上保持了长久的团结与和谐。在侯鸿鉴担任无锡教育会会长期间,因兼职关系,他时常不在无锡,但当时教育会的活动几无影响。这前期得益于副会长孙北萱、孙仲襄、孙保鉴"三孙"的鼎力相助,后期多亏了秦权的里外张罗。侯鸿鉴有事不在无锡,例会、大会正常召开,讨论继续进行,决议依然作出;[②]县教育会成立15周年,纪念庆典亦照样隆重举行;[③]即使教育会选举大会也照常召开,侯鸿鉴依然当选会长。[④]所以有人回忆无锡教育会历史时说:"惟候[侯]氏系省署学务视察员,奔走大江南北,席不暇暖。暗中支持者,仍以今会长孙仲襄之力为多。孙君诚教育会之功臣哉。然教育之道,日有改进,实能之士所在,多有长斯会者,必有以念及之也。"[⑤]连侯鸿鉴担任的无锡县立通俗教育馆经董一职,也因"侯就职闽南,不克兼任,呈请辞职,并推举孙君仲襄继任,嗣

[①]《规定教育会会员资格》,《新无锡》1919年12月9日。
[②]《县教育会开会志闻》,《新无锡》1920年11月22日;《县教育会职员会纪略》,《锡报》1921年4月19日;《县教育会大会记事》,《新无锡》1921年8月22日。
[③]《县教育会纪念会记事》,《新无锡》1921年8月22日。
[④]《县教育会改选职员志闻》,《新无锡》1914年9月28日。
[⑤]《县教育会沿革史》,《新无锡》1918年7月15日。

由县核准"①。在孙仲襄去世后,有人评价他:"孙君任事多年,其第一称道人口者,即胸怀坦白,绝不以假面目向人也!"②这是很公道的。对此,当时无锡地方也有好评:"吾邑教育界团结力最固,议者贸然目为门户,指为党派。持论未免过苟。记者敢以一言定之,曰:无形之统系。"③

第二节　对地方教育的专业推动

进入民国以后,教育会在地方教育发展中,尤其是在开展教育研究方面的重要性,已得到地方各界广泛认可。"教育会为地方教育之总机关,为研究教育所必需。""窃思地方教育会为各该地方研究教育之机关,教育会而完善,则学校教育得整理统一之效;教育会而无声色,则学校教育亦难求进步。教育会之与学校,犹车之有轮,鱼之有鳍,鸟之有翼也。"④无锡县教育会顺应时代的呼唤,在引进思想、研究问题、编辑刊物、办学示范等方面,均作了全方位的专业推动,成绩卓著,推动无锡教育走向阶段性的高潮。在1924年,无锡城乡有各类学校近400所,在校学生达2.7万人,远超周边同类县区,办学声誉日盛。

一、组织演讲:思想的浇灌

无锡近代教育,从19世纪末起步,到20世纪20年代已取得了令人瞩目的成绩。但无锡毕竟仅是一个县域,非文化主流城市,其自身所具有的推进地方教育发展的原动力相对有限。清末无锡教育能率先起步,占据先机,这与杨模、廉泉、侯鸿鉴、顾倬、胡雨人、蔡文森、华振等人的域外经历和见闻是分不开的。进入民国以后,无锡教育会积极引进资源,请中外教育大家莅临无锡,打开瞭望的天窗。这一工作在五四运动后尤为突出。

---

① 《县立通俗教育馆近讯》,《新无锡》1919年10月18日。
② 痴萍:《悼孙仲襄》,《新无锡》1919年10月2日。
③ 楚孙:《教育界统系谈》,《新无锡》1916年5月19日。
④ 《新安乡组织教育会之动机》,《新无锡》1921年5月15日。

表2-7 无锡教育会邀请部分名人演讲一览（1920—1925年）

时间	组织者	演讲者	地点	演讲主题	听讲人数	备注
1920年6月22—25日	县教育会、市教育会、省立第三师范	美国哲学博士杜威	省立第三师范大礼堂	试验主义、学生自治、学校与社会、近代教育之趋势		同行杜威女儿演讲"美国小学教育之实施"，刘伯铭演讲"东西洋人生观之比较"
1920年9月1日	县教育会、县署第三科、县劝学所	教育部特派读音统一会会长王璞（蕴三）、上海青年会职员陆依言	竞志女学校	王君讲"校正国音""学习国音要旨"，陆君讲"注音字母教授法""南方语音与国音之比较"		
1921年11月24日	县教育会、三师附小	前北京教育次长、代理部务袁观澜	县教育会	美日教育		
1921年11月26—27日	县劝学所、第三科、县教育会、省立第三师范、工商中学等五团体	美国教育家孟禄博士（陶行知翻译）	省立第三师范大礼堂	世界教育今日	省立第三师范及校外师生数百人	
1922年3月10日下午	县教育会、市教育会	中华教育改进社主任干事陶行知博士	市教育会	组织实际教育调查会方针		
1922年4月8日下午	县教育会、市教育会	东南大学心理学教授陈鹤琴	县教育会	实际教育考查问题	300余人	5、6月间又来锡演讲多次

续表

时间	组织者	演讲者	地点	演讲主题	听讲人数	备注
1923年1月3日	省立第三师范、县劝学所、县教育会、市教育会	中华教育改进社心理测验主任、美国博士麦柯	省立第三师范大礼堂	心理测验与教育之关系	500余人	翻译廖茂如。在锡期间，并对八所小学实施测验
1923年2月28日下午	县教育会、市立第一小学	上海新学制讨论会会员范云六、方巽光	县教育会	国音字母之读法及拼法	120余人	开演赵制国音留声机片
1923年3月14日下午	县教育会	中华教育改进社科学教育指导员、美国博士推士	省立第三师范大礼堂	科学教育与社会之关系		
1923年4月24日全天	县教育会、省立第三师范等	大文学家马相伯	县立第二高小、省立第三师范大礼堂	学生、中国教育	1000余人	
1923年6月3日午后	县教育会	甘肃省立第一师范校长杨显泽	县教育会	甘京直晋豫苏六省教育概况暨发表中国学制改革之意见	50余人	
1923年11月17日下午	县教育会、教育局、省立第三师范	江苏省教育厅厅长蒋维乔	省立第三师范大礼堂	身心之修养	600余人	
1924年2月15日	县国语研究会，县教育局、县、市教育会	北京大学教授朱经农、高仁山	县教育会	平民乡村教育及教育制度问题、地方教育	100余人	

续表

时间	组织者	演讲者	地点	演讲主题	听讲人数	备注
1924年6月7日下午	县商会、县农会、县教育会、圣公会、无锡协会、女界社会服务团	中国基督教青年协会职工部主任朱懋澄	省立第三师范大礼堂	劳工教育		
1924年7月21日下午	锡社、县教育会	复旦大学经济学教授李权时博士、《民国日报》主笔邵力子	县教育会	中国经济上的几个主要的问题、青年问题	100余人	
1924年11月12日晚	县教育会	云南教育会代表秦光华（字继蕃）、广西教育会会长谢起文（字道济）	县教育会	桂滇两省中小学教育状况及在各处参观教育的情形	100余人	
1925年8月9日上午	县教育会	北大世界语教授孙蒂仲	县教育会	国际的世界语	100余人	

资料来源：《锡报》《新无锡》《苏民报》《无锡市乡日报》《无锡新报》《申报》等报纸相关报道，及《无锡年报》等资料整理。

表2-7所列演讲，并非这一时期的全部，而仅是20年代前期的一部分。所来学者包括国际教育界的知名专家杜威、推士、孟禄、麦柯，也有当时活跃在国内教育界的著名专家袁观澜、陶行知、陈鹤琴、蒋维乔等，还有诸多学术权威，如马相伯、朱经农、邵力子、孙蒂仲[①]等。他们所讲，既有欧美、日本的教育思想，又有国内教育实际问题，且因背景不同，即使讲同一问题，也各有侧重。如美国教

[①]孙蒂仲即孙国璋，无锡人，清末为锡金教育会会员。应蔡元培邀请，时在北京大学教授世界语，著有《世界语高等文典》《世界语高等新读本》。参见钱江主编《百人千书——无锡近代教育著作书影选编》，江苏凤凰教育出版社，2016，第163页。

育家杜威及其女儿所讲多为美国教育观,包括民主平等、培养注重运动与卫生的全面发展以及个性与创造能力等。[1]而袁观澜则是才从欧洲、美、日考察教育回国,受邀所讲内容多指向中外对比与汲取运用。[2]他们的到来,为无锡带来国际的视野和最前沿的学术成果,拉近了无锡教育与中心城市乃至世界教育前沿的距离。所以每一位专家学者的莅临,对无锡城市来讲均是一次盛事,不止地方报纸争相报道,上海《申报》等也多有记载。[3]

其中最具影响力的是杜威来华,其"系统、全面地介绍和宣传了他的实用主义哲学与教育思想,使实用主义教育理论在中国迅速风行成为一股教育思潮,对20世纪二三十年代中国的教育产生了深刻的影响"[4]。他带来的思想正是无锡地方推动教育发展的动力之一。诚如杜威所说:"科学的方法之试验精神,实为种种创造力、发明力之原动机。""中国地域广大,各地之情形不能相同,自宜参酌各地之情形而定教育之方法,精神固宜一致,而方法不必强用。各地之行政长官、学校教师负有改良各该地教育之责,宜研究本地之情形,参酌需要之限度,由自动之试验主义,而教育之方法,切勿盲从中央政府之办法,而属被动之地位也。"[5]他的实用主义对最基层的乡村教师的务实研究无疑有很强的指导意义。推士说:"研究学问决无止境,况世界愈进步,学问愈繁琐,分析愈精密。往年所学者,决难适用于今日。身为教师者,一方面教人,一方面仍宜研究参考。"[6]这对教员立足岗位的不断进取是个鼓舞。

他们的演讲内容各有千秋。当时,有记者在总结完1921年无锡教育的情况后曾提出自己的看法:"抑犹有一事可记于末,以告闻报诸君者,则孟禄博士之来吾邑参观,其演说之价值,较去年(1920年)杜威博士为可听,其紧要之语有数言,堪为吾人警告者:一、培养领袖之人才;二、教育事业至苦之事,不可以金钱为目的;三、学生牺牲功课而有罢学之举,颇以为□□□;四、改良教授方法之四言也,不但为吾邑教育界人所当奉为圭臬,即偏中国教育界人皆当奉为改良

---

[1]《纪昨日杜威博士等之演讲》,《新无锡》1920年6月25日。
[2]《袁观澜来锡之一瞥》,《新无锡》1921年11月25日。
[3]《杜威博士到锡》,《申报》1920年6月23日。
[4] 谢长法:《借鉴与融合——留美学生抗战前教育活动研究》,河北教育出版社,2001,第61—62页。
[5]《记杜威博士第一日之演讲》,《新无锡》1920年6月23日。
[6]《三师范演讲纪事》,《锡报》1923年3月15日。

教育之圭臬者也。谨附及之,愿同人猛省。"① 与杜威来华相比,"孟禄的来华则更多地通过调查、讨论、谈话等方式给中国教育以实际的诊断与指导"②。这从他在无锡旅程的安排中也得到了体现。

他们的到来,无论是理论的指引,还是实践的指导,都为无锡的教育家探索教育问题带来了难得的机遇。1923年3月13日晚间,县教育会会长侯鸿鉴独自一人到无锡饭店,专访在此下榻的推士博士,两人作两小时的谈话,由汤茂如翻译。地方报纸生动地报道了这一晤谈:

博士先问侯君之个人办学经验。侯君告以个人之办学状况。转询博士此次调查之主旨,由汤君译述博士办学经验,略谓:自十七岁即就小学教员之职,后入大学研究科学上专门学识,历任某某大学之教授等职。此次来华,专调查中等学校之科学教育,研究世界科学之进步为主。侯君告以无锡一小县,中等学校仅有七校,并述竞志女学以私立之校,经费不足,故设备不全,徒前提倡理科研究会及创办女子理科研究会等。现在中、师两部毕业十余班,女生毕业之概况不同男生之在外服务者,北自黑龙江,南至暹罗,然对于母校之能力十分薄弱。博士谓:美国麻省有一米斯女子大学,亦为私立,经费亦非常困难,后由该校毕业生四出募捐维持母校。今日中国社会心理对于科学观念极为薄弱,毕业生本身能力□见薄弱,此中美不同之点。嗣劝侯君办事勿灰心,良好效果必在数十年后。今日培植多数之弱女子,即为他年培植多数国民之母。又述一趣闻云:美国某牛奶公司,始无人惠顾,敷[数]十年后,生涯发达为全国冠,其故安在?盖其公司之牛奶经政府检查,皆有毒菌,独某公司制作精良,并无毒菌,以某公司之牛奶比竞志学校可乎?侯君谓:募捐问题向有界限,出捐之人为同志,一元二元亦愿收受;苟出捐者系不义之财,虽千百元亦必峻却。故迄今所募无几。前有同志严范孙,道德高尚,助银三百元,欣然受之。袁世凯未任总统,捐百元亦受之,既做总统之一千元则不受。黄兴之捐款亦未领受也。博士又谓:中国亟应提倡正气及气节,竞志学校诚有气节,至为钦佩。又述一趣事云:美国与西班牙在菲列宾战争时,各处罐结物多腐烂,为军人所吐弃。美国煤油大王

---

① 《民国十年之吾邑教育概况》,《锡报》1922年1月2日。
② 谢长法:《借鉴与融合——留美学生抗战前教育活动研究》,河北教育出版社,2001,第74页。

捐大宗款项至菲,一军长演说曰:煤油大王垄断全国煤油而来之款不义之财也。我侨决计不受,与罐结物同为吐弃足下不受。袁、黄之款亦视为罐结物矣。又言种种譬喻,谈笑甚久,夜深侯君始兴辞而归。博士闻侯君二十年办学之苦史及主持正义,提倡气节,颇为愉快,临别握手,相约翌日在第三师范再为谈话云。①

前来无锡的国内学者,如杨显泽为侯鸿鉴旧友,他"任甘肃省视学多年,现任甘肃省立第一师范校长,学识经验,均极丰富"②,演讲中,"始则报告山西省教育,提出卫西琴所办之外国语言学校,及阎督军所办之荆山学校、国民师范学校、军人职工学校、军官妇女教育传习所等,五校为最佳。次述保定之第二师范学校,及北京高等师范学校、清华学校、天津南开学校等最近状况,又上海万竹学校之女子部、苏州第二女师范,办理亦颇善良。次述南通教育概况……"③信息量很大。如朱经农所说:平民教育,近世风行一时,惟大都不能知平民教育之意义、目的究竟如何,或以为平民教育与义务教育相类似。④这些演讲内容帮助无锡教育界厘清了流行一时的相关概念。所以,他们的讲座,均受到了无锡教育人的热捧。如马相伯在省立三师的演讲,"先后念余题,历时百念分,滔滔不绝,口若悬河,一题甫竟,四座掌声雷动"⑤。

这些演讲活动,大多是由无锡教育会独自组织的,也有与地方教育行政机构(如县劝学会)、学校(如江苏省立第三师范、锡师附小)以及其他社团(如市教育会、县商会、县农会、锡社等)联办的。这种联合,一方面带来与教育有关的新话题,另一方面带来教员以外新的听众。如1924年6月,无锡商会、教育会等六社团联合邀请中国基督教青年协会职工部主任朱懋澄来锡演讲,演讲会公推县教育会副会长秦执中主持。朱君在演讲中说:"无锡是江苏闻邑,教育之发达,地方之富庶,足称江苏各县之冠。吾人见之非常欣慰。惟今日无锡最切要之问题为社会改良,欲求社会改良,须先从家庭改良始;欲求家庭改良,须先求女界

---

① 《科学指导员视察纪事》,《新无锡》1923年3月16日。
② 《县教育会邀请名人讲演》,《锡报》1923年6月3日。
③ 《纪县教育会之名人演讲》,《锡报》1923年6月4日。
④ 《北大教授演讲纪闻》,《锡报》1924年2月15日。
⑤ 《马相伯游锡三志》,《新无锡》1923年4月25日。

之精神及家庭之健全始。今观无锡女界之精神,实驾他处而上之,故吾人已认为足能使家庭改良之邦。""工人教育不普及,则劳资问题终难解决,劳资冲突终难幸免。"这些话深深打动了听众,演讲结束,"鼓掌欢送"。五点半,各社团所派代表秦执中、陈谷岑、戴尔、杨四箴、俞庆棠等,"在三师会客室开一谈话会",讨论进行方法,并余兴未尽,定"于下星期日再行开会集议"。①这样的研究,无论是组织还是影响,均远远超出了传统国民教育的范畴,延伸到社会教育或民众教育,使整个城市受益。

他们的到来,对地方教育的推动是多元的。譬如教育大家来锡,通常还兼顾着考察任务,无锡作为当时中国教育较为发达的区域,也是他们关注的热点城市,美国教育家孟禄博士来锡就考察了江苏省立第三师范学校、荣巷公益工商中学,离锡后就再赴南通考察,以比较长江下游南北两个新兴"模范县"的教育情况。②1922年3月10日,中华教育改进社主任干事陶行知博士由宁来锡,除了演讲,主要目的是调查,所以,他由秦执中陪同,先至市教育会与三师校长陈谷岑、县一校校长孙广钊、县二校校长辛干、市学委蔡荫阶、市一校校长陶达三等10余人开调研会,之后再到开原乡等处组织实际教育调查会。③这些活动,使他对无锡教育的情况十分熟悉。这也为他1926年10月再次来无锡,发现开原第一小学的乡村办学典型并将其誉为"无锡小学之新生命",埋下了伏笔。除了调查,还有合作搞研究,如1922年,陈鹤琴曾来锡多次,指导无锡市教育会组织所属小学开展教学测验。所以他的系列讲座,也是以"测验原理及计算方法"为主要内容的。④

除请名家来锡演讲指导,无锡教育会还组织会员立足地方教育发展,持续而频繁地开展演讲,以相互促进提高。

无锡教育会组织的演讲,可上溯到清末时期的教育"宣讲员",具有优良的传统。进入民国以后,教育会继承传统并将其发扬光大。如1916年春节,"吾邑县教育会侯保三、孙仲襄君等为开通社会起见,于日前与学界同人商榷后,特

---

① 《第三师范名人演讲纪》,《新无锡》1924年6月8日。
② 《孟禄博士来锡考察》,《申报》1921年11月27日。
③ 《陶行知莅锡志闻》,《新无锡》1922年3月11日。
④ 《教育测验之近讯》,《锡报》1922年5月30日。

乘旧历正月组织通俗教育临时演讲会,延请吾邑留学英美各国毕业返里诸君,假崇安寺内市立第一国民学校内,轮值演讲外国风俗,每日自下时二时起,至五时止"①。地方《新无锡》报详细报道每日的演讲人、演讲题目及听众反响。2月8日新春为演讲第一天,程侯度讲"比国习俗"、华景奭讲"卫生",华卫中讲"各国风俗之比较","听讲之人约千余人之多,会场秩序颇为整肃"。9日,顾翼之讲"英国习俗",秦执中讲"赌博之害",周渠清讲"化导社会之必要",侯鸿鉴讲"真实劳苦四字为做人之根本","是日听讲者甚众,坐者、立者,几无容足之地。演讲者娓娓不倦,听者余味津津,裨益社会针砭风俗,其功效实非浅鲜"。10日,张贡九讲"西洋风俗之文明",周鹏西(临时请来)讲"美国人民之独立性质",顾型讲"我国习俗","听者较昨日为尤多"。11日,顾倬讲"改良风俗",钱基博讲"合众与自立",周渠清讲"习俗","听者无不眉飞色舞"。12日,孙仲襄讲"演讲之功效",钱孙卿讲"作事",蔡栽涵讲"日本风俗",陶达三讲"勤俭为吾人致富之本"。②演讲者均为教育会会员,他们牺牲春节假期,围绕市民关心的问题进行深入浅出的演讲,受到广大听众的欢迎。

五四时期,无锡地方成立国民大会,县教育会不少会员被聘为演讲员,开展演说。如庄荫梧、秦权、顾鸿志等在北门外周师弄口新辟市场演讲国耻。③除了在城中心演讲,教育会还派会员深入到四面乡村,实施巡回演讲。1921年无锡教育会提议,开展"巡回演讲"。到1922年"县教育会提议组织通俗演讲团,及十七市乡,设露天学校二十处",④并利用寒假,组织通俗演讲团,由会员分赴十七市乡各村镇演讲。⑤

无锡地方对县教育会的这些做法也十分认可,其"社会教育,则有县教育会之劝导、宣讲……,皆有荦荦大者"⑥。外界也有人对无锡教育会组织的演讲方法非常推崇,认为开展社会教育,"最好仿无锡的办法,由各县教育会,另设讲演

---

① 《社会教育之曙光》,《新无锡》1916年2月7日。
② 《通俗教育临时演讲会纪事》,《新无锡》1916年2月9—13日。
③ 《演讲员之热忱演讲》,《新无锡》1919年5月24日。
④ 《民国十年之吾邑教育概况》,《锡报》1922年1月2日。
⑤ 《县教育会之通俗演讲》,《新无锡》1921年2月14日;《县教育会通俗演讲续志》,《新无锡》1921年2月15日。
⑥ 《无锡最近一年间教育设施及概况》,《锡报》1921年1月1日。

员,专门巡回各市乡,切实讲演"①。到20年代末30年代初,由于江苏省立教育学院自苏州搬迁至无锡,在它的引领下,无锡教育更上一层楼,而无锡亦成为中国民众教育的三大中心之一,这与无锡教育会之前在地方的深耕是分不开的。

组织演讲的另一种情况是县教育会的领袖在外出考察回来后作汇报演讲。在民国年间,无锡教育会会员也时常外出参观学校,以资借镜,除了组织赴周边的南京、上海、苏州、杭州等城市考察教育外,还远赴西北、西南地区的城市以及国外考察。其中一些出国的考察项目还得到了政府的资助,如侯鸿鉴1914年赴日参观大正博览会,1924年寰球旅行考察欧美教育等。②侯鸿鉴归来后,应邀在县教育会及多所学校演讲,汇报所见所闻,前往演讲的学校有无锡的第三师范学校、公益中学、实业中学、无锡中学、县女师范学校、县一小学、县二小学和竞志女学,甚至还有苏州的桃坞中学、南京的南京中学等,报告内容包括寰游大略,约分教育制度、教学方法、社会教育、女子教育、幼稚教育、补助教育等,③受惠颇广。事实上,在1924年春侯鸿鉴出国启程前,一些教育会会员还委托侯调查他们正关心、研究着的问题。4月20日下午召开欢送会,所到顾倬、顾彬生、秦毓钧、袁凤起、薛明剑等58人。顾彬生、薛明剑、顾倬发言,希望"此行必有一番心得,将来定有极真确之报告"。邹家麟委托侯代为调查:"商业学校之课程如何?商界之应否联络?社会之如何改良?"戴晓甫请侯留意"新学制"……④1926年7月,钱孙卿和薛明剑从日本考察回来,县教育会在4日下午专门邀请他俩来谈日本教育及工商情况。虽然此时他们的身份已分别为市董事会总董和申新纺织厂总管,但作为曾经的教育人,依然把在异国所见的最新教育状况汇报给乡里。那天前往聆听报告的有会员100多名。⑤

人们习惯于把教师的职业称为舌耕生涯,而作为教师汇集的无锡教育会,充分发挥会员们的职业特长,通过请进来、走出去的形式,以演讲的方法,使偏隅江南太湖畔的无锡了解掌握到了最时新的教育理念和方法,更贴近主流文化的中心,从而让教育发展有了丰富、充沛的底气。

---

① 朱仲琴:《海属社会面面观》,《新青年》1921年第8卷第5号,《社会调查》第10页。
② 《推定赴日参观员》,《新无锡》1914年6月28日;《教育家赴美考察之先声》,《锡报》1924年4月3日。
③ 侯鸿鉴:《对于吾邑教育上之谰言》,《无锡杂志·考察教育号》1925年第7期。
④ 《教育界欢送会纪事》,《无锡市乡日报》1924年4月21日。
⑤ 《县教育会开演讲大会》,《锡报》1926年7月5日。

二、社团活动：问题的研究

无锡教育会是地方专业社团，其依据政府政策，结合地方教育实际，开展学术研究，是立会之本。早在1912年教育部公布的第一部《教育会规程》第二章第六条就提出，"教育会为讲求各项学术……，得分设各项研究会"①。无锡教育会在自己的章程中也把举办"教育研究会"作为编辑出版教育杂志等会务之外第一重要的办理事项。②最初的研究是利用例会进行的，如在第二十八次例会上讨论的情况如表2-8：

表2-8 无锡教育会第二十八次例会研究情况表（1916年5月）

序号	问题内容	研究答案
1	初等小学校训是否必要，又如何实施方合校训之意旨？	实践之方可分三种：一、校长、教员应以身作则；二、平时授修身及训话时尤当注意；三、定简浅之级训，补校训之不足。
2	学生在路上仪容应否注意，假期中学生有不规则之举动，教师应否干涉？	路上仪容自应注意。假期中学生有不规则之举动，最好师生在假期中时常接触，或开补习会。
3	乡间学校开家庭联络会时，学生家长大都不能到会，将以何法令其到会？又会后不能遵守会场规则者，应否干涉之？恐伤感情又恐下次不来，则如何？	一、教员在平时宜与家庭接洽；二、教员在平时宜实施感情教育，以引起儿童之景仰心；三、会场规则似乎以不干涉为是。
4	初等小学应否添入乡土一科，并于何年添入方为合宜？	乡土一科，各校自应加入，从三年级加一时，教二时，其范围以本邑为限，在一、二年级或为乡土之谈话亦可。
5	初等小学授课时间，依部定章程，每日至多五小时，在乡间学校万难照行。如余时令学生反复诵读，殊属无味，设加国文时间，又恐课书不敷，宜用何法调剂之？	调剂之方法：一、园作；二、游戏；三、谈话。

---

①教育部：《公布教育会规程》（部令第8号）1912年9月6日，参见朱有瓛、戚名琇、钱曼倩、霍益萍：《中国近代教育史资料汇编·教育行政机构及教育团体》，上海教育出版社，2007，第260页。
②无锡县教育会：《无锡县教育会章程》（1921），载李默渊编著《无锡教育实业名胜概览》，三师附属商科附设三小商店，1924，第24页。

续表

序号	问题内容	研究答案
6	初等小学三、四年级教授国文科,预习时可否携带字汇?又字音之平仄教授时,应否说明?	在合级、单级中之学生,三、四年级尽可于自动时间利用检查字汇。至读音之平仄,应说明为是。
7	缀法于黑板订正时,是否欲令学生抄写?又用黑板订正后,原本仍欲批改否?	在一、二年级黑板订正,令学生抄写;三、四年级黑板订正后,原本仍当批改。
8	缀法改笔,教师可否用行书?	一、二年级宜用正楷,至四年级不妨用行书。
9	实施教授为全球教育家公认,然初小课书有关于电学、矿学、植物等教材甚多,乡间学校苦无实物观察,又因于经济,不能购买置模型、标本,应以何法补救之?	图书标本,各校分买,互相借用,庶几轻而易举。
10	教授图画、手工,必欲于规定时间内收集否?	一、二年级宜于规定时间内收集,三、四年级虽不能于规定时间内收集,亦只准于课后为之,不得带入家中。
11	手工色纸多购外货,权利损失甚大,不用外货,又乏适当之材料,宜如何以济其困?	吾国所出之色纸亦尚可用,各校尽可提倡。
12	乡间小学教授手工科,材料由校中给发,于经费颇为困难;使学生自备,又难一律,应如何方可?	手工材料宜由校中具备,使学生购之,苦之学生,或由校中给之。
13	手工成绩品如糨糊之物时久生霉,豆工等件储藏则蛀,色纸每易退色,泥工易生隙缝,应以何法保存之?	糨糊中宜用礬及樟脑,豆工宜晒干,泥工宜阴干。
14	学生整队以身躯之长短为标准,看齐后报数,为普应施之手续,然单级学校,每有四五十人,报至幼年生,往往不能报下,缘一年生识数仅在二十以内,此亦无怪其然也,不得已教师为之代报以了之者,然于秩序上究欠整齐,日久雅观不识,有何法以济其困?	非体操时之整队,可从幼年生报起;至体操时之整队,可以分组报数。

续表

序号	问题内容	研究答案
15	行朝会礼或全体训话时,可否加诵一简誓,如我爱我国,我爱我校,及五月九日国耻等,以示警醒或唱国歌、校歌及校训?	照原提议案行,朝会礼时酌量行之。
16	学校规则视为具文者多。敝校有鉴于此,故将规则改为简单歌词,令学生唱之,例如排队放假,即唱勿推勿逃勿讲话之类,未识可否?	所议极是,尽可照行。

资料来源:《县教育会开会续志》(一),《新无锡》1916年5月5日;《县教育会开会续志》(二),《新无锡》1916年5月7日;《县教育会开会续志》(三),《新无锡》1916年5月8日。

这些讨论的问题,或来自学校办学,或来自学生行为养成,抑或来自课堂实际,其应对办法的解答,对于推动区域教育发展,化解教员困惑,作用甚大。但占用例会讨论具体的教育、教学问题,效率不高,且会影响会务的研究。所以,后来教育专业问题的研讨,就由附设成立于1912年的教育研究会承担。1916年9月10日,"县教育会开教育研究会,到会会员二十余人,由会长侯君保三将教育研究案逐条讨论,付诸公决,计决定答复者八条,未成立者亦有二条。至七时十分钟摇铃散会"[1],可见研究讨论的内容亦十分丰富。

但即使这样,能参加共同研究的会员人数依然十分有限,这就影响了会员参与研讨的积极性。对此,地方报纸也时有报道:"吾邑县教育会向例每年开研究会数次。本年因各会员提出研究问题极少,故未能如期开会。"[2]多样的问题和多元的需要汇聚、交杂在有限的时空,使得研究效率依然不高,热心的会员往往乘兴而来,却收获不多败兴而返。

1919年发生五四运动后,中国教育界空前活跃。一方面,国内在新学取得长足发展的同时,新文化运动所倡导的科学民主、白话文等深刻地影响当时的教育;另一方面,新的教育理念不断涌现,以杜威实用主义等为代表的西方实用教育理论在中国广为流传,成为时尚。在此背景下,废除文言文,建立新学制,

---

[1]《县教育会开会纪闻》,《新无锡》1916年9月12日。
[2]《县教育会定期开研究会》,《新无锡》1915年10月27日。

科学进学校,倡导乡村教育、平民教育、民众教育等,成为教育探索的新课题。为适应这一变化,无锡教育会在总结之前研究活动的基础上,组织了多个专业社团,开展分类研究。

表2-9 无锡教育会所属研究社团一览表(1912—1927年)

社团名称	成立时间	负责人	会务基本情况
教育研究会	1912年	会长侯鸿鉴	为民国前期研究教育专业问题的组织,20世纪20年代前后被其他专业团体所取代。
新教育研究社	1921年4月10日	社长秦执中,副社长张遹喜	有志研究教育者均可为社员,在有社员10人以上的各市乡设分社。成立时有社员100多人。于《锡报》辟《学萃》一栏,刊登社员著作。
小学教育研究会	1921年10月30日	会长侯鸿鉴,副会长李康复,编辑员陶达三等6人,书记员严仰斗等4人。	为无锡教育会下属规模和影响均最大的社团,会员数达500余人。以研究区域小学教学为重点。
新学制实施讨论委员会	1923年3月18日	会长侯鸿鉴,副会长李康复。	由小学教育研究会第十次会议议决成立,主要研究解决实施1922年颁布的"壬戌学制"出现的具体问题。
无锡科学教育研究会	1923年3月25日	轮值制,第一次为第三师范。	以研究科学教育,交换科学智识为宗旨。会员为各中学数理化博物教员、小学数学理科教员,各工厂工程师为名誉会员。主要研究科学教学问题。
无锡国语研究会	1923年8月11日	会长蒋仲怀,副会长顾子静,国语研究部部长顾鸿志,教学研究部部长秦凤翔,阅书部部长王静安,编辑部部长钱廷梁,审查部部长徐东屏。	由县教育会与劝学所联合开办,发起人是王静安、钱廷梁。1924年7月有会员80余人。主要研究推广国语教育。

资料来源:《锡报》、《新无锡》、《苏民报》(无锡)等媒体平台上的相关报道。

多个所属社团的建立,使无锡教育会研究工作的深度与广度进一步拓展。主持人由一人变为多人,研究内容从综合到主题分类,参加成员从局限于会员到以会员为主,吸收更多非会员的教师、工程师等社会各界人士,更体现了研究的实效性。以下仅就小学教育研究会和国语研究会两个社团活动为例,分析、展示无锡教育会研究工作的开展情况。

(一)无锡小学教育研究会

民国初年,中央政府教育部为构建新的教育体系,出台了一系列政策,落地过程中出现了不少具体各异的问题,直接影响到区域教育的发展。在当时无锡的教育体系中,小学教育发展最快,取得的成绩也最大,这得益于县教育会下属的小学教育研究会,其发挥的作用功不可没。

1921年7月27日,县教育会开特别大会议决组织小学教育研究会,推举筹备员18人。所拟章程中明确其宗旨为:"以研究小学校教学,管理养护训练上实施方法为主。"研究方法分普通研究、分科研究和通信研究等。[①]

经三个月的筹备,1921年10月30日,小学教育研究会召开成立大会,参加会员达400余人,由侯鸿鉴任会长,李康复任副会长,编辑员为陶达三、秦执中、辛伯森、孙保鉴、唐湛声、庄荫梧,书记员为严仰斗、邹云翔、顾鸿志、尤鸣梧。[②]研究会成立后,活动非常积极,仅自成立之日到次年8月的近一年时间里,"计开过职员会一次,普通研究会八次,分科研究会九次,演讲会六次。主持者悉心办理,故所得教育上之效果甚多","并有李君所辑《一年来之会务报告》一册,分送各会员"。[③]由于研究会按照章程,广泛吸纳了不少非教育会会员但有志于研究小学教育的学校教师参加,扩大了组织基础,故"小学教员[育]研究会,自侯君葆三等发起组织以来,未及五月,会员已达五百余人之多"[④]。该组织自成立后,活动一直坚持到1926年底。该研究会活动特点如下:

一是广泛征求议题。研究会开展研究工作的程序,一般是先向会员分科征

---

①《组织小学教育研究会》,《锡报》1921年8月2日。
②《小学教育研究会纪事》,《锡报》1921年11月6日。
③《县教育会新纪事》,《新无锡》1922年8月28日。
④《小学教员[育]研究会近闻汇志》,《锡报》1921年11月26日。

求议题,再汇总确定议题,然后开会讨论寻求答案,获得共识。如在召开第一次研究会之前,该会发布征求问题的目录,以供会员参考并提出疑问。"(一)分科科目如左:一、高小部:甲训育,乙修身、国文,丙算术、英语,丁史地、理科,戊图画手工,己体操,庚家事、园艺;二、国民部:甲训育,乙修身、国文、算术、乡土,丙图画、手工,丁体操、唱歌。""凡研究议题之提出,须分别项目如左:甲议题,乙提议人及任事校名,丙提案之理由,丁说明本题之困难及经过。"①对于征求的议题,先由"各科通信选举科长,由科长推任委员,将各科议题于大会时不能解决者,发诸科长详加审查,讨论后再付大会公决之"②。这样扎实的前期工作就保证了会议讨论的效果。1921年11月20日,研究会召开成立后的第一次例会,会员们踊跃提出问题,供集体研究。

表2-10　小学教育研究会会员所提研究问题(1921年11月20日)

编号	提问人	问题
1	陆珖	训育难收效果,应如何设法补救?
2	袁咏裳	训育宜列入正课,借补修身科之不足,其材料以儿童之言行举止及课业服务诸端为要素。
3	苏仰山	乡村儿童施以训话,终不能渐趋于善良,当用何种方法以感化之?
4	杨樾	训练主义,或取放任或取严格。乡村学校因社会心理,管理多取严格主义,但于儿童身心之发育极有关碍,究用何种方法始能彼此兼顾?
5	袁咏裳	教授修身,往往陈言相因,干燥无味,宜由本会搜集修身材料分配各学年,明白厘定,俾教授时有所依据,借收道德教育之效果。
6	秦惜华	算术科测验方法。
7	萧湘	教室中分一、二、四三级,上修身课时,以一、二合并,分两级教授,然每不能顾全,在实际上是否合宜?
8	袁咏裳	教授国语,如一时不能用国音,可否暂用土音?国民科一、二年级儿童,年龄太幼,上口不易,能否从三年级起教?

① 《小学教育研究会纪事》,《锡报》1921年11月6日。
② 《小学教育研究会大会纪事》,《锡报》1921年11月21日。

续表

编号	提问人	问题
9	过素英	读法深究内容时,往往因程度不齐,致浪费时间,应用何种方法以补救之?
10	江呈祥	近今学生写字时,往往不能规定大指、食指、中指上节之指端,并有仅用大指与食指及食指与中指相离甚远者,随便执笔,漫无标准,虽随时矫正,未易骤改,当用何法救济之?
11	强光弼	单级小教,一教室中往往多至六级,其时间之配置及学授方法,不无顾此失彼,应用何种方法解决之?
12	苏仰山	单级学校学生四级,教材各异,同时并授读法,类多顾此失彼。此教授上最为困难,应用何法以补救之?
13	强光弼	乡土一科,参观各校教授方法不同,或讲故事,或用书本,或言本地之情景,或率儿童出校视察,如学生过少,单级编制如何教授,方为相宜?
14	—	现时各校所用乡土教科书,大都系行余研究社出版之《无锡新乡土》,此书共有三册,自第二学年始,每学年用一册,其中教材间有长短,每周授一课,则时间不敷,且不足供一学年之用。若每课分二周教授,则时间太长,往往不能引起儿童之兴味。如每课设问令答,实为难能,致教者极为困难。

资料来源:根据1921年11月25日《锡报》所刊《小学教员[育]研究会例会纪事》一文编制。

另外,研究会还通过县教育会直接向学校教员征集所遇教学问题,并在《无锡教育季刊》上刊登启事:"本邑各学校关于训育、教授、养护等,如有发生困难事项,可即随时报告本会,以便送交小学教育研究会代为研究而解决之。"①

二是深入讨论难题。从历次研究会议讨论的情况来看,涉及内容众多,包括学校行政管理、教学教法、课程建设等方面。对每个方面的问题,研究会均组织会员认真地讨论。地方报纸对此有过报道:"小学教育研究会,于十月间开成立会,会员四百余人,已开会三次,解决问题数十案。"②如在1922年2月19日的第四次研究会上,讨论了11个问题,部分内容如下:

---

①《各校注意》,《无锡教育季刊》1924年2月第1期,《研究》第4页。
②《民国十年之吾邑教育概况》,《锡报》1922年1月2日。

表2-11　小学教育研究会第四次研究会的主要讨论问题

序号	议题	议决
1	研究中之修身、乡土等数目页数定必不少,油印分送,散失最易,宜仿苏沪研究会办法,发行小册铅印品为最妥。至于经费一节,本会可以筹拨。	暂缓举行,俟筹有经费,再定办法。
2	本会应编国民校各级的教授要目,为全县统一之标准案。	交各科主任编定,送大会表决。
3	本会宜择有成效、有价值之学生自动事业及课外之种种作法,审定若干项,俾各学校训育上多得取法案。	分三种办法:一由会通函各校,征集关于训育上实施方法;二由会致函县视学,请将视察各校训育事项报告到会;三俟训育主任举出,再行详细研究。
4	国民科应添设簿记一科,以便儿童出校后之应用。	教师于授国文科及珠算科时,注重簿记,并详细指导。
5	国民科二年级缀法以何法为最妥。	助作、自作互用,并于读法注意词句,多令儿童仿作。
6	缀法教授之研究。	通函各校征集缀法教授方法。
7	书法补充方法之研究。	择适用材料,另纸练习,三、四年级加习行草。
8	编制乡土教材之研究。	如就本校为起点可自编教材。否则采用现行普通之乡土教本。
9	珠算练习本格式之研究。	珠算练习演草及抄录歌诀宜兼用,惟宜减轻抄录歌诀之分量。

资料来源:根据《小学教育研究会开会纪事》,《锡报》1922年2月20日编制。

在1924年12月1日的第十三次研究会上,参会者有28校计40余人。所讨论问题如下:

一、语体文用土音读时应用语调,抑用文调案。议决:语体文照正当办法应重国音,如教科书中间有涉及土音者应为删改,读时以用语调为宜。

二、道尔顿制施行于初级小学四年级有无利弊案。决议:办学在乎精神,苟具充分之精神,无论何种制度均能收完善之效,至初四施行道尔顿制之利弊,俟本会通函各校征集实施经过情形后,再行决定。

三、教授国语应用国音,近来各校多用土音,教授是否相宜案。议决:教授国语当一律用国音,如遇困难时,不妨暂用土音。

四、乡间小学改用国语,而学生家属颇多反对,甚至令小学生退学,宜用何法补救案。决议:宜先从语体文入手,并利用恳亲会等多与学生家属联络,使明了国语之真意。

五、作文由教师命题或任学生自由出题,其法孰善孰非案。决议:此中各有利弊,全才[在]教师之活用,教师命题须有相当之价值,有学生自由出题之机会,宜多利用之。[①]

可见在整个教育改革推进过程中,研究会在化解教育专业难题及教育与社会融合的诸多难题上,发挥了积极作用。

三是适应教改进程。1922年11月,教育部颁布"壬戌学制"。研究会当即提出"对于新学制关于实行问题案四款,请研究会会员先行研究者:(一)新学制之课程是否适用(如科目、时间、教材等),(二)新学制能否实行于现在各小学(如各小学已经开学,编制上欲改革是否窒碍),(三)国语教学法之商榷(如所用教科书与教学之方法),(四)新学制之精神(在并旧制七年课程为六年,此种语调可信否)"[②],以引导会员迅速开展研究。在1923年3月11日召开的第十次例会上,讨论决定组织各校成立新学制讨论委员会以负责研究,[③]并"转函致公私男女各校,函云:迳启者,兹关于新学制问题特别组织委员会,主理其事,贵校对于新学制已否施行,或虽未施行而已有准备,及照新学制之规定,如编制课程诸方面是否适宜"[④],如此开展基于实际的调查,使得研究工作建立在可靠的基础之上。

四是不断调整方式。为提高研究的实效,针对研究过程中出现的问题,研究会及时作出相应的调整。最初面临的问题是如何提高会议讨论的效率,面对

---

① 《小学教员[育]研究会开会记事》,《锡报》1924年12月2日。
② 《小学教育研究会定期开会》,《锡报》1923年3月7日。
③ 《小学研究会开会详志》,《新无锡》1923年3月12日。
④ 《函询实施新学制之意见》,《锡报》1923年3月28日。

有限的讨论时间,虽然会前已有所准备,但由于来自教育一线不同教师所遇问题是非常繁杂的,有些是面上的新问题,有些也可能仅是某教师所遇到的个体问题,在征集过程中很难加以区分,所以开会讨论的进程常常被一些琐碎的问题所阻滞,空耗了大量的时间。对此,有会员提出:"研究问题,有事属琐碎,无关大体者,似可不必于大会上讨论,以后宜另组审查股,于开会前,将该届议题预行审查,然后付会讨论,以省时间。"该提议获得众人赞成,会议议决:"嗣后各科研究问题应由各分科先行审查,如认为不必提交大会者,迳由分科研究会详具意见,答复原提案人。"[1]该提议获得大会的通过,从而大大提高了会议讨论的效率。

为便于研究,无锡教育会在1923年再次修改了章程,对研究会的运作方式作了较大的调整。10月7日在县教育会召开的新职员组织会及交替会上,专门讨论改组小学教育研究会。议决:会员"改为团体会〈员〉(以学校为本位)、个人会员(各市乡教育委员及有志研究者)两项"。[2]在同月14日上午召开的职员会上,会长侯鸿鉴报告,"县教育会来函改组研究会会员案,议决:照行。次修改章程七条,将从前会长制删去,改为理事制,俟本月二十八日开秋季大会于会场通过后即实行新章"。[3]后李康复提议设立理事、编辑、研究三部,各部举五人,研究部共举六校(以学校具名:学校组织系一校,训育系二校,教学系三校)。[4]选举结果:理事部当选者为秦执中、李康复、陶达三、侯保三、孙保鉴等五人;编辑部当选者为辛柏森、朱寄尘、庄荫梧、廉谏钟、严仰斗等五人;研究部当选者为:学校组织系为无锡市之第一一校,训育系为三师附属、女师附属二校,教育系为私立唐氏、县一高小、公益第一三校。[5]这样的调整,使研究的重心向问题产生的基础学校下沉,充分发挥学校在一线教学研究过程中的主体作用,更好地体现分工合作,使点的研究带动面的研究,从而更广泛深入地推动了地方教育的研究发展。

---

[1]《小学教育研究会开会志(续)》,《锡报》1921年12月13日。
[2]《纪县教育会交替会》,《新无锡》1923年10月8日。
[3]《小学教育研究会近讯》,《新无锡》1923年10月15日。
[4]《小学研究会开秋季大会》,《西神日报》(无锡),1923年10月29日。
[5]《小学教育研究会开会》,《新无锡》1923年10月29日。

(二)无锡国语研究会

五四运动爆发,促使新文化运动提倡的"反对文言文,提倡白话文"的口号更为广泛地传播。在此背景下,1923年8月11日无锡国语研究会成立,它是由无锡教育会与县劝学会联合组织的学术研究团体。该研究会在组织研究过程中,针对语言学习的特点,有针对性地采取了相应的办法。

一是注意理念灌输与解决实际问题的结合。这在其举行的活动中得到了充分体现。1924年2月15日,国语研究会在县教育会楼上开会,到会者有40多人。会议议程如下:

(一)由蒋仲怀报告开会宗旨。(二)秦鼎臣演讲口头国语之重要及提倡白话文非反对文言文。(三)徐东平[屏]演讲注音字母之功用,国语音调之重要及操用国语为国民之天职。(四)秦凤翔报告教育部已将从前审定之教科书作废及用刘勰、柏拉图、马克木拉、杜威四人所下语言文字之定义,制定小学校教学国语之目的,并报告吴稚晖先生将返锡用土语注音字母宣传平民教育。(五)顾鸿志演讲国音与锡音之比较,并提出锡人学习国语应行注意之点。(六)由王静安开留声机十面,以较[校]准音调。[1]

上述报道中提及的无锡人吴稚晖、秦凤翔、顾鸿志、徐东屏等人均是当时对国语素有研究并取得较大成绩和积极推动国语教育的人物。尤其是吴稚晖,他是中国普通话的首创者和身体力行的推动者。[2]所以,研究会把他们介绍到会,带来最新的思想与方法,既有理论的引导、政策的解读、信息的传递,更有促进无锡人学好国语的实用方法。

二是注意学习与运用的结合。语言学习的成败是与人的日常生活密不可分的,只有熟练地使用,才能验证学习的有效性。研究会组织会员边学边用,在学中用、在用中学,强化了学习的实践性和有效性。如国语研究会会长蒋仲怀所发的召开第四次常会的通知就是采用白话文,即是学用结合的一例:

---

[1]《国语研究会开会纪》,《新无锡》1924年2月16日。
[2]冯寿忠:《吴稚晖学术思想研究》,光明日报出版社,2015:代序。

某某先生,我们的研究会定期一月十三日(即旧历十二月初八日)下午两点钟,在县教育会开第四次常会,到时候请先生到会研究。会费未缴过的,还请随带会费小洋六角。先生对于研究国语是很俱热心的人,如果有紧要研究问题提出来,请先期寄到事务所。事务所里头现在有国语留声机片课本出售(每册小洋一角),这书是研究国音、国语的好资料,如要购用,可向事务所王君静安接洽。①

每逢开会时,研究会要求会员一律说国语,并出题演讲或辩论。这样,用白话来传递交流信息,使理论的学习变作实践的运用,让每次活动成为普及国语的好时机。

三是注意新装备运用与学习效率提高的结合。1877年,世界第一台留声机由美国发明家爱迪生发明,这一声音储存技术为人类语言的学习提供了极大的方便。该技术约在1890年传入中国。②无锡教育会较早在教学研究中采用了该技术,在研究会成立后的第一次常会上,会员们就提出:"俟会员会费缴齐后,会内应设备国语留声机器及各种参考书籍。"③后因资金匮乏,在购买留声机之前,预先购置了唱片借机播放。"该会阅书会会长王君静安办事热心,除前购备国语参考书四十余种外,近又添购十余种,并由商务书馆购买国语机片八片,其物均置该会事务所王君静安处,各会员均可入内浏览"④。而机器是借用由县教育会主导的无锡县立通俗教育馆购置的留声机,但使用多有不便,如1923年底开会时,"国语机片及课本已由商务印务书馆购就,今日本拟开唱,惟机器因近日有事,致未能借得,只可下次开演"⑤。教育会自购留声机,是在1923年底或1924年初。1924年1月13日下午,在国语研究会召开的第四次常会上,留声机得到展示,"国语研究会,现已办得国语留声机,……开唱国音留声机片,各会员

---

①《国语研究会定期开会》,《新无锡》1924年1月5日。
②徐陈超:《晚清时期国人与留声机的接触以及留声机在中国的传播和影响》,《开封教育学院学报》2016年第3期。
③《县教育会开会汇志》,《西神日报》1923年10月15日。
④《国语研究会志闻》,《西神日报》1923年11月29日。
⑤《国语研究会开会纪》,《西神日报》1923年12月10日。

听唱之后,极为满意"。①自此以后,每次活动中,留声机就与其他活动有机结合,成为良好的补充。由于研究会的经费十分有限,所以在购置昂贵的留声机后,还一度出现赤字。1924年7月,在第二次大会上通报收支:"计支多于收,结亏银约三十余元。"②除此,无锡市教育会在20年代初也随即"商榷购办国音留声机事"③。

四是注意教师学习与学生学习结合。在引导组织教员学习国语的同时,研究会还附设组织小学国语竞进会,希望通过竞赛来激发学生学习国语的兴趣,提高水平。该会组织公、私立小学校选派学生入会参赛④,结果有来自14所学校的学生报名参赛,十分踊跃。竞赛由侯鸿鉴任主席,唐卢锋、薛溱舲、秦颂石、张正三分别为姿势、结构、国音、材料评判员,张鉴、秦毓钧为计时员。第一次比赛于1926年5月8日举行预赛,9日进行决赛。⑤活动举办得很成功,不少参赛的学生均有上乘的表演,获得很好的成绩,显示无锡国语教育的成效。但也有记者评论这次活动美中不足:"此次主席报告,没有说国语,在形式上似乎不合。嗣后举行竞赛,主席应当用国语报告才是。"⑥"主席"指的是侯鸿鉴,这体现了公众对教学相长的要求,说得很有道理。

在国语研究会成立的同时,劝学所也单独开办有无锡国语讲习会,但其活动开展的情况与教育会主导的国语研究会比较,成效有限。对此后来有人评说:"自民国十二年,经教育部训令各县小学教员,应加试注音字母、国语文及文法三项后,各县先后有国语传习所或讲习会之设,吾邑亦于是年夏,借暑假期内,开办国语讲习会于一高。三载于兹,修业学员达百三十人,内三次全听者十之四,是以不过七十余人而已。所需经费在八百元以上。综观历年所授教育,大都类同。十三年夏开始时,会员有百余人之多。修业期满者仅五十余人。十四年夏,会员骤减,不及去年二分之一。究其原,非教课类同听者乏味而何。"⑦这也从一个侧面反映了行政机构与社团主办专业活动的差异。

---

①《国语研究会昨日开会》,《苏民报》1924年1月14日。
②《国语研究会大会纪》,《苏民报》(无锡)1924年7月19日。
③《无锡市教育会开会纪事》,《新无锡》1921年1月22日。
④《创设小学国语竞进会》,《民声日报》(无锡)1926年3月31日。
⑤《国语竞进会举行预赛》,《民声日报》(无锡)1926年5月9日。
⑥春圃:《国语竞进会珍闻》(下),《民声日报》(无锡)1926年5月12日。
⑦孟阳:《对于吾邑教育前途之希望》,《无锡新闻》1926年1月21日。

三、编辑刊物：专业的指导

侯鸿鉴与钱基博①在漫谈地方教育时曾提及："吾邑教育会议刊杂志由来旧矣，卒以撰纂乏人，不果。吾以教育为业者，于兹有年，夙夜不皇康宁。"②1912年他接任无锡教育会会长后就着手创办会刊，"为指导改良教育之谋"。③经过一年的筹备，1913年1月，崭新的《无锡教育杂志》第1期正式问世，它是无锡民国时期出版的第一种教育刊物，也是地方社团出版的第一份杂志，在各地教育会自办的刊物里也是较早的，具有标杆意义。教育会自办会刊一直延续到30年代初才终止，历时20余年，总计约出版了近50期（种）。

在1913年到1927年间，根据所编办刊物，教育会办刊可分作三个阶段。

第一阶段是1913—1917年编《无锡教育杂志》。起初设想每年出版三期，但实际出版的是不定期刊物，共出版八期，另有若干期调查报告编发。杂志设有"社说""教育研究""教材""教案""教育法令""教育制度""译丛""文苑""谈丛""调查""杂录""记事""章则"等栏目。就篇幅而言，第1期有328页，第2—4期在140—200页之间，第5—8期均在90页左右。杂志创办之初，教育会采取多种方法推广，在1913年2月下旬到3月初，县教育会在《锡报》上连续做多期广告："是书资料丰富，足为小学教员研究之资料者甚多，定价每册大洋七角，倘小学教员及师范生购置者，照七折核算。"④并曾邮送各报社、机构以及各周边兄弟教育会。《新无锡》报社收到杂志后还专门登报致谢。⑤另外，请县视学带往乡间供教员购阅，还托上海各书局转寄各分局代销。⑥这些措施扩大了影响。杂志出版后获得广泛好评，教育部视学在考察第三区（皖、苏、浙三省）教育后，特别指出江苏"各县教育会章程粗备，惟无锡教育会出有杂志，于教育研究颇

---

① 民国初年，钱基博在江苏省立第三师范学校任教，在无锡教育界很是活跃，文章散见于地方报刊，享有时誉。《无锡教育杂志》的《发刊词》即出自其手。其与钱孙卿为孪生兄弟，与地方教育界人士多有交集。因此，他可能也是教育会的会员，但因缺乏明确的资料印证，笔者不敢武断，记此存疑。
② 钱基博：《发刊词》，《无锡教育杂志》1913年1月第1期，第1页。
③ 陶守恒：《无锡教育会沿革记略》，《无锡教育杂志》1913年1月第1期，第315页。
④ 县教育会：《〈无锡教育杂志〉出版广告》，《锡报》1913年2月25日。
⑤ 《惠书志谢》，《新无锡》1915年10月12日。
⑥ 《县教育会开会志》，《新无锡》1916年5月2日。

详"①,对《无锡教育杂志》推崇有加。

第二阶段是1918—1923年编《无锡教育年刊》,共出版四期。原设想是每年出一期,但实际上,1919年和1920年因故未有出版。栏目设置较《无锡教育杂志》也有调整,原有的调查报告不再单独付印,而作为一栏目附设在杂志内。教育会曾开会讨论:"县教育会以前刊行之《教育杂志》及《调查报告》等,前经职员会议议决,停刊改编《年刊》,于本届第一次全体职员会商定要目。(一)言论。(二)研究。(三)调查:(甲)国内外优良学校,(乙)全县教育状况,(丙)游学外埠状况。(四)纪事。(五)法令。(六)杂纂。(七)会报。以上各门,会员均可投稿。"②后来正式出版时根据稿源作了调整,增加了"图表""历史""无锡风俗志""附录"等栏目。为加强编辑力量,1921年8月教育会新建编辑部,举定李康复、钱孙卿、薛明剑、辛柏森、秦振镐等为该部职员,由李康复担任部长。年刊由侯鸿鉴、顾倬、沈荣龄、华应彤、杨锡类、钱基博、薛明剑、李毓珍、陈鹤琴、顾猷鸿等担任编辑,"并载孟禄博士在锡演讲等稿,内容颇属丰富"③。但编辑年刊经费一期"计支印刷费洋二百八十余圆"④,颇为拮据。为此,县教育会对按时缴纳会费的会员,实行"当将本届《年刊》一册送阅"的政策;并派员在公共体育场举行的无锡童子军第二次会操活动中,现场由学校设立贩卖部,出售教育会年刊及其他书籍,⑤争取有所补贴。

第三阶段是1924—1927年编《无锡教育季刊》。教育会编辑部部长、私立培之小学校长廉建中曾建议劝学所所长蒋仲怀、县视学秦颂石在教育会编发杂志的同时,再由地方教育行政机构编辑出版教育杂志:"锡地教育界应有一种《教育杂志》,发刊转载本邑教育事业,按地方的情形,应时势的需要,如何整顿,如何改良,小学教员各手一编。现今县教育会虽有出版杂志的提议,但半年一次,时间太长,宜每星期一次,或每月一次。鄙人久欲发刊此项杂志,但鞭短汲长,志高力微,不能成功。二公肯帮助吗?"⑥话讲得很有道理,但教育行政当局

---

① 《第三区视学总报告》,《教育公报》1914年8月第3册,《报告》第29页。
② 《征求教育会年刊稿件》,《新无锡》1918年10月13日。
③ 《县教育会年刊出版志闻》,《锡报》1922年9月5日。
④ 《县教育会例会预志》,《新无锡》1919年3月20日。
⑤ 《童子军第二次会操纪事》,《新无锡》1919年4月21日。
⑥ 《小学校之商榷谈》,《新无锡》1922年1月17日。

当时无力办刊。所以县教育会考虑原有年刊编辑出版周期确实太长,于是就改作季刊,目前所见有七期,第一年是按季出版,后出半年或一年的合刊,每期均以专刊呈现,封面分别由侯鸿鉴、秦颂石、蒋维乔、林苘桢、廉建中等人题签。1924年1月,无锡教育会在《无锡杂志》上就年刊改季刊登广告,推荐《无锡教育季刊》:"凡全县各教育机关及各学校情形,莫不一一载入,实为来锡调查参观教育者不可不备之书。"①所编季刊同样受到教育界人士的欢迎,更成为来锡参观的各地教育人士了解无锡教育的必备参考资料。外来的教育专家对无锡教育会以研究会和刊物为支撑的教学研究工作评价很高:"该县小学教育研究机关,有小学教育研究会,附设于县教育会内,其内部组织分理事、编辑、研究三部。其研究方法分为分系研究及通信研究两种,每两个月开常会一次,年出年刊一册,季出季刊一册,观其内容所载,大多切当中肯。"②这虽有对情况不明而导致的夸大成分,但对无锡教育会的编辑给予的评价还是恰当的。

教育会作为"教育机关为同人研究之地,固应提倡者。至今会事虽有变迁,而分子尚沿习,至今为研究教育之所也"③。民国初年,教育日新月异,新学制、新文化、新教育、新观念层出不穷,从单级到班级,从"设计法道尔顿制"到"启发及自学辅导主义",④从共和国教科书到新学制教科书,从国文教学到国语教学等等,但教育在大发展的同时也面临着许多问题,如无锡县视学孙仲襄就曾指出:当时"各学校教员编教案者寥寥无几,实为教授上之缺点,……教授时有错误失序之虞"⑤。类似这样的问题比比皆是。更何况,此时大量从事新教育的教员,不少是以传统科举知识为基础的塾师,转换也非易事。因此,无锡教育会所编杂志上用了大量篇幅来讨论教学中碰到的实际问题。

无锡教育会所编教育刊物,在当时汇集了一大批有识之士,他们生活在新时代教学演变的实践中,最了解具体问题产生的原因,也最有智慧提出化解的办法,从而推动地方教育向前发展。以《无锡教育杂志》为例,下列以学科分类的论文一览表,可借以说明会员通过刊物研究教育、解决问题的情况。

---

① 《无锡县教育会敬告来锡参观教育者》,《无锡杂志·梅园号》,1924年月刊印,《言论》第4页。
② 《国语指导员刘儒视察无锡县教育状况报告书》,《江苏教育公报》第8年第2期,1925年2月。文中刘儒将《年刊》和《季刊》混为同时的出版物,实误。
③ 侯鸿鉴:《无锡教育沿革大略》,《无锡教育杂志》1913年1月第1期,第310页。
④ 周锡璜:《新安乡教育概况》,1924年铅印本,第15页。
⑤ 《小学校须编教案》,《新无锡》1914年11月27日。

表2-12 《无锡教育杂志》所刊研究论文一览表(1913—1917年)

学科	作者	论文题名	所刊期数
修身科	周维城	暂定小学校各学年修身德目教授之顺序	1
	孙卿	竞志学舍修身要义	3
	秦任	编辑单级修身教授草案赘言	5
	秦权	修身德目编制之商榷	5
	邵宗虎	修身教授之研究	6
	薛明剑	小学校校外训育之研究	7
国文科	过耀根	论简字与汉字之关系	1—2
	黄骧	小学校习字待商编	1—2
	李铭训	国文教授法改良之意见	1
	周维城	缀法教授概要	1
	邵虞臣(即邵宗虎)	国文缀法教授之研究	4—5
	镜心	国文教授法之分类名称表	4
	邵宗虎	缀法教授之研究	6
	邵宗虎	国文科教授新字之商榷	7
算术科	巽吾	算术教授易犯之失误	1
	蒋士栋	说算法	1
	蒋士栋	说比例	3
	金素宜	算术教授顺序	5
	黄豹光	对于算术科演式差误之研究	7—8
	薛明剑	算术教授之研究	6
	薛明剑	珠算教授之研究	8
手工科	华廷辉	手工之研究	1—4
	孙捡	图画手工连络教授之功效	1
	金素宜	手工教授顺序	5
	蒋士栋	叠绢与刺绣之研究	7
图画科	陆福培	小学图画改良刍言	1
	蒋士栋	说图画	1
	金素宜	图画教授顺序	5
唱歌科	顾鼎铭	音乐之管见	1
	顾鼎铭	师范唱歌教授之研究	2—4

续表

学科	作者	论文题名	所刊期数
体操科	孙揆	体操教授之研究	1—2
	笑吾	徒手游戏与用器游戏之比较	3
	华涅波	小学游戏之商榷	7
教学法	华亭、张树勋	各科教授上注意要件	1
	任伊	小学校校外教授法	1
	顾倬	儿童训育法	1
	澄波	小学教授宜根据心理说	4
教材	顾祖玑	光复后各省府厅州县变革后之调查	1—2
	任伊	说蚊	1
	心死	植物之感觉	2
	任伊	博物教材:说蝇	3—4
	澄波	中国山脉分合表	6
	雨苍	应用体操球体操	6
	侯鸿鉴	无锡乡土志	7
	薛钟瑞	尺牍教本	7—8
	侯鸿鉴	无锡乡土博物志	8
	侯鸿鉴	园艺一得	8
其他	顾祖玑	对于图书公司出版高等小学历史课本之批评	2
	侯鸿鉴	现世教育观	1
	陶守恒	无锡之生计教育	1
	侯鸿鉴	对于一般担任小学教育者之忠告	2
	侯鸿鉴	对于江苏教育现状之悲观	2
	杨保忠	研究小学管理之方法	2
	章鸿遇	参观日本师范教育之一斑	2—3
	侯鸿鉴	实验低能儿心身异常之一斑	5
	侯鸿鉴	敬贡吾邑教育界之曝言	6
	侯鸿鉴	予之广义的职业教育观	7
	黄豹光	予之女子教育观	7
	张九如	儿童在家庭自习方法之商榷	8
	蒋士栋	照相术之一得	8

资料来源:《无锡教育杂志》各期。

同样的,在《无锡教育年刊》第1期中:钱基博的《无锡风俗志》是最完整的关于无锡地方乡土文化的著作;侯鸿鉴的《博物教材》填补了地方博物教材的空白。在《无锡教育季刊》第3期中,所刊莫善乐的《新小学训育的实际问题》,完整提出了六年制小学的训育标准,并对一年级到六年级分别提出了26、26、29、27、43、44条,总计195条的阶段细化纲要;荣宗铨(德生)的《设立商业补习夜校之我见》,以实业家从商战造就人才的角度,提出"非将已入商界之人,加以铸陶不可"的见解。这些均是当时很重要的教育灼见,对推动无锡教育发展产生了较大的影响。

当然,除了会刊外,教育会会员在当时全国各知名的教育刊物上也多有大作发表。如在《教育杂志》《中华教育界》上刊发的无锡教育会会员的论文就有不少。这些文章的发表,扩大了会员个人及无锡教育会社团的社会影响,这也就不再辜负地方报纸所期待的:"教育之进步,全视乎妍[研]究之有心得与否,而教育会尤为研究教育之集合所。"[1]

四、会员办学:行动的示范

教育的研究并非独立的,它是与办学紧密联系在一起的。就直接关系而言,会员个体的办学行为与教育会的会务活动并不具有太多的关联;但会员办学的业绩,不仅反映其在教育界的专业水准,也为其在教育会社团内外赢得威望及口碑。无锡教育会会员几乎都是教员;而组成其核心领导层的正副会长、各部部长,绝大多数的社会职业身份是校长角色,他们的办学业绩成就了自身的教育权威地位,具有极强的示范作用。这一时期,教育会会员侯鸿鉴所办私立竞志女学校[2],顾倬主持的江苏省立第三师范学校,蒋仲怀、潘一尘经营的开原乡立第一小学[3],由实业家荣德生创办,胡雨人、蒋仲怀、钱孙卿等分任校长的私立公益工商中学等均是这方面的代表。下面就会员所办的省立第三师范学

---

[1]《改组教育会先声》,《新无锡》1916年12月22日。
[2] 参见拙文《侯鸿鉴与竞志女学校》,载《江南晚报》(无锡)2017年6月25日;拙著《真实劳苦:侯鸿鉴和竞志女校影像》,广陵书社,2022。
[3] 参见拙文《寻找中国教育"新生命"》,连载于《中国教师》2016年第12期、2017年第2期。

校和私立公益工商中学的办学情况作一介绍。

(一)顾倬与江苏省立第三师范学校及附小

1911年,江苏省提学司议决创办官立第三师范学堂(简称三师),地点选定在无锡,"遴委顾述之君为监督",在无锡孔庙对面购地筹建,"四月开工,先筑平屋两进,共计五十余间",9月17日正式开学。①1912年,该校改称江苏省立第三师范学校,②1913年在校园东侧严家池畔开设附属小学。顾倬自该校创办起任校长,直至1922年辞职离去,做了10年的校长。

顾倬早年曾与后来一起组织教育会的侯鸿鉴、秦毓钧等留学日本弘文学院,深受东洋教育的影响。因此,他是以日本教育为范本来办三师的,这些不仅体现在学校的布局、建筑上,更渗透到管理体制、日常教学之中。建校之初,他派几批教师赴日考察。1913年2月16日至3月1日,教员陈伦"承本校校长顾(倬)先生之命,偕向君炳峰,赴东考察教育"③。到该年夏初(6月11日至7月16日),顾倬又亲偕教员陆小槎赴日本考察教育,"由东京而静冈、名古屋、奈良、御影、姬路、广岛,舟车往返,阅时六周"。这是他十年后再次返日,回来后,将所见所思整理成《东游日记》,刊于校中杂志及江苏省教育会所编的《教育研究》上。④对一所学校来说,这样反复赴日考察的频率是不多见的。

三师创办后,好评如潮:"省立第三师范自开办以来,校长顾君热心从事,不尚虚文形式,与实质具,兼学识与经验皆备。以故学生来此肄业者颇形踊跃,足见该校长之认真办理,故可得此良好之结果,将来蒸蒸日上,诚未可量"⑤;"在昔三师时代⑥,凤以学风之淳良,驰名大江南北。生徒都出身清寒,教师自校长以

---

① 《第三师范学堂定期开学》,《申报》1911年9月5日。
② 1913年,江苏省分别在苏州、上海、无锡、南京、扬州、淮阴、徐州、通州设立了第一到第八共八所师范,另有代用师范一所,女子师范两所。参见江苏省地方志编纂委员会:《江苏省志·教育志》下,江苏古籍出版社,2000,第699页。
③ 陈伦:《考察日本师范教育之报告》,《教育研究》1913年11月10日第7期。
④ 顾倬:《东游日记》,《教育研究》1913年7月10日、8月10日、9月10日第3、4、5期。
⑤ 《第三师范赴联合运动会志闻》,《无锡商务日报》1916年10月27日。
⑥ 指1912—1926年的江苏省立第三师范,该校1927年改名为江苏省立无锡中学。

降,亦壹以质朴为约,其校内之上下彬彬,坚苦刻厉。求之今日,实难复得"①。1918年2月9日,教育部咨江苏省长,奖给第三师范学校匾额,匾文为"教衍东林",并特再授予校长顾倬奖章1枚。

三师以培养地方教师为目标,管理以严格而著称,所定校训为"弘毅"。一位学生的回忆,很能说明这一切。

距今十五年之前,我在既不出学费又有白饭吃的江苏省立第三师范读书,那时校长是梁溪顾述之先生,他以为师范生应该朴实无华,使以朴实无华的精神来训练我们,而他自己也是能够朴实无华之一个以身作则者。那时我们都是十七八、廿二三的小伙子,人人爱俏,几根头发,自然要修整得光光洁洁,并作种种式样。我们的校长见了这许多光怪陆离之头,陡的气断了肚肠,立下手谕,着于三天内一律剪光,但究不是生意经。我们得此命令,个个感到大祸临头,欲抱头痛哭而不敢。三日之限甚促,当此千钧一发之际,自修室中都在分头开护发会议,可是大家筹不出一个好法,而为免除想不出好法的烦恼计,终于一律遵命办理,把数不清的烦恼丝,尽付并州一剪。既剪之后,有的抱头痛惜,有的顾影而笑;而好打趣朋友则说:"头童矣,吾老矣,将奈何!"也有的说:"秃头和尚矣,吾将看破红尘,暮鼓晨钟以终吾年矣。"一时说说笑笑,倒也有趣,并且大家如此,早夕看惯,也不觉难看了。校长先生又长期聘个理发的在校,为我们轧发,一轧之时十多分钟,一轧之费十多个铜圆,既省时,又省费。我们第三师范的和尚头,驰名无锡全城。假日外出,少见多怪的人,都见了我们在背后说:"这是师范生!"不但闻名无锡,江苏各省立学校也莫不知道我们是和尚头。记得某次在吴门开省校运动会,我们到场,"看第三师范的和尚",这个声音起于四周,还报我们以不断的笑声,他们以见和尚为可笑,然我们则以做惯和尚,且早自认和尚,所以闻其言笑,毫无动于中。②

但是严格并非个性的压抑。1921年12月12日,三师举行建校10周年纪念会,下午在大礼堂演剧,到校来宾5000余人,场内几无隙地,演出9幕剧《帝制

---

① 《周厅长视察无锡、宜兴教育记》,《江苏教育》(国文教学专号)1934年6月15日第3卷第5、6合期。
② 颜:《我亦和尚过来人》,《申报》1933年10月14日。

梦》和6幕剧《家庭镜》,剧中角色全由学生扮演,很是出色。"饰袁世凯者国语纯熟,姿势雄伟,当推第一。其次若蔡松坡之镇静,徐世昌之阴鸷,严几道之忠义,段祺瑞之刚愎,黎宋卿之慈善,筱凤仙之机警,王揖唐之阿附,梁燕荪之阴谋,杨晳子之献媚,古德诺之英语,洪妃之艳丽,礼官之诙谐最为合度,最为神似,一举一动、一问一答,可谓无微不至。""说者谓:以学生而能纯熟至此,非易易也!"[①]由此可见一斑。

有人评价:"江苏省立第三师范,这是继上海南洋学校之后,深刻影响无锡政治社会的第二所学校。"[②]这影响同样体现在无锡的教育领域。民国初年,三师在顾倬执掌下,最大的成绩是为地方教育培养了大批优秀教师,他们成为支撑无锡及更大区域教育发展的中坚力量。就地方教育会来讲,众多的毕业生担任了30—40年代无锡教育会的领导,如陆仁寿、秦凤翔、秦冕钧、范望湖、顾泾村、秦柳方、沈显芝、宋泳荪、辛曾辉、胡念倩、曾可述、张锡昌、严少陵、华洪涛、杨性初、倪铁如、朱正心、朱承洪、周士香、王引民、浦漪人等,而普通会员就更多了。

值得一提的,此时的三师以自身优异的办学成绩作铺垫,还充当了区域小学教学研究中心的角色。早在1914年,顾倬就提出,"各县市乡初等小学以单级编制者为多,教授训练尤为困难,是非小学教员实心实力从事研究,殆未易言进步,况师范教育为普通教育之前提,故拟于附属小学中附立单级研究会,与各地方小学教员共同研究,以期互策进行"。他提议以无锡、武进、江阴、靖江、宜兴、溧阳、金坛、丹阳、丹徒、扬中十县为范围,开展联合教研,获巡按使署批准。[③]顾倬汇聚包括钱基博、钱穆等一批大家开展研究,组织编写大量指导学校使用的教材,如《初等小学国语课本》《初等小学国文课本》《初等小学修身课本》《高等小学国文读本》《高等小学国文课本》《国文》《雅声集》《教育学》《戊午暑期国文讲义汇刊》《礼记约纂》《春秋约纂》《高子水居精华录》《国民外交常识》等,教员自编教材占到用书总数的80%,[④]刊印《江苏省立第三师范附属小学校国文

[①]《三师范演剧志盛》,《新无锡》1921年10月13日。
[②]朱邦华:《无锡民国史话》,《江苏文史资料》编辑部,2000,第54、122页。
[③]《第三师范请附设研究所之批准》,《新无锡》1914年11月4日。
[④]江苏省地方志编纂委员会:《江苏省志·教育志》下,江苏古籍出版社,2000,第741页。

部研究报告》《江苏省立第三师范附属小学校算术部研究报告》《江苏省立第三师范附属小学校修身部研究报告》《江苏省立第三师范附属小学校教育会研究报告》《国民科教学研究报告》等众多研究报告,①在单级教育法、国文、国语教育乃至童子军组织等方面名震一时。到1918年,江苏省教育厅召开省立师范学校校长会议,确定全省分十个师范区开展教研活动,以三师为中心的"第三师范区"划定的学区范围为:无锡、武进、宜兴、江阴、靖江等五县。②这一方面有推广顾倬做法的意义,更从另一方面确立了三师在太湖与长江之间,苏南中部区域教育中心的地位。

由此,顾倬也成为三师的精神领袖,成为无锡地方公认的教育家。1948年8月2日,无锡各界为这位在抗战期间客死他乡的地方教育家补开追悼会,对他多有怀念:

> 顾先生述之是毕生尽瘁于教育工作的。他自东瀛留学返里后,不久便兴创今日之锡师,以教育第二代之师资为己任,经过十多年的经营。这一段时期中,他捐弃了自己的新民小学和田地来办师范教育,他的教学方法是要培养"专才",因此在三师校内,设有本科的专科研究班,同时他也创立了今日中国的乡村教育、工业教育和商业教育的基础,他在今日的历史上,诚是一位与生活相关的"生活教育家"。他教导学生的方法,是循循善诱和不愤不悱的精神,这是值得各位教育者效法的。③

会上多人的讲话,均缅怀和肯定顾倬的办学成就。

(二)胡雨人、蒋仲怀、钱孙卿及张鉴与公益工商中学

民国年间,无锡教育发展较快的重要原因之一,是新兴实业家出资建校,民间力量办学占半壁江山,而开原乡荣德生是其中最突出的代表,自清末到民初,

---

① 参见钱江:《百人千书——无锡近代教育著作书目初编》,江苏凤凰教育出版社,2016,各年书目。
② 《省立师范议决案》,《新无锡》1918年2月5日。
③ 《顾述之追悼大会》,《锡报》1948年8月2日。

他在山南地区①创办了公益小学四所,竞化小学(女校)四所。"吾邑四乡教育之盛,当首推开原,盖私家捐资办学之热忱,非他市乡所能及。……其间以荣君德生所办为最多。"②为了解决乡民子弟的升学问题,荣德生于1919年创办公益中学③。

就当时教育来讲,中学教育是个尴尬的问题。清末民国时期的中学教育,其定位是"升学之预备"还是"谋生之基础",这一问题始终未能得到很好解决,无论在清末民初对学制的修正调整中,还是在1922年的学制重建,以至在后来国民政府时期对学制整理的过程中,中学教育屡次成为改革的重点。这样的摇摆导致了中学办学的困难,办学也就难有大的成绩。如1915年黄炎培在考察江苏省中学毕业生的出路后,严厉批评中学教育宗旨不切实际:"观其揭橥,在养成社会中坚人物,究其结果,适产出若干高等游民,其将何以自解?"④1921年孟禄来华考察教育时也惊呼:"中国学校制度内中学最关重要,而办理最坏。就余所观察,中学之佳者乃极少。"⑤

在此背景下,1919年荣德生创办公益工商中学。对于办实业,主张"实学实用"的荣德生来说,就业比升学更重要,所以,其办学定位于职业教育。该校办学八年,"先后毕业者,有工科二届、商科五届,迄十六年夏而止"⑥。其间先后被邀请担任校长的胡雨人(1919年秋—1920年秋)、蒋仲怀(1920年秋—1923年8月)、钱孙卿(1924年夏—1927年4月)以及曾主持校务(相当于代校长)的张鉴(1923年8月—1924年夏),他们均是无锡教育会的骨干会员,从这个角度来分析,说该校是教育会的"实验学校",不算为过。

首任校长胡雨人,被时任无锡县县长杨畦韭称作荣德生的"同志"。时人评价这位新校长"学问邃深,经验丰富",对他的任职也很肯定。他对这所学校的贡献是奠基性和开创性的。他到校后,分赴杭州、上海、苏州等处调查各种工商

---

①无锡开原乡,区域内以惠山东西横亘,分为山北、山南两部分。
②惕:《开原乡之近况》,《苏民报》(无锡)1923年11月17日。
③参见钱江:《和平耐劳:无锡荣氏私立公益工商中学编年事纪(1917—1927)》,凤凰出版社,2020。
④王伦信:《清末民国时期中学教育研究》,华东师范大学出版社,2002,第28—29页。
⑤陶行知等:《孟禄博士与各省代表讨论教育之大要》,《陶行知全集》第1卷,四川教育出版社,2005,第331页。
⑥荣德生:《追述工商中学始末》,《公益工商中学校友会纪念册》,1928年冬刊印本。

事业。最后确定,工科以杭州甲种工业学校为标杆;商科没有合适而可资参考的学校,就依托无锡地方商业素称发达的优势,通过走访地方商界闻人,虚心讨教,按需办学,在摸索中自定标准,从而帮助学校建立起了完整的职业教学体系。

一年后,第二任校长由蒋仲怀接任。他在原有的基础上,进一步对学校的基本建设加以完善,建成学校附设机械工场、调养室三间等,并挖两口井解决日益增多的学生的用水问题,更重要的是强化学生管理,重新立校规,修章程,奖惩持平。对他任校长后的工作,无锡地方媒体进行了跟踪报道,如《新无锡》报,一开始尚属保守,仅认为他"颇事积极进行","对于校务非常注意"。到了1922年秋开学后就好评如潮:"对于课外事业素称热心,故成绩亦属可观","校事蒸蒸日上","成绩昭著"等。因为出色的办学业绩,任职三年后,1923年9月,无锡县政府组建教育局,蒋仲怀被任命为局长,成为无锡民国年间第一任教育局局长。因此,他也就辞去了校长的职务。

学校自1923年秋到1924年夏,校长一职空缺。荣德生回忆说:"仲怀辞职,请钱孙卿先生为校长。未接事前,余自兼,以张杏村为教务主任一年"。[1]对蒋仲怀的辞职,荣德生并没有准备。蒋仲怀把这所学校的办学推上了一个较高的水平,临时再聘校长,荣德生很是犹豫。在权衡盘算后,荣德生选择由自己临时兼任校长,请张鉴作为教务主任全面负责的非常规架构。尽管荣德生对教育有着特别的情怀,对自己创办的学校更有特别的牵挂,但无奈因经营企业"事颇冗繁",而无暇顾及,学校"赖张先生任劳任怨,处置有方,诸教师亦顾全大局,和衷共济"[2],所以,张鉴对这所学校也有不可磨灭的贡献。

1924年暑假结束后的新学期,钱孙卿出任校长。早在1921年8月,蒋仲怀曾接替钱孙卿担任无锡县劝学所所长,因机构变动,故蒋是最后一任所长。三年后,钱孙卿又反过来成为蒋仲怀校长的继承者。这时由于学校停办工科,名字已改为"公益商业中学"。不久,学校停办,钱孙卿也成了该校最后一任校长。接任校长这一年,钱孙卿才37岁,是历任校长中最年轻的一位,但这时的他已是地方上很有影响的人物。比起前两任校长,钱孙卿治校的理念是"严格",即

---

[1] 荣德生:《乐农自订行年纪事》,上海古籍出版社,2001,第98页。
[2] 殷树菁:《甲子级小史》,载《公益商业中学校第二届毕业刊》,1924年夏铅印本。

"严格管理,严格训练、严格教育"①。荣德生为学校题的校训为"和平耐劳",钱孙卿对此所作的进一步释意是:"发皆中节曰和,无所偏倚曰平,历久不渝曰耐,能勤所事曰劳。待人以和为本,接物以平为本,处事以耐为本,持躬以劳为本。"②他以此要求每天清晨必召集全体教职员和学生,在大礼堂作"精神讲话",对日常发生的违反学校管理规定的偶发事情进行矫正,使"全校精神似颇振奋"③。他任校长最大的特点是充分利用自身与地方上的关系,将其作为办学的资源。1924年秋,钱孙卿多次邀请无锡地方贤达到校做演讲,如请县教育会会长侯鸿鉴演讲"欧美见闻之一得",教育家高阳演讲"商业学生之修养",国学大师、自己的胞兄钱基博演讲"中等学生治学应持之态度"等。1925年6月,当商科学生毕业时,他还请校董荣德生亲自前来演讲,这是编者所见资料中荣德生除开学、毕业典礼讲话外唯一的在该学校的演讲。严格的管理很快收到了成效。高阳后来回忆:1924年初冬,他应钱孙卿之邀,到工商中学作经济学演讲,"其时,朔风凛冽,礼堂轩敞,无窗牖为蔽,乃一堂师生,正襟危坐以听,始终不少倦。私衷佩服全校精神之佳"④。地方报纸报道:工商中学"去夏自钱孙卿君接任校长以来,对于教管,悉从严格,惟对于学生课业,教以自动,颇有进步,学生精神亦甚振作"⑤。学校学生在教员指导下编印的校内学生刊物《商兑》杂志,多刊学生论文,如《中国对外贸易不振之原因》《我国纸币论》《纸币发行之单一制》《论我国辅币充斥之害》《单角银币缺乏之原因》《商标浅说》《人寿保险之解说及投保之选择》《工潮救济法》《我国纺织业前途观》《我国近年棉业概况》《米价日涨之原因》等,仅看这些标题,就可见当时学生的视野。而其中撰写了文学类论文《随园论诗概观》的芮麟,不久后也成为无锡教育会的骨干成员。⑥

对于胡雨人、蒋仲怀、钱孙卿而言,在公益工商中学的时光,并不是他们各

---

①陆阳主编,刘桂秋校订《钱孙卿集:孙庵年谱·孙庵私乘》,团结出版社,2016,第16页。
②钱基厚:《校训浅释》,《无锡私立公益商业中学校一览》,1924年12月。
③周贤:《坚持正义 追求 光明 爱国爱乡 造福桑梓——记江苏工商界知名人士钱孙卿》,载《近百年无锡人物》,江苏文史资料编辑部,2001,第150页。
④高阳:《私立公益工商中学校友会特刊序言》,载《公益工商中学校友纪念册》,1928年冬刊印,第4页。
⑤《工商中学近讯》,《无锡新闻》1925年9月16日。
⑥无锡私立公益商业中学校:《商兑》1926年10月第7期,第1页。

自人生的佳境和事业的巅峰,但他们前赴后继,实践自己的教育情怀,协力创造了一所好学校。荣德生后来回忆:"各班毕业生蜚声于工商界者,颇不乏人,果不负种瓜得瓜之一番苦心。"[1]以此肯定他们的办学成效。

有学者评说:"以无锡为例,其教育水平之所以可以在民国继续保持领先,正是得益于有真正的新教育精英在复杂艰难的局面中主持校务。"[2]这也是无锡教育会的骄傲。

第三节 对社会事务的干预

张謇曾说:"政者君相之事,学者士大夫之事,业者农、工、商之事。政虚而业实,政因而业果,学兼虚实为用,而通因果为权。"[3]这说明了"学"在社会演变过程中的独特作用。教育会是清末民初地方政治和地域社会中不可忽视的团体,它依据法规设立于省、县(民国建立后加乡镇)各级,和商会、农会并称为"法团"。[4]无锡教育会作为地方三大法团之一,在民国初期地方事务中扮演着重要角色,这是它立会后除从事教育研究,推动区域教育发展之外的另一形象。一方面,它积极构建办会独立的社会品格;另一方面,它无论在地方文化建设还是在无锡"围城"解救等突发事件处置过程中,均积极参与,体现特有担当。这些参与社会事务的态度与表现,是其社会价值的体现。

一、教育会与政府:合作与不干涉

民国之初,就政府建立管理的框架而言,其设想是将教育会等社团的活动控制在教育研究的范围之内。1912年9月6日,教育部公布《教育会规程》,在第

---

[1]荣德生:《乐农自订行年纪事》,上海古籍出版社,2001,第86页。
[2]周勇:《江南名校的中国文化教育》,教育科学出版社,2008,第59页。
[3]转引自章开沅:《章开沅文集》第11卷,华中师范大学出版社,2015,第121页。
[4][日]高田幸男:《近代中国地域社会与地方教育会——无锡教育会的地位及其演变》,载张宪文主编《民国研究》(第1辑),南京大学出版社,1994,第242页。

二章"会务"第七条明确规定："教育会不得干涉教育行政及教育以外之事。"①这比晚清政府规定的不得"干涉教育范围以外之事（如关于政治之演说等）"等制约表达得更为严密清楚。结合考察1919年教育部修订《教育会规程》的补充内容，其明显的变化是：第一，固化地方定位，即从笼统的发展教育到"发展地方教育"，将各区域的教育会设置局限于地方的空间范围内；第二，会员资格限制，即从"现任教员职务"到有具体资历限定的教职员和教育行政人员，强调从事教育工作的职业归属；第三，严格组织程序，引入会员资格审查制，由校长及视学来实施，强调行业自律。这些无疑强化了政府对教育会的干预导向，也限制了无锡教育会的活动空间。

关于政府与当地教育会的关系定位，时教育部对行文作出规定：学、政行文，其中省、县教育会对于省、县公署行文时用"呈"，省、县公署对于省、县教育会行文时用"公函"，省、县公署对于省、县教育会有所呈请时用"批"。②这就明白地界定了两者上与下、主与辅的关系。同时，民国初年，每年举行一次的省教育行政会议，地方参会人员是县视学、劝学所所长、县教育会会长，③这也明确了教育社团在教育行政管理中间所扮演的协助角色定位。

总体而言，无锡县署及其职能机关，如劝学所、三科、县视学等，与县教育会的关系较为和谐，对其活动开展表现出支持和依赖。一是经济支持。县署、市乡公所的经济补助是县及市乡教育会活动经费的重要来源，即使一些具体的活动也是如此。如会长侯鸿鉴于1914年赴日参观大正博览会和1924年作寰球旅行考察，分别得到县署及省教育厅200元及1000元的旅费补贴④，这使得参观考察活动得以顺利进行。二是委托事项。由于当时政府机构设置及官员数量总体"简略"，呈现出"跛脚"的特征，⑤地方绅士参与行政的空间较大，无锡地方教育的事务及活动，也均委托县教育会张罗操办，如设立地方教育款产经理处、开

---

① 朱有瓛、戚名琇、钱曼倩、霍益萍：《中国近代教育史资料汇编·教育行政机构及教育团体》，上海教育出版社，2007，第261页。
② 《规定学校官署行文程式》，《民国时报》（上海）1917年2月6日。
③ 《省教育行政会议定期开会》，《锡报》1921年5月21日。
④ 《推定赴日参观员》，《新无锡》1914年6月28日；《教育家赴美考察之先声》，《锡报》1924年4月3日。
⑤ 汪春劼：《地方治理变迁——基于20世纪无锡的分析》，社会科学文献出版社，2012，第70—73页。

设县立图书馆和通俗教育馆、举办全邑运动会、邀请名人开设讲座、开办讲习所等等。三是接纳、委任教育会中的重要职员充当教育行政官员。如在省层面有视学侯鸿鉴。在县一级有学务科（三科、劝学所）主任张鉴、钱孙卿、许少宣，县视学孙仲襄、张鉴，教育局局长蒋仲怀等。"举办新政，则又组织劝学所，设经董二人，由教育会公举，专掌教育行政，教育会联络城乡研究教育，图其发达。"①在市乡，多数教育会会长兼任当地的学务委员，"学务员之职务，除筹集经费及特别规画宜商承学董外，至若谋各校之进行，则宜召集各教员；至研究教育事宜，则宜商承教育会"②。如1918年，担任市乡教育会会长又兼任各市乡学务委员的有蔡樾、李榕、华振域、袁咏裳、王肬、华昌寿六人。③约占全部市乡学务委员的三分之一强。这些教育会职员出任公职，无疑密切了行政与社团的关系。

当然，政府与教育会社团也有冲突的时候。如1916年秋，会长侯鸿鉴曾多次建议县公署学务课主任钱孙卿和县署知事杨畦韭，取缔私塾，开设师范讲习所，并举行全邑联合运动会。钱孙卿表示均无法办理，理由是："经费只有此数，试问先生处之亦能为无米之炊乎？"④杨知事复函云："改良私塾，则无锡十七市乡，现有私塾几及二千所，区区一所⑤，能否普及，似不如仿从前流通师范传习所办法，周流各处，较为普及。抑天下事循名必须责实，从前简易师范渐不适于今之情形。""县属学校，小学居多。去年剧烈运动，是否适于儿童身体发育，尚待研究。"⑥对比双方的站位立点与价值指向，似乎均有足够的理由，很难讲孰对孰错。《无锡商务日报》披露侯鸿鉴又一通致函的内容如下：

吾邑县教育会会长侯君葆三，以联合运动会、师范讲习所二事，一再函请杨畦九[韭]知事，饬科筹办。杨君均以财政支绌，难以举办复之。今侯君自徐州视学返锡后，昨特函复杨县长。其函原文为："顷由徐返，接读手教。以公案牍从客，不惜多费笔墨，足征闲暇。鉴风尘劳顿，文字寸金，实无暇空言奉答也。

---

①《县知事呈报地方自治情形》，《新无锡》1917年3月16日。
②《学务员开会之离奇》，《新无锡》1914年10月3日。
③无锡县教育会：《无锡县教育会年刊》，1918年11月铅印本，《图表》第4—5页。
④《钱孙卿答侯保三书》，《新无锡》1916年10月28日。
⑤即师范讲习所。
⑥《杨知事答侯保三书》，《新无锡》1916年10月30日。

惟一邑行政长官,对于邑人建议之端,行则行,否则否,晓晓[哓哓]然掉弄笔墨胡为者。如曰欲表示公为文豪也,则燕许大文,早已喧传白下;如曰不居不肯执行之名,而欲卸责于教育会,则胡不直截了当,谓县公署不负行政之责。鉴不敏,兹再陈一言于左右:运动会则有本邑上届之历史在,其办法可照行;师范讲习所则请函催款产经理处,以定可否而已。至于地方官厅与地方士绅,自当相见以诚,士绅倚赖官厅,固为前清陋习,官厅诸事推诿,一事无成,亦岂民国前途之福,地方人民之幸也哉。"①

从侯鸿鉴来说,他代表县教育会,仅"以研究所得建议于教育官厅",完全符合当时政府对教育会职责的界定;而政府受制于资金等诸多困难,一时无法实施,也属无奈。一切均可理解。但现实是,理想的"相见以诚"与现实的"难以举办"确实很难共融,这不得不使以教育发展为己任的教育人于心不甘,并激发其对政府的不满,更何况如运动会之事,上年已经举行过,县政府本该有新年的预算安排,得不到延续,无疑是教育的倒退,这无怪乎侯会长有点忿怒。更何况,钱孙卿本身为县教育会会员,在处理该事过程中,不能偏向社团的立场,也让侯鸿鉴感到失望。

再如发生在1920年的"米粮弛禁"的争执,也能从另一个角度反映政府与教育会的关系,同时也反映县教育会与其他地方社团之间的微妙关系。无锡作为全国四大米市之一,地方米粮的进出,虽然事关包括教育会会员在内的地方百姓的生计,但更直接的是关乎米商的盈亏,县教育会作为教育社团对这样的经济问题一般是不予干涉的。但由于政府的"尊重",商人的狡诈,使得本无关系的县教育会牵涉其中。

所谓"米禁",即禁止米粮外运出无锡城,以保证市场粮食供给。整个争执的过程是这样的。1920年7月,关于米禁问题,无锡米业公所董事赵子新、陈伯贤等函致县署,"请予弛放,并附办法五条以资限制"。无锡知事王用先据函即照会县商会、县农会、劝学所、四乡公所四团体,听取意见,"核议复夺"②,并致函县教育会,听取意见。县教育会《呈复县署文》认为:"窃敝会为教育研究机关,

---

①《县教育会侯会长覆杨知事函》,《无锡商务日报》1916年11月29日。
②《弛放米禁之呈复》,《新无锡》1920年8月1日。

对于地方民食问题,平时殊少讨论。"但既然政府有问,作为担当社会责任的社会团体,县教育会"征取社会舆论及会员意见",提出自己具体的看法。①但就在县农会及县教育会尚在商议呈复时,经商会同意,米商早已于8月1日、2日两天,每天装车运出七八车,3日又有十余车,每车以四百石计算,三日内已达一万石矣。所以邑报评述:"一说者谓农、教两会,一系冷静机关,一系书生见解,米禁之弛放与否,本不能做主。是以两纸复文,毫无效力也,然则照会议复,诚多此一举矣。"②这样的局面,使县教育会及农会感到十分尴尬,似乎是被愚弄了一回。农、教两会致电县商会表达强烈不满:"惟敝会等造次,复县呈文,言之至再,充耳不闻,似觉多事,是无锡之商情如何体恤,民食如何顾虑,贵会卓识,能力过我万万,一切悉听支配,敝会等再不愿哓舌矣。"③所以有人评说:"夫农、教两会,既在核议具复之列,则其所具复文,当然有讨论之价值,乃置之若有若无之间,超过限价之米价,亦不过问,岂公然弛禁,尚有顾忌,必须迂回曲折达其目的耶。然则人心之险诈,颇难测度也矣。"④民国期间,无锡地方三大法团组织——商会、教育会、农会,最具实力和势力的当数财大气粗的商会,因此在许多时候,商会我行我素,不要说县教育会,就是县署知事也不在它的眼目中,它才是左右地方时势的真正实力派。这无疑挫伤了县教育会参与地方社会事务,尤其是经济事务的自信心。而在这次争议过程中,县署也威信扫地,充分体现了弱政府的特征。

教育会作为一个以自愿为前提的社会集合体,其与政府的关系是双向的,除了政府方面的政策安排外,总体而言,北洋时期的县教育会采取了对行政事务不干涉的态度。

例如1916年,无锡地方曾发生一些学校的举办者因经费困难,将学校用具移至典当换取费用事。有人禀报县公署,要求"取缔各典当受质校具"。但典当公所提出:"请贵县长通知城乡各校,将所有校具,一律加以特别标识,俾便认识,至标识之形式如何,应请县长颁发图样,知照敝公所,再由敝公所转知各典当,以便实行。"县公署就将此建议转知县教育会,请予以配合。4月18日,县教

---

① 《教育会对于米粮弛禁之意见》,《新无锡》1920年8月2日。
② 《米粮已实行弛禁》,《新无锡》1920年8月3日。
③ 《农教两会致商会书》,《新无锡》1920年8月5日。
④ 次公:《米粮弛禁之疑问》,《新无锡》1920年8月6日。

育会开会讨论,以为这是行政要求,教育会作为社团组织不宜出面,故议决:"应由各校自己将各种校具,加印该校之校名于其上,其式样不拘,即以某某学校之印为标准。"并函复县公署直接通知各校遵照办理。①

再比如,在无锡县立女子师范学校存废及校长任免问题上,②教育会不涉政的态度表现得更为明确与坚定。1920年3月10日,县三科主任钱孙卿召集劝学所所长、县视学及顾倬、侯鸿鉴等开会,提议下学年办法:"三科之意,拟将师范停办,所有附属小学改为县立女子高小,原有师范经费则改办补修科。"③一时反对之声轩然而起。有教员要求教育会对此事提出意见,为此,4月11日下午,无锡教育会召开临时大会,商议县立女子师范存废问题。"正会长因任县视学,为避嫌起见,由副会长主席。会员佥以该问题与本会会章抵触,该议案不能成立。"④故未予讨论。

次年5—8月,无锡地方又发生轰动一时的"县女师风波"⑤。该事件对无锡

---

①《学校校具加印校印》,《新无锡》1916年4月19日。

②1920年3月10日,无锡县署第三科主任钱孙卿、县视学张鉴、三师校长顾倬及教育会会长侯鸿鉴,在县立女子师范学校开谈话会,提议该校下学年办法,钱君主张:"拟将女子师范停办,而以附属小学改为县立女子高小,原有经费则改办补修科。"后经侯鸿鉴等据理力争,此议才罢。详见《县立女师存废问题》(《申报》1920年3月24日)等报道,学生所提即此事。

③《女师范生维持母校之往来函件》,《锡报》1920年3月23日。

④《县教育会开会纪事》,《锡报》1920年4月12日。

⑤秦同培为无锡县教育会会员。历任上海商务印书馆、中华书局、世界书局编辑,一生编纂教育著作上百种。1921年任无锡县立女子师范学校校长,师生感情融洽。5月,县公署三科主任钱孙卿确定下学年委时任泾皋女校校长顾谷绥女士继任。女师学生以为她"论其学业,则讲习科毕业,论其年龄,仅二十五岁,学问既极肤浅,众论亦所未孚,资格大为不合",而秦校长"任事未及一年","忠厚长者,学行粹然,教授更极热心,不独生等所推服,地方人士为其造就者特多",故群起反对新校长,挽留秦校长。学生以请愿、上书、发布宣言的方式,到三科、县公署,乃至省教育厅控诉,包括学生家长、县教育会、救国五七团、地方各报、全国学生联合会、省教育会、上海无锡同乡会、留日东京无锡同乡会等各机关、社团均有涉及,省视学林懿均、省议员顾彬生、县劝学所秦颂石等也卷入其中。同时坊间"喧传":钱孙卿这样的安排是出于私利,他请顾谷绥之叔父顾彬生代谋省议员职位,作为交换条件,即将顾谷绥安排到女校充任校长。又传,学生抵制是"出于校长之鼓动",还有秦校长"曾盗卖邑庙柱石,可见即无此次风潮嫌疑,已属行为卑劣,有玷师资矣,请以后勿再任用,俾免侮辱我净洁之教育界也"等传言,真假莫辨,使情况更为复杂。于是出现的局面是:学生挽留秦校长,坚决抵制新校长;三科为维持权威,坚持安排顾校长接替;县劝学所因学校乏人管理,"恐学生安全有碍",奉县长之令,通知家长领回学生,被社会理解为要关闭该校;女师学校又通知家长开会,维持学校教学,坚持办学。扑朔迷离,各执所见。邑报评论:"各趋极端,遂成一不可收拾之现象。"事件最终的结果是由省政府决定,女师范续办,秦同培去职,新校长由顾谷绥接任,而钱孙卿则"引咎辞职"。至此,事件才算平息。详见1921年6—8月《锡报》《新无锡》各报道。

教育界的冲击非常之大,事后,县视学、县劝学所所长、三科主任等多个教育行政职位均出现了人事变动:原县视学张鉴辞职,原劝学所所长秦颂石转任县视学,腾出劝学所所长一职由辞去三科主任的钱孙卿担任。江苏省教育厅第1340号指令及1550号指令下达上述任免,钱孙卿"谢三科事,自是不复问地方教育行政矣"①。虽然,这一人事变动并不是全受女师范风波事件的影响,如张鉴辞职,是因工商中学之聘,但其中钱孙卿职务的变动却完全是受此牵连的。此后几年,虽然他仍担任公益中学校长和县教育会编辑部、理事部理事,但最终退出地方教育界,出任地方商会会长。而对顾谷绥的任职,当时争议虽大,但她到任后,很快显现了出色的管理才干。邑报评价:"小娄巷县立女子师范,自顾谷绥女士接事后,对于校务进行,不遗余力,两年以来,精神形式,两方面均有特殊进步,学界人士,啧啧称道。"②可见,其办学还是获得了认可,这客观上证明钱孙卿力排众议的用人魄力。

该事件是北洋时期无锡教育界发生的影响较大的事件之一。而在此过程中,无锡教育会的反应又如何呢?

事发之初,县教育会对事件"不置可否",并未加入。后来,到6月初,学生为取得社会支持,致函人在外地的教育会会长侯鸿鉴,"请其主持公道",函中说道:

女师不幸至此,谅亦非先生所乐闻。凤仰贵会仗义扶倾,昭昭在人耳目。去岁敝校议停办时,幸得贵会毕力赞助,始克转危为安,使生等求学有所。今半途中辍,亦岂贵会扶植后进之初心,谨敢请愿于贵会诸君子前,伏乞鉴其愚诚,怜其厄运,始终成全之,无任恳悃迫切之至。肃此,敬请公安。

县教育会于6月5日召开例会,就此事开展专门讨论,"佥主向双方劝告,俾勿各趋极端"③。7月17日下午,县教育会开全体职员会,到会者15人,由会长侯鸿鉴主席。会中由侯鸿鉴报告事件如下:"女子师范学潮,前曾致函双方劝告让

---

① 陆阳主编,刘桂秋校订《钱孙卿集:孙庵年谱·孙庵私乘》,团结出版社,2016,第14页。
② 《县立女师近讯》,《锡报》1923年6月26日。
③ 《函请教育会主持公道》,《锡报》1921年6月7日。

步,勿造极端。此次林君①来锡调查,曾以私人名义咨询意见。鄙人以此事既由官厅派员澈查,自有官厅解决,他人未便过问。"②

当时,地方上也希望县教育会出面协调:"至教育会之设立,为一邑言论机关,非实行机关。当此风潮剧烈之时,是否有主持女师校长之必要,不才尚在疑问之列,敢还以质之要求主张公道者"③。而在省视学林懿均来锡视察期间,作为县教育会评议部评议员的顾倬曾设筵宴请林君,并由劝学所所长秦颂石陪座,"请林君出为调解",但顾倬是以省立第三师范校长身份出面的。④由此可见,以侯鸿鉴为代表的教育会,秉持不干涉行政的初心,在事件过程中,始终保持了身处局外的态度。

1923年,无锡教育界还发生无锡市立第八校校长尤鸣梧"因校用女仆、童养纠葛,引起外界流言"之事。无锡市学务委员蔡荫阶认为:"以此种流言,非特个人名誉攸关,且于全邑教育,大有妨碍,因特面请县教育会长侯保三,依照会章,应交调查部调查,以明真相,立予惩办,否则虽[难]以自白。"《锡报》社也接到署名"无锡全体教职员"的投稿,责问县教育会:"贵会为吾邑教育重要机关,于全邑教育事务,应负监察整理之责,固不迨言。此次锡市八校校长尤鸣梧,品行不端,劣迹昭彰,报纸喧传,丑声四播,几将为其玷污全邑教育,迄今未闻贵会出面切实调查,严加整顿,维持风化,……"⑤于是,县教育会召集常会,经到会会员讨论,多数之主张:"以来信并未署名,且本邑学界向无教职员会之团体,认为匿名函件,无调查之价值。况本会调查部,原为调查教育而设,个人私德,自有教育行政方面为之处置。"⑥作出了不予调查的决定。地方人士也认为:"县教育会以研究教育,与教育行政绝不相关,未允调查,惟既为行政范围内事,理应函请钧署鉴核委任县视学员秉公详查,以明真相,而维学风。"⑦

所以,正如侯鸿鉴在给杨畦韭知事的信函中所说的:"敝会居于代表教育同

---

① 即省视学林懿均。此时他正在无锡视学,曾建议派新旧校长之外的第三人出任校长来化解矛盾。
② 《县教育会开会纪事》,《新无锡》1921年7月18日。
③ 一鸣:《县女师解散问题》,《锡报》1921年6月22日。
④ 《省视学对女校校长之意见》,《锡报》1921年6月16日。
⑤ 《攻讦市八校长之面面观》,《锡报》1923年4月26日。
⑥ 《学董对于市八校长嫌疑之主张》,《锡报》1923年5月17日。
⑦ 《薛学董维持学风》,《新无锡》1923年5月17日。

人立言地位","敝会同人居于帮忙地位"。①以侯鸿鉴为代表的县教育会,在应对政府事务的过程中,依据章程,保持相对的低调,甚至在如商会、农会,乃至救火会等团体面前,也并不打算充当领头,"若说侯保三敢去干涉教育行政,真是吓煞吓煞,不过随商团公会及救火联合会两公团之后,做一个摇旗呐喊的小卒而已"②。相比较而言,无论在广度和深度上,教育会对教育行政的参与程度要远逊于其在教育专业领域的介入。

二、县教育会与省教育会:独立而疏离

无锡教育会在对外开展活动的过程中,也保持了相对的独立性。按理来讲,无锡教育会创办之初就是江苏教育会重要的下属支部,之后按照民国教育部公布的规程规定,"各教育会得互为联络,不相统辖",保持较为密切的关系,时常联络,当在情理之中。但从资料来看,无锡教育会与江苏教育会的联系却并不多。其表现在三个方面:

一是会员发展少。查阅江苏教育会的会员名册,无锡籍会员人数寥寥。在清末有顾倬、秦毓钧等人。在民国初年(1912—1915年)江苏教育会发展的新会员名单中,无锡人有4人:1913年5—7月间发展的胡敦复,此时,他在上海创办的大同学院任院长,住址是上海西门外大吉里第十八九号,介绍人是黄炎培、吴家煦;③1914年8月间发展的有陈寅(协恭)、沈鲁玉,当时他俩也在上海中华书局编辑所工作,介绍人是沈颐;另有蔡文森,时在苏州省立医学专门学校任校长,介绍人是黄炎培、杨鼎复。④由此看来,他们均是在异地从事文教工作而被介绍入会的,与无锡教育会有无推荐似乎没有关系。江苏省教育会于1924年8月20日召开第二十次大会,无锡出席会员为戴晓孚、华享平两人,并有议案一件:"请会函教育厅,令各县学区设区立教育会,并扩充原有教育会经费案","由评议会交议,经大会通过"⑤。另外,在1913—1914年间,无锡上报担任江苏省

---

①《县教育会长覆县知事书》,《新无锡》1916年11月9日。
②《两团体纪念会志盛》(续),《新无锡》1921年11月8日。
③《会报》,《教育研究》1914年8月10日第14期。
④《会报》,《教育研究》1914年9月10日第15期。
⑤《出席省教育会消息》,《新无锡》1924年8月23日。

教育会评议员的有蔡文森(松如)、裘廷梁(葆良)、丁宝书(芸轩)、杨鼎复,①虽均为无锡教育会会员,但并未见其承担相关省教育会事务的报道。同时,资料中记载,倒有作为江苏教育会的无锡会员,如顾倬、秦毓钧、蔡文森等,介绍非无锡籍的人入会的记载。由此估计,历年无锡籍的会员总数当在十名上下。

二是会务联系少。考察江苏教育会和无锡教育会的会务活动,两个团体的直接联系并不多。所见江苏教育会《会报》记载:在1914年10月9日江苏教育会召开干事常会,通报无锡教育会函复办理研究会情形一事。②1913年9月26日召开干事员常会,主持人沈信卿在报告中提到,无锡教育会曾向该会函询基本金及省款补助情形。③从无锡地方报纸上江苏教育会与无锡教育会的联系报道来看,两社团多为非责任性联系而少有实质性交集。如1917年,2月有函为松坡图书馆募捐,④6月有函建议无锡教育会组织教师及学生到省立第一工业学校学习木工,⑤7月有函征集参加童子军研究会大会⑥,等等。江苏教育会在《教育研究》第21期上刊有《本省县市乡教育会一览表》,其中没有收录无锡的情况,该文附注"仅就本会得有报告者列入"。⑦可见,当时无锡教育会连自己社团的一些基本调查情况也不予通报。在民国初年,两社团的日常联系,可能仅是杂志的交流,无锡教育会定期会将自编的杂志邮寄江苏教育会,例如:1913年2月7日江苏教育会召开的干事员常会上,主席王同愈向与会的成员通报"无锡县教育会寄到《无锡教育杂志》第一期一册"之事;⑧1916年9月26日江苏教育会召开干事员常会,由沈信卿主持,报告"无锡县教育会寄到第二期杂志一册";⑨1914年10月9日江苏教育会召开干事员常会,通报10月收到"无锡县教育会第四期《教育杂志》一册"。⑩资料显示,江苏教育会直接给无锡教育会的函信,一

---

① 《会报》,《教育研究》1913年11月10日第7期;《会报》,《教育研究》1914年9月10日第15期。
② 《会报》,《教育研究》1914年11月10日第17期。
③ 《会报》,《教育研究》1913年10月10日第6期。
④ 《松坡图书馆募捐函牍》,《无锡商务日报》1917年2月14日。
⑤ 《关于职业教育之函件》,《锡报》1917年6月6日。
⑥ 《童子军研究会延长时间》,《申报》1917年7月6日。
⑦ 《文牍·本省县市乡教育会一览表》,《教育研究》1915年3月10日第21期。
⑧ 《会报》,《教育研究》1913年5月10日第1期。该刊物将《无锡教育杂志》第一期出版时间作"元年三、四月份",误。
⑨ 《会报》,《教育研究》1913年10月10日第6期。
⑩ 《会报》,《教育研究》1914年11月10日第17期。

般也仅是普发的通函,如 1926 年 2 月,无锡教育会"接江苏省教育会通函,请联合地方公团,组织调查团查勘烟苗"。①

三是省教育会直接联系地方县劝学所、学校。江苏教育会开展会务,如涉及无锡地方教育诸事,其一般是与无锡县劝学所联系,请其协调配合,不与县教育会直接沟通。如 1920 年 6 月,省教育会拟"举行小学校图画、手工成绩展览会",为征集展览物品函无锡劝学所。②1921 年初,江苏教育会建议"提倡小图书馆""民治教育设施标准""学生自治纲要案"3 案,也是函送无锡县劝学所所长秦颂石,再由该所"转饬全县各校共同进行,以收良好之效果"。③1923 年 3 月,筹募俄赈④等事均是直接函告无锡劝学所,请其在无锡张罗。有时也直接函致县视学。当然,还有许多事项是江苏教育会直接与相关学校联系的,如筹办远东运动会,致函无锡三师、代用女子中学、私立公益工商中学、无锡中学、辅仁中学等。⑤又如关于"统一国语问题",函致无锡城区各校。⑥

在民国初年,江苏教育会与无锡教育会各领风骚,是在江苏抑或全国颇有影响的教育社团,但之间少有交集。这既是政府不相"统辖"意志的体现,更是当时社团关系的普遍事实。

三、教育会与地方事务:时有介入

无锡教育会在地方事务处理中,时有介入,时有表现。

(一)贡献于两馆一场

民国初年,县立图书馆、县立通俗教育馆的建立及体育场的开辟,是地方文化的标志性工程,在其筹备、建筑开幕和运作过程中,县教育会扮演了倡导者和实施者的角色。

---

① 《函请联合查勘烟苗》,《无锡新闻》1926 年 2 月 7 日。
② 《展览会征集物品》,《新无锡》1920 年 6 月 25 日。
③ 《关于教育之两要案》,《新无锡》1921 年 2 月 24 日。
④ 《省教育会函请筹募俄赈》,《锡报》1922 年 3 月 19 日。
⑤ 《组织运动统一会之先声》,《新无锡》1921 年 5 月 25 日。
⑥ 《省教育会推行国语》,《锡报》1922 年 9 月 17 日。

无锡县立图书馆筹建于1913年，地点在城中崇安寺旧址，主体建筑为中西合璧五层，主楼为钟楼，是民国期间无锡最高的地标建筑，1915年1月1日开馆，"收集图书共计四千一百余种，一万六千余册，又购定古今图书集成一部"。[1]关于无锡县立图书馆的筹建历史，《无锡日报》曾有相关报道："吾邑于光复以来，有常州盛姓，将当股数万元捐助吾邑为兴办公益事宜，即由秦琢如（玉书）、顾述之两君将此项款项，提议建筑图书馆，以嘉惠吾邑青年学子。"[2]实际上，倡议者还有丁宝书、蔡文森、侯鸿鉴、曹铨、黄龙骧、秦振镐、陶达三等，全是教育会会员。[3]并且由侯鸿鉴出任首任馆董之职，自1914年4月起直至1921年10月止，[4]他艰辛开创，苦心经营，成绩斐然，使图书馆成为无锡的文化中心。

无锡县立通俗教育馆也是在教育会侯鸿鉴等人的倡导下筹建的。地方报纸曾有报道："吾邑教育事业，除县立市立各学校力图发展外，有图书馆等之建筑，惟通俗教育馆则尚付缺如。日前，图书馆经董侯葆三君，拟于公园西偏隙地，向市公所借用建筑通俗教育馆"。[5]该提议后因用地问题曾暂搁。1916年9月24日，县教育会召开特别会，讨论解决通俗教育馆建设用地问题："先前本拟定向市公所租借公园西面建筑通俗教育馆，而该会一部分会员以公园西面地址较僻，不甚相宜，与其向市公所租借该地，无宁租借该会后面隙地建筑较为便利。讨论后议决：该会后面隙地租与通俗教育馆建筑。"[6]可见，是教育会提供了自有的土地，最终解决了馆所用地困难。1917年1月县立通俗教育馆开馆之后，成为地方开展社会教育的重要场所，也成为教育会开展活动的重要基地。馆内设博物、演讲两部。博物部包括天文、地理、历史、理化等部，展出各类标本、物品1300多件。演讲部利用门前露天讲台，不定期举办专题讲座，演讲者有国内、国际知名学者，听讲者除本县民众外，还有来自全国各地的民众教育工作者，截至1927年，创办10年的县立通俗教育馆共举办专题演讲982场，听众合计20.85万人次，有力地推动了民众教育的开展。其历任馆长均为县教育会

---

[1]《图书馆之部覆》，《新无锡》1915年5月11日。
[2]《图书馆将开周年纪念会》，《无锡日报》1915年12月30日。
[3]秦玉书：《无锡县立图书馆汇刊》，1920年6月，第1页。
[4]《侯保三覆投函诸君书》，《新无锡》1925年6月20日。
[5]《建筑通俗教育馆之筹议》，《无锡日报》1916年8月4日。
[6]《县教育会特别会纪闻》，《无锡日报》1916年9月25日。

会员,如侯鸿鉴、孙仲襄、杨锡类等,①还编有《无锡县立通俗教育馆汇刊》等刊物。

利用通俗教育馆的舞台,县教育会持续组织演讲活动,"每逢星期,例必宣讲",而"听讲者甚形踊跃"。②如1917年新年正月开幕之日,请顾型、钱孙卿、俞丹石等演讲,开幕当日下午到听众、观众达1800余人。③之后一两月,县教育会会员中参与演讲者有孙寅宾、黄蔚如、华景奭、周渠清、过探先、汤忠谟、钱孙卿、周盘士、顾型、孙仲襄、秦执中、顾子静、邹同一、侯鸿鉴、顾彬生、孙北萱、卫质文等。④1919年2月新年,正逢无锡县立通俗教育馆开馆两年纪念,"兹闻自阴历元旦至昨日止,六日之内至该馆游览者,共有四千五百余人"。除初一因积雪阻碍,未能演讲,经董孙仲襄每日下午均有请人演讲。初二黄蔚如讲"欧战后之国民"、薛望曾讲"共和国民应尽之天职";初三邹同一讲"成家立业之道";初四钱孙卿讲"发财浅说"、杨四箴讲"辟除迷信";初五侯鸿鉴讲"台湾隶日后之现状";初六李康复讲"欧战媾和与中国之关系"。每天听众不下300人。⑤初八侯鸿鉴讲"闽南战事与实业"、秦执中讲"吾邑亟应兴革之事项";初九、初十雨雪,停讲;十一日孙小荃讲"迷信与公益";十二日周渠清讲"人体消化系之卫生"、王炳简讲"蚊蝇之害及绝除法";十三日天雨未讲;十四日蔡栽涵讲"无形之食物"、薛望曾讲"吾邑社会风俗之刍议";十五、十六日卫质文连讲"卫生要旨"。每日听众超过200人,盛况空前。⑥

无锡县立公共体育场,以西门外大仓余地为场所,由县教育会会长孙仲襄、副会长孙保鉴为经董,薛明剑任筹备员,实际是由教育会代为筹建,建设资金2000元由县署拨付。⑦1918年10月18日,公共体育场开幕,薛明剑任场长。⑧翌日,全县联合运动会召开。这样,无锡第一次有了一处县级的运动场所,之

---

① 1927年后改名民众教育馆,馆长先后由芮麟、谢树屏、范望湖等担任。
② 《通俗教育馆之宣讲》,《锡报》1917年9月24日。
③ 《通俗教育馆开幕补志》,《新无锡》1917年1月27日。
④ 参见《新无锡》1917年1月29、31日,2月2、5、8日各期报道。
⑤ 《通俗教育馆之新年状况》,《新无锡》1919年2月7日。
⑥ 《通俗教育馆近况续志》,《新无锡》1919年2月17日。
⑦ 《筹备公共体育场之近讯》,《新无锡》1918年8月10日。
⑧ 薛明剑:《五五纪事》,载无锡市史志办公室编《薛明剑文集》上册,当代中国出版社,2005,第19—20页。

后,历年县联合运动会及各学校运动会均在此举行,大大推动了地方体育事业的发展。

(二)开办露天学校和平民学校

1920年,为弥补学校教育资源的不足,县教育会曾呈请县署,"建议于本邑繁盛之区多设露天学校"。该建议获得了县署的支持,明确由教育会承办,并训令各学务委员"遵照办理",请警察所维护秩序。①教育会还制订《露天学校暂行规则》,以便于规范推进。②为了方便就学,县教育会在城中分设中、东、南3个区,分别明确秦执中、周渠清、秦冰臣为主任。其中东区共设4校,地点在靖海门外、光复门外及西村里茅篷居户较多之地,分四星期进行,任课教员以国语口音教授,教材资料由周渠清统一选配,另由侯鸿鉴、秦执中分发通俗教育画片,以提高趣味。③为此地方评论:"露天学校,诚当今切要之图也!"④

1924年,无锡县署奉教育厅训令,举办平民教育,定全县17市乡各举办1所,另由县知事在警察所范围内举办1所,县教育局举办1所,侯鸿鉴在代用女子中学举办女子平民学校1所,共办学校20所,经费从县教育费项下拨用⑤,并通过了《平民学校简章》《平民学校招生简例》《平民教育研究会简章》等文件。⑥在开会讨论办理经费筹措时,县署冯知事感到原教育经费均有安排,资金筹措无门,很是为难。后来,还是县教育局局长蒋仲怀出主意,"主张在杨(畦韭)前知事任内,有某种罚款项下银五百元,曾列入县教育经费,拟将此款拨用"⑦,这才解决问题。《平民学校简章》中提出的办学宗旨是:"为补助义务教育之不及,在最短时间中,以普及平民常识为旨。"⑧该类学校招收15岁以上失学之人,"凡属不识一字,均是合格学生","认真学满五月,便得毕业文凭"。从开办的情况看,这一

---

① 《颂[颁]发露天学校规章》,《新无锡》1920年11月28日。
② 《颁发露天学校规章》(二),《新无锡》1920年11月29日。
③ 《东区露天学校之会议》,《新无锡》1921年10月28日。
④ 次公:《露天学校》,《新无锡》1920年11月29日。
⑤ 《平民学校之招生韵示》,《新无锡》1924年2月21日。
⑥ 《平民教育会议》,《苏民报》(无锡)1924年2月11日。
⑦ 《举办平民教育会议纪》,《新无锡》1923年12月7日。
⑧ 《平民教育会议》,《苏民报》(无锡)1924年2月11日。

办学形式受到民众欢迎。如新安的平民学校:"学校自开课至今,《平民千字课本》第一册业已教授完毕。学生兴味甚浓。"①怀下、天上、北上等市乡因求学人数太多,"添设第二教室"。②开化乡添办第二、第三学校。③但由于教员职务与义务很难持久兼顾,所以不久平民学校就停办了。平民学校的办理,均是依托原有学校、原有教员进行的,其中县教育会会员是参与的重要力量。《平民教育研究会简章》中明确:县及市乡教育会正副会长均是组织研究会的重要成员,讨论制定方案时,县教育会正副会长侯鸿鉴、秦执中,县视学秦颂石,通俗教育馆馆长秦有成,县立高小学校校长辛柏森、乙种实业学校校长邹同一,市立第一国民学校校长陶达三,还有李康复、吴士枚等教育会的会员均参与了。④该活动虽由县教育局牵头组织,但实际由县教育会承办,显示地方教育行政当局在教育、教学上对县教育会的倚重。

另外,县教育会还参与其他一些地方活动,如1921年参与筹备苏社在无锡召开的年会⑤,1923年支持无锡开设商埠⑥,1924年提议将漕粮特税划归地方兴办义务教育⑦,等等。总体来看,县教育会参与地方事务以教育为主,对参与其他的活动以附议为主。

四、运动与事变中的教育会:倡导与附和

北洋时期是一个多事动荡的时代,在国家层面,如五四运动、五卅运动均是席卷全国的大事件;从地方上看,1924年的军阀"围城"也是空前的劫难。无锡教育会在此期间也有所表现。

北洋时期,对无锡地方社会影响最大的组织有县教育会、市公所、四乡公所、县商会、县农会、县款产经理处等6个公团,它们在不同的运动和事件中的

---

① 《新安乡平民学校之近况》,《新无锡》1924年3月1日。
② 《平民学校消息汇志》,《新无锡》1924年3月8日。
③ 《开化乡平民学校近闻》,《新无锡》1924年3月14日。
④ 《平民教会会议》,《苏民报》(无锡)1924年2月11日。
⑤ 《招待苏社筹备会》,《申报》1921年3月8日。
⑥ 《无锡商埠局征求划界意见》,《新无锡》1923年8月6日。
⑦ 《纪教育会改选职员》,《锡报》1924年8月25日。

表现是不一样的,至少县教育会与它们是有差异的。

五四运动爆发波及无锡后,1919年4月7日,县教育会致电省教育会,表达对"解散大学之议"的反对,希望该会出面调解。①这是难得读到的县教育会与省教育会的电文。4月8日,县教育会偕县农会再电呈北洋政府,要求释放被捕学生。②6月初,教育会会员秦执中、孙保鉴、孙伦鉴、徐荃、陶达三、秦金鉴、陶大杰、庄荫梧、吴廷枢、李湘、吴骎溥、胡桐荪等,基于"报载京津学生表示救国举动反被拘禁有千余人之多,且酷刑镣铐,断绝饮食,诸生性命危在旦夕",致函会长张鉴,"环求执事可否定期召集本会全体会员开特别大会,商榷营救方法"。③这些表现了县教育会对国事与学生的关心。在1925年上海五卅运动爆发后,县教育会会长侯鸿鉴认为"此项事件关系国体,未便漠视",联合县议参两会、县教育局、商会、农会等无锡地方公团,电致上海各报馆、北京外交部等,"急请严重交涉,以平众愤"。④

在抵制外敌的过程中,商会看到的是商机,教育会担忧的是学校的秩序与学生的安全。在上述运动中,不少担任校长的县及市乡教育会会员,均以学校的名义表明态度。1919年5月8日,由崇安寺第一国民学校校长陶达三发起,邀集县立一高校长朱镜澄、县立二高校长辛柏森、三师附属小学主事唐闰生、县立乙种实业学校校长秦同培,在县教育会开会讨论纪念方式。会后组织学生上街游行,各执白旗,上书"头可断,青岛不可失""卖国贼""取消密约""国耻纪念"字样,并印刷白话体文字及图画沿街分送。⑤同时,侯鸿鉴以竞志女学校"全校职员三十三人、学生四百十一人"的名义也致电上海各报馆转北京执政府外交部、教育部、农商部,南京宣抚使、省长、教育厅厅长、实业厅厅长、上海交涉使、总商会、省教育会等,⑥表达对当政处理学生的不满。

但县教育会作为地方教育社团,其表现是矛盾的。其既要代表师生表达对北洋政府丧权辱国的不满,又要维持无锡学校教育秩序。在五四运动中,县公

---

①《县教育会致省教育会电》,《新无锡》1919年5月8日。
②《教育会、农会之电请》,《新无锡》1919年6月9日。
③《教育会员致会长函》,《锡报》1919年6月7日。
④《上海流血惨案之公愤》(一),《新无锡》1925年6月2日。
⑤《学界不忘国耻》,《新无锡》1919年5月9日;《学界不忘国耻》(续),《新无锡》1919年5月10日。
⑥《侯保三虞电》,《新无锡》1925年6月8日。

署曾发布《布告阖邑各界人民爱国当守纪律免妨秩序以维治安文》[①],基本态度是:"不逆潮流,不扰秩序。"[②]5月11日,无锡各界五六千人在西门外公共体育场集会,组织国民大会,"到会者以商民居多",学界也有不少人参加,但县教育会正副会长张鉴、孙仲襄及各部长均没有出面,仅有陶达三、秦执中等参加该会担任干事。[③]所以有记者评议:"此次国民大会之传单,署名为发起人者颇多。吾邑有名人物不意开会之时不见一人。"[④]后来商人罢市后,商会派出了商团维护秩序;学校罢课后,县教育会于8日晚十时,邀集各学校童子军团团长开紧急会议,议决于9日起,由各团童子军先派116人维持秩序。[⑤]

在五卅运动爆发后,地方由时任无锡市董事会总董钱孙卿邀集各公团领袖、各中等学校校长、县市教育领袖暨行政长官、警务局局长、各报馆主任等,召开紧急临时联席会议,以商应付之策。县教育会正副会长侯鸿鉴、秦执中会同县教育局局长蒋仲怀,召集任校长的会员开会,提出:"(一)不罢课。(二)各校教员、学生协作对外,为文字之宣传,暂勿游行演讲。(三)由到会各校具名发布通电。"[⑥]6月2日,无锡各界组织成立"英日外人惨杀同胞无锡后援会",县教育会将自己的会所提供给后援会作为活动场所。[⑦]6月30日,后援会在县教育会会所楼上举行五卅烈士追悼会,参加会议的各界人士有500余人,其中县教育会正副会长侯鸿鉴、秦执中亲自参加,另有教育会会员县一校校长孙克民、县二校校长辛柏森、县女师主任李康复、市一校校长陶达三等参加该会议。[⑧]这一群体性的态度,与县商会、市董事会等只派次要代表人物参加,形成了鲜明对比。[⑨]但对学生上街游行等过激行为,以侯鸿鉴为代表的教育会成员坚决反对。当时担任辅仁中学学生主席的诸祖荫后来回忆:

[①]钱基厚、杨梦龄等:《无锡防弭学潮存牍》,1919年7月铅印本,第1页。
[②]《学生罢课救国纪》,《新无锡》1919年6月7日。
[③]《纪昨日之国民大会》,《新无锡》1919年5月12日。
[④]楚孙:《异哉发起人》,《新无锡》1919年5月13日。
[⑤]《商界罢市后之教育会议》,《新无锡》1919年6月9日。
[⑥]《上海流血惨剧之公愤》(二),《新无锡》1925年6月3日。
[⑦]《抵制仇货之进行》(十二),《新无锡》1925年7月4日。
[⑧]《五卅殉难烈士追悼会纪事》,《锡报》1925年7月1日。
[⑨]诸祖荫口述,钱钟汉整理:《无锡人民声援"五卅"运动亲历记》,载《无锡文史资料》第12辑,第6页。该文中记载,开会地点在江苏省立第三师范和参加会议人数为300多人的记载有误。

我是到竞志女学去联系的,未遇到学生会负责同学,由校长侯葆三接见。他在问知我的来意后就断然声称:"游行无道理。"反对派学生代表参加明天的会议。最后又表示:"内地情形与通商大埠不同。此事须俟与县女师一起研究后再行决定。"①

侯鸿鉴主张"对于此事,在无锡方面不必为逾分之活动,多滋纷扰,只可为文字上之援助"。②

总体来说,在运动到来之时,无论是组织推动机构还是外出宣传,县教育会并不是最激进的。后援会是由辅仁中学等十二校及锡社、无锡协会、五七团三团体发起组织的,③宣讲"以锡社、五七团、第三师范、辅仁中学等最为热烈",④就在教育界的参与度而言,县教育会作为地方具有较大影响的社团,其作用是有限的。在社会运动波及学校的时候,尤其在学生行动卷入其间的过程中,以校长和教员为主体的县教育会在表达情绪与意愿的前提下,更多的是顾虑学校教学秩序的安定,学生人身的安全。正如顾倬在给省教育厅厅长的信中所说:"今日多一呼号救国之学生,即后日少一担当国事之俊杰。"⑤这道出他们处理学潮的价值观。

在1925年初,对于无锡面临兵燹的危局,县教育会为了维护地方的和平稳定,表现出坚定的态度。

北洋政府统治时期,军阀混战,1924年,两次江浙战争,战火波及无锡。并不像地方商会拥有商团武装力量,县教育会为书生文人组织,应付军阀混战并非其长,但面临破城兵燹的灾难,教育会挺身而出,会同地方各公团,积极自救,挽狂澜于既倒,扶大厦之将倾,正如薛明剑所书:"慷慨守城胆气豪,邑中壮健剧贤劳。披霜履雪身无顾,力保危城不受骚。"⑥

在1925年1月新年到来之前的围城中,侯鸿鉴"在竞志校中,登百一楼,启

---

① 诸祖荫口述,钱钟汉整理:《无锡人民声援"五卅"运动亲历记》,载《无锡文史资料》第12辑,第3页。
② 《上海流血惨剧之公愤》,《新无锡》1925年6月2日。
③ 《辅仁中学等十二校及三团体成立后援会》,《申报》1925年6月4日。
④ 《各团体连日宣传沪案真相》,《新无锡》1925年6月10日。
⑤ 《江苏第三师范校校长上教育厅长书》,《申报》1920年4月23日。
⑥ 薛明剑:《五五纪年》,载无锡市史志办公室编《薛明剑文集》上册,当代中国出版社,2005,第30页。

北户,遥望北城之外,火势猛烈,黑烟上冲,但闻人声枪声,呼号擘拍,虽惨不忍睹,然踩蹬往返,终夜不寐"。侯鸿鉴认为"鉴既为围城中之一人,且为教育会之代表,当呼号奔走,亦尝躬预其间"①。这均代表教育会同人与城邑同命运共呼吸的心迹。在该次危局中,教育会的参与主要体现在三个方面:

第一,组织临时机构,参与应急协调。1924年8月24日下午,侯鸿鉴及秦执中代表县教育会会同县议会、商会、农会等6家地方公团召开联席会议,组织无锡地方和平公会。②1925年1月18日,在兵临城下最危急的时候,县教育会代表侯鸿鉴、秦执中会同地方县议会、县参事会、县商会、县农会、商团公会、四乡公所等十家地方公团组成临时决策机关,参与危机处理决策的全过程。③在事后的应对过程中,县教育会参与了众多事务的具体处理。如顾倬"虑城中粮食不足,托粮食公会调查城中各米店所存米粮,并由公会明定米价以八元至八元五角为度,不准居奇",使围城中的粮食问题早有筹划。而陶达三参与组织自卫团的军事工作,被推举为稽查主任,以防团员"疏误",并发挥积极作用。④此间,作为县教育会代表的侯鸿鉴参与与各军阀的迎来送往、讨价还价的应酬。⑤1925年1月下旬,第三十二旅进驻无锡,县教育会会同县教育局、县第三科、县视学、无锡市教育会、国学专修馆、省立第三师范、竞志代用女中、县立女师及商业、一高、二高、实业中学、无锡中学、公益中学、辅仁中学等,在三师设茶点,欢迎毕莘舫旅长,会上由侯鸿鉴代表致欢迎词,⑥希望部队保护地方。

第二,通电呼吁,维护地方。1925年1月31日,侯鸿鉴、顾倬会同唐文治(号蔚芝)等通电卢宣抚、韩省长:"声明锡地被灾,金融断绝,请求免筹军饷,拨款赈济,以拯灾黎。"⑦在战事平息后,"因此次兵灾,以锡澄两邑受灾最重,虽有省署指拨各款及其他善捐赈费等项,但杯水车薪,尚觉无济于事",侯鸿鉴率县教育会顾倬、秦执中、孙保鉴、邹同一、辛柏森、荣鄂生、李继曾等,又联合邑绅唐文

---

① 侯鸿鉴:《无锡兵灾记》,1925年5月,第8、4页。
② 《苏浙战谣中之邑闻》(四),《新无锡》1924年8月25日。
③ 侯鸿鉴:《无锡兵灾记》,1925年5月,第6页。
④ 薛明剑:《兵燹记》,载《无锡杂志·军事号》,1925年11月,第4、8页。
⑤ 冯天农:《无锡战史》,五大印务局,1925,第32页。
⑥ 《三师范茶话会纪事》,《新无锡》1925年1月24日。
⑦ 薛明剑:《兵燹记》,载《无锡杂志·军事号》,1925年11月,第13页。

治、钱孙卿、蔡兼三、钱镜生、陈湛如、高映川、胡一修、吴侍梅、尤叔荃、华少纯、孙彪香、秦耐铭等多人，认为"欲求普及灾民，莫若改办工振"，特联名呈请韩省长暨赈务处，"主张拨付振款，建筑澄锡马路"，①他们还"电致《申报》转各报馆及旅沪京津宁汉诸同乡，请求赞助"②。

第三，提供活动场地、帮助筹措经费。教育会会所因地处县城中心闹市区，交通方便，故多次提供为活动中心，城区士绅会议、各社团联系会议、市民会议等活动均在会所召开。在经费筹措上也尽绵薄之力。③最初，县教育会为了筹款解决军阀讨索军饷，提供信誉担保。1925年1月18日，县教育会代表侯鸿鉴、秦执中会同地方县议会、县参事会、县商会、县农会等九家地方公团"出立借据，……向中国、交通、江苏、上海、中南五银行借银五万元，为临时军费及防务经费"。④后来，为弥补这一非常时期的缺额，地方印制"国税预借券"，教育会分摊1000元。虽然侯鸿鉴也认为："夫教育会为教育研究机关，今日乃为分销军饷借款之地，诚自有教育会以来所罕闻者。"但事出无奈，县教育会"即日召开职员会，商量如何分任销借方法"。众多职员积极响应，蒋仲怀以教育局名义认50元，私人认20元；孙保鉴、辛柏森、许棫等各认25元，顾鸿志、秦颂石等各募集百元，其他会员特分任多少不等。经过5天的拼凑，终于完成任务。深知书生两袖清风的钱孙卿感叹云："此千元当作万元观也！"⑤

在这次围城过程中，无锡虽然遭遇了空前的浩劫，但通过地方人士的携手努力，无锡城区还是完整地保留了下来，几十年近代化的成果得以幸存。事后，地方有人编纂《无锡战史》，内列"保城有功"人员照片，无锡教育会会长侯鸿鉴名列其中。这既是对他个人，更是对他所领导的县教育会所作贡献的充分肯定。

运动与事件一般会对国家或地方造成重大影响，所以，学者喜欢关注人物或社团、组织在其中的表现，以判断其性质、立场、态度等。但实际上，历史并不这么简单，从上述内容可知，县教育会在各类运动与事件中，其表现是多面的，

---

① 《办理工振之一举两得》，《新无锡》1925年3月28日。
② 《工振筑路之积极进行》，《新无锡》1925年3月30日。
③ 李毓珍：《甲子秋季江浙初战梁溪风鹤记》，载《无锡杂志·军事号》，1925年11月，第甲5、6页。
④ 薛明剑：《兵燹记》，载《无锡杂志·军事号》，1925年11月，第1—2页。
⑤ 侯鸿鉴：《无锡兵灾记》，1925年5月，第52—56页。

时而激进,时而退缩。其进,有它进的价值选择;其退,也自有其退的理由。这些表现正是北洋政府时期无锡教育会作为一个社会团体的真实展示。

第四节　市乡教育会

费孝通曾说过:"从基层上看去,中国社会是乡土性的。"①与此相类似,梁漱溟也说过:原来中国社会是以乡土为基础,并以乡村为主体的。②这均说明乡村在中国社会系统中有着至关重要的地位。进入民国以后,教育会作为一个社会团体获得了向社会基础延伸的许可,教育部公布的《教育会规程》在"总则"第二条中按区域把教育会分为省、县、城镇乡教育会三种,并规定:"以上各教育会得互为联络,不相统辖。"③因此,教育会社团不仅在县一级得到发展壮大,也向广大乡镇作了延伸。其间,无锡各市乡均先后建立教育会。从实际情况看,县与市乡教育会会员身份多有重叠,尤其是市乡教育会的负责人几乎均为县教育会的会员,不少人还兼任了县教育会职员和市乡学务委员。④所以,分析市乡教育会,为我们全面深入了解县域教育会提供了一个新的视角。

一、基本概况:乡域社团

民国初年,无锡县的行政架构延续了清末的设置,按人口的多少,分作市与乡两类,人口满5万设市,不满5万为乡。到南京国民政府时期,虽统改为"区",但地方仍习惯以某市、某乡相称。当时,无锡有5市12乡,简称17市乡,而其中无锡市相当于传统的城区。

---

① 费孝通:《乡土中国》,世纪出版集团、上海人民出版社,2007,第6页。
② 梁漱溟:《乡村建设理论》,商务印书馆,2015,第10页。
③ 教育部:《公布教育会规程》(1912年9月6日),载朱有瓛、戚名琇、钱曼倩、霍益萍:《中国近代教育史资料汇编·教育行政机构及教育团体》,上海教育出版社,2007,第260—261页。
④ 如1918年:市乡教育会会长兼学务委员的有蔡樾、李榕、华振域、袁咏裳、王眩、华昌寿等六人;兼县教育会评议员的有糜赞治、孙伦鉴、蒋仲怀、庄荫梧、王眩五人,兼调查员的有华国钧,兼治事部书记的有袁咏裳等。参见无锡县教育会:《无锡县教育会年刊》,1918年11月铅印本,《图表》第1、3页。

民国元年,在无锡城乡新学堂任教的教员人数已超过600人,这为市乡教育会的成立创造了有利条件。

表2-13 无锡县各市乡学校及教员数量统计表(1912年5月)

市乡名称	学校数量/所	教员数量/人
无锡市	38	262
景云市	3	11
扬名乡	5	14
开原乡	10	31
天上乡	12	39
天下乡	9	29
怀上乡	10	38
怀下乡	6	27
北上乡	2	4
北下乡	7	22
南延乡	9	44
泰伯市	4	17
新安乡	7	14
开化乡	8	22
青城市	11	33
万安市	7	24
富安乡	2	6
合计	150	637

资料来源:根据《元年第一学期无锡各学校一览表》资料统计,参见无锡教育会编《无锡教育杂志》1913年1月第1期,第257—268页。

无锡最早的市乡教育会成立于1912年,这一年共有7个市乡先后建立教育会。在之后的1913年和1914年分别建立了5个和3个,3年间共计成立了15个,从而形成了市乡普遍建立有教育会的格局。各市乡成立的教育会均以地域名称命名。到1924年,由于市乡统一改作区,为此,江苏省教育厅下发指令,市乡教育会统一改名为区教育会,无锡县各市乡教育会也以此相应更名[①]。

[①] 参见1924年3月18日《苏民报》(无锡)所刊《厅令改组市乡教育会》江苏省教育厅训令第560号指令:"本届省教育行政会议,议决各县市乡教育会,应改组区教育会案,经教育厅呈请省署核示,嗣奉省长指令教育厅,令县遵照办理。"1924年3月6日,无锡县公署接令后,即遵照实施。

第二章　北洋政府时期的无锡教育会(1912—1927年)

表2-14　无锡县各市乡教育会情况一览表(1912—1926年)①

市乡名称	历任会长	地址	成立时间	备注
万安市	张耀中、孙保鉴、孙伦鉴、孙莘农	石塘湾	1912年2月	
开原乡	蒋仲怀、吴士枚	河埒口	1912年5月5日	
无锡市	钱孙卿、蔡荫阶、孙仲襄、陶达三、秦执中	崇安寺	1912年7月24日	
南延乡	华澄波、华振域、华衡卿、蔡子和	荡口	1912年8月5日	
青城市	糜赞治、唐栋如、殷涤新	大墩	1912年8月	
富安乡	朱祖烈、周克近	新渎桥	1912年11月	一说成立时间为1914年12月9日
扬名乡	庄荫梧、徐仲芳、丁逸清	南桥	1912年11月	一说邱仁之、徐祖达也任过会长
泰伯市	毕鸿	大墙门口	1913年4月	
天上市	卫彬、陆子容、李榕、胡宝三、范祖凤	村前	1913年5月	
景云市	倪绍先、杨荔秋、袁咏裳	后畹坊前	1913年5月	
怀上乡	严慰苍、顾宝琛、顾元伯、张鉴	张泾桥	1913年9月	一说成立时间为10月12日
怀下乡	诸汝贤	安镇	1913年11月	
天下市	华国钧、过望先	八士桥	1914年3月	兼县教育会调查员
开化乡	王子模、陆筱槎、王肱	南方泉	1914年5月21日	一说成立时间为1913年,且王肱未曾任过会长
北下乡	华昌寿、曹仁化	东亭	1914年12月	
新安乡	钱镜清、陆揽澄	—	1916年8月	成立时会员40余人
北上乡	—	—	—	资料不详

资料来源:根据《新无锡》《锡报》等所载报道以及《无锡县教育会年刊》《无锡教育杂志》《无锡县视学服务概况》等资料整理。

①该表所列"历任会长"因资料关系多有遗缺,并不完整。

从表2-14可见,最早成立教育会组织的是万安市,无锡市、南延乡等也是较早建立教育会的市乡。市乡教育会"乃集全乡品学兼优之小学教员而成"[①],所以,教员自然是组织创办教育会社团的关键力量。但也有例外,如较早成立教育会的富安乡,其学堂及教员数量相比其他市乡并不多,但有热心人的推动组织,这是较为关键的因素。

1914年5月,省视学臧佛根、张彬士来锡调查无锡教育,他们在撰写的《调查教育会之报告》中谈道:"民国成立以来,各县教育会之名义类多虚设",而无锡"市乡教育会亦皆完全成立,其中办理之成绩,则以无锡市、万安市为最著"。[②]1916年,省视学来锡视察教育,在充分肯定市乡教育会的作用外,也指出:"惟市乡教育会成立者,仅十五市乡,尚有两市乡未能一律组成,是其缺点。"[③]滞后的新安、北上两乡,前者迟至1916年8月成立,后者成立的情况不甚清楚。当时规模最大、人气最旺、活动最丰富的是无锡市教育会,不少会员及职员是与无锡教育会双兼的。如1916年市教育会选举产生的职员,会长蔡荫阶,副会长陶守恒,评议部职员许械、秦振镐、秦执中、孙仲襄、侯鸿鉴、顾型、黄豹光、沈寿桐、顾倬等9人,调查部职员吴廷枢、陶大杰、邹同一、程宏远、顾子静、李康复等6人,治事部职员高文海、秦金鉴、徐荃、孙家复、王襄5人。[④]除个别外,几乎全是县教育会会员。1917年,无锡市教育会第五次大会选举的结果为:蔡荫阶、陶达三两人仍分别当选正、副会长;评议部职员为许械、孙仲襄、黄蔚如、侯鸿鉴、顾倬、秦执中、钱孙卿、顾子静、顾型、秦振镐、杨鼎复等11人;调查部职员为吴廷枢、李康复、庄荫梧、陶大杰、王永钰、邹家麟、乔维岳7人;治事部职员为高文海、秦金鉴、孙家复、顾猷鸿、王襄5人。[⑤]而后,市教育会开新职员会议,选举侯鸿鉴为评议部部长、吴廷枢为调查部部长、孙家复为治事部部长,[⑥]几位部长全部是县教育会会员。另外,各市乡教育会的历任会长绝大多数是县

[①] 杨惺华:《改良开化乡风化刍议》,《锡秀》1918年第2卷第2期,"论著"第5页。
[②] 《省视学之会批评》,《新无锡》1914年9月26日。
[③] 《令知省视学之旦》(续),《无锡日报》1916年9月30日。
[④] 《市教育会新职员举定》,《新无锡》1916年8月14日。
[⑤] 《无锡市教育会改选职员》,《新无锡》1917年10月20日。
[⑥] 《市教育会举定部长》,《新无锡》1917年11月8日。

第二章　北洋政府时期的无锡教育会(1912—1927年)

教育会的职员或会员。[①]这一情况使得"不相统属"的两个层面的团体有了事实上的紧密联系。

无锡市乡教育会的基本组织架构及活动开展基本是参照县教育会运作进行的,也制订有章程,规定宗旨、机构设置、会员权利及义务、运作方式等。通过选举产生会长、副会长及职员;社团组织内部设有评议、调查、治事三部;[②]治事部也设书记、会计、庶务各职员,"照章由会长推定"。[③]个别市乡教育会还不定期编有会刊、年刊等,如扬名乡教育会曾决定编辑教育会年刊,1924年元月出版有《教育杂志》,[④]但因资源有限,且这不是一项日常工作,故均未专门设立编辑部。

市乡教育会一般很难拥有自己的会所,其活动场所多临时借用地点位于中心区域的学校,也有借当地乡公所或义庄的。如景云市教育会自1914年起,会所一直附设于当地自治公所内,开展会务多有不便。后该会会长袁凤起"以教育会为研究教育事业之机关,不可无专一场所"为理由,遂将会所移至江陂桥杨氏义庄内。[⑤]但也有一些教育会试图拥有自己的会所,以便活动,但成功的不多。如青城市,"该市教育会会所,原定大墩文昌阁内。惟该处屋宇斜倾,窗户破坏,屡欲修葺,苦无经费。现闻会长縻君载南拟由个人捐助若干外,并劝各会员量力捐助,以便整理"[⑥]。进展如何,未见下文。

市乡教育会的活动经费主要有三个来源。一是会费收缴。各会标准不一,如南延教育会每月缴小洋六角,[⑦]附属研究会会员也是要缴会费的,天上教育会附属小学教育研究会,议定征收会费,每人每年银一元。[⑧]二是由会长设法募集。如开化乡教育会常年经费,民国十年以前,因该乡教育经费支绌,除各会员缴纳会费外,不敷之数由会长设法弥补。三是由市乡公所津贴,如开化乡,"民

[①]《县教育会通告两则》,《新无锡》1921年8月14日。
[②]《青城市教育琐志》,《新无锡》1914年8月24日;《天上市教育会开会纪事》,《新无锡》1920年8月7日;《开化教育会开会》,《锡报》1922年6月16日。
[③]《景云改组教育会余闻》,《新无锡》1921年5月9日。
[④]《扬名乡教育会近事纪》,《锡报》1921年7月21日;《扬名教育会开会志闻》,《新无锡》1923年9月13日。
[⑤]《景云市教育会近讯》,《锡报》1917年7月2日。
[⑥]《青城市学务琐谈》,《新无锡》1914年8月2日。
[⑦]《南延市教育会开会预志》,《新无锡》1920年4月17日。
[⑧]《天上市教育会开会记事》,《新无锡》1919年2月26日。

国十一年春季,陆君小槎、王君干城任会长后,以该乡亟待进行之事甚多,如学艺参观观摩会、教育参观团等,若照从前办法,实属无米为炊。当即会同副会长王干城,而谒学董朱君鉴涵,请拨常年经费以利会务。当经朱董应允每年津贴经费四十元"①。但市乡公所的拨款并不固定,还常常拖欠。如青城市"常年由市公所津贴银九十元。自地方自治取消后,教育事业虽奉令积极进行,然刻已欠拨至百余元之谱。闻该会长屡向董事领取,含糊答应,正在交涉中也"②。无锡市教育会因会员人数众多,活动开展丰富,曾有幸得到过县署的补助,1921年"县署津贴一百五十元"。③但总体来看,市乡教育会所获得的经费与其所想做的事业是不匹配的,其间地方报纸也多有因资金匮乏而取消活动的报道。例如:开化乡教育会曾因经费无着,暂缓举行学艺观摩会;④扬名乡教育会欲举行全乡公私立学校联合运动会,"因经费困难,暂作悬案"⑤;无锡市教育会曾设想特设儿童玩具陈列所,"因筹备匪易,暂缓进行"⑥;等等。

对于市乡教育会来说,其人事情况似乎比县教育会要复杂得多,这既受地方宗族、家族及乡土势力的左右,也受会长、会员个人品性的影响,更受地域风俗差异的教化。⑦凡是会务开展正常而成绩显著的市乡教育会,其会长均有过人之处,如无锡市教育会的历任会长钱孙卿、蔡荫阶、孙仲襄、陶达三、秦执中等。又如开化乡教育会,"自改选会长后,新会长陆君小槎,对于会务,力谋进行",⑧使"该会气象焕然一新"。⑨

---

① 《开化教育丛闻》,《苏民报》(无锡)1924年3月23日。
② 《青城市学务琐谈》,《新无锡》1914年8月2日。
③ 《无锡市教育会改选职员》,《锡报》1921年9月4日。
④ 《乡教育会开会记事》,《新无锡》1921年12月30日。
⑤ 《扬名教育会开会志闻》,《新无锡》1923年9月13日。
⑥ 《纪市教育会之十周纪念会》,《新无锡》1921年10月11日。
⑦ 当时有人这样描述无锡各地的"人民特征":"锡邑古分二十二区,今为十七市乡,风气各殊。天授上下市,勤于稼穑,俭朴无华;青城、万安两市,类之富安西鄙之民,颇挚评而好浮伪;开原、扬名两乡,勤于渔业,兼事商贩;新安素轻佻,农隙织席为业;开化裹冈峦之气,性刚愎而好斗狠;泰伯、南北延等市乡,向称醇谨,近亦稍侈;怀仁上下,去邑较远,专业农桑;景云杂数处,以成俗为农、为陶,尚安朴陋,惟无锡市地处城厢,未免踵事奢华耳。"参见《报告·各县风俗制度调查报告表:无锡县》,《江苏教育行政月报》1914年第16号,第1—2页。
⑧ 《乡教育会定期开会》,《锡报》1921年1月19日。
⑨ 《开化乡教育会近讯》,《新无锡》1921年11月2日。

而一些市乡教育会长期活动不正常,则与会长的责任心、权威性有很大关系。如"开化乡教育会成立于民国四年①,当时举定王子模为会长。惟王君任职以来,除各校会考事宜开会外,余则从未开会。现某等以教育会关系全乡教育甚大,不能形同虚设,拟要求会长召集会员开会,讨论教育计划。且阅县教育会年刊各市乡教育会职员表中载:该乡教育会会长为王干城。某君等见之,恐此中或有错误,故特备函向县公署询问"②。这一局面的出现,跟会长没有履职有很大关系,而县教育会弄错会长名字,地方报纸报道又弄错成立时间,③可能也是会长不履职所带来的不良后果。又如扬名乡教育会成立后,"因主持者不得其人,以至无形消灭"。④"富安乡教育会,自民国五年中辍,教育精神上之联络,遂形麻木。"⑤"青城市教育会自民国初元成立以来,历届会长尚能称职。惟自现会长任事以来,一味放弃责任,以致会务停顿。该市一部份[分]之激烈派甚有讥谓'等于虚设'者。近来该会长受外界刺激,特于前日举行改选。但开会之际,例须由正会长主席报告,乃某君有以旷职一年,不能交代,坚请副会长殷君代表出席。殷以正会长并未缺席,当然不能代表,拒之。某又坚请,殷仍力辞。如是你推我诿,费一小时之久,未有主席登台。到会会员有呆坐守候不耐久待者,乃相率离席。旋由某君出而排解,某会长始趋趄登台报告,将会事草草终结云。"⑥

还有一些会长寓居县城,如天上教育会卫质文"住居城间,致城乡遥隔,兼之办事掣肘"。⑦万安教育会孙莘农"因任教职于城中某校,无暇兼顾"。⑧这均影响了会务的正常开展。

新安乡教育会早由各教员提议组织,因学务委员久不下乡,致迟迟未果,经多方努力,新安乡直到1916年才成立教育会。1916年8月20日,新安乡地方召开全乡教职员大会,共到40余人,逐条通过章程,论定各会员资格,选举正会长

---

①该引文有误。开化乡教育会成立于1914年5月21日。
②《开化乡教育会之疑问》,《锡报》1920年3月9日。
③另《锡报》报道成立时间又作1913年:"乡教育会自二年成立以来,从未开会一次,实为教育界之缺憾。"参见《开化教育会开会预志》,《锡报》1920年12月4日。
④《乡教育会迟不开会》,《锡报》1921年10月23日。
⑤《富安乡教育会重组消息》,《锡报》1921年1月4日。
⑥《青城市教育会之近况》,《新无锡》1923年8月27日。
⑦《天上市教育会开会志》,《新无锡》1914年9月17日。
⑧《万安市教育会近讯》,《锡报》1921年10月28日。

钱镜清,副会长为倪子耀。①"一俟学务员张君厉若返乡,即当通函钱、倪二君,即行呈报。"②但地方学务委员对会长人选不满,故提出:该会改选之前,所有章程未经报由官厅核准,会员资格亦竟有与教育会规程未合者,故此次改选不能认为正式,不予承认。而事实上,"部颁《教育会规程》,仅载明应将《章程》备案,并无核准后选举之明文。则此次选举会长,不能认为无效。闻因此大动全乡公愤,将与张君严重交涉"。③这样的情况反反复复,严重影响教育会社团的组织设立,直到1923年,该乡情况依然如此。④

在乡村,事情的处理往往还会受家族等非理性因素的干扰。如天上教育会,"现任会长胡宝三办事固称热心,惟无毅力,去年因夏季大会遗交有阅报社等案,必须与学董交涉,因为同宗关系,未便争吵,冬季例会亦未召集开会,盖深虑交涉有伤宗谊也。以故各职员亦抱以旁观态度,所谓责有其贷也"⑤。

另外,会员个人素质、一些鸡毛琐事也会影响社团的工作,如1923年3月23日下午,景云市教育会假江陂桥杨氏义庄开春季例会,发生争执即是一例。

> 前任该市一校校长孙某,对于教授管理,颇为热心。今春由县视学传知嘉奖。但孙某素性刚直,不善联络地方人士,致招某甲等嫉忌,因此孙某颇为灰心,辞去该校。后某甲等在其行装内,抽去重价书两册。旋经查悉。迨昨日该市教育会开会,孙某到会见某甲亦在会场,即向彼取失物。某甲坚不承认,双方争辩,几致用武。孙某以势孤力弱,理莫能伸。后经袁(袁凤起)会长从中劝解,旋即寝事云。⑥

面对这些情况,一些市乡教育会对会员加强了管理。如天上教育会在胡宝三任会长期间,就对开会无故缺席、赌博、轻佻等行为作出严肃的惩处。1921年1月,该会开冬季例会,"到会者三十二人,因事告假者五人。无故缺席者三人,

---

① 《新安乡学务近讯》,《新无锡》1916年9月9日。
② 《新安乡选举教育会长》,《新无锡》1916年8月23日。
③ 《新安乡教育会之内幕》,《新无锡》1916年9月24日。
④ 《新安、开化学务汇志》,《锡报》1921年5月15日;《新安学社近闻》,《锡报》1923年11月1日。
⑤ 《天上市学务丛闻》,《新无锡》1920年3月15日。
⑥ 《景云市教育谈》,《锡报》1924年3月24日。

为二十三校校长惠亮采、二十六校校长顾邦迪、二十七校校长高大成等。当时由全体会员照议决事项,各罚银一元,闻在本月份膳杂费内扣留"。①会员范静湖,时任市立第十三国民学校教职,深嗜赌博,不知悔改。经调查,情况确实,违反该会章程第七条甲项之规定。教育会开会讨论做出决定并登报声明:"盖教员为人师表,责任何等重大,乃竟任一己之娱乐,旷误他人之子弟而不省悟,理应除名出会。"②在乡村,教员沉湎于赌博者,不乏其人,这样的处理杀一儆百,取得了很好的警示作用,所采取的强硬措施得到广泛好评。有邑报报道:"教育会会长为全市教育计,以教员赌博,有碍教育前途,拟一一详为调查确实后,再行加以相当办法。近来,一般有盘龙癖之教员,颇起恐荒[慌]云。"③

地处市乡的教育会,虽也参照国家宏观层面上较为完善的文本政策,制订有自己社团的章程,但因其拥有的区域空间、人才资源以及承担责任等的有限性,实际运行情况很糟糕,许多政策部令在执行过程中逐渐衰竭,到基层并未执行。如从程序而言,各市乡教育会的组建,须"呈请县行政长官核准立案",④然而直到1922年年底,各市乡教育会才把会章暨依法选举之职员姓名、履历上报县署。⑤又比如,富安乡教育会虽已组织成立,"惟组织手续,大都不甚完备"。⑥这反映了基层教育社团在实际运行过程中的松散状况,对规程制约来讲是一种尴尬,却也是坊间的真实情况。这是制度设计与实际执行之间永恒的不平衡,但即使这样,市乡教育会依然在乡村承担着推进教育发展的重任,其作用不容低估。

二、改造乡村:"文字下乡"

无锡教育会会员秦柳方曾说过:"乡村小学为乡村社会之最高文化机关,这

---

① 《天上市教育近况》,《新无锡》1921年1月17日。
② 《天上市教育会声明》,《锡报》1921年2月23日。
③ 《取缔教员赌博之严厉》,《锡报》1921年4月10日。
④ 教育部:《修订教育会规程》(1919年11月18日),载朱有瓛、戚名琇、钱曼倩、霍益萍:《中国近代教育史资料汇编·教育行政机构及教育团体》,上海教育出版社,2007,第263页。
⑤ 《限期具报教育会会章》,《新无锡》1922年12月7日。
⑥ 《富安乡教育会重行组织》,《锡报》1921年7月14日。

是中国农村社会的实际情形,我们不能否认也不必讳言,乡村中唯一的文化机关是乡村小学,所以乡村小学常为乡村文化的中心。"①有组织的教育会会员在其间所起作用不可小觑。假如说乡村学校是乡村的文化中心,若将各文化中心视为点,那么,市乡教育会就是将点穿成线、连作面的系绳,在乡村组成改造的合力。1916年1月,瞿秋白曾从常州来到无锡从教半年多。学界一般认为,他任"校长"的那个学校是杨氏国民小学(即江陂国民小学),②该校地处无锡城南的景云市,位于杨氏祠堂内。景云市教育会成立于1913年,会所附设于当地自治公所内,距离该小学并不远。③该教育会成立后,也多有活动。有记载,在瞿秋白到锡一个多月前,该会还专门开会,由会长袁凤起提议组织小学教育研究会及参观学校团,"以次付表决,众皆赞成"。④而瞿秋白与教育会并没有取得联系,用他自己的话说是"来一穷乡僻壤,无锡乡村里,当国民学校校长,精神上判了无期徒刑"⑤。由此可见,一个年轻教员在乡村从事教育的孤寂,反过来也说明教育会作为教育人的结合体在乡村存在的重要意义。就国家而言,一个市乡的教育会仅是整个巨人肌体上的一个细胞,其作用是微小的;但就市乡而言,其作用就是不可忽视和不可替代的,其社团的集合之力,成为改造乡村的重要力量。费孝通曾说:"如果中国社会乡土性的基层发生了变化,也只有在发生了变化之后,文字才能下乡。"⑥反言之,文字流行于乡村,那么乡村基层社会就真的发生变化了。乡村教育会的最大成效即用教育改变了乡村传统的"语言"社会,这在当时是让人充满期待的,"学会有协助社会事业进行之义务,有改良社会风化之责任"⑦。

---

①秦柳方:《乡村小学教师与民众教育》(民众教育刊物之一),锡澄武宜靖五县民众教育协进会,1928,第10页。
②刘小中、丁言模:《瞿秋白年谱详编》,中央文献出版社,2008,第33—36页。
③《景云市教育会近讯》,《锡报》1917年7月2日。
④《景云市教育会》,《新无锡》1915年11月18日。
⑤瞿秋白:《饿乡纪程——新俄国游记》,载《瞿秋白作品精编》,漓江出版社,2004,第246页。
⑥费孝通:《乡土中国》,世纪出版集团、上海人民出版社,2007,第22页。
⑦杨惺华:《改良开化乡风化刍议》,《锡秀》1918年第2卷第2期,《论著》第5页。

(一)组织外出考察

新学从理念到内容,均不是原创于乡村田野的,它来自城市和更远的海外,身处僻乡的教育人,自有一种向外张望的冲动,海外去不了,县城及周边城市还是可以一游的。外出参观考察,成为当时市乡教育会会务开展过程中的首选,甚至成为每年必须循照的"往年旧例"。①"乡教育会为一乡教育进行之机关,参观事业为观摩他校教管之设施,故欲刷新教育,实行参观,诚为要图。"②新安乡的学务委员周锡璜认为,地方教育发展"是殆乡老督促于上,民智启迪于下,教育遂因之而有进步乎。虽然教育由是发达,从事教育者亦宜兢兢研究冀获经验,苟夜郎自大,安得不贻笑大方"。③万安市教育会的会员也认为:"方今教育潮流,日新月异,如僻处乡园。囿于一隅,悉心改良,仍难免有不到之处,而故步自封,则他山借镜,用扩眼界,以开茅塞,则参观之举,似有不容缓者。"④他们参观考察的去处,一般是到无锡城区,外地以上海、苏州、镇江、南京为多,还有如武进、南通、宜兴等地。

表2-15　无锡市乡教育会外出考察情况一览表(1916—1923年)

时间	考察团名称	考察地点	考察单位名称
1916年4月	青城市教育会参观团	常州	
1917年10月	景云市教育会参观团	苏州、无锡城区	
1917年10月	万安市教育会参观团	苏州、吴江	
1920年5月	开原乡教育会参观团	南通	代用师范之男女师范附属学校、通海甲种商业学校、医学专门学校、女子手工传习所、张氏贫民学校、伶工学社、盲哑学校、残废院、博物院、图书馆、公园

---

①《无锡市教育会开会志闻》,《锡报》1920年10月22日。
②云翔:《伊谁之过》,《新无锡》1920年12月10日。
③周锡璜:《新安乡教育概况》,1924年铅印本,第2页。
④《万安市小学教育研究会近讯》,《锡报》1922年12月9日。

续表

时间	考察团名称	考察地点	考察单位名称
1920年11月	无锡市教育参观团	镇江	省立第九师范附属小学
		南京	暨南附属小学、省立第四师范附属小学、第一女师附属小学及通俗教育馆、贫儿院
		宜兴	第三高小、明诚女学、第一女子高小、第一国民等
1921年12月	青城市教育参观团	无锡	三师及女师等
		苏州	一师及女师等
1923年11月	开化乡参观团	上海	尚公小学、二师附小、市立万竹、市立旦华

资料来源：根据《新无锡》《锡报》等相关报道整理。

通过表2-15罗列的情况看，由市乡教育会集体组织外出考察，参观的目标一般是当地较为知名的学校，类型以小学为主，也有个别专门学校，还会参观一些文化单位及文化设施。对于考察参观，各教育会都比较重视。作为县教育会职员，曾担任编辑部主任的薛明剑，撰文对"参观员"的参观行为提出过八点建议，如"参观团未出发前，须早事预备""参观员宜自爱""参观员须认明宗旨""参观教授时间宜长""参观员宜分组参观""参观员宜各备笔记册""参观员对于所参观之事项，宜加注意""参观后须分别报告"等，这些建议很是务实，如"认明宗旨"条提出："参观之宗旨，在取众人之长，实施改良计划。故至一地也，须将人情风俗及教育经费调查确实，并须与本地情形互相比较。至一校也，须将其教授、训练、设备等项细心考察。并须研究何者可以仿行，何者尚须改良。万不可一味随声附和，致贻盲从之诮也。"在"宜加注意"条，薛明剑提出自己的建议：[1]

（甲）参观教授上应注意者：(1)教科之分配及教授时间之多寡；(2)教授之段阶及形式；(3)教授时之态度及言语；(4)教授之自动及实验；(5)学生之预习及方法；(6)各科教授法；(7)复式与单式之教授法；(8)书籍。

---

[1] 薛明剑：《对于教育参观团之商榷》，《无锡杂志》1923年第5期，"言论"第1—3页。

(乙)参观训练上应注意者:(1)校训与级训;(2)诱导法与抑制法;(3)个性之考察法;(4)自动之养成法;(5)学校与家庭社会之联络法;(6)寄宿舍之情形;(7)学生之服务状况;(8)公共作业状况。

(丙)参观养护上应注意者:(1)关于体育上设备之事项;(2)运动休息之时间;(3)采光通气之情形;(4)体育之检查;(5)疾病之调查;(6)饮食之情形。

(丁)参观设备及其他应注意者:(1)校地;(2)校舍;(3)操场;(4)学校园;(5)校具;(6)教具;(7)设立者与经过情形;(8)职教员;(9)学生数;(10)学级编制;(11)教科;(12)图书;(13)表簿;(14)规程;(15)经费。

这些宜加注意的细节建议,几乎涵盖办学的全过程,成为组织参观的重要指引。

在当时,能够羁绊乡村教育会走出去步伐的唯一原因是经费。组织外出考察活动,教育会在可能的情况下会拿出一笔款子作适当的补助,不足部分再由参加的会员在会费之外分摊。如南延教育会1917年11月开会决定赴上海参观,"其经费则由教育会中规定五十元,不足则由团员公摊"[1]。后来,南延教育会采取总额控制的办法,并制定教育参观团条例,规定:"凡本会会员自愿出发参观者,均得一体加入。惟经费仍照原案补助,总数六十元,由各团员以出发人数之多寡,自行支配,至参观地点及出发日期,均由团员自定之。"[2]有时外出参观,除了会员参加外,还有非会员也要求参加,这部分人的费用则全部自理。如无锡市教育会组织参观南通、上海、苏州三处,规定:"参观费会员由会中酌贴,非会员须自备。"[3]后来参观活动日益频繁,教育会经济不堪重负,有的教育会就规定每次参观经费以自理为主,补贴若干。如扬名乡教育会组织参观省立三师附属小学,每人津贴"旅费洋五角"。[4]无锡市教育会组织赴南京参观,"每人由会津贴车费四元"。[5]当然,有些教育会积极争取,也会获得更多的资金支持。如1922年10月29日下午,扬名乡教育会开会,商量组织参观团事宜,因该乡经

---

[1]《参观团定期出发》,《新无锡》1917年11月9日。
[2]《南延市教育会近况》,《锡报》1922年4月16日。
[3]《市教育会开会》,《新无锡》1916年10月30日。
[4]《扬名乡参观团之办法》,《锡报》1920年10月29日。
[5]《无锡市教育会开会志闻》,《锡报》1920年10月22日。

费困难,公家仅可津贴30元,"其余由各人自行负担","全体会员金以津贴太少,所有三十元,以二十人计算,每人平均仅得一元三角左右,负担尚重。遂由会员中推举代表三人,至王学董处声明苦衷,恳切要求。始由学董再津贴五元,以示优待,地点则以上海为目的,定于本星期二下午,先聚集庄学委家中,同趁[乘]三点三十三分快车赴申,约至星期六返锡。归后则将参观情形,报告学委"。①还有的教育会通过各种变通办法,提高经费使用效率,如开化乡多次组织到上海参观,他们采取从上海铁路总局购买半价"回来票",选乘价格低廉的慢车,到沪后借住无锡旅沪同乡会开设的锡金公所,以节省参观费用。②

由于经费的原因,能够外出考察的会员毕竟有限。所以,确保外出考察取得真经,并着力放大成效成为各教育会关注的重点。一般各考察团在出发之前,会制定完整的考察方案,明确分工。③考察回来后,各教育会都会开会,组织交流和宣讲。如南延教育会组织赴上海参观学校,"返校后,各将参观记录报告,共同研究,汇刊成编,并订以后每月开教育研究会一次"④。1921年1月,无锡市教育会开冬季大会,到会员近20人,由会长报告赴南京参观情况,再讨论印刷参观报告,议决用钢板印刷。⑤1924年6月初,无锡市教育会组织参观团赴南京考察,参观团学习回来后,市教育会于6月15日开参观团报告会,到会参观团团员15人及未外出参观的会员20余人。由参观团团员按原先分工做报告,并决定按分工整理考察报告,限一月交稿,以便汇编印刷分发,作进一步消化研究。⑥

离开偏僻的乡村,来到繁华的都市,感受新教育,这种外出学习考察的所见所闻,对乡村教员来讲是一种精神的洗礼,激发起他们内心的羡慕和冲动。有会员外出考察上海、苏州、常州等地教育后说:"回里后无日不取长补短,猛力进

---

① 《扬名乡教育会纪事》,《锡报》1922年10月31日。
② 《开化乡组织参观团》,《新无锡》1923年10月31日;《开化参观团出发赴沪》,《新无锡》1923年11月7日。
③ 《开化乡教育参观团回锡》,《锡报》1923年11月11日。
④ 《参观团定期出发》,《新无锡》1917年11月9日。
⑤ 《无锡市教育会开会纪事》,《新无锡》1921年1月22日。
⑥ 《市教育会参观报告会》,《新无锡》1924年6月16日。

行,期无负地方重寄。"①其结果是推动了无锡乡村教育会会员教育理念的改变、教学水平的提高。

毋庸讳言,也有些市乡教育会组织的考察,流于形式,变为走马观花、游山玩水的代名词。当时就有人议论:

> 近来吾邑各市乡教育界,皆组织参观团出外参观,以资借镜,能于教授之外,悉心研究,不遗余力,不可谓非吾教育界之好现象也。虽然此一般参观家,果能以锐利之眼光,精密之观察,而得优良之结果否耶,是则吾未之敢信。向者掌教某市,亦尝出外参观矣,顾每人一校,校舍教室,偶一纵目,表簿成绩,稍稍翻阅,不越一时,能事已毕,走马看花,一瞥即逝。此种无意识之参观,恶能获他山之益哉。夫吾人既以宝贵之光阴,为此神圣之参观事业,当实心诚意,精细慎重,采人之长,补已之短,方能不负此行。质诸当世教育家,其为然乎!②

更有人认为:"夫假名参观借以游历者,世多有其人矣,固无足责。独怪我庄严神圣之教育会,出此有用之金钱,供被无谓之挥霍,苟以此费移解灾区灾民,沾惠必多。惜当时未曾计虑及此也。呜呼,伊谁之过与?"③甚至还有借参观为名,出现赌博争斗,招致巡警干涉的极端情况。针对这些现象,县教育会会长侯鸿鉴曾说过狠话:"恐非再生秦政第二则不为功矣!"但他同时也认为:"上述云云,究属少数偶发之事。彼为实心参观研究而来者,固居多数,子奚可一笔抹煞乎?"薛明剑也认为:"诚然! 诚然!"④

(二)改造乡村教育

纵观各市乡教育会,其发展乡村教育的具体方法各具特色,如有组织小学研究会等学术团体开展研究的,有邀请专家举行演讲的,有开展旅外教师、学生及本乡教育调查的,有组织宣讲团开通民智的,有联合专家从事项目研究的,有

---

① 《来函》,《新无锡》1914年10月12日。
② 士俊:《对于参观之商榷》,《新无锡》1920年11月3日。
③ 云翔:《伊谁之过》,《新无锡》1920年12月10日。
④ 薛明剑:《对于教育参观团之再商榷》,《无锡杂志》1923年第5期,"言论"第3页。

购置图书供学习参考的,有编写教材出版刊物的,有举办学(文)艺观摩会、成绩展览会、运动会、联合游艺会、周纪念会等活动的。如万安市教育会自成立以来,成绩斐然可观,举办了文艺观摩会、阅书会、小学教育研究会。其中文艺观摩会到1922年已坚持举行九次之多。①总体来看,无锡各市乡教育会发展乡村教育的方法主要有如下几种:

一是组织学术团体开展研究。

当时,青城、南延、景云等市乡教育会均组建了小学教员研究会等研究组织。②以万安教育会为例,它是无锡各市乡中最早成立的一个社团,规模虽然不大,参与人员也相当有限,但较为规范,制订有专门的规约。③研究的课题均是会员在日常教学中碰到的实际问题,参与研究者,除教育会会员之外,还有许多非会员的乡村教师,尤其是大量沉淀于乡村的旧式塾师。万安教育会附设研究部,分管理、训练、国文、算术、体育五部,"入管理部者二十二人,入训练部者二十三人,入国文部者二十三人,入算术〈部〉者十七人,入体育部者十一人",④总计有近百人。为了促进学习,该市教育会还附设图书部,其简约如下:

> 万安市教育会会员以研究教育非参考书籍不可,故此次大会特议决设立阅书部一门,其简约为:(一)本会就财力所及略备有益教育之图书,供同人之参考。(二)本会庶务员〈有〉保管整〈理〉书籍之责。第三条,凡本会会员得享借阅书籍之权利,非会员而经会员之介绍者,亦得受同等之待遇。第四条,本会备有阅书簿,阅书者须在该簿开具书目、签名后,向庶务员领取,阅毕后交还庶务员收藏。第五条,本会为便利同人计,所有图书得随时借出浏览,定细目如左:(甲)每次借书以三册为限,惟字典类书限定到会检查,不得出借;(乙)借出书籍一星期内,均须归还;(丙)借书时,由本人在阅书簿开具书目,填就取还月日,签名后,向庶务员收藏。第六条,本会所有书籍,同负爱护之责,如有损伤及遗佚者,须照原价赔偿,以重公务。第七条,本会财力有限,凡愿捐借图书于本会者,

---

① 《万安市教育会记事》,《新无锡》1922年10月21日。
② 《青城市教育近讯》,《新无锡》1915年8月13日;《南延市教育会开会记》,《新无锡》1918年12月3日。
③ 《教育会附设研究部》,《新无锡》1916年9月21、22日。
④ 《万安市教育会选举部长》,《新无锡》1916年9月29日。

尤所欢迎。①

这一工作还获得了地方有识之士的大力支持。有报道,实业家孙鹤卿曾捐助《四部丛刊》一套,以供取阅。②

民国初年,国家正处于构建近代教育政策体系的重要时期,故教育改革新政不断。对于社会教育末梢的乡村学校来讲,适应政策的调整,化解呈现的问题,任务很重。乡村学校的教师在教育大变革的过程中,面临诸多问题,大的如学制变动、教科书变化带来的师资适应等问题。"自新学制实行,初级小学,均应遵照部令,改用语体文,惟各教员于国语科,都未学习,获有门径者甚少。"③"设计法道尔顿制,年来甚嚣尘上矣,而乡校以经济、人才关系,一时尚不能仿行及此。况乡校多为单级制,一教室中每有五、六级(幼稚生、一、二、三、四、五)施行教学,殊为困难。"④小的如"顽劣生如何教育""举行恳亲会学生父兄到者寥寥怎么办"等。要依靠教员个人的力量来解决这些十分具体的问题,几乎不可能,而教育会组织开展集体讨论研究为解决问题创造了几乎唯一的出路。因此,各市乡教育会所属的研究组织在组织会员及其地方教员开展研究方面发挥了巨大的作用。如青城、景云、万安三市教育会下属研究会曾多次开会进行研讨,现各取其一次会议中研究问题的情况综合如下:

表2-16 无锡县青城、景云、万安三市教育研究会研究问题一览表(1918—1922年)

提议人	所在市乡	提议问题案	议决结果
殷涤新	青城市	变通唱歌、体操时间	体操时间按照部定原有时间分六次教授,每日半小时,于始案时行之;唱歌除每周原定时间分两次教授外,每日于终业后增加五分钟

---

①《教育会附设阅书部》,《新无锡》1916年9月13日。
②《万安市教育会近讯》,《锡报》1921年10月28日。
③《景云市教育会春季例会志》,《锡报》1924年3月24日。
④周锡璜:《新安乡教育概况》,1924年铅印本,第15页。

续表

提议人	所在市乡	提议问题案	议决结果
薛和之		国民学校四年级宜作日记	本市各国民学校四年级生宜一律作日记
戴翼先		本市各学校宜购备学级日志,令四年级轮流填记	自下年度始,各校一律实行
刘品棠		编订国民学校珠算科教授细目	将提议人编订该科细目油印分送各校采用
朱启城	景云市	珠算为较笔算尤大,国民四年级似宜酌减笔算时间,增加练习珠算时间	每周至少二时,教授材料宜取日常生活必需之事务
朱启城	景云市	儿童读过之国文教科,每周须令加意复习,方法有四种:甲、低声练习;乙、抄写;丙、讲解;丁、仿作。随时斟酌行之	照原议通过
朱启城	景云市	作文所以试验儿童之对于读法科是否理解,故作文前提宜以读法为重心;而命题及订正,宜视儿童程度高下而定,总以明白浅显为主,且宜多作,以资练习	每周作文二次,材料宜采环境事物及读本上所有智识
朱启城	景云市	二年级宜添设乡土科	照原条通过
朱启城	万安市	现世界最新精神,为的莫拉克西(即博爱、平等、自由是也),我中华立国精神,为智仁勇,其推行办法,为孝悌慈,故学校中对于德育一项,究竟用若何办法施行,使儿童将来处世,才能合现世界之新趋势,又不失本国之真精神	现代之训育,若偏于旧,则太固执,若偏于新,则又有失国粹,故宜兼采新旧两道,并加以各校附近之习惯,应特别矫正者而实行之,且立身之本,端赖自治,故尤以养成儿童自治之本能及习惯为目的
朱启城	万安市	国语科学,儿童应否用书,若用书,究竟用何种书为最适当	外间流行之国音,类皆我行我素,殊难以择善而从,既经本会上届议决,我市各校,将国语于课外补充,则用书与教授方法,仍任各校之适宜可也
朱启城	万安市	教授国语时,用若何方法施行,为最圆满	

续表

提议人	所在市乡	提议问题案	议决结果
徐铭、王锡圭、孙佐镐		方今教育潮流，日新月异，如僻处乡园，圈于一隅，悉心改良，仍难免有不到之处；而故步自封，则他山借镜，用扩眼界，以开茅塞，则参观之举，似有不容缓者。敢陈鄙意，未识诸君以为何如。此举虽难由各市乡情形不同，或由私人解囊，或由工资补助，总之集腋成裘，组合团体，较易为力，如何进行，尚祈商榷	我市教育会，在五年前，本有参观团之举，嗣因办文艺观摩者，于经济上有困难，是以大会议决，参观事改由个人行动。今徐君鼎生等又提议是案，应与各校教职员接洽后，方可进行。当由主席推定徐君鼎生、周君作新、孙君经畲等，为参观团筹备员，分别向各校接洽，磋商办法，俟下周开会时，再行讨论
龚德修		学校管理，颇有研究之价值，严则失之束缚，宽则不免嚣张，如何可为尽善，而适合儿童	因提议人未到，其中理由不明，俟下届再议

资料来源：《青城市教育会开会志》，《新无锡》1918年8月19日；《景云市教育会开会》，《新无锡》1922年4月18日；《万安市小学教育研究会近讯》，《锡报》1922年12月9日。

当时不少市乡的研究活动，组织有方，卓有成效，取得了很好的效果。如青城市小学研究会：

自二号起至八号止凡一星期，每日上午九时起至十二时止，下午二时五十分起至五时止，讨论议案。虽盛暑，会员均穿长衫，会场布置亦极秩然有序。第一日到会研究者三十六人，第二日三十一人，第三日二十人，第四日二十一人，第五日二十四人，第六、七两日均二十六人。原案共八十六件，议决者五十一件，并议者二十四件，尚余十一件，因会期已满，将交下次续议云。[①]

这样的学术研究活动，无疑在国家政策落地和传统士人转型的过程中发挥了至关重要的作用，使当时乡村参差不齐的教员队伍，在新学的旗帜下汇聚。

---

① 《青城市小学研究会志略》，《新无锡》1914年8月10日。

二是在专家指导下开展教学实验。

学生成绩测验，既反映教员的教学情况，又检验学生的学习成效，所以各市乡教育会对此均十分重视，各地每年要组织区域性的成绩测验。如1923年7月，万安市教育会组织各校举行测验，分算数、读法、常识3种，"该市学校，原有春秋季始业之不同，前年举行文艺观摩会时，彼此不相混合，本届办理测验，于春秋季始业学生，合并测验，以省手续"。①当时，学校成绩测验被称为"文艺观摩会"，如南延市教育会于1918年10月开会，会议决定举行第一届学校文艺观摩会，并订《简章》12条，安排很是周详，但"该市学界中人云，该会提倡此举，用意本善。惟专行试验，无异会考，虽借以促进学生竞争，究属无甚实益，兴文艺观摩四字不甚关合，且乡间学校路途远隔，加入未免跋涉，总觉不妥"②，表示疑问。

那么，怎样的测验才是科学的呢？当时无锡市教育会利用它所拥有的社会资源，曾开展过实验。

无锡17市乡中的无锡市位于城区，那里是无锡学校最集中的区域，"市教育之发达，不愧一邑首区矣"③。以此为基础，无锡市教育会成为当时力量最大的基层教育社团，其会员人数最多，并且其所掌握的资源也最丰富，影响力也最大。无锡为工商、教育名城，又有太湖的秀丽风景，时有教育名人慕名前来访学、旅游，无锡市教育会占据有利的区位优势，成为接触教育大家最多的社团。1922年3月，上海中华教育改进社总干事陶行知预备来锡，无锡市教育会在召开的春季大会上，就其到无锡后的活动行程，包括演讲以至赴无锡市和开原乡两地组织教育调查等作了周密的安排。④后因故陶行知未能成行，但他特代邀东南大学心理学教授陈鹤琴于4月8日来锡演讲，题目是"实际教育考查问题"。陈鹤琴的到来同样受到了欢迎，当时邑报报道："闻陈君于现时教育上之趋势，将加以种种考查，于吾邑教育前途，至有关系，想届时必有一番盛况也。"⑤演讲

---

① 《万安市教育会举行测验》，《锡报》1923年7月1日。
② 《南延市教育会开会志》，《新无锡》1918年10月30日。
③ 一鸣：《市政与教育》，《锡报》1922年7月11日。
④ 《市教育会春季大会纪》，《锡报》1922年3月27日。
⑤ 《市教育会演讲会预志》，《锡报》1922年4月7日。

中,陈鹤琴提议:"今贵地教育,在全国中为发达之区,希望早日成立实际教育调查会,将调查所得,改良一切,而贡献于全国,则教育前途幸甚。"①

陈鹤琴认为:"教育的意义就是变,但变有快有慢,有合方法的,有不合方法的,所以教育的结果现象有进步狠[很]快的,有进步迟滞的。研究变的方法最重要最切实可靠的,莫过于实地调查。实地调查最切实可靠的方法,又莫过于借重测验,借鉴欧美可无疑了。"②在他的提议下,无锡市教育会开会决议:会同市学务处,组织全市各小学校全体举行测验,聘陈鹤琴担任指导。并"预备将测验结果,于本年七月中济南开全国教育大会时,披露会场,供全国教育家之研究。关于无锡同时列席者,尚有南通、济南、太原三处,盖以上各处,为全国教育最发达之地,隐寓代表全国小学教育之意,此举关系于全国小学教育前途之改进,及吾邑教育成绩之声誉者甚大,不得不慎重将事"。③有了这样的双重动力,实验就紧锣密鼓地开始了。陈鹤琴第一次到锡演讲辅导是在5月24日,在该年五六月份,他多次来锡演讲测验实施办法、测验原理及计算方法等,"陈君讲演,备极详细"④,"各校教员均冒雨到会听讲,每日从下午四时起至九时,足见吾邑教育界诸君热心研究,亦前途之好现象也。"⑤为开展教育测验专门成立了测验委员,共有30余人,由无锡地方教育界公推产生后再在陈鹤琴的指导下从事测验的具体工作。在实施过程中,"陈君又陪同测验委员男女三十余人,分往三师附属、女师范两校,实施测验,并由陈君随时加以指导"⑥。整个测验工作共花5天时间,"共计实测到男子高小四,女子高小六,国民学校二十,学生总数达一千八百余人之多"。⑦通过测验,采集了大量的数据,获各校课卷千余本⑧。在此基础上,陈鹤琴撰写了详细的调查报告,如《无锡教育测验成绩表》《无锡智力测验成绩表》等,⑨为无锡教育提供了科学的实证材料。

---

① 《市教育会演讲纪略》,《锡报》1922年4月9日。
② 陈鹤琴:《无锡教育调查报告》,《无锡县教育会年刊》1923年第4期,"调查"第1页。
③ 《教育界研究新教育之猛进》,《锡报》1922年5月24日。
④ 《讲演测验教育之昨讯》,《锡报》1922年5月28日。
⑤ 《教育测验之近讯》,《锡报》1922年5月30日。
⑥ 《教育界消息一束》,《锡报》1922年6月4日。
⑦ 《实施教育测验之近讯》,《锡报》1922年6月12日。
⑧ 《预志市教育会开会之质问案》,《锡报》1922年9月24日。
⑨ 参见《无锡县教育会年刊》1923年第4期,"调查"第1页。

三是组织活动。

除上述活动外,各市乡教育会还开展了多种会务活动,以达到发展教育、改造乡村的目的。

表2-17　无锡各市乡教育会开展活动一览表(1915—1926年)①

时间	组织者	活动名称	活动具体情况
1915年2月	万安市教育会	举办第二次成绩展览会	征集陈列本市和各市学校作品
1917年10月	景云市教育会	召开各校成绩展览会	
1918年6月	青城市教育会	编辑青城市乡土志	推定戴翼先等10人负责
1918年9月	天下市教育会	举行本市联合运动会	全市共12校参加,所需36元费用
1918年11月	南延市教育会	举行第一届学校文艺观摩会	
1919年4月	开化乡教育会	组织小学生开展第三次会课	请县视学孙仲襄命题监试。该年12月又组织第四次会课
1920年3月	无锡市教育会	召开旅外学生开茶话会	听取旅外学生对无锡教育发展的建议
1920年4月	无锡市教育会	举行报告会	曾派会员顾鸿志赴上海国语研究会听讲,回来后在崇安寺会所开报告会
1921年4月	无锡市教育会	接待外地参观团	北京女子高等师范诸陈淑女士率教员4人、学生42人来锡游览并参观三师、代用女子中学等
1921年10月	无锡市教育会	召开庆祝成立十周年茶话会	由会长召集全体会员开茶话会,4时摄影开会,7时叙餐
1924年7月	开化乡教育会	举办暑期讲习会	参加对象为小学教员,课程有演讲设计教育法及各科测验法等
	开化乡教育会	开设农间学校	会同农会联合举办

①本表所列活动仅以相关邑报所见资料汇总,并不全面。

续表

时间	组织者	活动名称	活动具体情况
1924年11月	天下市教育会	推代表赴县教育局挽留学委俞鹤琴	因学费无着,筹款为难,学委俞鹤琴向教育局局长申请辞职。市教育会开会议决讨论,推代表7人赴局挽留
1925年4月	开化乡教育会	组织志愿捐	兵灾后,地方困难。将集资餐费悉数移赈,聊作杯水之助
1926年8月	无锡市教育会	举办暑期学校	邀请多人演讲,如冯云初演讲无锡商团历史

资料来源:根据《新无锡》《锡报》等相关报道整理。

除了组织教育活动外,市乡教育会还承担起教化风俗、改造乡村的责任。1924年2月,县署奉教育厅训令开展平民教育,全县开办学校20处。其宗旨是:"为补助义务教育之不及,在最短时间中,以普及平民常识为旨。"[①]无锡教育会和各市乡教育会均积极参与,将会务拓展到民众教育的新领域。有时,教育会也会干预地方人事安排,如1924年春,华祖锡被委任南延乡学务委员,外传其学历不符合任职条件,结果"舆情大为不洽,大受学界攻击"。该乡教职员函呈县教育局"请收回成命,另委贤能,如不达目的,一致向教育局总辞职"。该乡教育会鉴于教委之重要,"攸关全市教育甚大",有多位会员署名,致函会长华君,"请召集大会,共商善策"。[②]后乡教育会协同县教育局局长蒋仲怀,赴乡调验华祖锡的毕业文凭,经查无误,经解释,矛盾得以化解。[③]

由此可见,在传统乡村演化的过程中,乡村教育会也是一支推动变革的重要力量。

[①]《平民教育会议》,《苏民报》(无锡)1924年2月11日。
[②]《南延学界反对教委》,《苏民报》(无锡)1924年5月17日。
[③]《南延学潮之调解》,《苏民报》(无锡)1924年5月27日。

第五节　营建文化空间

无锡教育会作为教员的集合体,与当时其他地方社团相比,呈现出独特的文人气质。其会所是社团文化物化的体现,是风格与品位的形象代理;其文字是社团成员情感的宣泄,是应酬与寄托的精神世界。

一、会所:文化标识

锡金教育会创办之初,没有自己的会所,办公地点是租借的。民国建立以后,地方教育迅猛发展,随着学校的增多,教育会会员人数骤增,到1912年,会员人数已达600余人,遇有集会,原寄居会所完全不敷使用。于是,新任会长侯鸿鉴就提议购地自建会所,"为教育会立永久之基"。①该建议得到广大会员的拥护支持。教育会专门开会通过决议呈县署,请拨无锡公园之南、县立图书馆西面原崇安寺长生殿道院的空地作为会所用地。经与有关方面多次协商,用地问题终获圆满解决。②为了筹集建设会所的资金,教育会曾多方设法。③在争取政府支持可能性不大的前提下,无锡教育会就通过会员募集经费,兴工建筑。④1913年9月7日上午,无锡教育会举行会所落成典礼,⑤这不仅使教育会摆脱了历时近10年的寄居生活,为自己安置了一个精神归属的家,也为地方添置了一个文化景观,使无锡教育会成为区域教育的一个中心。

无锡教育会会所位于县城中心县立图书馆的西南侧,从现存照片来看,其为一幢两层中式建筑,风格简洁朴素。门朝南开,四墙有窗。东西两面为坡顶,

---

① 陶守恒:《无锡教育会沿革记略》,《无锡教育杂志》1913年1月第1期,第315页。
② 无锡县政府:《无锡概览》,文新印刷所,1935,"教育"第46页。
③ 江苏省教育会:《报告》,《教育研究》1913年第6期。
④ 1946年12月15日,县教育会在连元街小学召开教育座谈会。会上有会员对于无锡教育设施及会务改进发表意见,其提到:"教育会会址,于民初以长生殿原址作用,由会员自筹经费,建筑会所及市房。民国二十六年土地登记,由县教育会办理登记手续,地籍整理处图策[册]可稽,县财政整理委员会以公产统一管理为名,欲收回管理,本会应据理力争。"参见《基金充作修置费》,《江苏民报》(无锡)1946年12月16日。可见建设资金来源于会员的募集,至于具体的经费来源情况,未见资料记载。
⑤ 明剑:《五年之教育回顾》(续),《新无锡》1918年9月15日。

屋脊上插五色旗,南侧山墙上方镌刻有"县教育会"4个大字,字下留有通风孔。整个建筑东西宽度各约10米。每层层高约3米,为三开间,朝南正面一层有3扇门可供进出,中门稍大,约有2米宽,两边两门各约1.2米宽,三扇门上方各有一通气孔。二层朝南面也有3个窗户,中间窗户较两侧窗户稍宽。在这幢建筑外,南正面有围墙,大门为铁制镂空,院内为泥土地,其他三周最初围有竹篱笆。①1915年,院内地面铺砖硬化,②从而为举办大型活动提供了方便。

除此之外,自民国初年,县教育会还陆续在会所附近的城中公园与县立图书馆之间的公园路上购买多块土地,建有数幢房屋,供出租取息,以补充会费的不足。据记载,至1931年,教育会拥有的房屋及基地外租情况如下:

上下楼房四间,地址公园路口,租户中法储蓄会;上、下楼房二间,公园路口,朱鸿□;上、下楼房二间,公园路口,龚士英;上二间、下三间,公园路口,郁金生、金星洲;上三间半、下二间半,公园路口,老宝华;基地一块,会所北面,民众教育馆。③

上述老宝华是无锡开办最早、规模最大的照相馆,1929年资本达一万元,为行业之首,另在惠山景区开设有分馆。④县立民众教育馆,即原通俗教育馆,建于1916年。为了推进地方通俗教育的开展,当年9月24日,县教育会召开特别会,第一件议案即"建筑通俗教育馆案"。原提议租借市公所公花园西边隙地,后"经各会员一再讨论",以"地址偏僻,不甚合宜",议决租借县教育会北面空地建筑。⑤通俗教育馆于次年建成,它实际是作为教育会会务的延伸而建立的。这一切构成了县教育会物态的建筑群。

1921年2月发生了无锡教育会会所被焚事件,这成为教育会历史上轰动一时的大事件。这是继1904年无锡发生毁学风潮后,地方教育界遭遇的"第二把

---

① 《江苏无锡县教育会被毁》,《申报》1921年2月16日。
② 《县教育会铁栅内将铺砖地》,《新无锡》1915年4月2日。
③ 严少陵:《无锡县教育会款产一览》,《现代教育》1931年第20期,转引自《县教育会积极整理款产》,《新锡日报》1941年7月15日。
④ 无锡县政府无锡市政筹备处:《无锡年鉴》,华丰印刷铸字所,1930,"商业"第49页。
⑤ 《无锡·县教育会特别会纪事》,《申报》1916年9月27日。

大火",前者责任、后果均十分明确,而这次却有点莫名其妙。当时,上海《申报》及无锡地方《锡报》《新无锡》等多家报纸连篇累牍,对此事作了长达半年的跟踪报道。

1921年2月15日为农历正月初八日,按中国传统习俗,此时仍属新年春节。该日上午,有日本人藤岛宇太偕5名日妓和2名仆人(8人皆为日本人),由上海乘特别快车,于11点57分抵达无锡,寓新旅社39号房间。下午,藤岛宇太赴无锡南城外黄泥桥陈以益①家祝寿,一仆人随往。另一仆人则陪同3妓乘人力车进城中崇安寺游玩,行至县图书馆附近,适有五七团②团员在演讲抵制日货。听者颇为激昂,见数日本人,即有人连呼"日本人"不止。结果,一倡百和,群起嘎声。日人见势不佳,欲乘车走避,不意游人甚多,人力车被围,无法出走。他们匆匆奔入附近的县教育会会所,登楼避匿。教育会职员见此,恐肇事端,即电话报告县署、水警署及各分所。不久,赵云岑知事暨分所所长、各巡官警察队长以及其他警务人员,均带同巡士先后来到教育会,保护日人。奈其时人多手众,纷纷杂乱,致将教育会四周之竹篱笆挤坏,室内物件,亦毁损不少。而看热闹之人,则愈聚愈多,他们见知事等进入教育会内多时,未见日人出来,于是复起嘎声,甚有以瓦砾遥掷者。卫兵见众聚不散,遂放空枪示威。旋由警察队及巡士等排队簇拥赵知事等离开。一般闲人疑日人尚躲在楼上,其实,在巡士的安排下,他们已改穿巡士服装,混杂在队伍中,与赵知事等一同离开。不知如何,教育会会所忽然起火,霎时火光熊熊,将整座楼房烧得四周通红,嗣经救火会施救扑灭。经火过的楼房,墙壁虽未倒塌,但楼板及内陈书籍、办公用品等悉数焚毁,幸四面脱空,未曾波及其他房屋。在事件过程中,教育会职员高仰山,因向众力劝,被击成伤,其在会所内的个人行李衣服等完全付诸一炬。后高君被送进普仁医院医治,多名在场滋事人员被县署拘留。事后,8名日本人由赵知事安

---

①陈以益(1890—1966年),一名陈志群,字童庵,无锡城南黄泥桥人。民国期间历任驻日本副领事、领事等职。编著有《爪哇鸿爪》《日下谈日》《墨游漫墨》《东亚之东》《南洋指南》《美西志美》《国父遗声纪念刊》《美国现代史》等。
②"五七团"为20世纪20年代无锡地方年轻学生、职员组成的爱国社团,成立于1919年5月7日,由无锡北塘商界店职工王实恨、徐萼芳等组织成立,全称为"救国五七团"。主张爱国反日,1920年9月25日起,编辑出版有《五七月刊》,并组织演讲,抵制日货等。参见赵天一:《"救国五七团"的简况》,《北塘文史资料》第3辑,第52—54页。

第二章　北洋政府时期的无锡教育会(1912—1927年)

排,被护送出境。①

事发后,赵知事邀地方绅士及团体领袖侯鸿鉴、秦颂石、张鉴、蒋遇春、孙如山、钱镜生、杨干卿、顾倬、蔡荫阶、李康复、秦执中、高映川诸人,一科主任陈文化,三科主任钱孙卿等在署内开会,磋商善后,确定"对于县教育会被毁之房屋,拟从速规复,经费暂由知事设法筹措","教育会重建房屋由学界自行主理,其款由县署设法暂垫"。②

县教育会正副会长"以会所一日不容或援,特将情函告县公署后,赵知事即函托孙应皋、周伯寅二君监工建筑,一方面招工估价,闻已由某匠头承包建筑,工料费银计二千八百元,准于今日开始拆卸,将来即以原墙脚为址,预计三个月后便能乐观厥成矣"③。县署对教育会的批复是:

> 来牍阅悉,本届正□各款,并无丝毫有存,现在款从何出,尚须设法措垫,既据□呈前来,应将房屋由县垫款设法修复,已饬该水木作照账另书承揽存案,计木作银二千元,水作银八百元,限三个月完工,分三期拨付。第一期木作付银八百元,水作付银四百元;第二期木作付银六百元,水作二百元;第三期木作六百元,水作二百元合共二千八百元,均由贵会长按期填交收据,以凭拨领。至会中书籍、什物,姑俟房屋完工后,酌量情形,另行办理。④

据侯鸿鉴会长报告,该会另有内部损失:"计书籍、器具什物、花木、电灯、电话以及寄存、寄售之书籍等物,价值在三千一百元之谱。又该会职员高仰山君,私人损失,计衣物、书画、证券等,价值六百元,共约损失三千七百元左右。"⑤教育会议决,"公推陶达三为修建会所工程员"。⑥最后,县署还是负责了赔偿,在无锡县1923年度《无锡县地方费预算册》中,列有"修复县教育会费银一千元",并注明"查修复县教育会,共用银五千元。呈奉核准分五年于地方费用摊还,本年度

---

① 《江苏无锡县教育会被毁》,《申报》1921年2月16日。
② 《无锡教育会被毁案续记》,《申报》1921年2月18日。
③ 《县教育会开始建筑》,《新无锡》1921年2月25日。
④ 《县教育会被毁风潮后之余波》,《锡报》1921年2月28日。
⑤ 《县教育会被毁风潮之昨讯》,《锡报》1921年2月19日。
⑥ 《县教育会职员会纪事》,《锡报》1921年3月7日。

应还银如上数"。①不久,会所得以恢复。重建的会所比之前要稍大些,包括一幢十架五开间楼房和两间四架附属房屋,最多可供近300人开会活动。②

对于此事,"一般舆论,佥归咎陈志群之带领无照日人来锡,及官厅之应付无方激成暴动。故对于教育会之被毁,咸谓官厅、志群应当负完全责任"③。更多的则把矛头指向县署,认为其保卫不力,现在凑垫地方公款建造修复,是"挖地方之肉,以补地方之疮"④。

此事发生后,教育会吸取教训,对会所的管理进一步作出严格的规定。1921年7月17日下午县教育会召开全体职员会,黄豹光提出:"(一)会所落成后,各处参观人不得借宿。(二)会中台凳,非学校开会等事,不得出借。(三)电话非本会员不得借打。(四)干事员须常川驻会。以上各条,当经多数赞成。"⑤1923年2月,县教育会开全体职员会,会上报告济阳女学校公函教育会,希望商借会所,为校长蔡华卓纤女士开追悼会一事。经众一再讨论,最后还是决定同意借用,并就日后其他单位或个人借用会所制定了商借会所办法三条:"(一)与研究教育有关系者,得由会长特权处断。(二)关于特殊问题,由会长开临时职员会商榷办理。(三)商借会所者,须将商借理由,具函声明,旋经各职员议决,以来函中有鼓励兴学而资矜式字样,与议决第三条办法相符。"⑥到1924年更规定"取缔借打电话"⑦,进一步明确了规范管理的要求。

教育会会所既是教育会开展业务的活动中心,也是地方教育活动中心及地方教育文化展示中心,是教育会实现理想的依托,体现了教育服务社会的本意。其文化特征表现在三个方面:

一是地处无锡城区中心。民国初年所建的县教育会会所,在崇安寺旧址,

---

① 无锡县议事会:《无锡县议事会第一届第二年度第一、第二届临时会议决案》,1923年刊印,第17、29页。
② 无锡教育整理委员会胡念倩:《呈送战争时期文教机关财产损失调查表,附件》,1935年11月18日,无锡市档案馆藏,ML01194500700160013。
③《县教育会被毁后之昨闻》,《锡报》1921年2月18日。
④《县教育会修复感言》,《锡报》1921年2月28日。
⑤《县教育会职员会纪事》,《锡报》1921年7月18日。
⑥《纪县教育会之职员会》,《锡报》1923年2月19日。
⑦《县教育会开会商榷会务》,《锡报》1924年10月9日。教育会在建筑之初就安装有电话,号码为18号。参见薛明剑:《无锡指南》(初版),锡成印刷公司,1919,第28页。

地处无锡城区核心位置。历史上,崇安寺规模宏大,至民国初年仅存大雄宝殿、松隐院及万松院之一部分。辛亥革命后,原址地基被收归公有,在该地先后建设了无锡公园、县立图书馆、大同医院、菜场、县立通俗教育馆、市立第一国民小学等,另外,市公所、县劝学所、县农会等机构与社团也建于此处,使该地成为地方社会文化和生活中心。其东北面的无锡公园(初名锡金公园,后改称城中公园),占地约40亩,园内"铺细草,间盖花棚,且备有铁椅,供游人之休憩焉",另建有多寿楼、大池、池上草堂、清风别墅等,速成师范校友会建有西社,锡金师范同学会建有纪念塔于高岗之上。故平时游人甚多,尤其是"阴历新春,百戏杂陈,游人麇集",①有马路直达火车站及惠山,交通方便。另外在公园四周,有无锡最早的照相馆老宝华,茶馆有万花楼、松风阁等。公园南面的县立图书馆是无锡地标性建筑,主体为四层建筑,并建有钟楼,为民国年间无锡地区的最高建筑,楼里安装有大钟,其显示的时间也成为地方的标准时。在无锡实业家荣德生眼里,"沿马路两旁,有图书馆、有公园、有教育会,俱能初具规模,此社会教育之进步者"。②在地方人士的心目中,包括教育会及其会所在内的机构及建筑,均是无锡地方文化进步的象征。这样的处所,为教育会日后发挥作用创造了十分有利的条件。

二是文化展示中心。到民国初年,无锡新式教育已相当发达,享有盛誉。"吾邑为文物之邦,开通最早,城厢内外学校林立,教育之普及,学识之发达,迥非他邑所能并驾齐驱。"③所以外地前来参观考察者一拨儿接一拨儿。邑报有载:"吾邑教育,办理较早,薄负时誉,四方办学人员之莅邑境参观者,岁在千百计。"④由于县教育会优越的地理位置及其所从事教育事业的出色成绩,县教育会会所成为市民及外来游客的必览之处,尤其成为教育考察者的朝圣之地。为适应这一需要,县教育会对会所内部进行了精心的布置,以展示无锡教育的发展成就。地方所编的导游指南等资料还对此作有专门的介绍:"自建新屋。陈列关于教育之表册,会场设于楼上。"⑤武进县的巢桢来锡参观,感触颇多,他在

---

① 《市乡名地略》,载徐振新:《无锡大观名胜号》,锡成印刷公司,1921。
② 乐观之:《无锡之将来》,锡成印刷公司,1914,第1页。乐观之即荣德生笔名。
③ 《教育界之秘密》,《锡报》1917年6月29日。
④ 李康复:《民国十一年教育之回顾》,《锡报》1923年1月1日。
⑤ 薛明剑:《无锡指南》(初版),锡成印刷公司,1919,第28页。

之后所写的笔记中写道：

> 由市立第一小学出，至教育会，会长即侯君。入室小坐，室凡三间，为会客之所，四壁陈列皆最近之无锡县教育统计图表及教育会之摄影等，整理亦清洁。盖会中有常驻之人，会内有应办之事。当此教育停顿时期，会事正多，有提倡教育之责者，固宜尽力其间，以谋将来之进行。侯君负教育界重望，为锡邑教育计，知必有所表见，以造福于锡邑也。①

教育会会所中展示的除了图表、照片外，会所内还收藏有不少报刊及专业书籍。早在清末教育会成立之初，作为公共社团的教育会就考虑会员于各书局出版的教科书日多，故取二百余种存储于会所，以供教育家参观。②这既展示了会员的学术专业成就，也使会所成为会员学习研究之地。除此之外，县教育会还购进了大批新式教科书，供在会所活动的会员及客人取阅。据该会自己的统计，到1908年，该会已收藏了包括商务、文明、中国图书公司、广智、普及、时中、昌明、东亚、彪蒙、会文、集成、开明等多家出版社出版的，涉及各学科的教科书上千册。③新会所建成后，教育会更加注重内部建设，购置了国语留声机器及各种参考书籍。④地方官员也很关心教育会的内部建设，主动送书送报，如县署王用先知事还专门订天津《社会教育星期报》⑤赠教育会。⑥这使得教育会会所展示的内容更为丰富。

同时，会所还是县教育会的资料信息中心，其收藏保管有教育会的历史文书档案等资料。1921年，会所被大火烧毁，原存文书档案与所藏书刊也一起全

---

① 巢桢：《无锡教育参观记》（续），《武进教育汇编》1917年第2期，"调查"第6页。
② 锡金教育会：《锡金教育会报告》（一名《锡金教育会第三次报告》）丁未下学期，1907年。
③ 锡金教育会：《锡金教育会报告》（一名《锡金教育会第四次报告》）戊申，1908年。
④《县教育会开会汇志》，《西神日报》（无锡）1923年10月15日。
⑤《社会教育星期报》为1915年天津社会教育办事处创办的科普报，作为改良社会风尚的舆论阵地。由林墨青任社长，韩补庵任主编，另有编辑、记者王斗瞻、戴蕴辉等。其编辑宗旨是："培养旧有道德，增进普通知识，筹划平民生计，矫正不良风气。"该报文体是白话与文言兼用。主要内容有生物浅说、琐言、杂谈、常识和卫生等。每逢星期日出版一次，用四开毛边纸印刷，按照书页形式排印，裁开装订成册，如同一本书，便于保存。参见：御河轩的博客《林墨青与〈广智星期报〉》。
⑥《县知事分赠社会教育报》，《新无锡》1916年6月18日。

部化为乌有。为此,无锡教育会还在地方报纸上连续刊登启事,征求资料。①

进入20年代,县教育会考虑到"吾邑博物馆,仅有通俗教育馆一处,欲广常识,必多设博物馆",设想"征集十七市乡博物标本,陈列会中,供人展览"。②会长侯鸿鉴在小学教育研究会召开的第十三次大会上正式提出"征集本邑博物标本,为各小学自然科研究案"。会议议决:"通函各学校,将本处所出标本送会后,定期开一展览会,捡最优者永远陈列会中。"③县教育会向无锡17市乡各学校征集的博物标本包括当地植物、矿物、动物等类型。考虑到便于日后的布展和保存,县教育会还对不同征集品的制作、保护提出具体要求:

> 植物类压制者,一律用硬纸黏贴之。动物类干制昆虫等用细针插硬纸上,酒精制者用玻璃瓶,剥制者用木架及木版[板]为座。岩石及矿石、化石类用纸盒装置。土壤类亦用纸盒盛之。工艺品类从原料至造成工艺品,依顺序排列之,或装玻〈璃〉瓶,或装纸盒,或做玻璃匣,均视品物之相宜者装置之。④

1926年11月5日,设在县教育会会所二楼的博物展览会开幕,"凡十七市乡学校、个人征集之各种动物、植物、矿物出品,一律编号陈赛,七日展期一天,八日收束。凡在开放时间,均可任人观览"⑤。这次征集所得有植物标本800余种,动物标本200余种,矿物标本100余种,"出品之市乡仅有十三市乡,南延、富安、青城、北上四市乡均未有出品送会"。"为各校教员、学生研究博物之观摩","闻此后尚须继续征集,于明春开第二届展览会,俟出品渐次增多,即为永久之陈列。此种展览会闻系仿德国柏林中央教育会办法,供学校教员、学生博物研究之用,为极有价值之举。县教育会侯会长极望各校热心采集,送会陈列,俾得蔚为大观,裨益于邑中理科教育,实非浅鲜"。⑥这样的展览,在会所内经常举

---

① 侯鸿鉴、孙保鉴:《县教育会会员公鉴》,《新无锡》1921年4月2日。
② 《祝民国十三年吾邑教育之进步》,《锡报》1926年1月1日。
③ 《小学教育研究会开会》,《锡报》1926年1月13日。
④ 《教育界近讯一束》,《无锡新闻》1926年1月6日。
⑤ 《光复纪念日之教育会》,《新无锡》1926年11月5日。
⑥ 《教育展览会办理结束》,《新无锡》1926年11月20日。

行,如县教育会曾征集学校成绩品陈列展出。①1926年11月,县教育会侯鸿鉴、秦执中,以三师区附小研究会将在宜兴开会,特在会内开学校行政图表及儿童读物展览会三天,每日上午9时起、12时止,下午2时起、5时止,晚间6时起、9时止,凡在开放时间,任人入内展览。②有人评价:"尽半年之中,陈列展览,裨益于小学儿童既不少,即普通社会之人,亦必乐观者也。"③

三是教育人的休憩中心。民国初年,县教育会在会所还设有简陋的住宿设施。这为来锡考察教育的外地教育人提供了免费或廉价的过夜选择,亦满足了无锡市乡教育会进城参加会议或活动但因故无法当日返回的会员的住宿需求。由于无锡教育会本身颇具名气及其会所地理位置优越,不少到锡的参观团借宿于无锡教育会会所内。在畅销一时的无锡旅游推介资料《无锡指南》中有介绍:县教育会于清光绪二十九年(1903年)成立,会址在城中公园路,"自建新屋。……,会场设于楼上,……,外埠教育参观团多宿该处,通人力车,电话三十四号"④。这既是一种介绍,也是一种广告。1915—1920年间地方报纸报道的在会所留宿的部分参观团情况如表2-18所示。

表2-18 无锡教育会会所住宿外地教育参观团情况一览表(1915—1920年)

时间	教育参观团名称及人数	活动内容
1915年4月30日—5月3日	北京国立师范学校校长方惟一、附小主事刘子房率学生12人	参观各校教授法
1915年12月11日	南通代用师范学校教员葛子坚、路亦群率本科生17人	参观无锡各校
1916年5月中旬	常熟塘桥县立第三高等学校校长金味梅偕教职员及学生90余人	参观图书馆、惠山、三师、第一高小、第二高小。
1916年6月9—10日	湖南省立第三师范学监童绍仙偕该校附属小学主事陈履谦、教员周蔼人	参观县教育会、三师及附小、竞志女校

---

①《征集学校成绩品》,《新无锡》1915年10月16日。
②《县教育会之展览消息》,《新无锡》1926年11月2日。
③《祝民国十三年吾邑教育之进步》,《锡报》1926年1月1日。
④薛明剑:《无锡指南》(初版),锡成印刷公司,1919,第28页。

续表

时间	教育参观团名称及人数	活动内容
1916年11月6日	江苏省立第二师范四年级学生37人，由沈方涵、过冠生两君偕同到锡	参观学校
1917年4月17—18日	如皋教育参观团程家麟、周世勋等10余人来锡	参观三师附小、县立第一高等小学校、公益第二小学、梅园、太湖
1917年5月9—11日	南通代用师范学校学生20余人	参观三师、大公图书馆、梅园、公益第二国民小学、惠山
1917年5月30日	湖北高等师范学校博物部学员20余人	参观一切
1917年6月7—10日	靖江省立第六师范学员40余人	参观三师附小、竞志女校等
1918年4月27日	江苏省铜山县参观团陈公度等10人	来锡参观学校
1918年4月28日	省立第四师范王含鉴率四年级学生14人	来锡参观学校
1918年5月5日	徐州省立师范学监丁熙民及教员薛梦远率四年级学生30余人	来锡参观各学校
1918年5月15日	南通代用师范学校由教职员率领学生30余人	参观学校
1918年9月26日	江西第一师范学校监学袁舜钦、教员吕伯莼率学生31人	参观三师、竞志女校等
1918年10月24日	江西第一师范学校监学罗□生、舍监肖严率四年级学生20余人	参观三师、县立第一高小、县立第二高小、女子师范、竞志女校
1919年4月中旬	浙江省立第十师范学校学监赵涤性率领本科四年级学生12人	参观三师、县立第一高小、县立第二高小、唐氏私立益友学校等
1919年5月2日	海州第八师范学校2教员率本科毕业生28人	参观各校
1920年4月13日	南京省立第四师范教员过君率本科四年级学生30余人	参观市立第一国民学校、三师附小
1920年5月23日	江西省立第二师范学校学生20多人	参观无锡著名小学

资料来源：根据《新无锡》《锡报》等相关报道整理。

"读万卷书、行万里路。"考察加旅游是教育人的游学方略。无锡发达的教育、明媚的太湖风光,成为外地教育人的向往。每年春秋两季游人如织。所以,要借宿教育会,均要提前预约,有时还要由政府出面预先打招呼。1915年,由靖江县视学暨各学务委员率领的参观团到锡学习考察各学校,该县知事事先专函无锡县署请求帮助:"惟派赴各员人数既多,住宿旅店殊多窒碍,用特函恳台端可否转商贵县教育会长,暂借馆舍,俾资驻足。如荷许可,则感□公谊,实无涯量云云。"无锡丁方谷知事"即照会县教育会,商借该会楼上为该参观人等驻足所矣"。①

从教育会会所的规模来看,一般可供三四十人住宿。1916年5月中旬,常熟塘桥县立第三高等学校校长金味梅偕教职员及学生90余人来锡,县教育会会所住宿场地不够,部分师生只得借住公园多寿楼。②除了外地师生借住外,无锡本地的,尤其是乡村到城区参观的师生,不少也住宿教育会会所。如1915年5月19日,北下乡教育参观团10余人来城参观,约勾留三四日返乡,"住宿县教育会楼上"。③1917年10月26日,天上市学务委员卫质文组织教育参观团,偕30余人来城参观三师附小,住县教育会楼上,约勾留一星期返乡。④1919年11月初,扬名乡学务委员丁逸清带领校长、教师共20人,来城参观三师附属等学校,晚上住宿县教育会。⑤来城开会的会员也会因故在会所留宿。如1916年9月10日县教育会开教育研究会,到会会员20余人,会议至7时10分摇铃散会。是时因大雨淋漓,不能行走,故远乡各会员都留宿会中。⑥

1921年,县教育会会所被意外焚毁后,教育会加强了对会所的管理,作出"会所落成后,各处参观人不得借宿"的决定。⑦这样,会所的借宿才算终止。

四是地方会议中心。县教育会会所地处城中心区,交通方便,再加上会场容纳人数较多,不仅是教育会自身的会议活动中心,还是民国时期无锡地方大

---

① 《靖江教育参观人来锡先闻》,《新无锡》1915年5月5日。
② 《学校来锡参观》,《新无锡》1916年5月18日。
③ 《北下乡教育参观团来城》,《新无锡》1915年5月20日。
④ 《天上市教育参观团到城参观》,《新无锡》1917年10月27日。
⑤ 《参观教育后之预备》,《锡报》1919年11月8日。
⑥ 《县教育会开会纪闻》,《新无锡》1916年9月12日。
⑦ 《县教育会职员会纪事》,《锡报》1921年7月18日。

型集会的专用场所。民国年间,无锡地方大型室内集会场所屈指可数,除了县教育会会所外,再有就是江苏省立第三师范学校大礼堂。但邑人说:"不过第三师范的大礼堂是江苏省有的,不是地方上公有的,我们不能常去借用的。"①故地方绅士曾多次提出要建设地方公共集会场所。1921年,曾有人建议在公园建一大礼堂,"预备起七上七下的楼房,上面做商城,下底作礼堂,取名叫'共和厅',用三个十字做记认,就是说'民国十年十月十日无锡市民集资创造'的意思",建筑费完全向市民捐募,作为市民尊重公德心的纪念品。②到1925年,地方有人认为:"然环视素以模范县声闻于国内之本邑,欲求一公共大会堂,且尚付缺如,我邑人拥此虚声,能不恧然。"故倡议募捐三万元,一万元作基金,二万元建筑大会堂。③号召社员分头募捐。④到1936年,第一区区长钱锺亮再次提出建中山堂。但热议了一阵又一阵,因种种原因,终无建树。

这样,县教育会的会所就成为地方唯一的大型室内聚会场所。教育会会所内的会场"设于楼上"。⑤1922年4月8日下午,东南大学心理学教授陈鹤琴在县教育会作讲座,参加听讲者达300余人。⑥这是编者所见在县教育会会所举行大会参加人数最多的记载。抗战胜利后,时任无锡教育整理委员会的胡念倩在提供的教育会战时损伤报告中提及,教育会会所损失,包括牌机300张、光漆长凳65张、茶杯300只。⑦这些数字也从一个侧面反映了会所举行会议的规模。

从在教育会会所召开会议的内容看,多与教育有关,如大型演讲会、运动会筹备会等。1915年,无锡县组织无锡县市乡公私立各学校联合运动会,筹备会将办事处设县教育会会所,并在《新无锡》报上刊登启事:"无锡县市乡公私立各学校联合运动会现假县教育会为事务所,如有事商榷,请该处接洽。"⑧筹备委员会借会所多次商议开会。此外,还有视学、学务委员召集的会议。1917年10

---

① 周郎:《公园与礼堂》,《锡报》1923年6月8日。
② 《创建大礼堂之先声》,《新无锡》1921年6月13日。
③ 《锡社之宏愿》,《新无锡》1925年7月26日。
④ 《锡社建筑大礼堂近讯》,《无锡新闻》1925年11月15日。
⑤ 薛明剑:《无锡指南》(初版),锡成印刷公司,1919,第28页。
⑥ 《市教育会演讲纪略》,《锡报》1922年4月9日。
⑦ 胡念倩:《呈送战争时期文教机关财产损失调查表,附件》,1945年11月18日,无锡市档案馆藏,ML01194500700160013。
⑧ 《人事介绍》,《新无锡》1915年11月7日。

月,由县视学孙仲襄、学务委员蔡荫阶召集无锡市乡各校教员开会,讨论无锡市检定小学教员事项;①1918年8月,各市乡学务委员假教育会会所开第三次会议。②亦有其他社团借教育会会所召开会议,如1918年11月14日上午,无锡县童子军联合会借县教育会开会,庆祝协约国取得胜利。③

不少学生会、同学会、校友会等都与教育会有着紧密联系,都喜欢把聚会之地置于会所。1917年8月11日,锡金师范同学会"假县教育会"开会,到朱正色、高仰山等十人,"以联络交谊",散会后还在公园前兴昌照相馆合影留念。④1918年1月,薛明剑在县教育会提议筹办学生会,拟定章程,事务所设县教育会。⑤1918年7月,"吾邑县立乙种师范讲习所创自癸丑之春,所长孙君北萱,对于校务热心规划,所聘教职员均富有经验,以是成绩颇佳,诸生毕业后亦多服务各处,同学感情殊为融洽,故特组织校友会,每年开会一次,第四届例会……假座县教育会开会"。⑥1923年5月,"本邑师范中等各学校,发起恢复学生联合会,于日前假刘抚院辅仁中学校开筹备会议等情,已志本报。兹悉该会会所,业经筹备员张汝训、杨荫浏等,商允县教育会会长侯保三君,准将教育会房屋之一部,拨借为该会会所之用。该会现定五月四日,即在县教育会开成立大会,现正编订会章,筹备一切"。⑦1923年8月,"前锡金公立师范,丁未戊申两届同学,日昨一号下午二时,假座县教育会开常年例会,到会者有蒋仲怀、顾子静、过冠生、华永千、高仰山、殷涤新、蒋月波、龚亮吉、辛栽成、叶志青、金素宜、陈献可、黄受之、陈仲修等,当由蒋仲怀主席,票选会长,检票仍由蒋仲怀连任"。⑧一年后,该会再次聚会,聚会场地依然在县教育会会所。⑨1925年6月,无锡中等各校学生因组织学生联合会,"假县教育会开筹备会议,列席者三师代表巫恒通、张景远、

---

① 《检定小学教员近闻》,《新无锡》1917年10月2日。
② 《学务委员会开会纪事》,《新无锡》1918年8月27日。
③ 《协约国最后胜利之庆祝》,《新无锡》1918年11月15日。
④ 《锡金师范开同学会》,《锡报》1917年8月12日。
⑤ 《无锡学生会成立》,《新无锡》1918年1月27日。
⑥ 《乙种师范校友志闻》,《新无锡》1918年7月29日。
⑦ 《学生联合会借定会所》,《锡报》1923年5月1日。无锡学生联合会成立于1919年五四运动期间,后停止活动,1923年5月4日改组成立,恢复活动。见《学生联合会开会之通告》,《锡报》1923年5月3日。
⑧ 《公立师范丁戊同学开会记》,《锡报》1923年8月3日。
⑨ 《锡金师范同学会将开大会》,《锡报》1924年7月18日。

黄祥斌,实业中学代表陈机,辅仁中学代表诸祖荫等,上海学生联合会代表张育文、孙伯池亦预会议。当经议定:(一)此次组织学生联合会,系另行组织,与上届学生联合会完全脱离关系;(二)定名为无锡学生联合会筹备会;(三)本会由无锡中等学校组织之;(四)筹备主任推定辅仁中学学生会担任;(五)下届开会日期定十三日下午三时"[①]。

二、会员的文字:世俗应酬

民国时期,无锡民间社团众多,各具风格,县教育会是由教员及从事教育工作的知识分子集结而成的教育文化社团,它有囊中羞涩的经济尴尬,却也有妙笔生花的经世手段。在县教育会的会务活动中,这种文字能力表现为县教育会同人用诗、词、赋、联句、文章等形式描述出社团集体以及会员个人的生活内容。笔耕为业是一种谋生的经济手段;执笔寄情更是用文字去关联社团集体、会员个人与世俗社会,维系人情世故的应酬,达到情感的皈依。这一切构筑了教育会精神生活的文化空间,使教育会弥漫出浓郁的人文气质。正如杜威所说:"教育是一种生活方式,是一种行动的方式。"[②]

首先是平衡政治倾向。在1911年辛亥无锡光复中,光复队成功攻取两县衙署,成为功不可没的地方英雄,无锡教育会同人为表达致敬之意,特赠联,以示赞美。时任会长孙肇圻写的是:"往事试重提,造几许英雄博共和两字;良辰留纪念,看大家额手祝民国万年。"无锡市教育会会长钱孙卿写的是:"惟钱业实先各业,百余里治安是保,首从桑梓建奇功;以商团而助师团,四十人奋往直前,手定山河成伟绩。"[③]1923年8月21日,无锡议事会"奉令恢复",县教育会为这个重要的地方政治机构送上长篇献词。[④]1925年春,围城兵灾硝烟散去,县教育会会长侯鸿鉴投函《新无锡》报,提议"征求地方人士对于感谢商团、消防队及在事出力诸君护城之功之意见"。此倡议得到同为教育会会员,《无锡年报》主编秦

[①]《组织学生联合会》,《锡报》1925年6月12日。
[②][美]杜威:《杜威教育论著选》,赵祥麟、王承绪编译,华东师范大学出版社,1981,第284页。
[③]《赠联》,载蔡容:《光复队纪事》,1912年铅印本。
[④]无锡县教育会:《县教育会陈辞》,载无锡县议事会:《无锡议事会第一届第二年度第一、二次临时会议事录》,1923年刊印,第3页。

耐铭、李继曾、秦惜华等的赞成，他们积极响应，同意在该年的《无锡年报》中"另辟一栏，刊登在事诸君之碑记、摄影等类"。①1925年10月，陪伴无锡百姓共度围城之苦的无锡县知事林苇桢离职别就，县教育会赠题书、赠图卷、赠诗文，表达对这位父母官与无锡城市同存亡、共患难的感激之情：

县教育会赠与林君之图卷，首为本邑名书家秦郊农君手题"去思"二字，笔法苍老异常。次为江阴名孝廉章松庵君绘东郊赠别图，色设青绿，逼真四王。次为侯保三君之七言及序文。次为秦执中之五古。次为侯、秦两君合作七古一章，装裱亦甚精雅。闻因做绸包手不及，须于今晨始能送往云。②

会长侯鸿鉴为东郊赠别图题写的七言诗为："痛忆孤城惨淡时，使君患难共扶持。秋来率尔骊歌唱，尺幅哀音寄去思。"并祝愿他："此去吴江好风景，定能载道得成碑。"③在长期支持地方教育发展的实业家孙鹤卿去世后，张鉴有联句"君生戊辰，我亦戊辰，屈指同周花甲候；来从首夏，去又首夏，关心均是麦秋天"④相忆。

其次是联谊社会喉舌。作为地方媒体的报纸，是报道无锡教育会活动的重要阵地。侯鸿鉴曾说："报纸纪之社会，传之其言，固足以鞭策邑事而进之也。"⑤这表达了教育会对报纸传播作用的认识。在地方报纸有创刊、复刊、周年纪念之庆祝时，县教育会均会以文致贺，借以密切联络关系。1917年，无锡地方创办最早的日报《锡报》复刊，庄荫梧、秦毓钧等人均有敬颂。顾型在外地还邮祝："崇论宏议，发声振聩，敬此奉祝锡报万岁！"⑥1924年，《无锡市乡日报》创刊，各地方机关、团体、绅商均进以贺词贺文或颂词颂文：无锡教育会与县立图书馆联合奉以颂词："导扬民治"；许械的颂词是"十七市乡，风行一纸；二三君子，日试

---

① 《提倡酬庸之应声》（一），《新无锡》1925年4月21日。
② 《林前知事去思观》（六），《新无锡》1925年10月6日。
③ 侯鸿鉴：《题东郊赠别图有序》，《无锡新闻》1925年10月6日。
④ 张杏村：《挽孙鹤卿先生联》，《新无锡》1928年11月16日。
⑤ 楚孙：《我对于侯氏之言》，《新无锡》1921年11月9日。
⑥ 《祝词》，《锡报》1917年5月23日。

万言"。①《新无锡》报到1916年6月27日出版满1000号,县教育会也有祝贺;到1923年创办10周年,教育会正副会长侯鸿鉴、秦执中亦敬颂贺词:"太湖明媚,惠峰秀奇。新我无锡,厥功伊谁。发聋振聩,十周倏来。笔诛口伐,成绩伟哉。杨意名士,周郎妙才。博闻诸子,公道允推。际兹盛会,霞灿云胚。教育促进,自治陈规。实业提倡,文化聿开。聊将纪念,敬献芜辞。"②

再次是取善社会民众。县教育会利用邑报,在传统节日刊登贺词,把县教育会的祝福向社会民间广为传播,如1926年元旦,教育会刊登贺词"恭贺新禧!无锡教育会同人鞠躬"。③1928年元旦,无锡县、市教育协会联合在报上刊出贺词,向全县各界人民致以祝贺:"无锡县、市教育协会同人鞠躬!"④可能是因为刊登此类信息涉及额外的经费支出,故这方面的资料不多,但从此也可看出县教育会作为地方教育社团向社会发出的善意。

就无锡教育会会员个人而言,文字是其维系自身与组织关系的重要纽带。检阅会员的文字,其内容涉及的面十分广泛,除了职业所关的教育研究论述和情感喟叹外,还有大量的游历记载、乡土著作。游历记载有侯鸿鉴的《环球旅行记》等⑤,张鉴的《漫游纪程》等;乡土著作有侯鸿鉴的《锡金乡土历史》《锡金乡土地理》《晋江乡土志》《无锡乡土博物志》,朱正心、张正行等编的《无锡新乡土教科书》《无锡新乡土参考书》《修正无锡新乡土参考书》等,秦颂石的《锡山风土竹枝词》以及薛明剑的《无锡指南》《无锡导游》等。"凡履其地,必有记载图绘,于山川形胜之外,如文献、风土、物产,苟有关于人文之进化者,莫不缕缕备举。"⑥他们的记述,不再局限于传统地理学的范围,"自昔纪游之作,说者多入之舆地一门,以其身所经历足以补方舆所未备也"⑦。会员个人的文字,不仅内容涉及广泛、丰富,其视角与视野也从乡土意识拓展为家国情怀。下面重点对会员之间日常应酬的文字作一介绍。

---

① 《颂词》,《无锡市乡日报》1924年4月16日。
② 《颂辞》,《新无锡》1923年9月11日。
③ 《广告》,《无锡新闻》1926年1月1日。
④ 《恭贺新禧》,《工商日报》(无锡)1928年1月1日。
⑤ 参见拙文《教育旅行家侯鸿鉴》,《无锡日报》2014年4月11日。
⑥ 秦仁存:《序》,载侯鸿鉴、马鹤天:《西北漫游记·青海考察记》,甘肃人民出版社,2003。
⑦ 钱孙卿:《序》,载张鉴:《漫游纪程》,1919,第3页。

一是唱和相融。以书画、诗词相酬答,是中国传统社会文人间交往的重要形式。县教育会作为文人聚结的社团,其成员常把书画、诗词等作为彼此联络感情、趋同志趣、维系友谊的高雅文化活动形式,彼此唱和。

张鉴早年"性好游",曾著《漫游纪程》一书分赠同好。后来,他以亲身的游历为题材,请无锡著名画家王云轩等绘制《十年浪迹图》,分赠师友,县教育会会员侯鸿鉴、宋泳荪、范廷铨、张轶欧、秦颂石、胡念倩、秦振镐、黄蔚如、邹同一、孙肇圻等纷纷以诗文应和。侯鸿鉴的是:"横拖寸管走寰宇,踏遍名山浪赋诗。飞鸟乍还犹未倦,图画尺幅系余思。"表达了"走寰宇"的过往与"系余思"的旅情寄托。宋泳荪的是:"浪迹十年何所得,灞桥风雪记题诗。奚囊满贮归来矣,夜雨辛庐课阿儿。"反映外出游历的经验与回里课读的体验。秦颂石则题记:"杏邨先生壮于游,足迹半天下。近岁倦游,著述自娱,顷以十年浪迹图见示,关山匹马,健儿态跃跃纸上。因题绝句三首,即希郢正。"①作为对老友的情感惠赠。

20世纪20年代,县教育会编辑部部长薛明剑与夫人李锺瑞等合力编辑出版《无锡杂志》。该杂志从1923年到1946年,先后出版了24期,影响经久不息。其中有多期刊登县教育会会员的唱和诗作。如第二期里有薛明剑与过文冕(冠生)、宋泳荪、胡念倩等的唱和。民国十年十月十日是国庆,恰逢三个十,故被时人称为"三十节",这天又巧是薛明剑结婚七周年的纪念日,所以薛明剑偕夫人"同摄一影,以示欢祝而留纪念,并作七言二首"。其中诗云:"结缡七载乐齐眉,儿辈成行待护持。今日欣逢三十节,佳期摄影恰同时。"②过冠生作和诗:"乡居淡泊不知年,养气读书自泰然,世事沧桑谁觉悟,何须问舍与求田。""少年伉俪乐齐眉,教育桑蚕共主持。玉照令人争羡慕,丰姿绰约并肩时。"③薛明剑在1922年和1923年元旦分别有诗:"岁月去频频,欣逢廿八春。十年任教育,二载事申新。三弟将成礼,双亲正乐伦。两儿初学语,内助性贤仁。""爆竹声稀人未醒,共和政令惜无灵。一年一度真如梦,世事沧桑何日宁。"④过冠生作和诗:"寒暑去来频,须臾又早春。腊梅千朵放,天竹一枝新。良骥原超众,大鹏本轶伦。君

---

① 张鉴:《辛庐拾存》下册,1926年5月,"十年浪迹图题辞"第2—6页。
② 薛明剑:《三十节自题小影》,《无锡杂志》1923年1月第1期,第23—24页。
③ 过冠生:《和明剑先生自题小影诗原韵》,《无锡杂志》1923年4月第2期,《文艺》第2页。
④ 薛明剑:《十一年元旦偶成》《十二年元旦偶成》,《无锡杂志》1923年1月第1期,第25页。

家多吉庆,合里仰贤仁。""埋没风尘年复年,雄心壮志付云烟。而今始信田园乐,诗酒长生学谪仙。"①唱和诗有对齐眉争羡的夸赞,有对时光流逝的感叹,有对教育生活的共勉。

钱穆的老师华振②到滇南去,同乡华书城有寄诗:"游子苦行役,新诗写我忧。梅花萦两地,萍草逐孤舟。客梦牵残月,乡云断晚秋。滇南天万里,归雁一封求。"③表达了对华振的牵挂。

除上述个人之间的唱和之外,县教育会年轻会员廉建中曾有长诗,分别歌咏了12位地方教育名人:

唐蔚芝:中华国粹日颓唐,幸赖此翁大力匡。道德文章传海内,优游惠麓白云乡。

顾倬:立身处世抱天真,言行端方似古人。满腹经纶多著作,品如秋水气如春。

侯鸿鉴:毁家兴学最堪夸,桃李盈门春色奢。足迹蹁跹中外遍,朗吟到处笔生花。

蒋仲怀:不怕艰难铁石心,英明果敢使人钦。公余雅事资消遣,一局围棋一曲琴。

钱孙卿:精明干练岂凡才,十日孤城赖弭灾。为与梓桑谋福利,身业劳怨不心灰。

许械:平生笃实不求闻,学务维持夙夜勤。妙句拈来惟信手,胸藏万卷洵超群。

秦权:收藏书画集名贤,满室琳琅绕紫烟。更与林逋同一癖,骨红萼绿伴春眠。

秦颂石:视察学堂劣与佳,殷殷指导费安排。品高雅似三秋菊,啸傲湖山月入怀。

辛伯森:奕奕精神莫与俦,出言嘹亮贯珠喉。东林学府多清秀,端赖人师第一流。

---

① 过冠生:《和明剑先生十一年元旦诗原韵》《和明剑先生十二年元旦诗原韵》,《无锡杂志》1923年4月第2期,《文艺》第3页。
② 参见钱穆:《八十忆双亲·师友杂忆》,生活·读书·新知三联书店,2008,第46页。
③ 华书城:《华振域书城诗》,载柳亚子:《南社诗集》第5册,中学生书局,1936,第225—226页。

蔡虎臣：文质彬彬君子风，才高八斗贯西中。栽培桃李无他色，满眼春光一样红。

顾子静：既作贤师又作医，壶中妙药少人知。一般心念两般术，尽是春风雨露滋。

李匡复：立身勤苦拟匡衡，万卷胸藏学业精。吐出余芳宏教育，门前桃李碧烟横。①

诗中涉及的12位无锡地方教育名人，其中除唐文治不是县教育会会员，其余11位均是县教育会社团的领袖人物。唐文治是近代中国公认的教育大家、国学大师，他在无锡创办的国学专修学校曾享有盛誉。把县教育会会员与之并列歌咏，本身说明对他们的看重。他诗中写到的顾倬"满腹经纶"，侯鸿鉴"桃李盈门"，钱孙卿"精明干练"，许域"平生笃实"等，也表达了他自己对无锡地方两代教育家的敬仰。

县教育会会员还经常结伴出游，雅集唱和，大有曲水流觞之风。1924年4月，侯鸿鉴欲作寰球之旅行，并作教育之考察。20日中午，地方学界在惠山北茅蓬觉楼疏斋公饯，到蒋遇春、华艺三、顾倬、辛柏森、孙保鉴、孙寅宾、尤鸣梧、秦执中等20余人，"席间吟诗赠别，颇极一时之盛"。②1926年12月25日为云南起义纪念日，教育会职员相约畅游惠麓，携手冒雪游览贯华阁、觉楼、五里香塍、石门等景点，最后回到县立图书馆聚餐。"归来联谊绮筵开，罗列珍馐酒满杯。合座清谈生雅趣，尖叉分韵斗诗才。"③尽兴而散。

二是致贺添喜。古代文人所受的教育是建立在传统国学基础之上的，通过八股科举出人头地，跻身上流社会，是书生们终生奋斗的目标。这样，诗、词、联、赋等文体就成为必须学会的执笔基础，平仄、押韵、集句、作对等也就成为写作培训的基本内容。其中文字简练、适用广泛的对联，成为文人交往应酬的重要方式和情感载体。到清末民初，受过国学教育的无锡教育会会员继承了这一

---

①廉建中：《分咏教育同人》，《教育季刊》（无锡）1926年春夏秋冬合刊，第6页。
②《教育界欢送会纪事》，《无锡市乡日报》1924年4月21日。文中所涉人物，唐蔚芝即唐文治，秦权即秦执中，李匡复即李康复。
③廉建中：《丙寅岁云南起义纪念日无锡县教育会职员约游惠麓归来假图书馆聚餐偶成六绝敬呈诸大吟坛政和》，《教育季刊》（无锡）1926年春夏秋冬合刊，第18页。

第二章　北洋政府时期的无锡教育会(1912—1927年)

传统,在寿庆、校庆等各种道贺活动中创作了一大批联句。

如老会员黄蔚如,他赠与寿联的无锡教育会会员就有多位,例如赠黄淡如的《淡如二哥八十世寿纪念辞》《祝淡如二哥八十世寿》,赠侯鸿鉴的《寿侯保三内兄五十》《贺保三兄八十四岁诞辰》,赠张鉴的《寿张杏村先生八十》,赠范衡伯的《寿范衡伯先生七十》《祝范衡伯九十世寿》,赠华振的《寿华倩朔先生八十》,等等。①江苏省教育厅厅长江问渔为表彰县教育局局长蒋仲怀对地方教育的贡献,曾有赠匾。该匾由许械亲自送到蒋仲怀家中。次年蒋仲怀六十大寿,许械撰有《祝蒋仲怀先生六十》的诗句,表达敬仰,其中有:"先生本是古畴人,算草丛存著作新;回首十年时雨化,遍栽桃李满城春。""大厦须凭一木支,频年教育赖维持。最难戎马仓皇日,犹是弦歌不辍时。"他另有《祝张杏村先生六十》《祝顾述之先生六十》等。②检阅这一时期教育会会员个人的诗文集,这样的资料俯仰皆是。

无锡新学起步于19世纪之末,到20世纪20年代左右,不少学校纷纷举办周年庆典活动。而这些学校的"掌门人"大多是县教育会的会员,学校承载着他们的办学理念,是他们实施办学理念的舞台。所以县教育会的职员,尤其是正副会长前往参加庆典,送上贺词贺联,则成为认可和表彰其办学成绩的重要标志。所以某校举行校庆,总少不了县教育会会员的身影,当然也有不少精妙的贺联。

秦颂石作的《县立第二高等小学廿周纪念》联是这样的:"弟后兄先,吾祖当年曾校士;读书养气,诸生今日几成章。"③1916年1月,泾皋小学以及私立振秀女学校创办十周年纪念,教育会众多会员奉上联语以表祝贺。孙仲襄:"本镇有高等、有女学、有国民,科目完全不让鹅湖独步;私立若经正、若怀新、若成志,后先辉映争看泾里多才。"侯鸿鉴:"我来泾水听弦歌,一刹十周声犹在耳;此是民国真纪念,明年今日愿毋相忘。"钱孙卿:"怀仁为吾邑边隅,赖诸公十载勤劳,四座遍栽[栽]桃李树;端文本君家滴脉,看此日群英毕集,九原应喜子孙贤。"张鉴:"游必有方,此地擅道学文章之胜;艺成而下,得力在礼乐书数之中。"辛伯森

---

① 黄宁一等:《序伦书屋遗稿》,2006。
② 许械:《悬瓢轩丛稿》,民生印书馆,1934,《诗稿》第6—7、10页。
③ 秦铭光:《瑞春轩联存》,新中国成立后油印本。

等:"开风气为各学校先,英才乐育,积极进行岁月十周应纪念;执教鞭随诸君子后,讲席滥竽,那堪回顾蹉跎两载至今渐。"①孙仲襄:"开创维持,十载经营足征魄力;学科艺科,一堂演习大好精神。"卫彬:"三载任教职,愧士子传经乏术;十周举盛典,喜诸生咏絮多才。"②同年4月13日,开原乡荣氏私立公益小学召开十周年纪念会,钱孙卿等教育界人士莅临祝贺。③侯鸿鉴连致两联:"八校六百生生生不息,十周一纪念念念在兹。""展成绩十年,福社会国家于兹起点;祝斯校万岁,历雷霆风雨不变其常。"并做《跋》:"雅释:'无私,公也';易占:'风雷,益也'。国利民福,始于教育,此荣氏私立学校所以创办、命名之所由来与。民国五年四月十三日为公益高等小学校十周纪念会爰撰是联以代祝颂。"孙仲襄:"一秉大公让开原独步,同沾利益树荣氏先声。"蒋仲怀:"十年成绩都在目前,问诸宾次第批评,毕竟几多进步;三径闲居自惭力薄,祝斯校连番推广,将来普及全乡。"许械:"十年化雨毕集群贤,最好暮春天高,会如同晋癸丑;三乐家风犹延一脉,远承先圣教□,弦歌恍入鲁武城。"施献臣:"廿年计划,五百高材,理想终为事实母;十载经营,一朝纪念,看花须忆植苗人。"④这充分肯定了无锡荣氏在创办实业后,回报社会、乐于公益的气概,也对该校坚持办学的教育人的默默耕耘给予诗意的理解与赞许。

1919年9月,开化乡第一国民小学举办二十周年校庆,远在新加坡的侯鸿鉴发去贺信,会员钱孙卿、秦颂石、许械、张鉴、顾倬、秦执中、顾坚、顾子静、华振域、袁泳裳、陆筱槎、陆勉时、萧涤如等,以及青城市教育会等均有贺联奉送。为此,学校还专门编印了赠联汇刊⑤,留作纪念。

相对而言,在教育会里担任职务越高,其应酬的文字任务就越多。就许械而言,在他自编的诗文集里,收录了对多所学校的祝福对联,对竢实学校十五周年纪念,有"先后十五年中,经烽火摧残,太息诗书遭劫运;纵横百余里会,看英贤毕集,依然桃李笑春风"。对东林学校十周年纪念有"就燕居旧地,小筑书堂,欣看童子来游,犹从南国杏坛一沾时雨;旁龟山古寺,宏开校舍,若问良辰纪念,

---

① 《泾皋小学十周纪念会联语汇录》,《新无锡》1916年1月8、12日。
② 《私立振秀女学校十周纪念会联语汇录》,《新无锡》1916年1月20、21、24日。
③ 《私立公益小学十周纪念会纪事》,《新无锡》1916年4月14日。
④ 《私立公益(高等小、第一国民)学校十周纪念会楹联汇录》,《新无锡》1916年4月28、29日,5月3日。
⑤ 无锡县开化乡第一国民学校:《开化乡第一国民学校廿周纪念赠联汇刊》,1919年12月油印本。

笑指东篱菊圃十度秋风"。另有赠开原乡荣氏私立公益学校十周年纪念、县女师范生毕业、竞志女校十一周年纪念、泾皋学校十周年纪念、县立第三高小五周年纪念、东林学校二十周年纪念、三等学校三十周年纪念①等等。

三是悼挽抚悲。联句除了祝贺外,还承担着致哀的寄托,这也成为会员撰写联句的重要内容。许械诗文集里收有他所撰写的多副挽联,如《挽孙鸣仙先生》《挽蔡持志先生长联》《挽蒋仲怀先生太夫人》《挽孙仲襄先生夫人萧氏》《挽蒋仲怀先生》《挽黄淡如先生》《挽朱镜澄先生》等。他写的《挽孙仲襄》联是这样的:"一生感知己,一邑丧斯人,于公于私都成春梦;来从九月九,去从八月八,宜风宜雨并作秋声。"《挽钱季常先生》是这样的:"知己最难逢,愧居丁卯桥边,欲作挽歌无妙笔;同庚能有几,此后丙寅会上,再谈法学更何人。"②孙仲襄去世,秦颂石有挽联:"此去何之,望扁舟洄溯苍茫,万树秾为君悴;相逢苦短,怅浪迹归来迟暮,半秋梁月读娿词。"③教育会会员施献臣,在民国年间历任礼社群智学校、张泾桥县立第五高小、县立女子师范学校、周新镇县立第三高小、私立辅仁中学教职,一生从教,不求闻达。④他去世后,钱孙卿写有《象[像]赞》:"吁嗟!先生博文约礼,孝于父母,友于兄弟。出告反面,先意承志。抚侄如子,无微不至。秉性严正,情辞恺切。戚族纠纷,片言立决。先生治学,明辨深思。教诲后进,勤恳真挚。主持教育,卅十有余。春风广播,桃李万千。胡天不吊,遽归蓬瀛。仰瞻遗像,永式景行。"⑤孙肇圻为施献臣写的《象[像]赞》是:"是古君子,亦良教师。六十三龄,与世长辞。泽遗子舍,荫被孙枝。缅彼老成,典型在兹。"⑥黄蔚如去世后,侯鸿鉴作挽联:"茂墅数名流,放怀看四谏云仍,君是亢宗称后起;锡山惊噩耗,惨目望重阳风雨,我来洒泪吊先生。"而黄蔚如生前,作有《挽蒋仲怀》《挽淡如兄》,对蔡持志夫人作有《蔡母张夫人墓志铭》。⑦1924年朱正色去世,会员荣棣辉亦有文字悼念:"镜澄朱君,讳正色,余同邑同学友也。天姿聪

---

① 许械:《悬瓢轩丛稿》,民生印书馆,1934,《联语》第1—6、12、16页。
② 许械:《悬瓢轩丛稿》,民生印书馆,1934,《联语》第18—20、30、32—33、25、32页。
③ 秦铭光:《瑞春轩联存》,新中国成立后油印本。
④ 施献臣:《施献臣自述》,载蒋士栋、丁福保等编《锡金游庠同人自述汇刊》,1932年春铅印本。
⑤ 钱孙卿:《象赞》,载施道周:《施献臣先生讣告》,1934年9月。
⑥ 孙肇圻:《象赞》,载施道周:《施献臣先生讣告》,1934年9月。
⑦ 黄宁一等:《序伦书屋遗稿》,2006,第65页。

睿,好文章、工艺术,近益究心经世之学。先后长县高一校、三校者凡八年,育才甚多,卓著声誉。顾性沈静,体尤羸弱,不耐劳瘁,遂退任工厂文牍。暇则以文史自娱。卒以劳心校务,日久猝患咳血症,辗转医治,病日以深,夏历甲子二月十有六日卒,得年三十有八,无□□□闱健在,同母弟正心子又新亡,亲知交痛之。"①

四是作序推介。著书立说,是中国传统文人实现自身价值的体现。到了近代,这也成为教育界人士表明教育主张,研究教育问题,展示教育成果的重要载体。清末到民国,无锡人积极投身教育,其著作的数量相当可观,教育会会员是热情的参与者,而彼此之间作序推介、点评,成为治学、交谊、应酬的另外一种方式。

如黄蔚如是锡金教育会的元老,他无论对文友还是后辈均乐意推介和提携。他为侯鸿鉴《乙未闰三沪游记》作跋。②他还给薛明剑编的《五五纪年》作序,写道:

薛君明剑与吾家有数代姻谊,且幼从余游者多年,知之较深,不仅以突出人才许之,更以地方创造者目之。薛君近有《五五纪年》之作,综观纪年始末,按年摘记,例同年谱。其间自幼而壮而艾,凡为己、为人、为家、为国诸大端,莫不纲举目张,靡遗纤悉。而最足以发人猛省者,所办教育事业、工商事业、社会事业,有人而无己,有公而无私,比诸耶氏之博爱,墨氏之兼爱,一身兼备,当之无愧。岂徒可以示子孙,抑且可以昭史册,而知薛君明剑处广大之逆旅,昨短促之过客,寸阴是竞,日昃不遑,以期不负天地之有此人,光阴之渡此生。凡有益于人者,率先而倡导之;凡可传于世者,躬行而实践之。如是虽浮生若梦,而牺牲一己,其亦君子之疾没世而名不称乎!③

张鉴写了《漫游纪程》,侯鸿鉴与钱孙卿均为之作序,侯称赞他"短衣匹马","风尘老健,踏遍二十二行省"的壮举。钱夸奖道:"昔太史公行天下,周览四海

---

① 荣棣辉:《朱君镜澄诔并序》,《新无锡》1924年6月27日。
② 黄蔚如:《跋保三乙未闰三沪游记》,载黄宁一等:《序伦书屋遗稿》,2006,第27页。
③ 黄蔚如:《薛明剑五五纪年序》,载黄宁一等:《序伦书屋遗稿》,2006,第26页。

第二章 北洋政府时期的无锡教育会(1912—1927年)

名山大川,故其文疏宕,颇有奇气。吾知先生是编亦时必有奇气绕笔端,世有识者必能辨之!"①

无锡县立第二高等小学校,即原东林学堂,1917年举办十五周年庆典,编印纪念册,钱孙卿作序,文中云:"吾愿居是校者,仰先贤之卓绝,为后学之津梁,庶几相观而善,自强不息,则兹会也,欣既往,尚所以期将来也。"②钱孙卿对历史悠久的老校如此,对新办学校也同样热情鼓励。无锡开化乡立第十国民学校二周年纪念,编纪念册,他为之作序:"无锡开化乡立第十国民学校校长汤君时斋,任事之二年,辑其平日设施,为《二周概略》,问《序》于余。余读之,内分小史、教管概要、校外联络概要、本校规程、本校表簿、本校经费六章,而教管概要一章为最详尽,一校精神之所寄也,而余重有感焉。"③该校校长汤时斋是顾倬三师的学生,亦是教育会会员,顾对这位勤奋而用心的学生十分垂爱,所以,当汤请他作序时,顾倬欣然答应,其序文谈道:"生于前年八月莅校仅阅二年,成绩昭著。无锡县视学孙君仲襄、开化学务委员王君干城,啧啧称道。吾校陈君献可视察归报,亦誉生甚挚,则信乎能与达之争奋者矣。虽然教育事业日新月异,二年之效能有几何,生以其爱学校、爱儿童之心,不绝研究,则进步固无止境。倘粗得浮名,遂自满假无本之水,涸可立待。"④

总体而言,无论是唱和还是传诵,无论是祝福还是悼亡,作为世俗的应酬,假如失却了文字的承载,情感就不再有依托。所幸,民国期间无锡教育会的会员,用文字营造了属于自己的文化空间。

---

①侯鸿鉴:《序》,钱孙卿:《序》,载张鉴:《漫游纪程》,1919年12月,第1、3页。
②钱基厚:《无锡县立第二高等小学校十五周纪念录序》,《新无锡》1917年11月10日。
③钱基厚:《无锡开化乡立第十国民学校二周概略序》,《新无锡》1918年4月17日。
④顾倬:《无锡开化乡立第十国民学校二周概况序》,《新无锡》1918年4月29日。

第三章 南京国民政府前期的无锡教育会（1927—1937年）

从国民党建立南京国民政府到七七事变抗战全面爆发这10年,有史家称其为"十年内战"时期。其间,国民政府希望实行以训政为目标的管治模式。1928年10月,国民党中央通过《训政纲领》,并于1931年6月1日正式颁布。1931年5月,国民会议召开,教育会与农会、工会、商会及实业团体等,作为数量不多的机关团体,被要求推举代表出席,以示其被赋予参与国家治理的特殊责任。但新建立的南京国民政府强化对社团组织的监管,以"党化""训政"培植、引导、规范社团。南京国民政府全面加强对社团的控制,对其会员、会议、会务等进行全过程监控;同时,原本作为教育会强项的教育研究等专业领域的活动空间被挤压。在强权的干预下,教育会从过去以自愿自治为特征的自由社团,逐步演变为代表教师群体利益的"职业社团",对地方教育的推动作用日益弱化。

第一节 训政背景下的演进

1927年对于中国历史是一个重要的转折点:共产党和国民党联合领导的北伐军,由南向北,势如破竹,打垮了北洋政府。但不久后,联合的国共两党以国民党的背叛而宣告合作破裂,国民党建立南京政府。国家的裂变在县城的教育社团上也有所反映,持续24年的旧有无锡教育会遭遇复杂形势的冲击,受到沉重打击,被迫解散。而新建的教育协会,在继承中多次被改组,在改造中逐步适应"训政"管理的控制,转化成为新的教育会。

一、县、市教育协会的成立:打倒学阀

20世纪20年代中期,国共两党的合作取得了伟大成就,尽管两党很快就分道扬镳,但两党人士对教育会社团的看法却惊人的相似。

"小学教员呀,你们愿意终身受经济制度的压迫吗?为怎样甘心受……的指挥呢?你们快起来罢,团结罢,打破那国家的资本主义的教育制度,向人类和平的路径上猛进,大家唱起'教育革命'的歌罢!"①地方报纸所刊的文稿,其观点并不是空穴来风。当时,在反帝反封建、打倒军阀的呼声中,出现了"学阀"这一新名词。它专指甘做帝国主义的傀儡,并帮助帝国主义禁止学生运动的地方教育界代表人物。当时,无锡早期共产党人陆定一认为:

聪明的帝国主义者,当然不会让可怕的东西永远存在成为他们的障碍,所以就命令他们的大小傀儡,上至政府,下至小官,以军法从事,来禁止学生运动。可是这办法总嫌更隔了一层,于是就找到这批反动学阀。论起这批反动学阀,他们也未尝不口口声声喊读书救国的,然而他们自己,读了一辈子的书,大约还没有读够,我们从来没有看见他们除设法保持饭碗以外曾经救过什么国。但是对于帝国主义他们确曾救过一救的。……所以,学阀已明明受了帝国主义者的驱使,勾结起来,向素来革命的学生群众进攻。这个进攻,一面显出帝国主义者的凶残,一面显出提倡读书救国的先生们所谓"救国"的手段何等卑劣!②

上述陆定一的个人观点在中共无锡地下组织——独立支部向上级提供的无锡社会情况调查报告中得以强化为集体认识。报告中是这样描述当时无锡教育界的:

---

①锡彦:《教育革命》,《新无锡》1922年3月18日。
②陆定一:《准备打倒反动学阀》,《中国青年》1926年第6卷第9号,转引自《陆定一文集》上卷,人民出版社,1992,第12—13页。

第三章　南京国民政府前期的无锡教育会(1927—1937年)

无锡的教育界可算最堕落的。几位名流的学者,无非是资本家走狗,校长是绅阀的家臣,他们的思想都是沽名钓誉的。对于一切爱国运动,虽则别处闹得天翻地覆,他们总是无关的,倘有别的出来活动,他们就要大放其赤化的空气了。以上学校对于学生都用很严的高压手段,这种学校无非是校长先生的拍官绅马屁的机关,所以学生对一切党派和各种爱国运动从没有出来参加;否则就要开除。……无锡的社会团体虽则很多,大都是有名无实的。不是绅士的敲榨[诈]地方,就是半知识阶级的出风头机关。[①]

报告中还把县教育会定性为"官厅和几个校长教员先生的机关",把它与县农会、救火会、水利研究会等地方社团一并认定为"官僚的团体"。国民党无锡县市党部成员,时任市教育科科长的施织孙也认为:

无锡教育素称发达,于学校及学生统计之总数,常在吾苏其他各县之上,顾表面上如是,而实际上则有大谬不然者。盖吾锡教育自萌芽以来,即为少数土豪所包办,学阀所把持,假借名义,或以为沽名之具,或以为渔利之源,遂致上行下效,而教育事业,反为造成恶社会之工具矣![②]

所以,当时国共两党人士都认为要彻底改造教育。在全国,从1927年春天到夏日,"驱逐学阀"是与"打倒帝国主义""打倒军阀""实施党化教育"等口号[③]并存的目标,成为政府要求学校师生高呼的口号,无锡也不例外。

从1927年春开始,无锡教育会变为协会,再由协会变为教育会,完成这一演变所用的时间并不太长。几乎当时地方上所有的社团都发生了一系列演变。有学者指出:就商人而言,他们作为国民,是国民革命所要动员的对象,其中:大商人、大资本家似乎被国民党划分至"独夫"的行列,成为革命的对象;而中小商人正是国民革命的基本力量,是被动员的对象。由此,国民党鼓励中小商人组

[①]《无锡独支报告——无锡社会情况调查》,载中央档案馆、上海市档案馆:《上海革命历史文件汇集·南京、无锡、苏州、丹阳、徐州·一九二五年——一九二七年》,1988,第348—350页。
[②]《市教育科订定进行计划大纲》,《中山日报》(无锡)1927年8月1日。
[③]第四中山大学行政部定:《各学校所用的标语》,《无锡教育周刊》1927年9月14日第4期,第15—16页。

成了"商民协会",以取代旧有的商会。①这在当时以大革命为背景的社会大震荡面前,以经济状况去判断一个社会群体的立场,是很有道理的。但教育群体的分类似乎要复杂得多。北洋政府时期统领地方教育会的头面人物,均是被地方公认的教育权威。至于经济上,最典型的代表是侯鸿鉴。他是校长,还兼任督学、编辑等职,但他办学不仅没有致富,反而将所获的津贴、稿酬以及自己的家产全部用来补贴办学经费。如果说以他为代表的教育权威被冠以"学阀"的标签,那原因必然不是经济,而是他们反对过激的学生运动。他们的态度与当时国共两党联手开展的轰轰烈烈的大革命是相悖的。

1925年12月3日,江苏、浙江、安徽三省师范附属小学联合会在无锡召开第三次常会。②当日下午,与会代表通过议决案:"假三师场操南面举行焚烧文言文教科书之仪式"③,以此表达对推广国语的坚定决心。教育会会长侯鸿鉴撰文抨击:"窃恐欲借此百数十册之初级文言教科书,化为灰烬以后,即可收奇效于国语前途,或者未必有如此之便宜结果也。而百数十册初级文言教科书,则大呼冤枉、冤枉!"④对这一过激行为公开表示反对,当然会得罪人。

更何况,以小学校长、教师为会员主体的县教育会,对于学生运动一向是持消极劝退态度的。但对于经历了如五四运动等反帝大潮的年轻学生来讲,把压制学生运动的教育会领袖视作革命的对立面也是情理之中的事。不幸的是,这不仅是一部分人的观点,更代表了已经崛起的即将推翻北洋旧政权力量的北伐军的态度。

所以,当高举反帝反封建大旗的北伐军抵达无锡后,包括教育会社团在内的众多地方社团被迫停止活动,而包括教育会社团代表性人物在内的旧式教育知识分子被冷落亦是自然而然的了。侯鸿鉴记载:"十六年,革命军至,洪波激荡,竟校辍弦诵者匝月。余独居海上三月,研究古今金石书画,著《歇浦听潮记》。游金华龙洞、永康方岩诸胜。返里开校,有倦鸟归林意。"⑤以北伐军抵达

①王仲:《民国苏州商会研究(1927—1936年)》,上海人民出版社,2015,第63页。
②顾明远:《教育大辞典》第10卷,上海教育出版社,1990,《中国近现代教育史》第114页。
③《苏浙皖三省附小联合会开会纪》,《新无锡》1925年12月4日。
④病骥:《国语果如何方能进步乎》,《无锡新闻》1926年1月1日。
⑤侯鸿鉴:《侯鸿鉴自述》,载蒋士栋、丁福保等编《锡金游庠同人自述汇刊》,1932年春铅印本,第5页。

无锡为标志,旧的教育会历程戛然而止。

1927年3月21日,国民革命军十四军赖世璜部暂编二师第五团团长欧阳珍,率先遣队从洛社方向进入无锡县城。"下午二时半,全部抵锡。各民众团体数万人,聚集热烈欢迎,一时青天白日之党旗及满地红之国旗,满街飞舞,全城顿觉气象一新。居民悉由恐慌中转而入于安定热闹,街市无不人头拥挤,肩摩踵接,诚邑中空前之盛况也。"①

1926年7月4日,国民党无锡县党部正式成立,下辖三个区党部(无锡市、青城市、开原乡)。这是一个"从政治的角度看是中共,从社会的角度看是乡村小学教师掌握了县党部的核心领导层"②的组织。后城区党部自恃人数特多,要求分立,并得到江苏省党部的批准。11月28日,无锡市党部成立。这样就出现了在一个无锡县域内有县、市两个党部并存的格局。在疾风暴雨式的革命来临之时,必须有新的教育组织来替代旧有的县教育会。于是,两个党部就分别筹建了教育协会,在北伐军抵锡前,组织工作已经展开。③市、县两个教育协会就应运而生。北伐军抵锡后,筹备成员均参与了欢迎工作。1927年3月21日下午,其成员参加了在公园召开的有数万人参加的市民大会。④22日下午,由县、市党部在火车站南旷地组织召开的军民联欢大会上,县教育协会代表范望湖发表了热情的演说。⑤在1927年3月22日的邑报上,县、市教育协会联合刊登通告:

本会业在国民政府备案,为代表本县教育分子之正式团体,负有领导民众革命,铲除教育积弊,为国家建设强固的国民心理,并解放自身历受压迫与痛苦之责任。凡与本会具有同情,志愿加入共同奋斗者,务希即日莅临第三师范本会临时办公处接洽为要。⑥

---

① 《党军莅锡纪》,《新无锡》1927年3月22日。
② 朱邦华:《无锡民国史话》,《江苏文史资料》编辑部,2000,第58页。
③ 《抗日战争时期无锡大事记》,载《无锡地方资料汇编》第5辑,第77页。
④ 《市民大会纪事》,《新无锡》1927年3月22日。
⑤ 《军民联欢会空前之盛况》,《新无锡》1927年3月23日。
⑥ 《无锡县、市教育协会通告一》,《新无锡》1927年3月22日。

无锡市教育协会率先成立。它由国民党党员范望湖等发起筹备组织。1927年3月22日,在省立第三师范大礼堂召开成立大会,范望湖、张久如、石民傭、严仰斗、陆仁寿、江东山、苏渭滨、廉建中、俞纯庵9人被选举为执行委员。3月27日,又在第三师范大礼堂召开全体会员大会,议决案件甚多,大都关乎无锡市教育之革新事宜。到4月初,它已是一个拥有21个支部,300余名会员的组织。①新成立的市教育协会对原市教育会开展了接收工作。无锡市教育协会曾致函市政厅,要求将市教育会交由该会接收,经该厅核准,1927年3月底该会代表范望湖至市教育会,与前会长秦执中正式接洽,并将全部卷宗及器具一并接收。"②

　　虽无锡县教育协会成立稍晚,但它是在"接得省教育协会委托书"后,③在无锡县新组建的县行政委员会教育委员、共产党员徐梦影的推动下建立的,这加强了其组织的合法性。到3月底,16市乡的教育协会均已先后成立,全县共有90余个支部,会员807人。据后来出任教育协会执行委员的秦柳方回忆,他是在1927年3月28日接到县教育协会的通知,要他次日进城参加县教育协会第一次会议的。④3月31日下午2时,无锡县教育协会在三师大礼堂开成立大会。到区代表83人。十四军政治部组织科陈国铭、胡建寅,县党部代表徐秋蝉,县教育局局长徐梦影均到会。会议公推秦凤翔为主席。会议选举产生执行委员秦凤翔、薛溱舲、宋泳苏、诸祖耿、张锡昌、华少贤、许锡彦、陆士铭、胡念倩9人,秦柳方、辛曾辉为候补委员,讨论议案21件。会议开到6时半才结束。⑤

　　在筹建过程中,县、市教育协会曾发布宣言,表明自己对旧制度的不满:

　　过去的教育界是学阀霸占的教育界。学阀为了他们的私利,戴着教育的面具,任意胡作乱为。他们看见军阀的势焰高就与军阀钩[勾]结,他们看见土豪劣绅在地方上势力深厚就与土豪劣绅朋比为奸,以致教育行政闹得杂乱无章,教育经费剥得七零八落,牺牲了教育,糟蹋了教育,危害了社会、国家,学阀却安

---

① 《无锡市教育协会近讯》,《申报》1927年4月4日。
② 《教育协会接收市教育会》,《锡报》1927年3月28日。
③ 《县教育协会成立大会》,《新无锡》1927年3月31日。
④ 秦柳方:《来函摘登·秦柳方同志来函》,载《无锡文史资料》第4辑,第95页。
⑤ 《县教育协会成立大会》,《新无锡》1927年3月31日。

富尊荣。在学阀控制之下的教育是最苦楚的,物质上受教育经费的影响而致于生活艰难,精神上因教育界破产而被社会奚落,而且还要供学阀之指挥,这是学阀控制之下的教育界的悲哀。①

县、市教育协会发出的口号为:"打倒卖国贼!""打倒帝国主义!""打倒学阀!"②学阀已与卖国贼、帝国主义相提并论。所以,县、市教育协会是以基层普通教员的解放为前提的,这得到了广大教员的拥护。当时加入县、市教育协会的会员总数已超过了全县教员的半数,其中不少是从原教育会分离出来的。县教育局于1927年9月24日,"呈请县政府,请派员监视、接收县市教育〈协〉会资产"。25日,"派王志明接收县市教育〈协〉会资产,县政府派成仲仪监视"。③也因此,原代表旧式士绅的教育会负责人在新的教育协会中就消失了踪影。

1927年6月24日,在江苏省党部特派员的监督下,江苏省教育会也把全部文件和档案都移交给江苏省教育协会,结束了它的历史。

二、县教育会改组重建:行政强权的介入

无锡地方政府对教育会社团整理过程的叙述道明了教育协会在无锡四一四事件后被改组的原因。

无锡各民众团体,均正式成立于十六年三月。在秘密时代,只工会与农民协会有雏形之组织。各团体在正式成立之初,颇有蓬勃之气象,声势力量,均极浩大,惜为共党把持,均不能自主。当时并有商民协会、妇女协会、教育协会等,亦被卷入漩涡,于是造成种种恐怖,社会秩序几破坏无遗。十六年四月,清党以后,各民众团体始于共党手中夺回,分别改组。十七年一月中央决定民运暂予停止活动,重行整顿。在此时代,无锡各民众团体,俱入于静止状态之中。④

---

① 《县市教育协会宣言》,《锡报》1927年3月22日。
② 《"五四"运动与民气》,《市民公报》(无锡)1927年5月5日。
③ 《局大事记》,《无锡教育周刊》1927年10月2日第11期,第2页。
④ 无锡县政府:《无锡概览》,1935年5月铅印本,"党务"第8页。

1927年4月12日前的两个星期,许多城市爆发冲突,表明革命阵营内部出现的矛盾正在激化。[①]4月12日,发生了震惊全中国的国民党镇压共产党的事件,两天后,无锡也相应发生四一四事件。卷入事件的主要有地方市党部、市政厅、商团、总工会等,覆巢之下无完卵,市、县教育协会与妇女协会、学生联合会等地方民众团体一样,也被迫改组。

四一四事件发生当天,县教育协会执行委员秦凤翔等还到无锡县署面见县长秦效鲁,希望"对于军民纠纷,主张挽人出任调停"[②],以避免流血事件发生。但形势并没有按照他们的想法发展,血腥的事情依然在发生。18日,国民政府在南京举行成立典礼,确立了国民党的统治地位。为此,教育协会迅速联合,向执政力量靠拢。4月20日,无锡县、市教育协会向南京中央执行委员会、中央监察委员会、各军司令部、各报馆发出快邮代电:"欢迎国民政府迁都南京,拥护三民主义,拥护蒋总司令!"[③]以表明立场。但是,无锡的街道仍贴满石印标语,文谓:"铲除共产党分子包办的县、市教育协会!"教育协会大为恐慌,认为"名誉攸关",故即分函各团体,请求派员彻底调查,以明真相。其原函云:"顷者,街衢贴满无锡市民联合会石印之标语,内有'铲除共产党分子包办的县、市教育协会!'一条,阅之不胜诧异。本会是否由共产党分子包办,应请派员调查宣布,以明究竟而彰正道,此致。"[④]

为了表明与新政权的一致,县、市教育协会两执行委员会决定于4月24日下午1时召开联席会议,主动请第十四军政治部派员出席,指导各区协会支部工作,[⑤]以示接受领导。6月28日,无锡召开民众庆祝北伐胜利大会,县、市教育协会也派员参加,并联合发表《祝辞》:"革命之花兮鲜妍而艳丰,先烈之血兮惨淡而殷红。扑灭军阀兮驱之无踪,救我兆民兮水火之中。吾民向往兮若大旱之望云虹,壶浆相迎兮其乐融融……"[⑥]

1927年秋,国民政府教育行政委员会颁布《教育会规程》,要求各地教育协

---

① [美]费正清:《剑桥中华民国史》上卷,中国社会科学出版社,2007,第619页。
② 《秦县长致吴稚晖电》,《市民公报》(无锡)1927年4月14日。
③ 《教育协会之快邮代电》,《市民公报》(无锡)1927年4月21日。
④ 《教育协会根究标语》,《市民公报》(无锡)1927年4月22日。
⑤ 《无锡市县教育协会通告》,《锡报》1927年4月21日。
⑥ 施织孙、徐赤子、范望湖:《无锡民众庆祝北伐胜利大会特刊》,五大印务局,1927,第17—18页。

第三章　南京国民政府前期的无锡教育会(1927—1937年)

会重新改组为教育会。①在无锡，无论是政府还是社会，对教育协会作用的发挥均不满意，认为它"对于社会不能有所活动,对于教育界从未有所贡献"，"为腐化组织,于革命进程中,既无益且有害"。②事后,邑报有载:县、市教育协会成立之时当筹备时期,革命尚未公开,草创组织,未能完善,故有改组之必要。③

根据国民政府教育行政委员会第156号令和第四中山大学第295号训令，无锡县教育局发出第116号公函，依据"在有县、市教育协会之县分,由县、市教育行政机关,会同该协会改组教育会"的精神,要求无锡县、市教育协会,合并改组为教育会。④

市教育协会于9月25日,县教育协会于10月9日分别召开代表大会和执行委员会,立足"从长计议"，⑤提出"县市教育协会,性质相同,并立机关,办事颇感不便"，着手双方合并,并组织改组委员会,推选改组委员14人,由县教育协会华萼、宋泳荪、陆士铨、刘品棠、秦柳方、顾静英、张锡昌等7人和市教育协会陆仁寿、严仰斗、嵇蕴如、苏渭滨、杨玉英、沈显芝、范望湖等7人组成,⑥负责办理改组事宜。到1927年12月底,改组委员会共召开5次会议,⑦从会议内容可以看出教育协会在改组过程中的几个特点。一是依法改组。1927年7月30日,国民政府教育行政委员会第94次会议议决公布《教育会规程》,⑧它代表新政权对教育会社团的基本观点,成为无锡县、市教育协会改组的规范性依据。⑨二是党部及行政参与监管。第二次改组会议,教育局特派王静厂,县党部派吴石天出席,⑩开启了政府行政派员参加教育会会议的先例。其过程控制还包括对会员资格的审查。《锡报》有载:"奉县教育局公函,转第四中山大学训令,略谓郑重审

---

①《县市教育协会开会纪》,《新无锡》1927年10月17日。
②《县市教育协会之自由》,《新无锡》1927年10月8日。
③《怀下区教育分会成立》,《新无锡》1927年12月26日。
④《县、市教育协会改组委员会开会纪》,《工商日报》(无锡)1927年10月17日。
⑤《县市教育协会之自由》,《新无锡》1927年10月8日。
⑥《县市教协会开会并志》,《锡报》1927年10月10日。
⑦根据1928年1月10日《新无锡》报所刊《县教育会成立会纪事》一文记载,1928年1月9日,县教育会成立大会召开,在严仰斗所作改组委员的报告中称:"改组会共开六次,……改组期内用去经费八十余元。"但编者未见第六次会议的记录。
⑧《教育会规程》,《第四中山大学教育行政周刊》1927年第6期,第7—8页。
⑨《教育协会改组会纪事》,《申报》1927年10月28日。
⑩《县、市教育协会改组委员第二次会议》,《锡报》1927年10月25日。

查会员资格,由本会转请县督学及各校校长九人至十五人,会同审查。"教育会发展会员的环节,第一次建立起资格审核制度。[①]三是县、区(市乡)联动。改组过程中,建立了县、市两级有分有合的庞大工作组织。

表3-1　无锡县、市教育协会各种委员一览表(1927年12月)

名称	人员名单
改组委员	主席委员:严仰斗、苏渭滨、顾纯影 秘书长:华萼 委员:张锡昌、陆仁寿、范望湖、宋泳荪、陆士铭、秦柳方、刘品棠、杨玉英、沈显芝、嵇蕴如
审查委员	薛溱畛、张锡昌、张之彦、王克仁、蔡虎臣、诸希贤、程恩九、莫善乐、陆士铭、孙莘农、李锺瑞、严仰斗、苏渭滨、顾纯影、华晋吉
市乡指导员	无锡市张锡昌,天上市华萼,天下市苏渭滨,青城市刘品棠,万安市、富安乡、开原乡秦柳方,新安乡、开化乡陆士铭,北上乡、北下乡陆仁寿,怀上市、怀下市宋泳荪,南延市嵇蕴如,景云市严仰斗,泰伯市范望湖,扬名乡沈显芝
市乡筹备员	无锡市严仰斗、石民铺、嵇宇经、沈显芝、苏渭滨,天上市郭今阳、胡宝三、严颂勋,天下市辛曾辉、过质彬,青城市张遁喜、刘品棠,万安市孙莘农、蒋世刚,泰伯市朱彦颇,怀上市顾元伯、胡念倩,怀下市宋泳荪、安殷文,景云市吴云鹤、陆星黎,富安乡薛星晋、钱君阳,开原乡秦柳方、张士毅,扬名乡陆士铭、须小山、王胜筹,新安乡朱寄尘、钱企文,开化乡薛伯华、张伯藩,北上乡浦漪人,北下乡华心梅,南延市华松梅、华鸿涛

资料来源:《无锡县、市教育协会各种委员一览表》,《无锡教育周刊》1927年12月7日第16期,第24—25页;《县、市教育协会改组委员第二次会议》,《锡报》1927年10月25日。

在县级教育会改组的同时,对各市乡教育会也通过设立指导员和筹备员同步进行改组,从而将原互不隶属的两级教育会,整合成上下一体的庞大区域教育社团。上述参与的人员,日后均成为无锡县及各市乡教育会新的骨干。值得一提的是,上述名单中的杨玉英、李锺瑞均为女性,前者是县妇女协会常务执委,后者是薛明剑的夫人,曾任无锡女子职业学校校长等职。她们的参与,开创

[①]《县市教育协会改组消息》,《锡报》1927年11月19日。

了无锡女性投身地方教育会活动的先例。①

1928年1月9日上午,新的无锡教育会召开成立大会,到城乡各分会代表70余人。县党部执行委员钱重庆、教育局局长薛溙舲等亦到会致词。会议由莫仲夔主持。严仰斗作改组委员报告,称:"已成立分会者计十六市乡,会员一千零二十四人。"会议通过《章程》,计6章30条,投票产生执行委员和候补执行委员,宣告无锡教育会又正式成立。②会议结束时,全体代表高呼口号:打倒学阀!实施党化教育!男女教育平等!确定教育基金!改良教师待遇!发展儿童本位教育!提倡职业教育!实行普及教育!无锡县教育会万岁!中华民国万岁!③这些口号内容代表了新成立教育会的价值取向。

10日下午2时召开的无锡教育会第一次执行委员会议上,莫仲夔、范望湖(后范望湖辞职,由苏渭滨递补)、严仰斗、陆仁寿、华萼被推选为常务执委,④产生了新的领导核心。

1928年2月19日下午2时,新成立的县教育会举行就职典礼,这是以前所没有过的。地点在学前街省锡中大礼堂。各界到会观礼者,有县党部钱重庆、县政府顾介生、税务所张启明、市行政局黄蔚如、农民协会王复初、总工会钱仞翔、商民协会李柏森、报界协会袁鹤皋、商团公会邵萱孙、妇女协会嵇良英、学生联合会巢篪⑤及各委员及男女会员等三百余人。典礼由莫仲夔任主席,嵇宇经任司仪。秩序如下:

一、振铃。

二、入席。

三、全体肃立,向党国旗及总理遗像行最敬礼。

四、恭读遗嘱。

---

①据1928年无锡县政府调查,当年教育会1024名会员中,男性为910人,女性为114人,这是编者查到的唯一的关于男女会员数量的资料。参见:《江苏省无锡县民众团体调查表》,《无锡县政公报》1929年第1期,《图表》第2页。

②《县教育会正式成立》,《锡报》1928年1月10日。

③《县教育会成立会纪事》,《新无锡》1928年1月10日。

④《县教育会第一次执行会议》,《锡报》1928年1月11日。

⑤1928年2月20日《新无锡》所刊《县教育会执行委员就职纪事》一文中,钱仞翔作钱润庠,巢篪作邵萱孙。

五、静默。

六、主席报告。

七、执行委员宣誓就职。其誓文云：同人等誓以真诚，遵守总理遗训，努力教育革命，促进党化教育，并依照本会规程，执行一切，决不违背，谨誓。

八、各团体、各机关代表致词，由县党部钱重庆、县政府顾介生、县农会王复初、总工会钱仞翔、商民协会李柏森、县教育局薛溱舲等，相继演说。

九、来宾演说。

十、会员演说。

十一、主席致谢词。

十二、口号。

十三、摄影。

十四、茶点。

十五、礼成。①

这样的典礼，充满了行政控制的色彩。

值得一提的是，横向对比，无锡教育会的改组成立是领先的，在当时江苏省61个县中，恢复成立最早，拥有会员最多，达863人。②

三、从《教育会规程》到《教育会法》颁布：对现实的顺应

从1928年1月无锡教育会成立至1931年3月，该社团又有几次变动。其主要原因是国民政府教育部两次颁布管理法规，教育会随之顺应调整。

第一次调整是1929年5月8日，教育部公布新的《教育会规程》后。③6月16日，县教育会召开第二十九次执委会，出席委员有秦冕钧、赵绍志、胡念倩、许卓

---

①《县教育会执委补行就职典礼记》，《工商日报》（无锡）1928年2月20日。
②"现在已经成立县教育会者，为江宁、句容、溧水、高淳、江浦、丹阳、扬中、松江、青浦、奉贤、金山、川沙、嘉定、宝山、崇明、海门、昆山、武进、无锡、江阴、靖江、如皋、泰兴、泗阳、盐城、江都、仪征、丰县、萧县、砀山、宿迁、睢宁、沭阳等三十四县……三十四县成立最早者，为无锡、溧阳"《教育要闻·江苏各县教育会之调查》，《安徽教育行政周刊》1929年第2卷第25期，第21页。
③《教育会规程》，《教育行政周刊》1929年第94期，第12—15页。

人、周渭泉、张之毓、顾鸿志、朱尧成、陆士铭、胡觉清等。会议由秦冕钧主持,商议"本会改组案",议决成立组织改组委员会,票选秦冕钧、顾鸿志、顾君萃、胡念倩、许卓人、陆士铭、胡觉清、周渭泉、宋泳荪9人当选为委员,胡中权、赵谷音、赵绍志、严慰苍当选候补委员,并决定教育会"未了各案,交改组委员会负责办理"①,由改组委员会全面接管原县教育会。改组委员会在秦冕钧的组织下,自此到9月份,先后召开六次改组委员会会议,起草章程,争取经费,指导分会改组等,做了大量工作。②

1929年11月26日下午,无锡教育会举行代表大会。由主席报告开会宗旨及改组经过,并通过《章程》。选举结果:秦冕钧等9人当选执行委员,庄翼当选为秘书。③改组工作圆满完成,教育会得以延续。

在这次改组过程中,所依靠的力量仍是原县教育会的执委,所以县教育会组织是换汤不换药,基本维持原状。对于分会的改组实施,县教育会对每一分会明确改组委员人选,指定县教育会原执委分派各分会充任指导员以指导、督促,从而推动市乡分会的顺利改组。

第二次调整是1931年1月27日,国民政府公布《教育会法》后。早在1930年11月,国民党三届四中全会通过召开国民会议的决议,根据国民政府颁布的《国民会议代表选举法》第五条的规定,教育会与农会、工会、商会等是必须产生代表的社团,④故着手起草新的《教育会法》。在该法正式颁布前,教育部还专门电令江苏省教育厅,"查《教育会法》业经立法院制定,请国民政府公布。该省各县市教育会之在组织中者,应俟《教育会法》公布后遵照办理"。为此,教育厅也要求无锡,"在《教育会法》未颁布前,该县教育会无论在改组中或在改选中,均应俟《教育会法》颁布饬遵后,再行遵照办理,毋违,切切"⑤。以维护新法的权威,体现新法的作用。

---

① 《县教育会执委会议》,《锡报》1929年6月17日。
② 参见《县教育会改组委员会》,《锡报》1929年7月15日;《县教育会第二次改组委员会议》,《新无锡》1929年7月29日;《县教育会改委会议》,《锡报》1929年8月13日;《教育会开改组委员会》,《新无锡》1929年8月26日;《教育会改组委员会议》,《锡报》1929年9月9日;《县教育会改组会议》,《锡报》1929年10月1日。
③ 《教育会代表大会纪》,《申报》1929年11月27日。
④ 《国民会议代表选举法》,《中央党务月刊》1931年第30期,第37页。
⑤ 《教育会》,《锡报》1931年2月1日。

1931年1月27日,国民政府公布《教育会法》。不久,教育部又下发由中央训练部制订的《省党部、特别市党部及县市党部指导教育会改组及组织办法》。[①]它们的颁布就使得原有的地方教育会必须以此为依据作相应的调整。

1月29日,无锡县党整会印发通令,明确根据江苏省党务整理委员会第9755号训令要求,"各县人民团体均须依照中央颁发之人民团体组织方案之规定,造[实]行改组或组织,其未经改组或正在筹备尚未成立者,统未取得法人地位,不能认为正式团体"。[②]无锡教育会再次被要求整理。

但由于种种原因,各地教育会的改组工作进展缓慢,这势必要影响到国民会议的召开。为此,国民党中央秘书处发出通令:基于"本月二十五日中央第一二〇次常会,以各地人民团体尚多未能依照新颁法规改组或重新组织,各地党部亦多指导不力,亟应督促进行",要求除农会等几个团体外各社团在1月底"改组完竣",未及改组完竣的必须依法重新组织,"限二十年二月十五日以前,一律正式成立"。[③]江苏省党务整理委员会也考虑"有关国民会议代表之选举",决定"由省党部函省政府,关于人民团体成立各案,从速办理"。[④]在此背景下,无锡教育会再次启动改组重建工作。

无锡县党务整理委员会委派原教育会常务执委秦冕钧、胡念倩、严少陵3人为改组委员,负责改组工作。1931年3月4日,无锡教育会召开第一次改组指导员会议,明确会员登记、章程起草、召开相关程序性的会议时间等,并"前往接收前县教育会执行委员会",完成接收工作。[⑤]

按照这次会议的决定,3月7日,县各区教育会组织指导员召开第一次谈话会,出席会议的有区[⑥]会指导员31人,县会指导员胡念倩、秦冕钧、严少陵,县政府、县教育局代表辛曾辉,县党整会代表季璞等。会上,主席胡念倩报告:国民会议在5月中举行,"中央限令各区教育会,于三月十五日以前,一律成立。县教育会限令在三月二十日以前,一律成立"。明确各区指导员改组各区教育会

[①] 中央训练部:《省党部、特别市党部及县市党部指导教育会改组及组织办法》,《中央党务月刊》1931年第31期,第338页。
[②] 《人民团体须合法组织》,《新无锡》1931年1月30日。
[③] 《限令成立人民团体》,《江苏党务》1931年第46期,第75页。
[④] 《人民团体成立案件应从速办理》,《江苏省政府公报》1931年第693期,"党务"第42页。
[⑤] 《县区教育会》,《锡报》1931年3月17日。
[⑥] 此时,地方县以下行政单位原市、乡改称区。

工作程序,包括征求会员、拟定章程、成立分会、选举县会代表等工作。①

到3月16日,各区教育会"均依限次第成立"。部分区教育会负责人名单如下:

表3-2 无锡县五区教育会②改组负责人名单(1931年3月)

地区	组织指导员	监选员	干事	候补干事
第一区教育会（无锡市）	章尔威、顾鸿志、龚笠如	蒋英倩	顾鸿志、章尔威、廉建中、秦柳方、苏渭滨	胡念倩、龚笠如
第二区教育会（景云市）	赵绍志、倪鉴清、倪丕烈	辛曾辉	倪丕烈、倪鉴清、赵绍志	孙宝琳、袁保镕
第三区教育会（扬名乡）	许岱青、鲍宗宣、杨达时	沈显芝	庄介一、萧涤如、鲍宗宣	华一飞、章维康
第九区教育会（北上乡）	黄顽石、章一方、倪宝珊	周鑫镇	朱年厂、倪宝珊	章一方、杨镜清
第十区教育会（北下乡）	钱夏民、浦漪人、殷学健	未详	钱夏民、钱然青、浦漪人、严寒剑、殷学健	何才荫、张正觉

资料来源:《成立县教育会》,《新无锡》1931年3月17日。

3月20日下午2时,在城中公园路教育会会所楼上会议室,召开县教育会成立大会。出席会员代表20余人以及县党部代表季璞、监选员李惕平、县政府代表沈光寿、县教育局代表辛曾辉。会议主席浦漪人,改组报告后,由季璞、沈光寿、辛曾辉、李惕平等分别致词。③之后选举,结果胡念倩、秦冕钧等7人当选为干事,李惕平为出席省会代表。④24日举行第一次干事会议,推举严少陵为经济干事,胡念倩为编辑干事,章尔威、朱明晖、胡念倩为教育研究员。⑤4月12日上午,县教育会举行隆重的宣誓就职典礼,教育会全体干事、各区代表及县党务整理委员会代表季璞,县政府代表沈光寿,县教育局代表陆仁寿等参加。县党部监誓员季璞致词时称:"各位是无锡教育的领导者,应该要负起相当的责任,普

---

①《教育组织指导员昨开第一次谈话会》,《锡报》1931年3月8日。
②查《新无锡》及《锡报》,均缺报道其他各区的资料。
③《县教育会成立会》,《锡报》1931年3月22日。
④《县教育会成立大会》,《申报》1931年3月23日。
⑤《教育会干事会议》,《锡报》1931年3月25日。

及教育,实行三民主义,巩固革命基础。"①这表达了政府对新成立教育会的期盼。

　　检阅这一时期无锡教育会的资料可发现,对于反复改组的要求,无锡教育会也曾表现出拒绝与抵触。如1931年12月29日,无锡教育会召开紧急会议,认为"本会办事棘手,应付为难",议决:"全体干事提出总辞职"。②但是所有的这些态度与行为,在政府加大控制力度的背景下不会换来实质性的生存环境的改变。有人认为:"从此以后,教育会受国民党党部和教育行政的双重控制,越来越无所作为了。"③所以一次次的改组重建,对县教育会而言只能是一个被动适应改造的过程。一些事实说明,在社团表现出不遵循相关规定的情况下,政府则给予其更大力度的打压。

四、县教育会的停摆:断然的监管

　　1932年12月30日,无锡教育会召开临时会议,出席干事有徐涵清、蒋翼、秦冕钧、胡念倩、严少陵等。会议由秦冕钧担任主席,蒋英倩负责记录。议题是讨论无锡反日救国会活动事项。④这次会议成为教育会于当年召开的最后一次干事会议。

　　过了新年后,1933年3月中旬,地方报纸刊登了省教育厅要求各县教育会改选的训令。其内容是基于"苏省各县属教育会,多数成立于二十年三月以后,各干事任期,依照规定二年,不日将届期满",在此背景下,可能是教育厅了解到江苏个别县教育会"互分派别,挟私攻击",影响换届改选,故"本厅对于各县地方教育会,甚希望事业之进展……尤望各该监督机关,及各地方教育人士共体此旨"。⑤无锡教育会自恃没有这样的情况,故也未予以重视。

　　不久,无锡教育会接到由江苏省教育厅发出,经县政府、县教育局转来的第1620号指令,要求无锡教育会"暂停工作"。理由是:"该县教育会干事任期未

---

①《县区教〈育〉会干事宣誓就职》,《新无锡》1931年4月13日。
②《教育会紧急会议》,《新无锡》1931年12月30日。
③李康复:《解放前的无锡教育会》,载《无锡文史资料》第15辑,1986,第115页。
④《县教育会干事会议》,《新无锡》1932年12月31日。
⑤《苏教厅令转教育会干事举行改选》,《新无锡》1933年3月15日。

满,遽行改选,又推定常务干事三人。据查明属实,殊不合法。"并要求无锡县政府作为法定监督机关,"应饬审核情节,负责处理,在本案未解决以前,该县教育会除会务保管事项外,并饬暂停工作"。

事情是这样的:早在1932年春,县教育会考虑到原干事陈君璞坚决辞职,章尔威也任事常熟,离会已久,干事会因缺额而"势将无从召集"。《无锡县教育会章程》第五章第十八条规定:"本会会员大会,分定期会议及临时会议两种,由干事会召集之。"第十九条规定:"本会定期会议每年二次,于每年之三月、十一月间举行之。"第二十条规定:"临时会议,于干事会认为必要,或经会员五人以上之请求得举行之。"并且该章程"前经呈由省教育厅修正备案之",是获得认可的。所以根据上述章程的规定,就由干事会全体议决,召集临时会议,进行选举,并由县党部代表李惕平,县教育局代表沈显芝到会指导并致词。所以教育会常务干事秦冕钧认为,该选举有经省厅备案且有章程为根据,有党政机关准许举行,有签到簿及记录在案,"似非故意召集,擅自处理者可比"。至于所说推定常务干事三人一事,是县教育会遵章推定干事长一人,对内主持会务,对外代表一切,但因会内经济、出纳、编辑、刊物等杂务繁多,干事长又兼任学校教职,不暇处理,故互推经济及编辑干事,在干事长之下,听其监督,指定承担管理会内一部分经济、编辑上的杂务。所以,3月21日,作为常务干事的秦冕钧特致函县政府,提出"陈诉":

属会诸干事,平日自省,对于教育方面研究贡献,固属抱疚,惟素性中正,从不肯假借名义,挟嫌攻讦,以苟合阿好于人,不逞之来或亦由此。欲加之罪何患无辞。现在干事会奉令暂停工作,而会务重要,势难中辍,应请钧府审核情节,迅予处理,庶几上慰省教育厅嘱咐(咐),下符全县教界期望。①

事实上,该事是因为无锡教育会第六、七两区分会会员朱步芬等人向省方呈控所致。虽然提起控告的原因可能涉及一些分会内部或分会与县会的某些

---

① 《县教育会奉令暂停工作之陈诉事由》,《新无锡》1933年3月22日。

人事矛盾。①但从章程角度讲,教育会的选举,必须经过会员代表大会举行,通过召开干事会来调整人事,是违背章程规定的。所以教育会会员的控告和省厅的指令是有根据的。在秦冕钧代表县教育会向政府提出陈述后,控告人朱氏等,又在地方报纸上刊文进一步指出县教育会的违规做法,并且还涉及一些会务的处理。如1931年5月间,常务干事秦冕钧召集各区常务干事会议,建议按照《公司条例》创设书局,"将盈余红利若干,创建无锡县教育会会员宿舍,以利乡区会员寄宿","以期取之于教育,用之于教育"。责成各区会常务干事招股,该会干事亦均投资以巨款。当时会员等闻之,均认为这是好事,纷纷出资入股。不料集股既成,开张营业之后,书局变成私人企业,突然与县教育会漠不相关。"此种举动,假借名义欤!素性中正欤!"这也可能是基层会员与县会领导发生过节的实质原因。所以,他们提出仰请钧长迅赐派员改选下级,筹开县代表大会改组干事会,以利教育。②

这样,无锡教育会就被迫停止活动,时间长达1年。新任县长严慎予曾叙述县教育会从停摆到恢复的过程:

> 本县教育会,当本任接事时,在奉令停止工作之中,并奉令饬依法重行改选,先由各区征求会员,组织会员资格审查委员会,然后办理区教育会改选,再办理县教育会改选。当经分令各区教育会、教育局分别遵办,并经党部派员指导办理。迨会员征集造册,关于进行手续上,多所磋商,往返延时,至二十三年一月饬据教育局拟送会员资格审查委员名单,即经依照规定分别函聘,于二月一日召集开会,决定分组审查方法,依照进行,审查完竣,将结果分令各区会知照。三月二十五日,开始各区会改选,经分别派员监选完竣;五月二十七日,各区代表开会,县教育会改选竣事。即行呈报教育厅备案,各级教育会遂改组完成。③

---

① 如《新无锡》曾于1933年1月8日接到王锦荣等以第六区教育会会员名义投寄的《区教育会联席会议之反响》的新闻稿,但所载情况,"与今日该会会员大会寄来记录,事实相反,想系另有他人捏造。询之该会,亦并未接到是项函件"。为此,该报还专门刊登了由该会提供的会议通信文稿,"以明真相"。参见《六区教育会会员大会》,《新无锡》1933年1月10日。
② 《县教育会改选后会员反响之再接再厉》,《新无锡》1933年3月27日。
③ 无锡县政府:《无锡概览》,文新印刷所,1935,"政治"第10页。

由此可见,县教育会是在重新征求会员,并经资格审查,再经选举后,直到1934年5月才召开会员代表大会恢复活动。这一次停摆,责任完全在县教育会自身。这是无锡教育会违背章程,胡乱行为的结果,常务干事秦冕钧负有不可推卸的责任。他给管理社团的政府以依法控制的机会,给基层会员以攻讦的口实,严重影响了县教育会的形象和会务的开展。因自身原因导致社团停止活动,在无锡教育会的历史上,这是第一次,也是唯一的一次。当然,这样停摆与重启的过程,无疑给了政府机会,将无锡教育会纳入更紧密的管控框架之中。

第二节 委员制的运行

高田幸男认为,这一时期"新教育会一方面保持一定的进步性努力改革,另一方面受县党部的控制,逐渐地失去独立性"[①]。它以地方教育职业代理人的面目出现,采用区别于之前会长制的委员制,希望有所作为,但制度结构未有新鲜的呈现,会务开展也成效平平,更多反映出被政府控制的特征。

一、运行概况:政府介入的委员制

无锡教育会的组织架构,从清末建立直至民国初年,一直坚持以会长为核心的运作模式,即会长制;1927年南京国民政府建立后,按照国民政府教育行政委员会颁布的《教育会规程》规定,改组更新为委员制,即由担任执行委员的多人集体领导。该要求在当时是一种国家制度,它的实施既影响教育会自身内部的组织运作,也涉及教育会与政府关系的调整。

从会长制到委员制这一领导体制的变化,代表南京国民政府对整个社会治理的乐观引导,但从实践效果看并不理想。这既有客观上中国社会复杂多态的原因,更有执政者基于集团私利所表现出的出尔反尔、背弃宗旨、违背初心的原因,是政治集权、社会分权治理的悖论。在这一制度下,即使一些十分简单的问

---

①[日]高田幸男:《近代中国地域社会与地方教育会——无锡教育会的地位及其演变》,载张宪文主编《民国研究》(第1辑),南京大学出版社,1994,第252页。

题也未能得到很好解决,如对于社团职员的名称,在十年后依然不能够统一。①关于委员制的具体领导权问题,在1931年教育部颁布的《教育会法施行细则》中又有了变化,该细则第十二条提出:区教育会及县市教育会,应由干事互推一人为常务干事,执行日常事务。②这就从理想的民主又回到了现实的传统。

在无锡教育会从会长制到委员制的运行过程中,有以下数点则是实质性地逐渐改变着,值得关注。

(一)政治形势强制所然

从会长制到委员制③,这是伴随着时代形势的变化、统治政权的更迭、治理体制的选择的结果,本质是统治方法转变所致。

在孙中山制定的五权宪法革命方略的指导下,国民党为实现其制度设想,进行了以分权为前提,以五院分享治权为特征的训政制度的具体实践。

1928年,蒋介石宣布实施孙中山的建国大纲,提出了"统一军政、实施训政"和以党治国的口号。所谓训政,实际上就是实施国民党的一党专政。根据国民党五中全会的决定,1928年10月3日,由国民党中央常委委员会制定的《国民政府组织法》递交国民党第172次中央常务委员会会议通过,10月8日,国民政府以第565号训令正式公布。该法一开始即说:"中国国民党本革命之三民主义五权宪法建设中华民国,既用兵力扫除障碍,由军政时期入于训政时期,允宜建

---

① 无锡县教育会常务干事沈显芝曾代表无锡县教育会,致电南京立法院:"窃查现行各种民运法规,关于职员名称一项,颇不一律,若工商同业公会称执行委员,商会称执监委员,各级工会称理监事,各级农会称干事;日常主持人员,有常务委员,有常务理事,复有干事长及常务干事之别,非常参差,至于各团体职员任期,亦至不齐一,于我国立法精神,影响甚大。缘经本会第八次代表大会决议电请钧院,恳将各种民运法加以修正,借资统一,而免纷歧,实为公便。"参见《县教育会电立院划一民众团体职员名称及任期》,《新无锡》1937年6月11日。

② 《教育会法施行细则》,《教育部公报》1931年第3卷第36期,第27—28页。

③ 委员制(或称集体制、会议制、合议制等),是指行政权力交由若干人组成的集体共同负责,并由集体承担领导责任的组织体制。由委员平等参与决策,遵循少数服从多数的议事表决原则。理论上讲,其优点是民主决策、集思广益,拒绝专制独裁,它体现的是民主的精神,也有助于防止和克服舞弊现象。但任何制度均有两面性,它也存在议而不决、贻误时机、效率低下等弊端。从根本来讲,这是一种行政管理的方法,与传统的会长制(也称首长制)有较大的区别。参见高一涵:《委员制的性质及利弊》,《中大季刊》1926年第1卷第2期,第1—9页。

立五权之规模,训练人民行使政权之能力,以期促进宪政,奉政权于国民。"①

当时推行委员制是全方位的,贯穿于几乎所有的社会组织和民间团体。如大革命期间担任无锡县教育局局长的徐梦影曾要求学校一律"废除校长制,改用委员制,并通知县立各学校教员,组织县教育协会,以便从事革新"。②继任者施织荪也积极实施,在县教育会楼上召开校长会议,"议决废除校长制,组织委员会,由各校自行推举委员三人组织之"。③这样,就把委员制全面推进了学校。不少学校一时对这一新型的管理体制很不适应,多有矛盾出现。位于大娄巷的私立唐氏小学,前校长为秦执中。改组委员制以后,他"仍为委员之一,心境终觉郁郁不欢",感觉很不顺。一次在学校,他忽然临时召集校务会议,发表意见:"现今时势又变,委员会无存在之必要,一切事权仍须归我作主,尔等如果不赞成,尽可动身,我自有相当人才前来办理。"各教员听后,认为他意图复辟,即向教育局报告。④还有人调侃,说委员制被推进了家庭:"家庭盛行委员制,公公婆婆做委员长,爸爸妈妈做委员,所有子女甥姪等辈悉为委员,婚丧喜庆,特别家事,得召集委员会员开会商议,取多数同意而后执行之。"⑤甚至街头还出现标语,地方报纸对此还有过报道:"数日前,市上曾发现'欢迎旧校长''打倒委员制'之种种标语,街头巷尾,张贴殆遍,不知如何。"⑥这当然只能算作新旧制度更替过程中的小波澜,在历史的大潮席卷而来之时,国家如此,社会亦如此。当时有人对委员制这一制度设计表示怀疑:

民国初年虽已有十七年的历史,但是实行委员制还不到两年。当时大家皆以为中国地大物博,各方情形,断非一人所能周知;而且要贯彻民治精神,也非用委员制不可,事实上又何尝如此呢?不过是因中国人个个想做领袖,为迁就事实,免避争端计,不得不制用委员制,来调和纠纷,用意本甚可嘉。但据一般人观察,党治下的委员制,似乎未能切实运用,而挂名兼职的委员太多,尤足使

---

① 《中华民国国民政府组织法》,《中央党务月刊》1928年第3期,"典章"第2页。
② 《县教育局近事记》,《锡报》1927年3月30日。
③ 《市教育局之校长会议》,《新无锡》1927年4月2日。
④ 陆陆:《秦执中意图复辟》,《市民公报》(无锡)1927年5月27日。
⑤ 慕陶:《未来之无锡(四)》,《市民公报》(无锡)1927年5月11日。
⑥ 《市八小学风潮之剧烈》,《锡报》1927年4月25日。

政务时陷停滞。[1]

教育会作为一个地方社团,是依附于社会的细胞,也被裹挟其间。1927年3月,无锡县、市教育协会成立,"全县教育分子,已有半数加入,其发出之口号为:领导民众革命,打倒学阀,解放自身历受之压迫与痛苦"[2]。由此可见,这时的教育会明显地带上了政治色彩,与之前的学术社团的研究宗旨相比已有新的变化。

(二)与政府对社团的控制同步进行

20世纪30年代前后,国民政府制订的关于教育会社团的法规数量达四部之多,还有多部补充规定,[3]其修订速度之快可谓空前绝后。这个时期,国民党在各省、县所设立的党部成为社团直接的管理机构。1927年,国民党中央组织部召开第105次常务会议,议决《规定党部与民众团体关系之通告》并予以公告,[4]这既充分体现政府在新的历史时期对教育会社团组织的高度重视,也表露出其对教育会等社团组织的改造、控制以及为我所用的初衷。既然政府赋予教育会新的时代责任,必然促使它作为社会团体组织做出变化与顺应。

这些法规修改完善的内容有两个明显的特征:一是细化,不少原来法规中的概念性表述有了具体化、可操作的内容表述;二是充实,不少法规中原来没有的内容,被补充增加,使法规更趋完善。

在教育会宗旨方面:从原先的"研究教育事项,发展地方教育",转变为"遵

---

[1] 郝公弼:《委员制研究》,《大夏季刊》1929年第1卷第1期,第21页。
[2]《无锡县市教育协会开大会》,《申报》1927年3月31日。
[3] 1927—1931年国民政府制订颁布的关于教育会的法规主要有:国民政府教育行政委员会的《教育会规程》(1927年7月30日)、大学院的《教育会条例》(1928年2月)、教育部的《教育会规程》(1929年5月8日)和《教育会法》(1931年1月27日)以及中央训练部的《省党部、特别市党部及县市党部指导教育会改组及组织办法》(1931年)。在这些法规的实施过程中,地方教育会遇到不少具体问题,为此,教育部又多次对相关规定予以解释。其问题主要涉及上级教育会代表的产生办法、上下级教育会的关系处理、会员资格、县教育会与县教育局的关系、职员身份、会员入会范围等,而相关的补充规定被集中收录于教育部的《教育会法施行细则》(1931年)、江苏省教育厅的《令发各县教育会应行注意事项》(1933年)中。
[4]《县市党部的党工作并纪》,《新无锡》1927年7月24日。

照中华民国教育宗旨及教育方针,以研究教育事业,发展地方教育为目的"。[1]以中华民国教育宗旨为例,其表述是:"中华民国之教育,根据三民主义,以充实人民生活、扶植社会生存、发展国民生计、延续民族生命为目的;务期民族独立、民权普遍、民生发展,以促进世界大同。"[2]这不仅是增加了一句话的表述,而是改变了教育会的社会定位及组织性质。如果说近代以前与教育有关的文化社团,仅是文人自娱、满足个人或同好小众修身养性的社团,那么近代建立的教育会就是担负地方教育发展责任的社会学术团体;而新的规定使得教育会向教育领域的社会公共职业团体转变,使其更具社会事务的参与性、会员群体利益的代表性,也更具服务政治的工具性。这一方面对教育会是限制,另一方面对教育会的会务空间也是一个拓展。

政府对成为教育会会员的限制逐步放宽,使其范围扩大到现任学校教职员、教育行政人员、社会教育机关职员和对于教育确有研究者等广义的教育工作者。虽然对上述对象还作了如服务单位性质、年龄、学历和任职资格等方面的限定,并附加如"褫夺公权尚未恢复者""有反革命行为经判决确定者""禁治产者"不得入会的规定,[3]但这无疑还是进一步扩大了教育会的会员基础,推动它从研究型社团向职业社团转变。同时,取消当然会员与特别会员的区别,从而扩大以选举权与被选举权为标志的民主基础。

在具体操作过程中,政府对教育会的控制主要是通过呈文要求、审查会员与监督选举这3个环节来实施的。

其一,关于呈文要求。公文格式是体现社团与政府关系的重要依据。

1928年,无锡教育会专门制定《无锡县教育会公文程式条例》,以规定内部的行文格式:

---

[1] 国民政府教育行政委员会:《教育会规程》1927年7月30日,《第四中山大学教育行政周刊》1927年第6期,第7页。

[2]《中华民国教育宗旨》,《江苏省政府公报》1930年第484期,第27页。

[3]《教育会法》,《江苏党务》1931年第46期,第66页。当时经常有军警擅自闯入学校抓捕有共产党嫌疑的教师,所以,连县教育局局长陆仁寿也频频出面打招呼,要求各学校在介绍"不很相识的人"任教师和"不是自己校里的教员"在校借宿要十分谨慎,以免麻烦。参见陆仁寿:《一些感想》,《无锡教育周刊》1930年3月24日第106期,第2页。

一、县教育会与各分会往来公文,一律采用平等体例。

二、往来公文,一律用公函,外加封套(求一律起见)。

三、往来公文,一律用语体,均须加标点符号。

四、往来公文,一律用公文纸缮写。

五、各分会来文,须加各分会钤记,执行委员会须具名盖章。

六、县会自称"本会",对各分会称"某某分会"。

七、各分会自称"本分会",执行委员自称"常务委员某"加盖私章,或"组织……研究……"。

八、县会去文开头称"某某分会执行委员会",分会来文开头称"县教育会执行委员会",均须顶格,占一行。

九、中间叙事,每一件事另写一行,每开始处低两格写,间字抬头偏写等,一律取消。

十、文尚简捷,旧式套语,一律不用。

十一、承转其他各机关来文,得察看情形,摘要叙述。或将来文照录。①

在实际行文中,教育局与教育会的函文一般互称"贵会"和"贵局",比较客气;而县政府和县党部行文教育会就用"令"或"令饬",较为强硬。县教育会分会行文县教育会,称呼自己一般用"属会",称县教育会为"钧会"。1934年,县教育会召开各区常务干事会议时,还专门提出:各区会以后对于县会公文,应一律用公函来往。②

1931年,教育部颁布《教育会法施行细则》,其中增加的第二十条明确:"各级教育会对于公署有所陈请时,适用公文程式条例之规定一律用呈,各级教育会彼此往来行文均用函。"③对此,有地方教育会提出:"旧《教育会规则》原定县教育会隶属于教育局。此次新颁《教育会法》,规定县教育会以县政府为监督机关。嗣后县教育会对于教育局行文,是否改用公函,请解释示遵。"1931年4月8日,教育部第81号代电答复:"查《教育会法》第十条之规定县教育会及所属区

---

① 《无锡县教育会公文程式条例》,《现代教育》(无锡)1928年第8期,第47页。
② 《县教育会举行各区常务干事谈话会》,《新无锡》1934年9月10日。
③ 《教育会法施行细则》,《教育公报》1931年第3卷第36期,第28页。

教育会之监管机关,均为县政府;惟县教育局为县政府组织之一部,于必要时,受县政府之命,得监督县教育会及其区教育会,彼此相互行文,自当仍用令呈。"①这无疑打破了一些教育会的领袖想与县教育局平起平坐的幻想。

其二,关于审查会员。以往教育会会员的征集与发展,均是由教育会在不违反国家《教育会法》的前提下,依据自身制订章程中的相关规定进行的。而1927年颁布的《教育会规程》第十五条专门指出:"县市教育会于每届选举前两个月,应组织会员资格审查会。"②其会员资格审查委员会的组成,"应由市县教育会执行委员会就该市县现任视学及各学校校长中聘请九人至十三人组织之"③。到1931年,要求更明确:"会员资格应由各该管(理)监督机关组织会员资格审查委员会审查之。"④这将该项工作的主持权从教育会执委会转移到地方教育会的管理监督机关——无锡县政府。

1927年11月15日,县教育局"函县市教育协会改组委员会:转第四中大训令,规定教育会会员资格审查会之组织及会员资格"⑤。12月,无锡县市教育改组委员会,确定聘任审查员15人,由薛溱舲、王克仁、张之彦、宋泳苏、蔡虎臣、诸希贤、程恩九、莫善乐、陆士铭、孙莘农、李锺瑞、严仰斗、苏渭滨、顾纯影、华晋吉等担任。对于各市乡会员登记的名单,曾多次召开审查会,逐份审查。⑥是为第一次审查。

1934年1月,为筹备第五次会员大会,组建第五届干事会,会员资格审查委员会的名单,由教育局"呈县核示",经同意后聘任宋泳苏、沈显芝、秦冕钧、顾谷嘉、朱文沅、顾泾村、程恩九、张尔嘉、过望先、张书城、吴佩德、胡吾千、周汉昌、董澍秋、龚汉初等15人担任。⑦2月1日下午2时,由他们组成的审查委员会在县政府会议室召开审查会议。会议由县视学宋泳苏担任主席,县政府派严仰斗

---

①《县教育局与教育会及其区教育会相互行文仍用令呈》,载教育部参事处:《中华民国教育法令汇编》,锡成印刷公司,1933,第248页。
②国民政府教育行政委员会:《教育会规程》,《第四中山大学教育行政周刊》1927年第6期,第8页。
③大学院:《教育会条例》(1928年2月),《国立第三中山大学教育周刊》1928年第22期,第11页。
④教育部:《教育会法》(1931年1月27日),《江苏党务》1931年第46期,第66页。
⑤《本局大事记》,《无锡教育周刊》1927年11月23日第14期,第2页。
⑥《县市教育协会力争教育经费》,《新无锡》1927年12月4日。
⑦《县教育会筹备改选》,《新无锡》1934年1月28日。

(代县教育局局长臧祜)、俞荽芬(教育局科长)列席。会议讨论明确:"新旧会员一律予以审查。"①3月4日,审查委员会召开第三次会议,明确审核结果。②

会员审查制度保证了教育会的人员组成体现国家意志,也规范了社团的组织行为。但是该制度实施后,也产生如每位经审查入会会员的资格"是否永久,有无任期"等疑惑。为此,县教育会还专门请示无锡县政府。③另外,由于审查委员会不是常任机关,在其停止审查期间,会发生不合格会员身份不能终止,新会员入会资格不能及时确认,合格会员因变动而丧失会员资格的情况出现。故无锡教育会还就有关情况致电南京立法院院长请求解释。④所有这些问题,均影响教育会会务的开展。

其三,关于监督选举。这一内容虽然在历次公布的法规中并未见诸文本,但在实际选举过程中,无论县会还是分会,均由政府派员到达会议现场进行指导或监督,并且是在选举之前,由教育会主动发出邀请的。1931年3月筹备无锡教育会成立大会,县教育会改组委员会"具呈潘县长,请求派员监选"。⑤在1935年9月筹备无锡教育会第七次大会之前,经第二十九次干事会讨论议决,要求各分会在开会前,由各区自行呈请党政机关,派员出席指导。⑥以1937年春筹建第八次代表大会为例,具体情况见表3-3。

表3-3　无锡县、区教育会改选日期及监选员一览表(1937年)

教育会名称	自治区名称	改选日期	县政府所派监选代表	教育会地址
城区	第一区	3月14日	钱锺亮	崇安寺县教育会
景云	第二区	3月14日	杨召伯	江陂桥
北下	第二区	3月14日	杨召伯	东亭小学
扬名	第三区	3月13日	虞恶	南桥

---

①《县教育会举行会员资格审查会议》,《新无锡》1934年2月2日。
②《教育会会员审查资格》,《新无锡》1934年3月6日。
③《教会新旧会员审查资格》,《新无锡》1934年9月21日。
④《县教育会电立院请求修正教育会法》,《新无锡》1937年6月10日。
⑤《县教育会改组就绪》,《锡报》1931年3月20日。
⑥教育社:《各区教育会规定大会日期》,《新无锡》1935年9月17日。

续表

教育会名称	自治区名称	改选日期	县政府所派监选代表	教育会地址
新安	第三区	3月21日	虞恶	华大房庄
开化	第三区	3月14日	虞恶	烧香浜
开原	第四区	3月14日	朱镛	前桥头
富安	第四区	3月21日	朱镛	新渎桥
天上	第五区	3月14日	蒋执中	堰桥胡氏初中
天下	第五区	3月14日	蒋执中	八士桥
怀上	第六区	3月21日	庞翼苍	黄土塘
北上	第七区	3月21日	杜锡桢	厚桥
怀下	第七区	3月14日	杜锡桢	安镇
南延	第八区	3月21日	华曰曾	荡口
泰伯	第八区	3月21日	华曰曾	大墙门
青城	第九区	3月21日	薛邦达	玉祁凤埠墩
万安	第十区	3月21日	冯俊彦	石塘湾
县教育会		4月11日	汪钝吟	崇安寺会所

资料来源:《县府订定各区教育会改选日期》,《锡报》1937年3月10日。

依据《教育会法》的规定,政府所派监选员深入现场的主要任务是:第一,看参加选举的会员是否符合第十六条的规定;第二,看选举干事职数及产生办法是否符合第二十条的规定;第三,看选举结果是否符合第二十七条的上报规定。[①]这样就把对教育会的控制从会员发展延伸到了会场选举。

(三)对教育会内部治理影响深刻

一是会员从自愿研究者变成职业当然者。之前无锡教育会社团的宗旨为"研究教育事项,力图教育发达",所以参加教育会的会员均是"有志研究教育

[①]《县府订定各区教育会改选日期》,《锡报》1937年3月10日。

者"。一群志趣相投的人的集合体,成为它的主要特征。教育会经历20余年的发展,到20世纪20年代中期,其会员数量也仅有300多人,并以教育机构的官员、学校校长等为主体,可以说是无锡教育界精英的俱乐部,但也被视为"学阀"的大本营。

  1927年起,新执政的国民政府对教育会会员的入会条件作了调整,以达到政府对教育界全面控制的目的。1928年大学院制定的《教育会条例》规定:"惟以未立案之私立学校教职员无会员资格。"所以,清理私立学校教职员会员也成为该条例颁布后的重点工作。[①]另外,面对当时高涨的民众教育运动,教育会吸纳社会教育机构中的职员也是变化之一,尤其在1927年和1929年修订的《教育会规程》中,先后将现任学校教职员、现任公立社会教育机关人员列为教育会的"当然会员",[②]充分反映政府把教育会往职业社团引导的转向。1929年6月17日,国民党第一届中央执行委员会第二次全体会议第四日会议通过的《人民团体组织方案》规定:"本案所称之人民团体,除地方自治团体另案规定外,分职业团体及社会团体两种:(一)职业团体为农会、工会、商会等;(二)社会团体为学生团体、妇女团体及各种慈善团体、文化团体等。"[③]这更明确了教育会作为人民团体中职业社团的身份。在实际操作中,政府把教育会定位为地方唯一的教育社团,对希望另立教育社团的行为予以制止,这在1928年中央大学阻止无锡组织小学教职员联合会一事中可窥得一斑。[④]

  这样的调整,淡化了教育会学术精英集聚的形象,但扩大了其社会基础。为适应这一变化,教育会的会费标准也从原来每年缴银一元降为八角。[⑤]这一门槛的降低,大大鼓励了普通教员,尤其是收入低微的乡村教员参与的积极性。经过这样的调整,全县绝大多数的教师成为无锡教育会的会员,故教育会自然成为教育职业从业人员组成的社团。到1935年4月,无锡教育会的会员数量已达1150人,[⑥]为抗战全面爆发前的峰值。

[①]《县教育会将遵章改选》,《工商日报》(无锡)1928年7月24日。
[②]参见《教育会规程》,《第四中山大学教育行政周刊》1927年第6期,第7—9页;《教育会规程》,《国立中央大学教育行政周刊》1929年第94期,第12—15页。
[③]《人民团体组织方案》,《中央周报》1929年第55期,第22页。
[④]《小教联合会备案未准》,《锡报》1928年9月5日。
[⑤]无锡县教育会:《无锡县教育会章程(草案)》,《无锡教育》(周刊)1927年11月16日第13期,第24页。
[⑥]《县教育会会员审查完竣》,《新无锡》1935年4月11日。

表3-4　无锡教育会会员与教师总数比较一览表(1928年—1936年)

截至时间	全县教师数	会员数	会员占教师总数的比例
1928年	1376人	1024人	74%
1929年	1450人	952人	66%
1931年6月	—	1067人	—
1934年底	1706人	928人	54%
1935年4月	—	1150人	—
1936年底	1387人		

资料来源：根据《新无锡》《无锡教育周刊》《现代教育》等所载报道以及《无锡年鉴》《无锡概览》等资料整理。

正因为如此，无锡教育会的社团宗旨，除了"研究教育事项，发展地方教育"外，再新增了"增进教育界之福利"的承诺。这一变动，促使教育会从原来的学术研究型社团转向更关注教育及教育人生存发展，从而成为更具斗争性的团体。

二是领导核心从会长制到委员制。教育会职员名称的变化同样反映了固有权力架构被打碎和重建。以往的教育会，由会员代表大会选举理事及正副会长，再由理事互推选举部长之职，在代表大会闭会期间，由理事会代理行使权力，以此形成其授权、决策与承办的层次关系。其核心是会长，其外围是部长和理事，构成教育会的中坚力量。会长是举足轻重的人物，他在内倡导理念，引领发展；对外充当代表、展示魅力，是教育会的旗帜。

在委员制的机构中，新组建的无锡教育会不再设会长，而代之以执行委员和常务执行委员，1931年后执委改称干事，但其产生与授权关系没有变化。教育会的领导核心从会长个人过渡到委员集体。其具体办事机构也不再设部，而是在执行委员中推举特别委员，分别是常务委员、组织委员、研究委员和编辑委员等，一般每个委员类别分别有3人。1929年12月1日，无锡教育会召开第一次执行委员会议，讨论事项如下：

一、职务如何分配案，议决：常务委员三人，研究委员三人，组织委员三人，编辑委员三人。二、各部委员人选案，选举结果：秦冕钧、严少陵、胡念倩当选为常务委员,陆士铭、顾鸿志、朱明晖为组织委员,倪丕烈、张锡昌、秦柳方为研究委员,陈君璞、周渭泉、倪铁如为编辑委员。三、对外出席代表人选案,民众教育院经济稽核委员张锡昌,县教育局经济稽核委员秦冕钧、胡念倩,县教育局行政委员秦冕钧、胡念倩,县宣传委员会委员陈君璞。①

  过了一年,到县教育会第九次代表大会召开后,第五届执委举行第一次执委会议。票选常务委员三人,结果秦冕钧、胡念倩、严少陵当选。公决秦冕钧主席常务,严少陵持经济常务,胡念倩负责研究常务,并推定陈君璞、程恩九、顾鸿志三人担任编辑委员,潘一尘、倪铁如、周渭泉三人担任研究委员。②常务委员三人作分工,另设编辑和研究委员各若干人。这一变化,一方面导致决策权力的分化,有利于民主;另一方面也使个人权威弱化,淡化了代表性人物的作用。其实践结果导致这一时期县教育会的领袖人物,如范望湖、莫仲夔、秦冕钧、李惕平等的影响力要远低于民国前期侯鸿鉴、孙仲襄、张鉴等人。

  而具体的选举办法也同样体现了这样的变化。当时采用的是"双记名法",即选举人将被选举人的姓名填入选票上相应栏目的同时,也必须在选票上填写自己的名字。当时一般是将被选举人姓名填写在选票的上端之右,选举人自己的姓名写在选票的下端之左。在1928年1月县教育会成立大会上选举执行委员和候补执行委员,以及在之后召开的第一次执行会议上选举常务委员,均采用这种办法进行选举。③在之后每次代表大会改选执委时,按照"《章程》第十三条,每年改选执委半数"的规定,以"抽签法定之"。如1929年1月,无锡教育会召开全县分会代表大会,出席代表计55人,讨论:"一、议决本届改选抽去六人。二、议决抽去者连选得连任。三、议决上次候补执委应全数改选,而以此选出之次多数为候补执委。四、公推县指委会代表史汉清为抽签员,葛鲤庭同志监票,华洪涛唱票,蔡枕亚写票。"选举过程:"一、抽签:计抽去执行委员孙莘农、陆士铭、华洪涛、苏渭滨、扬[杨]性初、顾鸿志六人。一、选举:选出执委,华洪涛二十

---

①《县教育会执委会议》,《锡报》1929年12月2日。
②《县教育会五届执委第一次会议》,《新无锡》1930年12月3日。
③《县教育会成立会纪事》,《新无锡》1928年1月10日;《县教育会第一次执行会议》,《锡报》1928年1月11日。

一票、秦冕君[钧]十九票、苏渭滨十六票、杨性初十五票、胡觉清十五票、陆士铭十四票,候补顾鸿志十三票、徐瀚清十三票、蔡枕亚十二票、丁怡安十二票、郁映森十一票,次多数周渭泉十一票、许卓人十票、张之毓九票。"①从结果看,虽然事实上只是个别人的进退,但以此次选举为始,个人在执委会中的作用弱化了,而执委会集体的影响则强化了。

另外,在选举中还会碰到一些具体问题,所用的解决办法是"拈阄"。如发生在1928年5月选举中的三人同票问题的解决,详见报道:

吾邑县教育会,为补选执行委员起见,特于前日下午二时,假省锡中大礼堂开全县代表大会,讨论一切,协商经四小时。议决补选执行委员四人,候补委员五人。结果执委四人,不成问题;惟候补委员当选者有七人,而候委之末三人,且为同票数,之三人为孙春圃、许卓人、杨玉英。主席即请各代表发表取决办法。同时,执委严仰斗、华晋吉起立,谓本人以职务关系,实难负此重任,即席辞职,以候补委员二人递补,更以同票二君递补候委,觉甚妥当。而孙、许二君,亦以课务繁重力辞。然各代表佥谓既经公决,应请打销辞意,勉为其难,至同票三君,可拈阄决之,全体通过。由书记书纸三,纳铃中。主席高举此铃,随拈一卷,启视则为杨女士。当有某君起立,谓杨女士现任妇女协会常务,在事实上是否发生问题,且杨女士现未担任校课,以资格论,杨女士为特别会员,照本会章程,特别会员无被选举权,请讨论。于是公决杨女士照章不能当选,另在许、孙二君中拈阄。遂由主席复拈,许君当选。虽经许君力辞,卒不获焉。②

这是把民主交与"运气"了。值得一提的是,这一时期在处理县会与市乡分会关系上,县执委会也规定:凡已当选为县执行委员者,不得兼任分会执行委员及代表(候补委员不在此例)。③这是为了规避县教育会执委操纵分会的局面出现,是为了限制县教育会执委的权力。从资料看,这实际上是无锡县党部的

---

① 《县教育会全县分会代表大会记事》,《新无锡》1929年1月7日。
② 杜鸠:《教育会选举之拈阄》,《工商日报》(无锡)1928年5月1日。
③ 《县教育会开会并纪》,《锡报》1928年2月28日;《县教育会第六次执委会议》,《锡报》1928年2月21日。

要求。①

三是组织关系从联络到统属。

1927年后,在委员制的背景下,县教育会和市乡教育会的关系出现根本性的转变。1931年教育部颁布的《教育会法施行细则》第五条明确规定:"凡下级教育会应一律加入直接上级教育会。"②在这样的政策安排下,无锡教育会不仅加强了与各市乡教育会的联络,更进而形成"统属关系",将其置于被领导的地位,使其成为名副其实的下属"分会"。

早在1928年初,无锡县、市教育协会改组合并成立县教育会时,就将分会同步纳入改组考虑之中。在改组委员会召开的第二次会议上,除了讨论研究县会的有关事项外,并推举十七市乡分会筹备员,俾得从事进行,以期促成。会后,由秘书处将聘函、章程各件,分送各市乡分会筹备员。③同时,还规定"各分会章程不得与县会章程抵触,且须经县会核准后方可施行",由县会组织审查分会章程委员会,负责审查通过。④

这一时期,各市乡(区)均建立并健全了教育会的分会组织,以1934年7月到1935年3月间的情况为例,具体见表3-5:

表3-5　无锡教育会各分会组织情况一览表(1934年7月—1935年3月调查)

分会名称	干事	候补干事	会员数	会所地点
城区教育会	顾鸿志、张尔嘉、沈济之、顾泾村、薛顺乾	史元复、龚笠如	249人	附设县会
开原区教育会	王廷扬、高鸿勋、陆静山	陆志洁、朱明晖、朱景廷	47人	第四区公所
天上区教育会	胡中权、胡永良、尤冠群		46人	堰桥
天下区教育会	杨渠、华达善、宋文光	过望先、蒋翼	50人	第五区公所
怀上区教育会	冯希唐、王心闲、徐崇才	韩退夫	40人	黄土塘
怀下区教育会	范君森、胡吾千、诸世轩	安子居、徐宗藩	36人	安镇

① 《教育会常会》,《新无锡》1931年8月11日。
② 《教育会法施行细则》,《教育公报》1931年第3卷第36期,第26页。
③ 《教育协会改组委员会函聘分会筹备员》,《锡报》1927年10月27日。
④ 《县教育会执委会议》,《锡报》1928年5月1日。

续表

分会名称	干事	候补干事	会员数	会所地点
北上区教育会	王福生、章一方、曾竹美		31人	厚桥
景云区教育会	钱仲华、蒋焕卿、钱镜华	倪世轩、朱宗元	34人	江溪桥
扬名区教育会	董树秋、庄介一、许锡彦	顾轶千、糜伯和	29人	南桥
北下区教育会	钱夏民、赵绍志、殷毓健	谢半农、汪祖福	45人	东亭
南延区教育会	须颂周、濮源澄、周润生	黄一新、华周深	51人	荡口
泰伯区教育会	黄裴斋、陆宗游、沈杰	陈维翰、陈近贤	46人	大墙门
新安区教育会	倪复初、秦承业、钱秀昌	陆廷范、陈易新	40人	华大房庄
开化区教育会	朱尧人、秦仁母、姚祖俭	沈子仪、朱中祁	29人	南方泉
青城区教育会	徐逸琴、刘诗棠、邵允中	许文蔚	37人	大墩
万安区教育会	金子缄、张书城、蒋世刚	陈洪范、王行民	23人	石塘湾
富安区教育会	许秉钧、章星垣、俞月秋	吕载阳、俞中行	95人	张舍小学

资料来源：无锡县政府《无锡概览》，文新印刷所，1935，第14、48页。

县教育会对市乡分会的管理主要表现在以下三个方面：

第一，会员管理。

对于分会会员，县教育会在每次换届召开会员代表大会之前会有一次清理。如1935年9月筹备第七次大会之前，经第二十九次干事会讨论议决，"关于出席会员之通信，暂以旧名册，案经审查合格者为限。惟具有入会资格，其尚未入会者，亦得通知其列席，于开会时，经会员二人以上之介绍，提请大会通过，履行入会手续。所有离区会员，应由各区常务干事，开具名单，提请大会，注销其会籍"[1]。这中间既有新会员的确认，又有对部分旧会员转移及注销的整理。除了在换届前对分会会员进行管理，也有分会上报特殊情况，县会对其作出处理的情况。如无锡教育会于1934年12月19日召开临时干事会，讨论事项其一为"怀上区教育会函称，会员虞燕荪已去世，平海晏等七人均已离区，取消本区资格，函请备案，并请转呈指导监督机关备案"。会议议决："转呈党政机关备案。"[2]当时如果遇到会员因为不同原因，从无锡的甲分会所在地迁徙到乙分会

---

[1]《各区教育会规定大会日期》，《新无锡》1935年9月17日。
[2]《县教育会召开临时干〈事〉会》，《新无锡》1934年12月20日。

所在地,其关系如何维系呢？这在《教育会法》和县会制订的《教育会章程》中均无明确规定,为此,县教育会就将此类问题上报咨询,将"中央解释"作为处理的依据。①由此可见,县教育会对分会会员的管理基本是按照政府的要求在实施。

这一时期,县教育会将自己的组织从分会细化到支部。"本会之基本组织为各地支部,凡本会会员须一律编入支部。"②分会以市乡名,支部以地址或校名定。③教育会在改组过程中,"着手筹备各市乡分会支部",将它们作为教育会社团最基本的组织。如西门外公共体育场职员及菁莪学校之教员合组一支部,于1927年12月11日正式成立,计到会会员7人,为朱承洪、周遇文、邓诗亭、万步皋、沈祖琦、吴邦杰、华式玉。公推周遇文为主席,支部地点设公共体育场,推定出席县会代表一人为朱承洪。④1927年12月26日,西门西新桥劳工第一、四两校成立教育协会支部。⑤私立秦氏、唐氏、孙氏三校等教职员也合组一支部,于1927年12月28日在唐氏小学校开成立大学。⑥县教育会开原分会原设有7个支部,后来又增加陆庄、梅园两支部,合计9个。⑦

1927年3月,无锡市教育协会成立之初建有14个支部,后又增加9个支部,会员260多人;无锡县教育协会成立之初,拥有16个分会、807名会员,支部达90个之多。⑧之后,教育分会依照旧有区划,稳定在17个,⑨从而形成了县会、市乡(区)分会、支部的三级架构,强化了社团内部的组织程度。

---

①《县区教育会筹备改选,会员籍移转问题》,《新无锡》1937年3月12日;教育社:《中央解释教育会法疑点》,《复兴报》(无锡)1935年9月12日。
②无锡县教育会:《无锡县教育会章程(草案)》,《无锡教育》(周刊)1927年11月16日第13期,第21页。
③《县教育会正式成立》,《锡报》1928年1月10日。
④《教育会支部成立》,《工商日报》(无锡)1927年12月12日。
⑤《教育协会支部成立记》,《工商日报》(无锡)1927年12月27日。
⑥《县教育会支部成立纪》,《工商日报》(无锡)1927年12月29日。
⑦《开原教育分会执委会议》,《锡报》1928年4月4日。
⑧无锡县政府:《无锡概览》,文新印刷所,1935,"教育"第46—47页。
⑨1934年,无锡县政府训令第1397号称:"案查本县各区教育会之设立,原系按照自治区域为区域,其名称亦均依自治区名而定,自自治区域由十七区划并为十区后,两者区域各不相同,所有各区教育会名称自应更改,以免混淆,业经呈奉江苏省教育厅指令,由本府拟定饬遵在案,兹将各区教育会更改名称(以旧市乡为各该区名称),分别拟定,除列表令饬县教育局知照外,合行抄表连同图记式样,一并发仰该会,遵即转致各区教育会一体遵照更改,并将图记依式改刊启用,具报呈考,此令。"参见《各区教育会更改名称》,《新无锡》1934年8月7日。

第三章 南京国民政府前期的无锡教育会(1927—1937年)

第二,选举指导。

《无锡县教育会章程》(草案)第二十一条规定:"执行委员会之监督指导各分会须严密执行。"①县教育会加大对分会的控制力度,这主要体现于人事问题。在各分会成立时,就由县会分区委派专人协助筹建。最初筹建时是每个分区委派两人,其中一人是县会改组委员会成员,另一人为筹建地区拟安排担任常务执行委员的人选。如怀下区教育分会成立前,县市改组委员会委派宋泳荪、安锡文协助怀下区开展改组事宜。二人奉委后,即积极筹备,于1927年12月24日假安镇胶南小学召开成立大会,更名怀下区教育分会。选举结果:由安锡文担任常务执行委员。②由于城区教育分会是人数最多的分会,1929年9月召开的县教育会第六次改组委员会议,曾议决"无锡市分会地域较广,事务繁重,公推顾鸿志先生协同原有三委员办理"③,以加强指导的力量。在1930年召开的县教育会第九次全县代表大会上,还讨论通过了《分会组织大纲》。④现把1929年和1935年无锡教育会分派各分会的选举指导人员名单列示如下(表3-6)。

表3-6 无锡教育会分派各分会的选举指导人员名单(1929年和1935年)

分会名称	1929年9月县会所派指导员	1935年9月县会所派指导员
怀下区分会	胡念倩	唐朴安
怀上区分会	胡念倩	唐朴安
北下区分会	赵绍志	唐朴安
北上区分会	赵绍志	唐朴安
开化区分会	陆士铭	王维能
富安区分会	顾君萃	王维能
景云区分会	顾鸿志	王维能
泰伯区分会	许卓人	王维能
扬名区分会	周渭泉	沈显芝
南延区分会	许卓人	沈显芝

①无锡县教育会:《无锡县教育会章程(草案)》,《无锡教育周刊》1927年11月16日第13期,第23页。
②《怀下区教育分会成立》,《新无锡》1927年12月26日。
③《县教育会改组会议》,《锡报》1929年10月1日。
④《县教育会代表大会》,《申报》1930年11月26日。

续表

分会名称	1929年9月县会所派指导员	1935年9月县会所派指导员
青城区分会	宋泳苏	沈显芝
新安区分会	周渭泉	莫仲夔
天上区分会	胡觉清	莫仲夔
天下区分会	胡中权	莫仲夔
开原区分会	许卓人	李惕平
万安区分会	宋泳苏	李惕平
无锡城区分会	顾鸿志	李惕平

资料来源：《教育会改组委员会议》，《锡报》1929年9月9日；《县教育会决定各区教育会开会期》，《锡报》1935年9月17日。

第三，日常管理。

县教育会对分会的日常管理是多方面的，在1928年4月29日召开的执行委员会议上，专门商讨议决对分会的管理内容。一是要求报告工作。各分会须有工作报告，按月报告一次，汇刊《现代教育》（格式由常务委员会拟定分发各分会）。议决：如一次无报告者，用书面警告；二次不报告者，派员调查；三次不报告者重行改组，均由组织部负责办理。二是规范分会章程。由县教育会制定统一的分会章程样本，以便各分会在起草自己章程时有所依照，并规定"各分会章程，不得与县会章程抵触，且须经县会核准后，方可施行"。三是统一公函格式。"废止习俗公文"，对县会应用公函格式，由县会"起草通告分会，依照实行，以取一律"。四是健全组织架构。对于分会组织未健全的区，督促其尽快将章程交会审查，尽快成立。督促各分会速交分会概况表及会员表。[1]

后来，这些制度不断得到修订、补充和完善。如行文规定，当时文言文改白话文，各地执行多有参差，很有划一的必要。当时地方报纸报道的无锡市教育分会起草的公函，半文半白，很是勉强。[2] 不久，县教育会召开第十一次常务会议就进一步规定："分会应用公文案，议决遵照执行委员会议决，凡属本分会来

---

[1]《第一次执行委员会议记录》，《现代教育》（无锡）1928年第8期，第29页。
[2]《市教育分会之公函》，《工商日报》（无锡）1928年5月16日。

往通函,应依照规定条例,一律用语体,废止老式套语。"①到1931年,又根据县党部的规定,要求教育会上下级往来行文程式"均用公函"。②

所有这一切,强化了县会与分会的联系,也借此明确了县会与分会的上下、主次关系。当然,县会也义不容辞地承担起分会矛盾协调的责任。如1929年6月5日,无锡教育会召开第二十四次常务会议,讨论了"北下分会会务纠纷案",议决"请胡念倩先生莅乡调查,以明真相"。③再如1930年11月16日,县教育会召开第十三次执行委员会议,讨论由委员胡念倩递交的《彻查开化分会改选纠纷经过》的报告,议决"该分会改选,未照法定手续,应重行改选,但时间局促,改用通函选举办法,由本会推定胡念倩、顾鸿志、严少陵负责办理"。④对于分会的合法权益,县会也积极争取,如无锡市教育会原有会所被市政局侵占,县教育会就分函县政府、教育局,转饬市政局交还。⑤同时,县会还承担搜集分会会员建议等责任。

总体而言,这一时期,政府扩大县教育会的社会基础,积极引导它从以自愿为前提组织的地方志愿教育专业团体,逐渐发展为代表教育群体利益的社会职业团体,并企望其脱离自由的状况而为政府管理教育界群体的助手和工具,体现国家意志。有学者评论:一方面,国民党指导下的"无一人不在团体之中"的"社团国家体制"在无锡算是基本实现了⑥;另一方面,采用委员制的教育会逐渐走向边缘化⑦。也就是说,通过一系列的规则修订和改组重建,政府实现了对教育会社团的控制,而同时社团自主的空间也基本丧失。这是一个预设与结果相背离的结局。

---

① 《县教育会第十一次常务会议》,《锡报》1928年6月1日。
② 《教育会常会》,《新无锡》1931年8月11日。
③ 《县教育会常会纪》,《锡报》1929年6月6日。
④ 《县教育会第十三次执委会》,《新无锡》1930年11月17日。
⑤ 《县教育会执委会议》,《锡报》1929年3月25日。
⑥ 朱邦华:《无锡民国史话》,《江苏文史资料》编辑部,2000,第119页。
⑦ 汪春劼:《地方治理变迁——基于20世纪无锡的分析》,社会科学文献出版社,2012,第131页。

二、会议综述：会务实录

会议是教育会活动的重要载体，从1927年到1937年的10年中，无锡教育会延续之前的模式，所召开的会议形式主要有代表大会、执委（干事）会议。新的变化是增加了两项，一是在旧有教育会被迫停止活动后，为筹建新教育会由筹备委员参加的改组会议，二是强化县与市乡基层教育分会联系，由县会与各分会负责人参加的联席会议。这些会议承担着不同的责任，维系着社团组织的聚合，推动重要决策的制定和落实等，同时也体现了教育会社团的运作框架。

（一）改组会议

在清末和民国前期北洋政府统治期间，无锡教育会在25年的发展历史上是没有改组一说的。所谓改组，即政府、机关、政党、社团等改变原有组织体系，变更其组成人员，这完全是政府行为，社团只是无奈地配合。在国民党南京政府成立后的1927年—1937年这10年时间里，无锡教育会经历了3次改组：第一次是1927年10月至1928年1月，第二次是1929年7月至11月，第三次是1931年3月。起因均是政府颁布《教育会规程》和《教育会法》等新法新规，从而对既有教育会加以强制改造，其目的不外乎是使其纳入国家管理的轨道，实质上是一种政府对社团组织活动的干预和控制。

（二）代表大会

无锡县、市教育协会经过近十个月的合并、改组，至1928年1月正式成立新的无锡教育会社团。自此起到1937年抗战全面爆发，无锡教育会先后召开了十七次全县代表大会。其间，1931年3月，无锡教育会因《教育会法》颁布而改组新建，以此为时间节点，又分成前后两个阶段，当时县教育会对会议届次也作了分别编排，以示区别。

表3-7 无锡教育会历次代表大会召开情况一览表(1928—1937)①

召开时间	代表大会	所属届次	备注
1928年1月9日	成立大会（第一次）	第一届(1928年1月9日—1928年9月30日)	遵《教育会规程》，县、市教育协会改组为县教育会
1928年5月28日	第二次		
1928年7月4日	第三次		无选举
1928年9月30日	第四次	第二届(1928年9月30日—1929年1月6日)	
1929年1月6日	第五次	第三届(1929年1月6日—1929年11月26日)	
1929年5月2日	第六次		增补调整执委
1929年11月26日	第七次	第四届(1929年11月26日—1930年11月23日)	遵《教育会规程》改组教育会
1930年3月29日	第八次		无选举
1930年11月23日	第九次	第五届(1930年11月23日—1931年3月20日)	
1931年3月20日	成立大会（第一次）	第一届(1931年3月20日—1932年10月9日)	遵《教育会法》改组教育会
1932年1月9日	第二次		无选举
1932年7月22日	第三次		一说21日，无选举
1932年10月9日	第四次	第二届(1932年10月9日—1934年5月27日)	第四次会议召开后，被政府勒令停止活动一年半
1934年5月27日	第五次	第三届(1934年5月27日—1935年11月24日)	
1934年12月23日	第六次		无选举
1935年11月24日	第七次	第四届(1935年11月24日—1937年4月11日)	
1937年4月11日	第八次	第五届(1937年4月11日—抗战全面爆发)	

资料来源：《锡报》《新无锡》《申报》等相关报道；《无锡县教育会之沿革及现状》，无锡县政府《无锡概览》，文新印刷所，1935。

① 相关记载多有出入，如无锡县政府所编的《无锡概览》(1935年5月铅印本)第47页所刊《无锡县教育会之沿革及现状》一文中所述："十七年一月八日，县、市教育协会遵令改组为无锡县教育会。选举执行委员十八人。"记载时间有误。另称"十八年一月二十四日，举行第七次全县代表大会，又复遵章改组"，也误。1935年11月起，邑报报道代表大会，不再冠以届次，故上表中"第四届"和"第五届"之谓，为编者所编排，以便于统一表述。

按照教育会章程的规定,"大会"包括全体会员大会和会员代表大会。[1]在实际操作过程中,作为教育会"权力机关"的全体会员大会因参加人数多,且参会人员分布四乡,召集不便,所以县教育会一般举行会员代表大会,以替代会员大会的职责。但在市、乡(区)级教育分会,因会员人数较少,且居住地较近,所以基本上是召开会员大会来履行职责。如第一区(城区)教育分会于1932年6月24日开会员大会,出席会员严少陵、华鸿涛等64人,为换届大会。[2]1934年3月25日,第一区教育会又举行了会员大会,出席会员160人,也为换届会议。[3]有时,因出席会员人数问题,还会影响选举结果。如1932年6月26日,第六区(天下)召开换届会议。该会原有旧会员50人,召开会员大会,产生新会员23人,合计73人,但该日参会会员仅33人,不过半数,所选代表无效。[4]有时,原定召开会员代表大会,但因到会会员人数不足半数,只得改开谈话会,改选大会延期举行。如第十区(北下)教育会于1934年3月28日假东亭小学开全体会员大会,仅出席18人,因不足法定人数,改为谈话会,由指导员蒋英倩指示一切,暂行展期,并呈报党部确定日期,重行召集开会。[5]

县教育会召开的会员代表大会也分两种,一是会员代表大会,二是分会代表大会。按1927年县教育会筹建时的章程草案规定:召开会员代表大会,会员代表是由各分会每满10人推代表1人;召开分会代表大会,分会代表是由各分会下属支部每满5人得推一代表。[6]如1928年1月县教育会召开成立大会,当时已成立分会者计十六市乡,会员1024人,共计分会代表98人,开会时到代表71人。[7]又如1928年4月15日,县教育会开原分会召集会员大会,出席有河埒口支部、荣巷公益支部、梅园支部、荣巷竞化支部、陆庄支部、钱桥支部、仙蠡墩支部等支部代表各1人,但"因不足法定人数,遂召集各支部代表大会"。[8]

---

[1] 无锡县教育会:《无锡县教育会章程(草案)》,《无锡教育周刊》1927年11月16日第13期,第22页。
[2]《第一区教会昨日开会员大会》,《新无锡》1932年6月25日。
[3]《各区教育会改选汇志》,《锡报》1934年3月26日。
[4]《六区教会否认新选代表》,《新无锡》1932年7月20日。
[5]《不足法数,改期召集》,《锡报》1934年3月29日。
[6] 无锡县教育会:《无锡县教育会章程(草案)》,《无锡教育周刊》1927年11月16日第13期,第22页。
[7]《县教育会成立会纪事》,《新无锡》1928年1月10日。
[8]《开原教育分会开会记》,《锡报》1928年4月18日。

第三章　南京国民政府前期的无锡教育会(1927—1937年)

1927年和1929年颁布的《教育会规程》以及1931年颁布的《教育会法》对会员大会召开的间隔时间(即届期)并无明确规定,只是明确执委(干事)等需要大会选举产生,其任期规定分别是2年(1927年《教育会规程》及1931年《教育会法》的规定)和1年(1929年《教育会规程》的规定)。这可算作对会议召开时间期限的参考。县教育会召开大会的实际时间周期因受诸多因素的影响并无规律。从历次会议召开的情况来看,间隔时间短的仅2月,长的可近1年半,其中1933年和1936年全年没开大会,而1928年召开了4次,1929年和1932年各召开了3次。这样无序的节奏,既与县教育会自身所订章程不符,也破坏了清末民初北洋时期坚持的至少每年开一次大会的惯例。其中原因,均与政府干涉有关。

在历次会议中,以选举执委(干事)作为会议议题的有10次之多,其他主要议题还有调整领导班子成员、选举产生参加省教育会的代表以及通过修改的章程等。如1928年1月召开的县教育会成立大会,通过《章程》,计6章30条,投票选举了执行委员和候补执行委员。[①]1929年11月召开会员代表大会,先由主席报告开会宗旨及改组经过,次通过章程,旋即选举。[②]当然,在会上还会听取会员代表的提议并作出决定,这是县教育会会务活动最重要的内容之一。

通常,全县会员代表大会都比较隆重。如1935年11月召开第七次大会,在会场"入门处悬有'集中全县教育同仁之意志,推动整个教育事业的发展'两大标语"。干事会还特编印《概况报告》(目录凡十。大纲为:一、沿革;二、县干事一览;三、各区代表一览;四、各区会地点;五、各区干事一览;六、一年来工作摘要;七、一年来重要收发文件摘由;八、本会资产一览;九、一年来经费收支对照表;十、今后工作计划。)[③]。由于代表来自各市乡,而城乡相隔遥远,交通不便,舟车往返,多或三日,少亦一二日。所以许多僻乡远途的会员均提前出发,会议期间就在城里旅店留宿。对于该次代表大会,地方报纸亦有报道:

县教育会第七次全县会员代表大会,准于今日上午九时,举行开幕,秘书处

[①]《县教育会正式成立》,《锡报》1928年1月10日。
[②]《教育会代表大会纪》,《申报》1929年11月27日。
[③]教育社:《县教育会代表大会明日开幕,各区提案分别整理》,《新无锡》1935年11月23日。

筹备经过，迭志报端。兹悉各区代表昨晚均已先后来城，分寓马路上各大旅社，准今晨八时半报到，大会秘书处昨日分函各机关团体，届时派员出席。县政府已指派教育局长惠美珊，县党部由委员孙翔风出席指导，大会于九时行开幕礼，十时半至十二时，举开第一次会议，下午二时，请教育局惠局长演说，继续举行第二次会议，并补选干事。兹将开幕典礼仪式大会程序暨重要提案，分志如次：

开幕仪式：一、开幕。二、肃立。三、唱国歌。四、向党国旗暨总理遗像行最敬礼。五、恭读总理遗嘱。六、静默。七、主席读教育宗旨暨报告。八、党政机关主管人员致辞。九、各团体机关代表演说。十、各区代表演说。十一、主席答辞。十二、摄影。十三、礼成。

大会程序：一、推选主席。二、恭读总理遗嘱。三、县干事会工作报告。四、审查提案，讨论提案。(休息午餐)五、惠教育局长演说。六、继续讨论提案。七、补选干事。八、散会。①

(三)执委(干事)会议

教育会代表大会选举产生执行委员。1931年《教育会法》颁布后，执委改称干事，故执委会也相应改称干事会。执委(干事)会议是在大会闭幕期间，代表大会行使日常权力，由全体执委(干事)参加的会议。这一时期的执委(干事)会议的召开比较有规律，下面选取三个时段，列表说明：

表3-8　无锡教育会执委会议召开时间一览表(1928年1月—1929年6月)

召开时间	会议编次	召开时间	会议编次	召开时间	会议编次
1928年1月9日	1	1928年4月29日	11	1928年12月2日	21
1928年1月12日	2	1928年5月14日	12	—	22
1928年1月15日	3	1928年5月27日	13	—	23
1928年1月29日	4	1928年6月10日	14	1929年2月19日	24
—	5	1928年6月24日	15	1929年3月24日	25
1928年2月21日	6	1928年7月8日	16	1929年4月14日	26

---

①教育社：《县教育会代表大会今晨九时行开幕礼》，《新无锡》1935年11月24日。

续表

召开时间	会议编次	召开时间	会议编次	召开时间	会议编次
1928年3月4日（报道误作20日）	7	1928年8月5日	17	1929年5月19日	27
1928年3月18日（报道误作24日）	8	1928年9月2日	18	1929年6月5日	28
1928年4月2日	9	—	19	1929年6月16日	29
—	10	1928年10月28日	20		

表3-9　无锡教育会干事会议召开时间一览表（1931年3月—1932年9月）

召开时间	会议编次	召开时间	会议编次	召开时间	会议编次
1931年3月23日	1	1931年11月8日	9	—	17
—	2	1931年12月13日	10	1932年6月12日	18
1931年5月30日	3	1932年1月14日	11	1932年7月3日	19
1931年6月7日	4	1932年1月25日	12	1932年7月18日	20
—	5	—	13	1932年8月2日	21
1931年8月10日	6	—	14	1932年9月24日	22
1931年9月6日	7	1932年3月28日	15		
1931年10月11日	8	1932年5月22日	16		

表3-10　无锡教育会干事会议召开时间一览表（1934年6月—1937年4月）

召开时间	会议编次	召开时间	会议编次	召开时间	会议编次
1934年6月10日	1	1935年1月9日	16	1935年11月21日	31
—	2	1935年1月22日	17	1935年12月15日	32
1934年6月25日	3	—	18	1936年1月30日	33
1934年7月14日	4	1935年3月7日	19	—	34
1934年7月24日	5	—	20	1936年4月19日	35
1934年7月30日	6	—	21	1936年5月9日	36
1934年8月21日	7	1935年4月15日	22	1936年7月11日	37
1934年9月4日	8	—	23	—	38
—	9	1935年5月27日	24		39

续表

召开时间	会议编次	召开时间	会议编次	召开时间	会议编次
1934年10月2日	10	1935年6月4日	25	1936年11月25日	40
1934年10月16日	11	—	26	1937年2月21日	41
1934年11月14日	12	1935年7月7日	27	1937年3月3日	42
—	13	1935年7月28日	28	1937年3月22日	43
1934年11月27日	14	—	29	1937年4月10日	44
1934年12月12日	15	1935年10月20日	30		

资料来源：参见《锡报》、《新无锡》、《工商日报》(无锡)、《现代教育》(无锡)等记载。"—"处为资料不详。

上述三表中，表3-8是自1928年1月县、市教育协会改组成立县教育会到1929年新的《教育会规程》颁布再次改组，共召开了29次执委会议，为前期的第一至第三届执委所召开的会议；表3-9是从1931年3月《教育会法》颁布后教育会改组到1932年9月，共召开了22次干事会议，为后期的第一届和第二届干事所召开的会议；表3-10是从1934年6月到1937年4月，共召开了44次干事会议，是召开这类会议最多的一个时期，为后期的第三至第五届干事所召开的会议。

执委(干事)会召开的基本模式，一般是先明确主席和记录人。在议程上，先由主席报告有关事项，再就有关提议讨论，然后作出议决。以1932年1月25日召开的第十二次干事会议为例，其全程如下：

本邑县教育会，特于昨日上午十时，在会所召集第十二次干事会议，出席干事徐涵清、许岱青、章尔威、严少陵、秦冕钧、陈君璞。主席严少陵，纪录蒋英倩，行礼如仪。报告事项：一、上届干事会议决事项及执行议决案经过。讨论事项：一、县党部令推代表组织无锡县各界抗日救国会，当经本会紧急会议，暂派本会秘书蒋英倩代表出席，请正式推定代表出席案，决，暂由蒋英倩代表出席会议。二、本会会具应切实调查整理案，决，推定许干事岱青、章干事尔威负责调查，整理尽于二月十日前竣事。三、本会事务员赵士奎因事辞职案，决，准予一月底辞职。四、试用周士隆为本会事务员案，决，通过。五、本县教育局长辞职离局，瞬将一月,负责与否,莫衷一是,本会应如何表示案,决,公函教育局质询。次散会。①

这次会议的议程可谓干事会议的经典流程。虽然代表大会也有议题的讨论,但由于间隔时间较长,且有换届选举诸类的议程,故议题有限。而由于执委(干事)会议经常召开,出席人数也相对固定,相关议题的讨论就十分丰富。议题的内容有以下几类:(1)商量代表大会交办议案并办理,如发放学款案、划一城乡教育经费案、不得任意更调各校校长教员案、从速取缔未立案之私立学校案等;(2)议决派员代表教育会参加社会活动,如总理奉安二周年纪念庆祝大会、国际联盟会教育参观团来锡参观欢迎招待会、无锡县各界抗日救国会、慰劳驻锡伤兵等;(3)议决派员代表教育会参加相关协调机构为组成成员,如无锡县教育行政委员会、教育经济稽核委员会、识字运动委员会、中大区教育会联合会、反日运动委员会、反日援侨委员会等;(4)议决对外议题、声明、宣言、复函;(5)议决活动安排,如举办暑期讲习会、选举全县模范儿童、组织参观外埠教育、举办国音讲座、大会筹备事项等;(6)议决新任执委分工和人事请辞与递补等;(7)通过各项办事细则、分会章程等;(8)议决有关会务及相关问题的处理决定,如主办教育通讯社、修理会所等;(9)通过经费预决算;(10)议决会产处理,如通俗教育馆商借教育会空地案;(11)议决各区分会提出的要求。

由此可见,执委会或干事会,是无锡教育会会务开展中最重要的会议形式,其所议所决体现了社团的社会价值取向。

与执委(干事)会相联系的还有一种会议形式:常务执委会议。按照教育会章程,执行委员会设执行委员13人,另设候补执行委员5人,以备执委出缺情况下递补;"执行委员互选常务委员五人"。②常务执委会出席人数较少,操作更灵活,也更有权威性。据编者所查到的资料,自1928年1月开始到1929年3月,共召开了22次;③自1929年12月至1930年8月共召开了7次。④所见最后一次报

---

① 《县教育会召集干事会议》,《新无锡》1932年1月26日。
② 无锡县教育会:《无锡县教育会章程(草案)》,《无锡教育周刊》1927年11月16日第13期,第22页。
③ 《县教育会常委会议》,《新无锡》1929年3月3日。
④ 《教育会第七次常务会议》,《新无锡》1930年8月2日。

道是1930年12月7日,县教育会第一次常务委员会议在学前县立初中举行。[1]在此之后,邑报中不再见有常务会的会议报道,估计是县教育会自身不再向媒体提供综述之故,但从各种相关报道资料可知这一类会议依然持续召开着。[2]实际上,从常务会议讨论议题的内容来看,与执委(干事)会几乎没有什么差别,只是从具体操作角度讲,常务会议出席的对象有限,更便于召集;但也常有因参会人员缺席而导致无法有效召开的情况。

(四)市、乡(区)联席会议

1927年后,各市、乡(区)教育会均成为县教育会的分会,其间因行政区域变动,名称也相应有改变。1934年8月改用原区域名称,具体如表3-11。

表3-11 无锡县各市、乡教育会更名为区教育会对照表(1934年8月)

原用名称	新改名称	原用名称	新改名称
无锡县第一区教育会	无锡县城区教育会	无锡县第十区教育会	无锡县北下区教育会
无锡县第二区教育会	无锡县景云区教育会	无锡县第十一区教育会	无锡县南延区教育会
无锡县第三区教育会	无锡县扬名区教育会	无锡县第十二区教育会	无锡县泰伯区教育会
无锡县第四区教育会	无锡县开原区教育会	无锡县第十三区教育会	无锡县新安区教育会
无锡县第五区教育会	无锡县天上区教育会	无锡县第十四区教育会	无锡县开化区教育会
无锡县第六区教育会	无锡县天下区教育会	无锡县第十五区教育会	无锡县青城区教育会
无锡县第七区教育会	无锡县怀上区教育会	无锡县第十六区教育会	无锡县万安区教育会
无锡县第八区教育会	无锡县怀下区教育会	无锡县第十七区教育会	无锡县富安区教育会
无锡县第九区教育会	无锡县北上区教育会		

资料来源:《各区教育会更改名称》,《锡报》1934年8月7日。

早在民国初年,无锡各市、乡基本都成立了教育会,但它是与县会"不相统辖"的独立社团。[3]1929年5月,教育部新颁布的《教育会规程》第九条规定:"省教

---

[1]《教育会常务会议》,《锡报》1930年12月9日。
[2]《县教育会干事会议》,《新无锡》1932年12月19日。
[3]朱有瓛、戚名琇、钱曼倩、霍益萍:《中国近代教育史资料汇编·教育行政机构及教育团体》,上海教育出版社,2007,第262页。

育会由该省各市县教育会联合组织之。"第廿八条规定:"县教育会得依地方情形,分区设立分会若干处。其详细章程,应由该县教育会拟定,呈请县教育局转呈大学区大学或教育厅核准。"①第九条规定也适用于县与市、乡教育会彼此关系的确立,第廿一条更明确了县教育会通过制定章程对市、乡教育会领导的关系。1931年的颁布的《教育会法》第十九条更明确规定:"上级教育会以其直接下级教育会为会员。"②这更进一步明确了县与市、乡教育会的从属关系与主次地位。在此基础上,市、乡(区)联席大会和分会常务委员联席会议等会议形式就成为当时教育会协同步调、汇集信息、沟通情况、调解矛盾的重要平台。

1928年1月,无锡县、市教育协会合并成立县教育会。县教育会即于2月26日召开各分会组织委员联席会议,出席者除了县会的组织委员范望湖(华萼代表)、朱寄尘,常务委员严仰斗、苏渭滨外,还有来自各分会的代表,如天上分会严颂勋,天下分会丁怡安,泰伯分会蔡英,开化分会张正行,新安分会倪铁如,开原分会姚子克等。会议要求:各分会赶速办理会员移转手续;各分会图记、会牌由县会定期通知颁发;各分会确定负责人员及通讯处;各分会于最短时间整理各支部;以会员数为标准发给《现代教育》等。③上述内容表明:这一联席会议主要是在教育会新组建后,为尽快理顺县会与分会之间的关系扫除障碍。

在1928年3月12日召开的全县各教育分会常务联席会议上,就进一步讨论了关于教育宣传的要点(如保住本县教育经费原有独立精神、呼吁社会关注小学教员生活的苦况、各学校经费竭蹶的情形并要求增加教育经费等)、警告县政府冬漕加征事项、转各乡政局补助分会经济、定期开会从长讨论研究教育问题等,④以统一、协调全县两级教育会的工作目标和行动步骤。

1930年8月21日在县教育会楼上召开的各市乡教育分会联席会议,其背景是因县政会议决定减削1930年度教育经费之额定,原有的教师奖励金、教育分会补助费等全部削减。会议代表达成统一认识,决定:为抵制这一做法,组织特种委员会,由县执委2人、交通便利之分会代表5人组成,向县政府及教育局力

---

① 《教育会规程》,《国立中央大学教育行政周刊》1929年第94期,第13、15页。
② 《教育会法》,《江苏党务半月刊》1931年第46期,第66页。
③ 《县教育分会组织委员联席会议记》,《工商日报》(无锡)1928年2月27日。
④ 《县教育会全县分会常委联席会议》,《锡报》1928年3月13日。

争,如"力争无效",则以"延缓开学(已开学之学校,同时罢课)"的办法予以抵制。①这成为统一意见、凝聚力量的专项动员会。

有时这种会议也成为县会与分会力量博弈的舞台。1932年1月3日,各区教育分会干事联席会议在县教育会召开,会上有讨论"质问县会,工作何等棘手,每人每月车马费五元,如何开支案"②,充满了火药味。所以,之后县教育会召集分会代表开会,也召开座谈会,增强联谊。③

三、会员与执委:新一代知识分子群像

这一时期选举产生的县教育会执委(干事),包括候补执委(干事),每届维持在20人左右的规模。其间也有因递补等因素,出现一届任职的总人数超出30人的情况。无锡教育会执委(干事)任职情况见表3-12。

表3-12　无锡教育会历任执委(干事)任职一览表(1927—1937年)④

时间	常务执委(干事)	执行委员(干事)	候补委员(干事)	省会代表
无锡市教育协会时期(1927年3—10月)	范望湖	范望湖、张久如、石民傭、严仰斗、陆仁寿、江东山、苏渭滨、廉建中、俞纯庵		
无锡县教育协会时期(1927年3—10月)	秦凤翔	秦凤翔、薛溁龄、宋泳荪、诸祖耿、张锡昌、华少贤、许锡彦、陆士铭、胡念倩	秦柳方、辛曾辉	

---

①《教费无圆满办法,全县各校暂缓开学》,《新无锡》1930年8月21日。
②《各区教育分会干事联席会议》,《新无锡》1932年1月8日。
③《县教育会举行各区常务干事谈话会》,《新无锡》1934年9月10日。
④这一时期,人员辞退与替补甚多,加之资料残缺,故本表内容多有疏漏。实行委员制集体领导,一般常务执委(干事)有三名,但实际运作过程中有主要负责人一名,或称主席。下面附陈钟英等提供的历届负责人名单,以供参考:秦凤翔主席(1927年3月—1927年12月)、莫仲夔常务执委(1928年1月—1929年1月)、秦冕钧常务执委(1929年1月—1930年11月)、倪铁如常务执委(1930年11月—1931年3月)、胡念倩常务干事(1931年3月—1932年10月)、秦冕钧常务干事(1932年10月—1934年5月)、李惕平常务干事(1934年5月—1937年4月)、沈显芝常务干事(1937年4月—1937年11月)。参见陈钟英、周汉成:《关于教育会的补正》,《无锡文史资料》第16辑,第147—148页。

第三章 南京国民政府前期的无锡教育会（1927—1937年）

续表

时间	常务执委（干事）	执行委员（干事）	候补委员（干事）	省会代表
无锡县、市教育协会合并时期（1927年10月—1928年1月）	严仰斗、苏渭滨、顾静英	华萼、宋泳苏、陆士铨、刘品棠、秦柳方、顾静英、张锡昌、陆仁寿、严仰斗、嵇蕴如、苏渭滨、杨玉英、沈显芝、范望湖		
第一届（1928年1—9月）	莫仲夔、范望湖、严仰斗、陆仁寿、华萼、苏渭滨、孙莘农	陆仁寿、范望湖、张锡昌、莫仲夔、严仰斗、宋泳苏、苏渭滨、薛溱舲、胡念倩、华萼、张之彦、朱正心、孙莘农、辛曾辉、朱承洪、朱毓奇、钱芗侯、杜锡桢、张正行、陈子慎、蔡虎臣、华昌时、毛尔嘉、张伯藩	辛曾辉、朱彦和、朱承洪、朱毓奇、钱芗侯、张巡喜、沈显芝、叶志青、华昌时、毛尔嘉、顾鸿志、朱彦俯、许卓人	
第二届（1928年9月—1929年1月）	莫仲夔	莫仲夔、严仰斗、苏渭滨、胡念倩、孙莘农、华洪涛、葛鲤庭、廉建中、杨性初、蔡英、顾鸿志、朱尧臣、毛尔嘉、胡中权、钱企文、陆士铭	陆士铭、胡中权、钱企文、陈君璞、严颂勋、过望先、许卓人、张之毓	莫仲夔、胡念倩
第三届（1929年1月—1929年11月）	秦冕钧、顾鸿志、胡念倩、葛鲤庭、许卓人、朱尧臣	秦冕钧、严少陵、周渭泉、莫仲夔、严仰斗、胡念倩、华洪涛、葛鲤庭、廉建中、蔡英、朱尧臣、胡中权、钱企文、张锡昌、华洪涛、苏渭滨、杨性初、胡觉清、陆士铭、顾鸿志、倪丕烈、陈君璞、徐瀚清、丁怡安、郁映森、赵绍志、严松勋、过赞斌、华昌时、李柏森、严慰苍、过质彬、张之毓	顾鸿志、徐瀚清、蔡枕亚、丁怡安、郁映森、许卓人、张之毓	
第四届（1929年11月—1930年11月）	秦冕钧、严少陵、胡念倩、莫仲夔、葛鲤庭、顾鸿志、朱尧臣	秦冕钧、倪丕烈、陈君璞、严少陵、周渭泉、胡念倩、张锡昌、顾鸿志、陈士铭、莫仲夔、苏渭滨、华洪涛、朱尧臣、葛鲤庭、蔡枕亚、徐瀚清、顾鸿志、秦柳方、朱明晖	秦柳方、朱明晖、周渭泉、许卓人、赵绍志、萧涤如	

265

续表

时间	常务执委（干事）	执行委员（干事）	候补委员（干事）	省会代表
第五届（1930年11月—1931年3月）	倪铁如、秦冕钧、胡念倩、严少陵	秦冕钧、胡念倩、倪铁如、顾鸿志、陈君璞、严少陵、潘一尘、周渭泉、程恩九		
第一届（1931年3月—1932年10月）	胡念倩、秦冕钧、严少陵	胡念倩、秦冕钧、倪丕烈、朱明晖、严少陵、徐涵清、章尔威、许岱青	陈君璞、许岱青、许笑岑	李惕平
第二届（1932年10月—1934年5月）	秦冕钧	秦冕钧、严少陵、徐涵清、胡念倩、杨召伯、朱明晖、蒋翼	章维康、许岱青、陈君璞	
第三届（1934年5月—1935年11月）	李惕平	李惕平、唐朴安、莫仲夔、倪丕烈、鲍映奎、秦冕钧、芮麟、沈显芝、王维能、严少陵	沈显芝、王维能、严少陵	华萼、李惕平
第四届（1935年11月—1937年4月）	李惕平	沈济之、倪复初、顾泾村、沈显芝、王维能、严少陵		宋泳荪、李惕平、华晋吉
第五届（1937年4月—11月）	沈显芝	沈显芝、顾泾村、沈济之、陆士铭、朱明晖、杨渠、吕载阳	冯希唐、胡育良	宋泳荪

资料来源：《锡报》、《新无锡》、《工商日报》（无锡）、《申报》相关报道；《现代教育》1929年第13期；无锡县政府《无锡概览》，1935年5月铅印本，"教育"第47页。

各市、乡（区）教育会的执委（干事）人数远比县级为少，一般仅5人左右，他们中不少是县教育会的骨干成员。以1935年的情况为例，列表于下，供参考。

表3-13　无锡县各区教育会干事情况一览表（1935年）

区会名称	会员人数	干事姓名	候补干事姓名	会所地址
城区教育会	249	顾鸿志、张尔嘉、沈济之、顾泾村、薛顺乾	史元复、龚笠如	附设县会
景云区教育会	34	钱仲华、蒋焕卿、钱镜华	倪世轩、朱宗元	江溪桥
扬名区教育会	29	董树秋、庄介一、许锡彦	顾轶千、糜伯和	南桥

续表

区会名称	会员人数	干事姓名	候补干事姓名	会所地址
开原区教育会	47	王廷杨、高鸿勋、陆静山	陆志洁、朱明晖、朱景廷	第四区公所
天上区教育会	46	胡中权、胡永良、尤冠群		堰桥
天下区教育会	50	杨渠、华达善、宋文光	过望先、蒋翼	第五区公所
怀上区教育会	40	冯希唐、王心闲、徐崇才	韩退夫	黄土塘
怀下区教育会	36	范君森、胡吾千、诸世轩	安子居、徐宗藩	安镇
北上区教育会	31	王福生、章一方、曾竹美		厚桥
北下区教育会	45	钱夏民、赵绍志、殷毓健	谢半农、汪祖福	东亭
南延区教育会	51	须颂周、濮源澄、周润生	黄一新、华周深	荡口
泰伯区教育会	46	黄裴斋、陆宗游、沈杰	陈维翰、陈近贤	大墙门
新安区教育会	40	倪复初、秦承业、钱秀昌	陆廷范、陈易新	华大房庄
开化区教育会	29	朱尧人、秦仁母、姚祖俭	沈子仪、朱中祁	南方泉
青城区教育会	37	徐逸琴、刘诗棠、邵允中	许文蔚	大墩
万安区教育会	23	金子缄、张书城、蒋世刚	陈洪范、王行民	石塘湾
富安区教育会	95	许秉钧、章星垣、俞月秋	吕载阳、俞中行	张舍小学

资料来源:《无锡县教育会之沿革及现状》,载无锡县政府编《无锡概览》,文新印刷所,1935,第14、48页。

这一时期,算上1927年3至10月间的无锡市教育会负责人,无锡教育会的主席委员共有8人,其中秦冕钧两度出任。现将他们的基本情况介绍如下:

表3-14 无锡教育会负责人简历表(1927年—1937年)

姓名	任职时间	简历
范望湖 (1898—1992)	1927年3月—1927年10月	又名广涛。祖籍无锡堰桥,生于溧阳。1921年毕业于省立第三师范,任教于私立匡村小学、苏州桃坞中学及三师附小。1927年初加入国民党,11月任县教育局扩充教育课主任、社会教育科主任兼民众教育馆馆长。1928年5月任江苏大学义务教育科助理。1929年任财政部会计司科长,专员。1941年,调粮食部会计司任帮办。著有:《民众教育ABC》等

续表

姓名	任职时间	简历
秦凤翔 （1899— 1959）	1927年3月— 1927年12月	字翼云。无锡人。北宋词人秦观31世孙。江苏省立第三师范高中师范科第五届毕业生。1919年，教育部国语专科毕业后留学日本语言学院，同年加入国民党。20年代到30年代历任教育部国语统一筹备会委员，国音字典增修委员会委员，江苏省教育厅国语专科视学员，江苏省义务教育期成会干事，《江苏地方教育月刊》社编辑等职。1929年任中央大学特派员，5月赴日考察教育。1931年被选为国民议会代表。1936年被选为国民大会代表。30年代中期调任江西省督学、第一行政区教育特派员。著有：《比较实验国语正音法》《日本义务教育之发展》《各国义务教育概要》《发音生理图表》《周诗韵考》《无锡音系》《切韵音值之研究》《湘乡音系稿》《论云南拉祜族文学改革问题》《汉语语音史》《芝兰室语》等，校订有《初级国语会话教科书》
莫善乐（约 1900—?）	1928年1月— 1929年1月	字仲夔。无锡人。江苏省第四师范本科毕业。1928年4月任县立第二小学校校长兼教务主任。1929年3月任县督学。20年代末任县第二区党部执行委员，国民党县代表。30年代任私立积余小学校校长，县公安局行政科科长，无锡市行政局文牍主任，无锡市政筹备处社会科实业股股长
秦冕钧 （1905— 2000）	1929年1月— 1930年11月， 1932年10月 —1934年5月	字达轩，号公达。无锡人。毕业于交通大学电机工程科学系。1928年11月任县立初级中学校长。1934年秋任上海交通大学和上海正始中学教员。1939年12月任伪江苏省教育厅厅长。1940年9月任汪伪政府监察院委员。抗战胜利后以汉奸罪被判刑。编有《无锡县立初级中学五年概况》《锡山秦氏文钞》等
倪铁如 （1904—?）	1930年11月 —1931年3月	1930年5月，借同钱殷之、许岱云等人在无锡城南上塘创办私立江南中学。1951年任江南中学事务组长兼动物教员。1951年8月，以反革命罪被判10年，病死狱中，卒年不详
胡念倩 （1897— 1960）	1931年3月— 1932年10月	名启元、字念情，无锡人。1928年5月任泾皋小学教员，12月任泾滨民众图书馆馆长。1929年8月任县教育局社会教育课主任。历任第八区党部执行委员，第三区党部监委，县党部执委会候补委员、委员、组织部部长，县党务整理委员会委员，县党部监委。抗战胜利后任江苏省工业协会秘书、无锡长途汽车公司协理等

续表

姓名	任职时间	简历
李惕平 （1906—1977）	1934年5月—1937年4月	原名国栋，字涵苍。无锡人。1912年考入无锡乙种实业学堂。后毕业于正风文学院。1919年起历任严家棚小学、仙蠡桥小学、无锡中学、省立第三师范、县立女子中学、国学专修馆教员。1930年任县党部宣传委员，后任常委兼《国民导报》社社长。1934年9月创办无锡教育通讯社。1937年7月任无锡各界抗敌后援会常委兼秘书长。1938年8月任无锡旅川同乡会理事。1946年4月任县商会常务理事。1947年任无锡县参议会议长。编有《锡山李氏世谱》
沈显芝 （1900—1964）	1937年4月—1937年11月	乳名根大。无锡人。江苏省立第三师范学校毕业。曾参加中央大学区督教暑期讲习会、江苏省县政佐治人员训练所教育人员班学习。后任县立东林小学校长，县教育局社会教育课、学校教育课课长。1927年任县立第二小学校教务主任。1928年5月任第七学区教育委员兼专科指导员。1929年10月任县教育局扩充教育课主任。1930年5月任县立历史博物馆馆长。1931年8月任县教育局督学，南三乡（扬名、开化、新安）学务委员。1937年任县立东林小学校校长。抗战全面爆发后，回乡避难。1943年，任县实验小学校长。抗战胜利后，历任县教育局督学、代理局长等职务，后至南方任私立达德中学部（后名振业中学）校长。编著有《无锡整理孔庙筹设历史博物馆报告》《算术难题解法指南》《算术难题一百解》等

资料来源：根据《新无锡》、《锡报》、《中山日报》（无锡）等所载报道以及《百人千书——无锡近代教育著作书目初编》《监察院公报》《无锡年鉴》《无锡名人辞典》《无锡概况·人物调查》《涵苍文集——李惕平诞辰一百周年（1906—2006）》《春风化雨江南——无锡私立江南中学历史资料汇编》等资料整理。

因不同时期名称不同，他们先后被称为主席、常务执委、常务干事等。范望湖是无锡市教育协会的负责人，与无锡教育会的负责人秦凤翔一样，参与了县、市教育协会的组建和合并。1927年10月两会合并后，秦凤翔就离开无锡到教育部和省教育厅任职，而范望湖则一度在新建的教育会担任执委。他们发挥了过渡时期的作用，使得分裂的县、市教育会再次在新政府设定的框架内得以融合。

莫仲夔曾在1925年《中华教育界》第15卷第4期上发表《新小学算术教学法》的文章，具有一定的专业修养。1928年任县立第二高小学校校长，主持该校25周年纪念活动。坊间对他的办学也有好评："自莫仲夔担任校长以来，尽力整顿，校内设施，焕然一新。"①这可能是他被推为常务执委的理由之一。在他任内，他工作的最大的亮点是与严仰斗、华萼等一起，倡议组织成立了中央大学区县教育会联合会，②从而提升了无锡教育会在江苏全省各县级教育会社团中的地位。

秦冕钧任常务干事的时间是他们中最长的，前后达5年半，但其间有两年时间，县教育会是被政府勒令停止活动的。这是无锡教育会历史上唯一的一次因自身原因导致停摆，对此，秦冕钧负有不可推卸的责任。

李惕平任常务干事应该是这一时期无锡教育会的一个小高潮。他的好友孙翔风曾这样评价他：惕平的个性比较平和、柔弱、与人无忤，即使有不同意见，也往往隐忍而止。③抗战胜利后，他担任地方参议会议长一职，邑报评论他：县参议会议长李惕平氏，论起来是稳健、清楚、诚恳、和蔼。④这正是他的品性。他在无锡县党部任职期间，带领教育会向政府提出众多事关地方教育发展的建议案，推动地方教育的发展，也为教育会力争摆脱"无声息"的尴尬作出了努力。

有党部背景的胡念倩和倪铁如，任职时间一长一短，但均无突出表现；而抗战全面爆发前的最后一任负责人沈显芝，因任职不久后抗战全面爆发，故他对教育会的贡献已不及表现。

纵观这一时期无锡教育会成员的情况，其呈现出三个明显特征。

第一，新人办会。

侯鸿鉴领导的原无锡教育会，在国民党和共产党联合主导的北伐大军冲击下，被迫停止活动，突然间几乎走到了尽头。这种结果，宣告以绅士为主体的教育会的终结，也是侯鸿鉴时代的结束。这时期的成员组成，最显著的特点是传统绅士退出舞台和人们的视野，取而代之的是一群年轻知识分子，均是无锡新

---

① 《学校开会志闻》，《锡语报》1928年6月3日。
② 《县教育会执委会议》，《锡报》1928年3月19日。
③ 李元奇：《涵苍文集——李惕平诞辰一百周年(1906—2006)》，2005，第6页。
④ 《学老师：李惕平论》，《人报》(无锡)1947年2月20日。

学培养的第一代,其年龄情况分析如表3-15。

表3-15 无锡教育会会员年龄统计表(1931年)

会员年龄	会员人数	所占比例
16——19岁	14人	1.31%
20——24岁	357人	33.46%
25——29岁	315人	29.52%
30——34岁	180人	16.87%
35——39岁	97人	9.09%
40——44岁	28人	2.62%
45——49岁	18人	1.69%
50——54岁	14人	1.31%
55——59岁	8人	0.75%
60——64岁	3人	0.28%
不明	33人	3.09%
合计	1067人	100%

资料来源:《本会会员表》,《现代教育》1931年6月第20期。转引自[日]高田幸男:《近代中国区域社会和教育会——以无锡教育会员工构成分析为中心》,《骏台史学》1994年第91号,第65页。

据上述统计,无锡教育会会员中年龄未满30岁的会员占64.29%。按照时间推算,参加教育会的这一年龄阶段的会员,基本是20世纪出生的新人,接受的教育已完全是新学。他们多以小学教育为职业,并经历如辛亥革命、新文化运动、五四运动、北伐战争等大事件,沾染了革命与运动的气息。他们这一代人,自有对新生活的憧憬与安排。比如,李惕平曾对自己在1934年的个人生活作如下计划:

(一)我希望锻炼自己,具有科学的头脑和守纪律的习惯,使生活臻于丰富;(二)我希望改变不喜欢运动的习惯,借以增进身体的健康;(三)我希望每天有写日记的习惯,每星期至少与友人作讨论问题两次;(四)我希望积极参加各种社会事业活动,借以增长自己的经验;(五)我希望看完社会科学自然科学书籍至少五十种,作系统的研究;(六)我希望认识志同道合的新朋友,自一百至一百五十人;(七)我希望能替有关系的报章杂志写二十篇至三十篇;(八)我希望在可能范围中,可以作四次短期的旅行。①

1929年担任执委的过质彬毕业于苏州高等工业学校纺织科。20世纪30年代曾任天下市市立第一小学(原名私立蓉北两等学堂,后改名八士桥小学校)校长,他教国文、尺牍,也教数学、英语,且写得一手好毛笔字,也算是地方上的一位名人。地方上亲切地称呼他为"质彬先生"。有人回忆:"质彬先生是一个不拘小节、衣着随便的人,常年可见他穿一件旧布长衫(有时穿一件西服上装,领带是从没有见他打的)。脚有点跛。在街上行走时,不时有新老学生碰面,口叫过先生,并鞠躬行礼(在校生),他也总是带着深度近视眼镜微笑点头答应"。"他一边教育,一边还担任小学校长,还要参与镇上的一些会议,因此他实在是个大忙人。"② 1927年10月9日,为重新组建县教育会有杨玉英③,她是编者所见无锡教育会领导层级中的第一位女性。她的出现,代表当时妇女解放潮流在教育会社团中的体现。

1928年初,新的教育会执委选举产生后举行就职典礼。老会员黄蔚如送上贺联称:"风气辟荆蛮,旧学新知备研究;人文钟锡麓,辅仁会友作楷模。"④田正平等认为:"教育上的经历使这些人与一般乡村民众不同,也与拥有功名与乡村威权的旧绅士有着重要差别,在此我们称之为'新绅士'。"⑤朱邦华则说得更直

---

① 李惕平:《今后个人的计划》,《人报》(无锡)1934年1月1日。
② 高满镛:《忆质彬先生》,载沈仲兴:《百年回眸:献给母校——八士中心小学百年校庆》,2005,第49—50页。
③ 杨玉英,1903年出生,无锡东北塘人,毕业于竞志女学。曾就职于崇安寺小学等。1926年参加国民党,大革命后任国民党无锡县特委会委员兼妇女青年部部长等职。参见朱邦华:《无锡民国史话》,《江苏文史资料》编辑部,2000,第88页。
④ 蔚如:《贺教育会执行委员就职大典》,《工商日报》(无锡)1928年2月29日。
⑤ 田正平、陈胜:《中国教育早期现代化问题研究——以清末民初乡村教育冲突考察为中心》,浙江教育出版社,2009,第163页。

白:"小学教师们年轻热情,好交际,好合群,好标新立异;他们见过世面,凭着手中一些一知半解的新学问,自以为前途远大,好幻想而容易与现实脱节。"①他们更乐意参与社会运动,干预政府教育行政运行;相反,在专业发展上则普遍缺乏钻研,比之前辈要逊色得多。正如县教育会常务干事秦冕钧于1933年3月给县政府陈述时所说:"属会诸干事,平日自省,对于教育方面研究贡献,固属抱疚。"②这确实并非谦辞。在教育界缺乏学术和研究的功底,其个人的权威性也就大打折扣。

第二,兼职党部。

在教育会内,无论是成为会员,还是担任执委,均是个人构建社会关系的兼职行为。反过来,以教育会社团为中心来考察,会员,尤其是执委的职业状态或他们在社会中的其他兼职所表露的价值取向,是影响社团生存和发展的重要因素。无锡教育会会员来自教育领域,绝大部分在小学任教,少量是在中学、师范或职业学校任教。③在清末和北洋时期,会员中曾有人在政府机构担任职务,但这样的人并不多,仅有裘廷梁、华申祺、孙仲襄、孙靖圻、蔡樾、钱孙卿、许棫、蒋仲怀等少数人;相对而言,担任市、乡学务委员的人多些,约有一二十人。他们的兼职实现了教育会与教育行政的融合与互动,进一步说,他们实际在一定程度上左右了地方教育行政的方向。南京国民政府期间,情况发生了很大的变化,其间虽然教育机构比之过去壮大了,但教育会会员在地方教育领域担任行政职务的人数却大为减少。以1935年为例,有宋泳荪(督学兼教育主任)、沈显芝(督学兼第七区教育委员)、严仰斗(局总务主任)、华萼(局社会教育主任)、顾泾村(中心小学区教育委员)、俞宗振(第六区教育委员)、张鉴(局文牍员)、顾子静(局卫生专员)等;相反会员出任国民党县党部职务的却大有人在,这与上述情况形成鲜明的对比,构成教育会成员兼职的新特征。

---

① 朱邦华:《无锡民国史话》,《江苏文史资料》编辑部,2000,第51页。
② 《县教育会奉令暂停工作之陈诉事由》,《新无锡》1933年3月22日。
③ 从清末到抗战全面爆发,无锡的学校以小学为主。无锡的中学尽管起步较早,但受制于当时的社会环境,发展不快,不过十余所;到20世纪20年代末,无锡的大学有国学专科学校和江苏省立教育学院两所。

表3-16　无锡教育会会员任职国民党县党部情况一览表(1927—1934年)

时间	人物	职务
1926年	严慰苍、卫质彬	县党部监察委员
1927年	卫质彬	县党部清党委员会文书股负责人
	杨玉英	县党部特别委员会委员
	廉建中	县党部秘书长
	顾鸿志	县党部清党委员会委员
	张锡昌	县临时执监委员、常务执委、组织部部长
1929年	胡念倩	县党务整理委员、训练部部长、党部执委、组织部部长
	李惕平	县党务整理委员、党部宣传部部长
	倪铁如	县党部候补执委、第六区党部执委
	张锡昌	县党部监察委员
1930年	李惕平	县党部整理委员、宣传部部长、执委
	胡念倩	县党部整理委员、训练部部长、执委
1930年	李惕平、胡念倩	县党部执委
	徐涵清	县党部候补执委、执委
1932年	李惕平	县党部常务执委
1934年	李惕平	县党部执委
	萧若倩	县党部候补执委兼民运干事
	蒋英倩	县党部宣传干事
	荣文光	县党部助理干事
	胡念倩	县党部监察委员
	蒋翼	县党部候补监察委员兼文书干事
	陆士铣	县党部监察会助理干事

资料来源：根据《新无锡》《无锡商报》等所载报道以及《无锡年鉴·党务》《涵苍文集——李惕平诞辰一百周年(1906—2006)》《无锡文史资料》《无锡年鉴》《无锡概览》等资料整理。

由于缺乏这一时期无锡地方国民党组织的完整资料，只能就资料所见任职情况进行罗列，因而上表并不全面。但仅此也已相当可观。南京国民政府成立后，其加强了国民党地方组织的建设，组织系统迅速扩容。国民党无锡县党部成立于1926年7月4日,之后又经历清党、改组、整理、肃反等,波折不断,但从其组织发展角度看,以教育会会员为代表的地方中小学教师是其成员最主要的来源。

1927年7月22日,国民党无锡县特委第九次委员会召开,会上通过新组建区党部职员名单,其中便有不少教育会会员,如景云袁凤起(任改组员)、怀上顾泾村(任指导员)、宋泳荪(任改组员)、天下过质彬(任改组员)、杨性初(任改组员)、新安华昌时(任改组员)、朱正心(任改组员)等。[①]自此,除县级党部外,基层党部在筹建过程中亦吸收了为数不少的教育会会员。历年在各区党部任职的人员,1927年有秦柳方、蒋翼、胡念倩、陆士铭、鲍映奎、华昌时等,1928年有陆仁寿、辛增辉、过质彬、蒋翼、杨性初、宋泳荪等,1929年有莫善乐、王志明、苏渭滨、胡念倩、荣文光等。在各区下属的分党部内任职的人更多,如1929年有浦漪人、许卓人、严仰斗、华梅轩、陈君璞等,[②]1934年有蒋英倩、苏渭滨、陆士铣、蒋翼、华梅轩等。甚至,在第一区党部设立的六个分党部中,其中之一就是教育会分党部。[③]这说明国民党的力量已有组织地渗透到县教育会及其基层分会之中。

这样的情况,一方面说明县教育会试图倚重执政党的影响来推动会务的发展;另一方面也是国民党强化一党专制,在新形势下控制社团的表现。从实际结果来看,由于当时国民党地方党政分设,党部并没有建立权威,形同虚设,所以会员的参与任职并没有为会务的开拓带来帮助,反而以教育会社团的被管制而告终。

第三,变动分化。

从清末到北洋时期,无锡教育会会员虽也有变动分化的情况,尤其是在以理事为代表的领导层,如钱孙卿任县商会会长,顾彬生任县农会会长,薛明剑任荣氏企业集团所属的申新三厂总管,孙国璋到北大任教,蔡文森到上海商务印书馆任编辑,丁福保到上海创办医学书局,等等。但总体而言,教育会会员还是保持了相对的稳定,其变动分化大多是会员去与教育有关的领域。而到南京国

[①]《县市党部党的工作并纪》,《新无锡》1927年7月23日。
[②]无锡县政府无锡市政筹备处:《无锡年鉴·党务》,华丰印刷铸字所,1930。
[③]无锡县政府:《无锡概览·党务》,文新印刷所,1935。

民政府时期，这一情况明显加剧并成为一种常态，不少执委、干事辞别教育会另就他处，分化呈现出多元的方向。

一是改就仕途。会员任职国民党党部即改就仕途的最主要表现。另外还有在政府行政机构任职的，如：范望湖（1927年任县教育局扩充教育课主任兼民众教育馆馆长，1929年任财政部会计司科长、专员）、[①]莫仲夔（1929年任职市行政局）、[②]卫质文（1930年任常熟县县长）、[③]苏渭滨（1929年任无锡县第六区区长，后任溧阳县公安第一分局局员）、[④]张鉴（1929年任县政府第一科科员）、[⑤]华洪涛（1929年任职江苏农矿厅）[⑥]等。不少人还通过参加国民政府的任职考试和培训进入政府，如朱承洪、钱锺亮等人，于1929年7月参加苏省自治区长训练所"应试录取"，被分别委任无锡各区区长之职。[⑦]芮麟在1935年参加了政府组织的全国第三届高等文官考试，及格后，于1936年12月离锡到山东青岛特别市政府工作。[⑧]

二是加入其他社团。加入其他社团的如：钱孙卿，任县商会会长；顾彬生、吕载阳，先后任县农会会长；李惕平一度被委任为县农会筹备处负责人；[⑨]廉建中曾被任命为渔民协会筹备主任，后未任职，[⑩]但他又担任无锡县工联总会教育主任委员，负责组织工人学校；[⑪]杨玉英，任县妇女协会会长；等等。

三是从事文化工作。从事文化工作的有华蕚（1929年任职中央大学区立通俗教育馆，后任江苏省禁烟会视察员）、[⑫]张锡昌（任职中央研究院）、[⑬]严仰斗

[①] 赵永良：《无锡名人辞典》（四编暨通讯录），南海出版公司，1996，第64页。
[②]《县党部召集五月革命纪念筹备会》，《无锡商报》1929年4月24日。
[③] 彬彬：《卫质文被逼作领衔》，《轰报》（无锡）1932年10月9日。
[④]《苏渭滨昨日自溧返锡》，《新无锡》1930年7月11日；《陆育琦等寓书苏渭滨》，《新无锡》1929年11月24日。
[⑤]《张杏邨就任科员》，《无锡商报》1929年4月29日。
[⑥]《更委三学区教育委员》，《新无锡》1929年9月29日。
[⑦]《组织自治区公所之急进》，《申报》1929年7月28日。
[⑧] 芮少麟：《重吻大地：我的父亲芮麟》，上海远东出版社，2011，第116—118页。
[⑨]《县农会筹备处定期召开各区筹备员会议》，《新无锡》1936年5月15日。
[⑩]《渔民协会改组续讯》，《新无锡》1927年10月15日。
[⑪]《县特委秘书长辞职》，《中山日报》（无锡）1927年7月24日；《工人学校消息》，《中山日报》（无锡）1927年8月9日。
[⑫]《邑人华晋吉赴日考察》，《新无锡》1937年3月29日；《弟华蕚顿首》，《无锡商报》1929年4月21日。
[⑬]《县教育会常委会》，《锡报》1930年6月18日。

(1936年应试教育厅会计人员考试及格,受训一月,被派充苏州省立图书馆任会计之职),①诸祖耿(先后任南通中学、苏州中学、私立振华女子中学、东吴大学、章氏国学讲习会教员)②等。

四是信仰分化。有人参加国民党,如胡念倩、沈显芝、苏渭滨、李惕平、潘一尘等,上述在国民党党部任职的均是如此。有人参加共产党,如杨锡类、严慰苍、张锡昌、秦柳方等。有人膜拜佛祖,如华纯甫(任无锡佛学研究会会长)、卫质文(任无锡佛学研究会副会长、弘法股主任)、华国钧、王云轩(无锡县佛学会佛教净业社理事)、③秦执中(任无锡县佛学会佛教净业社理事、交际股主任)、秦颂石(任无锡县佛学会佛教净业社理事、文书股主任)等。他们还有法名,如卫质彬的圣藏、秦执中的宗康、秦颂石的契光、周璜的慧照等。④

当然会员还有其他的去处,如薛明剑、李康复、蔡虎臣、荣鄂生投身商海等。

20世纪二三十年代是中国社会大分裂的时代。无锡教育会被裹挟其间,会员出现分化也在情理之中,但其领导核心层的变动成为常态,所选举的执委、干事总是处于辞退与替补的转换中,恰恰影响了社团会务的正常开展。当时曾有人回南京母校,看到校园里"有一大部分仍是我八九年前的老师",不由无限感慨地发问:返顾真正能具安位乐业的精神的,在无锡素负盛誉的无锡教育界里,究有多少?⑤同样的,地方教育会自身办会和政府管理的行政化,严重波及地方教育,所以无锡《人报》记者大水撰文说:"无锡地方教育,在昔夙著声誉,惟是近顷年来,以行政人员与学校教师均渐流入'政客化'之一途,故风潮叠起,怪象屡现。"⑥这样,无锡教育会失却了持续坚守的核心与发展基因,失却了权威树立的凝聚力量。这些问题,构成这一时期教育会功能弱化的内因。

---

① 《教育简讯》,《新无锡》1936年8月6日。
② 钱江:《百人千书——无锡近代教育著作书目初编》,江苏凤凰教育出版社,2016,第352页。
③ 《佛学会常会志闻》,《新无锡》1924年3月3日;《佛学会常会纪闻》,《新无锡》1924年5月21日;《佛教祈祷世界和平》,《新无锡》1926年11月17日。
④ 《无锡县佛学会佛教净业社理监事委员会履历表》(1935年2月10日),载凌再生、秦颂石:《无锡佛教净业社年刊》1937年第1期,第1、4页,1945年第6—7期,第39页。
⑤ 《伤心的称誉》,《现代教育》(无锡),1928年第12期,第29页。
⑥ 《周厅长视察无锡、宜兴教育记》,《江苏教育》(国文教学专号)1934年6月15日第3卷第5、6合期。

第三节　会务的新变化

南京国民政府建立后,国民党挟北伐胜利和镇压共产党的余威,开始对中国社会进行新一轮的"革命"和改造。仅就无锡地方教育而言,新政府增加教育行政人员,强化行政力量,全面承担教育发展的责任,无论是原本由教育会等社会力量承担的如开办暑期讲习会、举行运动会、编辑教育杂志等大多数事务,还是举办公立学校、受理私校立案、开展民众教育、举办识字运动等新事项,均一一包办。这体现出新政府改造社会的无限雄心和热情,但同时,新政府也以其强有力的作为挤占了原本属于教育会施展拳脚的空间。在此背景下,无锡教育会在会务开展上,试图继承过往的传统,并赋予活动新的风格,以图有所拓展。但总体而言,组织少有活力,会务少有成果,社团功能被大大弱化,社团也被边缘化。这种转型,是对历史发展潮流的被动顺应,实属无奈选择。

一、党义培训班:对政治的迎合

1924年,国民党召开第一次全国代表大会,会上通过《中国国民党第一次全国代表大会宣言》,提出了国民党之主义。国民党意图通过灌输国民党党义训化国民,只是因力量不及,此工作仅囿于一隅。随着国民革命军北伐抵达长江流域,继军事的征服,政治的一统也强行推进。在训政背景下,国民党打着孙中山思想和三民主义的大旗,把国民党的利益提升到无上的地位,"以党治国"成为这一时期的治国方针。由此,党化教育也就成为国民政府教育方针的核心内容。

"党化教育,是以党义为中心。中国国民党化的教育,是以三民主〈义〉为原理,其目的在养成努力国民革命建设新中国求世界得大同的人才。其原理是最适合于中国而不远世界潮流的。"[1]虽然当时也有人提出反对意见,认为其"违反平民精神""阻止教育的自由试验""破坏教员与学生的人格"等,[2]但这些声音在

---

[1] 李驹光:《党化教育原理》,《大夏周刊》1927年第47期,第7页。
[2] 邱椿:《反对党化教育的理由》,《醒狮》1927年第134期,第6—11页。

第三章 南京国民政府前期的无锡教育会(1927—1937年)

强权政治面前显得万分微弱。

1927年初新建的无锡教育协会，迎合新政府的指向，以换取在变化了的环境下的生存与发展。协会按照党化教育的要求，在学校教育内容设置的基础上，特设三民主义课、公民课、军训课等课程，设立总理纪念周，以及集训童子军等以培养学生崇信"一个国家、一个政党、一个领袖"的思想。

5月，无锡县、市教育协会启动党化教育研究，拟定四个步骤："一、拟订实施大纲，分送各校以供参考而应急需。二、请专家公开演讲，邀集各校教员出席听讲。三、开党化教育研究会，提出关于党化教育上详细问题，共同讨论。四、利用暑期，联合教育当局举行大规模之党化教育讲习会。"①按照这一计划，重中之重的活动是举办党化教育暑期讲习会，以培训师资力量。

7月5日下午②，无锡县教育协会张锡昌、宋泳荪，市教育协会范望湖、严仰斗、苏渭滨、俞纯庵，市政局教育科施织苏，县教育局薛溱舲、陆仁寿等9人，在县教育局开联席会议，筹备党化教育暑期讲习会，确定办班的总体方案。讲习会时间定于7月21日—8月3日，经费除学员每人交纳膳宿费、杂费4元外，由县教育局承担200元，市教育科承担100元。③报名工作十分顺利，到截止日期，"会员之报名者已达三百人左右"④。为使办班工作顺利进行，由范望湖任总务主任、严仰斗任舍务主任、张锡昌任教务主任，⑤具体负责讲习会培训工作的相关事宜。

7月21日上午9时，讲习会在三师礼堂举行。在开班仪式上，参加学员向国旗、党旗及孙总理遗像"行最敬礼"，并"恭读遗嘱"以及"静默"。在范望湖代表筹备委员会报告筹备经过后，参加开班仪式的教育局局长薛溱舲、公安局局长何旭初、学联会代表巢炳生、教育科科长施织苏等先后讲话。最后由学员代表华洪涛登台发言。⑥讲习会所请讲师及开设课程情况如表3-17所示。

---

① 《县市教育协会近闻》，《新无锡》1927年5月22日。
② 《党化教育暑期讲习会之筹备》(一)，《中山日报》(无锡)1927年7月6日。另，《申报》1927年7月8日所刊《无锡党化教育暑期讲习会之组织》一文，称该会召开时间是7日，恐有误。
③ 《党化教育暑期讲习会之筹备》(一)，《中山日报》(无锡)1927年7月6日。
④ 《党化教育进行纪》，《新无锡》1927年7月20日。
⑤ 《党化教育暑期讲习会颁发证书》，《中山日报》(无锡)1927年8月29日。
⑥ 《党化教育暑期讲习会开学纪》，《新无锡》1927年7月22日。

表3-17 党化教育讲习会所请讲师及开设课程情况一览表(1927年7月21日—8月3日)

课程名称	讲师姓名	讲师简介	课程名称	讲师姓名	讲师简介
小学行政概论	张正三	三师附小主事	成绩考查法	薛溙舲	无锡县教育局局长
学校教育推广事业	甘豫源	东南大学教育学士,特设扩充教育讲习所、第四中山大学教务主任	农村教育的实际问题	顾克彬	东南大学教育学士、第四师范分校主任、第四中山大学行政部部员
劳动教育	刘季洪	北京师范大学教育学士、江苏清党委员	教育行政概要	秦翼云	第四中山大学行政部部员
普通教学法	沈明达	东南大学学士	自然教学法	彭世芳	第四中山大学行政部部员
现代教育概论	邵鹤亭	东南大学教育学士、第四中山大学行政部部员	三民主义	王宗海	东南大学文学学士
国民党之组织及其政策	王宗海	东南大学学士	孙文主义	王宗海	东南大学文学学士
党化教育之意义及其实施方法	张九如	国立暨南大学教员,南京市教育局暑期学校讲师	教育测验概要	葛鲤庭	东南大学教育学士、江苏四中教务主任
党义	葛建时、廖世劭	省党部特别委员	清党运动	陈一郎	上海市党部特别委员会第六区党部指导员

资料来源:《党化教育讲习会定期开讲》,《中山日报》(无锡)1927年7月20日;《党化教育暑期讲习会》,《新无锡》1927年7月19日;《党化教育讲习会消息》,《新无锡》1927年7月30日。

讲习会邀请的讲师,大部分来自东南大学和第四中山大学,也有部分政府官员。讲习会还有一些临时讲演,讲演者有无锡本地的秦凤翔、陆仁寿,省党部特别委员葛健时、余心一,省妇女协会总务部长倪亮、组织部部长杜隆元,驻锡

14军文书股股员杨席儒,丹徒县党部特委舒舍予等。①从所开设的课程来看,政治性的课程占据重要位置,同时穿插一些教育的基本课程,反映教育会把传统教育内容与当时政治要求相融合的努力。

办班结束,经考核共有合格会员200余人。合格会员拿到了毕业证书。毕业证书除由无锡县教育局验讫外,另请省党部验明盖章。②在毕业之际,基于参加讲习会的学员"均系小学教员,寒酸居多,在所研究党化教育精神上极感愉快,惟经济方面颇感困难",省党部还通令县政府"每人给予津贴三十元",以提高他们从教的积极性。③

无论是从教育会章程中所确定的职责来讲,还是从以往会务开展的情况来分析,举办讲习班、培训班之类的活动,并不新鲜。但是,在新政府建立并刻意普及"党义"的背景下,教育会会同地方政府,联合开办培训班,标志着作为地方社团的教育会,开始与政治合流,从原来纯粹的学术性社团,变为具有一定政治性的社团。当时社会上有人对此质疑,指责教育会"对于社会,不能有所活动,对于教育界,从未有所供献"时,教育会即发表声明:"闻之不胜惶骇,查敝会等自成立以来,对于各种社会活动,自问尚能追随各民众团体努力参加,对于教育界亦曾有《现代教育》之出版,党化教育讲习会之组织,及代表小学教员向行政当局有所请求。过去事业,均彰彰在人耳目,固无庸敝会等之晓辩也。"④教育会把开展党化教育作为自己会务的重要成绩之一,以堵人口舌。当然,教育会的这项活动也的确得到了政府的认可。⑤

以此为起点,教育会的政治色彩日趋浓郁,1928年初,在县教育会召开的执行委员会会议上,党化教育被列入该会今后"进行方针及步骤"的三大内容之一。⑥三大内容是:"(甲)继续打倒学阀,(乙)切实研究实施党化教育,(丙)谋教育界之福利。"在执委宣誓就职的誓文里,也同样包纳党化教育的内容:"同人等

---

①《党化教育暑期讲习会颁发证书》,《中山日报》(无锡)1927年8月29日;《党化教育进行纪》,《新无锡》1927年7月20日;《党化教育暑期讲习会》,《新无锡》1927年7月24日。
②《党化教育暑期讲习会颁发证书》,《中山日报》(无锡)1927年8月29日。
③《县市党部的党工作并纪》,《新无锡》1927年8月7日。
④《教育协会之新问题——与县特青年部函牍往还》,《工商日报》(无锡)1927年10月13日。
⑤无锡县政府:《无锡概览》,文新印刷所,1935,"教育"第46—47页。
⑥《县教育会执行委员会开会记》,《锡报》1928年1月17日。

誓以真诚,遵守总理遗训,努力教育革命,促进党化教育,并依照本会规程,执行一切,决不违背,谨誓。"①

之后,在教育会举办的教学培训活动中,党义内容不再缺失。如1928年夏,县教育会为使小学教师能有进修机会,特创办暑期讲习会。讲习会为期14天,主要科目有党义、国语教学法、常识教学法、算术教学法、小学行政概论、小学训育问题等。②这一带有政治性的教育活动,还向基层乡镇和学校渗透。如县教育会青城分会于1928年9月16日召开全体会员大会,会上执行委员刘诗棠提出"小学校应如何实施党化案",会议议决,"交由本会研究委员办理"。③

毫无疑问,无锡教育会这样的转变,是与政府对教育会社团的改造、控制的意图相吻合的。

二、识字运动:投身社会教育

我国新式教育自清末起步,到20世纪20年代取得了很大的成绩,但因种种原因,教育结构存在严重的失衡,与义务教育取得相对较大成绩形成反差的是,广袤农村的教育和未上学堂而已务工经商的成人的教育(或称民众教育、社会教育)被忽视,这成为中国普及教育的阻碍。到20世纪30年代,民众教育开始为人重视,出现了如黄炎培领导的中华职业教育社(上海)、俞庆棠、高践四等先后任院长的江苏省立教育学院(无锡)等各具特色的探索。

20世纪20年代前期,无锡虽也曾开展过诸如开办平民学校等属于民众教育范畴的活动,但整体上还是以推进和改良正规的学校教育为主要任务。到30年代前后,无锡的民众教育获得空前的重视:

吾观往昔之教育,偏重于学校教育,而社会教育,惟具一虚名耳。何也,教育经费有限,而失学者滋众,故只能于大都广邑,但设学校,以造就优秀之人民;至乡村之农工,无暇顾及也。是以我国失学之人民,几占全国人民百分之八十

---

① 《县教育会执委补行就职典礼记》,《工商日报》(无锡)1928年2月20日。
② 《县教育会暑期讲习会前日结束》,《锡报》1928年8月6日。
③ 《县教育会青城分会全体大会》,《锡报》1928年9月23日。

五。一国之盛衰,于教育之普及有关,失学者过多,则一国之文化进步滞,文化既滞,则不能与列强抗衡,"东亚病夫"之国,更将疲聋残疾,不可救药。教育不发达之害若兹。①

当时无锡更在实践上进行了探索,而1928年开展的识字运动即是成功的一例。"无锡总算是教育发达的地方了,但是不识字的民众,还是占到全邑人数的百分之七十以上。""我们九十四万的无锡人中,未受相当的教育够不上三民主义国家的公民资格的人,以我国调查文盲结果的通例百分之八十来计算,至少也得在七十五万以上。"②这是一个很大的数字,而这是传统的学校教育所无法解决的问题。"鉴于民众教育之重要,爰有识字运动之发起。"③可见,该运动不仅是一个教育运动,更是一个社会活动。

作为地方最重要的教育社团,无锡教育会对民众教育(或称社会教育)历来十分重视,清末的宣讲、民国的演说均对民众教育有所贡献。1927年后,新的教育会在新的形势下也有新的动作。1928年1月,县教育会开会议决,定于寒假中敦请名人演讲。经联系,他们请国立第四中山大学民众教育委员汤茂如博士利用来锡考察的机会做关于民众教育的演讲。汤茂如认为:民众教育之普及为当务之急,其设施大要可分文字教育、生计教育、公民教育。他在演讲时,也传递了重要信息:"本省教育当局,鉴于民众教育之重要,现拟于最短期间,在无锡设立民众师范学校,培养人才,极愿与贵县教育界同志联络进行。"④这给无锡教育人以极大的鼓舞。

为唤醒民众,1928年3月6日,无锡敦请民众教育专家晏阳初及中央大学扩充教育处处长俞庆棠到锡做关于民众教育的演讲,⑤地点在省锡中⑥。听讲者均

---

①陆云翥:《中国近来教育趋重社会论》(上),《无锡商报》1929年3月22日。
②芮麟:《无锡的民众教育》(无锡县民众教育促进会丛书之一),无锡县民众教育促进会,1931年1月,第15、23页。
③《无锡识字运动发起人大会》,《申报》1928年3月29日。
④《县教育会昨开演讲会》,《锡报》1928年1月27日。
⑤芮麟:《无锡的民众教育》(无锡县民众教育促进会丛书之一),无锡县民众教育促进会,1931年1月,第15页。
⑥即原江苏省立第三师范学校。

很动容,感觉作为工商名城的无锡"于民众教育之不可或缓"。散会后,各界热心民众和教育同人约二三十人不肯散去,自愿发起识字运动,并当即在省锡中会客室开会商议具体办法,俞庆棠作为民众教育的专家兼推进民众教育的政府官员,十分希望基础较好的无锡能走在中国民众教育的前列,所以也发表演讲,作恳切的指导,并示以热忱的愿望。大家决定分头联络各团体、机关及各界热心社会事业者与有教育经验者,共同来组织识字运动。①

最早的发起单位是无锡区党部、教育会、农民协会、妇女协会等。②到1928年3月15日止,已有农民协会、总工会、商民协会、学生联合会、妇女协会、南洋同学会、党务训练同学会、丝厂协会、钱业公会、纺织厂联合会、面粉公会、丝吐公会、溥仁慈善会、红卍字会、公安局等团体参与进来。而县教育会是重要倡导力量,县教育会领导均是重要的发动者,各教育分会也积极响应,如无锡市教育分会的蔡虎臣、廉建中等人也参与其中。③3月25日,筹备委员会正式召开成立大会。会上发出宣誓说:

吓!以五千余年文化著称于全世界的我们中华民国,不识字的人,竟有百分之八十之多,这是何等的可惊可耻的事啊!……诸位先生!诸位热心的先生们!只要有牺牲的决心,赞助这个运动,参加这个运动,尽一分力,总可得到一分效果。来!我们再不必唱高调,空谈革命,我们来做最迫切、最基本的工作,就是使一般目不识丁的民众们,在最迅速的期间,获得相当求知识的工具后,再加以生计教育和公民训练,使他们都成为党治下健全的公民,有能力的份子,这是训练民众最切实、最正当的一条大路!④

在召开了几次预备会议后,3月25日下午2时,无锡各团体、机关及热心地方事业之人士聚集于省锡中大礼堂召开发起人大会。主席原推俞仲还,因其临时有事,故请县教育局局长薛溱舲代表。会议先由主席薛溱舲报告开会宗旨及

---

① 华萼:《无锡识字运动之经过》,《现代教育》(无锡)1928年4月第7期,第4页。
②《识字运动二次筹备会》,《新无锡》1928年3月15日。
③《识字运动第二次预备会》,《锡报》1928年3月15日。
④《识字运动筹备会今日成立》,《锡报》1928年3月25日。

进行事宜,次由范望湖报告预备会经过情形。经讨论决议:组织筹备委员会,推定秦效鲁、顾介生、杨玉英、钱重庆、施锡祺、范望湖、华萼、张锡昌、薛溱舲等9人为筹备委员,莫仲夔、苏渭滨、杨重远、陈幽芝、陆仁寿、沈廷英为候补委员;筹备委员会组织募捐、教师、招生、校舍、经济及宣传6个委员会。其后,再由俞庆棠演说。①由此可见,俞庆棠是该活动的重要提倡者,教育会是主要的发起机构。

会议制定了《无锡识字运动计划大纲》,明确了活动范围、目标、性质等,②在县教育会会所设立办事处以便组织联络,并决定先以"识字运动周"作为无锡民众教育开展的起始。

表3-18 无锡县识字运动周活动概况(1928年4月17—23日)

时间	主要活动
4月17日(第一天)	上午举行开幕典礼,各团体、机关500余人参加。下午举行大游行
4月18日(第二天)	约5000余人进行大游行,县长秦效鲁、市行政局局长杨诵严、教育局局长薛溱舲等亲自参加
4月19日(第三天)	本日为"家庭日",各委员分头宣传、开始募捐、商量增添学校
4月20日(第四天)	继续宣传、募捐;确定民众学校校舍;以学校为单位开始招生;聘请教师;确定教材
4月21日(第五天)	注重向工厂宣传;各学校继续募捐;举行游艺会,请美国哥伦比亚大学哲学博士邰爽秋演讲《筹款兴学的两条大路》
4月22日(第六天)	在省锡中举行筹备游艺大会
4月23日(第七天)	召开会议,宣布活动暂告结束,明确民众教育进行事宜,由县教育局负责办理

资料来源:华萼:《无锡识字运动之经过》,《现代教育》(无锡)1928年4月第7期,第22—37页;《哲学博士邰爽秋先生演讲录》,《新无锡》1928年4月22日。

识字运动周活动的主要任务是宣传发动,营造热烈的氛围,同时募集资金,物色学校,征集教师,招收学生,为下一步开办民众学校做准备。开办的民众学

---

①《无锡识字运动发起人大会》,《申报》1928年3月29日。
②计划大纲提出的活动范围和目标是:引起全县人士对于民众教育注意和了解并能同情合作;创办民众学校——日校、夜校或群众学校;由识字运动而励行各种民众教育;由城市而推行各市乡。活动的性质是超然的、义务的、地方自给的、人人有份的、以民为主的。参见华萼:《无锡识字运动之经过》,《现代教育》(无锡)1928年4月第7期,第4—5页。

校,一般借用现有学校,不分男女,14岁以上者均可报名入学,30人左右即开一班,每日下午上课两小时。①整个识字运动期间,共得捐款一千数百元,②开办民众学校24处。③

来锡作报告的江苏大学民众教育学校教务主任汤茂如博士提醒无锡地方:普及民众教育分提倡、研究实验、普及三个阶段。这是一个漫长的过程,不可一蹴而就,毕其功于一役。他说:现在的识字运动,不过是在提倡时期;在提倡时期,只要制造识字空气,提起求学兴味就达到阶段性的目的了。时任教育会常务执委的华萼在听完汤博士的演说后说道:"我们明白了,我们是在提倡时期,所以不希望识字运动后的结果一定怎样! 优良? 完美? 还是尽我们的力,使一般民众明了内容,同时还要制造识字空气! 提起求学兴味!"④所以,识字运动周活动结束后,无锡的识字运动就步入常态,民众教育的工作转由县教育局承担。为承接社会动员的传统,县教育局还聘请热心于民众教育的莫仲夔、华晋吉、苏渭滨、严仰斗、李康复、薛伯华、程恩九等人,组成无锡县民众教育委员会。6月13日,该委员会举行第一次会议,总结识字运动所取得的成效,并商谈今后的方针。⑤这标志着历时两个多月的无锡识字运动的结束。

无锡识字运动虽然是由民间发起,并由政府主导开展的阶段性民众教育普及运动,但教育会凭借该活动对学校和教员的依赖,充分调动和组织会员积极参加,为这一活动的圆满成功作出了重要贡献。

第一,教育会是识字运动的发起者和组织者之一。识字运动在无锡的开展是由晏阳初、俞庆棠倡导,地方众多社团、政府机构、学校、报社、工厂等多方联合推动的结果。对此,华萼曾说:"识字运动是整个的无锡民众发起的,决不是限于教育界一部份[分]人而产生着,所以识字运动是无锡的识字运动!"⑥这话实际是强调了民众的参与,但不可否认,教育会是该运动深入开展的重要组织者。1928年3月18日,无锡教育会召开第八次执行委员会议,就民众教育问题

---

① 《民众学校简章》,《新无锡》1928年4月16日。
② 《民众教育委员会会议》,《工商日报》(无锡)1928年6月14日。
③ 《本县教育消息》,《无锡教育周刊》1928年第35期,第17页。
④ 华萼:《无锡识字运动之经过》,《现代教育》(无锡)1928年4月第7期,第55—56页。
⑤ 《识字运动结束后,民众教育委员会会议记》,《锡报》1928年6月14日。
⑥ 华萼:《无锡识字运动之经过》,《现代教育》(无锡)1928年4月第7期,第3页。

第三章　南京国民政府前期的无锡教育会(1927—1937年)

进行了相关讨论,并作出如下决议:一是组织民众教育研究委员会,推定任重远、赵应秋、薛伯华、许卓人、沈定英、顾鸿志、赵容为委员;二是通告各分会组织民众教育研究会,积极进行;三是推定莫仲夔、华萼、苏渭滨3人作为教育会代表,参加县识字运动委员会;四是《现代教育》第7期主题确定为民众教育专号。① 由此可见,教育会对推动无锡地方开展民众教育有一个系统的组织。内部,在县会和市乡分会两个层面上建立研究会;外部,参与全县识字运动的发起和组织。所以,在最初成立的无锡县识字运动筹备委员会成员中,除了上述以教育会社团名义推举的3位代表外,如薛溱舲、张锡昌、范望湖、陆仁寿等人均是教育会的执委。② 时任妇女协会负责人杨玉英也曾是教育会的执委。他们占据了全部委员的半数以上,成为发起识字运动的中坚力量。开展运动的过程中,工作的具体承担者也均是教育会的执委,如华萼担任招生委员会主任,范望湖、钱锺亮担任校舍委员会主任,张锡昌、苏渭滨担任教师委员会主任,莫仲夔担任经济委员会主任,而作为各委员会成员的教育会会员就更多了。③

第二,教育会是开展识字运动的积极宣传者和参与者。在活动发起之初,教育会宣传部就被筹备委员会安排宣传识字运动。④ 教育会会同其他社团开展了卓有成效的宣传。他们参与编写的《无锡识字运动宣传大纲》《无锡识字运动宣言》《无锡识字运动募捐启事》等,在当时发挥了很大影响。他们在会刊《现代教育》上转载由《无锡县立通俗教育馆汇刊》刊发的《识字运动十叹》,该文文字通俗、指向明确、情真意切,广为流传。⑤

无论在推进识字运动周的起步阶段,还是在之后的时间里,众多教育会会员提笔著文,成果颇丰。根据芮麟的统计,截至1931年6月,会员出版的专著、刊发的文章、编辑的杂志、编写的教材众多,如范望湖有《民众教育ABC》,秦柳方有《黄巷农村经济的调查与统计》《参观中华平民教育促进会华北试验区报告》《谈社会教育》《民众读本》《妇女读本》等,芮麟有《无锡的民众教育》《民众文学与民众教育》《编辑民众读物计划》《编辑无锡民众周报的计划》《无锡县职业

---

① 《县教育会第八次执行委员会》,《新无锡》1928年3月19日。
② 《无锡识字运动发起人大会》,《申报》1928年3月29日。
③ 《识字运动筹备委员会会议纪》,《新无锡》1928年4月1日。
④ 《识字运动第二次预备会》,《锡报》1928年3月15日。
⑤ 《识字运动十叹》,《现代教育》1928年7月第7期,第54页。

指导所概况》《无锡民众读本》等，华萼有《无锡识字运动的经过》《我们得先要成为民众的》《我所希望于民众教育者》《无锡的民众教育》，沈显芝有《无锡县办理民众学校指南》《无锡县立历史博物馆一周纪念刊》等。[1]县教育会的会刊《现代教育》还出版了"民众教育专号"，完整地记载了识字运动周活动开展的全过程。[2]

无锡教育会组织会员报考位于苏州的江苏大学民众教育学校，其中芮麟、秦柳方、谢树屏等被录取，而后参加培训。[3]他们学成回锡后，成为推动地方民众教育的骨干力量。

除了宣传外，教育会会员利用自身从事教育，举办学校的优势，纷纷在自己的学校里开设民众学校。1928年4月13日，县教育局局长、教育会执委薛溇羚召集城区公私立各校校长开会，商议开办民众学校事宜。会议决定蔡虎臣任校长的县初中、李康复任校长的县女中、莫仲夔任校长的县立第二小学、龚笠如任校长的积余小学、周遇文任校长的菁莪小学、陈楚材任校长的培新小学、严仰斗任校长的崇安寺小学、苏渭滨任校长的冶坊浜小学、顾鸿志任校长的三皇街小学等成为第一批开办民众学校的学校。[4]后来开办民众学校的小学达21所，[5]不久又增加到24所。

识字运动中成立的教师委员会，其成员绝大多数是县教育会会员，如苏渭滨、张锡昌、侯鸿鉴、张之彦、陈献可、嵇显庭、赵容、陈恩九、任重远、毛尔嘉、诸希贤等。教师委员会在运动中主要承担六个方面的工作。第一，聘请民众学校校长和教职员。第二，确定民众学校经费，每校每月10元，具体支配办法：校长办公费每月1元，教员车费4元（教师每上课一节，贴车费小洋1角），油火约2元，用品杂费约3元。第三，确定课程，选择合适教材。第四，民众学校学生除书籍自备外，其余用品，由校发给（对贫寒者，书籍亦由校提供）。第五，为使民众学校教师教学管理等方法适合，对聘请教师加以培训。第六，为保证办学质量，开展对民众学校视导，推定视导员5人分赴各区视察（中区张锡昌，南区曹

---

[1] 芮麟：《无锡民众教育参考书籍及论文索引初编（民国二十年六月止）》，《无锡教育周刊》1931年第155期，第99—103页。
[2] 无锡县教育会：《现代教育》（无锡）1928年4月第7期。
[3]《民众教育学校已开学》，《锡报》1928年3月19日。
[4]《参加识字运动之热烈》，《工商日报》（无锡）1928年4月14日。
[5] 无锡县教育会：《现代教育》（无锡）1928年4月第7期，第43—45页。

漱逸,西区嵇显庭,北区陈献可,东区苏渭滨)。①

教育会成立的民众教育研究委员会,发挥专业优势,多次开会研究民众教育相关的具体问题。如1928年4月25日,教育会民众教育研究委员会召开第四次会议,会议提出了选择教材的标准:适合于新时代、适合于环境、适合于民众生活、适合于受教育者的程度、有趣味等。并推定许卓人制定识字教材大纲,任重远制定算术教材大纲,顾鸿志负责常识教材大纲。②

第三,教育会参与识字运动具有重要的意义。秦柳方曾撰文说:"无锡的识字运动已闭幕了,虽然只产生了二十几处民众学校,来学的不识字的成人,至多不过一千人。可是在运动周中,已深深的引起了已识字者的同情,不识字者的觉悟,城区内大部分人士都已知道识字的重要,说不定还影响到乡间。至于运动中各委员的热心,多数人的赞助,更值得注意。这次运动,开苏省各县风气之先,人家谁不艳羡称赏,我们无锡人也足以自诩的。"③

早在1926年2月,广东国民政府在《党化教育之方针·教育方针草案》中,提出把"民众教育"作为党化教育的一条纲领。这是官方首次提出民众教育的概念。1929年2月,国民政府制定《识字运动宣传计划大纲》,通令各省市县,举行大规模识字运动,以唤起民众对识字读书求知的兴趣。大纲"引言"说明了制定该大纲的意义:"训政伊始,国家要务端在建设,建设之道万绪千端,又非先从启发民众知识着手,不足以挈其纲领,而树其初基,此中央近来于规定各级党部下层工作自治运动项中,曾有识字运动之决议也。……大多数不识字之国民,欲求其具有知识,固当以实行义务教育为根本之法,而目今救济之道,则宜从事于推广民众教育及识字运动之宣传。"④在政府的推动下,民众教育在各地获得重视并被推行,但各地起步时间并不统一,在中国北方起步较早,南方普遍要滞后些。对于民众教育的实施,无锡有识之士本着不甘落后的态度,具有十分的紧迫感,他们认为:

---

①《积极进行之识字运动》,《工商日报》(无锡)1928年4月15日;《识字运动之第七日》,《工商日报》(无锡)1928年4月23日。
②《识字运动之进行》,《新无锡》1928年4月27日。
③秦柳方:《乡村小学教师与乡村民众教育》,《现代教育》(无锡)1928年第8期,第14页。
④张宪文、张玉法:《中华民国专题史·(第十卷)·教育的变革与发展》,南京大学出版社,2015,第203页。

这种大规模的识字运动,北京、天津、九江、烟台等处早已做过,很有成效。据江苏大学扩充教育部部长邑人俞庆棠女士说,最近吴县亦已有同样的运动发起。我们工厂林立,工人麇集的无锡,"识字运动"当然更比吴县还要急切而需要。诸位识字的父老兄弟姑姊妹们!我们无锡五十多万不识字的民众们,都已"引领而望"的来听我们这个"识字运动"的好消息了!请你们为着同胞,为着人类,拿出十二分热烈的一颗心,起来赞助,起来参加吧!①

加上民众教育专家晏阳初、俞庆棠等的促动,无锡在1928年3月就启动了识字运动。而江苏省直到1931年4月才在南京公共体育场举行江苏省第一次识字宣传运动,上海则更晚。②值得一提的是,由于俞庆棠的倡导、参与,无锡识字运动结束后,她所领导的江苏省立教育学院成为推动无锡地方民众教育运动深入发展的中心。无锡也由此成为全国民众教育运动的中心城市。

在全国性轰轰烈烈的识字运动开展过程中,无锡是较早启动的城市之一,在江苏更是率先。在此期间,无锡教育会除在城区推进民众教育外,还利用自身与各市乡教育分会联系的独特优势,将民众教育推向广大的农村,如当时南延区的甘露和荡口,均在较短的时间里取得较好的成绩。③总体而言,对于无锡教育会来说,它参与识字运动,突破了以往其将教育会务囿于社团内部的局限性,开创了走向社会、发挥自身优势、联合各界共同推进地方教育发展的新格局。并且,识字运动的开展,只是地方开展社会教育,消除文盲的开始,在其后的近10年时间里,有县教育会参与的识字普及工作得到持续推进。仅1936年度,无锡就开办补习学校626所,扫除文盲达40626人,成绩显著。④

---

① 《请大家来参加识字运动》,《无锡教育周刊》1928年第28期,第32—33页。

② 徐承德、虞朝东:《南京百年城市史(1912—2012)·教育卷》,南京出版社,2014,第116页;《上海市识字运动调查》(1935年8月),载李文海:《民国时期社会调查丛编(一编)文教事业卷》,福建教育出版社,2014,第375页。

③ 华萼:《一个乡村的识字运动:民众教育促进团生活史的一页》,《无锡教育周刊》1928年第54期,第9—21页。

④ 《扫除文盲四万人》,《新无锡》1937年7月1日。

三、参与反日运动：爱国情怀的释放

无锡教育会作为一个推动地方教育发展的社团，在事关国家命运的大是大非问题上，同样表现出了爱国情怀。30年代前后，日本侵吞中国的野心日益膨胀，在中国制造一系列惨案。对此，无锡教育会无论是社团整体，还是会员个体，均表现出空前的爱国热情。

1928年5月，日本出兵山东，屠杀我国军民，史称济南惨案。此事在全国激起强烈的反响。无锡各界惊悉后群情愤激，组织无锡民众反日运动委员会，汇集地方力量，开展声势浩大的反日运动。①教育会从一开始就参与到地方的活动中。5月9日，莫仲夔、苏渭滨、廉建中等人分别以无锡县教育会和无锡市教育分会负责人的名义，参加地方民众反日运动委员会的筹建。莫仲夔代表县教育会，担任该会执行委员(共7人)。该会成立的工作机构有文书、交际、会计、庶务4股，其中华萼、廉建中分任文书股和交际股负责人。县教育会还提供会所作为活动地点。②不久后，委员会改组，莫仲夔、华萼等被推举为常务委员。③5月10日，县教育会由常务委员莫仲夔、华萼、严仰斗、苏渭滨等紧急召集临时会议，一致决定努力宣传，使乡居民众提高觉悟并组织参加游行等。④之后，县教育会组织会员参加了全城各界人士大游行；同时各市、乡学校也组织师生举行游行、演讲。⑤

这一时期，县教育会频繁召开常务会议或执委会议，均把反日作为主要议题。如5月14日下午1时，县教育会召开第十二次执委常会。与会执委听取之前教育会参加反日运动的情况，并决定："通告分会，一致进行情形。"⑥5月27日，教育会召开第十三次执委会，议决："对于反日运动事宜，应保持原有精神。"号召全体会员采取有效办法投身到反日运动中去："(一)自身方面：一切用品均

---

① 《组织扩大反日委员会》，《申报》1928年5月10日。
② 《组织扩大反日委员会》，《申报》1928年5月10日。
③ 《对日运动之急进》，《申报》1928年5月15日。
④ 《激昂慷慨之反日运动》(七)，《新无锡》1928年5月11日；《全邑民众一致反日》(三)，《工商日报》(无锡)1928年5月11日。
⑤ 《各乡镇之热烈宣传》，《锡报》1928年5月15日。
⑥ 《县市教育会执委会记》，《工商日报》(无锡)1928年5月16日。

须采用国货。(二)学生方面:1.施行反日中心教育;2.一切课业用品均须购用国货。(三)社会方面:领导学生努力宣传日本对华之野心及提倡国货之必要。"并在《工商日报》刊发通告:"凡此诸端,务希全体会员各本天良,切实施行。特此通告。"①在8月12日午后召开的第十五次常务会议上,推选苏渭滨为反日运动委员会代表,②全权代表教育会参加社会反日活动。

县教育会动员会员参与由各界组织的大规模游行示威,宣誓抵制日货,推荐检查员参加检查日货,惩办奸商的系列活动。③各分会也积极响应县会的号召,采取一致的行动。如无锡市教育分会通函各支部:"请各分会宣传部从速对外宣传,唤起民众,一致反日。"④并在实施中心教育活动中,贯穿反日运动的内容,⑤把反日与教学紧密结合起来。

1931年7月,日本制造万宝山惨案,上海各界人士组织反日援侨委员会,进行反抗。无锡各界也相应声援。8月10日,无锡教育会召开第六次干事会议,推定胡念倩为代表出席无锡反日援侨委员会,并通过"反日援侨委员会业已组织成立。本会应贡献意见,以表热忱而利进行"的决议。⑥9月18日,日本悍然炮轰沈阳北大营,发动侵华战争。在日军侵华的大背景下,无锡教育会与各界人士一起,以更昂扬的精神投入抗日救国的大潮中去。9月20日,县教育会召开紧急会议,商议抗日对策。28日,县教育会在无锡发起组织全县教育界同人抗日救国会,并通函各区分会定期开会筹备。⑦

县教育会发起组织教育界同人抗日救国会的倡议,得到各分会的热烈支持。10月1日下午召开筹备会,除县教育会胡念倩、陈君璞到会外,亦有一区顾鸿志、杨鼎炎,二区袁葆镕,三区许岱青、蒋介一,四区陆星黎、朱明晖,五区胡诚之,七区唐朴安、蒋英倩,十三区周渭泉,十四区周让三、朱尧人等会员到会。无锡县各界抗日救国会指导科陈佩三亦到会。会议首由主席陈君璞报告开会宗

---

① 《无锡县教育会通告全体会员》,《工商日报》(无锡)1928年5月28日。
② 《县教育会第十五次常务会议》,《锡报》1928年8月13日。
③ 《县教育会常务会议》,《新无锡》1928年12月5日。
④ 《市教育分会之公函》,《工商日报》(无锡)1928年5月16日。
⑤ 《市教育分会干事会议》,《锡报》1928年6月15日。
⑥ 《县教育会第六次干事会》,《锡报》1931年8月11日。
⑦ 《救国义勇军开始征求队员》,《新无锡》1931年9月29日。

旨,再由胡念倩报告教育会对于抗日救国工作经过,次由陈佩三演说组织抗日运动之必要。最后议决组织无锡教育界同人抗日救国会。[1]第七区教育会曾召集抗日紧急会议,相应组织成立第七区教育界同人抗日救国会,并议决:提议由各会员将每人所入薪水数,按月值百抽三作捐款,用于抗日救国会事业;同时动员乡镇范围内各小学校联合组织募捐团,发动捐款。另外,还决定组织抗日义勇军,准备应付不时之需。[2]

十九路军在上海抗日以后,无锡各界对时局更为关心。1932年1月31日,虽时近春节,但包括县教育会在内的县党部执行委员会、县农会、各级工会、商团公会、救火联合会等机关团体暨各界民众百余人召开紧急会议,当场议决:电蒋中委,电费总董,电各军人,电各将领,"请求迅即出兵讨贼",并组织无锡临时总机关为最高权力,以应付国难,设救护队。[3]后来,前方伤员转运到无锡医治,第一区教育分会获悉此消息后,顾鸿志、苏渭滨、廉建中、龚笠如、陆仁寿等干事召集会议,议决购买大批鸡蛋、玉兰饼等物品,于1932年3月20日星期日下午1时,约集全体会员,前往惠山医院,分赠受伤将士,以资慰劳。[4]他们把原定秋季组织的赴外地参观计划取消,把省下来的钱,用于慰劳抗日伤兵。鉴于东北义勇军苦战沙场,弹饷两缺,1932年12月28日,县教育会联合县党部、省教育学院,借城内映山河中南大戏院公演话剧,奏演音乐等,作大规模之劝募运动。[5]无锡教育会会所地处锡城中心,交通四达,往来便利。当地方抗日组织提出要借用作办事处时,县教育会克服自身开展会务空间逼仄,人声嘈杂等困难,一口答应,并"将楼下以板分隔二间,俾将办公地点,划分清楚"。[6]各市乡教育会也相继开展抗日活动,如第二学区教育会举行抗日救国演说竞赛会,聘请宋泳苏、李惕平、严少陵、濮源澄为评判员,以抗日救国材料为范围,在学生中开展抗战

---

[1]《救国义勇军成立教导第一队》,《新无锡》1931年10月2日。
[2]《义勇军第二队成立》,《新无锡》1931年10月4日。
[3]《国难声中机关团体召集紧急会议》,《新无锡》1932年2月1日。
[4]《教育界慰劳将士》,《新无锡》1932年3月19日。
[5]《县党部教育会教育学院联合演剧捐助义军》,《锡报》1932年12月25日。
[6]《县教育会举行各区常务干事谈话会》,《新无锡》1934年9月10日。

宣传。①第六区教育会也举行抗日救国演说竞赛会等活动。②

1936年11月14日,日伪军分三路进犯绥东,绥远及全国爱国军民义愤填膺,奋起抗战。身在上海的《生活星期刊》主编邹韬奋,在刊物上刊登了《发起全国读者"以一日贡献绥远抗战"启事》,号召全国民众捐款支持。无锡教育会召开第四十次干事会议,讨论通过"援绥捐款,及一日贡献,有关救国大计,本会应函请各区教育会,转知所属会员,踊跃输将"案。③各教育分会接函后纷纷响应,召开会议,商讨捐款事宜,如城区教育会与志成、清名城区教育会于1936年12月8日召开了第十四次干事会,会议议决:"通函全区公私立各学校教职员,依照月薪百分之二至百分之五,以一次为度"发起捐款,"捐款由校主管人员直接缴至中国交通上海等银行,分别汇解"。④

这些均充分反映教育会社团及会员在国难当头时的勇敢担当。

四、联系县外社团:影响的放大

北伐洗礼后,新组建的无锡教育会成员发生了很大的变化,一批以旧学为根底又接收新教育思想,在地方享有名望的传统学绅谢幕而去,取而代之的是一批从新学堂走出来的年轻人。他们热情好动,也更愿意并需要构建新的社会关系网络,以拓展自己活动的空间。他们发起成立江苏教育会和与众多全国教育会社的互动就充分说明了这一点。

1928年,无锡教育会新建后于该年3月11日召集全县各教育分会常务委员举行联席会议,以统一思想。会议重点讨论了扩大教育会影响力的问题,并第一次提出联合各县教育会,"以增教育力量"的动议。⑤在3月18日召开的第八次执行委员会议上,进一步明确提出先"组织全省教育会联合会筹备会",⑥待时机成熟后再正式成立的计划。

---

① 《第二学区举行演说竞赛》,《锡报》1932年11月8日。
② 《六区教育会会员大会》,《新无锡》1933年1月10日。
③ 《小学阅读成绩下月二日举行预展》,《锡报》1936年11月26日。
④ 《教育界援绥与一日贡献》,《新无锡》1936年12月9日。
⑤ 《县教育会全县分会常务委员联席会议》,《新无锡》1928年3月12日。
⑥ 《县教育会执委会议》,《锡报》1928年3月19日。

无锡教育会将自己的倡议函发江苏各县教育会,得到吴县、武进、丹徒、江阴等各县教育会的积极应和,上海也表示愿意加盟。[1]吴县教育会还专门派代表来锡接洽,商议具体事项。[2]无锡教育会于1928年6月10日召开第十四次执委会会议,议决:"定本月十七日召集上海、吴县、武进、丹徒、江阴各县教育会,开发起江苏全省县教育会联席会议。本会推定常务委员莫仲夔、华萼二君出席,由常务委员全体招待。"[3]这消息除了在无锡的《锡报》《新无锡》《工商日报》《锡语报》等地方报纸刊发外,还在《申报》上刊发。[4]

1928年6月17日下午2时,中央大学区县教育会联合会[5]在无锡教育会召开第一次筹备会。出席该会议的成员有:吴县教育会代表蔡绍襄、蒋禊兰,武进县教育会代表王祖述、壮儒珍和无锡县教育会代表莫仲夔、严仰斗。[6]会议由无锡教育会常务执委莫仲夔主持,讨论明确筹备的相关事项,如:成立筹备委员会,推定吴县、无锡、武进、上海和丹徒五县为成员,无锡教育会为筹备主任,并起草章程;同时明确筹备期间发生的一切费用由无锡教育会暂垫,筹备委员会办事处也暂设于无锡教育会等。[7]该会议的召开,标志着由无锡教育会倡导的中央大学区县教育会联合会筹建工作正式启动。

在1928年的7月29日、10月21日和11月11日,分别召开了第二到第四次筹备会议,其中第二、第三次在无锡召开,第四次是成立大会前的预备会议,故在镇江县教育会(镇江城内磨刀巷旧万寿宫)召开。这三次会议就有关筹备事项作出部署。[8]如由筹备处通函各县行政当局及教育会征求会员,[9]增加江宁、

---

[1]《无锡县教育会第十四次执行委员会》,《锡语报》1928年6月11日。

[2]《县教育会第十四次执委会议》,《新无锡》1928年6月11日。

[3]《县教育会执委会纪事》,《工商日报》(无锡)1928年6月11日。

[4]《苏各县教育会明日开联会》,《申报》1928年6月16日。

[5]1927年6月,国民党教育行政委员会仿照法国教育行政制度,中央设中华民国大学院主管全国教育,地方试行大学区,以取代民国以来中央政府设教育部、各省设教育厅的教育行政制度。当时江苏属中央大学区,故名之。不久,该制度被废除,恢复教育厅,故该社团更名为江苏省各县教育会联合会。

[6]《教育新闻》,《锡语报》1928年6月20日。

[7]《中大县教育联会昨开筹备会》,《申报》1928年6月18日;《教育新闻》,《锡语报》1928年6月20日;《中央大学区县教育会联合会开会》,《工商日报》(无锡)1928年6月20日。

[8]《中大教育联会二次筹备会》,《申报》1928年7月31日;《中央大学区教联会第三次筹备会议》,《锡报》1928年10月22日;《中大区县教育会联会之筹备会》,《申报》1928年11月13日。

[9]《中央大学区县教育会联合会开会》,《工商日报》(无锡)1928年7月30日。

江阴两县教育会为筹备委员,征求议案,修正通过《联合会章程》(草案)并分发各县研究,确定召开成立大会的时间、地点等。①

11月12日上午,中央大学区县教育联合会成立大会在镇江举行,无锡经第二十次执委会常会议决,派出的代表是莫仲夔、严仰斗两人。②该会议到会各县教育会代表20余人,无锡作为发起的县教育会,以15票当选为执行委员单位,莫仲夔并被会议公推为主席,严仰斗担任会议记录。③会议通过的章程中明确:本会宗旨是"研究教育事项,发展地方教育"。④会议宣告中央大学区县教育联合会社团的正式成立。

两年后,即1930年8月2—3日,江苏省各县教育会联合会到无锡召开第二届年会,这也是在无锡召开的第一次大会。无锡教育会作为东道主,除呈请地方党部暨教育行政机关派员指导外,还致函无锡县新闻记者联合会,"请贵会届时莅临指教一切",⑤以壮阵势。会议中,无锡教育会秦冕钧被推举为主席。出席会议的代表有:昆山徐栋华、洪楷、汪子皋,上海张櫆、陆盖,嘉定潘志久、叶心符,句容孔相周、王阴槐,松江沈浮云、方艺文,东海侍以信,六合张锺霆、董修和,江浦朱实夫,启东施润,崇明施彭年、杨富达,奉贤庄正熊,仪征马禹门,江宁芮良恭,无锡秦冕钧、秦柳方,溧阳胡念倩、严少陵(溧阳县教育会函请代表),武进钱子威(蒋翼代),淮安陈步常等近30人。会议除商量一些事务性议题外,主要就收到的38项议案进行讨论,最后决定将其中11起递交政府。⑥在大会结束后召开的第一次执委会议上,就"本会立案问题",议决"先行呈请省党部备案,领得许可证后,再向主管机关立案"。⑦8月24日,江苏省各县教育会联合会呈文江苏省党务整理委员会,正式请求备案。⑧

这一时期,除了倡议筹建江苏省各县教育会联合会外,无锡教育会还加强

---

① 《中央大学区教联会第三次筹备会议》,《锡报》1928年10月22日。
② 《县会昨开二十次执委会》,《新无锡》1928年10月29日。
③ 《中央大学区县教育会联合成立》,《申报》1928年11月14日。
④ 《省教联会第一次会议·联合章程》,《新无锡》1930年8月4日。
⑤ 《县教联会第二届年会》,《新无锡》1930年8月2日。
⑥ 《苏县市教育会联会纪》,《申报》1930年8月6日。
⑦ 《江苏各县教育会联合会开会》,《锡报》1930年8月4日。
⑧ 《苏省县教联合会》,《锡报》1930年8月25日。

与全国其他会社的联系,如中华职业教育社、中华儿童教育社、中国经济学社、中国社会教育社、中华农学会、中华乡村教育社。这一行为与北洋时期教育会保持独立,不与外界社团往来的风格迥异,其所表现出的热情,充分说明此时的无锡教育会更持开放的态度,这也可视作其在丧失传统教育研究优势背景下,寻找新的会务支撑的努力。这种联络,作用有三:

第一,通过与众多社团的联络,扩大自身的影响。

在江苏省各县教育会联合会的筹建时期,无锡教育会是倡导和主要发起者;在该会建立初期,无锡教育会也是重要的主导者。其间,无论是起草章程,垫支筹建经费,①安排会议地点,起草筹备工作报告,②还是相关会务工作,均由无锡教育会承担。筹备期间的四次会议中,前三次均在无锡召开,这无疑确立了无锡教育会在江苏省各县级教育会中的重要地位。在江苏省各县教育会联合会闭会期间,无锡教育会也成为联合会的联络中心。1929年3月,昆山县教育会来函,提议请求中央大学从速组织省教育会。县教育会召开第二十五次执行委员会议,议决:呈请中央大学从速组织省教育会,并函复该会。③松江县教育会等也电无锡教育会,"请定期召开全省县教育会联合会",④等等。这样,无锡教育会就成了全省各县教育会的信息中心。

中华职业教育社是中国第一个研究、提倡、试验、推广职业教育的民间教育团体,由发起人黄炎培联络蔡元培、蒋梦麟、陈嘉庚、张謇、宋汉章等教育界、实业界知名人士,于1917年5月6日在上海创立,其总社设于上海。该社"规定每年新春,假山水明秀之地,开会讨论一年间之设施方针"。⑤1929年2月,经无锡社员华印椿、高践四的提议,该会在无锡举行,一时莅锡专家如云而至。⑥会议期间,县教育会会同地方中央大学区立无锡中学、民众教育院、劳农学院、县教育局等教育机关团体参与了接待。无锡教育会新当选的常务执委秦冕钧在24

---

① 《中大县教育联会昨开筹备会》,《申报》1928年6月18日。
② 《中央大学区教联会第三次筹备会议》,《锡报》1928年10月22日。
③ 《第二十五次执行委员会议记录》,《现代教育》(无锡)1929年3月第13期,第23页。
④ 《县教育会执委会》,《锡报》1930年6月21日。
⑤ 《中华职业教育社职业教育专家来锡举行年会》,《新无锡》1929年2月23日。
⑥ 《中华职业教育社专家会议纪事》,《新无锡》1929年2月24日。

日晚上7时假新世界召开的欢迎会上,发表热烈的欢迎词。①

1930年9月,中国经济学社在无锡召开年会。9月22日晚7时,江苏省立无锡中学、无锡县党部、江苏省立教育学院、无锡县教育局、无锡县立初级中学、私立无锡中学、私立国学专修学校、无锡县立女子初级中学、江苏省立锡中实验小学、私立竞志女学、私立辅仁中学等12个教育单位,在无锡饭店欢宴学社各社员,无锡教育会参与接待。②这强化了教育界与经济界的联系。

第二,开展与众多社团的合作,增加建议的分量。

由于新建的无锡教育会会员均是年轻人,即使是常务委员,其资历亦尚浅,影响力远在侯鸿鉴、顾倬等之下,他们是这个时代的新人,可谓人微言轻。所以,借助有影响的社团宣传自己的主张是一个很好的方式。1928年6月17日,在无锡召开的中央大学区县教育会联合会第一次筹备会议上,无锡教育会就提出多项建议,如"发表宣言反对大学区制""庚子赔款得充义务教育经费""对于新颁小学教师中学毕业生条例请求修改"等。③后来在第二次年会上,又提出了更多的建议,如"呈请教育厅通令各县教育局设法改善教师待遇案""呈请教育厅通令各省初中小学校优待教员人员子弟,准予免费,至少免除学费入学案""各县县教育会应协助教育局切实推行注音符号案"等。④可见无锡教育会是提案的大户。凭借联合会,教育会把原本仅向县政府、县教育局提出的教育建议,以区域教育会的名义在更大范围内反映,拓展了表达意见与建议的渠道,也因此扩大了自身的影响。

第三,借助众多社团的优势,拓展会务领域。

各社会团体拥有不同的宗旨和社会资源,相互联系,合作共事,能达到"一加一大于二"的效果。

无锡教育会开拓的会务之一,就是指导中小学毕业生升学及就业,为毕业学生寻找出路。在这方面,中华职业教育社是专业团体,而"沟通教育与职业"正是其办会的宗旨。⑤为此,无锡教育会敦请中华职业教育社派员来锡指导。

---

①《中华职业教育社专家会议纪事》(二),《新无锡》1929年2月25日。
②《中国经济学社年会第三日》,《申报》1930年9月24日。
③《中大县教育联会昨开筹备会》,《申报》1928年6月18日。
④《苏县市教育会联会纪》,《申报》1930年8月6日。
⑤《中华职业教育社章程》,《教育与职业》1917年第1期。

第三章　南京国民政府前期的无锡教育会（1927—1937年）

1929年7月，该社派副主任杨卫玉、职业指导所主任潘仰尧及中大区立上海中学教务主任兼暨南、持志大学教授沈亦珍3人到锡，分别在县女中、县男中演讲。7月9日上午，由教育局、教育会召集全县小学教师开讨论会，提出职业指导上的种种问题，由杨、潘二君莅场指导，"语皆切实中肯"；下午在县立一小礼堂，对全县县立小学毕业生指导升学及就业，"演辞娓娓动人，闻者莫不心领神会"。①之后，沈显芝等还将杨卫玉、潘仰尧等所作报告的内容整理后在地方教育杂志上刊登，以扩大影响。②无锡本是工商发达的名城，在教育会的沟通下，无锡有一大批人成为中华职业教育社的社员，其中不少是县教育会会员。③

中华儿童教育社是由陈鹤琴发起，成立于1929年7月的研究机构，以研究小学教育、幼儿教育、家庭教育，注重实际问题，供给具体教材为宗旨。其前身是于1927年3月在南京创立的幼稚教育研究会。该社与无锡教育会也很有缘分，其第一届年会即在无锡梅园举行。④当时会议由三师附小担任总接待，莫仲夔发表致词："儿童教育社纯粹为一小学教育研究机关，而第一届年会适在无锡，锡邑人士十分荣幸。将来会议结果，足资锡邑小学教育界之借镜。"在年会上，多位专家发表了演讲，演讲内容包括"儿童中心教育运动""小学教育最近之趋势"等，⑤给无锡教育界带来前沿的思想。之后，无锡教育会一直与之保持较为紧密的联系。1931年4月，在潘一尘、唐朴安的带领下，有10余位无锡教师赴上海参加年会，在会上，他们了解到美国劳工部儿童局的"九种训练方法"、日内瓦儿童保障宣言等全新的信息。"这次列席中华儿童教育社年会后，觉得所尝滋

---

①《中华职教社派员来锡工作详情》，《新无锡》1929年7月12日。
②沈显芝：《当前的三个指导问题》，《无锡教育周刊》1931年6月22日第159期，第18—21页。
③据1930年7月16日《锡报》所刊《全职教联会定期在沪开会》一文报道：1930年，"中华职业教育社所组织之全国职业教育机关联合会（应为全国职业指导机关联合会），会员达数百人，仅江苏一省已有一百数十人"。7月19日，会员相约在无锡集合一起出发参加大会。"该会会员在吾邑上车者，有孙祖基、宗可人、张仲美、费锡胤、沈星若、吴伯昂、周撷清、芮子玉、彭曾沂、秦冕钧、姜临、李玉彬、陈谷岑、陆仁寿、陆士铭、郁瘦梅、顾述之、濮源澄、黄玮、顾谷嘉、沈显芝等二十一人。"可见人数之多。1930年11月，全国职业指导机关联合会还专门到无锡召开第二次执行委员会议，承办人是无锡职业指导所主任芮麟，负责人谢树屏等。参见《全国职指联会定期在锡开会》，《新无锡》1930年11月21日。
④《中华儿童教育社明日在梅园举行年会》，《新无锡》1930年7月9日；《中华儿童教育社第一届年会第二日议程》，《新无锡》1930年7月14日。
⑤《纪第一届中华儿童教社年会》（一），《申报》1930年7月11日。

味非常甜蜜"①。1935年,该社又在北平开年会,县教育会专门派人负责无锡地方参会人员的衔接工作,并在报上刊登相关通知:"凡本邑教界人士,无论是否社员,欲前往参加者,可与县教育会干事唐朴安或河埒口小学校长陆静山接洽。"正好中华职业教育社在其后也要在青岛开年会,所以教育会通知:"有志前往者,请与县教育会干事莫仲夔接洽。统计来回川资,只须三十元左右。"②到1935年6月,由潘揖山、陆静山、李惕平、宋泳荪、顾泾村、华萼等人发起,中华儿童教育社在无锡设立了分社,③这更紧密了两个社团的联系。该分社也成为无锡教育会开展儿童教育的重要依靠。④

当然,这里必须指出的是,无锡教育会虽然倚重各社团,希望自己的会务开展能获得支持,但总体来看,在当时政府不鼓励,甚至是反对基层地方社团组织强化联合以壮大力量抗衡政府管理和控制的大背景下,其所收获的并不多,尤其是无锡教育会众多议案最后大多不了了之。

这一时期的县教育会努力开拓自己的会务,除了上述工作外,还于1934年9月创办教育通讯社,由常务干事李惕平任社长,华萼任副社长。其宗旨是"促进社会文化,发展教育事业",按日采访关于全县各项教育消息编稿,分发本外埠各报、各教育刊物登载,并出版《无锡教育通讯》刊物。⑤业务"兼采政治、党务、实业、建设、社会各项重要消息,随时发稿,力求迅速",⑥并组织设计委员会,聘请当地新闻界领袖暨教育界名流为委员。委员名单为:宋泳荪、尤鸿昌、沈显芝、顾泾村、莫仲夔、严仰斗、潘揖山、王维能、李公威、唐朴安、孙翔风、严少陵、徐赤子、秦冕钧、吴观蠡、杨楚荪、杨心农、张志良、陈献可、周毓莘、侯鸿鉴。⑦创办教育通讯社在于试图掌握地方舆论的发言权。1935年,教育会还在会所承办

---

① 唐朴安:《列席中华儿童教育社二届年会报告书》(一),《无锡教育周刊》1931年5月28日第154期,第7—15页。
② 教育社:《儿童职业两社举行年会》,《新无锡》1935年5月11日。
③《儿童教育社无锡分社定期成立》,《新无锡》1935年6月16日;《中华儿童教育社无锡分社成立志盛》,《新无锡》1935年6月24日。
④ 唐朴安:《列席中华儿童教育社二届年会报告书》(一、二),《无锡教育周刊》1931年5月28日第154期,第7—15页;1931年6月8日第157期,第34—39页。
⑤ 无锡县政府:《无锡概览》,文新印刷所,1935,"教育"第47页。
⑥《无锡教育通讯社开幕启事》,《新无锡》1935年4月16日。
⑦《教育通讯社推进社务》,《新无锡》1935年4月29日。

了无锡历史上第一次集体婚礼,作为县立图书馆主会场的辅助,教育会会所被辟作化妆室。对于该事,邑报亦有相关报道:"一位红脸的先生说:这真叫'教育会'了!还有一位老先生说:'见了这样热闹的情形,叫我想起了十几年前火烧教育会的光景,不禁为时局而慨叹!'"①这些活动均不乏新意,指向社会,在扩大教育会影响的过程中,发挥了一定的作用。这也可视作这一时期由新一代学人操办教育会的特征之一。

第四节 对地方教育经费的争取

当社团以志愿为旗帜,该社团仅向其志愿负责;当社团逐步趋向职业化,必然要应和职业利益的诉求。南京国民政府前期的无锡教育会,在政府的改组下,向职业社团逐渐转型,这必然导致其价值追求的变化。无锡教育会执委张锡昌曾撰文指出:"所以今后教育者应该认识自己的地位,团结一致,一方面谋保障自身的利益,同时,应该代表一般贫困阶级的民众谋解放。"②

一、教育经费状况:捉襟见肘的尴尬

经费是构筑教育事业的物质基础,是兴教办学的重要保证。在民国年间,无锡地方民族工商业的飞速发展,地方财富的迅速积聚,为教育发展提供了重要的保证。

北洋时期虽然时局动荡,但总体上无锡教育经费有较为稳定的保障。这一方面得益于政府,如时任教育局局长蒋仲怀等人调度有方。后任无锡县教育局局长薛溱舲曾说:"我邑教育经费,于总数未必较裕,于邻邑于基础,似较为稳固。是以虽在荒灾遍地之秋,仍能维持定期发放办法,此实由于历任主持教育者之谨慎处理,量入为出。"③另一方面也得益于地方民族工商业发展后对教育

---

① 疏影:《集团结婚礼堂外的速写》,《新无锡》1935年10月28日。
② 张锡昌:《今后教育界应有的新认识》,《无锡教育周刊》1929年1月16日第60期,第10页。
③《县教育局复县教育会函》,《锡报》1928年6月26日。

的挹注。据统计,当时无锡县教育经费拨款约占县财政总收入的十分之五,而私校经费又占全县教育经费的二分之一。当然这只是一个大概的估计,并不一定准确,可作为参考。南京国民政府建立后,无锡地方教育依循历史的惯性,继续发展,但进步不大,与增加的学校数量相匹配,呈现徘徊缓增的局面。据官方统计,到1935年初,无锡有小学402所,中学13所,[1]再加上无锡国学专修学校和江苏省立教育学院两所高校,学校总数约420所。其间,地方政府对教育经费的保障情况如表3-19。

表3-19 无锡县政府教育经费支出表(1912—1937年)[2]

年份	教育经费支出数/元	年份	教育经费支出数/元
1912年	150541	1923年	177600
1913年	136753	1924年	195330
1914年	148159	1925年	215529
1915年	151054	1926年	217382
1916年	185337	1928年	195546
1917年	140611	1930年	397316
1918年	178373	1931年	425520
1920年	120000	1935年	554332
1921年	170000	1937年	385031
1922年	172472		

资料来源:唐涵德主编《无锡县教育志》,上海科学技术文献出版社,1992,第260页。

造成无锡地方教育经费在30年代前期徘徊缓增的原因是多方面的。从经济角度讲,这既有地方经济受世界经济危机冲击的因素,也有国民政府长期致力于国内战争,军费挤占正常财政支出的原因。

我邑教育经费,原甚拮据,自冬漕加征,滞纳罚金,全数解省以后,损失已属

---

[1] 无锡县政府:《无锡概览》,文新印刷所,1935,"教育"第7页。
[2] 该表原附注:1.表内数字系全县市乡全年公办学校以及图书馆、体育场、民众教育馆等的经费支出数,私校经费不计在内。2.币制为银元。当时米价每石5—6元。

可观;经忾捐因受种种影响,收入不旺。最近省办营业税后,牙帖及屠宰附税,亦将取消,裁厘以后,各种货物杂捐,如茧捐及箔类特捐均在取消之列。又盐税统归中央以后,本县盐斤加价,亦将无着,统计损失年需三万余元,十九年度预算,业经确定,收入方面,既受削减如此,而支出方面之各项事业费,均不能一日停顿。①

所以,县教育局局长陆仁寿犯难感叹:"则将如何维持下去呢!"②此外,从经费使用效率讲,还有教育行政挤占学校经费的情况。对此,侯鸿鉴曾在1937年教育会举办的"六六教师节"庆祝活动上一针见血地指出:

教育经费在无锡不可谓少,最多时有四十一万之谱,最少亦有三十八万。我在三年前视察广西教育,至桂林晤省教育厅长,询其全省教育经费,亦不过三十万,最多之县经费,亦不及一万元。回顾我们无锡,拥有如许经费,而现在要办开倒车教育,真令人不解。江苏六十一县教育经费,最少者亦有三万元。如与外县相较,颇足自豪。然而广西省教育经费,虽然为数甚少,而他们者[的]宗旨是减少教育行政经费,增加教育学校经费。本邑在蒋仲怀先生任局长时代,行政经费之简省,无处可及。现在逐年增加,已大非昔日,适与广西相反,无日不在增加教育行政经费,减少教育学校经费,开倒车的过程中,此事虽然未免有侮辱行政当局之处,但本邑的行政经费,究有多少,外界人士绝鲜知晓,希教育界人士注意及之。③

在此背景下,无锡地方教育经费的保障就出现了问题:一方面是教育要发展,对经费的需求在扩展;另一方面则是教育经费"横受削减"。早在1930年,县教育局局长陆仁寿就曾在地方报刊上发表《无锡教育的危机》一文,指出无锡教育陷于危机之中,且危机主要体现于三个方面:一是教师待遇的微薄,二是学

---

① 《教育经费横受削减》,《锡报》1931年1月17日。
② 陆仁寿:《瞬将破产的本省地方教育》,《无锡教育周刊》1931年1月25日第140期,第8页。
③ 《侯葆三氏学术演讲》,《新无锡》1937年6月7日。

校经费的竭蹶,三是合格师资的缺乏。[1]该时期的多任无锡县教育局局长,如薛溱矜、陆仁寿、臧祜、惠美珊、王兆龙等人,任内无不为教育经费所困扰。而此时的县教育会,由于会员队伍的扩大,利益所及,亦在教育经费问题上积极进言,敦促政府扩大来源,合理分配,扮演了地方教育代言人的角色。

二、呼吁开源:利益的博弈

20世纪20年代末任无锡教育会执行委员的辛曾辉曾撰文写道:"以苏省而论筹备义务教育,已有二十多年的历史。在民国二年,各县忙漕带征教育附税,初级小学添设不少,这是第一期义教的进展;民国十七年,各县普及教育亩捐开征,初级小学的学校数,儿童数,都有激增,这是第二期义教的进展。这两个时期,都是推行义务教育中值得纪念的记载。"[2]由此可见,教育亩捐在推动地方教育发展中的作用。就无锡而言,教育经费的来源,普及教育亩捐年占10万余元,忙漕附税与漕米附税占8万余元,此为大宗收入,余如特税、杂捐等均为小项。[3]

1928年初,大学院命令开征冬漕加征及八分亩捐,以补地方教育经费不足。县教育会知道此事在无锡实行难度很大,所以于当年6月10日召开第十四次执委会议,决定"为八分亩捐,电请中央大学财政厅、省政府,克日核饬属县启征祉"。[4]

到6月26日,县教育会召开第十二次常务会议,对薛局长关于教育经费的答复,逐条予以驳斥。[5]后再派苏渭滨、蒋汉士、沈济之、朱耀臣、钱企文5人为代表到县教育局面见薛局长。见面时,薛局长口头表示同情,但认为:"不过征收亩捐办法,是省方核准,要求变更办法,须要上方答应实行,所以最好请各位到会,用教育会书面公事到局,再由局方转到省方核准后实行。"于是,县教育会就书面建议于教育局,并转省方核准施行。在函中特别指出:"应将下年度支配

---

[1]《无锡教育的危机》,《无锡县政公报》1930年第21期,第10—12页。
[2]辛曾辉:《办理义务教育实验区的商榷》,《江苏教育》1932年12月第1卷第11、12合期,第9—10页。
[3]汶:《教育之危机》,《锡报》1932年6月21日。
[4]《无锡县教育会第十四次执行委员会》,《锡语报》1928年6月11日。
[5]《县教育会第十二次常务会议》,《锡报》1928年6月27日。

第三章　南京国民政府前期的无锡教育会(1927—1937年)

六分,当以增加教师待遇为先。"①

7月10日,无锡县教育局举行第十次局务会议,会议最后确定方案:

> 普及教育亩捐,本年上忙不及开征,本年征收六分,除去固有义教亩捐外,全年共计六万四千余元,假定八折计算,实足增加五万一千余元。该项预算,另行编造,其支配之标准如下:一、根据计划书规定之事业;二、遵照大学所规定支配之成数;三、预计实在可以收入的总数;四、新事业的整理并重;五、在可能范围内,竭力提高服务人员的待遇。其支配之实数如下:一、扩充教育经费一万元(包括扩充固有社教机关、民众教育学员经费、民众学校、民众图书馆、公共阅报处、通俗演讲团、扩充教育行政费等项);二、义务教育经费四万一千余(包括扩充学级经费,整理固有学校经费、各校临时费、师范经费、优良教师奖励金及教师进修金、义教行政费等项)。②

这一方案,兼顾了教职员的待遇和学校各方面的发展,获得了各方理解,使事态始得平息。

事实上,正如县教育会在给县教育局的建议函文中所说:"故于贵局长未有具体计划圆满答复以前,敝会为全县小学教师生计过迫着想,不得不一再函请贵局长明白表示,以拯救小学、教师于水深火热之中也。"③这表明了县教育会实施请愿、多次呈函的苦衷。在这过程中,无锡教育会借此维护了地方教育和广大教育工作者的利益。所以地方媒体充分肯定该会在其中所发挥的作用:"吾邑小学教师,薪金素甚微薄。加薪运动,闹之数年,卒无结果。及至去年,加征普教亩捐,再经县教育会之督促,教育局之设法于是乃有以其一小部分之亩捐,充征加薪经费,按月发放,并无拖欠。"④1930年,教育局制订了《无锡县区立小学教职员加薪办法》⑤,这跟无锡教育会多年的积极争取是分不开的。

在教育经费的争取过程中,除了上述争取教育亩捐外,例子还有许多,如经

---

①《县教育会代表大会记》,《锡报》1928年7月5日。
②《县教育局举行局务会议》,《锡报》1928年7月16日。
③《县教育会召集代表大会》,《锡报》1928年6月30日。
④《讨论发放加薪之鸿雁》,《无锡商报》1929年5月20日。
⑤参见《无锡教育周刊》1930年第133期,第11—12页。

忏特捐。它是由县教育局"鉴于本邑教育经费支绌，不敷支配"，呈准国立第四中山大学暨县政府收取的用于教育的专款，于1927年10月启征。"夫诵经拜忏，本为无稽之迷信，民众资财耗费于此中者为数甚巨，故为力谋教育之发达起见不得不设处征收该项特捐，一以扩充经费，一以寓禁于征，诚一举而两得也。"①县教育会对此给予积极的支持，1927年11月25日召开的第四次改组会议便专题讨论了这一问题。基于该捐已"实行征收"的情况，为保证足额征收，会议议决，"本会应请县长维护，勿致有意外"，并推举苏渭滨、严仰斗赴县署面陈县长俞复。②在教育会的推动下，政府专门制订《无锡县经忏特捐征收办法》和《无锡县经忏特捐征收细则》，启动征收，并明确规范使用。③

此外，还有启征筵席捐。1929年7月28日上午9时，县教育会召开第二次改组委员会议，认为要解决无锡教育经费支绌问题，唯有开源是出路。在该年12月1日举行的第一次执行委员会议上，执委们就代表大会交办"筵席捐当力争为教育经费案"，提出了三点办法："一、函教育局及呈省政府暨省教育厅归秘书处办理；二、请主席委员偕陆教育局长赴省请愿；三、请严少陵、胡念倩、陈君璞起草宣言。"④对此问题，在以后的几次执委会议上基本是逢会必议，提出"筵席捐如果实行征收，应全部充作加薪用途"的要求，并函达教育局。⑤县教育局接函后，复函县教育会，表达了一致努力的决心。⑥1930年3月20日，县教育会特命17区分会各推代表1人，由该会常务委员率领，于上午10时乘车晋省，向省政府及民教财三厅并省党部分别请愿，要求将筵席捐全部拨作教育经费。结果甚为圆满，有四部门对此明确表态，各代表即于21日晚九时由省返锡。但过后又无消息了。至8月20日下午2时，县教育会召集各市乡分会代表在县教育会开联席会议，议决全县采取统一步骤：第一步，组织特种委员会，向县政府及教育局力争；第二步，力争无效，延缓开学（已开学之学校，同时罢教）；第三步，

---

① 无锡县政府无锡市政筹备处：《无锡年鉴》，华丰印刷铸字所，1930，"财政"第11页。
② 《县市教育协会续开会议》，《锡报》1927年11月26日。
③ 参见《无锡教育周刊》1928年第43期，第32—35页。
④ 《县教育会执委会议》，《锡报》1929年12月2日。
⑤ 《教育会执委会议》，《锡报》1930年1月13日；《教育会致教育局函》，《锡报》1930年2月6日。
⑥ 《教育局复教育会函》，《锡报》1930年2月6日。

执行委员会审定应须延缓开学时,随时召集临时代表大会。①以此对政府施压,表达不达目的誓不罢休的决心。在11月召开的县教育会第九次全县代表大会上,再次提出筵席捐应全数拨充小学教员加薪案。②终于到1931年1月,"经过长时期的挣扎奋斗",筵席教育捐启征。③当年征收额达22800元,占到该年教育经费总数的5.6%。④

虽然教育会在争取教育经费方面有所建树,但是,由于种种原因,该项工作的推进并不顺利。以致在1930年3月18日召开的县教育会第五次执行委员会议上,常务委员秦冕钧、胡念倩、严少陵等人"为筵席捐问题,教育局进行不力,各分会又少表示,办事棘手,提出辞职,议决全体执委向代表大会辞职"⑤。县教育会出现这样历史上难得的举动,可能宣誓意义大于实质内容。

三、关注预算:解救教育的困苦

1928年元旦,张锡昌撰文指出:

> 无锡的教育,在过去的历史上,久已[已]负了些盛名。但是"盛名之下,其实难副"。无锡的教育,实际上究竟已[已]到了什么程度,这是十分值得我们注意的。假使我们把无锡的教育仔细研究一下,实足使我们胆寒心惊。我们且先把事实胪列出来:最近县教育局曾将区立小学校(即市乡立小学)经费的各种概况做了个统计,结果教员薪水平均每月"连膳"仅得十四元八角九分,办公费平均每教室全年连校工在内仅七十一元六角一分,教员的薪水如此菲薄,怎样可以维持生活,更谈得到改进教育吗?办公费如此支绌,自然只能因陋就简,那[哪]里能够蒸蒸日上呢?……要改进无锡的教育,教师现有的待遇是不能不加增,原有的学校不能不改良,失学的儿童和成年人不能不使他们都受相当的教

---

① 《教费无圆满办法,全县各校暂缓开学》,《新无锡》1930年8月21日。
② 《县教育会代表大会》,《申报》1930年11月26日。
③ 陆仁寿:《无锡教育革进的几方面》,《锡报》1931年1月1日。
④ 唐涵德:《无锡县教育志》,上海科学技术文献出版社,1992,第259页。
⑤ 《教育新闻》,《新无锡》1930年3月19日。

育。但是教育经费的来源不增加,是没有办法的。①

这基本反映了当时无锡教育经费困难的实际情况。当时无锡的教育经费情况比之江苏其他各县还算好的,省督学易作霖于1933年3月来锡视察,在之后所撰的报告中提道:无锡"教育经费较各县为稳定"。②虽然如此,但是比之无锡历史上经费具有稳定保障的情况,问题就不算小。

1928年1月,无锡教育会新建后,就对当时无锡教育的现状和突出矛盾予以高度重视,除了关注教育经费的开源问题外,还聚焦教育经费的预算与使用问题。

一是推动预算保障。

为了争取经费保障,县教育会持续多年与相关部门进行了激烈的抗辩。1928年3月,该会基于县政府在每年新制全县教育预算方案时因经费紧张时常擅自变更原来的教育经费拨款计划的情况,喊出"保住本县教育经费原有独立精神"的口号,并多次开会讨论相关事宜。③对1931年度措置失当的预算标准,县教育会认为:"此种举措,更属失当,不惟违反相氏④之所提示,抑且大背近代开发乡村之原则。不惟将置城市小学教员于死地,抑恐断绝乡区小学教员之生路。夫剜肉补创[疮]已属下策,矧剜肉而不补创[疮]乎,是县教育局减削乡区小学原有经费之尤属失当。"⑤县教育会于该年3月23日举行第一次干事会议,针对县教育局编制的1931年度教育经费预算标准措置失当问题,议决:"一、呈请省教育厅及县政府设法纠正;二、函请教育局自动改正;三、函各区区教育会一致主张,严重表示;四、发表宣言。"⑥县教育会的提议得到各分会的支持。3月

---

①张锡昌:《改进无锡教育的关键》,《工商日报》(无锡)1928年1月1日。
②参见《锡报》1934年2月25日所刊《无锡教育概况》一文,文中提道:"本年(应为1932年)预算收入项下,共列四十一万七千余元,但依往年结算,实际收入至多不过三十二万一千余元。其主要来源,不外忙漕附税及亩捐,合计可得二十三万九千五百二十二元,十八年度实收九成一分,十九年度实收八成二分。"
③《县教育会执委会议》,《锡报》1928年3月5日;《教育会召集全县分会常务会议》,《锡报》1928年3月10日;《县教育会全县分会联席会议记》,《工商日报》(无锡)1928年3月12日。
④指省督学相菊潭,他曾来锡督学,对地方教育提出诸多改进建议。
⑤《县教育会反对削足适履、剜肉补创[疮]式的二十年度教费预算标准》,《新无锡》1931年3月24日。
⑥《教育会干事会议》,《锡报》1931年3月25日。

29日下午2时,无锡县第一区教育会假县教育会开干事会,表示:"对于县教育局二十年度假预算,当发表宣言。"①后来,县教育会和相关分会还专门为其中的具体问题,如"二十年度第四学区教育经费预算标准过低"问题,呈请省教育厅、县政府,要求令饬县教育局设法救济。②1933年4月,县教育会常务执委李惕平就1933年度的教育预算草案致函县教育局臧局长:虽经修改,但"仍属洼碍难行,而欲依照原草案通过,惕平秉性梗[耿]直,对此未敢苟同。……就惕平个人愚见言之,此项二十二〈年〉度教育经费预算草案,如不变更原则,重加改编者,想行政委员会预会诸先生定不愿贸然附和。"③1934年8月21日,县教育会召开第七次干事会议,对于"报载省教育厅因本邑秋收减折,拟将教育经费预算减为六折发放"一说,认为"查省厅此种估计,未曾正确,就上年水灾状况而言,收成虽减,止仅九折",实为言过其实。④

县教育会在争取经费预算时,还针对相关教育问题罗列项目,要求政府确保经费。如在1934年12月24日县教育会召开的第六次代表大会上提出:"呈请教育局另拨款项充作无校舍租金之学校为修理费案",后经县教育会十六次干事会议议决:"呈请教育局于下年度编拟预算时,列入此项经费。"⑤在1935年9月间,县教育会还有"呈县转饬教育局从速筹办职业中学"一案。教育局知悉后,决定"以裁减县立两初中各一级之经费办理",后因女中请求免于裁减,并获教育厅核准,因此教育局原有的计划难以实行。省教育厅批复:"其经常费即以裁减初中一级经费抵充,但为数过少,尚须宽筹。至开办设备等费,应由该局设法另筹,编列二十五年度预算呈核。"⑥1936年,县教育会就"小学教师之收入有限,而购集参考书籍则无穷,故为小学教师本身计,应有全县教育参考室之筹设",经县教育会第七次会员代表大会讨论议决,"由县会会同教育局计划进行,经费请列入二十五年度预算"。⑦对1937年度的教育经费预算,县教育会一口

---

① 《第一区区教育会昨开干事组织会》,《锡报》1931年3月30日。
② 《教育会第三次干事会议》,《新无锡》1931年6月1日。
③ 《对教育预算草案之商榷——李惕平致臧教局长书》,《新无锡》1933年4月27日。
④ 《县教育会响应反对紧缩教费》,《锡报》1934年8月22日。
⑤ 《县教育会十六次干事会议》,《新无锡》1935年1月10日。
⑥ 《苏教厅核示:明年起筹办职业中学》,《新无锡》1935年12月1日。
⑦ 教育社:《筹设教育参考室》,《锡报》1936年2月19日。

气提出了9条建议,经第四十一次干事会议讨论通过,"送请教育局切实注意"。①县教育局复函表示:"呈悉该会关心本县教育,提供意见,洵堪嘉尚。详审所呈各点,不无可行之处,本局自应予以慎重考虑,秉承厅县意旨,酌量施行。"并对提出的9点建议一一作出解释。②

二是干预标准制订。

在预算基础上的经费分配标准,事关教育发展方向和教育内部各方利益,涉及城乡平衡,关乎学段分配,协调发展事业与教职员生活保障等,是教育会关注的焦点之一。

在20世纪20年代末,经费分配还有大体的标准。如1928年7月10日,县教育局召开第十次局务会议,对普及教育亩捐和经忏特捐的分配提出了各方均可接受的方案:"十六年度经忏特捐除县教育经费占十分之二外,其余归十七市乡平均分配,以后各市乡之分配,以包额为标准。"③这一安排还是较为合理的,尤其兼顾到民众教育和乡村教育的发展,与当时的教育发展大潮吻合。

但随着时间的推移,经费征收不足的情况日益严重,征收的项目也不时变动,导致教育经费的拨付毫无章法标准。对此,县教育会持续不断地提出议案。在1932年1月9日下午召开的县教育会第二次代表大会上,会员提出的众多议案均与此问题有关,如"质问教育局二十年度报造各区教育经费预算标准,措置失当案""诘问教育局交涉,对于筵席捐如何捃不发放"等。④在第七次全县会员代表大会上,制订1936年度的教育经费预算分配标准依然是会员关注的重点,会议通过:"呈请教局于廿五年度预算时增加,凡县立小学,局拨经费应划一标准案"和"拟请县教育局改善全县教育经费审核办法,以杜流弊案"等。⑤县教育会干事还多次致函教育局,对政府施以压力:如就"请教育局划一城乡教育经费案",函教育局,"请即日筹划,务于下年度起实行";如"函请教育局从速确定各校经费预算标准一案",就"函请教育局将本年度预算即日公布,以教厅未经核

---

① 《编造念六年度教费预算,教育会提供意见》,《新无锡》1937年3月3日。
② 《教育会提供意见,教局慎重接受》,《新无锡》1937年3月4日。
③ 《县教育局举行局务会议》,《锡报》1928年7月16日。
④ 《县教育会第二次代表大会》,《锡报》1932年1月11日。
⑤ 《县教育会代表大会议决:集中意旨推动事业》,《锡报》1935年11月25日。

准,不能认为定案,亦请将呈厅原件公布,以明真相";等等。①

三是争取加薪解困。

当时,教职员的生活很是困难,极端情况几乎到无以养家糊口的地步。县教育会将转达教职员生活的困苦状况,请求政府通过经费倾斜,改善他们的生活状况为己任。1927年秋,县教育会在致县政府俞复县长的函中提及:"本会屡接各乡、各校纷纷来函,或申苦衷,或求加薪。本会正无以应付而慰我教育界同人也。"②

"吾邑小学教师之薪俸,本极微薄,加薪运动之声浪,已喧闹数载。"③教育亩捐征收后,一度曾用作教职员加薪经费。但到1929年,由于教育经费异常竭蹶,县教育局不得不采用剜肉补疮之计,以致加薪款项落空。为此,县教育会就在当年5月4日召开的第六次代表大会上提出讨论,公决请杨性初、胡中权两人作代表,到教育局请愿,终获解决。

县教育会在呼吁开征筵席捐之初,提出"如果实行征收,应全部充作加薪用途"的建议,④希望因此稍解教职员的困难。但该捐开征后也未如愿。在1932年1月9日下午召开的县教育会第二次代表大会上,会员提出众多议案,"要求教育局补救灾年小学教员生活,提高待遇,呈准在必要时期动用积存田亩捐,及历年积聚金"等。⑤在1935年,县教育会还就城区教育分会提出的"本县教员养老金及抚恤基金额数有限,不足保障,应请县会拟具扩充办法案",决"呈请县政府转饬教育局设法扩充"。⑥

当时,广大教职员生活清苦,往往尽瘁一生,以教人子弟为职责,而自己的子女反而无力入学。1937年,针对这一现实情况,县教育会提出:在"增高待遇,年功加俸一时难于实现"的背景下,"不如准免其子女中小学费之全部或一部,稍苏眉急"。并请顾泾村拟订办法,经第三次干事会议修正通过后,呈请教育局办理。⑦类似这样改善教职员生活状况的建议,还有在1928年3月18日召开的

---

① 《县教育会第二届干事会昨开首次会议》,《锡报》1932年10月17日。
② 《县市教育协会续开会议》,《锡报》1927年11月26日。
③ 《小学教师加薪运动之来鸿去雁》,《新无锡》1929年5月20日。
④ 《教育会致教育局函》,《锡报》1930年2月6日。
⑤ 《县教育会第二次代表大会》,《锡报》1932年1月11日。
⑥ 《县教育会定期召开全县代表大会》,《新无锡》1935年10月21日。
⑦ 《县教育会拟定:小教子女免费入学》,《锡报》1937年6月7日。

无锡教育会第八次执行委员会议上,执委们提出:"女教员在生产,应给假二月,并给半薪。"①

在县教育会就教育经费与地方政府的博弈之中,由于县教育会的提议和坚持,促使一些问题获得解决。如对于教师加薪的问题,县教育局曾在回复县教育会的函中说:"查本局对于教师薪金,已设法逐年增加,所有筹得之新收入,亦大多挹注于教师薪金方面,如前次动用普教亩捐,每人每月加薪一元至三元,此次征收筵席捐一部份[分],亦系作为加薪之用。"②县教育局局长陆仁寿还专门致县教育会第九次代表大会主席秦冕钧:"查小学教员加薪一案,业经本局第四十五次局务会议提分复议,议决改为平均支配,每人每月加薪银二元在案。"③同时,县教育会在政府与广大教职员之间发挥了调和及缓冲的作用。也因此,在南京国民政府前期的无锡,虽然教育经费问题很棘手复杂,是个热点问题,但矛盾始终在可控的范围之内,没有引起大的动荡,县教育会在其中功不可没。

但在这一争取过程中,县教育会也面临多重的压力。如1932年12月,各区教育会因"筵捐加薪,发放无期,以及学款分发延期等,均属小学切身苦痛,县教育会迄无切实办法",特发起各区干事联席会议,议决:"除函县教育会设法交涉外,特推定唐朴安、章维康、朱尧人、王维能、任高本五人为代表,负责办理"。代表先往县教育会反映,但结果让他们很是失望,感觉"县干事会只有空洞之决议,毫无切实办法,且借故推托,不愿与区会共同努力"。在此情况下,代表遂晋谒臧局长请愿,直面反映问题,提出"克日发筵捐加薪"等要求。④甚至地方教育界对县教育会也多有不理解,如地方著名教育家高践四曾在县政府行政会议上尖锐地指出:

> 现在各地有普遍的现象,便是闹穷。但是为什么要闹穷,兄弟要说像我这种教书的坐冷板凳先生,第一应该打巴掌。我们中国人,最大的毛病,便是吃现成饭。……无锡每年的教育经费,总计四十余万,其中二十万,是由农民身上出来的。但是我要问做教员教农民子弟的,和各位区长,是否能使得农民增加生

---

① 《县教育会执委会议》,《锡报》1928年3月19日。
② 《小学教师薪金,设法逐年增加》,《锡报》1930年12月12日。
③ 《小学教师加薪案来鸿去雁》,《新无锡》1930年12月12日。
④ 《各区教育会五代表赴教育局为全县小教师请愿》,《锡报》1932年12月20日。

产？现在不在根本上着想,却向财政局要钱,那末除非叫财政当局变戏法才好,这就是我们要打巴掌呢！①

这话当然不是全指向县教育会的,但也从侧面反映了此时的教育会以代表地方教育为己任、以维护教员经济利益为己任所作努力给予社会的印象。对此,有学者将国民政府时期这样的社团称为"教育维权社团"②,是有一定道理的。

第五节　对教育行政的建议

南京国民政府颁布的对教育会管理的法规,如《教育会规程》《教育会法》等,虽然内容和表述多有修正,但文本中均有如"教育会得以决议事项,建议于地方教育行政机关""关于教育事项得建议于教育行政机关"的类似表述。由此可见,教育会发挥自己所长,就教育问题向地方或更高层次的政府机构提出建议是政府赋予的基本职责。这样的授权,在民国前期北洋政府所制订的《教育会规程》中也有体现,只是当时北洋政府困于军阀混战,没有更多的精力处理教育发展的具体事务,许多本该由政府承担的责任被社会力量所承担。这一点,在无锡工商业相对发达,民间企业家及名门望族财力雄厚的背景下,表现得尤为明显。就无锡教育会的会务开展而言,在北洋时期,建议于政府的表现并不突出,更多的是自己直接承担相关责任;而到南京国民政府前期,政府重新拾起自己的责任,加强对教育的推动与管理,这替换了推动地方教育发展的引擎,从而也就挤压了教育会作为社团开展教育活动的空间,于是建议政府就成为教育会活动的重要形式。

---

①《县政府召集第二次行政会议之第一日》,《新无锡》1931年1月16日。
②广少奎将国民政府时期存在与设立的教育社团分为教育学术社团和教育维权社团两类。参见广少奎:《重振与衰变——南京国民政府教育部研究》,山东教育出版社,2008,第173页。

一、政府加强教育行政管理：会务空间的压缩

1927年以后，随着南京国民政府实施"训政"，国民党政权得到极大的巩固，国家对地方管理的触角也迅速由大都市向县乡社会基层延伸。江南无锡自清末以来以绅商自治为主体特征的地方管理模式被打破，取而代之的是政府强权对地方事务的包揽。

无锡县教育局组建于1923年9月，其前身是地方劝学所、民政署学务课（又称学务科、第三科），①首任局长即曾于清末担任教育会第六任会长的蒋仲怀，他一直任职到1927年3月。其后，由于政局动荡，短期经历了徐梦影和黄蔚如两任局长，到1927年6月薛溱舲任职，教育局机构才得以稳定。1927年7月12日下午，新任无锡县教育局局长薛溱舲召集第一次全县校长会议，提出对学校的管理措施，包括派员接收并监察学校、确定学校预算、规定教师待遇细则、制订学校招生办法、审查教科书、规定开设科目等。②可谓全面系统。

原有的无锡县教育局是一个职员极少的微型组织。南京国民政府在建立后，加强地方政权建设，无锡县教育局随着所管辖事务的增加得到扩充。以1935年为例，教育局下设总务科（掌管文书、会计、庶务、统计）、学校教育科（掌管设计、调查、卫生）、社会教育科（掌管研究、视导、编纂、推广），外加县督学等，总人员超过20人。③

1928年9月，为加强对全县教育工作的领导，政府成立了县教育行政委员会，作为全县教育行政的最高决策、指导机构，成员有13人，其中：6人是当然委员，分别是县党部执行委员会常务委员、县政府县长、县教育局局长、县督学，加上县教育会2人；另设聘任委员7人。④1934年，无锡县教育行政委员会中"当然委员"有李惕平（党部）、严慎予（县政府县长）、臧祜（县教育局局长）、宋泳苏（县督学）、秦冕钧（县教育会），另聘任委员8人（陈谷岑、王引民、葛鲤庭、江应麟、陈湛如、顾倬、高践四、钱孙卿）。⑤同时，中央大学为谋各县教育经济公开起见，

---

① 参见刘谦冲：《无锡市教育志》，三联书店，1994，第333页。
② 《无锡县立小学校长会议纪》，《申报》1927年7月18日。
③ 无锡县政府：《无锡概览》，文新印刷所，1935，"教育"第2—3页。
④ 无锡县政府无锡市政筹备处：《无锡年鉴》，1930，"教育"第1页。
⑤ 无锡县政府：《无锡概览》，文新印刷所，1935，"教育"第4页。

特训令各县教育局,组织县教育经费稽核委员会,由县政府教育局、教育会各派2人,县立学校互选2人及扩充教育机关互选2人组成。[1]该组织成立后分3组运作,"甲组(稽核教育局报销)县政府二人,教育行政委员会(党部)一人;乙组(稽核县立学校报销)社教机关一人,教育行政委员会一人,教育局一人,教育会一人;丙组(稽核县立社教机关报销)县校二人,教育局一人,教育会一人"。该会职责是:"一稽核是否适合预算,以甲款不得挪移至乙款为原则,于必要时以不超出原预算为限;二稽核开支之适当与否;三查核单据;四复核数目之是否合符。"每月14日举行常会。[2]政府通过这样的机制,使自己的决策建立在更广泛的基础之上,同时也强化、细化了管理。

另外,县教育局还牵头成立各种专门委员会,以延伸管理。如1929年就设有奖励教师自制教具委员会、职业指导所筹备委员会、整理私塾委员会、县立乡村师范计划委员会、无锡县中小学艺术成绩展览(小学教具展览、中小学党义演说竞赛)会筹备委员会、课程研究委员会、训育标准审查委员会、全县教育机关房屋设计委员会等。其组织均是由教育局行政人员担任主席,再邀请有关专家参加。[3]

这样,县教育局就形成对外通过教育行政委员会、教育经费稽核委员会等制定政策、组织协调,对内通过召开局务会议、科室负责人会议商议处置办法,对下依靠学区教育委员会议、校长会议部署落实工作,对教育业务通过各专业委员会指导的工作程式。在此框架下,县教育局全面接管无锡地方的教育行政工作,宏观工作包括政策制定、经费安排等,微观工作包括表彰奖励优秀教师,开办暑期小学教员培训班,举办全县学校联合运动会、中小学艺术成绩展览会、教育用具展览会及党义演说竞赛会,审批私立学校立案、学校学生收费标准,受理奖捐资,整理私塾,核定教师身份,公布年度学期学历总表,调查教育统计和毕业生出路,颁发小学教员进修目标,编制小学乡土教材,等等。总而言之,事无巨细,一揽子承担。

县教育局所编《无锡教育周刊》杂志,每周一期,编发有序,一般每期均会刊登一周的工作安排表。编者选取其中普通一周的记载,以供参考。

---

[1]《县教育经济稽核委员会第一次常会》,《锡报》1928年6月7日。
[2]《县教育机关经济稽核委员会昨开第一次常会》,《锡报》1930年10月9日。
[3]《本局各种委员会委员名表》,《无锡教育周刊》(概况专号)1929年12月9日第95期,第5页。

表3-20　无锡县教育局重要工作统计表(第12周,1931年3月22—28日)

部门	工作事项
教育局及局长	1.接洽民众学校校长会议事宜。2.举行全县民众学校校长会议。3.出席县政府总理纪念周。4.出席第八三次县政府会议。5.接洽各区教委发款事宜。6.会同县党部举行党义演说竞赛会。7.洽商教育局民众学校事宜。8.识字运动县会成立。9.审阅第四批教员登记表。10.分配工作。11.会客。12.批阅公文。13.接洽解决各校各区事宜。14.处理其他公务。
总务科	1.处理公文。2.收训令12件,指令14件,代电1件,公函26件,呈文33件。3.发呈文1件、公函5件、通函12件、训令33件、指令10件、批示4件。4.编造十七年度决算。5.复核各区学校二十年度(1931年)预算。6.接洽各区发款及扣款。7.发出各区三月份经费及迟交表格、各校扣款。8.审查小学教员登记证。9.分发第146期《无锡教育周刊》及《民众读本》。10.制作教育局往来重要公牍目录。11.记大事记及更换周历。12.采办党义演说及童子军露营奖品。13.撰拟呈文稿8件、代电稿2件、公函稿5件、通函稿4件、训令稿7件、指令稿17件、批示稿6件。14.誊写督教视察报告。15.裁贴教育新闻及会议记录。
学校教育科	1.处理公文24件。2.处理一、二、三批尚未领取之教员登记证。3.准备成绩展览会筹备会开会。4.处理手续未完备之教员登记表。5.拟图画竞赛简则。6.拟试验乡小津贴舟车费办法。7.出席历史博物馆全体职员会议。8.出席全县党义演说竞赛会。9.举行登记表审查会议。10.出席第六学区仙蠡墩小学二十周纪念会。11.召集第三次成绩展览会筹备会议。12.摘录教育新闻。13.编辑第147期《无锡教育周刊》。14.检点各区、各校概况表工作月报。15.筹备教育局民众学校开学事宜。16.抄写视察报告、记录。
社会教育科	1.出席第二次全县民众学校校长会议。2.修正全县民众学校通讯处。3.处理公文、整理书报。4.审核并检查公共娱乐机关。5.接洽农事指导员。6.选购民众阅书处图书。7.接洽县立张泾桥农教馆馆长。8.出席历史博物馆馆务会议。9.出席全县各级工会宣誓就职典礼。10.拟公共娱乐事项检查报告表。11.修改《无锡民众读本》。12.出席无锡县识字运动宣传委员会成立大会。13.出席县宣传委员会改组大会。14.拟教育局民众学校简章。15.写教育局所办民众学校招生广告。16.拟民众学校、民众阅书处、民众阅报处概况表。17.出席西林民众学校开学典礼。
督学、教委、卫生专员(第十一周)	1.宋督学出席八区乡教研究会,指导教学方法。2.中心小学校长视察尤渡里小学。3.二区教委出席天下、怀上党义、算术、常识竞赛会筹备会。4.三区教委编造二十年度(1931年)预算并陪同庄指导员视察玉祁等校。5.四区教委编造预算。6.五区教委召开经济稽核委员会。7.六区教委视察大孙巷小学。8.七区教委出席县教育会改选大会。9.八区教委出席八区乡教会第一次常会。10.卫生专员赴县一、县二、县女中、县初中诊病。

资料来源:据《无锡教育周刊》1931年4月6日第148期第20—21页所刊资料整理。

表3-20反映了当时无锡教育行政机关行政工作开展的情况,工作所涉及的内容正说明教育行政工作所覆盖的领域。

政策与法规是政府行政的依托,在1927—1928年间,秉承中央政府教育政策的重新定位,无锡县教育局制定了一系列地方教育法规,有《无锡县教育局督学办事细则》《无锡县教育局办公简约》《无锡县教育局各课办事细则》《无锡县教育局局务会议规程》《无锡县教育局教育委员办事细则》《无锡县教育局各课管辖事业一览》《无锡县教育局卫生专员服务大纲》《县立各校征收学费办法》《无锡区立小学校学级组织大纲》《无锡县立小学校教职员待遇细则》《无锡县立学校经济审核委员会组织大纲》《小学优良教员奖励金条例》《无锡县教育行政会议规程》《取缔私塾暂行条例》《无锡县民众教育委员会简则》《无锡县县立小学实验教育暂行办法》《教育委员服务规约》等,所设计的均是规范行政的事项。而1930—1931年制定的法规有《无锡县乡村教育研究会组织通则》《无锡县教育局津贴私立民众茶园经费办法》《无锡县教育局补助校舍建筑费暂行办法》《无锡县区立小学教职员加薪办法》《无锡县教育奖励金规程》《无锡县社会教育机关交互参观办法》《民众教育视导办法》《无锡县公私立小学校图画竞赛简则》《小学校学生团体组织要点》《无锡县各区农民教育馆特约农田办法》《无锡县公私立小学校图画竞赛规则》《无锡县社会教育成绩展览会办法》等,[①]其指向更具体的教育活动安排,表明政府强有力管理意愿的不断深入。

同样的,之前无锡教育行政机关从未编辑出版过教育刊物,此时期,县教育局在这方面也大有作为,曾编有《无锡教育周刊》(1927—1935年)、《无锡教育月刊》(1935—1937年),还有类似于年鉴的《两年来的无锡教育》(1930年)、《续两年来的无锡教育》(1932年)、《三年来的无锡教育》(1935年)等。尤其是《无锡教育周刊》,以"传播教育消息和研究教育学术"为宗旨。[②]在存续的7年时间里,[③]每周编辑出版1期,很有规律,每期篇幅少的30余页,多的60余页,一般在40多页。设有"法规""报告""消息""研究""专载""公牍""视察报告""附录"等

---

① 参见《无锡教育周刊》1927—1931年相关各期。
② 《本刊编辑条例》,《无锡教育周刊》1927年8月24日第1期,第27页。
③ 该杂志于1927年8月24日出版第1期,总的出版期数不明,编者所见资料中最后编发的是1935年7月1日出版的第299、300期合刊。

栏目。该刊编发了众多的专刊，如《自然教育》《艺术教学》《党化教育》《公民训练具体标准》《儿童自治》《国语教学》《常识史地自然教学》《学生卫生》《学校卫生》《县教育概况》《学校植树教学周》《修学远足旅行》《儿童缺课问题》《升学与就业指导》《中小学艺术成绩和教具展览》《社会教育》《校史》《童子军》等，是当时无锡教育界最重要的刊物。

相比较而言，无锡教育会的作为就大大逊色。如编辑教育报刊，原为县教育会的强项。这一时期，教育会出版有《现代教育》，自1927年6月创刊，到1932年6月停刊，共出版21期，前期为半月刊，后期改为不定期出版。[①]该刊先后设有"专载""讨论""言论""计划""研究""公牍""报告""附录"等栏目。每期篇幅长短不一，如第7期有78页，而第13期仅30页。[②]1932年，县教育会还曾有过改进栏目的设想，新设"评论""研究""特载""公函""消息""报告""附录"等项，[③]后来没有实施。在1934—1936年间，又再次设想改作半月刊或季刊，只是由倪丕烈、唐朴安负责编辑的"改刊四开式样，每半月出版一次"的半月刊不曾见到。[④]从1936年1月起，县教育会又出版过两期《无锡教育季刊》，[⑤]其中4月16日出版的春季号，为"非常时期教育问题讨论专号"，"内容异常精彩，定价每册一角，本邑各大书局，均有代售"。[⑥]但无论是《现代教育》还是《无锡教育季刊》，比之由县教育局编辑出版的教育刊物，无论是数量、内容还是周期频率，均相形见绌。

另外，县教育会原来十分擅长的教学研究，在此期间也乏善可陈。1928年，县教育会第八次执委会议决成立民众教育研究委员会，其以"研究民众教育的普及和实施方针"为宗旨，规定"每两周开常会一次，遇有特别事故，得开临时会

[①] 有文献称，该刊为"半月刊，主编秦凤翔"（唐涵德：《无锡县教育志》，上海科学技术出版社，1992，第184页。），有误。从资料看，至少第7期起，该刊就已改为月刊了，但常脱期。该刊前期由宋泳荪、辛曾辉负责，后期由胡念倩任主编。参见《现代教育》（无锡）1928年4月第7期，目录页；1928年2月16日《锡报》所刊《县教育会执行委员补行就职之筹备》；《编辑后话》，《现代教育》（无锡）1930年1月第19期，附录。

[②] 参见《现代教育》（无锡）1928年4月第7期，1929年3月第13期。

[③] 《协作学校》，《锡报》1932年12月1日。

[④] 《县教（育）会第六次干事会议》，《新无锡》1934年8月1日。

[⑤] 《教育会开干（事）会，举行名人演讲》，《新无锡》1936年1月31日；《县教育会教育季刊出版》，《新无锡》1936年4月17日。

[⑥] 《县教育会教育季刊出版》，《新无锡》1936年4月17日。

议"。①后来该会举办了几次活动,讨论议决了如"民众学校教材的标准"②等事项就无声息了。教育培训也举办过,如1928年在连元街县立第一小学礼堂举办为期14天的暑期讲习会,参加对象原定小学教师约200人,科目有国语教学法、常识教学法、算术教学法、艺术科教学法、训育实际问题、公民科与儿童活动、小学行政概论、社会中心的教育、乡村教育实际问题、小学教育的实际问题等。③后来实际参加听讲的仅有110人。④但随着后来县教育局对培训活动的介入,县教育会也就不再举办了。即使举办也是以县教育局为主,县教育会协办,如1929年举办的暑假讲习会⑤、1934年暑期举办的师资训练班⑥,均是这样的情况。

对于一些非常具体的教学业务问题,县教育会也很难拿出权威且有说服力的解答。如对于乡村一线教员提出的"要不要依照教科书的次序教?""要不要教完一本书?""教科书与学期的关系怎样?""教科书外要不要补充材料?""采用教科书应否用定价低廉的?"等教学疑问,也主要是由《无锡教育周刊》来刊文解释。⑦此外,乡村一线教员还会通过参加教育局主办的培训班去寻找答案。对此,《无锡教育周刊》亦有文章报道:"这次县教育局办的小学教员暑期学校里,讨论着一百多个教育上的实际问题。这许多问题,都是小学教育上——乡村小学教育上的重要问题。"⑧可见教师的培训也是由教育局唱主角了。

无锡教育会于1936年4月23日至27日,组织教育考察团赴南京考察教育,"参加人数,每区限定三人,由县会每人津贴四元",⑨共计有60余人参加。⑩参观团于23日下午出发。

---

① 《无锡县教育会民众教育研究委员会开会》,《工商日报》(无锡)1928年3月22日。
② 《民众教育研究会开会》,《工商日报》(无锡)1928年4月13日。
③ 《教育会努力教育事业》,《工商日报》(无锡)1928年7月6日。
④ 无锡县政府:《无锡概览》,1935,"教育"第47页。
⑤ 《县教育会代表大会》,《锡报》1929年5月5日。
⑥ 《县教育会昨开干事会议》,《锡报》1934年6月27日。
⑦ 锡胤:《教育零话》(二),《无锡教育周刊》第83期,第19—21页。
⑧ 《乡村小学教育上的实际问题》,《无锡教育周刊》第83期,第32页。
⑨ 《教育会组织南京教育参观团》,《新无锡》1936年4月15日。
⑩ 《教育参观团出发赴京》,《新无锡》1936年4月23日。

关于此次参观要点，分学校行政、教学、训导三项，经县教育会干事顾泾村拟就要点，分发各人参考。兹录其要点如下：

甲、学校行政方面。一、学校行政方针、组织及校务分任方法。二、行政表簿之调制及使用方法。三、教育环境之设计布置方面。四、自制教具之种类及制作应用方法。五、体育卫生劳作等必要设备情形。六、图书仪器等置备及处理方法。七、家庭联络方法。八、教师进修方法及减少笔头工作情形。九、教职员请假处理方法。十、协助推行义务教育办法。

乙、教学方面。一、非常时期教育实施办法。二、乡土教学实施方法。三、复室[式]教学方法。四、劳作教育实施方法。五、说话教学方法（包括考查法）。六、阅书教学方法（包括考查法）。七、各科成绩考查法及记分法。八、幼稚教育实施方法。九、减少儿童笔头工作的方法。

丙、训导方面。一、公民训练实施办法（包括考查法）。二、保甲训练实施办法。三、儿童集团活动训练办法（包括组织活动考查）。四、幼童军及童子训练办法。五、儿童个性调查及行性考查评定方法。六、顽劣儿童训练办法。[1]

这样目的明确、组织有序的外出考察学习，在这一时期真不多见。20世纪30年代，县教育会每年会制订研究计划，如1931年的计划中提出创设教育团（即征集各国教育图书，在县教育会陈列，并分发各分会阅读）、设立教便物[2]陈列部、举行教便物展览会、举行教学做讨论会、举办注音符号训练班、设立教育实际问题通信解答部、举行全县公私学校故事演讲比赛会、特约学校分科试验、举行学术演讲、参观等10项内容，[3]但实际并未推进实施。

由此可见，政府的介入，使得教育会的作为空间十分狭窄，原有的优势也丧失殆尽。"教育社团的被迫体制化以及由体制化所显示出的当政者对民间话语的压制政策，才是社团难以参与教育行政的内部肇因。"[4]这迫使教育会寻找新的方法，为巩固自身在地方教育界及社会上的地位作新的尝试。

---

[1]《教育参观团拟定参观要点》，《新无锡》1936年4月24日。
[2]"教便物"即便于教学的物品。
[3]潘一尘：《民国二十年县教育会研究计划大纲草案》，《现代教育》（无锡）1930年1月第19期，第8—9页。
[4]广少奎：《重振与衰变——南京国民政府教育部研究》，山东教育出版社，2008，第188页。

二、建议行政机关：述而不作

"建议于地方教育行政机关"，这是《教育法》赋予教育会的重要职责，也是其作为社团组织的作用与价值所在。无锡教育会每次召开重要会议，县政府、县党部、县教育局均会派代表到会指导，并发表致词。他们的态度与《教育法》的规定是符合的。如1929年1月，县教育会召开第五次全县分会代表大会，县教育局代表在会上致词：

> 教育会所负使命很大，有督促教育行政之责，而尤应与教育局站在同一战线上加以协助，希望造成有团结思想、有团结精神之教育会，于今日改选尤望注意。……无锡教育素负盛名，有坚固之基础，有良好之环境，尤应格无[外]努力。研究讨论，以全民众为标准，使人民知识日高，国家富强，民族适存于世界，故民众教育更宜努力，而望此次改选，成一领导的、督促的、组织健全的机关。①

1931年4月12日，无锡县区教育会干事宣誓就职典礼上，县党务整理委员会代表、监誓员季璞致词："我们中国人都喜欢戴假面具的！但是在座的各位是神圣的教育家，是革命的努力者。今天各位的宣誓，决计不能同日而语，但是我很愿意各位要负起教育的使命，努力革命。做一件事，须要问一问自己的责任，先己助人，才是教育的革命精神。"②1932年1月9日下午，参加县教育会第二次代表大会的县党部指导员倪铁如也表达了同样的意思："很希望各位站在现代教育的一条战线，努力改进我们的无锡教育。"③行政机关代表县教育会各类大会上的发言，其虽有应酬之嫌，但也体现了行政机关对教育会社团在地方事务，尤其是贡献教育发展方面的期望。政府一以贯之的态度，也是无锡教育会持续建言的合理原因。

无锡教育会建议于政府的基本方法有四种：一是函电告知，二是座谈报告，

---

①《第五次全县分会代表大会记录》，《现代教育》（无锡）1929年3月第13期，第12页。
②《县区教〈育〉会干事宣誓就职》，《新无锡》1931年4月13日。
③《县教育会第二次代表大会》，《锡报》1932年1月11日。

三是登门面商，四是激烈请愿。而最基本和常见的是函电告知。

函电告知一般先由会员提出建议，再由会议讨论议决，呈送县教育局、县政府、县党部或相关政府部门，如县教育会第三次代表大会后，按照会议决议，将"提高乡村小学经费一案"递交县教育局请求办理，原函如下：

径启者，查高唱提高乡村小学经费，已非一日，乡小同人嘶声呼吁，要求当局设法提高，早经唇焦舌敝，而当局不加详察，置乡村小学于不顾，城区各学校设备完善，学费又能按期缴纳，非若乡村小学设备简陋，又以农村经济困难，学生纳费自然较低，以固定少数之经费，如何增添设备，如何充实内容，又如何聘请优良教师，改进乡村教育，乡小同人等茹苦含辛，勉力迄今，所望当局有以设法救济，俾吾邑乡村教育毋蹈危境，当经本会第三次代表大会决议，函请教育局提高乡村小学经费，至少依照现在城区教育经费办理在案，相应函达，即希查照办理，见覆为荷。①

有的建议事关重大，县教育会还直接函电省教育厅、省政府直至教育部等。

县教育会的建议通常是在其所召开的代表大会上集中提出，如1930年3月召开教育会第八次全体代表大会"讨论要案七件"②，1937年4月召开的新一届第八次全县教育会会员代表大会"通过各项提案十九件"③。

有时，县教育会会就相关教育问题，组织具体讨论，形成专项建议，再汇总呈报政府。如在1937年初，县教育局编造无锡二十六年度（1937年）教育经费预算，因各方对其中内容分歧较大，故县教育会组织了多次讨论，并将各会员的意见归纳为9点具呈县教育局：

一、本县教育经费总额历年缩减，新事业既绝少扩展，固有事业颇受影响。此次编造二十六年度新预算时，应请深切加以注意。二、生活程度日高，如实行

---

① 《提高乡村小学经费》，《新无锡》1932年8月10日。
② 《县教育会第八次代表大会》，《锡报》1930年3月30日。
③ 《县教育会第八次代表大会议案》，《锡报》1937年4月13日。

按资给薪法,师资益将感觉缺乏,应请先行提高待遇标准,否则从缓。三、普义教经费总额不能再行缩减,致影响固有事业,并应将补助学级改为正式学级,并设法增加此项经费。四、一人一级制,不适于本县社会情形,是以本会屡加反对,应请尊重此项意见,勿再贸然实行,仍贻削足适履之讥。五、在编造二十六年度新预算之前,应提早召开教育行政委员营[会],征询公意以期周详。六、城乡小学适应社会之需要,添办高级者甚多,原有经费不敷支配,应请尽量设法增加。七、短期小学并不适合本县社会之需要,应请一律改为简易小学,以求改进而免糜费。八、核定临时费办法颇多困难之处,应请加以条[调]正,并随时核发,以求事业之进展。九、厅令各校切实注意课外运动,应请增添此项运动经费,以求实效,关于公共体育场尤须早日恢复。①

有时教育会的建议案,不仅提出问题,还附有解决问题的具体办法,这为教育行政化解矛盾、解决问题提供了有益的参考。如:

本邑县教育会,以教界同仁生活,极为清苦,尤以在此百物腾贵,物质恐慌险潮中,莫不有经济竭蹶,生活难于维持之感,往往尽瘁一生,以教人子弟为职责,而自身子女,反有无力入学之虞,所谓增高待遇,年功加俸,一时难于实现,不如准免其子女中小学费之全部或一部,稍苏眉急,此事在行政当局事轻易举,在小教同仁受惠实多,经第八次代表大会,提交干事会议办理。兹由顾泾村,拟订办法,由第三次干事会议修正通过后,呈请教育局办理。兹录其办法如下:

一、为减轻小学教员负担起见,教育局应准许小学教职员子女入学免费;

二、教育局须将小学教员子女入学所免之学费额,作为公费额,编造小学教员子女免费入学准备金,列入总预算;

三、小学教员子女免费入学,暂以现任小学教职员子女为限;

四、凡现任教职员任期满三年以上者,其子女入学得请求免费;

五、小学教员子女免费入学之学校,暂以本县公立中小学为限;

六、小学教员子女免费入学可分两种:甲、小学免费入学,乙、中学免费入

---

① 《教育会提供意见》,《新无锡》1937年3月3日。

学。小学一律全免,中学得酌量情形以半免为原则,其清贫者则宜全免;

七、于每学期开始二周内,教育局须训令各小学现任教职员,呈报入学子女之姓名、年龄、籍贯、性别及现在肄业之学校,再由局整理统计,分别调查汇编名单,呈省厅备案;

八、凡经核准之应行免费入学之小学教员子女,应由局通知各该校免收或减收学费,该项免收或减收之学费,即由局在总预算内小学教员子女免费入学准备金项下动支拨发;

九、本办法经县教育会干事会议通过后,呈请教育局参照施行。[1]

当然除了呈函外,县教育会还会在政府召开的相关座谈会上提出建议。如1930年7月初,国民党中央组织部派员于怀忠、陈觉吾、庞翼苍等到无锡开展社会调查[2],了解地方社会、交通、工业、建设等情况,目的是希望通过这一工作,取得开展社会调查的经验,"贡献意见,可以帮助将来省方或中央社会调查参考"。胡念倩、莫仲夔及后来任干事长的李惕平等多人参与配合调查。社会调查工作全部结束后,7月25日下午4时,在县党部召开结束总结会议,胡念倩在会上提议:"希望中央把无锡做义务教育区,因为无锡虽然教员[育]发达,但就学者仅百分之三十,其余百分之七十,都是失学儿童了。所以请中央就在无锡办理义务教育区。"莫仲夔也说:"希望中央调查员对于此次调查所得材料,不问其真确与否,统计后请再颁发下来,使这次参加调查的团体,明了何种事业要改进,同时使无锡县社会调查处有所借镜参考。"[3]他们表达了希望通过在无锡设立义务教育实验区的方法,获取中央的关注和支持,以推动地方教育发展的良好愿望。

有时,为了使所提建议更明确,县教育会除了呈文之外,还会推派代表前往相关机构面见行政官员,陈述解释。如1927年11月底至12月初,为力争冬粮

---

[1]《县教育会拟定:小教子女免费入学》,《锡报》1937年6月7日。
[2] 该调查是国民党中央组织部组织实施的。1930年,为推进社会调查工作,取得调查经验,"择定无锡、常熟、灌云三县为试办地域"。中央组织部、江苏省党务整理委员会还专门发出训令,要求无锡地方配合。参见《令县协助中央试办社会调查》,《江苏省政府公报·党务》1930年第477期,第28页。
[3]《中央试办社会调查结束会议》,《商报》(无锡)1930年7月27日。

拨划教育经费事,县、市教育协会不仅联合致函俞复县长①,还特推举代表严仰斗、华萼两人,携带公文赴县晋谒县长,"面陈一切","县长即准许遵上峰命令规定经费拨付"。②再如为改善教员的困苦生活,1928年4月29日上午9时,无锡教育会代表莫仲夔、严仰斗、华萼、苏渭滨、朱正心率17市乡教育会代表(无锡市沈济之、严颂勋,天下顾倜生,怀上严廷襄,怀下汪天涯,南延华茂萱,景云藩之浩,青城刘品棠,开原杜锡桢,开化叶志青,新安倪铁如,北上徐寿山,扬名鲍云柏等)在县教育会集合。先由莫仲夔主持召开谈话会,讨论办法。10时全体出发,赴教育局请愿。县教育局薛局长"延见",总代表莫仲夔进言,希望薛局长以地方教育为重,切实宽筹经费,解救小学教师痛苦,更望不徒纸上空谈,画饼充饥。对薛局长的解答,"到会各代表,认为满意,始与辞而出"。③当面的沟通,更有利于双方意见的陈述,也更有利于双方相互理解。

当然,提建议时也不总是彬彬有礼的,有时会比较激烈。1933年3月,第六学区教育委员章星垣"为改组学校,遴选校长问题,迭受局方申斥,以致愤而辞职"。④第十七区(富安乡)教育会为挽留他,先派代表进城到县教育局请愿。⑤因臧局长未予接见,故全体会员随即召开会议,议决"全体来城,再行请愿挽留",有不达目的不止之势。19日下午1时,富安区教育会全体会员50余人,由乡步行来城至教育局,齐集会客室内,即行推派代表,请见局长。因臧局长及科长严仰斗均因公外出,各会员即枯坐等待。至下午6时许,臧局长始乘坐包车到局。代表请见述明来意,并询问对于章星垣辞职事拟如何处置。臧局长答复免职令已批准,并已聘定人员接任,无法收回。双方僵持到晚间8时左右,臧局长始退出会客室。各会员饥肠辘辘,"遂啖大饼充饥",同时商议办法,当即决定由新渎桥小学领衔,由来自当地29所学校的教师联名集体辞呈。臧局长无奈,即招代表至县政府谈话。各会员随即推派薛振远、俞秋月、吕载阳3代表进见陈县长。陈县长一时亦无办法,劝慰各会员,暂行下乡,安心服务,并约定21日

---

① 《力争拨划教育经费》,《工商日报》(无锡)1927年12月1日。
② 《县市教育协会力争教育经费》,《工商日报》(无锡)1927年12月4日。
③ 《第十次执行委员会议记录》,《现代教育》(无锡)1928年第8期,第25—26页。
④ 《第六学区发生学潮,挽留章教委引起总辞职》,《新无锡》1933年3月21日。
⑤ 《十七区教会请愿挽留教委》,《新无锡》1933年3月11日。

再由代表到县陈述理由，以谋解决。直到深夜12时，代表们才散去。①当然，相比函电等方式，这样的请愿相对较为激烈，但还是体现了会员作为知识分子的斯文。

一般而言，区分会的建议先是由所在区代表反映到县会，再经县会讨论议决认同后，以县会的名义递交政府。但也有例外，如上述富安区教育会挽留教育委员一事就是例外。此外，1936年9月，发生崇安寺僧人慧鑫和尚诬告县立中心小学②窃盗毁损校舍一事，城区教育分会即先直接呈文县政府，"请求严惩该僧，以儆效尤"，③再函请县教育会予以声援。县会接函后即转函县法院检察处，请求主持正义，严予驳斥，并代电教育厅严办。④后经开庭审理，"原告之诉驳回"，⑤判决校长顾泾村无罪。

尽管有矛盾，有时甚至还比较激烈，县教育会还是与县教育局，尤其是与历任教育局局长，保持了较为融洽的关系，双方能理解各自的处境及难处，会惺惺相惜，相互理解与帮扶。不少时候，当教育会把问题反映到教育局后，教育局会协同教育会代表赴县政府、省厅反映，有时，会协助呈文县政府以至省厅。

如此间任职教育局局长时间最长的陆仁寿，他本身是江苏省立师范学校的毕业生，后在附小任教，任局长之前还担任过县教育会的执委。在他任期内，县教育会与他有过多次抗争，但1932年8月他离职时，无锡教育会胡念倩、严仰斗还率部分学校校长于1日晚7时，在迎宾楼设筵饯行，参加者大多是教育会的会员。⑥他们以此方式表达对陆仁寿的敬意与不舍之情。而这一事也从一个侧面反映了当时教育会与教育局的关系。

从1927年到1937年，无锡教育会贡献给政府的建议大致如下：

---

① 《十七区教育会员挽留教委再接再历》，《锡报》1933年3月21日。
② 原名无锡市立第一初等小学。
③ 《城区教育会呈县请求严惩慧鑫和尚》，《新无锡》1936年9月8日。
④ 《县教育会函法院主持正义》，《新无锡》1936年9月6日。
⑤ 《慧鑫僧好讼，顾泾村无罪》，《新无锡》1936年9月16日。
⑥ 《县立各校长联合欢送陆仁寿》，《新无锡》1932年8月2日。

表3-21　无锡教育会建议事项一览表(1927—1937年)[①]

类别	时间	内容
规划建设 (计15件)	1928年6月	请求教育局实行普及教育计划
	1929年7月	力促教育局扩充教育,实行添级、添校计划
	1929年8月	函县教育局呈县政府转市政筹备处拨无锡市分会会所
规划建设 (计15件)	1930年2月	向市政筹备处控告工务科有意留难本会修葺房屋,并向县党部声请援助
	1930年2月	请教育局严饬取缔未立案之私立中学,如国民中学等
	1930年7月	建议中央在无锡办理义务教育区
	1931年11月	转教育局八区教育会呈请"关于八区中心小学在严家桥有三点不合,请收回成命"
	1934年12月	呈请县政府转饬教育局,于下学期将西园弄小学恢复
	1934年12月	呈请教育局未立案之私立学校,应从速取缔,并从速执行,以维威信
	1934年12月	呈请教育局因全县协作学校学生不满四十人者,应一律收归县有,以免厚此薄彼而符普及教育之宗旨
	1934年12月	呈请教育局应划定本县各县立乡村小学区域
	1935年11月	拟请县教育局公布今后施政纲领
	1935年11月	呈请教育局,城乡各校校舍每多破损,或租借民房,不合实用,应请教育局指定款项及征收建筑费,作为建业基金
	1935年11月	呈请教育局,查乡村小学大多设备简陋,本会应请教育当局注意,增发临时费以资补救
	1936年9月	函县法院检察处并电教育厅,严办崇安寺僧人慧鑫和尚诬控中心小学窃盗毁损校舍一案
教育行政 (计16件)	1927年3月	向市政厅建议学校行政采委员制,规定学校经济公开办法,收回教会学校等
	1928年6月	转呈无锡市教育会函请县教育局彻查第一学区教育委员钱锺亮被人控告一事之虚实,以明是非
	1928年10月	建议县教育局转饬各区教育委员,切实履行其指导所属各小学职责

[①] 关于教育经费的建议是当时县教育会的重点之一。因本章有专门论述,故此表未予列入。

续表

类别	时间	内容
教育行政 (计16件)	1931年2月	质问教育局于阴历年底经举行总视察问题
	1931年8月	去函教育局经济稽核委员会,核而不稽,即稽亦不详,徒然代人负责,虚糜光阴,本会代表即日声明退出
	1932年8月	建议局方施行中心小学制
	1934年12月	呈请教育局于下学期督促本县各区教育委员,应常驻在各该区地点适中之学校办公,并指导该处学校之研究及试验事业,以为本区各校之楷模
	1934年12月	本学期教育机关主任人员,有到任未久而擅离职守者,有从未到任而冒名顶替者,如此玩忽殊非教育之福,而教育当局亦有耳若聋,置若罔闻,教育前途实堪殷忧。呈请教育局急宜设法补救,并防止以后发生同样事件
	1934年12月	呈请教育局,本邑新旧校长办理移交后之交接文件,应有监交员负责呈报
	1935年5月	函请教育局依照上海市成例,举行教师节大规模庆祝大会,以志纪念
	1935年10月	呈请县政府转饬教育局,教育局应即恢复校长会议,并令饬教委仍照前例按日下乡发放经费
	1935年10月	转呈怀下区教育会函请教育厅,令省县督学教委于视察学校时,应随岁时指导并遵照视导规程,召集已视察之学校开研究会以利教育
	1935年11月	呈请教育局,本邑儿童年实施委员会工作进行过于迟缓,应设法督促
	1935年11月	函教育局查照部颁条例,办理教育行政人员资格审查,以示公允
	1935年11月	呈请教育局废除通讯学校
	1937年2月	建议县教育局在编造1937年度预算前,应提早召开教育行政委员会征询公意,以期周详
人事管理 (计16件)	1928年3月	请求教育局对于小学教师任免问题,应照江苏大学所颁条例实施,并应规定,校长辞退应于聘书期满二月前通知,教员应于一月半前通知
	1928年3月	呈请教育局,女教员生产应给假二月并给半薪
	1931年8月	函教育局严诘县女中附小主事久悬,本会函教育局询问迄未见复,究竟如何

续表

类别	时间	内容
人事管理 （计16件）	1932年1月	质询县政府，本县教育局局长辞职离局瞬将一月，应从速保荐合格人员接替以维教育
	1932年1月	芦村小学家属代表魏煜明等呈控校长顾轶千，专函教育局迅予惩办
	1932年8月	建议教育局、教委非提出充分理由，不得任意撤换各校校长
	1932年8月	呈请省教育厅要求检定教员与师范高中毕业生同一待遇
	1932年9月	尤敏之为七区教委蒲浩泉挟嫌诬告，函请予以援助。转询教育局关于该案之真相
	1934年12月	呈请教育局保障各校校长、教员不得任意更调
	1934年12月至 1937年6月	反对县教育局实施"一人一级"制
	1935年3月	会员须寿椿，因未蒙教育局核准无试验检定，请求予以援助，向教育局查明后再行核办
	1935年11月	每学期开始学校改组，校长教员同时去职，其中不乏优良教员无辜被累。呈请教育当局保障各校优良教师
	1935年11月	呈请教育局，适合地方情形，应优先任用本籍人员
	1935年11月	呈请教育局，小学教员应资格能力并重，核准各校教员时应通融办理
	1935年11月	呈请教育局，校长应有聘请教员绝对自主权
	1936年7月	电函省教育厅，中心民校师资训练班学员回锡服务
教师培训 （计7件）	1927年7月	联合县教育局合组无锡党化教育暑期讲习会
	1929年5月	本年暑假中与教育局合办暑假讲习班，并由执行委员会办理之
	1929年6月	请教育局陆局长于本月二十三日下午一时半在本会举行演讲
	1930年12月	建议教育局利用年假，举办注音符号训练班
	1934年6月	会同教育局拟利用暑期举行师资训练班，函教育局合组筹备委员会
	1935年11月	建议会同教育局举办暑期讲习会（特别注重国语教育）
	1937年3月	转呈新安区教育会，请求教育局举办幼童军教练员训练班
卫生体育 （计8件）	1930年4月	建议积极提倡女子体育
	1935年10月	转万安区教育会呈县政府并转呈教育局，请求定期举行全县儿童普遍健康检验
	1935年11月	呈局转厅，规定教员、学生服装以资整洁

续表

类别	时间	内容
卫生体育 (计8件)	1935年11月	呈请教育局,另就适当地点添辟公共体育场
	1936年7月	本邑体育场向具规模,奉令结束,殊不妥协。最近报载省教育厅二十五年度(1936年)施政大纲,对于规模完善之体育场,有予恢复之规定,本会拟即详叙实际情形,呈请教育局转呈省教育厅,准予恢复并追加预算
	1936年7月	拟呈请教育局,筹备全县中小学秋季联合运动会,借以发扬体育精神
	1937年2月	建议教育局,令各校切实注意课外运动,应请增添此项运动经费以求实效
	1937年2月	建议教育局早日恢复公共体育场
电化教育 (计1件)	1935年11月	建议推进教育电影以利全县教育
取缔私塾 (计3件)	1934年12月	呈请教育局,各乡校通学区域应由局划定公布,如在通学区域内发现私塾,各校校长应负责取缔
	1935年11月	建议教育局取缔妨碍县校之私塾
	1937年4月	注意短期小学设置地点,应在原有公私立小学二里之外,制止小学附近设私塾
幼儿教育 (计1件)	1935年11月	本邑幼稚教育甚感缺乏,呈请县教育局切实推广
小学教育 (计6件)	1930年12月	函教育局续办国语演说竞赛会,切实推行注音符号
	1935年11月	建议县教育局聘请专家,研究儿童身心发育状况,拟订各级儿童生活表,重行规定各项笔记范围,以减轻小学儿童笔头工作
	1935年11月	建议教育局举行高级小学会考
	1936年7月	建议教育局统一学校用书,以便考查成绩并调整学生程度
	1937年2月	呈请教育局,短期小学并不适合本县社会之需要,应请一律改为简易小学,以求改进而免糜费
	1937年3月	转呈教育局,城区教育会呈为报载变更本县中心小学区制,另设教委,请教育局慎重考虑,□贸然变更
职业教育 (计2件)	1928年3月	请求县政府、教育局努力教育实业
	1935年9月	县教育会呈请从速筹办职业中学

续表

类别	时间	内容
民众教育（计5件）	1929年5月	建议县教育局请办专收乡村教员之乡村师范学校
	1929年12月	建议县教育局厉行乡村民众教育
	1929年12月	建议县教育局联合县党部、工整会切实举办劳工补习教育
	1929年12月	建议县教育局从速举办短期民众教育师资训练班
	1937年4月	建议县政府由乡镇公所与学校联合办理强迫识字班
地方建设（计10件）	1927年4月	建议县署对于军民纠纷,主张请人出任调停
	1928年4月	呈请民政厅为苏米流通
	1931年8月	卜筮星相早经公安局取缔,迩日满街满巷,遍处皆是,不特阻碍民智发展,抑且有关治安,请党政当局遵照总理遗教严行取缔
	1932年5月	第一区教育会函请设法阻止小贩携带赌具营业,妨碍儿童品性。函公安局切实查明取缔
	1934年6月	呈请县政府将无锡公园划归县教育局管理
	1934年11月	合同民众教育促进会及社会教育机关联合会,联名呈请省政府暨教育厅,令饬无锡县政府迅将公园依法划归县教育局管理,以资整顿而专职权
	1934年11月	本会代电上海胡宪生等,对于建立先哲胡雨人先生铜像地点之决定,当以社会主张为依归,请速转知主持者捐除成见
	1935年5月	提出博物馆并入图书馆,腾地建动物园,并改造公园的意见
	1935年11月	拟请县教育局拨用积聚社教基金,会同本会就原址改建公共大礼堂,并附设民众教育馆暨本会会所
	1935年11月	建议教育局转函《国民导报》社改善寄递办法,应改为当日寄递,以免消息迟缓以资灵通

资料来源：根据《锡报》、《新无锡》、《工商日报》（无锡）、《商报》（无锡）、《市民公报》（无锡）、《申报》等所刊报道资料整理汇编。

上表所列建议总计有90项，并不全面，多有疏漏，但就此内容来分析，其所包含的信息已十分丰富，所提建议涉及面较广，既有关于教育本身的内容，又有关于发展地方文化事业的内容。就与教育有关的建议而言：既有关于教育行政的内容，也有关于具体教学问题的内容；既有针对幼儿教育、小学教育等不同学段教育的建议,也涉及职业教育、乡村教育、民众教育等不同教育类型的建议。从层次来看,既涉及宏观上的地方教育的发展规划与计划、年度教育施政纲领和预算安排、教育制度的变革等,也涉及微观上的如统一师生服装、发展女子体育、开展儿童体检等具体问题。这一时期,国家层面出于训政的需要,不再需要社团在当地发挥替代政府行政力量的作用,社团也只能变更之前直接从事教育活动的传统,将自己对发展地方教育和化解现实矛盾的期盼转移至政府。

对于这些建议,县教育局和县政府基本是有问必答,有议必复。①所以,应该讲,县教育会的建议还是发挥了相当大的作用,不少建议被采纳。

如1930年无锡举办筵席捐,其中有关问题,虽经县、区教育会多次上书,但因第一区公所与教育局相持不决,县政府也委派专员设法调解,但仍无解决希望。为此,县教育会特命17区分会各推代表1人,由该会常务委员率领,乘车晋省,向省政府及民、教、财三厅并省党部分别请愿,要求将筵席捐全部拨作教育经费。有四部门具体表态,结果甚为圆满。又如1930年年底,县教育会"建议县教育局利用年假,举办注音符号训练班"。教育局陆局长函复作答:"案准贵会十二月九日函知,决议利用年假,举办注音符号训练班,希查照办理等由到局准此,查本学期年假在即,不及筹备,准于下学期设法协同贵会举办可也"②。

1936年初,县教育会针对当时无锡各校于每学期开始学校改组时,校长、教员大部分同时去职的惯例,认为"查学校改组,校长去职为理之当然;而教员随之去职,于理似属不平。盖去职之教员,内中不乏优良教员,何得不分皂白无辜被累"。建议县教育局要"予以切实保障"教师利益。③教育局惠局长随即"分令公私立各校","无论主管人员有无交替,均不得无故辞退,锐减待遇,或轻易变更职务"。④

1936年,无锡教育会"前以本邑城乡各校校舍建筑,每多破旧不堪,尤以乡村小学附设庵庙宗祠,对于小教生活、管理儿童诸多影响,爰特具呈教局,建议指定的款,或规定征收建筑基金办法,俾各校得建校舍,以资改善"。教育局接

---

① 参见《无锡教育周刊》各期所刊《本局大事记》记载。
② 《利用年假举办注音符号训练班》,《新无锡》1930年12月23日。
③ 《教育会呈局保障教师》,《新无锡》1936年1月10日。
④ 《教局通令各校切实保障优良教员》,《新无锡》1936年1月17日。

函后表示:"以添建校舍问题,局方固早注意,惟因款项无出,以致未能着手进行,现据县教育会陈请,深表同情,决定准予编制下年度教育计划时统筹办理云。"①

综上所述,此间无锡教育会的建议,虽然有涉及范围广泛,不乏推广普及幼稚教育、推进电化教育等亮点,并且将当时的热点问题——教育经费作为关注的重点,但县教育会以建议作为会务的重要内容,也是一种无奈的选择。这是其自身作为社团组织在发展中的一个历史性退步。更何况,这些建议本身也存在很大的问题。编者对表3-21作了一个量化的统计,详见表3-22:

表3-22 无锡教育会建议统计一览表(1927—1937年)

内容	1927年	1928年	1929年	1930年	1931年	1932年	1933年	1934年	1935年	1936年	1937年	合计
规划建设		1	2	3	1			4	3	1		15
教育行政	1	2			2	1		3	6		1	16
人事管理		2			1	5		2	5	1		16
教师培训	1		2	1				1	1		1	7
卫生体育				1					3	2	2	8
电化教育									1			1
取缔私塾								1	1		1	3
幼儿教育									1			1

---

①《改善城乡学校环境》,《锡报》1936年1月14日。

续表

内容	1927年	1928年	1929年	1930年	1931年	1932年	1933年	1934年	1935年	1936年	1937年	合计
小学教育				1					2	1	2	6
职业教育		1							1			2
民众教育			4								1	5
地方建设	1	1			1	1		3	3			10
合计	3	7	8	6	5	7	0	14	27	5	8	90

资料来源：根据《锡报》、《新无锡》、《工商日报》(无锡)、《商报》(无锡)、《市民公报》(无锡)、《申报》等所刊报道资料整理统计。

实际上，1927年至1937年的10年间，县教育会的建议案数应该不止这些；况且，表中还没有与教育经费相关的如设捐征收、预算分配、教师待遇等内容。因此，笔者估计，教育会所提出的建议应该超过200项。即就以90项建议来作分析，从总量来看不算少；但若从每一年来分析，除了1933年因县教育会停止活动没有建议，以及1935年接近30项为一高峰外，其余各年均为3~8项，这一数量真的不能算多。就其所涉及的内容来看，虽然涉及面较广，但主要还是集中指向教育行政，而对教学的具体问题则涉及不多，对当时无锡地区从原小学教育延伸出的幼儿教育、中学教育乃至民众教育、职业教育等涉及不多。当时有人评价："年来吾邑地方教育，虽无长足进展，尚能按步就班，维系勿替，尤以社会教育与农民教育，有新兴之气象。"[①]可见，民众教育等领域，恰恰是这一时期区域教育拓展发展的新亮点，而对教育会所提建议的分析结果显示，县教育会作为地方教育最重要的教育社团，在这些领域处于边缘化的尴尬地位。这比之原教育会在民国初期对推广国语、推动学制改革的热情高涨，比之江苏省立教育学院在无锡开拓引领民众教育大潮风生水起的热烈场面，显得黯然失色。

---

① 汶：《教育之危机》，《锡报》1932年6月21日。

即使这样,无锡教育会也十分惧怕他人指责教育会"借端攻击教育行政当局"。1937年4月10日,县教育会在第四十四次干事会上指出,"近日社会上,忽发现油印匿名传单,借端攻击教育行政当局,与本会研究志趣大相径庭,显系别具用心,深切妨碍全县教育之进展"。这些匿名传单认为县教育会反对一人一级制是攻击政府,而县教育会认为:"本干事会对一人一级制,纯粹以研究的态度,向各级行政当局提供意见。"县教育会还在会上提出,"应请县政府切实查究",[1]大白天下。所以总体来看,教育会的建议还是坚持述而不作。

三、反对"一人一级"制:社会的动员

"一人一级"制也称"一级一人"制,最早称独教制。自1934年春起,无锡发生由县教育会领衔的反对省教育厅强制实施该制度的事件,到1937年上半年达到高潮。这是南京国民政府前期,无锡教育会干预教育行政事件中,持续时间最长,影响最大的一次,在地方教育和县教育会历史上,具有特别的意义。

关于"一人一级"制,所见最早的记载是在1932年底,[2]所以,这一制度至少在20世纪30年代初就曾被江苏省教育厅作为推进教育发展,提高教学效率,增加教师薪酬的办法在全省推广。[3]江苏省教育厅当初推行该制度的动机有二。一是江苏不少地方,教室学生仅三四十人,而教师配二三人,且多滥竽充数。希望将有限的经费用于优良合格的教师而提高效率,"以三人之薪水合请一人,则程度既高,效率斯增"。二是整理教育经费,"实收实支,确定教费,按月发放,教师乃得安心服务,而教育之基础逐臻稳固"。[4]但是,该制度对地方教育和教员

---

[1]《县教育会干事会议》,《新无锡》1937年4月11日。

[2] 据1932年12月29日《申报》所刊《年关已到经费无着,苏中校长会议》一文报道,1932年12月27日,江苏省各省立中等学校校长在省立镇江师范学校举行全体大会。会议讨论"训育合一"问题时议决:"一、凡教员皆负训育之责;二、训育责任寄托于导师;三、导师以一级一人为原则;四、教训主任合设或分设听各校自由。"

[3] 1935年7月25日《申报》所刊《苏省会义教实施计划》一文报道:1935年7月20日,江苏省教育厅召开江苏省会普及义务教育委员会会议,讨论筹办省会义务教育事宜。会上通过的《江苏省会二十四年度义务教育实施计划》提到"师资"的配置时称"各校教师一级一人",如当时常熟、江阴、无锡等县就较早实行了这一政策。参见《县教育会反对改制坚持到底》,《新无锡》1937年3月23日。

[4]《对改制提供意见》,《新无锡》1937年6月3日。

生存情况缺乏人文关怀,故在实施推行过程中,遇到了强烈的抵制。

无锡反对实行一人一级制事件的发展可分三个阶段。第一是酝酿阶段,自1934年5月到1937年1月,以个别基层教育分会联合县教育会提出异议为特征。第二是发展阶段,自1937年1月到该年3月,以县教育会依靠自身力量抗争为特征。第三是高潮阶段,自1937年3月直至6月,以县教育会联合社会各界,由县至厅逐步升级反对,取得胜利为特征。以下分别叙述。

(一)第一阶段(1934年5月—1937年1月)

对在无锡实行一人一级的教育人事制度最早提出异议是在1934年5月27日县教育会召开的第五次代表大会上。在6月10日召开的第一次干事会议上,与会者正式对该议题进行讨论。[1]无锡教育会采取折中政策,单级小学暂缓实行独教制,先从完全小学初级部与多级小学试行。时任县教育会干事长李惕平明确提出:"我是根本反对实施独教制的一个人,但这不仅个人的感想如此,我相信全邑的教育界同仁,无论在哪种场合,大多不以为然的。……所以教育厅这样的措施,说是闭门造车也可,说是削足适履也亦可。"[2]由此县教育会开始了对行政的抵制。

1934年12月19日下午5时,无锡教育会召开临时干事会,讨论怀上区教育分会交来的议案,[3]议决转呈县教育局并呈省厅核办。怀上区教育分会函称:

"查一人一级制,教育厅局督促至力,我县早经试行,经济人才两可节省,办法实属至切至要。但念每级学生原计五十人,以教师一人半任之,已感至忙至苦。现改一人一级,虽薪给之增加,奈人才之有限何。"本届会员大会有鉴于此,特提出讨论,当经决议决由本会函县会转教局呈教厅,请求核减每级学生标准数,以济教师之忙碌过度。[4]

---

[1]《教育会干事会议》,《无锡教育周刊》1934年6月15日第271、272期合刊,第9页。
[2]李惕平:《论独教制终不能行》,《人报》(无锡)1934年7月21日。
[3]《县教育会召开临时干会》,《新无锡》1934年12月20日。
[4]《省督学曹书田莅锡》,《新无锡》1935年1月7日。

第三章 南京国民政府前期的无锡教育会(1927—1937年)

至1935年7月,无锡县教育局接江苏省教育厅令,要求自1935年起无锡推广义务教育,筹设10—15个学级,其经费除由省款补助外,地方自筹半数以上,以办理一年制短期小学为原则。短期小学教员,采用一级一人制。根据《小学规程》第七十九条之资格,用招考办法,录取后分派各校任用。每月薪膳定为二十二元。为推广义务教育开设的一年制短期小学,事实上属于培训性质,所用教师施行一人一级,既节约经费,又可适当提高教师待遇,应该是一个好办法。但是如要在所有学校实行这一政策,就会带来严重问题。

该制度从一个普通的人事制度,演变为教育事件,在无锡喧嚣一时,这与江苏省督学易作霖[①]、曹书田[②]等人到锡视察教育后的态度有直接的关系。易作霖曾多次到锡视察,对于无锡教育存在的问题也十分了解。1933年5月19日,他在无锡参加全县教育局行政委员、督学和教育委员视导会议并演说,他认为:无锡"教师程度太浅"、"校长不负责任",要求"教育行政当局应严行督促各校教师及社教机关人员勤勉职守"。[③]到1934年,他再次来锡视察,在《视察报告》中提及:"初级小学乡区殊形腐败。为教员者,多不学无术;为校长者,多旷职废事。督学(易氏自称)视察各校,未见有校长者凡六处。据第七学区教委报告,视察全区五十九校,而至今犹未遇其校长者竟有十九处之多。"[④]他"见乡间一教室二教员之学校,每多缺课,故主张无锡教育适宜一人一级制"[⑤]。他认为无锡教育墨守成规,无长足进步,而施行一人一级制是救治的良方。

1934年度下学期,省督学曹书田被省教育厅指派到无锡,对地方教育的情况进行视察。在无锡,他虽然看到教育经费的保障比之邻近其他县要好得多,但经费依然是阻碍教育发展的大问题。同时他了解到,在学校里,除了一批教

[①] 易作霖(1897—?),江苏南通人。毕业于通州师范学校第十一届。先后担任通州师范附属小学校长、盐城中学校长、南通县教育会副会长、南通县视学、江苏省督学、省政府秘书、省教育厅暨民政厅主任秘书等职。

[②] 曹书田(1989—约1966),南通人。早年就读于南通师范学校。1924年毕业于南京高等师范后回南通师范任教。1927年任南通县教育局局长。后又到扬州、如皋、无锡等地中学任教导主任、校长等职。20世纪30年代初任江苏省教育厅督学。参见徐希权:《往事忆》,载政协南通市文史资料编辑部:《南通市文史资料选辑》第12辑,1993,第257页。

[③]《省督学易作霖在教育局演说》,《新无锡》1933年5月20日。

[④] 转引自《周厅长视察无锡、宜兴教育记》,《江苏教育》(国文教学专号)1934年6月15日第3卷第5、6合期,《史》,第20页。

[⑤]《县教育会公开讨论一人一级与按资给薪》,《新无锡》1937年3月15日。

学优良的教师外,还有不少滥竽充数者,毫无作用,空耗经费。为此他在离锡后呈送给教育厅的报告中也提出:无锡"惟近年来研究精神,似嫌稍沉。各校应遵行一级一人制度,取消助教,以所省助教薪膳,增高教员待遇,借增效率"[1]。

苏省教育厅厅长周佛海于1934年4月30日来锡视察。当记者问他:"对于小学单级独教,颇主张此项制度,于实行方面如何?"周佛海答道:"单级独教制,在教费及教员上均见经济,惟人才难得,实行匪易。"[2]在此指导下,到1936年底,无锡县教育局首次明确,自1937年起实行一级一人制。这是一个覆盖整个公办学校的制度安排,由此引发由县教育会领衔的反对实行一人一级制度的事件。

(二)第二阶段(1937年1—3月)

县教育局在1937年教育工作大纲中,明确"实行一级一人制"。这成为事件的转折点。1937年2月21日下午3时,无锡教育会举行第四十三次干事会议,干事顾泾村、唐朴安、李惕平、沈济芝等出席。会议着重讨论无锡县1937年度教育经费预算方案,提出九点意见供教育局及县政府参考,其中一点为:"一人一级制不适于本县社会情形,是以本会屡加反对,应请尊重此项意见,勿再贸然实行,仍贻削足适履之讥。"[3]县教育会于3月2日把意见具呈县政府。[4]除无锡教育会开会讨论"一人一级制"外,各分会也召开会议就"一人一级制"问题展开讨论。如城区教育分会专门召开干事会,对无锡教育全面实行一人一级制问题进行讨论。干事们从乡村学校的实际出发,一致认为该方案不适合无锡社会环境,望切勿贸然实行,并致函呈请县教育会转呈教育局,提出四点理由:

小学科目繁多,教员非属万能,使各任所长,则人尽其材,效力自见,否则滥竽充数,贻误定多,此一级一人制不能贸然实行者一也。课务级务以一人兼任,则教学时间中级每周一千二百九十分,低级每周一千另八十分,以课卷论,设每

---

[1]《省督学曹书田视察本县教育之评点》,《新无锡》1935年9月5日。
[2]《周佛海谈:苏省教育无锡尚佳》,《锡报》1934年5月4日。
[3]《县教育会定期改选》,《锡报》1937年2月22日。
[4]《编造教育经费预算,教育会提供意见九点》,《锡报》1937年3月3日。

级学生为五十人,则每周作文誊清二次,读书笔记二次,大小楷三次,周记一次,算术六次,珠算一次,常识笔记二次,美术工艺各三次,此等例行批阅之课卷,类臻十余种,计达千余卷,此外尚有级务及其他训育上之处理,晚间尚须兼办强迫识字班,教者精力有限,埋头苦干,犹虞不济,更何进修之余裕,此一级一人制不能贸然实行者二也。教员如因病因事请假,则单级学校势必停课,多级学校亦无法维持,影响儿童学业,伊于胡底,此一级一人制不能贸然实行者三也。本邑城乡各校学生数较他县发达,每级恒逾八十以上,学生之管理,课卷之批改,均非一人所能济事,此就地方情形论,一级一人制不能贸然实行者四也。①

除此以外,开原区教育分会等也呈文县教育会提出异议。县教育会认为:"惟此项一人一级制及按资给薪办法,对于本县教育前途关系重大,其利弊之所在,似应详加研究,以便再行向当局提供意见。"为此,3月3日下午4时,该会举行第四十二次干事会议。干事沈显芝、顾泾村、李惕平、沈济之、唐朴安、倪复初等出席。会议由李惕平主持,再次讨论一人一级制问题。会议决定组织召开"一人一级制及按资给薪办法讨论会",拟请县教育会全体干事,各区教育分会常务干事,地方教育名流顾倬、高践四、侯鸿鉴等诸先生参加。②拟请参会人员基本囊括地方教育界的权威人士。3月12日下午,会议在县教育会会所召开。③与会的侯鸿鉴、宋泳荪、陈湛如、潘揖山、张锡昌、顾倬、沈显芝、钱殷之、胡育良、程恩九等先后发言。宋泳荪是从其了解的外地情况来谈该制度之弊;身为清末就在无锡率先推行单级教育的侯鸿鉴是从无锡教育发展的历史来谈该制度的"倒退";潘揖山根据三师附小两年来试行后的结果表示反对;更多的人认为该制度的弊端已很清楚,勿用再作讨论,只需向教育局反映抵制即可。最后,会议归纳一人一级制弊端有四:"一、妨碍教师身心健康及进修。二、教师因病因事时,妨碍儿童学习之进程。三、教师未必各科均能胜任。四、裁撤大批教师,纵使予以训练,仍是严重之问题。"④

---

① 《城区教育会反对一级一人制》,《新无锡》1937年2月27日。
② 《一级一人制与按资给薪,教育会召开讨论会》,《新无锡》1937年3月4日。
③ 《一人一级制与按资给薪办法,教育会今日开会讨论》,《新无锡》1937年3月12日。
④ 《教育界座谈》,《锡报》1937年3月15日;《县教育会公开讨论一人一级与按资给薪》,《新无锡》1937年3月15日。

后来外地传来的消息，也证明该制度存在严重的问题：

> 吾邑邻近各县，实行一人一级制者，已有常熟及江阴两县。常熟自去年实行以来，教界诸感困难，以教育效率论，则日见退化，且教师构力，亦益趋疲乏，于是纷起要求自下年度起，恢复原有制度。江阴方面，所谓一人一级制者，仅酌量减少教员，而以一人一级为原则，技术科方面，则仍有技术教员。①

1937年3月15日，无锡县政府召开无锡县教育行政会议，教育委员李惕平、钱孙卿、王引民、宋泳荪、沈显芝、高践四等均参加会议。这次会议的议题之一是讨论是否实施一人一级制。会上李惕平以县教育会常务干事的身份，将3月12日县教育会召集讨论的结果作了报告，提出："关于一人一级制，拟请缓行。"②其他委员也发表意见，总体以反对为多。不料，次日地方日报披露这次会议的新闻，"被教局以断章取义之法刊登"，③多位与会委员明明在会上是发表了反对的意见，而在报道中却说是赞同的。消息传出，一片哗然，各区教育分会纷纷抗议。

（三）第三阶段（1937年3—6月）

应新安、泰伯、北下等区教育会的请求，3月29日上午9时④，县教育会召开由各区教育会干事40余人参加的联席会议，再次讨论一人一级制。⑤会议主席沈显芝说："关于一人一级制之施行，本会迭次反对，向当局力争，诸位谅都知道。十五日教局举行之教育行政委员会，出席诸委员反对者占多数。然翌日报章披露之新闻，被教局以断章取义之法刊登，在外界看来，诸多误会，故本人今日有重行声申当场情形之必要。"⑥会员朱明晖、黄雨初、王维能、朱尧人、秦承

---

① 《县教育会反对改制坚持到底》，《新无锡》1937年3月23日。
② 《对一人一级制郑重讨论，胪陈意见呈省核示》，《新无锡》1937年3月17日。
③ 《各区教育会干事联会联合各界坚决反对》，《新无锡》1937年3月30日。
④ 《新无锡》所刊《各区教育会干事联会，联合各界坚决反对》一文为"上午四时"，有误，现据《锡报》相关报道改正。
⑤ 《教育会联席会议，联合各界坚决反对》，《锡报》1937年3月30日。
⑥ 《各区教育会干事联会，联合各界坚决反对》，《新无锡》1937年3月30日。

模、吴新周、胡育良、倪复初、金子缄等相继发表意见。会议最后决定："一、征求各会员对于实行一人一级制之具体意见,并由各校教职员签写反对名单。二、征求各会员及学生家属,对于局定一人一级制之补救办法,有何意见(分函农会、工会、商会、各乡镇公所征求)。"①拟就反对名单后,1937年3月22日下午4时,县教育会在会议室举行第四十三次干事会议,出席干事有沈显芝、顾泾村、李惕平、沈济之、王维能等。会议议决,将县教育会的意见再次"分呈省政府、教育厅、县政府、县党部核办"②。函文表示:

若就无锡而论,办理教育成效,向在水平线之上,学生纳费之巨,亦非各县所可及,每级学生数,平均须在六十人左右,是以除少数单级小学外,教职员原任课务已属繁冗,无不有待遇薄而工作苦之慨。乃无锡县教育局长王兆龙,借口少数单级小学,任用教员之不经济,抹煞一斑[般]学校之优良成绩,朦向省教育厅请求实施一人一级制。社会群情惶骇,一致表示反对,按其推行此旨之惟一理由,在同时实施按资给薪办法,然若欲按资给薪必需另筹经费以符增加待遇之意设,若减削人员实属挖肉补疮。方今各厂劳工尚倡三八制度,小教同人精力有限,岂能视同牛马。查此次无锡县教育局所订经费标准,无论单级与多级经费,均须削减至三分之一,而即用以扩充义教者,此种重量不重质之措施,不仅使固有事业蒙受不良影响,即扩充事业亦难无以维持。是以本月十五日,该局召集之教育行政委员会开会时,各呈委员认为窒碍难行,无不主张缓办。③

这次会议标志着原由县教育会发起的反对施行一人一级制的活动,由教育领域内部向社会发酵,并从无锡基层向上层省教育厅直至教育部扩散。

1937年4月7日上午,无锡县党部召开第一百三十七次执行委员会议,讨论决定,要求县教育局"撤销原案,以免纷扰"④,表示对教育会的支持。同时,县教

---

① 《教育会联席会议,联合各界坚决反对》,《锡报》1937年3月30日。
② 《县教育会反对改制坚持到底》,《新无锡》1937年3月23日。
③ 《县教育会反对一人一级制吁恳省府教厅撤销原案》,《新无锡》1937年3月24日。
④ 《县执委会决议撤销一人一级制原案》,《新无锡》1937年4月8日。

育会还直接电函教育部。①4月7日,教育部部长王世杰电告江苏省教育厅:

> 查《修正小学规程》第十一章五十八条之规定:"一小学设校长一人,每学级设级任教员一人,并得酌量情形,添设专科教员,但平均每两学级之教员人数,应以三人为度。"又查本部二十五年八月普四二九七八号训令,对于《修正小学规程》应注意各点第三项,有"小学应一体遵照《修正小学规程》第五章之规定,将科目合并,时间减少,教材教法研究改善,惟在教学时间减少后,原有教员人数,无庸减少,俾其教科之担负较轻,得分掌校务及训育等事项,并从事研究进修以资改进"等语,其用意在增进小学教育效能,减轻小学教员负担。该会所称无锡县教育局实行一人一级制,如属实在,殊有未合,合行抄发原代电暨原附件,应由该厅查明核办具报,此令。②

该电以教育法规为依据,对无锡实施一人一级制予以了否定,并令江苏省教育厅"查明核办具报"。而无锡县政府接县教育会呈文后,也"转呈教育厅核示"。4月29日,江苏省教育厅指令无锡县陇县长云:

> 查该县教时[育]局此次呈请实行一人一级制,系遵照易省督学前次视察该县教育意见,将以往弊病予以矫正,实行以后,以往一级经费,二三人分得者,可由一人独得,不但〈不〉减低待遇,且反可提高,兼之按资薪给,资格优良者,更可增加待遇,同时又可增多普及义教力量,其教育效率,亦能增高,实属一举数得。该县教育会所呈多非事实。本厅据该局及该县教育会来呈,均经逐次分别令批,剀切晓谕各在案。同时关于此案,亦经省政府于三月三十一日,令知该县长有案,仰即剀切晓谕,知照协助县教育局积极进行,勿生异议,件姑存,此令。③

江苏省教育厅对县教育会的意见予以了否定,并要求县教育会协助县教育局"积极进行"。而县教育会仍坚持自己的意见,认为:"对于一级一人制问题,

---

① 《反对一人一级制,教育部批示到锡》,《新无锡》1937年4月7日。
② 《实行一人一级制:教育部训令教厅,如属实在殊有未合》,《新无锡》1937年4月9日。
③ 《苏教厅指令本县积极进行一人一级制》,《新无锡》1937年4月30日。

不适于本县社会情形","教育厅通令实行一级一人制,根据易省督学视察意见。按易省督学到锡视察,远在四年以前,与现实状况诸多未合,现在一教室经费预算,仅一个半教师,二教室三个教师,三教室四个教师,与部定规程完全符合,实际上每级教师并无二三以〈上〉之多"。①并在同年5月9日上午9时召开的第二次干事会议上议决,"定五月十七日派代表赴省接洽"。②

与此同时,社会各界也发出了支持县教育会的呼声。5月28日,无锡县教育会常务干事沈显芝,联合无锡县党部执行委员会常务委员徐赤子、无锡县总工会特派员萧若倩、无锡县农会特派员濮一承、无锡县商会主席钱孙卿、无锡县妇女会常务理事许静霞等致电教育部、省政府、教育厅等各级机关:"设是制而果行,其足破坏整个教育,摧毁固有基础,可以预卜。……倘必轻事尝试,多事纷更,铸大错于将来,陷事业于绝境。事关地方教育,属会等休戚与共,碍难缄默,理合电请钧长察核,迅饬该局撤销原案,借维教育而慰众望,不胜迫切待命之至"。③"不谈教育,不问教育久矣"的无锡教育前辈顾倬,也认为"前途殊多危险。特致全县城乡诸君子及旅外同人书,请继起力争;同时并函托其高足薛君臻[溱]龄在厅方设法斡旋,切勿贸然实行"④。薛溱龄毕业于江苏省立第三师范学校,与顾倬有师生之谊。同时,他曾任无锡县教育局局长一职,时恰好又在江苏省教育厅任职,是一位熟悉无锡教育情况,又方便与教育厅官员沟通的人物。时在浙江大学任教授的钱基博返里了解到无锡的情况后,也利用自己的关系,于5月30日致函江苏省教育厅周佛海厅长请求缓行。⑤教育会元老侯鸿鉴旗帜鲜明表示反对,他认为这一政策的实施是"要办开倒车教育,真令人不解!"⑥

同时,无锡教育行政委员陈伦、钱基厚、顾倬、陈作霖、高阳、王引民、江应麟、葛承训、李惕平、沈显芝、宋泳荪等也于5月29日,联名具呈省教育厅,贡献意见,并公推陈伦晋省面陈,请求采纳,强调目前无锡的教育情况,"与钧厅易、

---

① 《县教育会新旧干事会》,《新无锡》1937年5月1日。
② 《县教育会派员出席全国教育会议》,《锡报》1937年5月10日。
③ 《县党部及全县公团一致电请暂缓实行》,《新无锡》1937年5月29日。
④ 《教界前辈顾倬述之对一人一级制之意见》,《新无锡》1937年5月20日。
⑤ 《钱子泉函周厅长详述一人一级制之弊》,《新无锡》1937年6月1日。
⑥ 《县教育会昨请侯葆三民学术演讲》,《新无锡》1937年6月7日。

曹诸督学往年莅县视察时不同"。①要求江苏省教育厅再派督学来锡"详细视察",采纳地方人士的意见,与王局长商定施行办法,或在单级小学儿童人数在五十以下,或地僻之乡村小学"先行试办",如有成效,下半年再加以推广。②同时,又于6月2日致函县教育局王兆龙局长,③表达强烈反对实施。各届人士群起应和,使抵制活动达到了高潮。

在此压力下,省教育厅就相关政策作了调整。1937年6月底,省教育厅下令,"关于人口较为密集之区域,所有短期小学、简易小学及普通小学低年级不能容纳就学之儿童时,采用二部编制教学"。④这就变相收回了一人一级制的政策。有资料说:经过反复交涉,终使教育局没有实行这个制度。⑤无锡教育会发起的抵制活动取得圆满的胜利。

通过这一抵制活动,我们看到无锡教育会在争取地方教育权益方面与政府的不懈抗争。就这一事件而言,教育行政方更多的是希望在不增加(增加无望)教育经费的前提下,通过提高效率,用减人增资的办法来实施对教师的管理,化解教育难题;而县教育会更多的是从教师身心的承受能力,被淘汰教师的生计等出发来考虑问题。这种政府行政与民间社团之间的博弈,使矛盾达到一个相对的平衡,这对地方教育不失是一件幸事。更何况,当时县、区教育会均处换届选举新的领导人之时,其作为也就更为微妙,正如邑报所说:"这几天无锡教育界,除了各区教育会竞选白热化以外,莫不注意于教育局之变更原来教育制度,将实行一人一级制。"⑥

对一人一级制的抵制,是无锡教育会建议于政府的一个典型事例,其前后时间跨度长达三年。这一过程,既反映了教育会的韧劲,更体现了教育会在争取社会各界广泛支持上的动员能力,让人看到这个被官方给予"死气沉沉之评

---

① 《实施一人一级制,县教育行政委员联名呈厅贡献意见》,《锡报》1937年6月3日。
② 《对改制提供意见》,《新无锡》1937年6月3日。
③ 《实施一人一级制,县教育行政委员联名呈厅贡献意见》,《锡报》1937年6月3日。
④ 《人口较密之区域采用二部编制教学》,《新无锡》1937年7月2日。
⑤ 孙翔风:《无锡著名社会活动家、爱国民主人士李惕平传记》。转引自李元奇:《涵苍文集——李惕平诞辰一百周年(1906—2006)》,2005,第9页。
⑥ 《一人一级制及按资给薪》,《新无锡》1937年3月17日。

第四章 沦陷时期的无锡教育社团（1937—1945年）

1931年,九一八事变发生,抗日战争爆发。在抗日战争时期,国家原有的大环境和地方的小生态均为战乱所破坏,社会秩序被打乱。1937年11月25日,无锡沦陷,日军侵华对无锡社会的直接影响由此开始。在此背景下,地方教育社团的生存与发展就呈现出另外一种状态。作为地方社会团体的无锡教育会,在日伪政府扶持下重新建立,其成员,尤其是负责人,不管是甘愿还是被迫出面张罗,都摆脱不了被奴役的状况,组织完全陷于整理—新建—再整理的循环怪圈之中,会务的开展变得苍白无趣,完全沦为"傀儡社团",它为我们观察教育会社团的生存与发展,提供了一个非常状态下的标本。

第一节　地方教育遭受的破坏

　　无锡是近代兴起的城市,工商、教育发达。从地理环境来看,无锡并非军事要地。所以有人说:"我邑南通姑苏,北控毗陵,虽有太湖、惠泉诸名胜,然地势论,不过弹丸黑子,初无险要之可扼,亦无形势之可言,自古兵家所不争,吾侪小民亦得生生世世借以避兵革之祸者也。"① 在近代史上,无锡这座城市曾有过三次严重的兵燹破坏,第一次是太平天国运动,第二次为1924—1925年的两次江浙军阀战争,第三次即1937年侵华日军攻占无锡。由于1937年抗战全面爆发前,无锡城市的发展正处在历史的相对高峰,所以,这次战火对无锡地方造成的

---

① 浦应龙:《浦序》,载冯天农:《无锡战史》,五大印务局,1925。

破坏最为惨烈,损失也最重,教育在其中也自然无法自保。

一、战乱破坏:教育生态的恶化

1937年7月7日,卢沟桥事变爆发。虽然当时战火距无锡还很遥远,但震荡的余波已到,地方环境突变,紧张的氛围笼罩锡城。8月11日深夜,梁漱溟自上海坐火车北上,次日早晨到无锡,见"站台上满是军队,站长传知客人一律下车,奉命火速运军队去沪"。①这段时间,他频繁到无锡与江苏省立教育学院院长高阳以及前院长俞庆棠等商议教育问题,希望提出新的构想,但一切均被枪炮声打断了。

在之后的两个月中,日军的飞机已将无锡诸多工厂、学校定为目标,实施多轮轰炸。"9月、10月、11月份,日机更是狂轰滥炸,炸毁货栈、厂房、校舍、民房、商店不计其数。"②"前街、学前一带被炸尤甚,文庙明伦堂及省立第三师范学校均被毁。"③11月25日,日军破城占领无锡县城。进城后,日寇在城区恣意纵火、抢掠,无恶不作,大火延烧十昼夜,地方损失惨重,"时全城居民,悉早闻风退避,街衢市廛,阒不见人。人畜尸体,遍地狼藉。窃宵伺隙蠢动,城厢里巷,十室九空。全市繁荣市街,大半化为焦土"④。无锡半个世纪以来积累的近代化成果,毁于一旦。在这过程中,学校与工厂一样,所遭破坏、损失最大。

根据后来伪无锡县公署调查:

查本县所有省立无锡师范学校、省立洛社乡村师范学校、省立教育学院、县教育局,均于事变时被炸毁,内部什物大概无存。今所存者,仅有残余之颓垣败壁及一部分房屋。⑤

---

①梁漱溟:《梁漱溟日记》上,上海人民出版社,2014,第22—23页。
②中共无锡市委党史工作委员会、中共无锡县委党史办公室:《无锡人民革命史》,中共党史出版社,1992,第104页。
③陆阳主编、刘桂秋校订:《钱孙卿集:孙庵年谱·孙庵私乘》,团结出版社,2016,第134页。
④(伪)无锡县公署:《一年来之新无锡》,维新文化研究社,约1939年底,第2页。
⑤(伪)无锡县公署:《遵令填报本县教育机关财产调查表仰鉴被查》,1940年7月30日,无锡市档案馆藏,档案号ML01194000700100007。

具体来说,伪县教育局房屋、器物全部被毁,"仅留余屋墙壁及大门"。①无锡国专,"创校迄今,历有年所,唐氏悉心擘划,日渐扩充,所藏图书多至四万余册。此次事变,该校乏人看管,损失殊大"②。11月15日清晨,敌机空袭,在竞志女学校园中投下二枚炸弹,一幢办公室及宿舍、一幢高中部教室及礼堂,"均经着弹,损伤甚重"。③县立初级中学校"屋宇稍受毁坏,如仪器、文具均遭损失"。县立女子初级中学"屋宇稍受毁坏,而仪器、图书一切用具损失颇巨";县立中心小学"本部及白水荡小学分部房屋被焚及损坏者二十余间,用具设备荡然无存,约值四万元以上"。连元街小学"器具仪器完全损失,图书损失二万余卷"。④

不少学校在较长的时间里成为日伪部队机关的驻扎地。沦陷初期,省立教育学院、省立无锡师范学校和省立洛社乡村师范学校3学校均有日军部队驻扎。⑤后来警察队一、二两中队及车巡队也驻进锡师附小,警察队拘留所迁入竞志女学校。⑥不久,伪青运指导委员会把机关迁往学前街省锡师旧址内办公。1942年秋,伪县党部,因办公原址不敷使用,也将该机构迁入省锡师内,占而为巢。⑦

实际上,教育遭到破坏的面要更广,不仅如上述的城区学校,乡区学校也多有波及。如开原区区长蒋留春在给汪伪政府县公署秦县长的报告中称:"窃属区各乡镇公立小学校,其房屋或租借或建筑,均系地方人士捐资设立,自经此次兵灾,沿马路公路之学校,蹂躏最甚,空无所有,其或偏僻之处,较可稍留台凳几件。"⑧而位于惠山西麓的县立惠山小学校,"由尤鸣梧先生筹建于民国八年之

---

① (伪)无锡县公署:《遵令填报本县教育机关财产调查表仰鉴被查:附调查一份》,1940年7月30日,无锡市档案馆藏,档案号ML01194000700100009。
② 钱锺夏等呈自治会请启封国学专修馆,《新锡日报》1938年3月31日。
③ 沈克明:《侯鸿鉴与竞志女校》,载《无锡县文史资料》第8辑,第25页;《竹素小学危楼确已摇摇欲倒》,《新锡日报》1941年9月10日。
④ (伪)无锡县公署:《无锡县教育机关款产调查表》,1938年9月21日,无锡市档案馆藏,档案号ML01193800701440098。
⑤ (伪)无锡县公署:《遵令填报本县教育机关财产调查表仰鉴被查:附调查一份》,1940年7月30日,无锡市档案馆藏,档案号ML01194000700100009。
⑥《警察队拘留所迁移竞志女学》,《新锡日报》1939年10月18日。
⑦《本邑县党部将迁址办公》,《新锡日报》1942年11月2日。
⑧ 蒋留春:《呈为查复公立学校器具完全损毁无容保管事》,1938年7月21日,无锡市档案馆藏,档案号ML01193800701440006。

秋,嗣经丁丑事变,弦诵以辍,校中损失殆尽,地方父老愸焉忧之"①。"北门外堰桥村前,私立胡氏中学,创建以来,已有廿五年,经沦陷期之炮火摧毁,损失不赀。"②类似这样的资料在当时的地方报纸及留存的文书档案中,比比皆是。

据统计,全面抗战初期,无锡县共有357所学校受到不同程度的毁坏,损失达937.38万元。根据救济总署1945年的调查,战时无锡中等以上被焚的学校有:"教育学院、国学院二所,高中如锡师、县中、辅仁、锡中、竞志、锡钟等六所,初中如县中、县女师、江南、启明、锡光、务实、疏雪、原道等十三所,计共八千六百一十四间,计当日值八百六十四万二千元,合美金二百八十八万元。"小学有336所,损失价值974.96万元(以1937年法币计算)。③

抗战全面爆发后,地方原有秩序完全被打破,教育损失惨重,汪伪政府却把这样的损失推给客观情况:"查本省省县教育机关财产,自事变以还,莫不蒙受损失,轻者设备无存,重者庐舍为墟,保管乏人,侵占吞没,悉听自然。"④也有人将此损失推给社会流民:"当地莠民,与客籍流氓,乃大肆活动,肩挑背负,窖而藏之,借此为发财捷径。"⑤虽然这些也是事实,但日军的烧杀抢掠导致的社会动荡是造成这些损失的根本原因,所以上述辩白丝毫掩盖不了这场侵略战争给这座城市教育带来空前灾难的本质。

二、会所被毁:家破之痛

在全面抗战初期,日军纵火将位于公园路的无锡教育会会所的楼房建筑及建筑内的各种设备、办公用品等,还有周边其他会产大部分烧毁,30年心血几乎毁于一旦。据抗战胜利后无锡教育整理委员会胡念倩上报的统计,其损失情况

---

①《惠山小学修葺校舍》,《无锡日报》1943年4月27日。
②《教育消息》,《江苏民报》(无锡)1947年6月24日。
③《无锡县战争时期文教机关财产损失调查表》,江苏省档案馆馆藏档案,1006—1／乙—709,第60—95页;江苏省无锡市史志办公室:《江苏省无锡市抗日战争时期人口伤亡和财产损失》,中央党史出版社,2015,第9、18、124—126、156、305页。
④江苏省教育厅:《令发本省原有省县教育机关财产调查表仰填报》,1940年7月15日,无锡市档案馆藏,档案号ML011940007001000001。
⑤《治乱用重》,《新锡日报》1938年1月10日。

如表4-1。

表4-1　抗战中无锡教育会会所财产损失表(1937年11月)

编号	财产种类	数量	价值/万元
1	小窄型西餐台	20张	40
2	大阔西餐台	2张	8
3	牌机	300张	300
4	大讲坛	1座	5
5	玻璃橱	12座	18
6	中型铁箱	1只	3
7	写字台	4张	8
8	二抽台	2张	2
9	方桌	8张	8
10	茶几	8张	1
11	书椅	16张	2
12	梯架连棕棚	7副	7
13	十架五开间楼房	1幢	125
14	四架附属房屋	2间	10
15	电气设备	全套	10
16	电话机	1只	5
17	大、小茶壶	各1只	0.2
18	茶杯	300只	1.5
19	大、小镜框	120个	9.6
20	广漆长凳	65张	6.5
21	油印机、钢板以及文具器材等	1套、3块	15
22	长短花盆架	8只	0.8
23	大、小黑板	各1块	1.5
24	瓷痰盂、马桶	6只、2只	0.1

资料来源：《呈送战争时期文教机关财产损失调查表·附件》，1945年11月18日，无锡市档案馆藏，档案号ML01194500700160013。表内币制为法币。

从这份教育会的财产损失表来看,统计已是相当精确。但从历年县教育会所开展的活动和当时的情况来分析,这一损失统计并不完整。如在会所内,还有县教育会多年购置收藏的书籍、编印的杂志资料和其他社团交换赠送的书刊,各市、乡教育分会送展的地方植物、矿物标本,以及工作人员个人用品等,这些均未统计在内。另外,1937年10月日机频繁轰炸无锡后,县教育会管理经济的顾泾村先生就跑到乡下去了,积存的部分公款现金,在会所藏在铁箱里,都给火烧掉了。①这些也未计入损失。所以,无锡教育会的实际损失大于上表所列。

会所已成为一堆废墟,参与教育会筹建组织工作的沈显芝,在1938年初,曾试图将其中的部分土地租与他人,但遭到当局的制止。

县立图书馆西面一带坐西朝东基地,一排共有八间,即以前开设兴利饮冰室及《人报》馆等,原为县教育会产业。去冬兵燹时,该项房屋全部焚毁,旋由前自治委员会收归公有在案。讵最近县公署,据人呈控,谓由沈显芝擅与章汉政立据租地,兴工建筑,订定顶首一百元,每月地租廿五元,请求勒令停工,取消其所订租约,并予传案讯究等情。县公署据呈后,已令警察局遵办。昨日陶局长一面饬传讯问,同时并令城区分局,派警前往勒停工作,听候讯明核夺。②

日伪政府乘机将原会所的土地予以没收。按伪江苏省政府训令教字第161号,伪无锡县公署于1938年7月13日训令各区区公所接收各教育款产,连同内部器物,"妥慎接管"。③这一工作在实施推行过程中,地方极不配合,到1938年8月中旬,仅有开原和景云两区完成具报。

后来县教育会新建成后,由于失去会所,开会地点不定。并且失去会产收入的教育会,活动经费严重不足,出现"本会经费,尚无着落,至今所支各款,均有各理事分别垫付"的现象。④所以对会产的争取与处置,也就变成教育会重要的会务内容。

---

①严石:《教育会的旧账》,《江苏民报》(无锡)1946年2月21日。
②《县教会基地出租建屋》,《新锡日报》1938年6月28日。
③《县有教育款产省令县署接收管理》,《新锡日报》1938年7月14日。
④《县政[教]育会整理会产》,《新锡日报》1941年9月15日。

三、对教育会的影响：会员星散

战争使地方环境大乱，城乡百姓逃难而去，有从城区到乡村的，有从无锡到上海租界的，有从无锡到江苏以外其他各省的；不少组织、机构关门外撤。许多城乡学校停止教学，教师出走，学生星散，打破了无锡教育会的人脉基础，破坏了无锡教育正常推进的良好生态，其损失不可估量。

在躲避战乱的过程中，广大教育会会员被迫做出多种选择，以避战乱。

一是东去沪浙。无锡教育会老一代领袖人物侯鸿鉴率领竞志女校迁沪办学。1938年4月由避居上海的校友会倡议，经校董事会筹备，借东南女体校作为临时校舍，高中和初中各级于4月25日正式复课。7月，学校又迁往江西路禅臣洋行办学。1939年夏，因从无锡到上海来求学的学生太多，校舍不敷使用，于是学校又迁到哈同路。当时经费异常紧张，但教师仍不懈努力。到1941年暑假，学校已有初中、高中毕业生各4届。该年12月8日，太平洋战争爆发，上海局势恶化，学校再次被迫停办。①在抗战胜利后，侯鸿鉴在给政府的报告中说，竞志女学校在"抗战期中，曾一度迁沪，终因环境不容，而职校为贯彻初衷起见，遂告停办，坚苦忍受堪以自慰"②。廉建中于无锡沦陷后，遭日军通缉，被迫率全家逃往上海租界，后在上海创办弘道中学并任校长，定居下来。③华洪涛在七七事变后，天天为无锡《人报》撰写新闻稿，参与抗日。无锡沦陷前夕，他偕家眷暂避重庆。1938年绕道香港到达上海，与亲友集资创办祥益钢铁五金公司并任经理，转向实业发展。④去往上海的还有蔡文森、王引民（随洛社乡村师范迁上海，1943年病逝）等。除到上海，亦有迁往浙江的，如潘一尘、张锡昌赴浙江云和县参加抗日运动。⑤

---

① 沈克民：《侯鸿鉴与竞志女校》，载《无锡县文史资料》第8辑，第25页。
② 侯鸿鉴：《为遵令将本学期征收学杂各费缮具表册暨检附校长履历呈请鉴核汇转由》，1945年10月9日，无锡市档案馆藏，档案号ML01194500701410016。
③ 廉铁民：《无锡廉蓉湖惠毓明夫妇合传》，载赵永良、蔡增基：《无锡望族与名人传记》，黑龙江人民出版社，2003，第556页。
④ 无锡市锡山区东亭镇人民政府：《东亭人物传》，黑龙江人民出版社，2005，第171—172页。
⑤ 杭苇：《我的回忆——自己走过的路》，载赵永良、蔡增基：《无锡望族与名人传记》，黑龙江人民出版社，2003，第680页。

二是西赴内地。钱基博在《顾公述之先生哀辞》中记载,顾倬在日军占领无锡后,"义无反顾,挈寡妻,捐庐墓,亡命长沙"。顾倬于颠沛流离中,仍集合同道筹办商业专科学校,不幸时疫流行,患痢疾不治,于1938年7月7日逝世于长沙,终年66岁。[①]1938年6月21日,顾倬与黄炎培"邂逅长沙,谈竟夕",故后来黄炎培有诗道:"倾城最后忆长沙,国破何曾怯鬓华;一死一生成此剧,拼携热泪各天涯。"[②]其诗道出这位教育家的教育情怀。1937年11月19日,薛明剑偕家人,连同李惕平等80余人,在无锡南泉"吴塘门分乘三船",上湖西去。据薛明剑回忆:"余等一船共七人,由陆筱槎老师派地方壮士二十人护送至马山,午抵沙塘港。"薛明剑一路颠簸,于1938年1月底,"抵重庆。……嗣后,十年流浪",直到1945年9月17日才返锡。[③]李惕平中途到了武汉,后再转途赴重庆。[④]到达重庆的还有陆仁寿、华萼、芮麟等;到达武汉,后又转至桂林的有陆静山;秦柳方也随江苏省立教育学院西迁桂林。

三是滞留无锡。滞留无锡的有顾型、沈显芝、陶达三、胡念倩、辛曾辉、华澄波、张正行、周士香等。这是更多人的选择,尤其是基层乡镇的普通会员。有的是外出避居了一阵,等局势稍有平稳,就回到家乡。如苏渭滨离城到锡西农村,出任伪无锡县政府秘书兼第一区区长之职;[⑤]宋泳苏在全面抗战期间曾任国民政府第四任地下县长。[⑥]宋泳苏曾作联赠坚持敌后的教育同人:"苍狗看云红羊数劫,青镫教读绿野躬耕。"并戏称:等抗战胜利之日,可将此联在无锡城中公园迎迓亭文苑阁悬挂,"盖对抗战必胜深具信心"。[⑦]但他后来却投靠日伪当了汉奸。[⑧]辛曾辉受国民党伪省党部的委派,任伪无锡县党部书记长。[⑨]周士香曾避

[①]钱基博:《碑传合编》,华中师范大学出版社,2014,第254页。
[②]黄炎培:《无锡故江苏省立第三师范校长顾述之(倬),民廿七客死长沙,既归榇,悼以四首》,载黄方毅:《黄炎培诗集》,人民出版社,2014,第704页。
[③]薛明剑:《五五纪年》,载无锡市史志办公室编《薛明剑文集》上册,当代中国出版社,2005,第60—62、88页。
[④]朱邦华:《无锡民国史话》,《江苏文史资料》编辑部,2000,第215页。
[⑤]孙云年:《江南感旧录》,江苏古籍出版社,1987,第139页。
[⑥]黄钟:《抗战八年无锡六位地下县长》,载无锡历史文献馆:《梁溪忆旧——台北市无锡同乡会〈无锡乡讯〉选萃》,苏州大学出版社,2015,第101页。
[⑦]《山明水秀的无锡》纪念专辑编辑小组:《山明水秀的无锡》,台北市无锡同乡会,1978,第104、100页。
[⑧]无锡市地方志编纂委员会:《无锡市志》第3册,江苏人民出版社,1995,第2325页。
[⑨]《山明水秀的无锡》纪念专辑编辑小组:《山明水秀的无锡》,台北市无锡同乡会,1978,第100页。

居去锡南梅村。他们中有些人参与了无锡教育会的筹备工作和以后的组织,如顾鸿志、程恩九、俞宗振、万步皋、诸瘦鹭、陈兰轩等。

留下的也有投敌的,人数不多,他们的结果并不好。1939年12月,秦冕钧出任伪江苏省教育厅厅长,抗战胜利后以汉奸罪被判刑10年。[1]苏渭滨1940年因偷运干茧给敌伪华中蚕丝公司从中谋利,被撤职。[2]张鉴在1938年6月出任伪无锡县教育科科长,1940年任县立女子初中校长,同年兼任亮工幼稚园董事[3],不久就淡出人们的视线。俞宗振在战前长期担任市乡教育委员,口碑尚可,[4]但他于1940年8月出任伪无锡县教育局第一任局长,留下了骂名。

也有一些会员进入宗教领域,如:秦颂石,取法号契光;秦执中,取法号宗康,任无锡县佛学会佛教净业社理事,时常出现在烧香念佛作善事的佛家生活里。[5]

总之,无锡"嗣经兵燹,会所毁于焦土,会员散处四方,会务停顿,负责无人,良可慨叹"[6]。后来有人回忆说:"抗战期间,教育人士,纷纷逃避,弃学而就商,或耕种以谋生,以是教育一盘散沙。"[7]这虽说的是无锡沿湖诸乡的情况,但全县情况也大致如此。

第二节 教育社团的起伏

日军攻占无锡后,积极扶持地方伪政府。1938年6月,伪无锡县知事公署正式组建,它试图在奴役人民的背景下恢复地方的秩序,而重组社团是其恢复地方秩序的重要内容。迟至1941年3月,无锡教育会勉强重新成立,但在此后

---

[1]《秦冕钧改判十年》,《锡报》1946年7月6日。
[2] 计锡麟:《抗战期间敌后的国民党无锡县政府》,载《无锡文史资料》第6辑,第27页。
[3]《亮工幼稚园昨日开学》,《新锡日报》1940年8月29日。
[4] 他任第三学区教育委员时,曾将自己近一年所得的"薪俸共计大洋一百五十四元,悉数捐作本学区教育经费之用",得到好评。见《天下市教委热心学务》,《无锡新报》1924年7月26日。
[5]《无锡佛教净业社社员录》,《无锡佛教净业社年刊》1937年第1期,第12页《大事记》,《无锡佛教净业社年刊》1945年第6—7期,第37页。
[6] 小教一份子:《对于县教育会的展望》,《新锡日报》1941年4月18日。
[7] 顾丕基:《锡南教育概况》,《江苏民报》(无锡)1946年10月26日。

不长的时间里,由于县教育会会务开展无法满足日伪政府的要求,县教育会曾三次被整理重建,直至1944年11月,教育会的理、监事们集体辞职,以示抗议。之后该组织就处于一种勉强维持状况,未有生气,直到日本宣布投降后停止活动。在国土沦丧的全面抗战时期,教育会的生存状态为社团研究提供了一个特殊样本。

一、成立背景:学校的恢复

1938年5月24日,民国年间无锡最高建筑图书馆钟楼上的"大自鸣钟"经维修整理,再次"照常活动,规定标准时间,划一民间钟点"[①]。它重新敲响,似乎预示着这座城市常态生活的开始,但其实不然,它恰恰宣告了一段屈辱生活的开始。

自1938年初起,无锡城区部分学校逐步恢复。到4月初,图书馆路培新,大娄巷唐氏,大河上秦氏,小河上孙氏,新生路三育,三皇街崇文、城区、三皇街,南市桥巷王氏,大成巷大成,北门外积余,南门外启明、明德等13所学校已开学。[②]到6月份,查得城区方面小学校呈准立案开学者,已有32校,教职员100人,学生数2143人;乡区方面之呈报开学者,仅29校。[③]到1939年初,全县已有公私立各类学校教职员376人。[④]

伪维新政府教育部为了解苏浙两省教育恢复情况,特派督学薛邦迈、杨威健、朱秦耀等4人,分组视察,历时两月。返回南京后,他们汇报说:

> 此次视察,京沪线历经崑山、太仓、苏州、吴江、无锡、常熟、武进、丹徒、江都等九县,沪杭线历经嘉善、嘉兴、硖石、杭州等四县,……现在各县学校教育最为发达者,当推无锡、苏州、杭州等县。无锡现有小学一百十三所,县立中学一所,职业学校一所。[⑤]

[①]《大自鸣钟恢复活动》,《新锡日报》1938年5月26日。
[②]《视察各小学之印象》,《新锡日报》1938年4月4日。
[③]《城乡小学》,《新锡日报》1938年6月24日。
[④](伪)无锡县公署:《一年来之新无锡》,维新文化研究社,约1939年底,第64页。
[⑤]《教部督县视察返京谈苏锡等县教育发达》,《新锡日报》1938年11月23日。

由此可见,因为无锡的教育基础较好,所以恢复的情况也要好于周边各县。1939年3月,无锡地方调查上报的教育情况也印证了这一点:

事变以后,各校停顿,弦歌久辍,县公署成立后,即努力于教育之振兴,现由县公署主办者,有日语专修学校一所,中学校一所,小学校三所,并正拟创设模范小学校一所,业已开始招生。各区核准备案之私立小学,计完全小学五十五所,初级小学六十六所,补习学社四所,职业中学一所,此外私塾百余所,全县学生约二万余。①

这一恢复状况,基本接近全面抗战时期无锡教育恢复状况的峰值。根据伪江苏省政府教育厅统计的无锡教育情况:1942年第一学期,有完小31所、初小6所,合计学校37所;学级有高级38级、初级96级、幼级4级,合计138级;学生数有高2302人、初7436人、幼230人,合计9968人;教师有男124人、女108人,合计232人。②1944年3月,伪无锡县教育局统计无锡教育情况。其中,中学:完全中学2所、初级中学5所、职业中学1所、专修学校1所,共计9所;学级高中9级、初中46级,共55级;学生男2232人、女504人,共2736人;教职员男179人、女16人,共195人。小学:首席中心小学1所、县立完全小学33所、初级小学15所,共计49所;学级高级80级、初级214级、幼稚园3级,共计297级;学生男12255人、女7182人,共19437人;教职员男141人、女327人,共计468人。③学校恢复,教员集聚,为县教育会的重建创造了条件。

二、筹建教育会:大民会支部及社运指导委员会的操纵

全面抗战初期,侵占中国的日军,未及以政权统治的形式实施对地方区域

---

① 《无锡县实态调查报告书》,载维新学院:《江浙皖实态调查汇集》,新申报馆印刷局,1939,第62—63页。
② (伪)江苏省政府教育厅编审室:《两年来之江苏教育》,建东印刷公司,1944,第78页。
③ 《教局调查各校概况》,《无锡日报》1944年3月16日。

的管制,因此,社团的建立是通过汉奸组织——中国大民会①实施的。1940年底,大民会解散后,社团组织才由汪伪政府社运指导委员会及地方伪县党部负责管理。无锡大民会支部成立于1938年11月14日,到1940年12月,因总本部解散而终止活动。②

1939年初,无锡大民会支部根据大民会总本部制订的《人民团体组织方案》,对无锡社会团体加以整理。立足于恢复地方秩序,该会表示:"本会对于依法组织之人民团体,应尽力扶植,加以指导。对于违反民德主义之行为,应加以严厉之纠正,对于非法之团体,本会应尽力检举,由政府制裁之。"其组织程序为:

一、凡欲组织职业团体者,须有在当地有所住之发起人三十人以上之连[联]署,推举代表,具备理由,书〈面〉向当地大民会支部申请许可。

二、接受申请之支部,应即派员视察,认为合格时,即发许可证书,并派员指导,指导员之任用及其工作方法,由大民会总本部另行详细规定之。

三、许可证书内载明将来组成之团体,必须遵守下列事项:(一)不得有违反民德主义及中……③府命令;(四)会员以真正同业者及法律所许可之人为限;(五)有非法行为或受剥夺公权处分者,不得为会员;(六)除例会外,各项会议,须得当地支部及政府之许可,方可召集;(七)违反上列规定者,应受相当之处分。

四、发起人须得许可证书后,得组织筹备,推定筹备员,并呈报政府主管机关备案。

五、筹备会拟订该会章程草案,呈请当地支部核准后,再依章程草案,进行组织。

---

①中国大民会,简称大民会,是日本侵华期间的汉奸组织,前身为兴亚会。八一三事变后,日本特务机关利用一批汉奸,在上海租界组织了东亚会,继而又组织了兴亚会、东亚黄道会、反共联盟等团体。1938年7月15日,在日本特务机关策划下,兴亚会改为大民会,继续公开活动,会址设在日租界新亚酒店。该会的中央机关为总本部,总裁梁鸿志,下设总务、组织、宣传三部,各设部长一人。同年10月,该会中央机关由上海迁至南京。在各地有分支机构。参见邵雍:《大民会的来龙去脉》,《档案与史学》2003年第6期。

②《大民会作光荣解散》,《新锡日报》1940年12月21日。

③此处若干字模糊不辨。

六、前项章程草案内,必须载明左列业务之性质:(一)目的及职务,(二)区域及所在地,(三)职员之人数、职权及选任、解职之规定,(四)会员之资格及其权利义务,(五)会议之组织,(六)经费之来源,(七)会计,(八)解散及清算,(九)团体组织完成,经当地支部认为健全时,应呈请政府核准该章程予以立案。①

无锡教育会的建立也是按照这一流程进行的。1938年12月起,无锡日伪政府开始整理无锡各业同业公会。②在中国爱国忠君传统文化影响下,对于组织日伪政府统治下的社团,地方人士均心存疑虑。如县商会会所建筑在战火中受到较大损失,加上恢复经营、联合自保的需求,各业代表最早向县公署提出恢复商会的请求。1938年秋,江苏省召开省商会整理会议,日伪政府认可的无锡代表是杨翰西、秦琢如和唐骧廷,③但其中杨翰西、秦琢如两人均借故推辞。④不几日,唐骧廷也提出辞职。⑤无奈,县公署后又改定陈湛如、张德载负责筹建,但他俩也不就。⑥由于被推荐的组织者本人的犹豫,加上此时建会条件苛刻复杂,故社团组织恢复工作的进展不大。

1939年底,无锡大民会支部认为:"一年以来,本邑各业公会及职工会成立者,已有事变前之十分之四,其余尚多观望。"基于现实情况,地方社会确实需要尽快建立社团组织。为此,县公署又奉苏省民政厅转奉内政部拟定之《人民团体组织规则》,登报公告,其内容计25条。其中,第一条:"凡人民团体,须依照本规则组织之。"第三条:"人民团体以维持人民共同生活或增进社会公共利益为宗旨,不得涉及政治,但经维新政府许可者,不在此限。"第四条:"人民团体必须遵守左列事项:(一)不得有违反维新政府政纲之言论及行为;(二)遵守维新政府之法律与命令;(三)职业团体会员,以现在从事本业者为限,社会团体会员,以有正当职务者为限。"第五条:"人民团体之组织,须有十五人以上之发起人,拟具章程,连同发起人履历,呈请当地主管机关派员指导组织,主管机关认

---

① 《人民团体组织方案》,《新锡日报》1939年1月5日。
② 《抗日战争时期无锡大事选(1937—1945)》,载《无锡地方资料汇编》第5辑,第172、178页。
③ 《苏省府圈定省商整会委员三人》,《新锡日报》1938年11月10日。
④ 《杨翰西、秦琢如坚辞商整委员》,《新锡日报》1938年11月11日。
⑤ 《商整委员唐骧廷辞职》,《新锡日报》1938年11月22日。
⑥ 《陈湛如坚辞商整委员》,《新锡日报》1938年11月23日。

其组织为适法,即转呈内政部核准立案。"与年初大民会的《人民团体组织方案》对比,组织者转为政府机构,除了政治控制外,具体申办条件宽松了不少。

该年底,日伪政府操纵的《新锡日报》以"社论"的形式再次呼吁地方成立商会。该文章明显代表了无锡大民会支部的观点。其实在大民会操纵下,已"召集各业公会会长,开联席会议,议决公推各公会会长为无锡县商会筹备委员,由大民会定期召集各筹委开会,商讨进行事宜,在短时期内,当可见诸实行"。1941年1月5日,无锡商会筹备会正式成立。①

在商会筹备会成立之前亦有一些无锡地方社团相继成立。1939年11月19日,无锡文化界人士组织的文学协会假崇安寺小学举行成立大会,会员有近百人,且"不限于无锡"。②"无锡渔户,约有数千,人口众多,大多信仰天主教。事变以前,历有渔会之组织,惟遭事变,无形停顿",大民会派员对其整理,1939年11月底,新的无锡县渔会正式成立。③过了大半年,1940年8月10日,在伪无锡公署牛知事夫人的亲自主持下,无锡妇女会也成立了起来。④

在此背景下,日伪政府也着手筹备建立无锡教育会。当时最早筹建的地方教育社团是中学教育研究会和中学协进会。后者是私立积余商业中学附设小学校长赵鸿宾发起的,是为推动教师进修,经呈请政府同意,"即由该校长负责召集各中学校校长、教师开会商讨,克期组织成立,并将组织章程连同会员名册等件,具报核夺"。⑤这些教育组织仅是专业社团,并非真正意义上的教育会社团组织。

1939年底,有人建议发展地方教育之策,其第一条为:"筹组县教育机关,教育行政机关,亟应恢复组合,其办理人员,须经专业训练,并为社会所厚望者。其他如县教育行政会、县教育会,亦宜重行组织。"⑥1940年5月,伪无锡公署制订的《无锡教育推进计划》第六条提出:"组织全县教育研究会,集中教育人才意

---

① 《本邑县商会筹备会正式成立》,《新锡日报》1941年1月6日。
② 《文学协会成立会》,《新锡日报》1939年11月20日。
③ 《县渔会正式成立》,《新锡日报》1939年11月29日。
④ 《无锡妇女会今日成立》,《新锡日报》1940年8月10日。
⑤ 《公私立中小学校组织中学协进会》,《新锡日报》1939年11月1日。
⑥ 江波:《整理无锡地方教育刍议》,《新锡日报》1939年12月20日。

志与力量,谋教育之研究改进。"①1940年8月,伪无锡县公署撤销教育科,成立县教育局。②教育会在全面抗战期间并非自发组织,而是由政府强行推进组织的。教育局这一主管地方教育的行政机关的建立,则加快了教育会筹建的步伐。

1940年10月,汪伪政府圈定的无锡教育会筹备委员会常务委员侯小峰,在向政府递交的报告中,简述了无锡教育会的筹备过程:

窃查事变之前,本邑原有县教育会之组织。迨事变后,因地方秩序尚未安定,故关于教育会亦因之停顿,未便谋及恢复。今国府还都,和运开展,地方各项事业已上正轨,而吾邑民运一事亦在专员指导之下,渐复旧观。我教育界同仁,为谋发展地方教育,研究教育改进,爰特恢复无锡县教育会之组织。前奉无锡县党部委任筹备委员,组织无锡县教育会,筹备委员会业经呈报本邑政党两机关在案。兹以社运事业已有专员指导,是以缮呈检同会章暨筹备委员名单各两份,呈请准予备案,实为公便,谨呈无锡社运专员王。③

这份收藏在无锡市档案馆的资料显示,文本上面有专员王颉辉的批示"呈报省分会许可组织",所署时间是10月24日。10月28日,侯小峰、薛公曼、祝寒梅、万荀鹤、许亚璋、朱伯贤、杭水若、钱琴华、陈鸿清、韩志坚等10余人,假伪县党部会议室举行筹备会议。会议由侯小峰担任主席,朱伯贤担任记录,由侯小峰报告筹备经过,并讨论决定:一、教育会筹备已有相当时期,为推进会务,即日起征求会员;二、会员征求,分东南西北中五区分别进行,东区由韩志坚,南区由侯小峰,西区由钱琴华、朱伯贤,北区由杭水若、祝寒梅,中区由许亚璋、窦朴、万荀鹤负责征求;三、为筹措会务经费,推定俞鹤琴、侯小峰会同王专员,面谒安县长,请补助临时费用,经费下拨前暂由筹备委员每人垫付一元。④

1941年1月初,县教育会筹备委员会备文,呈请社运指导委员会驻锡办事处,并请转呈江苏省分会备案,许可组织。20日,县教育会筹备委员会得到社运

---

① 《县署整理地方教育,订定计划积极推进》,《新锡日报》1940年5月4日。
② 《本邑恢复县教育局,俞宗振氏首任局长》,《新锡日报》1940年8月5日。
③ 无锡县教育会筹备委员会侯小峰:《为恢复无锡县教育会检同会章暨筹备委员会名单呈请准予备案》,1940年10月23日,无锡市档案馆藏,档案号ML01194000702050038。
④ 《县教育局[会]筹备会议》,《新锡日报》1940年10月29日。

指导委员会驻锡办事处王专员第88号训令云:"呈件均悉,准予备案。"这样,无锡教育会就取得合法的身份,"因各委员在寒假期间,散处各地,不克出席,拟于阴历新正召开会议,商讨成立日期,再行呈请专员派员出席,并即选举监理事"。①

三、教育会历程:从社团改组到集体辞职

全面抗战时期的无锡教育会,自1941年3月成立到1945年7月中止,其存续可分为三个阶段:

(一)第一阶段:成立初期(1941年3月—1942年12月)

1941年3月下旬,在侯小峰、万荀鹤、朱伯贤、程载之等的筹备下,经过成立筹备会、编制会章、征求会员等工作。"该会一切重要事宜,均已筹备就绪,会员已有二百以上。"②3月25日,县教育会筹备主任侯小峰在《新锡日报》上刊登召开成立大会的启事。侯小峰分函各界,敬请届时光临指导。

3月29日下午2时,成立大会召开。除与会会员200多人外,还到场无锡伪县社运专员王颉辉,伪县政府安县长代表杨素吾,伪县警察局代表周大千、王希成,伪县党部主任委员王克武、干事邬翼三,伪教育局薛局长代表钱席儒,《新锡日报》新闻主任潘毓怡,青年团指导部代表王如正,省民教馆馆长张千里,县民教馆馆长秦筱韵等。会议公推侯小峰、程载之、韩志坚3人组成主席团,薛公曼任司仪,陈诗民记录。会议先由侯小峰报告筹备经过及开会宗旨,后各机关代表相继致词,最后通过《章程》及选举理监事,再全体摄影。③成立大会举办后,县教育会还通电南京伪国民政府汪主席,暨伪行政院社会部丁部长,江苏社运分会茅主任委员、章副主任。

该会的宗旨是:"为谋小教同人之整个团结,共谋本身福利,从事教育建设

---

① 《县教育会筹委会社运会批准备案》,《新锡日报》1941年1月21日。
② 《侯小峰声明退位让贤》,《新锡日报》1941年3月29日。
③ 《县教育会成立选举理监事》,《新锡日报》1941年3月30日。

事业。"①县教育会成立后,于1931年3月31日召开会员大会,选举理监事,选举结果为:韩志坚、侯小峰、朱伯贤、许文蔚、程锡光、窦朴、薛公曼、陈莘轩、陈莘渊等9人为理事,汪撷蕙、顾鸿志、陆象贤等3人为候补理事,许文蔚、侯小峰、程锡光3人为常务理事,许文蔚为常务主席;万步皋、马少云、杭水若、俞宗振、王凤书、祝寒梅、邓承熙等7人为监事,吴自立、丁克美、华丽娟等3人为候补监事,万步皋为常务监事。②奇怪的是,全程参与筹备的侯小峰,最后并未担任常务主席,替代人许文蔚是之前未出现的新面孔。

1941年4月7日,许文蔚将教育会正式开展业务的情况向江苏社运会驻锡专员办事处报告:"本会于三月廿九日奉令举行成立大会,选举理监事,自即日起,假伪县党部开始办公,除呈报并分函外,相应函达,即希查照为盼。"③这标志着县教育会正式运行。

表4-2 无锡教育会理监事情况一览表(1941年3月)

姓名	会内职务	个人简历
许文蔚	常务主席	金陵大学农科毕业。1933年任玉祁魏家宕小学校长。1935年任青城区教育会候补干事。全面抗战前任第四区区长。1941年5月任西北区自卫团驻城办事处主任。1942年1月任县私立中小学联合会稽核主任。1944年1月任伪无锡县党部执委会主任委员,1944年8月离职。1944年9月任县封锁管理处副所长。
侯小峰	常务理事	1939年1月任私立民德小学校长。1940年10月任县教育会筹备主任、黄长镇小学校(私立锡南小学)校长。1943年兼任毅社南分社社长,该年12月任新国民运动促进委员会无锡县支会委员。
程锡光	常务理事	上海法政学院毕业。1939年在江阴创办求知小学。著有《犯罪原因之研究》。
韩志坚	理事	1941年任亭子桥小学校长。
朱伯贤	理事	1933年任培德商校校长,1941年任清名桥小学校长。
窦朴	理事	1941年任圣德中学校长。
薛公曼	理事	全面抗战期间创办私立鹅溪小学并任校长。

---

① 《教费新预算未核定前照旧预算支给》,《新锡日报》1941年4月2日。
② 《县教育会正式成立》,《新锡日报》1941年4月2日。
③ 无锡县教育会常务主席许文蔚:《致社运驻锡专员办事处函》,1941年4月7日,无锡市档案馆藏,档案号ML011941007020500870。

续表

姓名	会内职务	个人简历
陈兰轩	理事	1942年1月任县私立中小学联合会监事会事务主任。1944年1月任通汉镇小学校长。北塘小学二分校校长。1945年7月任大安一校校长。
陈莘渊	理事	1941年任梨庄小学校长。
万步皋	常务监事	1927年8月前任县立公共体育场场长,后赴外埠。1929年任市教育会会员并被推为县会代表。后赴外地担任教课。
马少云	监事	情况不详。
杭水若	监事	曾任南尖小学校长。时任私立汇北小学校长。
俞宗振	监事	无锡人,号鹤琴。两江优级师范农博专科毕业。曾任青浦县立农校教员,武进县立师范学监,省立五中训育主任,上海中华书局理科部编辑。1923年11月任第三学区教育委员。1926年10月任无锡教育会评议员。1934年8月任第六区教育委员。1935年7月任甘露小学校长。1939年1月任县立竢实学校校长。1940年8月任县教育局局长。1941年任至善女中校长、私立育才中学校长。1944年1月任县立图书馆馆长。
王凤书	监事	情况不详。
祝寒梅	监事	1941年任私立文达小学校长。1945年1月任北塘小学二分校校长。
邓承熙	监事	情况不详。

资料来源:根据《新锡日报》、《无锡日报》、《无锡新报》、《新无锡》、《锡报》、《民声日报》(无锡)、《苏民报》(无锡)等报刊的相关报道,《无锡文史资料》《无锡县公安局年鉴》《无锡概览》《一年来之新无锡》等文献的相关内容,以及无锡市档案馆所藏相关档案整理。

县教育会重新成立后,地方有一小学教员撰文称:

教育为立国之本,文明各国莫不重视教育。然而欲求教育事业之进展,以谋团结,则教育会之组织,诚不容稍缓。盖教育人士之有教育会,不特求教育事业进展,即小教同人,更可多一团结,如教学之研究,感情之联络,待遇之改善,非法压迫之援助,均可由教育会以公开合法步骤,据理力争,有百利无一弊。故教育会实为我教育界同人合法之组织也。……县教育会成立以来,登记会员已逾二百余人,产生理监事均属一时俊彦,从此全县教育界已有相当团结,今后将在国府教育方针之下群策群力,共谋事业之进展,并为全体教育界人士造福。凡我小教同人,尤抱十万分之期望焉。①

在近代社会中,教育会社团自有其客观价值,日伪政府希望它成为奴役教育的重要工具,而普通的教育人则期盼它成为一个抱团取暖的集体,这两者是矛盾的。

(二)第二阶段:两次整理(1942年12月—1943年10月)

县教育会成立后,在许文蔚的领导下,开展了一些活动,如1941年4月和5月,召开两次理监事联席会议,地点假伪县党部,均由许文蔚主持,薛公曼记录。②但活动开展并不活跃,作用发挥也不大,至少日伪当局是这么认为的。故到1942年12月22日,伪无锡县党部召开全体执行委员会议,议决:"查本县教育会成立已久,工作未能扩展。兹为强化该会工作起见,拟令该会即日结束,听候改组,一面派员整理。"同时,会议决定在解散原有县教育会后,重新成立无锡教育会整理委员会,着手重建,并指定诸瘦鹭③、赵锦明、戴鼎铭、陈介立、卫机平、程载之、林以仁、侯小峰、祝寒梅等为整理委员,推定诸瘦鹭为主任委员,委任贾义生为指导员。④

诸瘦鹭接手负责后,曾多次召开工作会议,按日伪政府要求着手整理。到1943年2月,他自认为:"自开始整理以来,大略已告就绪。"⑤但伪县党部却不买账,认为无锡教育会由诸瘦鹭负责整理以来,"迄今数月,对于整理工作,鲜有建树,亦乏工作表现,若常此以往,有碍锡邑教育事业之进展",故特下令"改组旧有教育整理委员会,以资加强人事机构,使工作得有顺利开展,促教育会早日成

---

① 小教一份子:《对于县教育会的展望》,《新锡日报》1941年4月18日。
② 《县教育会成立后首次理监会议》,《新锡日报》1941年4月6日;《无锡县教育会二次理监会议》,《新锡日报》1941年5月6日。
③ 诸瘦鹭,暨南大学文学士,历任国立师范教员、中央大学文学院讲师。伪无锡县教育局称他"对于教育经验丰富",曾委以县督学一职。1943年1月被任命为县立女子初级中学校长。参见《诸督学代理县女中校长》,《无锡日报》1943年1月19日。
④ 《县党部联合各机关组织新运示范团》,《新锡日报》1942年12月23日。
⑤ 《教育会整理委员会》,《无锡日报》1943年2月27日。

立"。并再次圈定新的教育整理委员会委员名单(卫机平、俞宗振、祝寒梅、邓承熙、秦百川、华世翔、林以仁、张象贤、沈显芝9人),指定秦百川为主任委员,程载之为指导员。这样,在秦百川领导下,又经过3个月的整理,终于到1943年10月,再次举行成立大会。

汪伪政府对教育会工作不满,一再地勒令整理,究其原因,并没有具体而明确的说明,但通过历次整理会议的议题,可一窥其内容,具体集中在人选以及会员规模两方面。

一是人选问题。应该说,教育会的负责人对日伪政府表面上是竭尽奉承的,如1941年11月,伪江苏省教育厅厅长袁殊履新,县教育会发电祝贺,[1]以表达奉承之意。但对于改组前的无锡教育会负责人许文蔚,以及负责整理无锡教育会的诸瘦鹭,当局并不满意,后干脆从伪县党部的成员中,选派秦百川接任,"本邑县党部为加强无锡县教育整理委员会人事机构,俾使会务积极拓展计,特下令改组,另委秦百川等为委员"[2]。这就明确了以前的推举到委任的方式变化。除了调换主要负责人,对理监事以及整理委员会委员也有较大调整。1943年10月的成立大会上,出席的程主委就反复调整人选作了说明。[3]程主委的讲话透露了日伪政府在选择教育会负责人时的考量,以及教育会改组重建的原因,即前几任负责人的工作开展不能达到他们的期盼。另外,负责人表面上因兼任其他事务影响会务开展,实际上可能是消极抵制,这也是导致日伪政府换人的原因之一。如县教育会第四次理监事联席会议,召开时间一拖再拖,正式开会时,主席许文蔚报告:"本会会议,因鄙人事务纷繁,以致不克如期举行,诸多抱歉,今后每逢会期,务希各同志准时光临,借多研究。"[4]

二是会员规模。教育会会员人数是其影响力的重要标志之一。1941年3月,教育会组建之初,会员不到300人,这无论是与战前教育会会员总数比,还是就会员占教师总量的比例,均不可比拟。会员过少的教育会,难以帮助日伪政府实现其希望通过教育会来控制区域教员队伍的目标。所以,县教育会整理

---

[1]《薛局长明日晋省谒袁教厅长》,《新锡日报》1941年11月2日。
[2]《教育整理委员会新旧任交替竣事》,《无锡日报》1943年8月28日。
[3]《教育会正式成立,理监事全部产生》,《无锡日报》1943年10月3日。
[4]《县教育会整理会产》,《新锡日报》1941年9月15日。

委员会采取诸多措施以扩充会员。1943年3月的整理会议上,将征集会员的范围确定为"凡刷新教育区①现在教职员,均为当然会员",并印就入会表,函请教育局转发各校职教员办理入会手续。②该年8月,又进一步放宽会员发展的范围:"无锡地区现任教职员暨社交机关职员,为当然委[会]员","凡热心地方教育事业者,由当然委[会]员二人以上之介绍,亦得为本会会员"。③为了强化对会员的控制,培养骨干,整理委员会还承担发展伪国民党党员的工作。1943年4月26日召开的第三次整理委员会议,其讨论事项之一便是"本会会员入党,应如何办理案",议决:"凡未经入党之会员,从速来会填表,以便转呈县党部。"④这就强化了教育会对核心成员的控制。

对教育会的整理还涉及对教育会章程的修改。因为资料缺失,编者不清楚新建教育会所制定章程的具体条款,仅有一些碎片信息。如在1943年3月30日召开的第三次整理委员会议上讨论了章程修改的相关事宜:"本会《章程》业已拟订完□□公决案,议决:照原案修正通过。"

(三)第三阶段,再次成立到集体辞职(1943年10月—1945年7月)

经过两次整理,到1943年秋,无锡教育会终于再次迎来了重建大会的召开。为开好这次会议,整理委员会专门推定筹备成立大会负责人,并聘请苏效秦为大会会场设计专员,确定大会仪式以简单隆重为原则,还拟在《无锡日报》编辑刊发成立大会报道的特刊,并请秦百川拟撰教育会成立宣言,以明教育会宗旨。⑤10月1日,《无锡日报》载:

---

①刷新教育是汪伪政府推行的教育奴化制度,具体目标"在于教育制度之改革,私立学校及私塾之撤废,乡镇单位小学之设置,义务教育制度之确立,对于乡镇民教育之协助,以实践国家教育之理念"。其内容为:"一、在刷新教育地区内,每一乡镇,以设完全小学一所为原则,学龄儿童不敷容纳时,得设分校;二、已达学龄之儿童,一律强迫入所在乡镇小学入学;三、实施刷新教育之地区内之小学,一律不收学费;四、私立小学暨私塾,加以接管或取缔;五、实施刷新教育之乡镇内,应设立类似后援会之机构,负协助发展当地乡镇小学之责。"最早于1942年8月,由伪江苏省教育厅在常熟县试行。无锡是推行该制度的第二个县,自1943年2月起实施,"所有实施办法,大都参照常熟成例"。参见(伪)江苏省政府教育厅编审室编《两年来之江苏教育》,建东印刷公司,1944,第34、64页。
②《县教育会整委会议开始办理会员登记》,《无锡日报》1943年3月3日。
③《教育整理委员会将举办会员登记》,《无锡日报》1943年8月8日。
④《本邑教育会定期举行成立大会》,《无锡日报》1943年4月27日。
⑤《教育会整理委员会昨举行二次常会》,《无锡日报》1943年8月22日。

无锡县教育会定明日假中四镇小学举行成立大会。本邑教育会成立以还，有四十多年之攸[悠]久历史，事变后该会会务未能若过去之圆滑，奉命重行整理，另组教育会整理委员会，由邑人华世翔、秦百川、沈显芝、林以仁、卫机平、祝寒梅、邓承熙、俞宗振、张象贤主其事，至今教育会整理工作，已告一段落，根据二次委员会议之决定，于明日（十月二日）下午二时，假连元街中四镇小学校举行成立大会。又悉明日适为各校举行远足之期，该会以成立大会意义重大，特商请教局，转饬各校移至下星期举行云。①

伪无锡县党部对这次重建的教育会寄予了厚望，②为了确保大会的顺利召开，对可能影响会务的一些教育活动做了避让的安排。10月2日下午2时，筹备已久的无锡教育会，终于在连元街中四镇小学举行成立大会。伪县党部程主委、秦百川，县政府代表陈长风，教育局督学陆云翥出席会议并讲话。到会有全体男女会员数百余人。

会议宣读了《教育会成立宣言》。宣言指出了教育会今后工作的方针及目标，列为四点："一、肃清今日青年之先天乃至后天的欧美思想，使国人均能保有亚细亚人之自觉，明了复兴东亚历史之职责。二、促使落伍教育渐次推进，并使普及。三、谋纷乱的教育，使之有组织、有系统。四、基于主席所颁布之政纲与教育方针③，使受教育的青年，养成中心思想，并以产生共同信仰及统一步骤。"④会议最后选举理监事，由伪县党部苏效秦、邓锦麟在场监选。开票结果：沈显芝、林以仁、侯小峰、戴达、赵雪咏、朱正言、华光治当选理事；范钧、赵咏秋、俞哲章当选候补理事；顾鸿志、钱苍洲、秦筱韵、胡逸醒、卫机平当选监事；张象贤、孙绩成、俞宗振当选候补监事。⑤不久，理监事开会选举，沈显芝、林以仁、朱正言为常务理事，沈显芝为常务主任，秦筱韵为常务监事。⑥

---

①《无锡县教育会明日正式成立》，《无锡日报》1943年10月1日。
②《教育会之展望》，《无锡日报》1943年10月2日。
③指1939年8月30日汪精卫在伪中国国民党第六次全国代表大会上的讲话精神。
④《教育会成立宣言》，《无锡日报》1943年10月2日。
⑤《教育会正式成立，理监事全部产生》，《无锡日报》1943年10月3日。
⑥《筹组教育人员合作社》，《无锡日报》1943年10月22日。

表4-3　无锡教育会理监事一览表(1943年10月)

姓名	职务	简历
沈显芝	常务主任	无锡人。1923年6月江苏省立第三师范学校本科毕业。曾参加中央大学区督教暑期讲习会,江苏省县政佐人员训练所教育人员班的培训学习。1927年任县二高小算术、自然教员,教务主任。1931年8月任第七区教育委员。曾任县历史博物馆馆长、县教育局教育科科长、扩充教育科主任。1931年9月任县督学。全面抗战时期任县实小(县立首席中心小学)校长、中一镇第一小学校长(原县立东林小学)校长、伪江苏省教育厅科员、伪无锡县教育科科长。
林以仁	常务理事	1917年考入无锡县立第一高小读书。1929年任第二学区教育委员。战前在连元街小学任教。1942年任县立竢实小学(中四镇小学校)校长。
朱正言	常务理事	1939年1月任私立明光初级小学校长。1941年任南尖小学校长。1943年任迎龙镇小学校(原私立培西小学)校长。1944年9月任耕读镇小学校长。1945年1月任北塘小学一分校校长。1945年7月任大安三校校长。
侯小峰	理事	见表4-2
戴达	理事	情况不详。
赵雪咏	理事	大安镇小学一分校校长、私立国本中学校长。
华光治	理事	大安镇小学校长。
秦筱韵	常务监事	中二小校长。
顾鸿志	监事	名坚,字鸿志。早年曾随许国风读书,后考入北京国立筹边高等学校,1912年毕业归锡,先后在无锡各中小学任教三十年。1928年任三皇街小学校长。1939年1月任私立三行学校校长。
钱苍洲	监事	西兴镇小学校长、中仓镇小学校长。
胡逸醒	监事	熙井镇一小校长。
卫机平	监事	私立正风中学校长。

资料来源：根据《锡报》、《新无锡》、《工商日报》(无锡)、《新锡日报》、《无锡日报》等报刊的相关报道,《无锡概览》《一年来之新无锡》《两年来之江苏教育》等文献的相关内容,以及无锡市档案馆所藏相关档案整理。

经过一段时间的准备,12月15日下午2时,无锡教育会在中四镇小学礼堂补行理监事就职典礼。出席典礼的有伪江苏省教育厅吴杰秘书主任、伪县政府代表陈长风、伪县教育局局长华世翔、第七区区长王克武、伪县党部代表曹养晦、县商会代表张遂初、县工会代表吴碧华、《无锡日报》报社盖偶以及各理监事和各校代表约计千余人。2时正，始行揭幕，全体理监事隆重宣誓后，各位嘉宾纷纷致词。"旋即开始表演余兴，由首席中心小学初级儿童表演《男儿志气高》，表演非常有趣。第二、第三、第四节，由中二镇第二小学六年级生之歌唱，节目有《月下相思》《渔家女》《迷途的羔羊》。末有中四镇小学学生表演话剧《小叫化》，内容甚佳。至五时许，始告闭幕。"①这样就职典礼的热闹场景，自然让人对这一整理后新成立的教育会充满期盼。

然而，时间仅过了一年，始所未及的事发生了。1944年11月，县教育会常务理事沈显芝、常务监事秦筱韵率领全体理监事，集体呈请辞职。对于原因，只说是"办事棘手"。陈主委代表伪政府表明态度，以县教育会为本县主要文化团体，予以恳切慰留，并派唐总干事前往慰问。②

实际上，辞职的直接原因是县教育会正当的理由被日伪政府拒绝。1944年，储备币大幅贬值，无锡中小学教员生活困难。原来所定月工资标准，中学教员为大米5石，小学为2石；到10月初，中学教员所得只能籴米六七斗，小学教员仅二三斗。县立女中教员蔡虎臣，战前曾任县教育会的执委、无锡县立中学校长，因无法养家糊口，于学校开周会时跪在几百名学生前面，叙述苦况，请求救济，师生为之动容。而伪省教育厅以"无款补助"回绝。于是，无锡教育会在11月16日，发动学生及家长献金。17日，伪县政府扣押教育会常务委员沈显芝，广大教员群起反对。18日，首席中心小学教员杨公炎等14人又被拘押。于是，城区30多所中小学200多名教职员罢教，上街游行，常州、江阴等地教员闻讯也来电声援。③

事发后不久，12月9日下午3时，由伪县教育局出面，在城中公园多寿楼，当局召开中日教育座谈会，出席的有中日各机关长官及教育界人士计26人，会议由教育局陈祥闽局长主持。会议安排的日期是"参战纪念之翌日"，目的是安抚无锡教育界人士。会上教育会3位代表发言，沈显芝在会上说："日本为适应战时体制，缩短教育年限，删除不必要之学科，此种措置殊属切要。本省教育厅为

---

①《县教育会理监事昨隆重宣誓就职》，《无锡日报》1943年12月16日。
②《教育会理监辞职慰留》，《无锡日报》1944年11月8日。
③《抗日战争时期无锡大事选(1937—1945)》，载《无锡地方资料汇编》第5辑，第187页。

求教育改进计,特创施刷新教育,刷新体制,以乡镇为刷新施教单位,由乡镇公所,协助调查学童,添置校具,以彻底完成义务教育为目的,惟因乡镇公所向不负教育责任,助力甚少,欲谋刷新教育之完成,须各界一致予以有力之援助。"秦筱韵说:无锡地处京沪中心,教育素来发达,事变以后教育大受影响,统计结果显示,文盲占40%,救济办法是设立民众学校。①林以仁说:本县教育界,已利用学校,使教育力量扩大至农村,从事收买米粮及其他有关战争之宣传。这些发言均是些不及实质的泛泛之谈。陈局长在会议最后总结说:"我们承认过去教育之失败,但我们深信中国是有前途的,希望国人群策群力,来改进教育,建设新中国。"②会议草草收场。

但是,这样的形式很难安抚人心。在集体辞职的背景下,1945年元旦,邑报《无锡日报》刊发《元旦增刊》,罗列恭贺的机关单位,有"县政府、县党部、县警察局、县教育局、县商会、县新运会、县青少年团"等上百家,而县教育会却没有列入其中。在当地报纸刊载恭贺消息这种事在当时的媒体上可以说是一种寻常的惯例,而教育会社团组织的缺席,既可视为非营利组织经济拮据所致,也可理解为其从现实生活中淡出。

事实上,自此到抗战胜利的大半年时间里,县教育会组织并没有消失,并且活动不断,如1945年4月10日,召开第十三次理监事会议,讨论提案6起。然而,在这个时期,县教育会仅是维持而已。但即使这样,县教育会依然面临被整理。1945年5月9日,伪国民党无锡县党部召开首次县党代表大会。7月23日,伪县党部再次要求无锡教育会等地方民众社团,一律向伪县党部进行重行登记备案。③但整理工作尚未展开,抗战的胜利就到来了。

此间的教育会完全陷于整理—新建—再整理的循环怪圈之中,凸显了奴役背景下教育社团的苦况。

四、挣扎的会员:屈辱与彷徨

日伪政府主导的无锡教育会,虽然仅是个社会团体,与伪政府有所不同,但

---

① 《中日教育座谈会》,《无锡日报》1944年12月12日。
② 《中日教育座谈会》,《无锡日报》1944年12月13日。
③ 朱邦华:《无锡民国史话》,《江苏文史资料》编辑部,2007,第266页。

它毕竟是日伪政府扶持建立起来的,并且是在日伪政府严格控制下开展活动的,故在筹建及存续过程中,不少教育会的老会员予以了抵制与回避。有人回忆称:全面抗战时期,"教育会会所被毁,大部分教育工作者含苦茹辛,坚持抗日,绝不动摇,转入地下工作"[1]。但在当时的大背景下,还是有些教育人在日伪政府动员或逼迫下参加了这一组织,有的还在其中担任了相关职务,但他们中除了极少数人甘为奴才外,绝大多数人还是用消极的态度与有限的抵抗挣扎于其间。

侯小峰,当时任恢复的锡南小学校长,他是第一个被日伪政府指名"奉派筹备无锡县教育会"的人物。1941年3月,他"成立筹备会,搜集会章,征求会员等,煞费苦心",好不容易召集了两百多名会员,但就在县教育会成立的前夜,侯小峰因校务冗繁、身体孱弱,诚恐将来被选为理监事后,不克兼顾,特专函该会,声明退让。侯小峰称其本人负责至成立大会止,责任完了,届时票选理监事,务请推选贤能,以重会务。后来,他虽然长期在县教育会任职,但始终没当这个组织的"头儿"。有报道称:"现任黄长镇小学校长侯小峰,年壮力强,办事干练,除致力于教育外,对于地方事业,向极热忱,如过去之县教育会及毅社南分社等,均由侯君苦心擘划,成绩卓著,兹闻新国民运动促进委员会江苏省分会陈兼主委,以秘字第七七九号,令派侯君为无锡县支会委员,从此侯君在曹兼主委程总干事领导之下,对于新运工作,定能更多推进云。"[2]但他在"委员"的任职上并未见实质的反响。

编者在无锡市档案馆发现一份当时担任县教育会监事的祝寒梅的陈诉。抗战胜利后,从重庆回归的国民政府,对全面抗战期间在日伪机关担任职务的人员加以审查,为此,祝就以该文呈报"文教工作人员检审委员会",表明自己在全面抗战期间的思想与行为:

具呈人祝寒梅,无锡籍,业教育,住北门外通济桥。窃寒梅自涉社会,以个性所趋,致力教育。民国廿四长文达小学时,掬所获学识经验,谋本位事业之精

---

[1] 李康复:《解放前的无锡教育会》,载《无锡文史资料》第15辑,第115页。
[2]《侯小峰奉派新运支会委员》,《无锡日报》1943年12月9日。

进,终使创业维艰,精神与经济两耗在所不计也。廿六年秋,锡邑沦陷,校舍悉毁于兵燹。是年冬,伪地方自治会成立后,北里学童家长咸以复校为敦促。寒梅亦以教育为国家之本,弦歌未便辍绝,虽当时在敌伪重压之下办学诸端困难,但念及儿童失学之严重状态,不忍坐视,乃毅然以恢复文达为志。爰斥私资修建校舍,添造校具,耗资良巨,苦心孤诣,日谋改进,以期贯彻初衷。二年间,学童激增三倍,于周师巷添设分部,以资普及。嗣鉴于敌伪对我本国教育有潜移之企图,为保持教育之神圣,寒梅不得不谋环境之适应,以求文达之永生,要为今日之教育少受一分默化,则与我国家之基本多存一分元气,故对学童中心思想,时常贯注读书不忘祖国之暗示。对于课程绝对灌输纯粹之本国教育为旨。因乎此,启敌伪以办理抗日教育之口实,终于民国卅年三月四日,受敌日宪兵队之拘捕,并入我以担任忠义救国军无锡城区流动宣传部长之罪,遽施非刑逼供,第一日以皮棍抽打;次日呼警犬扑咬;第三日复用绳索絜我身体,高悬梁间,又施鞭棍拷打。寒梅以清白之身,受此酷刑,几成残废。旋经家属转辗营救,贿通敌宪兵翻译苏某,许以重赂,始获生还。经此挫辱,愤抑莫可言宣,念及国家教育之前途,未容馁意终止,乃鼓余勇,更复前进。为求达到目的,未遑计及手段,因借当时地方有力份子之名,为推行国家教育之实,欲偿素愿,因而委曲求全者良有以也。至于对校内行政,锐意改进,各项设备,逐图完善。但经济绝无来源。乃变售家产,以资应用,耿耿此心,可质天日。及至卅二年春,伪教育局施行所谓刷新教育,擅将全县私立学校利用敌日武装势力,无条件概行没收,诚使热忱办学之心,顿坠冰窟。寒梅乃奋臂倡导,联合二十八校,树正义之帜,毅然向伪组织当局据理力争,使没收之校舍、校具,悉行发还。同时,对伪教育行政力谋钳制,予敌伪阴谋教育奴化以甚大之阻扰,非惟阻碍其刷新范围之伸展(盖当时敌伪有使刷新教育普及各地之企图),而反使其原动削弱,良以寒梅对于办学之宗旨,抱定如上之,愚忱未同流合污。故对历任伪教育局长,始终于水火不容之地位,而常受伪局胁迫而发生蓄意留难之事项,实昭在均有鉴证。今值国家抗战胜利,日月重光之际,本县各私立学校,业已悉复旧观。国家建设首重教育,寒梅正拟竭尽棉[绵]薄为教育努力,讵突蒙不白之嫌,为特沥陈颠末,倾诉于贤明当局之前,仰祈钧长鉴核,审察利弊,以正经纬,则不胜幸甚矣!谨呈无锡县县长范。具呈人祝寒梅(印)。①

　　为了印证这份材料中所述内容的真实性,经过搜索,编者又在该馆所藏档案中发现了相关的资料。其中一份记录了祝氏"奋臂倡导,联合二十八校,树正义之帜,毅然向伪组织当局据理力争"一事。1943年,汪伪政府推行刷新教育,按规定,对原私立学校的土地和校舍,应该办理租赁或借用手续,再用于开办公立学校,但伪无锡县教育局对当地私立学校的校产、校具,采取了野蛮的没收手段。为此,时任文达小学校长祝寒梅联合私立汇北小学校长杭水若等,多次上书江苏省教育厅,乃至教育部,据理力争,控告"无锡县教育局,藐视法令,蒙蔽上级,勒令私校停办,没收私校校产,违法侵权"。5月29日,江苏省教育厅批复:"无锡县前教育局长沈子亮,办事草率,未能秉承本厅意旨,而又未见会同当地县政府妥慎办理,以致阻碍丛生,舆情不恰,业经遵照省令,予以撤职在案。"②由此可见,祝寒梅的自述内容基本属实。当然,作为县教育会的一员,他在那特殊的几年时间里亦有无奈,比如,他也为汪伪政府说过好话:"我邑素称教育发达之县治,民国二十六年前,教育渐趋上轨道,及变乱后,当局已极谋教育上之改进,颇著成绩。旋复推行刷新教育,县立小学已逐渐扩增,教师待遇,一再提高,然生活指数,日逐高昂,当局虽尽最大努力,设法谋教师生活之安定,终受物价飞腾影响,造成心愿力违之现象。盖每至预算确定时,物价已高涨数倍,此教师生活之所以始终陷于困苦也。……本学期来,教育经费的筹措,当局极尽心力,谋教师待遇之提高,如新预算,俸米配给,战时生活津贴等等,以之赡养个人生活,已能勉维清苦。"他把造成教师生活困难的原因归于客观。但他同时又说:"试观今日教育事业,不复引起社会重视。男性教员一遇较好机会,立即舍此适彼,另觅出路,而造成师资空乏的现状,此现象与教育,至足威胁,长此因循,则未来之教育必将不堪设想,□以审时度势,抢救小〈学〉教师,实为当务之急。盖亡羊补牢,未为晚也!"③这表示了他对日伪统治下教育情状的不满。

---

　　①祝寒梅:《为本人剖明办学心迹沥陈始末呈祁鉴核以正经纬》,1945年10月29日。无锡市档案馆藏,档案号ML01194500701180184—ML01194500701180186。
　　②教育部:《据无锡前私立汇北、文达小学校长杭水若、祝寒梅等呈请复校一案批示知照》,1944年4月22日。无锡市档案馆藏,档案号ML01194400701550001。
　　③祝寒梅:《抢救小〈学〉教师》,《无锡日报》1945年6月5日。

在当时的环境下,不少被迫任职的会员,其任职时间均十分短暂,他们上任后不久便纷纷找理由辞职而去。如1941年4月,陆云鬵、苏莹分别被教育会聘为秘书及干事。可仅一月后,他俩就同时提出辞职。这样的例子有很多,在迫于无奈的情况下,他们既无勇气拒绝日伪政府的拉拢,又不甘沉沦附作傀儡,只能选择退避或作有限的抗争,这可算是软弱的知识分子在残酷的抗战战火中的选择。

曾担任开化乡教育会会长的陆小槎,他被委任为开化区区长兼自卫团团长。邑报说他:"就职迄今,维持地方治安,调查户口,复兴商市,救济农村,努力服务,不遗余力。"但他多次提出辞职。1938年5月,其"以年老多病、精神衰弱、不胜繁剧",特"具呈自治委员会,请求准予辞职,以资修养"[1],未获批准。在1939年9月,他又因旧病复作,外出就医,呈请县署恳赐辞职休养。1940年8月,更"以年老病衰","请辞本兼各职",终获同意。[2]

新安乡自治区区长倪翔青,奉委后,以年老衰弱,不敢谬膺重任,一直未就职,1938年1月20日,向自治委员会杨委员长呈请辞职。而杜锡桢专门在报上刊登启事:"鄙人自事变以来,迫于生计,改就商业,绝未参与任何机关职务。乃近闻外间有谓鄙人被委本县财政局房捐征收主任之说,不胜骇怪,诚恐淆惑听闻,特此启事。"[3]原江南中学校长、地方著名指画家钱殷之,也不问世事,沉浸于翰墨之中,对此,邑报有载:"事变后,钱君诸事尽脱,杜门作画。"[4]钱松喦有诗云:"浩气如虹四座惊,化机一片与天争。何须忙煞管城子,自有春风指上生。"[5]"钱子杜门不问世事者",这是钱殷之给世人留下的印象。[6]这种现象在当时确不是个例。

最典型的是沈显芝,他是无锡沦陷前无锡教育会最后一任常务干事,抗战后期出任县教育会常务主任,还曾担任过县教育科科长一职,并曾因抵制日伪政府而遭到过逮捕。抗战胜利后,他担任无锡县教育局督学一职,但因过去曾

---

[1]《开化区区长因病辞职》,《新锡日报》1938年5月13日。
[2]《开化区长陆小槎辞职照准》,《新锡日报》1940年8月20日。
[3]《杜锡桢启事》,《新锡日报》1941年1月30日。
[4]《指画名家殷之画展》,《新锡日报》1941年7月25日。
[5]钱松喦:《题殷之指头画》,《新锡日报》1941年7月29日。
[6]胡笳:《殷之赴吴门赠言》,《新锡日报》1941年10月4日。

任伪职,致予各方以不良印象,中训班①同学对于此尤有严正表示,沈氏几陷四面楚歌之境,甚至有人喊出"汉奸沈显芝滚出教育界!"的口号。②当时也有人为他辩护:

有个朋友干了二十多年教育,现在仍然在当小学校长,因为他把教育当事业干,所以那学校办得很有成绩,学生一期比一期多。俗话说:"树大招风"。最近就被人控告,说他"曾任伪职",要求免他的职。据告的人说:"并无争取该校校长的动机。"

……

在抗战开始时,固然有不少教育工作者,跟着政府撤退,但大多数的,不是为了家庭的牵累,便是为着事业的不忍放手,而留在沦陷区里。等局面稍一平定,因为孩子们需要他,因为一家老小的生活需要他——不必高唱神圣的教育——便又继续他的教育工作。后来呢,当然,敌伪要奴化教育,他们赤手空拳,不"奴化"又怎么办?但大多数有良心的教育工作者,在表面上来一套"奴化",背后却用眼泪,用血的事实,来教育下面一代。③

但是,也有人读到这些文字后表示:"骨鲠在喉,因为本人相当清楚石先生所指称的那位'曾任伪职'的现任校长过去和现在的一切作为,所以一吐方快","石先生的朋友不仅仅在敌伪统治下做一个教员,'用眼泪用血来教育下一代',而荣任的却是伪教育行政主管——伪教育科长——有人于廿九年在锡任地下工作时,曾亲眼目睹他亲自胁领一批被奴化的小学生手执太阳旗,列队车站欢迎敌伪伪员,并在公园开欢迎大会。再翻开在他赫赫伪教育科长任内的当年报纸,所发表的对其所属各中小学颁发的皇皇命令,足够证明他当时奴化青年的

---

①中训班,全称为中央训练团教育人员训练班。国民政府在抗战胜利后,将部分军人送入该班加以培训,上海分班毕业后,经考试院特种考试委员会考试合格,由教育部令派江苏省政府教育厅安排工作,其中有部分人员到无锡教育系统工作,到锡后感觉受地方排挤,故常有怨气。参见《中训团教训班转业军官来函》,《江苏民报》(无锡)1947年7月12日。
②《汉奸沈显芝滚出教育界》,《人报》(无锡)1948年7月6日。
③石斗升:《曾任伪职?》,《人报》(无锡)1948年7月15日。

第四章　沦陷时期的无锡教育社团(1937—1945年)

功绩(?)了"。①后来,江苏省政府令饬无锡教育局对沈显芝在全面抗战期间的表现进行查复,沈显芝自己写了陈述报告,时任无锡教育会理事长的杨震中及国民党无锡县党部书记徐赤子两人为其出具了表明其清白的证明,事情才稍有平息。不久,沈显芝提出辞去教育局督学的职务,并获得县教育局濮源澄局长的批准,②此事才算最终平息。由此可见,不管有什么理由,出任社团伪职,终与中国传统文化的忠贞要求相违背而导致世人的鄙视。

当然,在县教育会任职的人员里也有利欲熏心的人,做了不少坏事,如曾担任理事长的许文蔚。1941年5月,其出任西北区自卫团驻城办事处主任之职。1944年1月18日,他被委任为伪无锡县党部执行委员会主任委员,宣誓就职,直到1944年8月26日离职。1944年12月起,他还担任伪无锡县封锁管理所副所长一职。他在任职期间"曾宣传禁烟、禁赌、禁娼;发动各同业公会,汪伪党员献金购买飞机,并通过搜刮,以汪伪县党部名义上缴储备券十三万元。以及办理汪伪党员重新登记,造册送伪省党部审核。颁发新党证共一千四百八十名"③。

还有曾担任无锡县教育会常务委员达四年之久的秦冕钧,于1939年12月出任伪江苏省教育厅厅长。1940年9月5日,他还被汪伪政府监察院任命为伪监察院监察委员。④1940年他撰文称:"自七七事变爆发,瞬已二年又半。一方面因蒋政权沉迷抗战,不知悔悟,驯至国土日蹙,国本动摇,存亡之机,间不容发;而他方面由于觉悟份子之倡导和平,和平思潮,已风起云涌,弥漫全国,最近且由理论而见诸行动,行见事变之处理,将开光明之途径,新中央政府之诞生,可拭目而俟矣!"⑤其歌颂卖国,所以抗战胜利后以汉奸罪被判刑。

再如俞宗振,前曾任甘露小学校长⑥,并在多区担任地方教育委员。在担任第六区教育委员期间,省督学曹书田对他的评价是"均应责令努力服务,切实进行"⑦,对他工作的认真态度加以肯定。但1940年8月伪无锡县教育局成立,他

---

①萧大刀:《"曾任伪职"有功?》,《人报》(无锡)1948年7月19日。
②《督学沈显芝已辞职照准》,《新夜报》(无锡)1948年7月6日。
③赵天一、莫耀宗:《汪伪国民党无锡县党部概况》,载《无锡文史资料》第11辑,第111页。
④《国民政府命令》1940年9月5日,《监察院公报》1940年第4—5期,《命令》第1页。
⑤秦冕钧:《告青年学生》,《新江苏教育》1940年第5—6期,第1页。
⑥《县教育局续委第二批新任校长》,《锡报》1935年7月30日。
⑦《省督学曹书田视察本县教育之评点》,《新无锡》1935年9月5日。

出任第一任局长,推行奴化教育,虽然任职时间不长,不久就辞职,辞职后依然从事文教工作;1941年一度担任由县下塘原育才补习学校改办的私立中学校长;1944年任县立图书馆馆长。其出任日伪政府行政职务与参与教育会社团的工作,其性质应该是不同的。

这样的人物还有苏渭滨等。1927年3月,苏渭滨在无锡济阳小学任教,是无锡市教育协会的发起人之一,与陆仁寿同是无锡市教育协会组织股的成员,[①]后担任市教育协会的理事。1927年9月,县、市教育协会合并成立县教育会后,他依然担任理事,还曾任地方教育委员以及第二劳工小学校长[②]、市立第十小学校长[③]、无锡城区冶坊场小学校长。1940年任伪无锡县政府秘书,脱离了教育界,但因偷运干茧给敌伪"华中蚕丝公司",从中谋利而被撤职。[④]

实际上,除了少数人沦为汉奸外,其间参加教育会的大多数人,均是摇摆于抗日与投降之间的"灰色"人物。这些个体与其所在团体所共同体现的彷徨、犹豫特征,反映了这一时期无锡教育会在历史上独有的挣扎经历。

第三节　教育会的会务

沦陷时期的无锡教育会成立于1941年3月29日,截至1945年8月15日,其仅存四年半的时间。其间又有不短的整理时间,实际其只存在了20个月左右。它是在战火和武力胁迫下筹备和新建起来的,其完全丧失了独立性,成为日伪政府的傀儡。其会务开展情况也无法与战前或战后任何一个时期相比。作为一个社团,其发挥的作为十分有限。总的来说,该时期的教育会,其会务开展主要有以下几个方面:

[①]《无锡市教育协会启事》,《新无锡》1927年3月24日。
[②]《市教育科消息》,《中山日报》(无锡)1927年7月13日。
[③]俊时:《劳工小学视察记》(中),《工商日报》(无锡)1927年11月26日。
[④]计锡麟:《抗战期间敌后的国民党无锡县政府》,载《无锡文史资料》第6辑,第27页。

第四章 沦陷时期的无锡教育社团(1937—1945年)

一、盘点家产:劫后余烬

一是完善组织机构。县教育会在1941年3月成立前的筹建情况,因资料缺失,已无法用文字来详细重现。但有一点是可以肯定的,即该社团是完全割断历史以后的新建,虽然有个别的旧教育会会员也参与其中,且日伪政府表面上希望继承传统,但在侵略和奴役的背景下,一切均只能成为幻影。教育会在奉命整理启动后,为确保社团的正常运转,登报"征求会员",并专门请马少云、丁克美设计证章,分别向会员及职员分发。后来教育会整理新建后,又"由总务股设计办理",重铸证章,"以资识别"。教育会除了对证章进行重新设计外,还对内设机构进行完善,对职员及具体工作人员作出重新安排。1943年3月2日,教育会召开第一次整理委员会,提出"本会应推员分股负责案",经讨论决议:该会设总干事一人,下设总务、研究、宣传、组织四股。各股负责人推定如下:总干事一人,由主任委员兼任外,总务股季英、林以仁,研究股陈介立、祝寒梅,宣传股侯小峰、程载之,组织股傅穆然、卫机平。①1943年10月,新一届理监事产生后,在首次理监事会议上进一步明确内设三个机构并确定其负责人:总务股林以仁,组织股侯小峰,指导股戴达。同时,还明确了各股职员:总务股文书钱沧洲,事务赵雪咏,会计华光治;组织股调查顾鸿志,统计朱正言;指导股宣传戴达,指导卫机平、赵雪咏。

为了重聚人心,融通感情,教育会成立之初,还组织联谊活动。1941年9月,无锡教育会"为深究教育,联络感情起见",决定值此天高气爽、丹桂飘香之秋,假座马路上(地点通运路)万利酒楼,举行同人聚餐会。这样的活动在后来也能见到,如1944年6月6日上午10时,县教育会在连元街县立中四镇小学礼堂隆重举行教师节庆祝大会。教育局华局长、许督学、安督学、季教委、唐教委、马教委、县商会、青少年团代表、全县各学校教师、民众代表等数百人与会。活动由沈显芝主持,各代表演讲致词后,继由学生、教师表演,至12时结束。中午叙餐。下午3时起,全体在公园多寿楼前茶叙,5时后始各尽欢而散。②

市乡教育会也有部分恢复。在1940年10月,万安区保甲指导员张载福、周

---

① 《县教育会整委会议开始办理会员登记》,《无锡日报》1943年3月3日。
② 《县教育会昨晨举行教师节庆祝大会》,《无锡日报》1944年6月7日。

仲英等,"以学校为各地基本文化机关,对于推行地方行政、宣传和平思想、灌输护路常识等重要任务,均可辅助地方机关推进,并为联合各校,促进精神团结起见,将赴各乡镇实地调查时所记载之五十四校,筹组'万安区教育会',推定洛社小学校长张书绅为筹备主任(张君前任第三学区教育委员,并历任教界要职,经验丰富,就任斯职,必能胜任愉快),积极召集各校商讨进行事宜,限期成立。闻该会组织,分设总务、宣传、组织三股"①。

另外,开原区成立了"教育研究会",对于推行地方教育,联络教界同仁等工作,成绩卓著。该会每年度会拟订事业计划纲要,如1941年下半年的工作要点为:一、举办教员登记,二、取缔不合格小学,三、谋本区各学校之联络,四、筹设初级中学,五、附设师资训练班,六、提高教师待遇,七、调整各校人事,八、指导各校改进。②它还组织春季游览等形式的学生联合远足活动。邑报对此类活动亦有报道:

十余校师生,共计九百余人。首自惠山尾至河埒口,蜿蜒如长蛇,十一时抵惠山,首至寄畅园内解散,使各校学生分组自由游览,顿时惠泉山镇,人山人海。十二时游览天下第二泉,品茗休息。午餐后,中高级学生,各由级任导师引导爬山;低级儿童则在春申涧等处游览。至四时许始整队回校。附近居民谓系今岁空前未有之盛况云。③

这类联合远足的活动联络了教师之间、师生之间以及学校和社会之间的关系。此外,开原区教育研究会也举行常会、会员大会等会议,会后亦有摄影、聚餐等活动。从这些活动来看,该会与以前教育会的区别是在教学业务上不再有作为。

自1943年秋起,日伪通过扫荡、清乡,其控制的区域得以扩展,故一些区也纷纷建立起本区域的教育会,如第六区(前洲)、第七区(南市)等。这些教育会的成立是由当地伪县党部操纵的,具有一定的强制性,如第六区党部召开首次

---

① 《筹组万安教育会》,《新锡日报》1940年10月28日。
② 《开原区教研会开展教育》,《新锡日报》1941年10月2日。
③ 《开原区各小学春季联合远足》,《新锡日报》1941年3月25日。

教育大会,会上议决,对于尚未有教师参加教育会的学校,"即令登记","限一星期内完竣",体现了其强制性。到1944年5月,仍有分会不断成立,如第三区(东亭)教育会、第一区教育会等。

在全面抗战爆发前,市乡镇教育分会是县教育会依靠的重要基础与力量,但这一时期,由于抗日力量的抵抗,无锡除县城附近,交通路线之外,大部地区有游击队、土匪活动。财富者及服务于现政府者,一至其地,有极大之危险。[①]日伪势力对于广大农村鞭长莫及,即使有所控制也是极不稳定的。到1944年年中,伪无锡县教育局制订《改进乡区教育实施计划》,提出推行义务教育、统一学校行政、整饬学校师资、提高学生程度、建立中心思想的改进方针,试图推进乡镇的教育,但结果并不理想。[②]教育会也曾有向乡镇发展与渗透的计划,1943年底,教育会在第三次理监事会议上提出:"各区教育会以现行自治区为单位,如现行自治区地面辽阔,则得按照旧自治区组织支会,现行自治区为分会,分会支会之筹备员,以当地教育人员充任之,各地亦得自动组织□,请求加入本会。"[③]到了1944年秋,教育会还在讨论提案,提出了"完成区支会组织案"。但教育会的理想只能与汪伪政府希望完全控制乡镇的梦想一样化为泡影。

二是试图恢复会所。县教育会的会所在全面抗战初期被焚毁,所以,县教育会重新筹建初期,多次会议是暂借伪县党部等单位的会场临时解决,等到1941年正式成立后,它依然没有一个固定的活动场所。对此,无锡教育会在开会时,多次商讨会所如何确定之事。1943年3月2日,无锡教育会整理委员会召开第一次整理委员会议,会议决定将该会会址暂设县立女子初级中学。1943年10月21日,经整理后重新成立的无锡教育会召开首次理监事会议,会上再就会所建设做了讨论,会议议决:"暂假设于中四镇小学"。1944年1月7日,无锡教育会举行第四次理监事联席会议,会议决定:"为办事便利起见,本会会所改设在小娄巷首席中心小学"。在该会上,教育会还讨论了"积极筹募本会会所建筑费案",会议议决:"推派代表向各业劝募"。可见,在这一时期,教育会多次努力

[①]《无锡县实态调查报告书》,载维新学院:《江浙皖实态调查汇集》,新申报馆印刷局,1939,第61页。
[②]《改进各乡区教育》,《无锡日报》1944年6月30日。
[③]《提高教师待遇,筹组区教育会》,《无锡日报》1943年12月18日。

想恢复教育会会所,其间,教育会还设想在1944年5月,"新会所可以落成"。①

但因种种原因,此事毫无进展,这也从另一方面反映了教育会的无奈。

三是整理会产经济。经费对教育会而言是至关重要的问题。侯小峰认为,教育会"自成立以还,瞬经数载,对于会务举行事宜,莫不时思推进,无如困于经费,以致虽有具体计划而未能见诸实现"。②1943年初,整理委员会接收前教育会移交的账册,"业经审核"为负数,对于"所有亏项如何弥补",整理委员会无奈作出决定:"俟本会经费有着后,再行设法归垫之"。③对于教育会的经费来源,1943年3月召开的县教育会整理委员第一次会议曾作出如下决议:

一、会员会费(各会员应缴纳会费每月以不超过一元为原则,从四月份起开始征收);

二、函请教育局、县政府、县党部,按月拨给津贴;

三、整理现有教育会款产。④

这明确了县教育会经济收入的来源。为便于收缴会费,教育会还规定:"县校会员函请教育局在三月份发款时代扣,私校会员函请各该校校长负责征集汇缴。"⑤在1944年2月召开的县教育会第五次理监事联席会议上,讨论了"征收会员会费案",基于当时市面上角票已绝迹,决定"本会入会费及常年会费,一律改为五元,每一会员应纳十元,由各校校长主任代收,汇交本会"。⑥到1944年5月,"会员入会费暨常年会费,已收到东区四百六十元,钱苍洲经手南区四百元,侯小峰经手北区八百八十元,朱正言经手西区七百六十元",而林以仁经手的城区,华光治经手的南区,尚未上缴。⑦当时物价飞涨,教师收入有限。对此,1941

---

① 《教育会理监事补行就职典礼》,《无锡日报》1943年12月15日。
② 无锡县教育会常务主席侯小峰:《呈为拟具无锡县教育会创办社会教育事业所需经费概算书仰祈鉴赐核拨以利会务事》,1942年11月17日。无锡市档案馆藏,档案号ML01194200702050061。
③ 《本邑教育会定期举行成立大会》,《无锡日报》1943年4月27日。
④ 《县教育会整委会议开始办理会员登记》,《无锡日报》1943年3月3日。
⑤ 《定期举行小学教育演示》,《无锡日报》1943年3月30日。
⑥ 《增强教育效率》,《无锡日报》1944年2月5日。
⑦ 《教育会举行第六次理监事联席会》,《无锡日报》1944年5月5日。

年秋,侯小峰曾在邑报上撰文说:

> 物价在那里扶摇直上,只听得各物价目的高涨,从未听得任何物品价目的降落。最近一月,更加不堪设想,豆油每元六两,洋火每包二元,试想一个小学教员,每月所得区区数十元薪水,怎样可以生活?不要说"仰事俯畜",就是一身顾一口,尚难应付。笔者〈一〉门八口,每天食米要三升以上,还加蔬菜、柴薪、电火、房租,而每月收入,却仅五六十元,所以每逢领了薪水,至多过活十天,一个月倒要三[二]十天没着落。①

这种以代扣为收缴方式的会费,虽然数额不大,但对广大教师而言也是一种负担,这不仅是物质上的负担,也是精神上施予的压力。

这样,会费所得对县教育会来讲就如杯水车薪,只能期望政府的"津贴"。故县教育会一再函请伪教育局、伪县政府、伪县党部,按月拨给津贴,甚至专程派人与伪教育局、伪县政府、伪县党部接洽,多次分头催讨。1941年,在教育会成立之初,其经费尚无着落,所支各款均由各理事分别垫付。②县教育会理监事举行就职典礼所花的经费,也是由各位理监事所垫付的。

在此背景下,教育会只能利用会产,确保其保值、增值。在1943年9月召开的理监事会议上,进一步明确推定林以仁、侯小峰、沈显芝3人负责处理,具体包括:确定产权,设立界石,重订赁租契约。1941年7月,新成立不久的教育会就整理会产一事在邑报上登文:"本邑县教育会成立以来,推进会务,不遗余力,所有事变前该会所有之款产,刻正在积极整理。闻该会对于以前教育会与市民所订之契约,须向该会声明加以调整,重行签订,至于款产之子息租金,应须向该会缴纳,否则该会将不予承认,另招租户。"③县教育会在第四次理监事联席会议上决定:"本会原有会所,凡区公所、县党部及专员办事处等房屋,即日起立折收租,其余前面余地亦同时召[招]租。……其他本会所有动产与不动产,即日

---

① 侯小峰:《小教的末日》,《新锡日报》1941年11月2日。
② 《县教育会整理会产》,《新锡日报》1941年9月15日。
③ 《县教育会积极整理款产》,《新锡日报》1941年7月15日。

起开始调查后再行办理。"①县教育会的地产集中在公园路图书馆旁。对县图书馆旁太元丰衣庄右面教育会的基地首段,教育会曾将其八架租予书业奚姓自建房屋营业。②1943年3月,《新中国报》无锡办事处向教育会租地建筑,教育会整理委员会开会议决:地基顶首2000元,租金每月200元,地基租期以5年为限。对教育会所属的崇安寺前《人报》馆基地,也假《无锡日报》社会服务栏内刊发启事,向外招租。教育会还会根据当时的经济环境,对租金作出调整,如1943年,教育会对于会产的租赁户日新书店,基于当时物价飞涨,由总务股负责接洽,"重行接洽增租",起先提出"以增加六十元为原则","业经数度接洽,允许增加五成",并经理事会公决通过执行。③对于被第七区公所及伪县党部所占房产,教育会多次派人接洽,要求订立租赁契约,收取租金,但伪政府一拖再拖,长期占有,付款则不了了之。

通过工作,县教育会还是取得了一定的成绩,特别值得一提的是该会争取到无锡区书业联合配给处的支持,通过沈显芝、林以仁、华光治、秦筱韵和朱正言接洽,④该处答应捐助会所建筑费2000元,为此县教育会还专函道谢。⑤

四是其他会务。在1941年6月,本邑县教育会鉴于时届夏令,为预防疠疫起见,应北区私小之联合请求,特将无锡私立中小学校名单地址列表函请无锡县卫生事务所,按址往各校注射防疫针,并由该会常务理事程载之与卫生事务所朱所长接洽,由朱所长分派医师,往各私校分别注射。无锡教育会还奉社运会训令,组织识字运动推行委员会,举办民众学校或识字班。当然教育会也关注教育行政的大问题,教育会曾致函县教育局,催促其召开教育行政大会。对此,邑报有载:"本县教育行政会议,久未举行,对于教育重要问题,急待公开讨论,如扩充乡村教育、提高学生程度、宽筹教育经费、改善教师待遇等等。兹悉县教育会,已函请教育局于最短期内召开云。"⑥但这些工作,成绩乏善可陈。经

---

①《县教育会整理会产》,《新锡日报》1941年9月15日。
②《县教育会召开理监事会议》,《新锡日报》1942年3月5日。
③《县教育会整委会议开始办理会员登记》,《无锡日报》1943年3月3日;《定期举行小学教育演示》,《无锡日报》1943年3月30日;《本邑教育会定期举行成立大会》,《无锡日报》1943年4月27日。
④《教育会开会商讨劝募会所经费》,《无锡日报》1944年1月8日。
⑤《教育会举行第六次理监事联席会》,《无锡日报》1944年5月5日。
⑥《教育会促教局召开教育行政会议》,《无锡日报》1944年1月18日。

费不足是影响教育会业务开展的重要原因之一,如1942年,教育会为办理民众识字班和添设民众阅报处,专门报告伪县党部,请求拨付专款,[①]但款未到而事即停止。

二、编写乡土教材:有限的会务

从无锡教育会发展的全部过程来看,这一阶段教育会编写的乡土教材是有限的成绩。

沦陷时期,日伪政府大力推行奴化教育,其主要做法是通过教材内容的添减、修订来实施的。日军占领无锡后,积极推行日语教学,并组织编写乡土教材。这一工作最早是由伪县教育局牵头组织的。1939年2月,伪无锡县公署教育科曾编辑、审核出版一套乡土教材《无锡乡土新教材》。现在可见其中的第8册,其编辑说明第一条说:本书主旨,在发扬光大儿童爱家、爱家乡之固有精神。[②]其基本内容沿用了战前旧教材。

1941年春,县公署又专门成立乡土教材编辑委员会。3月22日,这个委员会在县立实验小学举行第一次会议。出席委员沈显芝、陆云翥、林以仁、吴永铨、朱正言、陈楚材、吴自立等,主席沈显芝。这次会议决定:

一、先编辑国定初级常识课本二、四、六、八册内各课乡土教材,追编辑完成后,再编一、三、五、七册内各课乡土教材。

二、查常识课本第二、第六册,无需补充教材,第四册内须补充者有九课,第八册内须补充者有三课,由各委员分认搜集资料编成初稿,限两星期内编竣送会,共同商讨。第四册第一课"本地的人口状况",由林以仁负责编辑;第二课"本地的风俗",由沈显芝负责编辑;第三课"本地的报纸",由吴永铨负责编辑;第四课"本地的宗教",由陈楚材负责编辑;第五课"本地的名胜古迹和纪念物",由华达善、陆云翥负责编辑;第六课"乡贤故事",由林以仁、李鸿勋负责编辑;第

[①]无锡县教育会常务主席侯小峰:《呈为拟具无锡县教育会创办社会教育事业所需经费概算书仰祈鉴赐核拨以利会务事》,1942年11月17日,无锡市档案馆藏,档案号ML011942007020 50061。
[②]编审委员会编辑:《无锡乡土新教材》第8册(初级四年级用),协成印务局,1939,第1页。

十五课"本地的渔场",由吴自立负责编辑;第二十六课"本地的公共卫生事业"、第二十七课"本地的社会救济事业",由朱正言负责编辑。第八册第一课"本省的人口状况"、第五课"本地的土地分配和人民生活",由沈显芝负责编辑;第六课"本地社会事业的改进",由李鸿勋负责编辑。

三、第二次会议,定四月十三日下午二时,在实验小学会议室举行。①

会议对这套书的内容、章节、分工、进度都作出明确的规定。因为参加编纂的成员大多是县教育会的会员,因而到后来教育会则成为教材编纂的主体。在1944年5月初县教育会召开的第六次理监事联席会议上,讨论的议题之一就是"教育局编纂乡土教材,本会应予协助案"。会议议决:通过。

从实际编纂的进度看,该套书是边编辑边出版,边使用边修订,不仅有教材,还有教参,全过程持续了几年时间,参与编写的成员也发生不少变动。

1942年8月,伪江苏省教育厅曾在召开的第一届全省各县教育局局长会议上决议,"积极实施乡土教学,并编纂乡土教材","令饬各县组织乡土教材编辑委员会,搜集材料,拟订要目,由本厅综合汇编,分发各县应用"。并要求各地方自行编纂适合当地的乡土教材。当时,"除无锡、昆山等数县已经编竣外,其余各县在赶制中,预计于三十二年度上学期完成"。②可见,无锡教育会已着手开始乡土教材的编纂工作,并完成了部分乡土教材任务。

1944年5月9日,乡土教材编辑委员召开会议,出席委员安怡荪、陶达三、张镜秋、秦有成、沈显芝、林以仁、季英等7人。三年前最初的编写委员只保留沈显芝和林以仁两人,但主持工作的还是沈显芝。这次会议讨论的事项有:

一、规定三、四年级每学期各用教本一册,一、二年级用参考资料。

二、每册教材以十八课为原则,三年级每课在一百五十字左右,四年级每课在二百字左右。

三、文体用语体文,尽量减少生字。

四、教材纲目:(一)区域、(二)名胜古迹、(三)风景、(四)乡贤、(五)物产、

---

①《补充常识课本》,《新锡日报》1941年3月24日。
②(伪)江苏省政府教育厅编审室:《两年来之江苏教育》,建东印刷公司,1944,第64页。

(六)机关学校、(七)人民生活情形、(八)人口、(九)大镇、(十)交通。

五、聘请专家绘制插图,内容力求精确。

六、各课参考资料,另行编辑油印,由学校购用。

七、编辑工作由各委员分担,推定负责人员如下:(一)区域、(四)乡贤、(五)物产,由林、陶两委员负责;(二)名胜古迹、(九)大镇,由秦委员负责;(七)人民生活情形、(八)人口,由季委员负责;(三)风景、(十)交通,由安委员负责;(六)机关学校,由张委员负责,其他由总编辑负责。

八、限六月十五日送首席中心小学汇集校阅。①

从这则资料可知,在编辑工作推进过程中,沈显芝所在的首席中心小学实际承担了具体的组织工作。整个编辑工作到1944年暑期全部完成。当时邑报报道:"无锡县教育会负责修编之乡土课本,业经编纂委员会重编完竣,交由协成印务局印行,各情已志本报。兹悉,是项乡土教课书,已全部印就,内容丰富,装订精良,昨由该会通知各校从速备款至小娄巷底教育会购用云。"②到次年初,又有报道:"本邑县教育会暨江苏省初等教育研究会无锡分会,为本县各小学缺乏乡土教材,在上学期组织无锡县乡土教材编纂委员会,着乎[手]编纂,已经出版者,有第一、三两册,材料丰富,并适合儿童程度,各情早志前报。兹探悉,该会将第二、四册编纂就绪,于昨日付印,该不日即可发行云。"③

教科书是学校保证教学秩序的重要因素,除了编订乡土教材外,县教育会另外还做了两件事。一是维护教材的合理价格。1941年,无锡地方书店擅自提高书价,于书本末页,擅盖加价图记。此项加价图记,并非上海所盖,均系锡地各店,自动加盖。县教育会发现此情况,即在第四次理监事联席会议上专门讨论此事,并决议:"由本会函请各书店查覆",加以制止。④二是催索教材确保教学。全面抗战期间,交通不畅,教科书常常延期运抵,影响教学。1941年下学期,"各校开学迄今,已三周有余,而□通书局中小学课本,尚未装运来锡","各校纷来请求救济",为此,无锡教育会经第四次理监事联席会议议决,函请教育

---

①《首席中心小学举行乡土教材编纂会议》,《无锡日报》1944年5月10日。
②《乡土教本各校速购》,《无锡日报》1944年8月27日。
③《小学乡土教材三四两册完竣》,《无锡日报》1945年1月11日。
④《县教育会整理会产》,《新锡日报》1941年9月15日。

局设法救济。①当然,在教科书无法保证教学的时候,县教育会为配合日伪政府推行"刷新教育",首先保证刷新教育区域内学校的用书需求,如1944年2月,各校开学伊始,书本急需配齐,对此,县教育会推派专人,会同教育局向书业配给处接洽,商定配给处所有书本,先尽刷新教育区发配。

三、维护经济利益:基于生活的挣扎

在1944年6月6日《无锡日报》所编的教师节纪念刊上,作为县教育会负责人的沈显芝撰文指出,现代优良教师的特征是:确立服务群众的人生观,具有健全的人格,具有丰富的学识,具有牺牲的服务精神,须有研究进取的决心,有正当的康乐生活。但是抗战期间,教师的物质生活与众多百姓一样,万分艰苦,不得不引起县教育会的关注。

在1941年,《新锡日报》发表的社论就计算了当时教员小家庭的生活账:

在此米价高涨时期,中等以下的小家庭,以夫妇两人、子女两人计算,一天吃米两升,每月已需六七十元,加之其他衣住行及教育费、交际费等,最低限度须在百元以外,对于消费方面,实在是没有办法更加节省了。那么节流既行不通,惟有从开源方面着想。以本邑地方而论,一般小学教职员,因为学校薪俸所入,不敷开支,便设法增设补习夜课,或兼任他校课务,与校外有给职务,如此可以稍增收入,来维持他最低的生活。虽然在精力上多所牺牲,因为要求生存,便此可不顾一切,如牛马一样的劳作。这种状况,我们除对他们表示同情外,实在是不应再加批评或指摘的了。②

还有人说:"目下无锡教育水准是在一天比一天低落,原因是待遇的无法增加。一个做教师的,往往连自己的生活都无法维持,终日愁柴愁米,欲求安心工作,当属难能,在这种情况下孰能苛求其对教育事业有何贡献。所以无锡以往是以师资的优良夸称,而现在的师资,是一天比一天贫乏,甚至有每况愈下之

---

①《小学课本尚未运锡》,《新锡日报》1941年9月19日。
②逸:《代小学教职员诉苦》,《新锡日报》1941年5月8日。

感。"①因此,这一时期的县教育会,从关注教育事业的发展转向关注教员的生存。

一是开设教育职业介绍所。县教育会自许文蔚、程载之、侯小峰等发起组织成立以来,会务节节推进。1941年6月底,学期瞬将结束,教员面临聘任问题,不少人会承受失业之痛苦。为此该会利用附设的教育职业介绍所,"即日开始登记,凡失业教员,不分性别,或各校拟聘教师,于每日上午9时起至11时止,下午2时起至4时止,均可前往申请登记,以便设法介绍",由总务科具体办理。

二是争取平售权利。在物价飞涨的背景下,能够买到平价商品也不失为好事。1942年春,县政府举办平粜,为救济平民。小教同人认为:"我小学教师,平日所负使命,较之任何为重大,而待遇菲薄,生活维艰,可否请求当局加以垂怜,予以享受。"并邮寄公函给教育会,请求帮助呼吁。作为教育会负责人的侯小峰,"晋谒当局,代为请求"。②经过争取,5月中旬,"上半期中小学教职员平售米四十一担七斗五升五斗[合],已由平售委会将购米证送交教育局中小学教米配委会,负责支配"。③

三是启动救济。在启动救济方面,最典型的是1943年春,中二镇第一小学教员朱受昌为经济压迫而投河自杀,其子女依靠无人,县教育会"除函请教育局设法救济外,并由本会向各界劝募之"。④前教育会主席,时任黄长镇总校校长侯小峰,"除著文代为死者家属呼援外……并于星期一纪念周时,将朱教员自杀经过,当众报告,同时更劝令各学生'本人类共有同情心',各省糖果费少许,公赠死者家属",听者无不动容。半日间,由黄长镇小学学生自治会捐集国币百余元,请求代转死者家属。⑤1943年秋,教育会还"拟请娱乐业公会,附收教育人员生活补助费",并呈请县党部"转饬办理"。⑥1943年底到1944年初,县教育会会同教育局清寒基金委员会联合邀请上海华影篮球队及绿队女子篮球队来锡,举行篮球义赛,比赛地点在公共体育场。规定门票价格,荣誉券每票100元,普通券每票50元,优待券每票30元(优待教师、学生、公务人员,须凭证章入场),以

---

① 白丁:《无锡教育谈》,《无锡日报》1945年1月1日。
② 《小学教师声请享受平售权利》,《新锡日报》1942年4月12日。
③ 《中小学校教职员首次配给平米》,《新锡日报》1942年5月22日。
④ 《本邑教育会定期举行成立大会》,《无锡日报》1943年4月27日。
⑤ 《救济朱受昌遗族》,《无锡日报》1943年4月28日。
⑥ 《筹组教育人员合作社》,《无锡日报》1943年10月22日。

此收入来补助困难教员。在1944年9月召开的第九次理监事会议上,提出"提高教师待遇案",议决:不论□□私立中学,应将加收经费全部充作教师待遇;各小学将超过学级标准人数之学费充作提高教师待遇之用;以上二项由本会通知各校办理,并派员向教育局请求。1945年4月10日,县教育会召开第十三次理监事会议,会上,县教育会就"教师生活万分清苦","呈请教育局迅即公布新预算,并按月发放,以维本会会员生活",同时要求"募集教师生活补助费",拟具办法实行。

四是组织合作社。在百般无奈的情况下,为了教员的生存,县教育会组织教员开办合作社,希望引导教师在职业之余,发挥各自特长,赢得小利以贴补生活。在1942年于南京召开的江苏省初等教育研究会上,无锡县分会全体理监事均出席参加,所提的三项提案全部通过,其中一项为"安定教育人员生活组织小学教师消费合作社案",建议"联合各公私立中小学校,就县教育会附设合作社,以减轻教育人员日常之支出"。①为了实施该计划,县教育会还组织部分会员到邻县参考学习,②以利推广。"不过以清高自命的小教,能有几个肯教家属去经营副业,却是问题",③所以该项工作成效有限。

可以说,在这一时期,为了教员的生活,县教育会也是想尽了各种办法,除上述各项之外,教育会还想办法解决教师的膳食问题。1943年底,教育会在第三次理监事会议上提出:"仿照武进县办法,教师膳食,由学生家属轮供。"④对此,有人致信《无锡日报》:

前读邑报披载,教育会提贡[供]教局倡议各校教师由学生供膳二天或三天,俾优良教师不致中途改业,或迁地执教免使刷新教育区程度日益降低,儿童学业,逐渐退步,法至善也。今观各校教师,所待遇三百金左右,际此生活日高,斗米百金,个人饱腹,尚不能保,遑论仰事俯畜,谁无父母,谁无子女,言之实为痛心。环顾各校教员表,大部为女教员,间有少数男教师,为热心教育,不忍教

---

① 《省初等教育研究会本邑提案全部通过》,《新锡日报》1942年7月15日。
② 《筹组教育人员合作社》,《无锡日报》1943年10月22日。
③ 绍:《小教家属从事副业》,《新锡日报》1942年7月18日。
④ 《提高教师待遇,筹组区教育会》,《无锡日报》1943年12月18日。

育沦落,所以恋恋不去也。愿地方父老,以爱护教育之心,共襄此举,造福儿童,实匪浅鲜。①

不久,县教育会又讨论"修正小学学生供膳办法"。②1944年,在蔡虎臣跪请事件发生后,县教育会发起了组织学生献金委员会,自该年11月16日起,开始接受学生、家长自愿献金,以救济教师。③

从这一时期县教育会的会务来看,教学研究、学术探讨几无行动,其作用发挥微不足道。有人说:"今后欲求教育进步,第一应先从增加待遇着手,否则空谈提高教育水准,无异隔靴搔痒。整个教育事业,已临破产的前夕,希望关心教育人士,共起图之。"④但是教育会在经济方面所作的努力,又显得苍白无力。在1945年5月,邑报报道:"本县刷新区全体教师,为生活发生严重困难,经于昨日起,同时向校长请假,学校遂陷于停顿状态。"⑤这时的无锡教育会,在专业上无心引领会员教员业务的提升,在会员教员待遇上亦无力与当局力争,其已沦为日伪的维持组织。

---

① 《学校教师供膳问题》,《无锡日报》1944年1月5日。
② 《教育会开会商讨劝募会所经费》,《无锡日报》1944年1月8日。
③ 刘谦冲:《无锡市教育志》,三联书店,1994,第283页。
④ 白丁:《无锡教育谈》,《无锡日报》1945年1月1日。
⑤ 《全县小教罢课》,《无锡日报》1945年5月16日。

第五章

南京国民政府后期的无锡教育会（1945—1949年）

从抗日战争胜利到中国人民解放军南下跨越长江,短短三年多时间,中国社会发生了重大的变化。在国民政府统治区的无锡,教育会再次重新成立,它延续着南京国民政府前期的惯性,以职业社团作定位,把几乎全部地方教员发展成会员,使会员数达到历史的巅峰,希望借此重振当年雄风。但在风雨飘摇、民不聊生的形势下,该会已无力开展教育研究,几乎把所有的力量聚焦于会员的"福利",为会员的生存而战,"福利社团"是时代赋予它的特征。但该会仍试图努力做一些更有意义的事,如争取联合国教科文组织在无锡设立基本教育区等。1949年6月,无锡教育会停止活动,延续46年的地方教育社团走向终结。

第一节 两次全县会员代表大会

这一时期,无锡教育会从成立到解散,先后召开了两次会员代表大会。1946年4月19日召开的是第一次,也是成立大会,为无锡教育会最后一次重建;两年半后的1948年10月17日召开第二次,这次大会成为无锡教育会最后一次代表大会。

一、第一次代表大会:战后的重建

1945年8月15日,日本宣布投降,长达14年的抗战以中国的胜利而告终,中国进入全面的接收恢复时期。

1945年8月25日,国民党无锡县县长范惕生进城,公开发表《告全县人民书》,以示行使职权。[1]9月19日,国民党无锡县党部发布告示,下令凡沦陷时期的各伪团体一律停止活动,等待接收。[2]这样,原来的县教育会被迫停止活动而解放。

1945年11月,无锡教育会整理委员会成立,胡念倩[3]、华达善、钱殷之[4]、张正觉[5]、陈寄畅、顾希炯、蒋伯森等被任命为委员,胡念倩任主任委员,张正觉任副主任委员。[6]从掌握的资料看,胡念倩、张正觉均有做教育行政工作的经历,钱殷之则是较单纯的教育人。

从整理委员会组建到召开第一次代表大会,先后共举行5次整理委员会会议,其工作内容主要有五点。一是扩充组织。在县教育整理委员会组建的基础上,向基层各乡镇延伸,要求各区成立相应的区教育整理委员会,会员人选由县教育整理委员会讨论决定。二是配合甄审。清理在日伪时期有过劣迹的人员,以保证新建组织的纯洁性。第四次整理委员会议,对于文教同人甄审事宜作出

---

[1] 李广平、荣宝甫:《解放战争时期无锡人民革命斗争概述》,载《走向胜利——纪念无锡解放四十周年专辑》,中共无锡县委党史办公室、无锡县志办公室,1989,第5页。

[2] 朱邦华:《无锡民国史话》,《江苏文史资料》编辑部,2000,第280页。

[3] 胡念倩(1897—1960年),早年从事教育、党务工作,20世纪20年代末到30年代初曾任县教育会理事、常务理事等,1932年因故辞去县教育会常务干事一职。1929年8月任县教育局社会教育课主任。抗战胜利后任江苏省工业协会秘书、无锡长途汽车公司协理等。历任县立第五小学校(时任校长顾泾村、训育主任陈君璞)和泾皋初级小学教员。有评论说他:"尤于教育界负相当声望。沦陷期间,足迹不莅城市,坚贞亮节,为人推重。"参见江苏省工业协会:《无锡工商大集》,中国印书馆,1948,第10页。

[4] 钱殷之(1898—1983年),名钟瑚,号席珍。生于苏州,后移居无锡。1921年毕业于江苏省工业专科学校纺织系。先后在江苏省立第三师范学校、苏州女子师范、无锡县中、洛社师范、忠勤高级职业专科学校、县立第二小学校等任教。1925年偕胡汀鹭、贺天健、诸健秋等创办无锡美术专科学校。1930年与许岱云、倪铁如等创办江南中学并任校长。全面抗战期间避居宜兴张诸。抗战胜利后恢复江南中学且仍任校长。还曾任无锡县中校长。

[5] 张钟萱(约1900—?),字正觉,以字行。无锡茅塘桥人。国立中央大学毕业。历任上海及无锡县第四、第八区中小学校长、教员多年。1925年北上乡小学教员会成立后任会长。1925年兼任锡社南延市分社主任。1927年4月,任第五学区(南延、怀下、北上)教育委员。1931年3月任第十区(北下乡)教育会候补干事。1935年7月任县教育局学校教育科主任。抗战胜利后任县女中校长。

[6]《县教育会分电呼吁改善公教人员待遇》,《人报》(无锡)1946年3月2日。

决议:"根据蒋主席令,函甄审会慎重处理。"同时,对于在全面抗战时期甘心附敌,奴化地方教育,逆迹昭著的无锡伪教育局局长沈子良、潘毓怡等人,作出"应予依法检举"的决定,要求相关部门予以严厉处理。①三是研究教育恢复。在各区教育整理委员会主任委员参加的联席谈话会上,对于各区小学校舍建设如何加速恢复进行了商议。四是整理会产。第四次整理委员会对原教育会的会产租期已满的,决议:"重订租折,自三十四年十一月起租,每月房金国币一万三千元正,三年为期,期满房主收回基地,地上建筑物由房客拆去,自行建造"。②五是联络感情。整理委员会多次组织各委员暨各区整委会主任委员联谊叙餐。

1946年4月13日下午4时,无锡县教育整理委员会在连元街小学召开第五次,也是最后一次会议。胡念倩、钱殷之、华达善、顾希炯、蒋伯森、张正觉、陈寄畅等7人出席。会议由胡念倩主持。这次会议基于各区教育会多数已成立,再加上《无锡县教育会章程》(草案)"业经遵照教育会法草拟就绪",并获得会议修正通过,故决定在连元街小学召开战后无锡教育会第一次代表大会,③新建无锡教育会社团。

4月19日下午3时,无锡教育会第一次代表大会如期举行。比之战前,会议规模不大,出席各区代表及整理委员吕载阳、荣文光、张书城、沈济之、龚汉良等,仅20余人。列席者有县政府代表范惕生、辛曾辉、柳再春等,县党部代表阮效咸等。主席胡念倩。会议首由胡念倩报告整理经过情形,再由列席代表相继致词。继通过章程。然后选举理监事及省代表。选举结果:张正觉当选省代表,张正觉、钱少明、顾丕基、杨震中、胡育良、荣文光、吕载阳、谢伯明、蒋英倩当选为理事,钱殷之、杨性初、周天杰为候补理事,沈济之、周霖、顾尚志为监事,顾希炯为候补监事。④会员们还向大会递交议案18件。这次会议的举行,标志着无锡教育会再次成立。

4月28日午后2时,县教育会在县立图书馆举行第一次理监事联席会议,决议:推定杨震中、钱少明、吕载阳为常务理事,再由常务理事互推杨震中为理事

---

① 《奴化本县教育,潘毓怡甘心附敌》,《江苏民报》(无锡)1946年1月13日。
② 《奴化本县教育,潘毓怡甘心附敌》,《江苏民报》(无锡)1946年1月13日。
③ 《县教育整委会决议全县代表大会本月十九日下午举行》,《江苏民报》(无锡)1946年4月15日。
④ 梁溪社:《县教育会成立》,《江苏民报》(无锡)1946年4月20日。

长,吕载阳为总务组长,张正觉为组织组长,钱少明为宣传组长,胡育良为研究组长。①无锡教育会新的领导班子就此诞生。从选举结果看,原整理委员会委员中,仅张正觉、钱殷之保留了下来,其余均是新人。不过如胡育良、杨性初、沈济之、吕载阳、周霖等在战前曾在县教育会担任过干事等职务。②蒋英倩长期担任县教育会秘书,并参与怀上教育分会工作,③抗战胜利后,他曾任张泾桥区民众教育指导员,后调县政府民政科工作。④荣文光则曾是万安教育分会的负责人之一,⑤对会务开展均较为熟悉。

被推举为理事长的杨震中,他之前并未参加过无锡教育会,战后也未参与整理重建工作。他的任职,必然是政府安排的结果。有资料说,他出生于1901年前后,毕业于上海私立正风文学院中国文学系。曾任某中心小学校长、教员,湖北省第一、第五区行政督察专员公署科长、中校秘书等职。全面抗战期间避居内地,抗战胜利后返锡出任无锡县参议会议员,还与薛明剑共同创办允利橡胶厂并任经理。1946年,辛曾辉创办《江苏民报》时,"杨为经理,擘划经营,废食忘寝,十阅月来使本报基础奠定"。后杨震中脱离《江苏民报》,创办《大江南》周刊并任社长。⑥有报道说:"该报文字精警,立论公正,取材丰富,印刷精良,装订成册,每册售国币一千元。"⑦杨震中是南京国民政府后期无锡教育会唯一的一位理事长,从他任职的表现来看,他还是敢于担当、能维护地方教育利益的。1948年4月30日,他在《江苏民报》上发表长篇文章《为无锡教育界说句公道话》,其文章内容很能反映他的风采:

据四月二十八日报载,本县公教人员自四月份起,应以生活指数二十四万倍发放。但教育人员为数三千四百余人,于此县政经费极感困难之下,恐难如

---

① 《县教育会昨举行首次理监会议》,《锡报》1946年4月29日。
② 无锡县政府:《无锡概览》,文新印刷所,1935,"教育"第84页。
③ 《县教育会分会改组委员联席会议》,《锡报》1929年9月2日。
④ 《蒋英倩调县任用》,《人报》(无锡)1946年2月11日。
⑤ 《县教育会改委会议》,《锡报》1929年8月13日。
⑥ 无锡县教育会:《本会理监事履历表》,1948年10月17日,无锡市档案馆藏,档案号ML01194800508010230;郁:《县教育会理事长杨震中》,《江苏民报》(无锡)1947年1月1日。
⑦ 《大江南周刊第五期出版》,《导报》(无锡)1947年8月14日。

数发出。因此本邑公务人员,建议参会意见两点,力陈公务员生活艰苦,而教育人员已向学生收取生活补助费,似于县政经费项下,不能与公务员享受同等待遇,主张在县预算内,删除教育经费,并组织教育经费清查团,清查各校经费收支情形云云。披阅之下,对于本县公务员之含辛茹苦,艰难支撑,不禁寄予深切之同情,但观诸教育人员之实际待遇,亦有同病相怜之处,爰本公正立场,申述如次:

按本县各级学校征收教育补助费,于学期开始时必经合法手续,由县政府、教育局、参议会、教育会各机关联合商讨,酌量征收,一则弥补县政经费之不足,一则借以提高教师之待遇,此在地方经费未臻稳定之际,乃出于不得已之办法,其他各县,莫不雷同,断非无锡教界独开风气之先,此社会人士应予明了者。

根据《国民学校教职员任用待遇保障进修办法》第七条第二项之规定,教师最低薪津,应以维持当地个人食衣住三者所需生活费之三倍为标准。本学期规定教师待遇,以县经费与生活补助费合并计算,按月仅白米两石,而每石仅以二百万元折价,是与部定标准相差悬殊,且教育人员终日忙碌,绝无其他收入,而生补费在乡区各校,大多以农村经济艰难,所收无几,仅能维持膳食。至于县政经费,已积欠四阅月,今一月份经费,虽在发放中,在此百物飞涨声中,已无形贬价,此等挣扎于饥饿线上之教师,其艰难困苦,较之公务员实有过之无不及,恐非局外人所能洞悉。

复员以后,无锡教育于创巨痛深之余,渐已纳入正轨,正如奇花欲放,宜灌溉之、培植之,若将县预算之教育经费删除,使全县国民教育停顿无疑,若将教育补助费收归县库统收统支,无异以政府名义向学生征收学税,学校成税收机关,恐与教育法令不无抵触。至于经费收支情形,各校均有经济稽核委员会,按月稽核呈报,仅可责成教育行政当局认真办理,何必越俎代谋。倘为清查教育经费而特设清查团,显予教育界以重大之侮辱,设教界同仁亦以经费累月积欠,请求各机关公布收支细数,则泾渭不分,似非得计。

以个人之见,公务员生活艰苦,欲争取社会之同情,应于法理兼顾之下,另谋开源之道,不应与同甘共苦之教育人员,较其短长。在此宪政开始,动员戡乱之秋,凡所设施,当以安定为第一义。我无锡公教人员,尤应同舟共济,安渡难关,倘若舍本逐末,自相矛盾,无异火中取栗,其后患何堪设想!①

从成立到1948年10月第二次代表大会召开的两年半时间里,理监事组织保持基本稳定。其中仅有杨性初从候补理事增补为理事,增补的原因是张正觉辞去理事一职,故经过第八次理监事会议讨论通过,"由次多数杨性初递补"②,其余成员的职务均没有变动。而常务理事吕载阳后来又担任无锡县农会理事长一职,主要精力不再放在教育会;监事沈济之则兼任县党部执委。③

值得一提的是,这次无锡教育会的成立,并未建立在各基层教育分会全部成立的基础之上。在无锡教育会第一次代表大会召开之时,由于时间仓促,一些乡镇教育会尚未组建完成。同时,由于抗战胜利后,国民政府接收工作仓促,一些乡镇对新组建教育会的依据不甚明了,致使组建工作难以推进。针对这些问题,代表大会结束后,县教育会就加大对乡镇的辅导工作,还接受城区教育会的建议,"于报端公布教育会法,并指示组织要点"④,帮助筹建。

无锡教育会恢复成立的时间在全省各县中是较早的。1946年12月18日,张正觉作为无锡省代表参加江苏教育会成立筹备会议,⑤成为江苏教育会成立的推动者之一。

二、第二次代表大会:最后一次大会

比之第一次代表大会,第二次大会的筹备要充分得多。所有乡镇教育会均提前进行换届改选,并产生出席新一届县教育会代表大会的代表。

按1946年第一次代表大会通过的《无锡县教育会章程》规定,每届是两年,到1948年4月应该进行换届。但抗战胜利后,无锡县基层区划作了新的调整,

---

①杨震中:《为无锡教育界说句公道话》,《江苏民报》(无锡)1948年4月30日。
②梁溪社:《保校一二月欠费呈县全数发放》,《锡报》1947年3月3日。
③江苏省工业协会:《无锡工商大集》,中国印书馆,1948,第295页。
④《乡镇教育大会定六月底召开》,《锡报》1946年6月18日。
⑤《江苏省教育会明年三月成立》,《锡报》1946年12月22日。

从原17市乡分为71乡镇,①这一度导致原基层教育分会调整的混乱。

县教育会,前以各乡镇教育会之组织系依照前县行政区域所组成,现全县各乡镇,业已奉令重行划并,乡镇教育会因之难以推展工作,上下亦不能贯通,当将前组之乡镇教育会撤销,并积极筹组新会,经拟就改组办法,并由县府核准后,昨即函请城乡七十一乡镇中心国校校长,规定在五月底前,会同所在地公私学校办理改选事宜,并全部组成云。②

到1948年6月,各乡镇教育会,业已全部改组完成,但个别乡镇教育会会员表册上缴滞后,影响了会期。③故县教育会再次致函各乡镇教育会,限期将未缴各项表册如期补送。④

表5-1　出席无锡教育会第二次代表大会各乡镇代表名单(1948年10月)

乡镇名	代表名	乡镇名	代表名	乡镇名	代表名
大同镇	蒋震	广柏乡	蒋佩坚	洛社镇	张书城
陆区桥	杨吟渭	仁爱镇	陈其然	云林镇	顾尚志
靖复镇	瞿相成	万东乡	邵健	前洲镇	冯宗燮
钱桥镇	郑圻源	安镇	蒋焕卿	羊华镇	杨宏治
胡埭镇	杨仁义	东亭镇	柳铭	石塘湾镇	李榕
怀二镇	顾鼎贤	中一镇	胡育良	怀三镇	蒋祖望
梅村镇	强家鼎	长安镇	张怀纲	周泾乡	周宗义
北夏乡	余天工	张镇	胡森桂	雪浪乡	董威
惠山镇	奚干城	中二镇	顾泾村	锡治镇	周世杰
怀四镇	吴惠元	忠孝镇	陈兰轩	南桥镇	庄介一
信义镇	华抚松	怀一镇	须东山	和平镇	邱宝瑞
墙门镇	黄文藻	周潭镇	丰康南	景溪乡	张纪载

---

①参见《无锡划并成七十个乡镇》,《导报》(无锡)1947年10月7日;《锡邑划并乡镇草案拟就》,《导报》(无锡)1947年10月22日;《无锡合并乡镇积极筹备》,《导报》(无锡)1947年12月21日。
②教育社:《乡镇教育会定下月改组》,《江苏民报》(无锡)1948年4月29日。
③《各乡镇教育会全部改组完成》,《锡报》1948年6月8日。
④教育社:《教育会催报改选表册》,《江苏民报》(无锡)1948年6月16日。

续表

乡镇名	代表名	乡镇名	代表名	乡镇名	代表名
杨墅镇	胡复	薛典镇	薛道卓	运渎镇	夏翔天
坊前镇	倪丕章	胶东镇	朱锡麟	塘头镇	胡怀恺
惠河镇	王有仁	新安镇	王维贤	堰桥镇	杨性初
北延乡	周敦	藕塘镇	言卓君	实验乡	薛炯
张舍镇	王璞臣	怀五镇	陈君璞	坊桥镇	辛荫嘉
荡口镇	华志德	后宅镇	陆新寰	博爱镇	孙绩成
万北乡	萧舜农	开原镇	潘德溥	湖山乡	糜叔雍
甘露镇	周霖	鸿声镇	钱梧	斗山乡	陆保济
八士镇	过质彬	张村镇	陈懿行	天一乡	沈士行
新渎镇	钱作民	落霞镇	秦承模	扬名乡	许岱青
华庄镇	陆少璇	化北乡	钱叙之	南泉镇	陈子慎
永安乡	朱继鸿	双庙镇	任光涵		

资料来源：据《江苏民报》1948年10月16日《教育会改选理监事，今先召开预备会议》文章所列名单编制，并依据《锡报》1948年10月16日《教育会代表大会今开预备会议》作了补充、校正。另外《江苏民报》1948年9月24日《邑教育会筹备改选，各乡镇县代表产生》一文中，梅村和堰桥的代表分别为萧以何及范渭南，其变化原因不明。

1948年10月6日，无锡教育会举行第二十一次理监事联席会议，杨震中、吕载阳、钱少明、沈济之、杨性初等出席。会议由理事长杨震中主持，与会成员听取杨震中所作的第二届代表大会筹备经过报告，继即议决有关事宜：其一，第二届第一次代表大会定于10月17日上午8时，假连元街锡治镇中心国校举行，要求各乡镇教育会代表务于16日下午3时以前，凭当选通知书，向秘书处办理报到手续，领取证章，即于四时举行预备会，商讨大会重要事宜；其二，各代表提案，一律于大会前二日（即15日）送交大会秘书处，分类编列议程；其三，各代表膳食，皆由大会供给。①

在会议召开前夕，来自中一镇的县代表、上届理事胡育良在邑报上发表了个人的意见，表达对这次大会召开的期盼。

---

①《县教育会理监事十七日举行改选》，《锡报》1948年10月8日。

本邑教育事业素称发达,惟自抗战军兴,弦歌中断,以致一落千丈。自胜利以后,虽经当局悉心擘划,但尚未能恢复战前旧观。究其原委,不外乎人力、物力、财力之不足。人力之不足,即师资缺乏;物力之不足,即校舍、校具等之简陋,不敷应用;财力之不足,即教费不能独立。缘是之故,则心有余而力不足,教育事业亦无法推进矣。兹者诸公济济一堂,各抒宏论,共同检讨过去之缺点,洽商嗣后改进之计划,如何能使师资整饬,如何能使教育设备之完善,如何能使教经独立得有保障,将集议结果供献当局,使我整个无锡教育革改刷新,日趋于光明之途,则代表诸公厥功甚伟也![1]

他在希望大会完成"讨论教育上一切兴革事宜"的同时,希望推举出新一届领导,改选第二届县会理监事,开拓会务。这既是他个人作为旧理事和新代表的一己之言,也充分反映了广大会员及社会各界对这次会议的期许。

16日下午,预备会议在锡治镇中心国民学校如期召开,各乡镇代表66人出席。主席杨震中报告筹备情况,内容大略为:本会第二届代表大会未能如期举行原因;本次预备会必须讨论事项;全县共为71乡镇,现已成立乡镇教育会69个,现已报到之代表计有66位;本大会收到的提案情况。旋即讨论大会预备事项,推定大会主席团成员为杨震中、胡育良、顾尚志,并即席互推杨震中为主席团主席。[2]

10月17日上午8时,无锡教育会第二届第一次会员代表大会隆重举行,出席各乡镇代表66人[3],县长周明馨、国民党县党部书记长徐赤子、县参议会议长李惕平、指挥所政工处叶处长、教育局局长濮源澄、《江苏民报》社社长辛曾辉、县政府社会科科长张一飞、县妇女会理事长孙曼石等莅会指导。会前全体与会人员摄影留念。大会在音乐声中揭幕,首由杨理事长报告此次改选延期原因,继即报告教育会两年来的工作概况:

(一)会员登记:登记会员已有三千七百六十一人,发给会员证共三千余张。

---

[1] 胡育良:《对本邑教育大会如的意见》,《江苏民报》(无锡)1948年10月16日。
[2]《教育二届代表大会今晨隆重揭幕》,《江苏民报》(无锡)1948年10月17日。
[3] 一说实到69人:"全县教育会代表计共七十一人,只缺运渎镇代表夏翔天,长安桥代表张怀纲,实到六十九人。"参见《教育预备会花絮》,《江苏民报》(无锡)1948年10月17日。

(二)整理会产：本会会产包括图书馆路本会会址，及附近日新书店等，曾一度欲收归公产，后经本人据理力争，始行平息。现除下面一部份[分]借与民教馆外，教育会会址设于楼上。

(三)同仁待遇与福利：本会一向力争，各位均所洞悉，无庸再述。

(四)合并乡镇教育会：自无锡县乡镇合并后，本会随行政区合并为七十一乡镇教育会，本届大会代表，即依此七十一乡镇产生。

(五)整理师资保障职位：本会二年来从事贡献意见，供教局采纳，均已大体施行。①

代表县政府的周县长在讲话中说道："适才听到杨理事长二年来之工作报告，可说已尽了最大的努力！"②他充分肯定理事长杨震中个人及其领导的县教育会两年间所取得的成绩和发挥的作用。接着，参加会议的县参议会李议长、县党部徐书记长、指挥所政工处叶处长、教育局濮局长、《江苏民报》社辛社长、记者公会代表陆浩青、会员代表陆少璇等相继致词。③

下午会议继续进行，讨论修改通过章程。而后在县政府所委派的社会科科长张一飞监选下，开始选举，结果如下：

杨震中六十七票，陆浩青六十三票，胡育良五十八票，顾泾村五十八票，周世杰五十二票，谢伯明四十六票，沈显芝四十四票，华抚松四十四票，周霖四十票，当选理事；钱少明二十二票，荣文光二十一票，杨性初十一票，为候补理事。……沈济之四十一票，顾尚志卅九票，张鹤皋二十五票，当选监事；钱作民二十二票，邱宝瑞十二票，为候补监事。辛曾辉四十四票当选省代表，杨震中八票为候补省代表。④

候补理事的选举中，倪铁如、杨性初、陆士铭各得11票。根据原定选举办

---

①教育社：《教育代表济济一堂，二届大会圆满闭幕》，《江苏民报》(无锡)1948年10月18日。
②教育社：《教育代表济济一堂，二届大会圆满闭幕》，《江苏民报》(无锡)1948年10月18日。
③《教育会改选完成，理监事全部产生》，《锡报》1948年10月18日。
④《教育会改选竣事》，《人报》(无锡)1948年10月18日。

法规定,由张科长声明,以抽签决定①。结果杨性初胜出,当选为候补理事。下午3时,新任理监事在锡治镇中心国民学校召开第一次理监事会议,推举结果:杨震中、陆浩青、胡育良3人为常务理事,杨震中为理事长,顾尚志为常务监事,总务组长为周世杰、华抚松,组织组长为沈显芝,研究组长为顾泾村、周霖,宣传组长为谢伯明。②至此,会议取得圆满成功。

表5-2 无锡教育会理监事履历表(1948年10月17日)

职务	姓名	性别	年龄	籍贯	履历
理事长	杨震中	男	48	无锡	上海私立正风文学院中国文学系毕业。曾任某中心小学校长、教员。抗战胜利后,参加"苏复社",曾任县参议员、允利橡胶厂经理、《江苏民报》经理、《大江南》社社长等职。
常务理事	陆浩青	男	35	无锡	省立无锡中学高师科毕业。曾任上海育德中学、青年中学、无锡县立中学等校教员,参加地方记者公会。
常务理事	胡育良	男	47	无锡	省立苏州中学高师科毕业。曾任安镇小学、县女中附小校长等职。
理事	顾泾村	男	48	无锡	省立第三师范本科毕业。曾任丰县师范教导主任、无锡县教育局学校教育科科长,时任中二镇中心国民校校长。
理事	周世杰	男	35	无锡	省立无锡师范高师科毕业。时任锡治镇中心国民校校长。
理事	谢伯明	男	47	无锡	江苏省立教育学院毕业。时任无锡县教育局督学。
理事	沈显芝	男	49	无锡	省立第三师范本科毕业。时任江南中学教员。
理事	华抚松	男	49	无锡	省立第三师范本科毕业。时任私立蔡氏小学校长。
理事	周霖	男	51	无锡	省立南菁中学毕业。曾任甘露小学校长及荡口区教育指导等职。

①选举候选人票数相同,以抽签决定胜出者。这是当时通行的选举办法。
②教育社:《教育代表济济一堂,二届大会圆满闭幕》,《江苏民报》(无锡)1948年10月18日。

续表

职务	姓名	性别	年龄	籍贯	履历
候补理事	钱少明	男	41	无锡	大夏大学教育学士。曾任无锡私立玉祁初级中学教导主任,无锡县第七学区教育委员,无锡私立锡钟高级商业学校教员,敦睦中学校长,河南省第十一区农林学校教导主任,河南省第十一区行政督察专员、公署事务员兼科员,河南省洛宁县政府第一科科长,教育部苏浙战区巡回教学团第二队第二组组长。时任无锡县立女子中学教务主任,无锡县临时参议员。
候补理事	荣文光	男	48	无锡	上海育才中学毕业。曾任小学教职10年。
候补理事	杨性初	男	47	无锡	省立第三师范本科毕业。时任堰桥镇杨巷国校校长。
常务监事	顾尚志	男	37	无锡	省立第三师范本科毕业。时任无锡县教育局查桥区教育指导员。
监事	沈济之	男	49	无锡	中国体操学校毕业。曾任浙江诸暨中学体育主任、无锡县立体育场场长等职。
监事	张鹤皋	男	36	无锡	私立上海震华中学毕业。时任无锡忠孝镇中心国校教员。
候补监事	钱作民	男	39	无锡	大夏大学毕业。时任藕塘镇中心国校校长。
候补监事	邱宝瑞	男	41	无锡	无锡国专毕业。时任培南小学校长。

资料来源:根据《薛明剑文集》(上册)、《无锡文史资料》第1辑、《江苏民报》相关报道以及无锡市档案馆所藏相关档案整理。

对本次会议,《锡报》《人报》《江苏民报》《导报》等也作了连续报道。其中所刊会议花絮不少,内容涉及多个方面,可加深我们对这次会议的印象。

对于出席会议代表的描述:"全体会员代表中,以文质彬彬穿长衫的最多,占十分之七;穿西装的次之,有十分之二;穿中山装的最少,不过十分之一。依年龄分,头发业已花白,年在四十、五十岁间的占二分之一,其余以三十岁左右的最多。会员代表们,布衣布鞋占多,服着俭朴,可以说是勤俭运动的有力倡导者。会员代表中全系男性,万男丛中一点绿的是李议长太太孙曼石女士。"[①]

[①]《二届教育代表大会序幕》,《新夜报》(无锡)1948年10月17日。

对于候选人的预测:"下午改选理监事。闻此次本邑教育界,负有声望先进,参加选举者极为踊跃,届时将有热烈竞选场面,但目前趋势以杨震中、胡育良、陆浩青、谢伯明、周世杰、顾泾村、周霖、华抚松、顾尚志等,众望所归,当选呼声最高。"①"以教界喉舌著称《民报》社社长辛曾辉,贡献二点:理监事要选择有傻经[劲],能苦干者,方能为同仁争取福利。"②"第一届理事长杨震中,在二年来已尽到艰巨的任务,为了力争同仁福利,屡在参议会席上猛烈质询,'大炮'之名,由斯以起,此次筹备改选,昨天主持大会,劳苦功高,为全体代表一致爱戴。"③

对于选举的结果,参加会议的仁爱镇县代表陈其然说:"各代表很快的投票,选票均集中于对教育有历史、有贡献者,故当选诸公,亦即为全邑教界最理想最钦佩之人物。"④《江苏民报》评说:"今后,各代表对本届理监事之推选,洽商频繁,大致意见均可一致,情况和洽。"⑤

对于会议组织的评价:"各乡代表进城,除一部份[分]借宿亲友家外,余均住金门、城中、新雅、公园、中国、惠中等旅社,各旅馆骤行客满。""主席杨震中、总务组周世杰、文书组谢伯明、报到组顾泾村、招待组胡育良,忙得团团转,整个一天没有休息。""代表膳食由大会总务组负责,菜肴丰富,吃得皆大欢喜。"⑥"午膳由教育会招待,即在锡治中心膳厅进餐,菜肴六七色,荤素兼有,节约而可口,闻为该校庖丁所调制。"⑦

对于会议召开的评价:"无锡夙称教育发达之区,此次大会,集全县教育优[硕]彦于一堂,盛况不亚于参议会开会。……会会期二日,适值星期,今日下午,各代表均将赋归,时间之经济,为任何会议所无。"⑧

---

① 《教届硕彦,展开竞选》,《江苏民报》(无锡)1948年10月17日。
② 《二届教育代表大会序幕》,《新夜报》(无锡),1948年10月17日。
③ 《周县长警语耸听,杨震中劳苦功高》,《江苏民报》(无锡)1948年10月18日。
④ 陈其然:《寄语新理监事》,《江苏民报》(无锡)1948年10月18日。
⑤ 《教育预备会花絮》,《江苏民报》(无锡)1948年10月17日。
⑥ 《教育预备会花絮》,《江苏民报》(无锡)1948年10月17日。
⑦ 《周县长警语耸听,杨震中劳苦功高》,《江苏民报》(无锡)1948年10月18日。
⑧ 《教育预备会花絮》,《江苏民报》(无锡)1948年10月17日。

三、《章程》的修订：宗旨转向"福利"

南京国民政府后期，无锡教育会制订的《章程》有两份。一份是1946年4月第一次代表大会制订通过的。另一份是1948年10月第二届第一次大会修订通过的。在二届一次大会上，对修订大会章程作出决定："除第七条省代表任期由三年改为二年，并即日改选外，余均无异议，顺利通过。"[1]这说明递交讨论的《章程》草案，除了"省代表任期"一处作了修改外，其余内容没有变化。但编者不清楚，这次会议讨论所用草案是第一份《章程》的文本，还是对第一份《章程》文本修改以后的新稿子。目前编者所见，只有第二份。考虑到当时的社会背景和教育会的实际情况，这两份《章程》应该不会有很大的差异。由于第一份《章程》已无从寻觅，所以，第二份《章程》就成为20世纪40年代后期无锡教育会组织的重要文件。

国民政府对教育会社团管理的要求集中体现在颁布于1931年的《教育会法》中。[2]1944年10月31日，国民政府对该《教育会法》又作了修正并重新颁布。新的《教育会法》的改动，主要内容是主管部门和会员发展的变化。第一次明确了社会部主管审批、教育部主管业务的共同管理模式，从而希望改变战前国民党党部插手教育会会务的状况。"凡中华民国人民，住居该区域内，年满二十岁，具有左列资格之一者，得加入乡镇教育会或市区教育会为会员"[3]的新表述，把教员为主体的教育从业人员充作教育会的社会基础，这为教育会社团从志愿社团完全演变为职业社团提供了依据。

新《教育会法》所呈现的要求，既有继承延续，又有修改新增。新《教育会法》可视作国民政府对教育会社团所作出的法律安排。它也成为抗战胜利后无锡教育会制订修正自己章程的重要依据，并深刻影响其走向。

分析无锡教育会制订的《无锡县教育会章程》，并参照所属大同镇[4]教育会制订的《无锡县大同镇教育会章程》，再结合他们具体的会务活动，有以下数点是值得关注的：

---

[1] 教育社：《教育代表济济一堂，二届大会圆满闭幕》，《江苏民报》（无锡）1948年10月18日。
[2]《教育会法》，《江苏党务》半月刊，1931年第46期，第64—68页。
[3]《教育会法》，《教育部公报》1944年第16卷第11期，第1、2页。
[4] 1948年1月，无锡县裁区设署，合并乡镇，全县划分为五个区署、六个指导区及一个自治实验乡，大同镇属原城区的第一指导区，位置在无锡南门外。参见无锡县地名委员会：《无锡县地名录》，1985，第420页。

(一)关于教育会的宗旨

无锡教育会,从清末成立,历经北洋政府时期、南京国民政府前期和日伪政府统治时期,不管外界形势发生多少变化,活动空间或大或小,始终都把研究教育、推动地方教育发展作为社团立足的根本。如新修订《章程》第一章《总则》第二条中写着"本会以研究教育事业,发展地方教育,并协助政府推行教育政令,并共谋本县教育同仁之福利为宗旨,但不得为营利事业"[1],强调了社团立足的根本,但也创造性地提出了"共谋本县教育同仁之福利"的表述,替换了抗战前章程所提的"增进教育界之福利",[2]并在第二章《任务或事业》第五条中明确,将"关于教育同仁之福利事项"作为重要的会务。

检索相关的资料,全面抗战前无锡教育会提出的"福利",基本是一个较为宽泛的概念,如1928年1月新改组的县教育会在通过的《宣言》中,提出了"谋教育界之福利"的口号。[3]同年,在无锡教育会发起组织江苏省各县教育会联合会的倡议中,也有"为联络全省县教育会共谋教育界福利起见"的表述。[4]在1936年出版的由姚铭盘、陈廷镛、周士香等多名教育会会员编著的《无锡乡土教材·县党部》中曾提到:此外像教育会、工会、农会、救国团体、公益团体、慈善团体等,目的都在发展地方事业,以谋公共福利。[5]这些所谈的"福利",范围及内容均比较宽泛,属于社会公共利益的范畴。而新修订章程所谈的"福利"是"教育同仁之福利",与战前教育会《章程》所谈的"福利"在意思上有了很大的差异,其成为教育人的集体"福利"。从文本编排看,它在第二条的四项宗旨中仅列最后,为第四位,在第五条"本会之任务及事业"九项中,位列第八位。虽然,从排序看均靠后,但从实际会务开展的情况看,"谋本县教育同仁之福利"却成为这一时期无锡教育会会务最重要的内容。

---

[1] 无锡县教育会:《本会章程》,1948年,无锡市档案馆藏,档案号ML01194800508010227—ML01194800508010229。

[2]《无锡县教育会章程》(草案),《无锡教育周刊》1927年11月16日第13期,第20页。

[3]《县教育会执行委员会开会记》,《锡报》1928年1月17日。

[4]《苏各县教育会明日开联会》,《申报》1928年6月16日。

[5] 转引自赵永良、蔡增基:《无锡历史文献丛书》第一辑,上海交通大学出版社,2014,第98页。

这样的转向,实有当时形势所致。20世纪40年代后期,国民政府的军事活动已严重超出了经济的承受能力,导致极端的通货膨胀、物价飞涨,民不聊生。对此,有人评论:

> 今天这局面,实由政府不稳定的金圆政策使之然。……在今天,就无锡来讲,城乡的中小教师生活困苦是万分真实的事情,尤其是乡下教师,更是如陷汤火,整日生活在炼狱里。①

残酷的现实,迫使无锡教育会改弦更张,为自己所代表群体的生存而战。所以,这一时期,诸如成立学术社团、创办学术刊物等会务均不见了踪影,而会员的生活经济"福利",成为县教育会关注的重点。

(二)关于会员的人数与结构

对国民政府颁布的《教育会法》中对于会员的规定,无锡教育会《章程》给予了照搬:"凡中华民国人民,住居本区域内,年满二十岁,具有左列资格之一者,得加入本会为会员。"也就是说,只要符合章程所列六个条件之一,即拥有入会资格。并且,"得加入本会为会员"的"得"对具有入会资格者亦作出要求,即不再需要本人志愿或会员两人以上介绍等铺垫,而是"必须"入会。这一规定,大大拓展了教育会会员的来源。事实也确如此,1948年10月召开第二届代表大会时,理事长杨震中宣布了当时无锡教育会会员登记情况:全县拥有登记会员3761人,颁发会员证3000余张。②

表5-3 无锡教育会历年会员人数变化表(1906—1948年)

时间	会员人数	备注
1906年	60余人	
1912年	220人	

---

①佩韦:《教育危机面面观》,《人报》(无锡)1948年11月27日。
②《教育会改选完成,理监事全部产生》,《锡报》1948年10月18日。

续表

时间	会员人数	备注
1927年3月	1100余人	为县、市教育协会会员合计数。其中市协会有21个支部,会员300余人,县协会有会员807人。
1928年1月	863人	人数为时江苏省各县之首。一说该年人数为1024人。
1935年4月	1150人	
1943年	500余人	
1948年10月	3761人	

资料来源：根据《无锡教育杂志》《无锡概览》《无锡市志》以及《申报》《安徽教育行政周刊》《无锡县政公报》《新无锡》《锡报》等报刊所刊载的相关文献整理。

由上表可知,在1948年,无锡教育会会员的总数达到了历史的巅峰。据记载,1948年,无锡全县有专科以上学校教员161人,中等学校教员827人,公立小学教员2435人,私立小学教员1011人,合计为4434人,会员数占到全部教员数的85%。[①]由此可见,无锡教育会从清末的志愿社团,在南京国民政府建立以后逐渐向职业社团过渡,到此则完全实现转变。也因此,教育会从代表地方教育的利益更多地转向代表地方教育同人的利益。

由于会员众多,为了便于识别,增强向心力、凝聚力,县教育会还专门制作了会员证,上贴有会员本人"最近半身二寸照片",并注明略历、年龄、籍贯等。[②]证书上面还印有《会员须知》及《会员守则》：

会员须知

(1)本证呈由无锡县政府核准发给；(2)凡依法申请入会持有本证者,方得为本会会员；(3)会员于移转时,须由乡镇教育会证明,来会申请移转；(4)本证须随身携带,妥为保存,以便检查,遗失须登报声明作废,呈请补发。

[①]根据《无锡县二十五年（战前）与三十七年（战后）教育概况比较表》计算所得。参见《无锡教育》（复刊,第1期,概况专号）,协成印务局,1948,第55页。

[②]无锡县教育会：《紧要启事》,《江苏民报》（无锡）1946年12月3日。在第二次大会上,曾有会员提议："各乡镇教育会理监事县代表,应由县会发给证章,以资识别案,议决：通过,由县会统筹发给。"后来也印制下发了。《教育会通过提案》,《江苏民报》（无锡）1948年10月18日。

会员守则

(1)遵守法令会章;(2)维护团结组织;(3)忠心服务教育;(4)努力自身进修。①

会费收缴也是一个印证这一时期教育会职业化的视角。作为会员,当然有缴纳会费的义务。为了方便,1946年底决定会员会费由各区指导员于发放经费内扣收。②1947年6月定的标准为:"入会费每一会员一万元,常年会费每一会员每月一千元(半年一次缴足)。"③这样,会费不再由会员个人缴付,而是由教育会在相关教育经费内按标准和会员数扣除,这就将志愿责任变为职业责任了。

另外,无锡教育会也在试图改变其自身的结构。抗战胜利后,地方中学得到较大的发展,加上新创办江南大学等,地方学校结构从战前以小学为主体发展为小、中、大学并举的状况。这也让教育会内的有识之士产生改变教育会会员结构的想法。如在第二届理监事选举之前,胡育良曾提议:

本届大会,竞选理监事者,大有人在,惟代表诸公于事先应明定候选人之标准,如再社团之争,门户之见,感情用事,随便投选,以致当选之理监事,或者不负责任者,或有不能为我教育同人谋福利者,或有不足以领导我教育同人者,则又何必多此一举。故鄙见认为候选人之分配虽各会员均有被选资格,但为合切事实起见,国校教师应占百分之五十(包括私校在内),中学教师、大学教授、教育文化人员、教育行政人员、地方贤达各占百分之十,如此支配,较为适当。致候选之资格,至少于各部分站在领导地位,而对教育事业,确能为同人谋福利,并能不畏权威,向当局力争者,始克胜任,否则尸位素餐,徒有其名,亦何必虚设此一机构哉!④

但从选举的结果来看,这一人事安排的提议并没有取得实质性的结果。从会务实际开展情况来看,县教育会希望加深与大学的合作则是这一时期的新情况。

---

① 参见《无锡县教育会会员证》,本书彩页第8页。
② 《教界候选人资格:三年以上合格》,《锡报》1946年12月26日。
③ 《教育会将推动各科专题研究》,《江苏民报》(无锡)1947年6月2日。
④ 胡育良:《对本邑教育大会的意见》,《江苏民报》(无锡)1948年10月16日。

(三)关于上下关系

新颁《教育会法》第一章第六条规定"下级教育会应受上级教育会之指导"。[①]言下之意,全国、省、市县、乡镇四级教育会的关系不是领导关系,而是指导关系。在实际操作中,无锡教育会与江苏教育会依然延续了战前相对独立的关系,很是难得。县教育会在处理地方相关问题时,一般不会依仗省会。当然也有例外,如1947年底,政府到四大米市之一的无锡采购粮食,导致无锡粮价大涨,严重影响教员生活,为此,无锡教育会电致江苏教育会,称无锡"奉令收购赋谷,为数甚巨,而每石给价只十七万四千元,致教师公粮无形贬值,教育经费,大受打击",要求省会"转呈电中央,停止收购,或改以市价计值,以维县政,而固国本"[②]。这是县教育会通过省教育会向政府施加压力,以壮声势的做法。

无锡教育会《章程》第九章《附则》第二十二条规定,"本章程经会员大会或代表大会通过,并呈准县政府核准后,公布施行"[③]。这说明地方政府依然是管理教育会的主要力量。县教育会的整理新建,不再是教育人基于学术或专业的自觉抱团,而是政府推动、促使的结果。整理委员会是政府组织的,委员会委员人选是政府指定的,前期未参加整理的杨震中出任理事长,也是政府安排的结果。但是,县教育会依然想以自己的方式影响政府。在1946年底,县政府筹备撤销县教育科,改建县教育局时,县教育会对于新任局长应该具备的条件,提出自己的见解:"一、人格高尚,热心教育事业,具有相当资历者;二、能纯粹专心于教育事业者;三、能顾全实际状况,而不畏艰难者。"[④]而时任县教育科科长的辛曾辉的情况如下:

师范出身,读的是教育书,吃的是教育饭,一向在"教育"里兜圈子,外边人称他"好好先生",自己人叫他"翁兄"。请求他的事,无不允诺,但办不到,是另一件事。胜利后,他从屯溪回锡,接办《江苏民报》,兼任教育科长,办理现在的

[①]《教育会法》,《教育公报》1944年第16卷第11期,第1页。
[②]《省教育会电请中央,停购教育赋谷》,《人报》(无锡)1947年12月21日。
[③]无锡县教育会:《本会章程》,1948年,无锡市档案馆藏,档案号 ML01194800508010227—ML01194800508010229。
[④]梁溪社:《教育局即将成立》,《锡报》1946年12月17日。

教育行政,是最吃力而不讨好的事,因为限于经费,做事不能出手出脚,然而竟能从范任到徐任,别轻视他是"好好先生"!办事没魄力,其实他外表面象是很翁,内心里是很有主意的。好酒量,在宴会上出过风头,可是下来醉后误过事,听说他现在的酒量,已不如从前了。①

1947年4月,辛曾辉科长离任,县教育会于4月29日晚上,在迎宾楼举行欢送会,到新任县教育局局长杨镜航,以及倪铁如、李惕平、赵章吉、孙保垣、徐赤子、钱孙卿、张正觉、顾琨、施之勉、钱少明、许岱云等地方政府及教育界名人60余位。会议由杨震中主持,他致词说:对辛科长在职以来,规复教育,辛劳卓著,功在地方,现奉令调任县政府秘书,实为本邑教育界之一损失。这表达了对这位在政权交替过程中主管地方教育官员的敬意。致词后,宾主举杯互颂,并在一块红绸方上题名,以志纪念。②当晚的宴会很是隆重,这样的安排对新任局长是很有暗示意义的。

1947年暑期,新任县教育局局长杨镜航调动30多位校长,引起无锡教育界和社会很大的反响,而县教育会对此事的表态是:

(一)此次更调校长,经本会征询各方意见,其中不无尚欠斟酌之处。(二)被改组校长如无过分失职之处,应予量情安置,俾得继续努力。(三)希望教育局勿拘令出必行之旧例,对于被改组各校如无过份失职之处,教育当局应一秉至公,斟酌实情,重行调整。(四)教育事业自有其独特之尊严,此次县府对教局改组学校,未臻妥善之处,在积极方面,所持态度未能对整个教育前途着想,愤然表示意见,徒使外界多所猜疑,认为县局双方有权利之争,无形中引起纠纷,增加社会不良印象,失却教育尊严,实非地方之福,本会深表遗憾。③

在这过程中,县教育会试图扮演中间人的角色,成为教育界、社会与政府之间的桥梁。县教育会提示政府"应"如何做,对政府偏颇的作为则"深表遗憾",

---

① 《时人速写·辛曾辉》,《人报》(无锡)1946年10月10日。
② 白丁:《欢宴辛科长席上》,《江苏民报》(无锡)1947年4月30日;《各界欢宴辛科长》,《江苏民报》(无锡)1947年4月30日。
③ 《更调校长纠纷迭起,县教育会表示遗憾》,《导报》(无锡)1947年7月22日。

不作严厉的申述。这样的态度,一方面,有利于维持政府对自己的关照,确立自身的威望;另一方面,也能保持相对的独立性,避免完全成为政府的附庸。

乡镇教育会的成立,也是地方政府推动的结果。如1946年8月,藕塘桥区在学期开始之前,教育指导员钱作民召开校长会议,要求"乡镇教育会由各中心国校负责成立,限九月十日前一律汇报县教育会备案"[①]。《无锡县大同镇教育会章程》第九章《附则》第二十条规定:"本章程经会员大会通过,并呈请县会转呈县府核准后,公布施行"。这表明教育分会对县会的归属。这一时期,县教育会对乡镇教育会的会务处理,管理的程度有所加强。

比如,在1948年6月18日召开的县教育会第十九次理监联席会议上,处理了乡镇教育会改选纠纷多起,涉及和平、堰桥、运渎、长安等多个镇的教育分会。其一,和平镇教育会选举县代表发生纠纷,决议:应以得票最多者当选。其二,堰桥镇教育会所呈会章不符法令,决议:堰桥镇教育会所呈会章第八条关于会员资格第七款核与法令不符,且会员名册内有一部分会员不符会员资格,该会选举结果无效;筹备主任范渭南措置失当,另派孙荆楚为筹备主任。其三,运渎镇教育会因会员资格发生问题,决议:由该会筹备主任将签名簿、会员名册,限文到三日内呈会审核。其四,长安镇教育会选举纠纷,决议:查该会办理改选手续不合,应即重行改选。其五,梅村镇教育会改选发生问题,决议:应重行改选。[②]其中,堰桥镇教育会因选举纠纷,直到1948年9月中旬才召开成立大会。成立大会召开当天,无锡教育会还"派孙以介前往监选,结果顾胜泉等当选理事,谈芸为监事,杨性初为县代表"[③]。

(四)关于会所修复

会所是教育会的活动中心,具有很重要的作用。县教育会会所在全面抗战期间毁于战火,地基被强占。抗战胜利后,在先下手为强的"劫收"过程中,地基被无锡县财政整理委员会以公产统一管理为名接管。[④]为此,县教育会据理力

---

① 《藕塘桥区校长会议》,《锡报》1946年8月30日。
② 教育社:《县教育会昨开理监联会》,《锡报》1948年6月19日。
③ 《堰桥镇教育会召开成立大会》,《锡报》1948年9月18日。
④ 《基金充作修置费》,《江苏民报》(无锡)1946年12月16日。

争,强烈要求归还。1947年1月,县临时参议会对"县财政委员会将教育会会址收归公有,应仍归该会案"进行讨论,议决:"交驻委会查明办理。"①后经省府批示财政整理委员会侵害会产一案,最终同意将原占会址发还。1947年4月15日,县教育会理事长杨震中在《人报》上发表迁址启事:"本会于四月十五日起迁至前教育会原址办公(即图书馆路二十六号城区区公所内),恐未周知,特此公告。"②在1946年12月24日召开的县教育会临时会议上讨论了会所复建方案,并提出:建筑费于1947年向会员筹集法币三千万元,其余不足之数向各界劝募,限于1947年内建筑完成。③为了加快会所建设步伐,1947年5月,教育会成立筹建委员会,推定杨性初、顾丕基、姚方勉、钱作民、胡育良、张鹤皋、周润生、张正觉、杨震中、顾尚志、沈济之、蒋英倩、吕载阳、钱少明、钱殷之、谢伯明、徐振炎等为筹建委员会委员,其中杨震中、沈济之、张正觉、姚方勉、钱作民、蒋英倩、钱殷之、顾尚志、周润生、徐振炎为常务委员,由杨震中为召集人。④县教育会希望以此强大的工作班子尽快推动教育会会所的建设。但会所直到1948年10月第二次会员大会召开,仍未建设完成。故该次会议上,有会员再次提案:"本会会所于抗战时焚毁大半,迄未恢复,应如何设法筹建案,议决通过:一、先招工估计;二、每一会员征收若干建筑费;三、向热心教育人士劝募;四、整理会产,增加收入;五、成立募建委员会办理。"⑤但由于当时的客观形势,会所建设终付搁浅。

第二节 "福利教育会"的作为

南京国民政府后期,国民党倒行逆施,连年内战,所导致的经济崩溃成为最大的社会问题。覆巢之下无完卵。作为代表教员群体的无锡教育会,在全面抗战前及全面抗战时期,也曾有过为维护教师经济利益而进行抗争的先例,但只是其所关注的教育问题的延伸,甚至只属个案。而在南京国民政府后期,无锡

---

① 《县临参会昨闭幕,通过庞大总概算》,《人报》(无锡)1947年1月13日。
② 《无锡县教育会迁入原址办公启事》,《江苏民报》(无锡)1947年4月15日。
③ 《教界候选人资格:三年以上合格》,《锡报》1946年12月26日。
④ 梁溪社:《呈请县府补发四月教育经费》,《江苏民报》(无锡)1947年5月3日。
⑤ 《教育会通过提案》,《江苏民报》(无锡)1948年10月18日。

教育会为维护会员经济利益所表现出的全面、广泛而持续的抗争,既反映出了其迫于教员群体生活困窘的无奈,也冲淡了它其他方面的工作成绩,其结果是:它从学术专业社团变异为"福利"社团。

一、第一届两年间的议题:日常经济

抗日战争胜利后不久,1945年12月22日,进驻无锡的国民党第三方面军①政治部召开由无锡教育界、文化界、新闻界人士参加的文教座谈会。教育界出席的有县教育科科长辛曾辉,校长张正觉、钱殷之、顾琨、顾绳武、胡念倩、许岱云、李康复等。参加会议的记者在会后写的感言道:他们虽然不是"面有菜色",但都一望而知是清寒之士。其描绘了战后无锡教育人士的众生相。会上最先发言的是辛曾辉,他提出当前教育面临的三个最大困难是经费困难、设备困难、师资缺乏。②而其中后两个问题,都与第一个问题相关,即教育经费不足,成为战后无锡教育发展面临的重大问题。办学经费困难,又以教员生活水准下降为代价,以此延伸出的"薪给""改善待遇"等问题,不得不成为无锡教育会会员议案的热点与重点。

早在县教育会再次成立之前,基于"县级公教人员,待遇菲薄,不符中央规定",整理委员会主任委员胡念倩、副主任委员张正觉,就曾联袂于1946年3月1日,致电行政院、教育部、财政部、江苏省政府、教育厅、财政厅等,请求将公教人员薪给标准重加厘定,并以生活指数为根据逐步增加。原文如下:

窃查近数月来,物价飞腾,生活指数激增,各地各业职工纷纷要求改善待遇,尚能合理解决。而我公教人员之待遇,虽于本年一月份起重加调整,然生活煎熬,依然窘迫万分,有亟待改善之必要。何况县级公教人员之薪给,原已歧视压抑,厚彼薄此,相差悬殊,事之不公,莫此为甚。属员等承乏无锡县文教公职,

---

① 抗战后期,国民政府军事委员会于1944年12月在昆明成立中国陆军总司令部,参谋总长何应钦兼任陆军总司令。1945年3月,中国陆军总司令部将卢汉、张发奎、汤恩伯和王耀武所率部队,改编为第一、二、三、四方面军。第三方面军即当时负责接收苏南,包括无锡的汤恩伯所率部队。

② 《教育在苦难中挣扎》,《江苏民报》(无锡)1945年12月23日。

淬厉奋发,刻苦自奉,报国何敢落后,艰辛固愿共当。惟立法贵平,守法应严。此次调整全国公教人员生活补助数额,中央早经分别明文规定,其办法第七条,且有各机关如另定办法,有与本办法抵触者,其上级机关予纠正等语。故省县各级薪给标准,倘有出入,即与中央政令不合。再依照薪给标准,主任与书记相差无几,则县级与省级自亦不能相差太甚。兹就无锡而论显欠公允,将来激荡所至,势必引起事故,是不容不为钧长胪举陈之:一、按省县级公教人员之区别,原系机关本身性质之不同,其对于国家社会之贡献,正复相等,故中央规定江苏全省公教人员之待遇,除京沪两地另有规定外,均为底薪加七十倍,另□生活津贴二万四千元,办法至为公允。今县级减为底薪支五十倍,生活津贴减为一万六千元,不符中央规定,似有调整之必要。二、查中央规定各省薪给津贴颁布时,江苏米价为每石四十元左右,今已涨至六倍以上,即以每月二万四千元之津贴,亦难以安定生活。今县级减为一万六千元,则杯水车薪,更属无补,所谓"生活津贴",顾名思义,当在安定公教人员之生活,薪给容有高下,生活无所偏废,理应不分省县,平等待遇。三、无锡普通工资,经政府评议决定,自二月二十一日起,每工为一千八百元,月计五万四千元。而中学教员所入,月仅二万元有另,所谓教育神圣,将□工人之不远,政府定本年为教育年,应如何改善教师之待遇,而谋合理之支配,今不公允不合理若此,优良师资将相率逃避,即教育前途何堪设想。四、主持者既摈弃优良师资于门外,他方适竭全力以收容,减弱我方实力,即为他方增原气,此中得失消长,岂容熟视无睹,而任令铸成大错耶。以上各节,事实显然,影响所至,将令驯士颓丧,桀骜□决,而□长爱护学者,奖励良善,必为始愿所不及。属会烛弊益瞭,忧心益重,用教□实□□,应请将省县级公教人员薪给标准,重加厘定,务必一律相等,并以生活指数为根据,逐步增加,则湛恩汪□,□□百昌,立国大计,亦□□焉,除分呈外,理合电呈,仰祈鉴核祗遵,不胜迫切待命之至。①

这封电文,反映了抗战胜利初期无锡地方所碰到的问题,也反映了包括教员在内的全体公教人员的感受与期盼。无锡教育会正式成立后,其问题指向更

---

① 《县教育会分电呼吁改善公教人员待遇》,《人报》(无锡)1946年3月2日。

集中于全体教员这一群体利益的维护。战后第一届教育会,从1946年4月成立到1948年10月换届,历经两年半的时间,其间共召开理监事联席会议21次,编者收集到其中14次会议讨论的部分内容,具体情况详见下表:

表5-4 无锡教育会第一届理监事会议议题统计表(1946年4月—1948年10月)

时间	地点	会议名称	议题总数	选举	教育	经济	会产	其他	备注
1946年4月28日	县图书馆	第1次	2	2					
1946年6月1日	公园多寿楼	第2次	6		1	2	2	1	
1946年8月		第4次				1			议题总数及具体日期不详
1946年12月16日	公园多寿楼	第7次	8	1		5		2	
1947年3月2日	公园多寿楼	第8次	4		1	1	2		
1947年4月		第9次				1			议题总数及具体日期不详
1947年5月1日		第10次	5	1		3	1		
1947年6月1日		第11次	5		2		1	2	有1项内容情况不明,现列其他类别中
1947年7月		第12次	4						具体日期不详
1947年11月		第14次					1		议题总数及具体日期不详
1948年3月		第16次					1		议题总数及具体日期不详
1948年5月14日		第18次	2	2					
1948年6月18日		第19次	7	5		2			
1948年10月6日	教育会会议室	第21次	2				2		
合计			14次	45	11	4	17	8	5

资料来源:根据《锡报》、《导报》(无锡)、《江苏民报》(无锡)、《人报》(无锡)等相关报道编制。

从上表我们可以看到，14次会议总议题数为45件，按内容类别从多到少依次排序为经济类议题17件、选举类议题11件、会产类议题8件、其他议题5件、教育类议题4件。11件选举类议题的主要内容是完成县教育会自身选举程序和处理乡镇选举过程中发生的纠纷。如第七次理监事联席会议，讨论了"本会县参议员选举场所，应如何决定案"。考虑到"本会会员，散居四乡，人数众多，集中困难，应根据县参议员选举条例第十五条之规定，分区设立投票所，以资便利，而符条例"①。会产类议题8件，内容包括接收原会址的议题及会产增收的议题等。第二次理监事联席会议讨论了"本会会产应如何重行整理案"，并确定本会会产"由总务、宣传二组负责办理"②。在第八次理监事会议上讨论"本会图书馆路日新书店房屋主持人请求翻造是否同意"一案。③教育是教育会会员关注的重点，提出议题最多是符合情理的，而实际仅有4件，在所有议题类别中是最少的，这是出乎意料的。其中如第二次理监事联席会议，讨论"应如何鼓励本会会员努力本位工作以利教育案"，决议："一、以本会名义代电全体会员在此教费万分困难之下，益宜振奋精神，努力本位工作，以完成教育建国之使命；二、函请本邑记者公会此后登载教育新闻，应以公正立场详实记载，以资鼓励。"④再有第八次理监事会议讨论"县立师范应以造就本籍师资为原则，应否限制外地的"，议决："呈请县政府在下届招生时注意。"⑤这样的议题，在内容上很难说是属于教学业务的范畴，只能说沾边，姑且将其列入教育类议题。像理监事会议讨论的函请教育局继续办理本届小学教师暑期训练班，教育会聘请浦漪人、童润之、陆仁寿、沈显芝等专家开展国民教育各科专题研究，⑥这样真正讨论、研究教学问题的议题可谓屈指可数，与战前教育类议题的数量有很大的差距。

形成鲜明对比的是，经济类议题的数量占到全部可统计议题的近40%。比

---

① 梁溪社：《教育局即将成立》，《锡报》1946年12月17日。
② 《县教育会理监事第二次联席会议》，《锡报》1946年6月2日。
③ 无锡县教育会：《教育会第八次理监事会议决议》，1946年3月3日，无锡市档案馆藏，档案号ML01194600702060221。
④ 《县教育会理监事第二次联席会议》，《锡报》1946年6月2日。
⑤ 无锡县教育会：《教育会第八次理监事会议决议》，1946年3月3日，无锡市档案馆藏，档案号ML01194600702060221。
⑥ 《教育会将推动各科专题研究》，《江苏民报》（无锡）1947年6月2日。

较典型的议题以及相关讨论如下:

第二次理监事联席会议讨论:第一,关于教育经费发放办法应如何向县府建议案;第二,县区各国民学校基金无法筹集经常费,应请克日发放案;等等。①

第四次理监事联席会议上又讨论待遇标准:"本邑教育人员待遇标准,经最高国防会议通过,行政院公布生活补助每人九万元底薪五百四十倍,八月份起实行。但查八月二十日全县校长会议,辛科长报告生活补助费五万五千元底薪二百四十倍,显与法令不符,应请县府遵照行政院公布标准,切实办理,以重政令而维教育。"会议议决:"呈请县府照案办理。"政府批复:"新标准尚未□到,县经费收入有限,正在筹划中。"②

第七次理监事联席会议主要讨论内容:①提请建议教育科从速规定下学期征收学费标准,以资遵循;③②公教人员之待遇,应遵照国防部公布之规定外,其余不足之数,应请当地政府另行设法,以资补救;③本学期教育科核定城区发放经费三个月,应请教育科于学期结束时全部发给,以维教员生活;④本学期城区各校呈解县金库之基金,应请县府于年内如数发还;⑤如何彻底达到本次会议第一、第四两案之目的。

从时间上分析,在两年半的时间里,前期的经济议题内容以要求按期发放教育经费为重点。中期以要求待遇一律按标准发放为重点,如第九次理监事联席会议讨论"教育人员应与公务人员一律待遇一案",当经议决:"现教师生活补助费未曾依照标准发放,呈县迅予补发,以昭公允。"县政府答复:"自四月份起,公教人员同一标准发放,二、三月份俟税收宽裕再行补发。"⑥后期以要求补发相关费用为重点,如1947年5月2日,无锡教育会理事长杨震中以"教总60号"呈函县政府徐县长:"窃查本会第十次理监事联席会议讨论:'教师待遇加成数应

---

①《县教育会理监事第二次联席会议》,《锡报》1946年6月2日。

②无锡县教育会:《为呈请依照行政院公布之教育人员待遇标准自八月份起按月发放》,1946年8月26日,无锡市档案馆藏,档案号ML01194600701320009—ML01194600701320010。

③无锡县教育会:《为呈请教育科从速规定下学期征收学费标准以资遵循》,1946年12月23日,无锡市档案馆藏,档案号ML01194600701410060。

④无锡县教育会:《呈请将公教人员之待遇除遵照公布之规定外不足之数请县府设法补救》,1946年12月21日,无锡市档案馆藏,档案号ML01194700701320019。

⑤梁溪社:《县教育会理监事会议》,《江苏民报》(无锡)1946年12月17日。

⑥无锡县教育会:《为教育人员应与公务人员一律待遇仰祈鉴核补发》,1947年4月16日,无锡市档案馆藏,档案号ML01194700701310022。

请县府补发一案,经议决,呈县按照新标准,由一月份起迅予补发,以昭公允'。"①收件后,县政府徐县长批复:"呈悉,查此案本府正在统筹分配中,一俟分配竣事,再行饬遵仰即知照。"②再如1948年,无锡县政府收到参议会转来的文号为第199号的"教育会函嘱转请切实执行教育经费发放一案"办理件,经办理,县政府作复:"函复教育经费按月发放一案已按月照办。"③又如1948年6月召开的理监联席会议讨论"四、五两月份教育经费,曾经本县教师推派代表,向参议会呼吁,县府请愿,要求迅予发放。承黄秘书面允,四月份经费准于六月十五日以前发清,五月份经费准于六月底发清。至今已属过期,似违诺言,应如何表示案",决议:"呈请县府体念教师,将该项拖欠经费立即发清,以维诺言而重政府威信"。④议题内容的变化是与当时的社会经济状况相吻合的。

总体看来,教育会所提议题获得了执政者的关注,也有不少议题获得解决。这说明教育会所作的努力还是有一定成效的。

这一时期,县教育会出面协调处理一些矛盾。这些矛盾本身不一定是直接的经济问题,但都与会员的生存有关联,其矛盾根源依旧是经济问题。如1947年,大安镇第二中心国民学校房东要收回租用的房屋,学生家属代表冯新华等致函县教育会,请求制止收回校舍。为此,杨震中致函县政府徐县长:"该校学生素称发达,以原有教室尚不敷应用。今该校房主竟敢摧残教育,擅自收回,殊属非是,准函前由备文呈请钧核,准予该校合理保障,制止房主收回,以利教育,实为公便。"⑤

又如1947年9月,对于正业小学内部纠纷,教育会也积极处理。教育会理事长杨震中还致函徐县长,寻找帮助。该函具体内容如下:

---

① 无锡县教育会:《为教师待遇加成数请准予照新标准补发》,1947年5月2日,无锡市档案馆藏,档案号ML01194700701310030。
② 无锡县政府:《为据呈教师待遇加成数准予按照标准府补发一案指复知照由》,1947年5月12日,无锡市档案馆藏,档案号ML01194700701310031。
③ 无锡县政府:《无锡县参议会来人办理情形一览表》,1948年4月23日,无锡市图书馆藏,编号地2164。
④ 教育社:《县教育会昨开理监联会》,《锡报》1948年6月19日。
⑤ 无锡县教育会:《准函大安镇第二中心国民学校家属代表冯新华等请求制止收回校舍呈请鉴核准予制止》,1947年7月8日,无锡市档案馆藏,档案号ML01194700701450127。

案据属会会员何映洁、杨念农等呈称："窃查南里私立正业小学，前为刘氏创办。自名誉校长刘彦威担任名义后，校内经费颇形拮据，由教职员共同维持，迄今已届二十余年。而刘氏非但无经济上之援助，反于每学期坐领干薪。至民国三十一年，校中聘请李福祺君为校长到校以来，积极推展校务，学生增加，教室添辟。胜利以还，重组校董会，呈准复校。去秋并斥私资，添建校舍，添置校具，借资容纳，甚得地方信仰。兹本学年业经开始，转瞬即届开学，突有前任校长刘彦威，于邑报登载《启事》，警告李君办理移交并停止招生等情，无异对校内各同仁予以解职，并不惜运用卑怯手段，极尽攻击之能事。查教育事业本属神圣，办理认真，岂能无故解职，且本年度学年开始，各教师业经聘定，刘氏以私利之争作为撤换校长、教职员之条件，寔创教育界之怪闻。此等行动，非特阻碍校务进展，仰且对各教师之职务绝无保障。职等本教育之正义立场，理合联名呈请，呼吁救济，仰祈鉴核，请求维持现状，保障同仁职务，并祈派员调查真相，谋合理之解决，借维地方教育"等情，据此，查该前名誉校长刘彦威，对该校既无贡献，又乏精神援助，此次以前校长名义出面阻扰，殊属非是理合，据情呈请钧长鉴核，迅予制止，以维教育。谨呈无锡县县长徐。无锡县教育会理事长杨震中。[1]

在该函原件"拟办"栏，署有"纠纷已解决"字样。这些问题均涉及教育会会员的生计。对这些问题的处理，反映了县教育会维护教师经济利益所作的努力。

二、二届一次代表大会上：议案聚焦

1948年10月，无锡教育会召开第二次代表大会。它从筹划，各区（市乡）教育会换届改选，产生县代表，至大会正式举行，筹备时间超过了半年。相比第一次代表大会仅有18件议案，这次大会递交议案的数量大为增加，达到31件之多。可见，这次会议集中反映了众多教育会会员的期盼。具体议案内容如下：

---

[1] 无锡县教育会理事长杨震中：《据何映洁等呈私立正业小学内部纠纷请求保障请予以制止》教总第104号，1947年9月24日，无锡市档案馆藏，档案号ML01194700702750028。

表5-5　无锡教育会第二届代表大会议案情况一览表(1948年10月)

类别	数量	议案内容	会议审查议决
教育经费	13件	1. 教育经费应按月发清,在县库经费支出时,应先发赋谷印收,以利教育案。 2. 教育经费迄今积欠二月,请求县府于田赋开征时,一次清发,以维同人清苦生活案。 3. 国民学校学生每人增收之学谷捐折合白米五升,应仍充作校用案。 4. 各校超额学谷捐,为顾念教师辛劳,应请重订支配标准案。 5. 上学期教局向各校提取之提成费为数甚巨,局方究属如何支配,如何应用,迄未公布,本会应函请该局即日公布详细情形,以昭大信案。 6. 怀一镇、怀二镇中心国校位居锡东,收费标准与邻县相差悬殊,恳祈援助,转函县府、教局准予减轻解库数,以利教育案。 7. 减低乡校学费。 8. 各校经费得请求指导员向局代领转发案。 9. 学校教师公粮应请继续发放案。 10. 请教局从速确定公费数字,并即日发放案。 11. 根据县预算教师赋谷百分之三十五,合稻谷三万五千石,应完全拨充国校经费案。 12. 各校校舍租赁,请求教局重行列入预算案。 13. 各校校支浩大,须增加办公费成数案。	1. 通过。一、除呈请县参议会转函县府制发印收外,并由会径向县政府呈请;二、制发印收,由县府在县政公报栏公告赋谷印收,准予抵完田赋或于田赋旺收时,径向各区仓库领取实物。 2. 保留。 3. 通过。由会函教育局遵照参议会议决办法办理。 4. 通过。甲,支配标准:一、教师劳绩金占百分之七十;二、学校修建设备及民教经费占百分之三十。乙,由本会函请县参议会复议,并请县参议会转函教局照办。 5. 通过。由本会函教育局于本月内将详细账目登报公布,以昭大信。 6. 留理监事会讨论。 7. 保留。 8. 通过。在各区校长会议时,由指导员向局代领转发。 9. 通过。由本会呈请县府继续发放。 10. 通过。请教局明确公布,即日发放。 11. 将全部赋谷三万五千石划分储存,全部拨给教育经费。 12. 通过。由本会函教育局于编列下年度预算时仍行增列。 13. 通过,并入第三案。

第五章　南京国民政府后期的无锡教育会(1945—1949年)

续表

类别	数量	议案内容	会议审查议决
待遇保障	4件	1. 呈请县府依据上海市教育局小学教师物资配给办法,无分公私立学校一律配给物资,以增同人福利案。 2. 函请教育局为保障教育人员生活应发薪金,一律发放实物,并实行年功加俸,以安定教师生活案。 3. 教育人员之职位切实保障案。 4. 教育人员待遇标准学历与经历并重案。	1. 通过。由本会呈请县参议会及县府积极举办实行配给。 2. 通过。函请教育局,教师待遇一律发放实物,并详订年功加俸及保障教育人员生活办法,切实实行之。 3. 在职教育人员如确系无故停职者,本会函请教局维持原职。 4. 通过。函请教局加强视导,重视经历分别论奖。
会务改进	8件	1. 为请求颁发乡镇教育会钤记,以利会务案。 2. 各乡镇教育会理监事县代表,应由县会发给证章,以资识别案。 3. 依据县会章则,凡乡镇教育会县会有经常费补助,惟自成立以来未能领到,应请按月发放案。 4. 拟联合城区各镇会筹组联合办事处。 5. 请固定本会会所并添派常驻办事人员处理日常事务案。 6. 本会会所于抗战时焚毁大半,迄未恢复,应如何设法筹建案。 7. 本会应组织会员消费合作社,以谋同人福利案。 8. 各乡镇教育会理监事证章拟由县会制发,以资识别佩带案。	1. 请县会颁发,以资一律。 2. 通过。由县会统筹发给。 3. 通过。请县会转呈县府于下半年度预算中增列该项经费。 4. 交下届理监事会议决处理。 5. 通过。本会原有会所现借给民教馆,以致无确定地点,即日派员收回自用,并常驻办事员驻会处理日常事务,以使会务进展。 6. 通过。一、先招工估计;二、每一会员征收若干建筑费;三、向热心教育人士劝募;四、整理会产,增加收入;五、成立募建委员会办理。 7. 通过。交理监事会计划办理。 8. 通过。请县会制发。

续表

类别	数量	议案内容	会议审查议决
其他类	6件	1. 函请教局对于遗失证件之小教登记手续,予以公布,便于遵循案。 2. 函请教局遵照部颁国民学校及中心国民学校规则第十七条之规定,每级教师以1.5人列入预算案。 3. 未经呈准设立之私塾私校应严厉取缔。 4. 为请求当局严禁挹卖文具案。 5. 本学期县参议会订定城区国校各级学额与教育法令不符,应函请县参议会复议重行修订案。 6. 为开办各保民众夜校或成人识字班案。	1. 通过。一、学历证件遗失者,可由毕业同学三人证明;二、资历证件遗失者,可由原校补出;三、毕业证件遗失者,有证明书予以通融;四、□□□办现任教师□试;五、请转呈教厅迅办有试验检定;六、请当局重视教师服务成绩。 2. 一、童教班依教部规定第十条第三款,每两学级之教员人数三人为标准;二、民教班以二班置教员一人为原则;三、中心国民学校另聘辅导主任专责办理。 3. 通过。一、先由各中心国校调查呈报教局;二、由教局转呈县府;三、由县府令各警局严厉取缔。 4. 通过。请求县会转呈军政机关出示严禁。 5. 通过。函请县参议会于下届大会时提出复议,仍请按照过去规定,以每级四十人解库。 6. 通过。请教育局详拟计划,转请县府,令各乡镇保长会合当地绅户、大田户,商□筹划,教员由国校兼任,酌□薪金。

资料来源:本表依据《江苏民报》1948年10月18日所刊《教育会通过提案》编制。

需要说明的是,上表所呈现的31件议案分类、件数统计及办理情况的介绍,均是经大会通过并由当时会议秘书处整理对外见报的内容,本书编者只是做了文字录入以及转成表格形式的技术处理而已。事实上,在预备会议上,杨震中在所作的报告中曾有说明:本大会共收到提案40件,计教育经费类18件,待遇及职位保障8件,会务改进8件,其他6件。会议期间曾分教育经费、待遇及职位保障、会务改进和其他4个小组,对提案分别审查,并推定各组审查委员如下:教育经费组华抚松、周宗义、蒋焕卿、朱锡麟、杨性初、杨吟渭、顾泾村,由顾泾村为召集人;待遇及职位保障组胡育良、周世杰、蒋佩坚、沈士行、邵健、萧舜农、陈君璞,由胡育良为召集人;会务改进组秦承模、潘德溥、薛炯、钱叙之,由秦承模为召集人;其他组陆少璇、柳铭、钱作民、周霖、陆新寰,由陆少璇为召集人。①会员递交给大会的实际议案总数要大于后来经会议整理后对外公布的议案数。

根据上表归类统计,在31件议案中,教育经费类议案有13件,占41.9%,待遇保障类议案有4件,占12.9%,两项相加共17件,占54.8%。会务改进类议案有8件,占25.8%;其他类议案有6件,占了19.4%。由此可见,经济依然是会员们关心的热点与重点。

分析这些议案内容,有三个问题值得关注。第一,因为此次会议是换届大会,所以关于会务改进的内容要相对多些,如会务改进类中第一、第二、第八件和其他类中第一件均属此类,它们的存在会给研究者以夸大会务而淡化经济的错觉。第二,会务改进类中第三件的县教育会补助乡镇教育会活动经费案,可视作教育会自身的经济问题;第七件的组织会员消费合作社案,也是"谋同人福利";其他类第二件的教师编制案,实质也是经费保障问题。所以将它们并入经济类也完全没有问题。第三,关于教学问题,只看到其他类第六件涉及办学,勉强可算是教育会的本职工作,其余再找不到相关内容。由此可见,不管是由于主观原因,还是客观原因,县教育会召开的会员代表大会,在完成换届选举新一届领导班子的同时,教育同人的"福利"成为教育会关注的热点和重点。

会后,县教育会积极促进各方解决议案所涉问题,取得显著成效。如县教育会以"教字第3号"公函县参议会,反映会员关于经济问题的议案,得到议长李惕平的认可,提出将该问题递交县教育行政会议讨论,同时转县政府"希酌量办理"。②县教育会理事长杨震中也就经费问题直接致函县政府周县长,以促使议案的办理落实。

---

①《教育二届代表大会今晨隆重揭幕》,《江苏民报》(无锡)1948年10月17日。

②无锡县参议会:《准县教育会函请准予制发赋谷印收抵发清教费并在田赋旺收时迳发实物希酌办》,1948年10月29日,无锡市档案馆藏,档案号ML01194800700830154。

三、乡镇教育会的关注：基层呼声

在新颁布的《无锡县教育会章程》中，并没有提及乡镇教育会，但在实际运作过程中，乡镇教育会表现出县教育会基层组织的特征。且乡镇教育会的价值追求与关注对县教育会的影响是十分明显的。

抗战胜利后，开原镇教育会是全县最先恢复成立的。[1]到1946年年中，全县各分会组织基本恢复建立，并正常开展会务活动。如6月20日，东亭区教育会假坊前镇中心国民学校召开第二届会员大会，同时举行小学教师联谊会成立大会，出席公私立小学教师140余人。会议议决事项主要有三项。其一，呈县政府并转上峰，要求明令规定小学教师子弟得分地域，不分学校性质，一律准予免费升入中学。其二，要求县政府将各校积欠经费，筹措拨发。其三，乡镇教育会尽速组织成立。对此，有报道说："是日出席会员，情绪热烈，为该区教育界，前所未有之盛况。"[2]6月30日，无锡县城区各乡镇教育会代表大会召开，出席会员有陈兰轩等10余人，县教育会理事长杨震中等也列席会议。会议讨论事项有调查各乡镇学龄儿童、建议县政府普遍设立城区国民学校、组织城区教育研究会等。[3]1948年，该会还设立总务股、研究股、福利股、康乐股等机构，联合举行书法竞赛、[4]全镇小学演说竞赛。[5]

又如1948年，仁爱镇教育会举办音乐演奏会[6]、举行低年级故事比赛、高年级作文比赛，并呈请县会举办全县小学教师物资配给，以增进同人福利。还提出请县会函请教育局对于小学教员登记予以通融办理，并提出办法六点。其一，如学历证件遗失者，由原校毕业同学三人证明；其二，资历证件可由原校补发；其三，毕业证书遗失，原校补出之证明书，予以通用；其四，举办现任教员甄

---

[1]《开原镇教育会举行书法比赛》，《江苏民报》（无锡）1948年5月24日。
[2]《东亭区小教成立联谊会》，《锡报》1946年6月21日。
[3]《城区各乡镇昨开教育代表大会》，《锡报》1946年7月1日。
[4]《开原教育会理监会议》，《江苏民报》（无锡）1948年5月6日；《开原镇教育会举行书法比赛》，《江苏民报》（无锡）1948年5月24日。
[5]《开原镇私小演说竞赛会》，《江苏民报》（无锡）1948年6月13日。
[6]无锡县仁爱镇教育会常务理事过志新：《举办音乐演奏会仰祈派员出席指训》，1948年6月14日，无锡市档案馆藏，档案号ML01194800702600005。

试,以确定其资格;其五,请教厅迅办有试验检定;其六,建议主管当局重视教师服务成绩,勿过偏重学历。①

但是,上述基层教育会活动,貌似内容丰富,议题广泛,却并非这一时期的主流。随着时间的推移,形势的剧变,教员待遇、福利逐渐成为主要话题。以1948年《江苏民报》《锡报》为例,检索其所刊的关于乡镇教育会的报道,约有50则。在这些报道中,剔除仅涉及选举事项的内容,在剩余的35则报道中,不涉及经济问题的有16则,如梅村镇教育会"电县教育会转县府挽留濮局长"②,靖复镇教育会"在酒仙殿举行全镇公私立小学书法比赛"③,堰桥镇教育会"定期举行劳作科成绩展览会"④,实验乡教育会举行成立大会⑤,以及实验乡教育会在10月24日假玉祁大戏院并敦请县教育局濮局长举行题为"和平与教育"的讲座⑥。其余19则报道所涉及的教育会活动形式均为会议,所涉及的议题均是关于经济、福利的,且在不同教育会均有相同内容。主要内容包括:

第一,要求县政府从速发放拖欠经费,并要求下月份照新标准按月发放。⑦

第二,请求县教育会转呈县政府反对清查教育经费,建议县会转请参议会纠正。⑧

第三,"教育人员应与公务人员同等待遇"。⑨

第四,公教人员生活指数倍数差异殊欠公允,应联名呈请县会转呈参议会、

---

① 《仁爱教育会开会员大会》,《江苏民报》(无锡)1948年10月16日。
② 《梅村教会成立》,《锡报》1948年7月12日。
③ 锡青社:《靖复镇教育会举行书法比赛》,《锡报》1948年6月8日。
④ 《堰桥镇教育会成立》,《江苏民报》(无锡)1948年5月31日。
⑤ 《实验乡教育会成立》,《江苏民报》(无锡)1948年6月2日。
⑥ 《自治实验乡教育讲座》,《江苏民报》(无锡)1948年10月27日。
⑦ 《举行首次会员大会,县代表理监事产生》,《江苏民报》(无锡)1948年5月4日;《万东、前洲两乡镇教育会正式成立》,《锡报》1948年5月18日;《钱桥镇》,《江苏民报》(无锡)1948年5月18日;《镇教育会先后成立,要求发放积欠教费》,《江苏民报》(无锡)1948年5月19日;《忠孝、南桥两镇教育会昨成立》,《江苏民报》(无锡)1948年5月23日;《杨墅镇教育会改选》,《江苏民报》(无锡)1948年5月26日;《藕塘镇教育会成立》,《江苏民报》(无锡)1948年6月1日。
⑧ 《举行首次会员大会,县代表理监事产生》,《江苏民报》(无锡)1948年5月4日。
⑨ 《洛社镇教育会成立》,《江苏民报》(无锡)1948年5月12日。

县政府,要求同等倍数,按月发放。①

第五,"配给公粮","县拨公粮发放粮行最好增设数处"。②

第六,建议县会向参议会提出"下学期各校停收教育补助金"。③

第七,"教员无分公私,待遇应与县校相同"。"各校推派代表会同全县各校向大会请愿"。④

第八,"抗议教局滞签空头支票"。⑤

第九,"要求当局从速发还行政补助金"。⑥

第十,"呈请县教育会转教育局编造预算时应列入私校补助费"。⑦

第十一,"请求县会及县参议会力争教育经费独立"。⑧

第十二,要求"开原汽车公司,对本会会员乘车优惠"。⑨

由此可见,在经济一片混乱的年月,基层会员普通挣扎在生死线上,他们不得不将本可关注教育的精力转移到自身的生存之上,聚焦到养家糊口的世俗事务之上,将"建教育同人之福利为宗旨"写进教育会的章程,⑩并通过自己选举产生的县教育会代表,将诉求反映到县会。由此,无锡教育会将"同人之福利"写入《章程》是有充分的时代理由与坚实的社会现实基础的。

---

①《云林乡教育会成立》,《江苏民报》(无锡)1948年5月17日;《镇教育会先后成立,要求发放积欠教费》,《江苏民报》(无锡)1948年5月19日;《薛典镇教育会改选》,《江苏民报》(无锡)1948年5月27日。

②《仁爱镇教育会成立》,《江苏民报》(无锡)1948年5月16日;《惠河、新安二镇教育会已成立》,《江苏民报》(无锡)1948年5月29日;《藕塘镇教育会成立》,《江苏民报》(无锡)1948年6月1日;《长安教育区理监会议》,《江苏民报》(无锡)1947年12月15日。

③《镇教育会先后成立,要求发放积欠教费》,《江苏民报》(无锡)1948年5月19日。

④《忠孝、南桥两镇教育会昨成立》,《江苏民报》(无锡)1948年5月23日。

⑤《薛典镇教育会改选》,《江苏民报》(无锡)1948年5月27日。

⑥《薛典镇教育会改选》,《江苏民报》(无锡)1948年5月27日。

⑦《运渎、坊前等四镇教育会改组成立》,《江苏民报》(无锡)1948年5月28日。

⑧《北延镇教育会成立》,《江苏民报》(无锡)1948年5月31日。

⑨《开原教育会理监会议》,《江苏民报》(无锡)1948年5月6日。

⑩无锡县大同镇教育会:《无锡县大同镇教育会章程》,约1948年油印稿。

四、教育会会员在县参议会:"大炮"发声

县参议会"为全县人民代表机关"。①民国北洋政府和前期的南京国民政府都试图推行这一机构,但未有多少实质性成果。抗战胜利后,这一自治的基层机构在无锡获得建立并运作。

1946年4月6日,无锡县临时参议会②在东林小学礼堂召开成立大会。参加这次会议的参议员有30名(其中区域代表21人,职业团体代表9人)。由于没有经过选举,从议员到议长都是由县政府聘任的。直到1947年2月,无锡县参议会才正式成立,并由各界选举产生议员,时有参议员143人。

在一党专政的政治氛围中,参议会作为反映民意、沟通官民的地方自治机构,其实际作用的发挥很是有限,当时有人撰文评价:

> 各级参议会是民意机关,代表民意,发扬民主精神,培养民主道德,乃其神圣使命。不过自从各地参议会设立以来,我们民意依然郁抑不伸,民主未能兑现,而违法选举,强奸民意的事,却层出不穷。③

但它毕竟是地方上呈现问题与矛盾,平衡各方利益,推动问题有限解决的重要民主平台。

无锡县临时参议会自成立起就对地方教育界散发和善之意。在召开第一次会议期间,考虑到无锡"中小学教师八年来艰苦卓绝,坚守岗位,殊堪钦敬",县参议会特致电全县中小学教师,以示慰问。电文如下:

> 无锡全县中小学教师诸先生公鉴:抗战军兴,全国振奋,我邑民众,同深[仇]敌忾,实乃诸先生平日教育宣导之力,我邑不幸早告沦陷,诸先生寄身锋镝,参加杀敌,奔命乡村,鼓舞人心,再接再厉,维抗建之教育,不屈不挠,树忠贞

---

①国民政府:《县参议会组织法》,《法令月刊》1932年第33—39期,第2页。
②根据江苏省政府颁布的《江苏省各县临时参议会组织规程草案》第一条规定:"在县地方自治尚未完成,县参议会不能依法成立前,为集思广益,促进县政兴革起见,特设各县临时参议会。"参见《江苏省各县临时参议会组织规程草案》,《无锡县政公报》1945年创刊号,第14页。
③泊:《参议会与民主》,《民主世纪》1946年第4期,第4页。

之风尚,更著诸先生忧时救国之劳。今者暴敌投降,山河重复,胜利光荣,诸先生与执戈诸将士实共有之。兹值复兴伊始,百废待举,中小学教师,负文化建设之巨任,而生活艰辛,倍逾往昔。我邑教师痛苦尤甚。本会代表我邑民众,对诸先生坚贞卓绝之精神,倍申钦敬,对诸先生艰难困苦之处境,尤表同情,除于我邑教育建设力谋改进外,敢先向我全邑中小学教师诸先生谨致慰问。无锡县临时参议会叩文。①

这是县临时参议会在会议期间除了《告全县民众书》之外,唯一发布的一则告社会职业群体的电文,以表示其对广大中小学教师的特别重视,赢得了教育人士的一片好感。由此,县教育会视其为公布诉求、反映民生的重要平台,积极派员竞选议员,希望借此发出洪亮的教育呼声。

在临时参议会里,代表县教育会参加的议员有:省代表兼县教育会组织组长张正觉、常务理事兼宣传组长钱少明、理事荣文光,另有教育代表孙荆楚、常务理事兼总务组长吕载阳,吕还被任命为参议会秘书。②在正式成立的无锡县参议会里,无锡教育会作为职业团体,分配到3个名额。教育界认为,按群体人数(时无锡教育会会员有1678人),这一名额太少,要求增加。县政府主管教育的教育科科长辛曾辉于讨论职员团体分配参议员名额时,曾为教育会力争。所持理由是:县教育以乡镇教育会为会员,全县共有199个乡镇教育会,会员数达1678人,远超出农会、商会两会。现规定教育会参议员名额仅有3名,"殊欠公允,应照比例增加"。会议对这一提议进行了商讨,"出席人员主张留待协商会再行讨论"。③但最后分配给教育会的名额依然是3个。

为选出可信赖的参议员代表,县教育会内部展开了激烈的竞争。参加竞选者有钱少明、杨性初、李康复、施锡祺、陆贯一、张鹤皋等13名。"其中钱少明原为临参会议员,现任县女中教导主任,并屡为教界福利提出议案,获得一般教界同仁称颂。杨性初现在合作社中任职,以前在教界上颇有历史,当选均有希

---

① 《参议会慰问全县中小学教师》,《锡报》1946年4月13日。
② 在1946年4月10日召开的第三次会议上,出席名单中还有钱殷之,见无锡临时参议会编:《无锡县临时参议会纪念册》,1947年8月,第7页。
③ 《教育会力争名额》,《江苏民报》(无锡)1946年10月30日。

第五章　南京国民政府后期的无锡教育会(1945—1949年)

望。"①这次选举的方式为普选,由会员直接投票。为避免集中选举不方便的实际困难,就采用分区选举制,按原有教育行政区划分10个选场分别举行选举,俟选举完竣,即由监选人在票柜加贴县政府封条,并将票柜汇集于县政府,再由县政府召集有关方面公开开票。对分区投票的情况和最后的结果,邑报作了充分的报道。如《锡报》对1月15日下午城区教育会选区的选举报道如下:

午后一时许,男女会员纷纷莅会,办理报到手续,并领取会场坐次号数,秩序井然。该会原有会员七百四十二人,截至规定时间止,实到会员四百十八人。二时许振铃开会,所有会员齐集操场,举行开会仪式。首由主席杨震中对候选人作简短介绍,继由监选人张正觉说明设置两个票箱及会员须投票二次之原因,并依法当场推出顾琨、倪铁如、朱达三、顾泾村、王宗才等五人为监选员。旋即依照编号,分别进入十一个选举室,进行第一次、第二次投票,情绪热烈,得未曾有,历二时许,始告完竣。②

该报又对1月18日下午10个区投票的汇总和最后的选举结果报道如下:

本邑首届参议员选举,已于本月十五日举行完毕。教育方面,采取直接选举制,全部一千六百八十余名之多,无较大之场合可以容纳,爰于同日分十区投票,原拟次日在县府开票,旋以天雨交通不便,距城较远乡区,所有选票,未能及时送达,乃宣告延期二日,于昨日下午二时,在临参会当众开票。县府派民政科汤科长莅场指导,法院检察处亦有代表到场监视,在该会理事长杨震中主持下,依法进行。首开各区初选票箱,结果全部选票一六三一张,钱少明得五八六票,杨性初三〇〇票,张鹤皋二九七票,皆未超过半数,当由汤科长宣布无效。续开复选票箱,此次统票数较前增加四十七张,其中有六张为废票,唱票之初,杨性初、张鹤皋一路领先,平分秋色,以后钱少明异军突起,安镇区一〇九票,周新镇区二八五票,为钱一人独得,后来居上,全场一致鼓掌。统结果,钱少明共得六〇三票,杨性初三二三票,张鹤皋二七三票,当选参议员。候补三名,除李康复

---

① 《竞选形势较稳定,僧多粥少教育会》,《人报》(无锡)1947年1月15日。
② 《教育会分区选举》,《锡报》1947年1月16日。

一八〇票,华达善一一三票已确定外,陈其然与邱宝瑞同得四十一票,依照规定,须抽签决定,结果邱宝瑞抽中。至此教育会之选举,乃告一段落,选票由在场人员分别盖章加封后,由汤科长携归县府存查。据县府造政负责人谈称:教育会核定合格候选人共十三名,除顾泾村自动放弃外,其余皆参加竞选,选举之前,竞争颇烈,然选举结果,仍最为圆满,足征教育界人士对于民主精神之重视,若能广为发扬,新政前途,定可乐观。①

对此选举结果,也有人说:"各方瞩目之孙荆楚君,渠未参加竞选致未当选,识者谓教育界仍不能走上真正民主之阶段云。"②

但最后的结果,当选县参议员的除了以上3位外,县教育会理事长杨震中也被推为参议员,这明显是有其他力量的操作所致。这样,由县教育会理监事出任的参议员人数又有增加,力量得以壮大。并且,在参议会后来成立的办事机构教育小组里,杨震中与钱少明分别担任正、副主任之职,这为他们充分利用县参议会这一平台阐述教育问题、反映教员期盼创造了有利条件。

为了能在参议会提出有分量的议案,教育会的参议员们广为搜集议题,其途径有以下三种:

一是从各乡镇教育会上呈意见中梳理。如1947年11月,"各乡镇教育会来会申称,县教育局在八月份经费内擅自扣收教育补助金,非但于法无据,显系剥夺小教同人之福利"。为此,县教育会第十四次理监事会议专门就此问题进行讨论。③再如1948年5月,城区中二镇教育会举行会员大会,讨论提案:第一,请求从速发放2、3、4月份经费,4月份教薪须照新标准发放。第二,对本县公务员联名向参议会建议删除及清查教育经费问题,请求"纠正公务员之谬误建议,并对于今后教育经费之分配与发放,有确切之保障"。④这些意见均在参议员的提案中得到体现。

---

① 《教育参议员产生》,《锡报》1947年1月19日。
② 《教育会参选揭晓,钱少明得票最多》,《人报》(无锡)1947年1月19日。
③ 无锡县教育会:《为呈请转饬教育局将八月份所扣收之教育补助金提成费在发放九月份经费时加数补还》,1947年11月27日,无锡市档案馆藏,档案号ML01194700700840114。
④ 《公教人员闹意见》,《锡报》1948年5月4日。

二是通过召开理监事会议,尤其是在参议会前召开会议以集中征求提案。如1947年6月28日,县教育会在《人报》上发出通告:

查县参议会于国历七月十一日开第二次大会。本会为增进效能,改善同人福利起见,爰定于本月廿九日下午二时,假东门东林书院举行各乡镇教育会常务理事会议,征集提案,届时务请出席,特此通告。①

再如1948年5月14日,县教育会举行理监事联席会议,讨论事项之一即为"本县第五次大会开会在即,应否向会员征求提案,以便交大会讨论案,决:由本会登报征求之"。②

三是召开专门的校长、教员座谈会以收集议题。如在1947年1—2月份,县参议会召开大会。其间,县教育会先后4次召开校长、教员座谈会,广泛征集意见。从会议规模来看,第一次有50人参加,第三次有150人参加,第四次有80余人参加。与会者提出了众多建议,如建议县教育会向县参议会力争,将全县所有教育款产应专户存储,以稳定教育经费等③。

从教育会递交县参议会的议题来看,绝大部分涉及教育经费,即使个别不直接涉及经费的议题,也是间接反映经济问题的。如:1948年暑期,"三十七年度第一学期尚未开始,而各校人事之异动已谣诼纷纭,致使一般热心教育之导师纷起恐慌,造成教育界之不安现象"。7月23日下午3时,现任国民学校教师80余人,"为求安定人事,保障合格教师起见",推派杨文和、朱熙灏、陈楚材、周宗藩、许烈烈、嵇韫如等为代表,赴教局请愿,并联名呈文县教育会,"以国民教育为立国之最基层教育,其从业人员,非经专业训练,富有经验学力者,实难于充数,要求转请县参议会对于现任教育人员职业予以保障"。县教育会据此,"以国民学校校长任用以及教职员之进退既属法有规定,且参会第一届第五次大会对于教师之保障,亦曾提请大会通过有案,今教育同仁对本身职务,均感惶惶不安,影响教育前途,殊非浅鲜。际此假期人事调整之时,特于昨日函请参会

---

①《无锡县教育会通告》,《人报》(无锡)1947年6月28日。
②《县教育会理监事会议》,《江苏民报》(无锡)1948年5月15日。
③《教育座谈会建议请求按照新标准发放教费》,《锡报》1947年1月6日。

主持正义,严格执行有利于人民之议案,以利教育"。①这实际是维护教员的生存权利。当然,教育议员有时也会提出一些非教育的内容,如杨震中曾提出监狱犯人管理案、钱少明曾提出违章建筑侵占河道案等,但数量不多。②

在向县参议会提出的议案里,最典型的是1947年2月的关于学校收费问题的议案和1948年8月的关于征收学谷捐问题的议案。

1947年元旦,县教育会常务理事钱少明撰文说:"因教育经费的无着,而在过去一年的教育闹成不可收拾的情形。"③在这样的背景下,1947年1月中旬,县参议会开会讨论案件22件,涉及教育内容的占三分之一。参议员钱少明在会上提出"确立县教育费独立制",得到了各参议员的支持。④但是,具体的教育问题处理起来均很棘手。1947年春节过后,新学期开学在即,学校收费成为县教育局必须立即解决的问题。在全面抗战前,学校由县政府按月拨发经费维持。抗战全面爆发后情形大变,教育经费杯水车薪,学校开支全赖学生学费维持,故学费成为当时学校的生命线,学费问题也变成学校是否能够维持、教育能否维系的大问题。县政府教育科提出的征收学费标准为:低年级2万元,中年级2.5万元,高年级3万元;杂费低年级0.3万元,中年级0.4万元,高年级0.5万元。但在百物腾贵的情况下,这一金额已明显不敷办学和支付教师薪金。但要增收,学生家庭也很困难,而县政府又迟迟不出新的标准,这就难坏了校长们。1947年2月2日,县教育会召开校长座谈会,讨论下学期各校收费标准。会上,胡育良提出"中、低年级收费应取同一标准"。钱殷之提出:"收费标准城区可待调查邻县后确定,乡区可定一暂收标准,……为顾及城乡情形不同,城区收现金,乡区改收学米。"最后,会议主席杨震中对学校收费问题表达了自己的看法:

这许多问题,可以说都是为了县财政支绌造成的。我们教育人员都能够谅解当局的苦衷,而教育当局也就应该极尽其能的为我们设想,现在各级学校的收费标准,教育当局为什么不肯有所表示呢?直截了当的说,不外两个因素:

---

① 《学期犹未开始,小教人心不宁》,《人报》(无锡)1948年7月25日。
② 《三届临参会首次大会》,《江苏民报》(无锡)1947年1月9日。
③ 钱少明:《无锡教育复员周年》,《人报》(无锡)1947年1月1日。
④ 《县临参会昨闭幕,通过庞大总概算》,《人报》(无锡)1947年1月13日。

一、要各校遵照规定处在生活如此高涨的过程中,实在是不能维持;二、假使变通办理,又碍于功令,要受多方的指摘,因此就感觉到负不了这个责任。[①]

会议决定在了解周边城市收费情况后再议。会后,县教育会派张正觉、周兆麟赴苏州,派钱殷之、李康复赴常州,实地调查两地收费情况。他们了解到:苏州私立初中收费最低18万元,最高22万元,私立初小收8万元,高小收10万元;常州私立初中收费19—21.5万元,高中收21—25.5万元。根据无锡的情况,他们提出:取苏常之最低标准,作为无锡的收费标准,实施是可行的。[②]2月7日下午,县教育会再次召开教育座谈会,全县公私立国民学校校长80余人参加会议。会议最后议决的方案是:城区国民学校初级生活补助费4万元,杂费0.6万元;高级生活补助费4万元,杂费1万元。城区私立小学,学杂费初级7万元,中级8万元,高级9万元。乡区国民学校,初级生活补助费及杂费共4万元,高级生活补助费及杂费共4.5万元(在开学一月后缴费者,随时以米价折算)。[③]会议建议教育会将此方案"分别呈请县政府暨公函县参议会核议遵照施行,以安定教师生活,而利教育"。[④]会后,县教育会理事长、县参议会议员兼教育组主任杨震中与县参议会作了积极的争取。之后,在县参议会的协调下,县政府教育科召集杨震中及部分校长就所提方案再次商议决定:各校收费应视实际需要,并顾及教师生活、家长负担为原则,经各校校长商决,公立小学收费标准仍照原议,私立小学学费初级5万元、中级5.5万元、高级6万元,杂费初级1.5万元、中级2万元、高级2.5万元。[⑤]最终达成各方均能接受的共识,并付诸实施。

学谷捐是抗战胜利后地方政府征收的,"以补教育经费之不足"的一种杂税。1948年7月6日,江苏省政府委员会第182次会议通过《江苏省"戡乱"时期施政纲领实施方案》,其中"整理地方财政"中规定:"学谷捐专为充实国民教育经费,并应将全部国民教育经费以特种基金处理,列入地方总预算。"[⑥]无锡县政

[①]《教育会及中小学校长昨讨论收费问题》,《江苏民报》(无锡)1947年2月3日。
[②]《学费究竟收多少?》,《江苏民报》(无锡)1947年2月5日。
[③]《国民学校收费标准》,《江苏民报》(无锡)1947年2月8日。
[④]《县教育会拟定小校收费标准》,《锡报》1947年2月8日。
[⑤]《公私立小学收费问题县教育科昨商定》,《江苏民报》(无锡)1947年2月9日。
[⑥]《江苏省"戡乱"时期施政纲领实施方案》,《江苏省政府公报》1948年第3卷第20期,第16—17页。

府依此也启动通过学谷捐来筹措教育经费的工作。但在1948年8月召开的县参议会一届六次大会上,讨论制定学谷捐征收办法"历时颇久"。一部分参议员认为:学谷捐之原则可以通过,惟征收学谷捐超过定额,以50%用作教师劳绩金,50%作学校修葺装置费用一项值得研究,颇为犹豫。杨震中曾提出:"乡区学校收学谷捐颇为困难,因乡农均穷人,超出定额,尤不可能。"他强烈要求将另50%也"统一分配给乡区教师劳绩金,以免独厚城区"①。虽然这次会议未能通过征收办法,但杨震中的建议进一步推动了学谷捐征收和分配使用方案的出台。在暑假行将终了,各校开学之前。县政府终于拟订了《学谷捐征收办法》,并提请参议会六次大会议定:"全县教育经费除由县财政收入部门中拨出百分之三十五外,其不足之数,则由各校向学生征收学谷,以代替过去之学费。"具体的征收办法,参议会大会推举徐赤子、杨震中等多人,组织学谷委员会,详加研讨,最后作出决定:"本学期决定,高中每生征学谷二石六斗,初中二石二斗,高小七斗七升半,初小六斗六升半。"并决定无锡城乡各国民学校征收学谷捐额定数除规定每级之学生人数外,如有超额学生,其所收学谷捐超额部分的40%缴解县库统筹统配以弥补经费不足之乡校,40%为教师劳绩金,其余20%为学校修建费。按照上述办法所征收的学谷收入加上县政府下拨的教育经费总数测算,1948年下学期,县立小学教师每月平均待遇合白米2石。②

  其间,国民政府实行币制改革,发行金圆券。在新的经济背景下,国民政府已将公教人员待遇提高,原有底薪100元者,月薪可折合金圆52元,约合白米2.6石,同时京沪各地已按照中央规定,学费一律改收金圆。这导致无锡原定标准与现实情况之间出现差异。为此,县教育会理事长、参议员杨震中"为维护本邑教师应得之待遇起见,连日多方奔走,并敦促教育局向县府交涉,本学期县立各级学校教员待遇,应按照中央规定,折合金圆计算"。1948年8月26日,他偕教育局濮源澄局长前往参议会与参议会议长李惕平进一步晤商。当时李议长认为:学校财政收入不宜再行增加,故县方拨予之35%教育经费,亦无法增多;教员待遇若按金圆计算,唯有将原来议定之学谷捐改收金圆券,学费不足之数,由教局统计,依照各校原定征收之学谷数比照提高。对此,杨震中要求尽快召

---

①《学谷捐引起激辩,田赋附加待考虑》,《江苏民报》(无锡)1948年8月13日。
②《学谷改收金圆》,《锡报》1948年8月27日。

开由参议会牵头的学谷捐稽核委员会会议,讨论学谷捐改收金圆办法。[1]28日,会议如期举行。出席者除了杨震中、李惕平等相关人员10人外,城区各小学校长也推派6位代表列席。相关人员在会议上各抒己见,具体情况如下:

主席李议长首先说明开会之主旨:系讨论学谷捐是否改为金圆,同时假使改为金圆,教员待遇将比原定数为高,其中已有差额,势必增加学生负担,应先决定是否仍收学谷或改收金圆。

濮局长起立报告:如改收金圆,统计县府教育经费收入及学谷捐收入,按金圆待遇计,赤字有金圆廿六万八千三百六十元,除以全县学生统数五万二千名,平均每学生除负担原定学谷捐数额外,势必再增金圆五元。

杨震中则建议:全部赤字再加于学生身上,似觉太重,县预算中应再列入一部。

县府黄处长,会计室方主任说明:县预算已无法列入。

列席各校长:申述教员之困难。

孙翔风、徐赤子认为:学谷捐征收实物,比较改收金圆可靠。

经争执甚久。

最后由李议长提出折中意见:仍旧征收学谷,小学照原定数再加五升,以补不足数,征得各委员同意,决定学谷捐征收办法在省方未核示前,暂不变更,惟原定学谷捐数额尚虞不敷支配,将原办法酌予修正,原办法第三条文中,高小部每名每半年改为征收粳稻八斗九升(合白米四斗),初小部每名每半年改为征收粳稻七斗七升五合(合白米三斗五升),中学部份[分]除收原定数额学谷,得依照省政府之规定,另行征收代办费用,如理化实验费等,另原办法第六条文中,法币两字改为金圆字样,修正条文为"学谷捐以征收实物为标准,为便利家长计,得按时作价以金圆缴纳之"。[2]

开学后,一波未平一波又起。在各学校收取学谷捐的基础上,县教育局派员至各校收取40%的解库数,城区一部分教员不满并予以拒绝。得到报告的杨震中亲赴县教育局,要求濮局长缓收。9月21日,在县参议会召开的各组主任

---

[1]《学谷捐改收金圆,参会明提出讨论》,《江苏民报》(无锡)1948年8月27日。
[2]《学谷捐仍收实物》,《人报》(无锡)1948年8月29日。引用时有删节。

联席会议上，杨震中联合其他议员，对县政府进行了激烈的质询，邑报对此作了详细报道：

> 昨日下午二时，县参议会各组主任联席会议席上，教育会杨理事长震中将此问题提出向濮局长面质，一时会场空气甚为紧张。杨震中首先称：参会大会议决超额数百分之四十缴库，统收统支，本意系弥补经费不足之乡校。现教局竟自提收，显系违背法令，濮局长有何权利能处置？而教局一再说所收学谷捐尚有不够。据本人调查，全县教员之待遇统扯不会超过两石，县预算核定全县教员二〇二三人，按每人两石半计算，每月支出四〇四六石，如将此数加一成为办公费，最多每月支出仅四六一二石四斗四升，全学期（六月）仅二七六七四石六斗四升。现全县中心小学有高级一三〇级，初级三一四级，国民学校一四八级，初级九二八级，估计全学期可收学谷一万七千石米左右，收支相抵，仅不足万余石。再有县预算中有三万五千石谷，决不致不够，即使社教机关及各县立中学经费在内，亦绰然有余，教局所云不够，不识究何所指？上次学谷捐稽核委员会上决定，增加五升之学谷捐，系弥补各校办公费不足之用，教局又充入预算，各校办公费不够，教局未予注意，局里要钱，却向学校收，殊有未当。濮局长向讷言词，初闻杨氏严质，唯唯否否。旋起立答覆：稽核委员会决案议增加五升学谷，系因预算不够，并非充作各校办公用，有议决案可资查考。至提收百分之四十超额学谷，亦为目前各视导人员出发视导，局内毫无经费，系暂借性质，俟县府经费发下即归还各校，绝非擅自收取，此点请各位明了。濮语毕归座，杨震中复旧事重提，质询上半年各校之提成数。继之，庄正以讽刺之口吻，吕载阳以大炮声调，齐对濮局长作直截而毫无礼貌之指责。杨震中又再度起立，质询濮氏：本学期人事，一再说不调动，实际却大批更动，而且是"莫名其妙的动"，此时会场中空气紧张达于极点。濮局长再解释，绝未任用私人。最后经李议长解围，命教育局将本年收支详细核出，办公费目前实系不够，确应增添，百分之四十超额亦暂时不必借，会场空气才由此平静，紧张热烈之质询，才告一段落。①

① 《教育局提借学谷捐，杨震中严质濮源澄》，《人报》（无锡）1948年9月22日。

第五章　南京国民政府后期的无锡教育会(1945—1949年)

在教育经费亏空巨大、教员待遇每况愈下的民国后期,县教育会充分利用县参议会这一参政议政的平台,集中反映教育呼声,"质询"不断,对此邑报有大量的报道。如1947年月2月,在某次参议会会议上,"吕载阳、冯宗燮、杨震中等先后起立,对教育颇多指摘。钱少明要求:(一)宣布上年度教育经费收支情形及所占县经费总数百分比;(二)县师向学生收取补助金;(三)城乡教员待遇差别"。①而对于教育会领袖杨震中,邑报有报道:皮肤墨黑如酱油豆腐干,性格软硬兼有如烤麸,衣衫板贴,有徐娘风,看看火气十足,实在是稳健派。②因他在参议会敢于直言,直指矛盾,被誉为"大炮"。地方报纸对其亦有报道:"第一届理事长杨震中,在二年来已尽到艰巨的任务,为了力争同仁福利,屡在参议会席上猛烈质询,'大炮'之名,由斯以起,此次筹备改选,今天主持大会,劳苦功高,为全体代表一致爱戴。"③1949年3月9日上午召开参议会第一届第七次大会,会议内容主要是听取各机关施政报告及质询。大会上,"杨大炮震中在黄稽征处长报告时疾呼'点缀',大发狠劲"。④在县教育会召开的第二次会员代表大会上,参加会议的参议会参议长李惕平说:"八年抗战后,人心大变。今日最急切的要从教育着手来抢救人心。目前教育界环境与以前不同,不但不求改善,反重批评,有困难问题应当大家来解决。现在教局任务,亦较前为烦重,教育行政当局,应与教育会协调,才能改善现状。"⑤但实际上,县教育会的会员对推举出的教育议员还是不满意,认为"本会产生之参议员,在历届大会中涉及教界问题,均若事不干已,实失同人之期望",并要求由教育会"函知查照",敦促本人努力改进。⑥

事实上,参议会在当时地方治理中所发挥的作用是十分有限的。曾担任无锡县临时参议会议员的孙荆楚评价当时的参议会:

> 今之议会,人莫不知为民意机关。然观其究竟,其为民意者至少,而成官意

---

① 《杨震中、钱少明质询教育问题》,《江苏民报》(无锡)1947年3月27日。
② 《杨震中论》,《人报》(无锡)1947年4月2日。
③ 《二届教育代表大会序幕》,《新夜报》(无锡)1948年10月17日。
④ 《杨震中大发狠劲,王品元火星直冒》,《导报》(无锡)1949年3月10日。
⑤ 《教育代表会今晨揭幕》,《新夜报》(无锡)1948年10月17日。
⑥ 《县教育会理监事会议》,《江苏民报》(无锡)1948年5月15日。

者实多。其下焉者,为官作应声、作文饰、作爪牙且不论。其上焉者,勇于质问,亦仅问而已矣,不容其后也。勤于建议,亦仅建议而已矣,不究官吏之果行与否也。且议会之决案,官能行,则多行之于公文;不能行,则拒之以法令,拖之以请示上峰,或竟束之于高阁。而官之必欲行者,则假议会之通过,完成手续,可以行之而无顾忌,于是议会往往为官之护符或工具。如此而谓为民意机关,无宁谓为官意机关也。[1]

另一位参议员荣文光说:无锡县参议会"历届议案不下数百件,除一纸公文为执行之门面外,可称无一件能切实执行;如此敷衍了事,殊为遗憾!"[2]吕载阳评价说:"是则议会之设,无非点缀门面,粉饰民主而已,其于裨益国家社会者何有?"[3]

1949年3月11日为参议会第一届第七次大会的最后一天。"质询之期已过,一切风平浪静。"[4]邑报的记载也印证了教育议员的感受。所以,尽管无锡教育会在争取教育经费的增加、教员福利的提高方面寄希望于县参议会,但结果却并不理想。报上有人专门撰文,戏称此时征聘教员必须具备六项条件:其一,"有志于教育事业";其二,"有经商经验而熟悉商情",在价格波动中购物不吃亏;其三,"曾为米业学徒",懂"米"而不为奸商劣米"鱼目混珠";其四,"要口齿伶俐而能言善辩",在入不敷出时能应付各方;其五,"体格强壮而熟娴国术",以对付有理说不通而施暴者;其六,"要善于抢购物资"。[5]这形象地描绘了国家衰败、民不聊生大局下教育人的众生相。

---

[1] 孙荆楚:《从我任临时参议员谈起》,载无锡县临时参议会:《无锡县临时参议会纪念册》,1947,第9—10页。
[2] 荣文光:《检讨参议会》,载无锡县临时参议会:《无锡县临时参议会纪念册》,1947,第15页。
[3] 吕载阳:《忆临参会》,载无锡县临时参议会:《无锡县临时参议会纪念册》,1947,第21页。
[4] 《通过重要提案,参会圆满闭幕》,《导报》(无锡)1949年3月12日。
[5] 盈:《征聘教员启示》,《新夜报》(无锡)1949年2月16日。

第三节　拓展会务的几项活动

无锡教育会在迫于环境、全力争取"福利"的过程中,也试图拓展会务。这一时期,无锡县教育会会务的亮点主要包括:接待出席联合国教科文组织的远东区基本教育研究会议的国际代表,配合中国政府及无锡县政府、江苏省立教育学院等成功争取到联合国教科文组织在无锡设立基本教育[①]实验区,把无锡教育推向国际舞台;联合中国教育学术团体联合会,在无锡开展轰动一时的评选荣誉教师活动,加强其自身与以省立教育学院为代表的地方高校的联系与合作;在国民政府即将垮台出逃之际,联合地方各种力量,成立无锡县人民公私社团联合会,维护地方的稳定,使地方得以和平过渡;等等。

一、争取设立基本教育实验区:与联合国教科文组织

1946年11月,联合国教科文组织在法国巴黎会议上决定,在中国南京召开远东区基本教育研究会议,时间定于1947年9月。这是该组织成立后第一次召开关于这一主题的世界性会议。会议之缘起,是联合国教科文组织为解决全世界文盲过多的问题,将"促进世界基本教育"作为1947年三大工作计划之一,并把选择在适当地区举行基本教育研究会议作为促进全世界基本教育发展,增进国际交流的重要抓手。至于选择中国的原因,该组织认为,中国是推广教育的先驱者,认为中国在现代世界上有他的重要性。[②]这也是对中国政府长期以来推行扫除文盲,推广国民教育、民众教育等基本教育工作所取得成绩的肯定。

---

①基本教育,英文为Fundamental Education。创造这个词的人,是想将儿童教育和成人教育两个概念都包含在内。他们想指出:"这种教育不仅教人读、写和算,并且授给他们若干基本的东西使他们可以谋生,改良他们的经济情况;使他们可以艺术地、有教养地表达他们自己的思想,使他们可以改进健康生活的环境,参加国内及国际的政治活动,借以引导他们走向比较充实而完善的生活。"它与民国年间我国推行的义务教育、国民教育、平民教育、社会教育和民众教育等表述相合。参见联合国教科文组织原稿,国立编译馆译:《远东区基本教育研究会议缘起及程序》,《中华教育界》1946年复刊第1卷第8期,第79页;兰军:《国际教育舞台的参演》,山东教育出版社,2010,第298—303页。

②联合国教科文组织原稿,国立编译馆译:《远东区基本教育研究会议缘起及程序》,《中华教育界》1946年复刊第1卷第8期,第80页。

国民政府对此会议十分重视，教育部特组织成立筹备委员会，由教育部朱家骅部长任主任，两位副主任分别是杭立式和顾毓琇。下设相关办事机构，筹备教育展览会、安排议程、起草报告。《教育杂志》专门出版"基本教育问题专号"开展宣传。国民政府还组建由政府官员和专家30余人组成的中国代表团参加会议。

1947年9月3日，联合国教科文组织在南京召开远东区基本教育研究会议，应邀参加的有中国、澳大利亚、缅甸、印度、尼泊尔、新西兰、新加坡等10多个国家（地区）和联合国教科文组织的代表，共计参会者有100多位。会议期间，蒋介石、印度领袖圣雄甘地、联合国秘书长赫胥黎等均发来贺词；蒋介石夫妇还亲自出面接见与会代表，并设茶宴款待远道而来的国际代表。

在9日下午，召开特别小组委员会，讨论由中国代表团代拟的《基本教育实验区计划纲要草案》（以下简称《纲要》），其引言说："联教组织深知基本教育之目的，乃在使全世界之人民均能受最低限度之教育，以便求取社会之进步，生活标准之改进，与促进国际之和平与安全。为达成上述目的起见，联教组织乃决定选择少数区域施行'示范实验计划'，利用最进步之教育方法，作基本教育之实际试验。并建议中国能为此种实验区域之一。"[1]经讨论，除了修改若干文字外，《纲要》获得通过。

会议于12日圆满结束。这次会议被誉为："不特为国际教育史上之创举，亦为我国教育史上值得纪念之一大事。"[2]

根据会议安排，各国代表在南京期间参观考察了南京的教育。在会议结束后，代表们还赴无锡、苏州、上海和杭州等城市继续参观考察教育状况。这一活动也可说是整个会议的一部分。而距南京100多公里的无锡，是他们考察的第一站。这是让世界了解无锡的重要时刻；更重要的是，这次会议决定要在中国选择合适城市设立基本教育实验区，以建设一个国际样板，无锡是备选城市之一，这是无锡必须争取的发展机会。

抗战胜利后，无锡的教育事业依然走在全国前列。时任无锡县长徐赤子曾

---

[1]《基本教育实验区计划纲要草案》，《中央时报》1947年9月6日。

[2] 中国代表团：《出席基教会议之感想及对于我国基本教育之建议》，《教育部公报》1947年第19卷第9期，第4页。

介绍："战后比较战前,有一特殊的现象便是求学儿童的激增。"战前,学龄儿童114625人,在学儿童49821人;战后,学龄儿童200211人,在学儿童105352人。学生数的增加,原因之一是女学生增加,女学生的比例,战前占23%,战后占44%。①这一新变化表明无锡人对于子女求学的重视,也反映了无锡教育基础的抬升。到1948年,另有统计表明,战后无锡教育的发展规模大大超过全面抗战前。1936年,无锡有各类学校454所、学生57262人、教职员1910人;1948年,各类学校达891所、学生136087人、教职员4434人。②具体见下表:

表5-6 无锡县教育情况统计一览表(1948年)

类别	专科以上学校	中等学校	国民学校	私立小学	总计
学校数	3所	52所	613所	223所	891所
学级数	33级	288级	1545级	652级	2518级
男生数	707人	10607人	60159人	21956人	
女生数	168人	3706人	27157人	11627人	
男女学生总数	875人	14313人	87316人	33583人	136087人
男教职员数	142人	725人	1710人	534人	
女教职员数	19人	102人	725人	477人	
男女教职员总数	161人	827人	2435人	1011人	4434人

资料来源:据《锡报》1948年6月26日所刊锡青社《全县学校统计》整理,并据《江苏民报》1948年6月26日所刊《全县教育统计,教局调查完成》作了校正。原文总计数据计算有误,现表内总计各数为编者重行计算所得。

另外,从办学质量来看,无锡也是可圈可点。这可以从无锡籍学生及教职员的数量来印证。1947年,江苏省人事处开展全国各专科以上学校苏籍肄业学生调查,截至1947年6月底,共有131校复函(尚有30余校未复),其中11校无苏籍学生,在其余的120校中,共有苏籍肄业学生8720人(男6878人,女1842

---

①《欢迎远东基教代表席上徐县长致词原文》,《人报》(无锡)1947年9月14日。
②《无锡县二十五年(战前)与三十七年(战后)教育概况比较表》,《无锡教育》(复刊,概况专号)1948年7月,第55页。

人)。各县市肄业学生最多者为无锡901人,吴县892人,武进828人,宜兴551人,江阴369人,镇江325人;最少者扬中3人,赣榆7人,高淳、东海、沭阳各为10人。又闻无锡、吴县、武进、宜兴、江阴、镇江等县学生,均以肄业工学院者为最多。①这反映无锡这座工商经济发达的城市的人才培养成果。同样还有几个统计数字:"我们清华大学二千七百余同学中,江苏人占四百五十;此四百五十人中无锡人却有六十位。在三百余教职员中,有十二位是无锡人。"②它们也可印证无锡教育的发达情况。无锡教育发展的状况与联合国教科文组织推进世界教育普及的理想是吻合的,所以,把无锡作为基本教育实验区的基础是非常坚实的。

早在1947年4月,为筹备会议,物色参观城市,教育部派薛天汉科长特来无锡视察教育状况,作会议前的踩点安排,"并转饬加紧整理",县教育局局长杨镜航对县教育局"设置文庙,于国际观瞻有关",曾拟考虑另觅适当之局址,"务使宏丽大方,以壮观瞻"。③"唯以一时无法找寻,兹已决定暂借文庙办公,一待经济有办法后,再另行建设新局址。"④为了营造良好的学校现场,6月20日左右,省政府还拨专款5000万元,用予拟安排参观学校的维修,其中实验小学2000万元,东林小学1500万元,连元街小学1500万元。⑤

7月24日下午,无锡县政府召开专门会议研究接待方案,杨震中以县教育会理事长的身份参加会议讨论,出席会议的还有徐赤子县长、李惕平议长等10余人。会议对代表在锡期间的活动作了全面的安排:⑥

(1)食宿:住宿安排于泰山饭店。该饭店,位于通运路工运桥塬,距火车站咫尺相望,"从火车站下来,出站没有多少路,在大洋桥畔的一所旅馆,便是泰山饭店,那是无锡首屈一指的旅馆。京沪线上的贵客,大都栖止在这个旅馆里,每

---

① 《全国专科以上学校,无锡籍学生最多》,《锡报》1947年8月22日。
② 威可:《无锡人在清华》上,《人报》(无锡)1948年3月12日。
③ 《新教育局长杨镜航下月一日视事》,《人报》(无锡)1947年4月23日。
④ 《教局五一成立,局址暂设文庙》,《人报》(无锡)1947年4月29日。
⑤ 另有报道说,此钱为教育部所拨:"教部并为充实被指定之各校内容及设备,特拨给经费补助,以利进行,闻苏省被补助一亿二千万元,占全部补助经费五分之一。"参见《锡苏优良国民学校,教育部拨款改进》,《人报》(无锡)1947年6月25日。
⑥ 《讨论开始意见纷歧,杨镜航决维持威信》,《江苏民报》(无锡)1947年7月26日。

逢春秋二季,外埠游客到无锡来的时候,它便每天闹着客满"。①它的广告自诩:"首屈一指,独步梁溪","是旅客最合理想的寓所"。②9月13日代表抵达的当天,中午由县教育会出面于泰山饭店的太湖厅招待午餐,晚上由江苏省立教育学院招待晚餐;第二天早餐由城区各中心小学及附小于太湖厅招待,午餐由城区各中学于太湖厅招待。

(2)具体接待责任:由教育局担任总招待,教育学院担任招待,县政府担任总务,车辆向申新三厂借用;参观沿路打扫,由县政府转饬警察局、镇公所负责。

(3)接站:推定教育会杨理事长、徐县长、李县长、教育局杨局长、大学代表童院长、中学代表杨四箴、小学代表周世杰赴车站欢迎;欢迎会在教育学院举行,由学院主持,并悬挂13国国旗。

(4)参观日程:9月13日下午1时参观教育学院,3时陪同游览名胜,6时半返教育学院,8时参观该院民教班,9时举行欢迎会,10时返泰山饭店休息;14日上午9时到中四镇中心国民学校参观,9时50分到锡师附小参观,10时半到中一镇中心国民学校参观,11时20分返回泰山饭店,12时车站欢送赴苏州。

(5)材料:组织编写《无锡教育概况》③,并请人翻译印务付印,到时分赠各代表。

(6)定8月2日召开第二次筹备会。④

24日中午11时,县教育局又召开局务会议并作出具体部署,决定从县女中、连元街、崇安寺、东林等学校抽调教师,任强志彦、华志潜为委员,由华志潜为召集人,从速编辑《无锡教育概况》。

从邑报披露的信息来看,这次会议所作出的会务安排相当周全。后来因故,代表在无锡逗留的时间从一天缩短为半天,故接待方案又作调整,具体如下:

中午,由县政府和县教育会出面招待午餐;

2时,至教育学院参观,举行欢迎会,由教育学院开映卡片教育;

---

① 江苏省工业协会:《无锡工商大集》,中国印书馆,1948,第60页。
② 薛明剑等:《无锡指南》,民生印书馆,1947,第128页。
③ 参见钱江:《百人千书——无锡近代教育著作书影选编》,江苏凤凰教育出版社,2016,第269页。
④《十三国代表将至锡参观教育》,《导报》(无锡)1947年7月25日。

3时半,赴锡师附小参观;

4时,至东林小学参观,完毕后即往太湖名胜区鼋头渚游览;

7时,返泰山饭店,由无锡大中小学的代表在太湖厅举办公宴;

8时,代表乘凯旋号车赴苏州。

在参观过程中安排的内容有:安排无锡画家周怀民以近作数10幅,在鼋头渚澄澜堂举行展览会,并备尺页画15幅赠送莅锡代表;无锡《大锡报》采访主任、城中中学校长蒋白鸥编印有《太湖风景线》一书,亦分赠各代表一册,供作游览太湖指南。①9月12日,在代表团到来的前一天,教育部再次派国民教育司薛天汉科长、社教司徐伯瑛科长来锡"指示招待事宜"。②由此可见政府对此活动安排的重视。

9月13日中午,联合国教科文组织远东区基本教育研究会来锡参观团,乘火车由南京出发,准时抵达无锡。莅临者有:联教组织代表郭有守、罗雷斯、胡文德;印度代表沙伊汀,专家贾氏;尼泊尔代表狄克西;缅甸代表宇巴伦,专家宇雀;中国香港地区代表毛肯;马来亚代表王宗镜、季克希;墨西哥代表安哥拉;沙劳越代表狄克逊;中国专门委员查良钊、赵冕、俞庆棠、王承绪、徐侍峰、陈友松,秘书邝自修;中央通讯社记者蒋星煜等。一行24人。③教育会理事长杨震中与县长徐赤子、县参议会参议长李惕平、县教育局局长杨镜航、江苏省立教育学院院长童润之,以及各中小学校长代表及新闻界人士等到车站欢迎。代表团成员、无锡人俞庆棠博士将代表与前往迎接的无锡人士分别介绍,随即分乘大卡车两辆,直驶泰山饭店,由徐县长与杨理事长设宴招待午餐。④午宴是一桌50万元的中餐。⑤

在中午的宴会上,徐县长代表无锡表达殷切的希望:"我们从可靠的消息听到,不久就要设立一个基本教育的实验区,如果这个消息是确实的话,我们认为无锡是理想的地点!……我们感谢诸位带来了光明的礼物!"⑥印度代表沙伊汀

---

① 《远东基教会代表明日来锡参观》,《人报》(无锡)1947年9月12日。
② 《远东基教代表,今午莅锡参观》,《江苏民报》(无锡)1947年9月13日。
③ 《远东基教代表团一行昨莅锡参观教育》,《江苏民报》(无锡)1947年9月14日。
④ 《各界昨热烈欢迎远东基教参观团》,《人报》(无锡)1947年9月14日。
⑤ 费逖:《基教代表莅锡缤纷录》,《江苏民报》(无锡)1947年9月14日。
⑥ 《远东基教代表团一行昨莅锡参观教育》,《江苏民报》(无锡)1947年9月14日。

第五章　南京国民政府后期的无锡教育会(1945—1949年)

在代表来宾致词中,高度评价无锡教育取得的成绩,并表态:"联教组织最近期间,拟在中国成立一基本教育实验区,无锡教育如此发达,实为吾人理想之地区,吾人当协力以促成该项计划之完成。"联教组织代表罗雷斯也接着表示:"愿努力促成无锡成为中国基本教育第一个实验区,将来联教组织代表来华考察基本教育实验区时,必请其首先来锡考察。"[①]他们的提议与表态,赢得各方人士的热烈掌声。

在参观活动中,热情的无锡地方接待者极尽地主之谊,让来自世界各地的代表对无锡这座城市以及无锡教育留下了深刻印象。如在下午参观江苏省立教育学院时:

最令各国代表感到兴趣者,为该院主办之儿童团、妇女班及成人班表演之卡片识字法之表演,极小之儿童及不识字之成人,受过此种教育后,皆能将认识复杂之字句,计算出复杂之数字,各国代表对此种教学法备加赞扬。该院最近成立之播音台同时开放,接待各国代表前往参观,并请墨西哥代表安哥拉独唱西班牙歌曲一首。[②]

来自县女中、县中、辅仁、竞志、省锡师和连元街小学等学校的校长参加了晚宴,"同行相见,分外相亲,虽然大家国别、肤色、语言有着许多的不同,但是这群教育工作者都是抱着同一理想,在这个世界上,他们为了这共同的理想吃苦、挨饿、流血、流汗的工作着。今天他们的理想已让联教代表罗雷斯教授揭橥的很明白了。今日教育的目的,是在使全体人民有充分及平等受教育之机会,在使促进全世界之和平"。[③]

在这样的场合,俞庆棠女士最活跃,她一会儿将中国侨胞、能讲多国语言的马来亚代表王宗镜先生介绍给校长们,一会儿又将在中国从事社会教育30年、说得一口流利中文的联教组织代表胡文德介绍给大家,并与徐侍峰一起请他唱了一首自编的中国北方民谣。席间,在大家吃着太湖虾蟹时,她又主动起立把

---

① 《各界昨热烈欢迎远东基教参观团》,《人报》(无锡)1947年9月14日。
② 《各界昨热烈欢迎远东基教参观团》,《人报》(无锡)1947年9月14日。
③ 石曼:《一个愉快的晚会——并为几位基教代表画像》,《人报》(无锡)1947年9月14日。

想讲几句的新任联合国文教主任、联教组织的中国代表郭有守介绍给各位。郭先生兴奋而含蓄地宣布："中国基本教育实验区计划中,是预备在四川的北碚和江苏无锡选择一个的,现在决定选哪一个很难决定,要经过参观后交由教育部决定。"但作出这决定,"已是很快的事了!"自己"亦极愿将基教区设于本邑,并慨允回京后向朱部长请示决定!"①临别时,俞庆棠表示："必须全力争取在无锡!"直至深夜,宾主尽兴而散,客人们踏上东去的火车。

"这确是个愉快的晚会!尤其是在大家都经过了一整天的参观游玩后。"②邑报称："它轰动了全城,真可谓:无锡教育史上的空前盛举!"③

1948年2月,无锡被联合国教科文组织正式确定为基本教育实验区第二实验区。④教育部将此消息通知无锡,并确定由江苏省立教育学院院长童润之负责筹备,教育部并下拨"一亿元开办费已交由中行汇来"⑤,"以实验城市市民基本教育"。⑥在此基础上,童润之分访徐县长、杨理事长及杨局长商议工作推进方案,作为具体操作单位的江苏省立教育学院还制订了详细的《无锡县基本教育实验计划》并上报教育部核示。3月份,实验工作全面启动。⑦

---

①费逯:《基教代表莅锡缤纷录》,《江苏民报》(无锡)1947年9月14日。
②石曼:《一个愉快的晚会——并为几位基教代表画像》,《人报》(无锡)1947年9月14日。
③费逯:《基教代表莅锡缤纷录》,《江苏民报》(无锡)1947年9月14日。
④无锡争取设立基本教育实验区的成功,可能还有两个原因。一是在这次活动安排过程中,在国民政府的决策层里,能看到多位无锡人的身影,如在国民政府建立的活动筹备委员会里,两位副主任之一的顾毓琇就是无锡人。他全面抗战前曾任教育部次长,抗战胜利后曾任上海市教育局局长、时任国立政治大学校长;在中国代表团中有俞庆棠和钱锺书,前者是江苏省立教育学院创办者,全面抗战前曾任院长,后者出身无锡世家,1947年5月,他所创作的长篇小说《围城》由上海晨光出版公司出版,风头正劲;另外,时任江苏省立教育学院院长的童润之曾任江苏省教育学院教务主任、教授,教育部社会教育司司长的陈礼江等也作为专家贡献了重要的意见。二是除无锡教育会之外的一些民间机构也积极促成该事,如无锡旅京同乡会认为其"事关本邑文教前途",故于9月9日电致无锡县政府、县参议会:"远东区基本教育研究会在京开会,拟在我国设立基本教育实验区,按本邑缩带京沪,文物饶秀,工厂林立,人烟稠密,设立基本教育实验区,最为适宜,良机当前,不容稍纵。本会有鉴于此,爰当第二届第一次理监事联席会议,决议:'除由本会迳函该会吁请采择外,特电本邑有关当局,一致主张,借收先声夺人之效。事关本邑文教前途,务祈群策群力,广树风声,向基教研究会作恳切之建议,并希该会代表等莅锡参观时,热忱招待,再申所请,以底于成,无任盼祷。无锡旅京同乡会理事长张文伯,副理事长侯朝海,暨全体会员同叩。'"参见《基本教育实验区,旅京同乡请设本邑》,《江苏民报》(无锡)1947年9月10日。
⑤《基本教育实验区,教育学院负责筹备》,《江苏民报》(无锡)1948年2月16日。
⑥第一实验区是四川北碚(今重庆北碚),由育才学院晏阳初负责实验乡村农民基本教育,参见萧洒:《推行基本教育计划》,《江苏民报》(无锡)1948年3月7日。
⑦《基本教育实验计划》,《江苏民报》(无锡)1948年2月17日。

第五章　南京国民政府后期的无锡教育会(1945—1949年)

在争取将基本教育实验区设立在无锡,并在之后的实施推进过程中,无锡教育会虽然不是主角,但是是尽力作为的重要配角。

第一,县教育会理事长杨震中功不可没。无论是前期策划方案,还是在整个接待过程中,杨震中都全程参加。他以县教育会理事长这一特殊的身份,与各位代表充分沟通,强烈建议各位代表将基本教育实验区设于无锡。[①]

第二,教育会会员多有贡献。锡师附小校长张正三、东林小学校长顾希炯等精心准备现场。为了确保校舍维修有充足的时间,还请借东林校舍办学的国立复旦大学无锡同学会主办的暑期学校提前结束,移至崇安寺中二镇第一中心国民学校内继续进行。[②]县女中、县中、辅仁、竞志、省锡师和连元街小学等校的会员代表也在参与接待的过程中展示了无锡教育的风采。在将气氛推向高潮的晚宴上,校长顾希炯、张正三、施仁夫、施之勉、张正觉、钱殷之、杨四箴、童润之等均参加,竞志学校校长侯鸿鉴还派代表侯毓芬出席,担任英语翻译。

第三,在之后的实验区工作推进过程中,县教育会积极支持江苏省立教育学院等单位的工作。如当时原县教育会会所(即公园路26号产权)经杨震中与政府据理力争,胜利收回自用,县教育会于1947年4月15日迁入正式对外办公,[③]并筹划新建,使其独特的区位优势更加凸显。当省立教育学院院长童润之欲借用教育会为城区办公处开展工作时,县教育会一口同意,杨理事长表示:"将全力协助"。[④]办公处迅速开展工作,由杨冬初负责,1948年3月6日,还专门召开记者招待会,宣布工作进展。[⑤]

事实上,联合国教科文组织赋予无锡实验区的任务是"示范实验计划",按照无锡教育当时的发展水平,是可以取得成绩,更可以取得经验并分享给世界的。后来,联合国还不断派人来锡,跟踪实验区工作的开展,如联合国驻华特派员、主持基本教育的美国教育家胡本德夫妇(译音),及中美农业合作团特约教授、农村社会学家安迪生夫妇(译音),于1948年4月2日下午联袂莅锡视察。教育部委托江苏省立教育学院主办基本教育第二实验区,由省立教育学院派人

[①]《远东基教代表团一行昨莅锡参观教育》,《江苏民报》(无锡)1947年9月14日。
[②]《东林修葺中!》,《江苏民报》(无锡)1947年8月7日。
[③]理事长杨震中:《无锡县教育会迁入原址办公启事》,《江苏民报》(无锡)1947年4月15日。
[④]《基本教育实验计划》,《江苏民报》(无锡)1948年2月17日。
[⑤]萧洒:《推行基本教育计划》,《江苏民报》(无锡)1948年3月7日。

接待。3日上午视察高长岸,下午参观该院及无锡民众教育馆主办的妇女班及补习学校的教学。①到了1949年初,国民政府的经济完全崩溃,地方政府对推进这项工作的经济支持发生困难。依据县教育局调查,当时全县失学儿童11300人,失学成年男性23000人,失学妇女33900人,共计为68200人。按照由无锡县教育局制订的《无锡县基本教育示范区实施计划》提出的进度,这些人将在2年内全部"脱"盲,预定开设学级1164级,经费概算需食米8282石。"县府据报后,因经费支绌,财力不逮,昨已令饬教育局先行参酌江苏省基教示范县实施小学教育,及失学民众补习教育注意事项实施,暂以不增设专任员额为原则,待经费一有着落,财政充裕时再行开始。"②推进工作就此中止下来,再加上不久后,政权更替,国际关系发生重大变化,实验区工作不了了之。此事,成为无锡,也成为中国教育史上的一个遗憾。

二、推选荣誉教师:拓展基础

抗战胜利后,教育的恢复成为治理战争创伤的重要内容,经过3年的努力,复原成绩显著。当然,也有人对"复原"的看法是不一样的:

> 虽说"复员不是复原",但是无锡的教育,除学校数目及学生数目外,在实质上,实在还说不上"复原"。只要看看学校内部情形,我们就可以感觉到敌伪加于我们的破坏,实在可惊;而要把八年内破坏了的教育"复原"起来,也真非几道命令,几条规章,或几许宣言,或标语所能奏功的……敌伪把我们的社会弄成了一个贪污、自私、欺诈、舞弊、游惰、敷衍、骄奢、淫佚等等无恶不作的社会,而这等等恶风气,也深入了教育界,在学校里表现着,致使教育难于"复原"。无锡虽素称教育发达,也不能例外。③

---

① 《美教育家莅锡,视察基教实验区》,《人报》(无锡)1948年4月3日。
② 《锡邑文盲有六万余》,《导报》(无锡)1949年3月9日。
③ 孙荆楚:《论无锡教育二三事》,《锡报》1946年12月14日。

第五章　南京国民政府后期的无锡教育会(1945—1949年)

战争给教育带来的破坏是多方面的,必须进行整体的修复。时任江苏省立洛社乡村师范校长潘仁也曾撰文设问:

> 在目前教育的重点该在什么方面呢? 我以为应该在于训导一面……我国自经过这一次抗日战争,我们的公私财产不知被敌寇毁灭了多少,我们男女老少的生命也不知被牺牲了多少,这种巨大的损失非常惊人! 但这还是物质上的损失,算不得什么。我们最大的损失,乃是精神上的损失,那就是国民道德的破坏与堕落,这种损失,真是无可计算,不知要经过多少年训练培养,才能把它挽回过来。[①]

所以,消除教育的奴性,树立做中华人的浩然正气,成为当时不少教育人关注的重点。

中国教育学术团体联合会是20世纪三四十年代中国规模最大且具有全国性的教育学术团体的联合组织,它的前身是中国教育学术团体联合会办事处,成立于1937年春,会址在南京。当时,国内教育界人士基于国内教育学术团体组织繁多而各不联络,为求各团体的相互联系、相互合作,故由中国教育会约集中华儿童教育社、中华职业教育社、中国社会教育社等团体组成。1938年改名为中国教育学术联合会。抗战全面爆发后随政府西迁,1944年5月6日在重庆召开的第三届年会上,正式更名为中国教育学术团体联合会。抗战胜利后,参加该联合会的教育学术社团有中国教育会、中华儿童教育社、中华职业教育社、中国社会教育社、中国教育电影协会、中国卫生教育社、中国测验学会、中国民生教育学会、中华图书馆协会、中国心理卫生协会、中华体育学会、中国儿童福利协会、中华电化教育学社、中国童子军教育会等14个,张伯苓为理事长,朱经农、黄炎培、李蒸等均在会中担任理监事职务,可见其阵容的强大。[②]

"为提高专业精神,倡导敬师运动"[③],中国教育学术团体联合会召开理监事会议,决定在全国启动公选荣誉教师活动,"于三十七年公选荣誉教师五十

[①] 潘仁:《战后教育的重点》,《锡报》1947年1月15日。
[②]《中国教育学术团体联合会简况》,《教育杂志》1947年第32卷第1号,第102页。
[③]《推荐荣誉教师》,《广东教育通讯》1948年第7期,第17页。

名"①。该会致函全国各教育团体,希望协助推荐候选人。江苏教育会接到通知后,特于第三次理事会议上就此事作出议决:第一,函请各县市教育会,各省立小学、中学及省教育会各理事,就本省籍教师合于规定资历者,推举1—5人,限7月15日前上报,再由省会汇总后,确定名单上报;第二,曾参加敌伪学校其他教育机关工作者,概不得入选。②

江苏教育会无锡代表张正觉对于此事十分热情,将消息传达至无锡教育会。理事长杨震中与张正觉洽商议定,依照推选规定,无锡教育会推举10名候选人呈省。名额分配为:小学4名、中学2名、大学与师范2名、社会教育1名、职业教育1名。采取选举方法,请全县教育会会员共同投票,以示公允。③为了扩大宣传的影响,县教育会还联合由辛曾辉任社长的《江苏民报》社,由其作为承办单位,开展"无锡荣誉教师"评选。

7月上旬,各方推荐人选陆续上报汇总到县教育会,其中因为中学组暂时只推了1人,而小学组因为"还有广大的农村的许许多多的教师,还没有提名到来",故暂时仅有2位。④根据各方意见,教育会先将汇总的候选人名单共13人予以公布,以供各位会员参考,详见下表:

表5-7　无锡荣誉教师候选人情况一览表(1948年7月)

类别	姓名	任职单位
大学师范混合组	钱穆	江南大学文学院院长
	钱基博	武汉大学教授
	唐文治	国学专修学校校长
	童润之	江苏省教育学院院长
	高柳桥	江苏省教育学院教务长
	章绳以	江苏省教育学院教授
	向宾枫	江苏省立无锡师范学校教师

①《中国教育学术团体联合会近讯》,《教育通讯》(汉口)1947年复刊4第7号,第27页。
②《教育学术团体联会选荣誉教师五十名》,《江苏民报》(无锡)1948年7月4日。
③《教育学术团体联会选荣誉教师五十名》,《江苏民报》(无锡)1948年7月4日。
④《介绍三位候选教师》,《江苏民报》(无锡)1948年7月15日。

第五章　南京国民政府后期的无锡教育会(1945—1949年)

续表

类别	姓名	任职单位
大学师范混合组	吴慨亨	江苏省立无锡师范学校教师
	吴澡渌	江苏省立无锡师范学校教师
中学组	施之勉	无锡县立中学校长
社教职校组	秦有仁	无锡县图书馆主任
小学组	张正三	江苏省立无锡师范附小校长
	张德三	江苏省立无锡师范附小教员

资料来源:《谁是荣誉教师?》,《江苏民报》(无锡)1948年7月12日。

为确保公选活动取得圆满成功,县教育会根据全国及省会精神,并结合本县的情况,特制订相应的操作办法和注意事项,规定:"本月十二日上午起到十三日下午二时止,为各校或社教机关提候选人姓名时期。"并设计《选票》票样刊登在《江苏民报》上,预告:"当选本县荣誉教师(即本县提名候选荣誉教师),由教育会及本报定期举行本县荣誉教师膺选典礼,以示推崇。"在推荐的过程中,地方报纸发挥了积极作用,以《江苏民报》为主,另加《锡报》《新夜报》等,在7月上中旬,对此活动连续报道,刊发《评选办法》《候选人介绍》等。《江苏民报》分别在6月25日、7月4日,将评选办法刊发两次,并打出"本报主办选举,欢迎各界投票""英雄的导师、民主运动的前哨""请教界投下神圣的一票"等口号[1],很是热闹了一阵子。

这一活动也曾在全国各地展开,如上海、湖北均开展了评选,[2]如嘉定县教育会推荐了5位候选人。[3]由于资料缺失,编者不清楚这次荣誉教师公推的结果。但这并不影响对所关注的问题的分析。

民国年间,无锡的高等教育起步较晚,直至20世纪20年代后才创办无锡国学专修馆、江苏省教育学院。这些学校在较短的时间里,均办得风生水起,很有特色。但在全面抗战之前,无论在会员发展、学术研究,还是影响辐射诸方面,无锡教育会都缺乏与他们的互动,使得地方的基础教育、国专的国学、教院的民

---

[1]《教育学术团体联会选荣誉教师五十名》,《江苏民报》(无锡)1948年7月4日。
[2]《荣誉教师沪候选人推定》,《申报》1948年6月29日;《湖北整顿学风》,《申报》1948年5月18日。
[3]《一周间事》,《嘉定导报》1948年7月17日第12期。

众教育,虽各领风骚,但没有形成区域合力。这对于一个偏于一隅又以推动地方教育发展为己任的无锡教育社团来说,是莫大的弱点与损失,大大削弱了其作用的发挥。抗战胜利以后,这一局面有所改进,在争取设立联合国教科文组织基础教育实验区的过程中,县教育会与江苏省立教育学院已经有过良好的合作,并取得了成效。而此次公推荣誉教师的活动又是一次合作。当时的名额分配为:小学4名、中学2名、大学与师范2名、社会教育1名、职业教育1名。从无锡教育的基本情况来看,这样的比例还是较为合理的,但实际上,县教育会最终的提名中,大学与师范组有9名,其中:战后由荣德生新创办的私立江南大学1名、国专1名、教院3名、无锡师范3名,还有1名是给了武汉大学无锡籍的钱基博。钱穆、唐文治以及钱基博等都是当时全国著名的大学问家,公推入围或当选的希望极大。在人选推荐过程中,当时有人疑惑:江苏省立教育学院是否在被推举的范围内?作为省代表的张正觉出面作出权威的解释:"社桥教育学院亦为全国社教机关人员的培养地,他也有权利同时在社教机关项内的被选举权。"①

另外,从这一时期县教育会的章程来看,对于入会会员的要求,第四章作了"任公立或已立案之私立学校教员或社会教育机关职员"②的规定,只是这一规定强调从事教育的任职经历,而非学段限制。从这个角度说,当时县教育会为适应区域教育的发展,更趋开放。但是,传统以小学教员为会员主体的县教育会要想拓展组织基础,向大学渗透,在现实中也会碰到不少问题,如高校教员能否放下架子与小学教员合流?政府对此的态度如何?等等。而荣誉教师的评选,却无形中为县教育会在这方面的突破提供了一个难得的机会。按理,类似这样涉及教师评价的事,在国民政府强化对社团控制与管理的背景下,主办者通常轮不到县教育会,至少应由县教育局去操办。但无锡地区的本次活动,是由教育会发起,会同县教育局及《江苏民报》共同举办的。在实际操作过程中,出现了任职仅10个月的教育局濮源澄局长因身体原因,"自愧毫无建树",一度提出辞职的变故,③使得教育局在此中成为仅作挂名的机关。再加上此活动为

---

① 《谁是荣誉教师?》,《江苏民报》(无锡)1948年7月12日。
② 无锡县教育会:《本会章程》,1948年,无锡市档案馆藏,档案号ML01194800508010227。
③ 《濮教局长失眠,突向县府辞职》,《江苏民报》(无锡)1948年7月6日。

全国教育会系统组织发起的,故县教育会就成了该次活动的具体承办者。至于《江苏民报》,虽然放言"主办",但实际上承认是协办:"本报为服务教育界,特地郑重的来协助主办这届荣誉教师的选举。"①从这个角度而言,这次公推活动,大大扩大了县教育会在地方上的影响力。

三、参加无锡县公私社团联合会:历史的抉择

到1948年底,国家大形势发生重大逆转,国民政府在军事上连连败退,八一九经济防线的崩溃,预示着一个旧政权的垮台和另一个新政府的到来。在这动荡的年月里,所有的人都被迫面临着选择。但是,不管怎样,新旧转换是人们必须面对的,无锡教育会的领袖和会员也无法回避。

自清末到民国前期,无锡地方有极强的自治能力,无论是辛亥光复还是解救1925年围城,地方绅商及地方社团均发挥了中流砥柱的作用,即使在之后国民政府加强控制的情况下,地方社团仍蕴藏着巨大的能量。在国民政府摇摇欲坠而无力进行地方管理背景下,历史再一次给予了其表演的机会。

1948年12月23日,无锡县商会理事长钱孙卿邀约部分地方人士于城中西溪举行座谈。②钱孙卿早年也投身教育,五四运动前后曾参加县教育会,担任评议员,为无锡市教育会第一任会长,并长期担任县学务科主任一职,对地方教育贡献颇多。20年代初被推举为无锡县商会负责人,转向商界,又以善于处理事务、协调关系,敢于仗义执言,在地方上享有极高威望。这次会议决定:基于无锡的时局,为应对政权更替过程中的不测,汇聚地方各公私社团,组织成立一个地方社团联合会,全名为"无锡县人民公私社团联合会",以维护地方秩序。这一提议得到众人的赞成。12月29日,联合会宣告成立,由无锡各公私社团的负责人为会员。③为应对不测事件,会员推定第一至第五召集人为钱孙卿、薛明剑(自治试验乡乡长)、李惕平(县参议会参议长、商会常务理事、省工业协会常务

---

① 《谁是荣誉教师?》,《江苏民报》(无锡)1948年7月12日。
② 《人民社团联会昨日正式成立》,《人报》(无锡)1948年12月30日。
③ 薛明剑《五五纪年》记载时间与此不同:1949年1月"十二日,无锡县人民公私社团联合会成立。推余及钱孙卿、冯晓钟等五人为召集人,设总务、联络两组,人民自卫小组、生产安全小组"。见无锡市史志办公室编《薛明剑文集》上,当代中国出版社,2005,第109页。

理事、建国书店经理)、徐赤子(县党部书记长、国大代表、县参议员、《锡报》社社长)、冯晓钟(时任锡钟学校校长、律师公会常务理事、县参议员、锡钟社负责人),规定当第一召集人无法主持会务,即由第二召集人递补主持,以此类推。另设正、副书记各一人,分别由孙德先、华尊担任,处理日常会务;下设干事会(由参加联合会的公私社团各推举代表一人组成)为执行机构。全县有20个公私社团参加,分别是无锡县参议会、江苏省工业协会、无锡县商会、无锡县总工会、无锡县农会、无锡县教育会、无锡县新闻记者公会、无锡县律师公会、无锡县渔会、无锡县红十字会、无锡县医师公会、无锡县助产士公会、无锡县中医公会、无锡县红卍字会、无锡县救火联合会、无锡县溥仁慈善会、无锡县妇女会、扶轮社无锡分社、复苏社、锡钟社等,几乎囊括了当时无锡地方有影响的社团组织。县教育会也作为地方规模最大的社团之一名列其中,成为其中的一支重要力量。

成立会上通过了《章程》共8条,其中第一条为"本会以加强公私社团联系,统一无锡人民意志,强固自卫力量,保障生产,安定地方,各本自觉自救、救国为宗旨"。其他七条内容包括参加社团名单、任务、机构、人员设置、干事会的权力和下属机构、经费筹措、章程的实施和修订等。①

在无锡县人民公私社团联合会成立到无锡解放后的1949年5月初其停止活动的近半年时间里,无锡教育会协同各社团所做工作如下:第一是通电呼吁和平。1949年1月22日,联合会向国民党立法院、监察院和全国省市参议会并转各地人民团体,电文内容为:"烽火已迫眉睫,和战未决庙堂,军队彷徨,人民恐惧。"要求:①废除特种刑庭;②释放一切在押政治犯;③开放舆论;④撤销戡乱建国队;⑤反对继续征兵;⑥一切防御工程之征工征料亦宜一律从速停止。②第二是扩大组织影响。2月7日,经干事会推举,原县教育会会员潘一尘作为无锡县公私社团联合会第一召集人钱孙卿的驻沪代表,参加"江苏人民安全保障促进会",形成在更大范围的联动。第三是稳定社会,尤其是维护工厂生产和学校教育秩序。

与此同时,中共地下党组织也在对县教育会的领袖、会员做有效的统战工

---

① 《无锡县人民公私社团联合会章程》,《人报》(无锡)1948年12月30日。
② 蒋宪基:《我参加"无锡县公私社团联合会"暨"工商自卫团"的回忆》,载《无锡文史资料》第8辑,第9页。

第五章 南京国民政府后期的无锡教育会（1945—1949年）

作,以剥离县教育会与旧秩序、旧体制的粘连。当时,国民党无锡县政府组织无锡戡乱建国会,聘请地方各社团组织,如县商会、县农会、县教育会、律师公会等负责人为其主要成员,但不少团体负责人予以抵制。地下党通过冯晓钟做他们的工作,宣传"共产党就要来了,少去参加这种会,免得将来吃苦头！"作为无锡县参议员和县教育会理事长的杨震中,受其影响,带头不参加会议,即使去,也是"一言不发,或签了名就走"。[①]

邱宝瑞,1939年9月考入无锡国专沪校,毕业后担任培南小学校长。1948年当选县教育会候补监事,并秘密加入了中国共产党。[②]同年,在无锡县参议会议员竞选中,奉中共无锡党工委书记高山之命,他以培南小学校长身份参加竞选,成功当选候补参议员。他为掩护工作的开展,特聘请无锡县参议会参议长李惕平担任培南小学的董事长。随后,他以候补参议员的身份与一些小学校长组成"私立学校校长联谊会"和"小学教师联谊会",团结教育界的一批群众。在1948年11月,国民政府的币制改革破产,取消限价,物价飞涨,无锡工人发动全城性罢工,邱宝瑞参与组织县师、县女中、县中和省锡师等公立中学教师举行反饥饿、求生存的罢教斗争。教师们在小娄巷县女中召开代表会议,向县政府提出补发3个月薪金的要求,其余小学、私立学校教师也积极响应,共同组织了请愿团向县政府请愿,迫使政府同意发放面粉实物工资。[③]

1948年冬,奉高山指示,邱宝瑞与胡斌、余铭青3人组成专门工作小组,邱宝瑞任组长,开展一项特殊的任务。他们通过各种途径,利用报纸、书刊、电话簿等资料,并运用社会调查的方法,广泛收集无锡地方情况,包括党政工团、军警特务机关、工厂、商店、银行、仓库、医院、学校、电台等的分布情况,以及重要人物姓名、住址、电话号码、政治态度、现实表现等情况,并将情报送往苏北解放区,为中共华中工委调研室编写提供给接管无锡城市的解放军使用的《无锡概况》,作出重要贡献。同时,该小组又根据"全面动摇、重点突破"的方针,拟写了130余封信件,投寄给无锡各方面的负责人,分别提出不同意见,在社会上引起

[①] 冯晓钟:《解放前夕的回忆》,载《无锡文史资料》第8辑,第2页。
[②] 参见邱宝瑞儿子提供的简历。
[③] 中共无锡市委党史工作委员会:《迎接黎明——解放战争时期无锡城区人民的革命斗争》,1992,第24、44—45、172页。

很大的震动,动摇了国民党的党心、军心。

1948年3月,在县立女子中学工作的县教育会会员安怡荪被发展为中共地下党员。他经常利用兼任学校文书职务的便利,接近校长张正觉并对其开展宣传工作,劝导他认清形势,考虑自己的前途。县女中校长张正觉接信后,对安怡荪表示:"是这样的形势,应该考虑这个问题。"安怡荪同时还影响了在县立女子中学任教务主任的钱少明[①],并发展在县教育局教育科任科长的姚方勉(即姚铭盘)为中共党员。[②]姚方勉利用自己购买的高级收音机,每天晚上收听新华社广播,记录下《元旦献词》、战犯名单等重要内容,在教师中秘密宣传。1949年4月22日,无锡解放在即,姚方勉在中共无锡城市工作委员会的统一部署下,以原县教育局教育科科长的名义,将解放军进城、国民政府垮台的消息通知到无锡各学校。24日,接到通知的学校,组织师生集队上街游行,热烈欢迎解放军。[③]姚方勉事后回忆:"渡江战役,无锡解放,在伟大的动荡时代,无锡每个学校都是保护得好好的。二十三日是星期六,还在上课,二十四日星期天,部分师生结队迎接解放军入城,二十五日星期一,就照常上课了。"[④]

1949年4月23日,无锡解放。无锡教育会会同地方各公私社团,在中共地下党组织的影响下,为地方的平稳过渡作出了贡献。

4月26日起,新成立的无锡市军管会根据"原封不动、各按系统、自上而下、整套接收"的方针,启动对无锡地方各旧系统分别接管,[⑤]进展十分顺利。5月8日,中共苏南区党委在《中共苏南区委员会关于城市接收工作情况致各军管会、各地市、并报前委、中共中央电》中称,关于接收城市的工作,"文化教育、司法、农林等机构,可先下令一面保护维持,一面办理各种清册,责令归我管辖,然后从容接收或点验"。中共中央在5月21日转发了该电文,对此做法予以充分

[①] 1930年6月曾任南方泉小学校长。参见《无锡教育周刊》1930年11月30日第134期,第4页。
[②] 中共无锡市委党史工作委员会:《迎接黎明——解放战争时期无锡城区人民的革命斗争》,1992,第50、133、170、174页。
[③] 中共无锡市委党史工作委员会:《迎接黎明——解放战争时期无锡城区人民的革命斗争》,1992,第61、133页。
[④] 姚方勉:《护校斗争、迎接解放军入城和接管工作的回忆》,载《无锡文史资料》第8辑,第22页。
[⑤] 无锡市地方志编纂委员会:《无锡市志》第4册,江苏人民出版社,1995,第3300—3301页。

第五章 南京国民政府后期的无锡教育会(1945—1949年)

肯定。[①]

在此背景下,1949年6月4日,在接到无锡市政府《民社字第四号》通知后,杨震中以无锡教育会负责人的名义,致函新建立的无锡市政府:

> 奉钧府民社字第四号通知,附发社会团体登记表一份,遵即依式填就,并连同《理监事履历表》《会员名册》各一份,备文呈请鉴核。谨呈无锡市人民政府市长顾(顾风),副市长包(厚昌)。[②]

这份保存在无锡市档案馆里的信函上,留有顾风市长当时的批示:"交民政局。6月6日。"这份函稿及所附的《无锡县教育会理监事履历表》(1948年10月17日)和由各镇填写的《无锡县××镇教育会会员名册》(为1948年5—7月间填写),现在一并收藏于无锡市档案馆内。

一段历史告一段落,延续近半个世纪的近代无锡教育会的办会历程就此终止。

[①] 中共江苏省委党史工作委员会、江苏省档案馆:《苏南行政区(1949~1952)》,中共党史出版社,1993,第45、47页。

[②] 无锡县教育会:《为呈送登记表及理监事履历表等鉴核备查由》,1949年6月4日,无锡市档案馆藏,档案号ML01194900508010003。

无锡教育会大事记

(1903—1949年)

【光绪二十九年癸卯(1903年)】

冬,江苏教育会无锡支部成立。它是由无锡留日学生侯鸿鉴、顾倬等发起组织的近代教育社团,为近代中国最早成立的县级教育会。后因入会者寥寥,遂停止活动。

是年,杨荫杭、蔡文森、顾树屏、华裳吉等留日返国后,在北门外贝巷组织理化研究会。

【光绪三十年甲辰(1904年)】

六月二十六日(8月7日),江苏教育会无锡支部在三等学堂召开例会,欢迎江苏教育会东京支部代表蒋韶九、宝山支部代表袁俶畲。

七月,地方米商反对捐厘兴学,酿成毁学风潮。

十月,锡金学务公所(后改名劝学所)成立,总董裘廷梁,统一管理两县公、私学堂。

【光绪三十一年乙巳(1905年)】

正月,侯鸿鉴创办竞志女学,为无锡女子学堂之始。

是年,侯鸿鉴、裘剑岑等组织教育调查会,以调查旅外同人,并欲组织研究会研究教育改良。

【光绪三十二年丙午(1906年)】

四月,顾倬、侯鸿鉴、裘剑岑、蔡文森、蒋仲怀、章秉嘉、黄淡如、陶达三等商议再次筹建教育研究会。

六月十四日(8月3日),锡金教育研究会在竢实学堂召开成立大会,到会签到会员60余人,通过《锡金教育研究会章程》,华申祺被推举为首任会长。内设评议、治事、调查3部。

六月,清政府颁发《教育会章程》,为近代中国第一个政府颁布的教育会法。

七月十八日(9月6日),根据清政府规定,锡金教育研究会更名为锡金教育会。

是年,锡金教育会创办游戏体操传习所,有会员50余人。

【光绪三十三年丁未(1907年)】

四月,锡金教育会创办教育谈话会,教授管理等法。

上半年,锡金教育会组织成立私塾改良会,黄淡如被推举为会长,分区开展劝导。

上半年,锡金教育会租城中崇安寺理化会楼房为会所。

【光绪三十四年戊申(1908年)】

八月,经江苏提学使批准,锡金宾兴款项拨入锡金教育会作为基本金,以每年典息960千文(约折合洋1000元),作为会务活动的常年经费。

十月二十日(11月13日),锡金教育会编辑出版的《白话报》正式问世,主编孙锡皋,尤惜阴任编辑。

是年,教育调查会并入锡金教育会调查部。

是年,锡金教育会组织私塾讲习所,不久改名初级师范传习所。

【宣统元年己酉(1909年)】

三月,锡金教育会联合劝学所、商会等,共同组织锡金法政讲习会。

暑期,锡金教育会开办单级教授讲习会,延请俞子夷为讲师,听讲者70余人。

【宣统二年庚戌(1910年)】

十月二十三日(11月24日),锡金教育会举办城乡公私立各校联合运动会,为无锡最早的学校联合运动会。

是年,锡金教育会组织各乡成立私塾改良会。

【宣统三年辛亥(1911年)】

正月二十五日(2月23日),官立江苏第三师范学堂在锡建成开学,顾倬任校长。

九月十六日(11月6日),锡金光复。锡金军政分府成立,统一管理无锡、金匮两县政务。锡金教育会多名会员参与其间。

十月初十日(11月30日),锡金军政分府召开谈话会,商讨地方司法、行政、军事、民生等多项议题,锡金教育会会员胡雨人、蔡荫阶等参加讨论。

【民国元年1912年】

1月,无锡、金匮两县合并为无锡县。

1月14日,锡金教育会改称无锡县教育会,借竢实小学召开特别会议,推选侯鸿鉴为第八任会长,时会员达220余人。

2月,万安市教育会成立,为无锡最早成立的乡村教育会。

7月24日,无锡市(城区)教育会成立。

9月,北洋政府教育部颁布《公布教育会规程》。

是年,无锡教育会所属第一个专业社团教育研究会成立,由侯鸿鉴任会长。

【民国二年(1913年)】

1月,无锡教育会创办的《无锡教育杂志》第1期出版,为民国年间无锡最早的综合类教育刊物,也是全国县级教育会最早创办的刊物之一。

2月15日,无锡教育会召开第九次大会,启动修改章程。

9月7日,无锡教育会在城中崇安寺新建会所落成开幕。

【民国三年(1914年)】

5月,江苏省视学臧佛根、张彬士来锡调查无锡教育,对无锡教育会会务大加肯定。

6月,在无锡县署支持下,无锡教育会会长侯鸿鉴会同无锡商会代表赴日参观大正博览会。

【民国四年(1915年)】

1月1日,无锡教育会倡导的无锡县立图书馆建成开放,侯鸿鉴任馆董。

【民国五年(1916年)】

10月,无锡教育会就筹备师范讲习所、秋季运动会诸事与县公署学务课发生争执。

【民国六年(1917年)】

1月27日,无锡教育会倡导建筑的无锡县立通俗教育馆(1927年后改名民众教育馆)开馆,地址租用县教育会会所西北面土地。历任馆长侯鸿鉴、孙仲襄、杨锡类、芮麟、范望湖等均为教育会会员。

11月,无锡教育会完成对《章程》的制订。

【民国七年(1918年)】

10月18日,无锡教育会参与筹备的无锡县立公共体育场于西门外建成开幕。薛明剑为首任场长。

11月,无锡教育会编辑的《无锡县教育会年刊》第1期出版。

【民国八年(1919年)】

4月,旅居上海的丁福保、祝大椿等出资发起组织无锡贫民教育社,开展贫民教育,委托无锡教育会办理。

5月7日,五四运动爆发后,无锡教育会致电省教育会,反对解散大学,呼吁宽容学生。此后,教育会组织演讲、通电等参与活动。

11月18日,北洋政府颁布《修订教育会规程》。

【民国九年(1920年)】

2月,无锡县立女子师范学校学生罢课,反对江苏省议会停办无锡县立女子师范学校的决议,在县教育会会长侯鸿鉴等人的据理力争下,4月30日复课续办。

6月22—25日,美国哲学博士杜威应县教育会、市教育会、省立第三师范等邀请,来锡演讲试验主义、学生自治、学校与社会、近代教育之趋势。

11月起,无锡教育会协助县署开办露天学校,推进社会教育。

【民国十年(1921年)】

2月15日,因日人避入无锡教育会会所引发大火,会所被烧毁。当年恢复重建。

3月,苏社年会在无锡举办,无锡教育会参与接待。

4月10日,无锡教育会成立新教育研究社,社长秦执中,副社长张遹喜。

5—8月,无锡地方发生轰动一时的县女子师范学校校长去留风波,县教育会坚持不干涉态度。

7月27日,无锡教育会召开特别会议,修改《章程》。

8月,无锡教育会增设编辑部,使内设机构从三部增加到四部。

10月30日,无锡教育会成立小学教育研究会,会长侯鸿鉴,副会长李康复。

11月26—27日,美国教育家孟禄博士应无锡教育会、劝学所、第三科、省立第三师范、工商中学等五团体邀请,来锡演讲"世界教育今日",陶行知陪同并任翻译。

【民国十一年(1922年)】

1月,无锡教育会成立通俗演讲团,组织会员赴全县17市乡演讲。

3月10日,因无锡县、市教育会的联合邀请,中华教育改进社主任干事陶行知博士来锡作"组织实际教育调查会方针"的演讲;并由秦执中陪同至市教育会,与三师校长陈谷岑、县一校长孙广钊、县二校长辛干、市学委蔡荫阶、市一校长陶达三等10余人开调研会,再到开原乡等调查教育。

4月8日,无锡市教育会请东南大学心理学教授陈鹤琴来锡作"实际教育考查问题"的演讲,无锡教育会参加接待。该年,他来锡多次,指导无锡市教育会组织所属小学开展教学测验。

是年底,无锡教育会会员达974人。

【民国十二年(1923年)】

3月14日,中华教育改进社科学教育指导员、美国博士推士应无锡教育会邀请来锡演讲"科学教育与社会之关系"。

3月18日,无锡教育会成立新学制实施讨论委员会,侯鸿鉴任会长,李康复任副会长。

3月25日,无锡教育会成立无锡科学教育研究会。

春,无锡市立第八校校长尤鸣梧,"因校用女仆、童养纠葛,引起外界流言",外界多有希望县教育会出面调查的恳求,但县教育会基于自身宗旨,坚持不予调查。

8月11日,无锡教育会成立无锡国语研究会,会长蒋仲怀,副会长顾子静。

8月,无锡县筹备开辟商埠,无锡教育会积极支持。

【民国十三年(1924年)】

2月,无锡教育会编辑的《教育季刊》第1期出版。

2月起,无锡教育会配合县署开办平民学校多所,推进平民教育。

4—9月,在江苏省政府资助下,侯鸿鉴作寰球旅行,考察世界教育。

【民国十四年(1925年)】

1月,第二次江浙军阀战争中,无锡遭军阀围城,侯鸿鉴、顾倬等代表县教育会会同地方政府及各公团协力应对,终使城市保全,免于破城之灾。

6月1日,五卅运动爆发后,无锡教育会联合县议参两会、教育局、商会、农会等地方公团,电告上海各报馆、北京外交部等,"急请严重交涉,以平众愤"。

6月2日,无锡成立"英日外人惨杀同胞无锡后援会",无锡教育会参与其中,并将会所作为后援会的活动场所。

12月3日,苏、浙、皖三省师范附属小学联合会在无锡召开第三次常会,在开幕典礼上焚烧小学文言文教科书,以此表达对推广国语的决心。县教育会会长侯鸿鉴撰文抨击此举。

【民国十五年(1926年)】

5月,无锡教育会组织小学国语竞进会第一次比赛,全县14所公、私立小学校派学生参加。

7月4日,无锡教育会请从日本考察回来的市总董钱孙卿和申新三厂总管薛明剑,介绍日本教育及工商情况。

10月9日,陶行知来锡考察由无锡教育会会员潘一尘任校长的开原乡立第一小学,给予高度评价。11月26日,陶行知所撰《无锡小学之新生命》一文,在《新教育评论》第2卷第26期刊发。

11月5日,无锡教育会在会所二楼举办的博物展览会开幕,展出各市乡教育会征集送展的植物标本800余种,动物标本200余种,矿物标本100余种。

【民国十六年(1927年)】

3月21日,北伐军进驻无锡。原无锡教育会停止活动。

3月22日,无锡市教育协会成立,范望湖等9人被推选为执行委员。

3月31日,无锡县教育协会在三师大礼堂召开成立大会,秦凤翔等9人被推选为执行委员。

3月底,无锡县17个市乡的教育协会全部成立,全县共有90余个支部,会员807人。

4月20日,无锡县、市教育协会为欢迎国民政府迁都南京,拥护三民主义、蒋总司令,联合向南京发出快邮代电。

6月,无锡县教育会主编的《现代教育》杂志第1期出版。

7月30日，国民政府教育行政委员会颁布《教育会规程》。

7月21日—8月3日，无锡县、市教育协会联合举办党化教育暑期讲习会。

10月，无锡县、市教育协会联合成立改组委员会，推选改组委员14人，分别由县教育协会华萼等7人和市教协会范望湖等7人组成。

【民国十七年（1928年）】

1月9日，县、市教育协会合并成立无锡教育会，通过《无锡教育会章程》，莫仲夔、范望湖等被推选为常务执委，时有会员1024人，在江苏省各县中，改组成立最早，会员最多。

2月19日，新当选的无锡教育会执委在省锡中大礼堂举行就职典礼。

3月18日，无锡教育会召开第八次执委会议，首次提出组织民众教育研究委员会。

4月17—23日，无锡教育会会同县署及地方各公团组织开展识字运动周，启动识字运动，开江苏省各县风气之先。

4—7月，无锡教育会敦促地方政府落实大学院关于开征冬漕加征及八分亩捐的命令，要求宽筹教育经费，增加教师待遇。

4月29日，无锡教育会代表莫仲夔、严仰斗、华萼、苏渭滨、朱正心率17市、乡教育分会代表多人向县教育局请愿，要求以地方教育为重，切实宽筹经费，解救小学教师痛苦。

5月1日，无锡教育会参与的识字运动，筹建民众学校共24处，正式开学。

5月，因日本政府阻碍国民革命军第二次北伐，出兵山东屠杀中国军民，无锡教育会参与筹建地方反日运动委员会，投身反日运动。

6月17日，无锡教育会发起的中央大学区县教育会联合会在无锡召开第一次筹备会。到11月12日，该社团在镇江正式成立，无锡教育会所派代表莫仲夔被会议公推为主席。

7—8月，无锡教育会举办暑期讲习会，华萼为事务主任，莫仲夔为教务主任，严仰斗、苏渭滨为舍务主任，听讲者100余人。

是年，无锡教育会制定《无锡县教育会公文程式条例》，以规定内部行文格式。

【民国十八年(1929年)】

2月下旬,中华职业教育社在无锡召开年会,无锡教育会会同地方中央大学区立无锡中学、民众教育院、劳农学院、县教育局等教育机关团体参与接待。

5月8日,教育部公布新的《教育会规程》。

6月23日,无锡教育会邀请自日本考察归里的县教育局局长陆仁寿在省锡中大礼堂演讲"最近日本教育状况"。

7月14日,根据新的《教育会规程》,无锡教育会成立改组委员会,启动改组。

7月起,无锡教育会就启征筵席捐补充教育经费与政府交涉,时逾一年之久。

11月26日,无锡教育会完成改组,再次举行代表大会。选举秦冕钧、严少陵、胡念倩等为常务执委。

【民国十九年(1930年)】

3月18日,无锡教育会常务委员秦冕钧、胡念倩、严少陵等人为县教育局办理筵席捐不力,提出辞职,以示抗议。

6月21日,无锡教育会邀留美博士傅葆琛在省锡中大礼堂演讲"乡村教育问题"。

7月,无锡教育会建议中央在无锡办理义务教育区。

8月2—3日,江苏省各县教育会联合会在无锡召开第二届年会,无锡教育会秦冕钧被推举为主席委员。

9月22日,中国经济学社在无锡召开年会,无锡教育会会同江苏省立无锡中学、无锡县党部、江苏省立教育学院、无锡县教育局等参与接待。

【民国二十年(1931年)】

1月27日,国民政府教育部公布《教育会法》。无锡教育会再次启动改组重建工作。

1月,经过无锡教育会的争取,无锡启征筵席教育捐。

2月,因国家"废除"阴历,推广公历纪年,县教育局禁止各校于"废历"新年借端放假,举行全县总视察。无锡教育会听信不实函告,引发误会。

3月16日,无锡县各区教育分会完成改组,全部成立。

3月20日,经改组的无锡教育会在城中公园路会所召开成立大会,通过新的《无锡教育会章程》。胡念倩、秦冕钧等当选为常务干事,李惕平为出席省会代表。

3月23日,无锡教育会举行第一次干事会,就县教育局编制1931年度教育经费预算标准失当问题进行讨论。

4月12日,无锡教育会举行隆重的宣誓就职典礼。

8月,无锡教育会致函县教育局,因教育经济稽核委员会核而不稽,声明所派代表即日退出。

8月,因日本制造万宝山惨案,无锡教育会集会,推定胡念倩为代表,出席无锡反日援侨委员会。

10月,九一八事变后,无锡教育会发起组织全县教育界同人抗日救国会。

12月,无锡教育会全体干事认为办事棘手,应付为难,提出总辞职。

【民国二十一年(1932年)】

8月1日,无锡教育局局长、原无锡教育会执委陆仁寿离职,无锡教育会胡念倩、严仰斗等率部分学校校长假座迎宾楼设筵饯行。

【民国二十二年(1933年)】

3月19日,第十七区(富安乡)教育会全体会员50余人,为挽留因不满县教育局愤而辞职的第六区教育委员章星垣,由乡步行进城到县教育局请愿。

3月,江苏省教育厅以无锡教育会任期未满,遽行改选,殊不合法为由,勒令暂定活动。

【民国二十三年(1934年)】

5月,无锡教育会召开代表大会,恢复活动。

5月,无锡教育会发起抵制"一人一级制",到1937年夏取得胜利。

6月,无锡教育会呈请县政府将无锡公园划归县教育局管理。

9月,无锡教育会创办教育通讯社,社长李惕平,副社长华萼,宗旨是"促进社会文化,发展教育事业",并出版《无锡教育通讯》刊物。

11月,无锡教育会电函上海胡雨人之子胡宪生等,建议将胡雨人铜像设立于太湖风景区。

【民国二十四年(1935年)】

5月,无锡教育会建议政府建设地方动物园。

6月,由潘揖山、陆静山、李惕平、宋泳荪、顾泾村、华萼等人发起,中华儿童教育社在无锡设立分社。

10月27日,无锡县第一次集体婚礼在县立图书馆和无锡教育会会所举行。

11月,无锡教育会提请县教育局拨用积聚社教基金,就会所原址改建公共大礼堂,并附设民众教育馆暨县教育会会所。

11月,无锡教育会建议地方政府推进教育电影,以利全县教育。

11月,无锡教育会会员达1000余人。

【民国二十五年(1936年)】

4月23—27日,无锡教育会组织教育考察团赴南京考察教育,共有60余名会员参加。

6月6日,陆静山等40余人发起,由无锡教育会筹备的教师节庆祝大会在连元街县立中四镇小学礼堂隆重举行。

9月,城区教育分会为崇安寺僧人慧鑫和尚诬告县立中心小学窃盗毁损校舍一事,呈文县政府请求严惩该僧。无锡教育会呈函县法院检察处,请求主持正义,并代电教育厅严办。

11月14日,日伪军分三路进犯绥东,无锡教育会响应上海《生活星期刊》主编邹韬奋的倡议,在会员中发起援绥捐款。

【民国二十六年(1937年)】

6月6日,无锡教育会举办六六教师节庆祝活动,邀请前会长侯鸿鉴作学术演讲。

11月25日,日军侵占无锡,无锡教育会会所被战火焚毁,会员星散。

【民国二十九年(1940年)】

10月23日,汪伪政府认可的无锡教育会筹备委员会常务委员侯小峰呈文日伪政府,提出恢复无锡教育会。

10月28日,侯小峰等10余人,假伪县党部会议室举行无锡教育会筹备会议,由侯小峰担任主席。

【民国三十年(1941年)】

3月29日,无锡教育会成立。

3月31日,无锡教育会召开会员大会,选举理监事,许文蔚任常务主席。

【民国三十一年(1942年)】

7月,无锡教育会组织小学教师消费合作社。

12月22日,伪无锡县党部召开全体执委会议,议决县教育会停止活动,进行改组,并成立整理委员会,诸瘦鹭任主任委员。

【民国三十二年(1943年)】

3月2日,无锡教育会整理委员会召开第一次成员会议。

7月,无锡党部认为诸瘦鹭负责整理以来鲜有建树,下令重建教育会整理委员会,指定秦百川为主任委员。

10月2日,无锡教育会在连元街中四镇小学举行成立大会,重新成立,沈显芝被推举为常务主任。

12月15日,无锡教育会新任理监事在连元街中四镇小学礼堂举行就职典礼。

【民国三十三年(1944年)】

11月初,因"办事棘手",无锡教育会常务理事沈显芝率全体理监事,集体向伪县党部呈请辞职。

11月17日,伪县政府扣押无锡教育会常务理事沈显芝,引发城区30多所中小学200多名教职员罢教,并上街游行,常州、江阴等地教员闻讯也来电声援。

【民国三十四年(1945年)】

9月19日,国民党县党部发布告示,下令各伪团体一律停止活动,等待接收。无锡教育会终止活动。

11月,无锡教育会整理委员会成立,胡念倩任主任委员,张正觉任副主任委员。

【民国三十五年(1946年)】

3月1日,基于"县级公教人员,待遇菲薄",无锡教育会整理委员会主任委员胡念倩、副主任委员张正觉致电行政院、教育部、财政部、江苏省政府、教育厅、财政厅等,请求将公教人员薪给标准,重加厘订,并以生活指数为根据,逐步增加。

4月19日,无锡教育会在连元街小学召开代表大会,重新成立,杨震中当选理事长,为江苏省各县中恢复成立时间较早的。

【民国三十六年(1947年)】

4月15日,无锡教育会迁回原会所办公。

9月13日中午,联合国教科文组织远东区基本教育研究会代表24人来锡参观考察,无锡教育会参与接待;次年2月,无锡被联合国教科文组织正式确定为基本教育第二实验区。

【民国三十七年(1948年)】

7月,受中国教育学术团体联合会委托,无锡教育会在无锡开展全国荣誉教师公选活动。

10月17日,无锡教育会在连元街锡治镇中心国民学校召开第二届第一次会员代表大会,杨震中仍当选理事长。通过《无锡教育会章程》。

12月23日,参加无锡县人民公私社团联合会成立,县教育会为组成社团之一。

【民国三十八年(1949年)】

4月23日,无锡解放。

6月4日,无锡教育会理事长杨震中,将无锡教育会的《理监事履历表》《会员名册》各一份呈送无锡市人民政府市长顾风,历经46年的无锡教育会宣告解散。

附录

附录一　江苏教育会无锡支部章程

（1904年）

第一章　宗旨

一、本部遵本会定章,以普及国民教育、振起自立精神为宗旨。

第二章　部务

二、本部就本邑同志之便利,择今日当为之急务,议分部务如左：

（甲）讲习会,本会暂就现时情形分为二种：（子）理化讲习科,（丑）师范讲习科。

（乙）调查会,本会以考察现今教育界之现象为改良学风、扩张事业之张本,调查之条目如左：合邑学校之数目,各学校建设之时及建设者之姓名,各学校经费之数目,各学校之章程及课目,各学校所用之教科书,各学校办事人及教师之姓名,各学〈校〉生徒之数,各学校学生之思想议论及品格习气；合邑各书院之数目,各书院董事之姓名,各书院产业之数目；合邑义塾之数目,各义塾产业之数目,各义塾董事及教师之姓名,各义塾学生之数目,各义塾所用之教科书；合邑教育团体之组织及办事人之姓名；合邑书店之数目；合邑人士新著之教育著作者之姓名,新著之销数。

（丙）学生会,本会所以联络学生之团体,比较功课之优劣,激其争竞之心,养其自治之力,复就其中分为三项:(子)自治会,(丑)文艺会,(寅)运动会。

(丁)阅报社,本社为同人交通之机关,益增之场所,购备各种新闻以资同人讨论,将来再行扩广为俱乐部、图书馆等事业。

第三章　职员

三、本部设总理一人,统理一切事务;干事三人,一司经理,一司会计,一司书记;执法员三人。

四、本部讲习会每科设科长一人,经理一人,书记一人,讲习员无定数,不限会内。

五、本部调查会设会长一人,调查员四人,经理一人,书记一人。

六、本部学生会设会长一人,经理一人,书记一人,学生不限会内。

七、本部阅报社设社长一人,经理一人,书记一人,社员不限一人。

八、本部职员均由本部会员投票公举,半年一改,连选者连任。

第四章　会议

九、本部职员会每月一集,如有特别事故,均由总理临时集会。

十、本部大会每两月一集,如有特别事故,会员均可提议开会,得总理认可,临时召集,

十一、开会日期及场所由干事先期告知各〈会〉员,非有特别事故,不得欠席会场,另有传单。

第五章　会费

十二、本部会员每月输义务捐一角,如有特别费用,可临时开会集捐。

十三、各会员会费在开大会时交纳干事。

附则

十四,本部为江苏教育会之支部,一切大纲,悉照本会总章遵行。

十五,本章程各会员得随时提议改良,惟须公议决定。

(原载:《警钟日报》1904年8月6日第163号)

附录二 锡金教育会章程

(1906年)

一、锡金教育会总章

第一章 定名

第一条 本会今遵奏定章程,定名锡金教育会。

第二章 宗旨

第二条 研究本邑之教育,联络城乡各校教员,以图教育之普及、改良及进步为目的。

第三章 组织

第三条 本会分治事、调查、评议三部,设会长一人,以总理之。

第四条 每部设部长一人,分掌各部事务(本会暂不设副会长,如会长不能莅会之时,则于部长中推举一人以为之代)。

第五条 三部各设职员若干人。

(甲)治事部 会计两人,书记四人,庶务四人。

(乙)调查部 书记一人,调查员若干人。

(丙)评议部 书记一人,评议员若干人。

第六条 临时选举之特别职员。

(甲)本会遇有繁剧重要事件,由会长推举临时庶务任之。

(乙)本会开例会、大会、特别会时,由会长推举临时书计[记]任之。

第七条 凡会外绅商有协力赞成此举或慨捐经费者,本会推为名誉赞成员。

第八条 凡实心研究效[教]育,及实能担任本会事务者,为本会会员。

第九条 凡城乡公私塾教员愿入本会研究教育者,及各学堂之代表人(须现任教员)非会员者,本会均推为会友。

第十条 凡本会开会时有(甲)(乙)之资格,经会员绍介,愿入会场旁听者为本会旁听员。

(甲)凡师范生及各学校学生,年龄在十八岁以上者。

(乙)凡学界中人能守本会会场规则者。

第四章 职任及权限

第十一条 会长之职任及权限。

(甲)会长有总理本会三部事务之责,及决行一切会务之权。

(乙)凡关于三部应行改革之事项,会长有实行改革之责。

(丙)会长有召集本会职员开各种会议之权。

(丁)开会时,公决事项如可否同数,会长得据一方之意见解决之。

(戊)凡三部职员之勤惰,会长有稽核考察之责。

(己)会长如有万不得已之事故不能终职者,须经全体会员之公认,方得自行告退。

(庚)会长关系全会之安宁,负责最重,在任期内言行上或有缺点,不足为全体会员之表率者,由评议部长召集评议员评议后布告会员开临时大会,在部长中推举,不待期满。

第十二条 治事部长之职任及权限。

(甲)凡治事部一切事务之秩序,有实力整理之责。

(乙)凡关于治事部执行之事项觉有应行改革者,得临时集合治事员开会提议,以议案告知会长实行改革。

（丙）凡会计之出入，书记之记述，庶务之勤惰，皆有稽核考察之责。

（丁）治事部长在任期内言行上如有缺点为众指目，不足为治事员之表率者，由会长召集治事员开治事员会，公议另选，不待期满。

第十三条　调查部长之职任及权限。

（甲）凡调查部一切调查所得之事件，有综核之责。

（乙）凡各调查员赴各校调查时，事前宜预先劝告，确守调查规则，事后宜访察调查时一切举动是否不背规则。

（丙）凡关于调查部执行之事项，觉有应行改革者，得临时集合调查员开会提议，以议案告知会长，实行改革。

（丁）调查部长在任期内言行上如有缺点为众指目，不足为调查员之表率者，由会长召集调查员开调查员会，公议另选，不待期满。

（戊）每一学期之始，应如何分别调查各校，其地方及先后次序，由调查部长召集调查员开会议定后，依次实行。

第十四条　评议部长之职任及权限。

（甲）评议部长对于评议员有纠察规正之责。

（乙）治事部议决之事项，凡特别重要之件，会长交评议部评议者，由部长开评议员会议定，经评议员多数认可，告知会长决定施行。

（丙）评议部长主持本会风纪，负责至重，在任期内言行上如有缺点不足为评议员之表率者，由会长招集评议员开评议员会，公议另选，不待期满。

第十五条　治事员之职任及权限。

（甲）会计两人，分掌本会经费出入，酌量入款，以豫定出款限制，凡会员应纳会费，过期不缴者，由司入会计催收，本会一切用款由司出会计开支。

（乙）书记四人，管理印刷物件、会期通信、平时通信、开会次序、会场笔记、本会报告等事。

（丙）庶务四人，掌会场布置以及本会一切杂事。

第十六条　调查员之职任及权限。

（甲）调查城乡公私立各学校教授管理上之合宜与否，务须得其真相，报告部长。

（乙）调查员有委婉劝导各校教员、管理员之责任。

(丙)每一学期中,各调查员于城乡各校至少须周历调查一次,由各调查员分任其责。

(丁)各调查员调查各学校,有路远须用船只者,由本会治事部会计酌拨舟金,其余一切用项均不得于会内开支。

(戊)各调查员分赴城乡各学校,当确守本会调查规则。

(己)调查部书记掌抄写调查所得之事件,及本部开会时记述与缮录本部之报告。

第十七条　评议员之职任及权限。

(甲)凡职员任事不力,妨碍本会之进步者,评议员有纠正之责。

(乙)凡会员有破坏本会秩序之迹象,评议员有干涉之责。

(丙)凡各会员对于本校道德上有不能为学生之模范者,教授上、管理上有缺点者,办事上性情偏激坏本校安宁秩序者,评议员有劝戒之责。

(丁)凡会员有行为不检,言论偏激,足阻学界之进步者,评议员有劝戒之责。

(戊)凡会员对于外界种种之事项,如有亏损道德自隳名誉,并妨碍本会名誉者,由评议员评议,处以相当之惩治。

(己)评议员有互相纠察规正之责,对于评议部长有忠告纠绳之责。

(庚)凡会场演说如议论偏宕,有失本会宗旨者,评议员有驳正之责。

(辛)评议部书记掌本部开会时之记述及缮录本部之报告。

第十八条　凡本会各部职员,俱有互相纠察之责。

第十九条　会员之职任及权限。

(甲)会员有实心研究教育,扩进本会事业之责。

(乙)会员有遵守本会规则,保全本会荣誉之责。

(丙)会员有执行本会所决议事件之责。

(丁)会员有担任本会经济之责。

(戊)会员有选举权及被选举权。

(己)会员有议事、决事之权。

第二十条　会友之职任及权限。

(甲)会友有研究教育之责。

(乙)会友当遵守本会规则,保全本会名誉。

(丙)会友有议事之权。

(丁)会友有被推为会员之权。

第五章　选举及任期

第二十一条　选举。

(甲)会长由全体会员投票选举。

(乙)治事、调查、评议三部部长,俟各部选定职员后,由各部职员在本部中投票互选。

(丙)治事、调查两部职员,由会员投票举定后,再由职员分部投票互选。

(丁)评议员由全体会员在会员中分区投票选举,每区一人,宁缺毋滥。

第二十二条　会长及三部职员任期半年,连举者连任,惟不再任本职。

第六章　事业

第二十三条　凡关于锡金教育上一切事业,本会会员均有倡办、改良、扩充种种之责任。今特就现在地方情形列概目如左:

(甲)最先切实办理之事件(因本邑已有公立、私立师范学堂二处,故本会暂不办师范传习所)。

(1)教育研究会。

(子)教育谈话。

(丑)教育问答。

(2)游嬉体操传习所。

(乙)预备办理之事件。

(1)教育杂志,(2)编辑课书,(3)讲习会,(4)私塾改良会,(5)白话报,(6)平民半日学堂,(7)教育成绩品陈列所。

第七章　经济

第二十四条　本会创办伊始,将来扩充种种事业,其经费必须另筹。今就现在需用款项,量力分任,酌定会费如左:

（甲）经常费　会员每月各出会费银二角,于开会日一律在会场缴纳。有不能即缴者,由会计派人催收,如满三次不能收到,即照第二十九条丙款理办(凡在外任事或游学者,其应纳会费当于开大会时豫缴,如开大会时有事他往及会费未能缴足者,统于暑假、年假期内补收)。

（乙）特别费　本会如有特别用款,得临时筹集。

（丙）赞助费　凡名誉赞成员赞助本会之费,可随时交本会会计,不必拘定开会日期。

第二十五条　本会经常费用除由会员按月缴纳会费外,并设法筹措的实款项,以持永久。

第八章　会所及会期

第二十六条　本会租＿＿＿为各部事务所及会所,借竢实学堂及明伦堂为例会及大会会所。

第二十七条

（甲）经常会期　每月开例会一次,半年开大会一次。

（乙）特别会期　如有特别事件,由会长发起者,可报告三部职员召集会员开临时大会。由会员发起者,经会长许可,亦得开临时大会。

（丙）全体职员会期　凡会中有应行商议事件,随时由会长召集全体职员开全体职员会。

（丁）职员交替会期　于大会后三休沐内由新旧会长订期集新旧职员开交替会。

（戊）职员会期　各部有应行商议事件,随时由各部长召集本部职员开职员会。

第九章　规约:惩治及奖励

第二十八条　惩治之事。

（甲）放弃本会责任者。

（乙）言论、行为足阻学界之进步者。

（丙）道德上、教授上、管理上、办事上有种种不合者。

(丁)自隳名誉及妨害本会名誉者。

(戊)破坏本会秩序者。

第二十九条　惩治之法。

(甲)劝戒　由评议员劝戒,如有特别事件,开临时职员会,特别派人纠正。

(乙)诘问　由职员报告会长,布告各职员及全体会员,开会公责。

(丙)夺权　由会员退为会友,夺其决事、选举权,可依事情之轻重定时期之久暂。

(丁)除名　有上条(丁)、(戊)两款及本条(乙)款,公责后不悛者,由会长布告全体会员除名。

第三十条　奖励之事。

(甲)任事最劳者。

(乙)效验最著者。

(丙)特别独捐巨款或筹集巨款者。

(丁)道德上、教授上、管理上、办事上足为人模范者。

第三十一条　奖励之法。

(甲)由会长布告全体会员,给以名誉之奖。

(乙)由全体会员公赠三等徽章一具。

(丙)由全体会员公赠二等徽章一具。

(丁)由全体会员公赠头等徽章一具。

第十章　会场规则

第三十二条　会长有事不能到会时,由部长中推举临时议长。

第三十三条　会场之到会簿书记员掌之,每次开会由书记员督同到会者自行签名。

第三十四条　会场纠察员以评议部职员任之,人数多寡,临时议定推举。

第三十五条　凡会场越次搀论,紊乱坐位,无故离坐,随意涕唾、吸烟、私相闲谈及种种无规则之事,由纠察员临时纠正,不避嫌怨。如有不受约束者,纠察员有权屏诸会场之外。

第三十六条　凡到会人陈说意见或辩驳疑难问题,务当推诚布公,折中于是,不得冷嘲热骂,争执意见,有失和平之旨。

第三十七条　会场招待员,以庶务员任之。

第三十八条　每次开会,必准照通信单所约定之时间,至迟不得过十分钟。赴会者,务须依时到会,毋自放弃权利。

第三十九条　开会时有事须早归者,必告明纠察员,方得离坐[座]。

第四十条　凡职员、会员、会友、旁听员,皆有一定坐次,不得紊乱秩序。

第十一章　入会及退会

第四十一条　凡愿入会者,由本会会员介绍,报告会长,先任为会友。

第四十二条　凡会友由本会职员介绍报告会长,开会时提出,经众公认推为会员,照章捐缴会费。

第四十三条　凡会员有不得已事故,因意见不合,可将情由告知会长,自请退会。

第十二章　附则

第四十四条　凡开大会时,为本会规则修改之期。

第四十五条　凡开例会时,为本会规则提议修改之期。

第四十六条　凡本职员及会员有提议事件,应具意见书于会长。

第四十七条　凡会场提议事件不易解决者,于开会后两星期内,由会员各投意见书,至第三星期职员会中,由职员视意见书之多寡,预先商定办法,于下次开例会时,会长报告各种意见书及职员商定之意见,取决于众;如会员赞成者多,便即决议,有反对者发表意见,更行商榷;如仍不能决议,一月后再投意见书,职员会商定,例会中取决如前;如仍不决,更俟诸下次例会。三次之后犹不决者,此项提议之事作为罢论。

第四十八条　凡关系各学校经济及教习与经理人各种交涉,如非有坏各校安宁秩序而为评议部所当评议者,本会概不与闻。

第四十九条　凡调查部所得公私塾成绩优美之事件,如为本会会员经理者,由本会设法奖励;非本会会员经理者,公立各校,由本会将情形通知学务公所,请其分等奖励;私立各校及私塾,由本校依(甲)、(乙)款,分别奖励。奖励之法:(甲)登报宣告,(乙)会场宣告。

第五十条　凡调查部所得公私塾种种不合之事件,如为本会会员经理者,由本会直接分别惩戒。非本会会员经理者,公立各校由本会将详细情形通知学务公所,请其与该校职员商请实行改良;至私立各校及私塾,由本会依(甲)、(乙)、(丙)三款分别惩戒。惩戒之法:(甲)以本会之名义通信劝戒,(乙)会场宣告,(丙)勒令休闭。

本会会员经理或担任教课之学堂,如经(丙)款之惩戒,该会员当以职员会或大会之决议惩戒之。

二、锡金教育会治事部办事细章

第一章　通则

第一条　治事部为本会交通机关,以总核庶务克尽厥职为要旨。

第二章　职权

第二条　治事部之行为须受会长之制裁。

第三条　治事部于本会经济专司出纳。

第四条　治事部与本会全体会员、会友,平时有通信之责(凡有来信商榷事宜,如可由本部答覆者,即由本部迳覆;如系重要事件,由本部告知会长,听会长裁夺,然后答覆)。

第五条　凡开例会、大会及特别会时,由会长定期后,本部豫期通知各会员及会友,凡开全体职员会时,由会长定期后,本部豫期通知全体职员。

第六条　凡会场一切布置及应用物件,由本部豫备。

第七条　凡开会时,本部书记、庶务应办之事,照总章会场规则第三十三条、三十七条办理。

第八条　开例会、大会、特别会时之会场笔记,以会场临时书记为主,本部平时书记辅之。

第九条　开全体职员会时,由本部书记及调查、评议两部书记分录,互有关系之事项仍由本部书记集其成。

第十条　豫写开会次序,收集各会员提议事件及演说稿,与会后誊抄会场笔记,印刷会场报告,由本部平时书记专司其事。

第十一条　凡会员三次不到会者,由本部开单报告会长,转交评议部(事前有函请假者不在此例)。

第十二条　各会员例会时,所缴月捐及特别捐款,均由本部会计收存。

第十三条　名誉赞成员捐助本会经费,亦由本部会计收存。

第十四条　本部所办种种事件,应于开大会前择要缮录,呈由会长报告大众。

第十五条　凡本会兴办事业,由全体职员、会员组织者,本部职员有协助之责。

第十六条　凡本会所兴办之事业,本部职员有协同纠察之责。

第十七条　凡本会经常费用列入豫算表者,由本部会计凭各部部长来条支付,如系特别用款,本部部长当报告会长集议筹措。

第三章　治事部全体职员之契约

第十八条　本部部长平时有代表本部及整理部务之权。

第十九条　本部部长有召集本部职员开会或停会之权。

第二十条　本部职员于开大会、例会时职守甚重,不得无故不到,如有特别要事不能到会,须先期具理由书报会长。

第二十一条　本部部长之契约照总章第十二条。

第二十二条　本部会计专司本会银钱出入,其责列下:

(甲)立半年预算表以定用款之限制。

(乙)立会费簿,专记各会员每月所缴之会费以核存欠。

(丙)立收支簿,专记本会各项入款及一切开支。

(丁)立月结簿,每月将本会出入各款,开明细数,总结一次呈部长查核。

(戊)每次开例会时,会计有收管会费之责。

(己)会员有逾期不缴会费者,由会计催缴,如逾三期不缴,会计开明该会员姓名交部长转呈会长。

(庚)每逢开例会时,应先期将欠缴会费之各会员姓氏通知本部书记,于该会员知单内注明应缴会费若干,以便到会时随缴。

(辛)任期届满,总核各项账目开呈报告。

第二十三条　凡关于印刷书写通信报告及治事部开会时笔记等事由,书记三人分司之。

(甲)印刷事宜,由书记一人任之。

(乙)誉写事宜,由书记一人任之。

(丙)通信起草事宜由书记一人任之。

(丁)本部开会时、全体职员开会时之记录,由书记三人更代担任。

(戊)本部报告事宜,由书记三人共任之。

(己)书记三人虽各司其事,若遇重要事件,仍宜相互协助,不得推诿。

第二十四条　凡会场布置以及本会一切杂事,由庶务二人分任之。

(甲)平时一切杂事由庶务一人任之,余一人协同办理。

(乙)会场一切杂事由庶务一人任之,余一人协同办理。

(丙)凡本会所兴办之事业,由庶务二人更代帮同照料。

第二十五条　本部开职员会时,如部长有事未能到会,由起草书记招集本部各职员开会,即在本部职员中推举临时议长。

第二十六条　本部会计在任期内有不得已事故不能任职者,须于本部职员中托一人代理。

第二十七条　本部书记在任期内有不得已事故不能任职者,须申明时期,托本部别项书记兼理。

第二十八条　本部职员不得因各个人意见不合,率意请退;或有万不得已之事故,须具理由书由部长报告会长认可后,另行选举部长,告退更须经全体职员之认可。

第二十九条　本部与会长正式之交涉由部长承启,惟于部长不率职时,本部职员得直接与会长交涉。

第四章　会议

第三十条　本部遇有集议事件,由部长定期知照书记,召集本部各职员。

第三十一条　本部开会时,规则照总章第三十五条、三十八条。

第三十二条 本部职员有所提议,得职员半数以上之同意,可由部长召集职员开会集议。

第三十三条 治事部议决事件,须经本部职员多数之认可,如可否同数,不能取决,本部部长得据一方之意见解决之。

第五章 治事部对于他部之关系

第三十四条 本部职员及所办事件,应听评议部之评议。

第三十五条 本部议决之事项,如由会长交评议部评议者,应俟评议部评定,然后施行。

第三十六条 凡评议部议决事件,如由会长交本部施行而于事实上、经济上有碍难之处,本部得申明实情报告会长。

第三十七条 调查员所应用之银钱,由该部预算列入本部预算表中,临时凭该部部长来条开支。

第三十八条 凡评议、调查部应用物件,由本部承办。

第三十九条 凡各会员来信,须由评议部评议或调查部调查者,呈由会长转交该两部,本部无干预之权。

第四十条 凡事务所同日同时如适有两部开会,而评议部或调查部在他处者,其一切开会费用,由该部部长开单向本部会计支付。

第四十一条 凡评议部、调查部如有来往信件交到本部者,本部当代为收发。

第六章 附则

第四十二条 本部办事细章,如有应行修改之处,开本部临时职员会集议后,交例会中提议,俟大会中决议修改。

三、锡金教育会调查部办事细章

第一章 通则

第一条 调查部专调查城乡各学校教授上、管理上之各事件,以图教育改良为要旨。

第二章　职权

第二条　调查部之行为,须受会长之制裁。

第三条　凡锡金城乡公私各学校,皆在本部调查权限之内,惟私塾不立校名者,暂缓调查。

第四条　本部调查员专任调查城乡公私各学校,该校如于教授上、管理上种种事项竟有大相背谬者,准由调查员录其事实,报告本部部长,经部长报告会长,交评议部评议,调查员于调查时并无纠正之责。

第五条　如有特别事由,经评议部评议后,由会长交本部调查者,当实行调查;倘有窒碍难行之处,当报告会长,交评议部复议。

第六条　他部职员如有言行乖违不称其职者,由各部部长查察,本部不任调查之则。

第七条　本部书记于开全体职员会时,当记录有关本部之事件。

第八条　书记员之职任,掌抄写调查员所得之事件及缮录本部之报告、本部开会时之记述,本部之通信与本部开会之召集。

第九条　本部职员于任满时,当造调查简表报告会长。

第三章　调查部全体职员之契约

第十条　本部部长平时有代表本部及整理部务之权。

第十一条　本部部长有召集本部职员开会或停会之权。

第十二条　本部职员于开大会、例会时,不得无故不到,如有特别要事,不能到会,须具理由书报告会长。

第十三条　本部部长之契约照总章第十三条。

第十四条　本部职员之契约照总章第十六条。

第十五条　本部调查员分往各处调查,于蒙小学堂尤宜注意。

第十六条　每一学期,调查员须至城乡各校周历一次,上学期三月、四月,下学期九月、十月为实行调查之期,如有特别事由,须临时集议酌往调查。

第十七条　凡届调查之期,先行集议,分途调查。

第十八条　调查员之职守,当守调查事项、调查规则两款。

第十九条　本部开职员会时,如部长有事未能到会,由书记召集本部各职员开会,即在本部职员中推举临时议长(如书记被举为议员,可由议长在调查员中选举临时书记)。

第二十条　本部书记在任期内如有不得已事故不能任职者,须申明时期,托调查员兼理。

第二十一条　本部职员不得因个人意见不合,率意请退;或有万不得已之事故,须具理由书,由部长报告会长认可后,另行选举,惟部长告退更当经全体职员之认可。

第二十二条　本部与会长正式之交涉,由部长承启;惟于部长不率职时,本部职员得直接与会长交涉。

第四章　会议

第二十三条　本部遇有集议事件,由部长定期知照书记,召集本部各职员。

第二十四条　本部开会时之规则,照总章第三十五条、三十六条、三十八条。

第二十五条　本部职员有所提议,得职员半数以上之同意,可由部长召集职员开会集议。

第二十六条　调查决议事件,须经本部职员多数之认可,如可否同数,不能议决,本部部长得据一方之意见解决之。

第五章　调查部对于他部之关系

第二十七条　本部职员如有言行乖违,为部长耳目所不及察觉者,应听评议部之评议。

第二十八条　本部调查之事项由会长交评议部评议者,本部职员无干预之权。

第二十九条　调查部应用之款,由本部职员预算报告治事部,以备治事部列入预算表。

第三十条　各调查员调查各学校,凡路远须用船只者,由本部部长通知治事部长酌拨舟金。

第三十一条　本部如有需用物件,得随时由部长签字,向治事部长领取。

第三十二条　本部如有与城乡各校来往之信件,得交治事部收发。

第六章　调查事项

第三十三条　教科书遵用学部审定本(如有自编课本者,须调查其所编字数之长短,程度之深浅,凡所编之程度只宜较现今通行课本稍浅,不得再较之加深,字数亦不得过长)。

第三十四条　科目。

初等第一、二学年,凡四科:(一)修身,(二)国文,(三)算学,(四)游戏(运动、乐歌)。

初等第三、四学年,凡八科:(一)修身,(二)国文,(三)算学,(四)历史,(五)地理,(六)图画,(七)体操,(八)乐歌。

高等四学年,凡九科:(一)修身(讲经附),(二)国文,(三)算学,(四)历史,(五)地理,(六)理科,(七)图画,(八)体操,(九)乐歌,(十)英文(随意科)。

第三十五条　时间。

初等第一、二学年,每周不得过二十四小时;第三、四学年,每周不得过三十小时。

高等第一、二学年,每周不得过三十三小时;第三、四学年,每周不得过三十六小时。

第三十六条　学校设备之情形。

教员(正教员、副教员);

学级(单级、多级);

课堂(多开窗户、流通空气、注意洁净);

操场(宜宽广、宜种浅草、宜围竹篱);

校具(风琴、地图、黑板、粉笔、时钟、课台、名戳、标本、点名册、叫人钟、记过牌、教习台、分数簿、罚过牌、各种规条、各种报章、参考书籍、游戏器具、理化试验器、课程时间表)。

第三十七条　教授法。

（甲）教授不宜贪多,宜求通贯、求熟记。

（乙）教授宜注意复习,如多数不记忆、不通贯,应即复讲。

（丙）作文次序:(1)拼字,(2)嵌字,(3)作短句,(4)作短笔述,(5)白话翻文言,(6)伸短作长,(7)节长作短,(8)仿调,(9)授意义,格局自定,(10)只将题目讲明,一切听其自行经营。

（丁）教授时宜并留心训练学生,稍有不规则之举动,即宜多方惩戒。

第三十八条　管理法。

（甲）整理秩序,出入严肃。

（乙）奖励其勤而优者,分言语奖励、名誉奖励、品物奖励三等,奖励宜多于惩罚。

（丙）惩罚其惰而劣者,体罚宜除,酌扣分数,不堪造就者开除。

（丁）考试分月考或季考、学期考、年考。

第三十九条　学校之卫生。

（甲）校舍之位置。

（乙）课堂之光线及空气。

（丙）桌椅之构造及距离。

（丁）服装之合度与否。

第七章　调查规则

第四十条　调查员须束身自爱,确守规则。

第四十一条　调查时须和婉亲厚,不得有粗莽骄矜之状态。

第四十二条　调查事件务须周详审慎,得其真相。

第四十三条　调查各校时,须照该校参观规则,如有应行询问事宜,不得于上课时搀入。

第四十四条　调查各校时,如有款留膳点,概行谢绝。

第八章　附则

第四十五条　本部办事细章,如有应行修改之处,开本部临时职员会集议后,交例会中提议,俟大会中决议修改。

四、锡金教育会评议部办事细章

第一章 通则

第一条　评议部以维持本会全体之风纪为要旨。

第二条　评议部职员由全体会员分区公举。

第三条　本部职员有自由发言之权,对于部外及私人交际上绝无关系。

第四条　凡事关全体未得评议部赞成者,不得用全体会员名义发布事件。

第五条　评议部但主评议,不得擅自发布事件。

第二章 职权

第六条　评议部之行为,须受会长之制裁。

第七条　评议员之权限,以监察本会全体职员及全体会员之自治为范围,一切外界事项,私人交际,概非本部所干预。

第八条　评议部有议决特别重要事项之权。

第九条　评议部职员于开大会时,有担任会场纠察员之责。

第十条　本部书记于开全体职员会时,当记录有关本部之事件。

第十一条　本部书记据治事部之察核,会员有三次不到会者,当致信诘问。

第三章 评议部全体职员之契约

第十二条　本部部长平时有代表本部及整理部务之权。

第十三条　本部部长有召集本部职员开会或停会之权。

第十四条　本部全体职员有互相纠察之责,于开大会及例会时,尤有职守,不得无故不到,如有特别要事不能到会,须具理由书送呈会长。

第十五条　本部职员言行上如有缺点,不合评议员之资格者,可由部长开评议会,决议后告知会长令其退职,重行选举。

第十六条　本部部长之契约照总章第十四条。

第十七条　本部职员之契约照总章第十七条己、庚、辛。

第十八条　本部有事开评议会时,部长有事不能到会者,由本部书记召集本部各职员开会,即从本部职员中推举临时议长(如书记被举为议长,可由议长在评议员中选举临时书记)。

第十九条　本部书记之任期内有不得已事故不能任职者,须申明时期,托评议员一人代理。

第二十条　本部全体职员不得因各个人意见不合,率意请退,或有万不得已之事故,当具理由书,由部长报告会长认可后,另行选举,惟部长告退更当经全体职员之认可。

第二十一条　本部与会长正式之交涉由部长承启;惟于部长不率职时,本部职员得直接与会长交涉。

第二十二条　本部每届交替之际,当由前任部长将新举本部职员具报告书,送呈会长。

第二十三条　本部职员将满任时,当将任内评议之事件,尽大会前择要报告会长。

第四章　会议

第二十四条　本部会期共分三种：

(甲)评议员选举会　每年二次,由会长定期召集;

(乙)评议员组织会　每年二次,于新职员就职后一星期内由会长召集;

(丙)评议会　遇有应议事件,由部长临时召集。

第二十五条　本部职员有所提议,得职员二人以上及部长之同意或职员半数以上之同意,可由部长召集职员开会协议。

第二十六条　凡事关本会全体,会长付本部开会集议,不得任意推诿,惟事有碍难之处,可申明实情,告知会长。

第二十七条　凡非开会之期,本部全体职员提议重要事件须本会全体协议者,经部长之同意,可请会长召集开临时职员会或临时大会。

第二十八条　凡治事部或调查部有特别重要事件,须本部开会评议者,当由会长移交。

第二十九条　评议部议决之件,应具书报告会长。

第三十条　凡开评议员选举会时,为评议部职员交替之期,但一切评议之责及会场纠察之责,仍归前任之评议员。

第三十一条 评议会议决事件,须经本部职员多数之认可,如可否同数,不能议决,本部部长得据一方之意见解决之。

第三十二条 凡开评议会时,当俟本部职员到有三分之二,方得开会。

第三十三条 本部开会时之规则,照总章第三十五条、三十六条、三十八条。

第三十四条 开评议会时,职员中肤词过多或事难立决者,本部部长得随时阻止或暂令停会。

第三十五条 凡本部开会议决之事件,本部职员在大会时不得持异议(如议决之事确有窒碍之处,可于大会前,告知会长开评议会覆议)。

第三十六条 本部所议之事既经多数取决,本部少数职员如仍有胶执己见不能服从多数者,由会长处以相当之惩治。

第五章 评议部对于他部之关系

第三十七条 词[调]查部报告之事件,由会长交本部评议者,其确实与否,本部不负责任。

第三十八条 凡评议部议决之事,经会长认可,交治事部或调查部施行者,有碍难实行或不能立行之处,当报告会长交本部覆议,取销或展期举行。

第三十九条 凡各种应行评议之事件,本部如但有风闻而未得其详情者,得请会长交调查部详查。

第四十条 本部职员得随时向治事部及调查部职员处查问各种记录,惟账日[目]不在此例。

第四十一条 本部如有需用物件及款项,得随时由本部部长签字,向治事部长支取。

第六章 会场纠察员之规则

第四十二条 会场纠察员以评议部职员任之,于开会时由全体职员推举,员数亦临时由会长制定。

第四十三条 凡会场纠察员不得自犯会场规则。

第四十四条 会场纠察员之行为依会场规则中所定者行事。

第四十五条　本部职员或会员于议事时,发言讨论有侵犯会长权限者,纠察员有纠正之责。

第四十六条　凡到会人有不遵会场规则者,应照总章第三十五条办理。但犯规者若不受约束,纠察员可宣告到会诸君,协议屏出会场之外。

第七章　附则

第四十七条　本部办事细章如有应行修改之处,开本部临时职员会集议后,交例会中提议,俟大会中决议修改。

（原载:锡金教育会编《锡金教育会章程》,1906年）

附录三　无锡县教育会章程

(民国七年修正印行)

第一章　定名

第一条　本会遵照部定《教育会规程》第二条,定名为无锡县教育会。

第二章　宗旨

第二条　本会遵照部定《教育会规程》第一条、第四条、第七条,以研究教育事项,力图教育发达为目的,并得以研究所得,建议于教育官厅,惟不得干涉教育行政及教育以外之事。

第三章　组织

第三条　本会遵照部定《教育会规程》第九条,由会员公举会长一人,副会长一人,并设评议、治事、调查三部,处理一切事务。

第四条　每部设部长一人及职员若干人,分掌各部事务,其职员额如左:

(甲)评议部:书记二人,评议员若干人;

(乙)治事部:会计一人,书记二人,庶务一人;

(丙)调查部:书记二人,调查员四人。

第五条　临时推举之职员:

(甲)遇有繁重事件,由会长推举临时庶务任之;

(乙)凡例会、大会、特别会时之记录,由会长推举临时书记任之;

(丙)凡选举职员时,由会长推举检票员。

第六条　凡实心研究教育,并能担任本会事务者,得为本会会员。

第七条　凡会外人士有协力赞助本会,或慨捐经费者,本会推为赞成员。

第四章　责任及权限

第八条　会长、副会长之责任及权限:

(甲)会长有总理本会各部事务之责,及施行一切会务之权;

(乙)副会长有辅助会长整理会务之责;

(丙)凡关于各部应行改革事项,会长有实行改革之责;

(丁)会长对于各部有稽核考察之责;

(戊)会长有召集开会之权;

(己)会长有事故时,副会长代理之;

(庚)各部开会时,会长、副会长得列席陈述意见,惟不预表决之列;

(辛)会长、副会长如有万不得已之事故不能终职者,须经会员之公认,方得告退;

(壬)会长主持全会,负责最重,在任期内言行上或有缺点,不足为全体会员之表率者,经会员五人以上之提议,由副会长交评议部长召集评议员评议后,认为确实,布告会员开临时大会重行选举;

(癸)副会长在任期内,言行上如有缺点,不足为全体会员之表率者,经会员五人以上之提议,由会长交评议部长召集评议员评议后认为确实,布告会员开临时大会重行选举。

第九条　评议部长之责任及权限:

(甲)评议部长对于评议员有纠察规正之责;

(乙)凡本会特别重要事件,经会长交本部评议者,由部长召集评议员开会议决,报告会长施行;

(丙)评议部长在任期内言行上如有缺点,不足为评议员之表率者,由会长召集评议员评议后认为确实,布告另选。

第十条　治事部长之责任及权限：

(甲)凡本部一切事务,有实力整理之责;

(乙)凡本部执行之事项,有应行改革者,得临时召集治事员开会议决,报告会长施行;

(丙)凡会计之出入、书记之记述、庶务之设施,皆有稽核考察之责。

(丁)治事部长在任期内,言行上如有缺点,不足为治事员之表率者,由会长交评议部评议后认为确实,布告治事员开会另选。

第十一条　调查部长之责任及权限：

(甲)凡本部一切调查事件,有综核之责;

(乙)凡关于本部执行之事项,有应行改革者,得临时召集调查员开会议决,报告施行;

(丙)每学期中关于本部应行之事项,由部长召集调查员开会,议定施行;

(丁)调查部长在任期内,言行上如有缺点,不足为调查员之表率者,由会长交评议部评议后,认为确实,布告调查部开会另选。

第十二条　评议员之责任及权限：

(甲)凡职员任事不力,妨碍本会进步者,评议员得报告部长,开会评议;

(乙)凡会员有行为不检,自隳名誉,并妨碍本会名誉者,评议员得报告部长,开会评议;

(丙)评议员有互相纠察之责;

(丁)凡会场演说,如议论偏宕有失本会宗旨者,评议员有驳正之责;

(戊)评议部书记掌本部开会时之记述,及缮录本部之报告。

第十三条　治事员之责任及权限：

(甲)会计掌本会经费出入;

(乙)书记掌文牍起草、开会记录等事;

(丙)庶务管理会中一切事务。

第十四条　调查员之责任及权限：

(甲)调查外埠游学情形,及关于教育事件,随时报告部长;

(乙)书记掌本部开会记述,兼抄写调查所得之事件。

第十五条　会员之责任及权限：

（甲）会员有遵守本会章程及扩进本会事业之责；

（乙）会员有实行本会议决事件之责；

（丙）会员有担任本会经济之责；

（丁）会员有选举权及被选举权；

（戊）会员有议事、决事之权。

第五章　选举及任期

第十六条　选举：

（甲）会长、副会长由会员用记名单记法，分次投票选举；

（乙）评议、治事、调查三部部长，由各部职员在本部中投票互选；

（丙）评议、调查两部书记及治事部书记、会计、庶务，由各部部长就本部职员中推举之；

（丁）治事、调查两部职员，由会员用记名连记法分次选举；

（戊）评议部职员由会中于大会前三星期通信各会员分区选举，每学区会员满十人者举一人，如不满十人者满八人亦得举一人，不止十人者十六人得举二人，二十六人得举三人，三十人以上类推，在会员过少之区，得联合两学区或数学区公举如上率；

（己）选举时，票数相同，以年长者当选，年同由会长抽签定之；

（庚）选举顺序：举定正、副会长后，先检查评议员当选票数，次选举治事、调查两部职员；

（辛）改选职员，于大会时行之。

第十七条　本会全体职员以一年为一任，连举者连任。

第六章　事业

第十八条　凡关于全县教育事业，本会有提倡及改良扩充之责任，今特就现在地方情形，列概目如左：

（甲）业经办理之事件；

（一）教育研究会；

（二）教育杂志；

(乙)本会议决应办之事件。

第七章　经费

第十九条　本会经费分列如左：

(甲)基本金：由旧劝学所拨前存宾兴款，计钱一万千文充之；

(乙)经常费：会员年纳会费银一元，于每年开第一次例会日缴纳，未交者由治事部会计催收；

(丙)特别费：本会如有特别用款，得临时筹集之；

(丁)赞助费：凡名誉赞成员赞助本会之费，可随时交本会会计，不必拘定开会日期。

第二十条　本会经费之出入，每年由会长会同治事部长及会计编造预算、决算，报告会员。

第八章　会所及会期

第二十一条　本会会所在城中公园路。

第二十二条　本会会期分别如左：

(甲)经常会期：每季一次，以二月、五月、十一月为例会期，以八月为大会期；

(乙)特别会期：如有特别事件，由会长发起者，可报告三部职员，开临时大会，由会员十人以上发起者，经会长许可，亦得开临时大会；

(丙)全体职员会期：凡会中有应行商议事件，随时由会长召集全体职员开全体职员会；

(丁)各部职员会期：各部有应行商议事件，随时由各部部长召集本部职员开职员会；

(戊)职员组织会期：于大会后二星期内，新会长召集新职员开组织会；

(己)职员交替会期：于大会后三星期内，由新旧会长订期召集新旧职员开交替会。

第九章　惩治

第二十三条　惩治事项：

(甲)放弃本会责任者;

(乙)破坏本会秩序者;

(丙)言论行为足阻教育之进步者;

(丁)自隳名誉及妨碍本会名誉者。

第二十四条　惩治方法:

(甲)劝戒:凡会员有上条甲、乙、丙三项情事发生,经评议部议决后,报告会长派员或通函劝戒;

(乙)除名:凡会员有上条丁项情事,或本条甲项劝戒不悛者,经评议部议决后,由会长公布除名。

第十章　入会及出会

第二十五条　凡愿入会为会员者,由本会职员绍介,先填履历书,报告会长,经会长交评议部开评议会评议认可后,令具志愿书,于本会于大会或例会时,布告各会员。

第二十六条　凡会员有不得已事故,可将情由告知会长,自请出会,惟须由公众之承认。

第十一章　附则

第二十七条　凡开大会时,为本会章程修改之期。

第二十八条　凡开例会时,为本会章程提议修改之期。

第二十九条　凡本会职员及会员有提议事件,应具意见书于会长。

第三十条　本会会议细则及各部办事细则,另订之。

附:无锡县教育会评议部办事细则

第一条　本部专任维持本会风纪暨督促会务进行之责。

第二条　部长受会长之制裁,总理本部一切事务,其职务之要项如左:

一、本部职员会之召集;

二、督察部员;

三、报告本部职员会议决事项于会长。

第三条　书记受部长之制裁,掌本部之记录及书翰,其职务之要项如左:

一、本部职员会之记录;

二、本部函牍之起草及誊写;

三、保管本部图记、文件。

第四条　评议员有整饬风纪、纠察全体会员之责,其职务之要项如左:

一、职员任事不力者,得纠举之;

二、会员行为不检,有妨本会名誉者,得纠举之;

三、开会时受会长之委托,担任会场纠察。

第五条　有左例事项之一者,得由部长召集本部职员开评议会:

一、会长交议事件;

二、临时发生之重要事件;

三、本部职员二人以上之提议事件,经部长之同意者;

四、本部职员提议事件,经本部职员三分之一以上署名者;

第六条　本部开职员会时,由部长主席。部长因事不能到会时,得就本部职员中推举临时主席,书记因事不能到会时,得由主席推举临时书记。

第七条　本部职员如因不得已事故自请退职者,须经本部职员会之许可,报告会长,于次多数中推补。惟部长辞职,须经全体职员会之许可,由会长召集本部职员开会重选,递遗之缺额,仍由次多数中推补。

第八条　本部全体职员提议事件,须本会全体协议者,经部长之同意,得请会长召集开全体职员会或特别会。

第九条　本部须用物件及款项,得随时由部长具条向治事部支取。

第十条　本则如有未尽事宜,或应行修改之处,经本部职员会议决,得提出修正案于会长,交全体职员会议决之。

附:无锡县教育会治事部办事细则

第一条　本部专司处理本会庶务暨经济出纳。

第二条　部长受会长之制裁,总理本部一切事务,其职务之要项如左:

一、本部职员会之召集;

二、督察部员;

三、稽核账目；

四、保管重要文件；

五、编造预算、决算；

六、报告本部职员会议决事件于会长。

第三条　书记受部长之制裁，掌本部书翰记录，其职务之要项如左：

一、全体职员会之记录；

二、本部职员会之记录；

三、函牍之起草及誊写；

四、保管本部图记、文件。

第四条　会计受部长之制裁，司本会经济之出纳，其职务之要项如左：

一、管理本会出纳簿籍，并按月汇结，交由部长查核，于职员交替会三星期前，应汇集本届收支总数、分项，报告部长；

二、收集会员费，如有逾期不缴者，开单交由部长，随时通函催缴。

第五条　庶务受部长之制裁，处理会中杂务，其职务之要项如左：

一、开会时司会场之布置及招待；

二、处理杂务；

三、随时处理会中兴办之事件。

第六条　有左例事项之一者，得由部长召集本部职员开职员会：

一、会长交议事件；

二、临时发生重要之事件；

三、本部职员提议事件，经部长之同意者；

四、本部职员提议事件，经本部全体职员三分之一以上署名者。

第七条　部长于每届第一次全体职员会后二周内，应召集本部职员开组织会，分配各职员之职务。

第八条　本部开职员会时，由部长主席。部长因事不能到会时，得就本部职员中推举临时主席。书记因事不能到会时，得由主席推举临时书记。

第九条　本部职员如因不得已事故自请退职者，须经本部职员会之许可，报告会长，于次多数中推补。惟部长辞职，须经全体职员会之许可，由会长召集本部职员开会另选，其递遗缺额仍由次多数中推补。

第十条　本部职员提议之事件,凡关于本会全体者,经部长之同意,得请会长召集开职员会或特别会。

第十一条　本细则如有未尽事宜,或应行修改之处,经本部职员会议决后,得提出修正案,于会长交由全体职员会议决之。

附则:

一、本部部长须随时到会,督同会中驻办整理一切事务。

二、编辑主任于编辑完稿后,交由本部部长付印分发。

附:无锡县教育会调查部办事细则

第一条　本部专掌调查本邑教育状况、外埠游学情形暨会长特委事件。

第二条　部长受会长之制裁,总理部中一切事务,其职务之要项如左:

一、本部职员会之召集;

二、督察部员;

三、制定本部所需各项之调查表籍;

四、报告本部职员会议决事项于会长。

第三条　书记受部长之制裁,掌本部书翰记录,其职务之要项如左:

一、本部职员会之记录;

二、本部函牍之起草及誊写;

三、保管本部图记、文件。

第四条　调查员受部长之制裁,掌本部调查事件,其职务之分配如左:

一、关于本邑教育状况;

(甲)城厢内外;

(乙)西北各市乡;

(丙)东南各市乡。

二、关于外埠游学情形:

(甲)本省各学校;

(乙)外省或外国各学校。

第五条　部长于每届第一次全体职员会后二周内,应召集本部职员开组织会,分配各职员之职务。

第六条 有左列事项之一者,得由部长召集本部职员开职员会:

一、会长交议事件;

二、临时发生之重要事件;

三、本部职员二人以上之提议事件,经部长之同意者;

四、本部职员提议事件,经本部全体职员三分之一以上署名者。

第七条 本部开职员会时,由部长主席,部长因事不能到会时,得就本部职员中推举临时主席,书记因事不能到会时,得由主席推举临时书记。

第八条 调查员于大会期五周前,应将调查所得,报告部长,部长于大会期四周前,应汇集调查员报告书,报告会长。

第九条 凡关于会中特委事件,部长得就本部职员中委托之。

第十条 关于本细则第六条甲项事件,可咨询或委托于各区之教育会或学务委员及各学校。

第十一条 本部职员如因不得已事故辞职者,须经本部职员会之许可,报告会长,于次多数中推补,惟部长辞职,须经全体职员会之许可,由部长召集本部职员开会另选,其递遗之缺额,仍由次多数中推补。

第十二条 本部全体职员提议之事件,须本会全体协议者,经部长之同意,得请会长召集开职员会或特别会。

第十三条 本部须用物件及款项,得随时由部长具条向治事部支取。

第十四条 本细则如有未尽事宜,或应行修改之处,本部职员可提出修改案于会长,交由全体职员会议决之。

附:无锡县教育会会议细则

一、凡大会、例会、特别会,以及全体职员之会议,应由会长主席,会长因事不能到会时,由副会长代理之。

一、凡开会时,会场之到会簿,由治事簿[部]书记掌之,会员到会均须自行签名。

一、会场纠察以评议部职员任之,人数多寡,临时酌定。

一、会场招待,以治事部庶务任之。

一、开会时,有紊乱秩序以及随意涕唾、吸烟等事,纠察员得随时纠正之,如

附 录

有不受约束者,纠察员得随时令其退席。

一、凡到会人陈述意见或辨驳疑难问题,务当推诚商榷,不得争执意见,有失和平之旨。

一、凡表决时,会员可否各半,主席得就一方面之意见决定之。

一、凡会长提议事件不易解决者,于开会后两星期内,由会员各投意见书,至第三星期开职员会,就意见书预商办法,于下次例会时,会长报告各种意见书及职员会商定之办法,取决于众,如仍不能解决,即将议案取销。

一、每次开会,须照预定之时间,至迟不得过半点钟,会员务须依时到会。

一、开会时如因事故须先退席者,必告明会场纠察。

(原载:无锡县教育会编《无锡县教育会章程》,1918年)

附录四　无锡县教育会章程

（1921年）

第一章　定名

第一条　本会遵照部定《教育会规程》第二条,定名为无锡县教育会。

第二章　宗旨

第二条　本会遵照部定《教育会规程》第一条、第四条、第七条,以研究教育事项,力图教育发达为目的,并得以研究所得建议于教育官厅,惟不得干涉教育行政及教育以外之事。

第三章　组织

第三条　本会遵照部定《教育会规程》第九条,由会员公举会长一人,副会长一人,并设评议、理事、调查、编辑四部,处理一切事务。

第四条　每部设部长一人及职员若干人,分掌各部事务,其职员额如左:

（甲）评议部:书记一人,评议员若干人;

（乙）理事部:会计一人,书记二人,庶务二人;

（丙）调查部:书记一人,调查员四人;

（丁）编辑部:书记一人,编辑员四人。

第五条　临时推举之职员：

(甲)遇有繁重事件,由会长推举临时职员襄理之；

(乙)凡选举职员时,由会长推举检票员。

第六条　凡有志研究教育者,由会员二人以上之绍介,经评议部审查合格,得为本会会员。

第四章　责任及权限

第七条　会长、副会长之责任及权限：

(甲)会长有总理本会各部事务之责及施行一切会务之权；

(乙)副会长有辅助会长整理会务之责；

(丙)凡关于各部应行改革事项,会长有实行改革之责；

(丁)会长对于各部有稽核、考察之责；

(戊)会长有召集开会之权；

(己)会长有事故时,副会长代理之；

(庚)各部开会时,会长、副会长得列席陈述意见,惟不预表决之列；

(辛)会长、副会长如有不得已之事故不能终职,须经会员之公认,方得告退。

第八条　评议部长之责任及权限：

(甲)凡本部一切事务有稽核之责；

(乙)凡本会特别重要事件,经会长交本部评议者,由部长召集评议员开会议决,报告会长施行。

第九条　理事部长之责任及权限：

(甲)凡本部一切事务有实力整理之责；

(乙)凡本部执行之事项,有应行改革者,得临时召集理事员开会议决,报告会长施行；

(丙)凡会计之出入,书记之记述,庶务之设施,皆有稽核考察之责。

第十条　调查部长之责任及权限：

(甲)凡本部一切调查事件有综核之责；

(乙)凡关于本部执行之事项有应行改革者,得临时召集调查员开会议决,报告施行；

(丙)每学期中关于本部应行之事项,由部长召集调查员开会议决施行。

第十一条 编辑部长之责任及权限：

(甲)凡本部一切事务有规划之责；

(乙)凡本部执行之事项有应行改革者,得临时召集编辑员开会议决,报告施行

(丙)每学期中关于本部应行之事项,由部长召集调查员开会议决施行。

第十二条 评议员之责任及权限：

(甲)分职员任事不力,妨础[碍]本会进步者,评议员得报告部长,开会评议；

(乙)凡会员有行为不检,自隳名誉并妨碍本会名誉者,评议员得报告部长开会评议；

(丙)评议员有互相纠察之责；

(丁)评议部书记掌本部开会时之记述及缮录本部之报告。

第十三条 理事员之责任及权限：

(甲)会计掌本会经费出入；

(乙)书记掌文牍起草、开会记录等事；

(丙)庶务管理会中一切事务。

第十四条 调查员之责任及权限：

(甲)调查关于教育事件,随时报告部长；

(乙)书记掌本部开会记述,兼抄写调查所得之事件。

第十五条 编辑员之责任及权限：

(甲)编辑本会杂志、年刊及会务报告；

(乙)书记掌本部开会记录兼誊写编辑稿件。

第十六条 会员之责任及权限：

(甲)会员有遵守本会章程及增进本会事业之责；

(乙)会员有实行本会议决事件之责；

(丙)会员有担任本会经济之责；

(丁)会员有选举权及被选举权；

(戊)会员有议事决事之权。

第五章　选举及任期

第十七条　选举：

(甲)会长、副会长由会员用记名单记法分次投票选举；

(乙)评议、理事、调查、编辑四部由各部职员在本部中投票互选；

(丙)评议、调查、编辑三部书记及理事部书记、会计、庶务,由各部部长就本部职员中推举之；

(丁)理事、调查、编辑三部职员,由会员用记名连记法,按照三部职员额一次举出,再由会长分配职务；

(戊)评议部职员由会中于大会前二星期,通信各会员分区选举,每学区会员人数在十人以上二十人以下者,举一人,满四十人者举二人,六十人举三人,以上类推。在会员人数不满十人之区,得联合两学区或数学区公举如上率；

(己)选举时票数相同,以年长者当选,年同由会长抽签定之；

(庚)选举顺序举定正副会长后,先检评议员当选票数,次选举理事、调查、编辑三部职员；

(辛)会长及副会长中途退职,通知全体会员定期改选。部长中途退职,由各部开会另选,递遗之缺额应以次多数推升；

(壬)改选职员于大会时行之。

第十八条　各部职员不得兼任。

第十九条　本会职员以一年为一任,连举者连任。

第六章　事业

第二十条　凡关于全县教育事业,本会有提倡及改良扩充之责任,今特就现在地方情形列概目如左：

(甲)业经办理之事件：

(一)教育研究会；

(二)教育杂志；

(三)年刊。

(乙)本会议决应办之事件。

第七章　经费

第二十一条　本会经费分列如左：

(甲)基本金，由旧劝学所拨前存宾兴款，计钱一万千文充之；

(乙)会费，会员年纳会费银一元，于每年开大会时缴纳，未交者由理事部会计随时催收；

(丙)特别费，本会如有特别用款，得随时筹集之。

第二十二条　本会经费之出入，每年由会长会同理事部长及会计，编造预算、决算报告会员。

第八章　会所及会期

第二十三条　本会会所在城中公园路。

第二十四条　本会会期分别如左：

(甲)经常会期，每年以二月为例会期，报告半年间会务进行状况，以八月为大会期，改选各部职员并报告举行状况；

(乙)特别会期，如有特别事件，由会长发起者，可报告四部职员开临时大会，由会员十人以上发起者，经会长许可，亦得开临时大会；

(丙)全体职员会期，凡会中应行商议事件，随时由会长召集全体职员开全体职员会议决执行；

(丁)各部职员会期，各部有应行商议事件，随时由各部部长召集本部职员开职员会议决后，报告会长执行；

(戊)组织会及交替会于大会后三星期内，由新旧会长召集新旧职员开组织会及交替会。

第九章　惩治

第二十五条　惩治事项：

(甲)放弃本会责任者；

(乙)破坏本会秩序者；

(丙)言论行为足阻教育之进步者；

(丁)自隳名誉及妨碍本会名誉者。

第二十六条　惩治方法：

(甲)劝告,凡会员有上条甲、乙、丙三项情事发生,经评议部议决后,报告会长,派员或通函劝告；

(乙)除名,凡会员有上条丁项情事或本条甲项劝戒不俊者,经评议部议决后,由会长公布除名。

第十章　入会及出会

第二十七条　凡愿入会为会员者,由本会会员二人以上之绍介,先填履历书报告会长,经会长交评议部开评议会评议认可后,令具志愿书于大会或例会时公布各会员。

第二十八条　凡会员有不得已事故,可将情由告知会长自请出会,惟须由公众之承认。

第十一章　附则

第二十九条　凡开大会时为本会章程修改之期。

第三十条　凡开例会时为本会章程提议修改之期。

第三十一条　凡本会职员及会员有提议事件,应具意见书于会长。

第三十二条　本会会议细则及各部办事细则另订之。

(原载：李默渊编著《无锡教育实业名胜概览》,三师附属商科附设三小商店,1924年4月,第18—28页)

附录五　无锡县教育会章程(草案)

(1927年)

第一章　总则

第一条　本会定名为无锡县教育会。

第二条　本会以研究教育事项、发展地方教育、增进教育界之福利为宗旨。

第二章　组织

第三条　凡具有左别资格之一,由会员二人以上之介绍,经各级执行委员通过者,得为本会会员：

(甲)现任学校教职员；

(乙)现任教育行政人员；

(丙)曾在教育机关服务五年以上者；

(丁)专门以上学校毕业,曾在教育机关服务一年以上者；

(戊)有著作发表及对于教育事业著有劳绩者。

第四条　本会之基本组织为各地支部,凡本会会员须一律编入支部。

第五条　会员满五人以上得设一支部,三支部以上得组织分会,但每一校不得设两支部,每一市乡不得设两分会。

第六条　本会之权力机关为全体会员大会,会员大会闭会期间为执行委员会。

第七条　全体大会每年开常会二次,如有重大事故,得开临时会,临时会之召集由执行委员会决定之,但临时有半数以上分会之请求,执行委员会应即召集开会。

第八条　全体会员大会召集不便利时,得召集全县代表大会,其权力与全体大会同。

第九条　分会代表大会各支部,每满五人得推一代表出席。

第十条　全县代表大会各分会,每满十人得推代表一人出席。

第十一条　全体会员大会或全县代表大会,须由过半数会员或代表出席方得正式开会。

第十二条　执行委员会设执行委员十三人,候补执行委员五人,由全体大会或全县代表大会于每年第一次常会中选出之,执行委员缺额时由候补执行委员依次递补。

第十三条　执行委员之任期为二年,每年改选半数。

第十四条　执行委员互选常务委员五人,任期一年。

第十五条　执行委员得推举委员组织各种特别委员会。

第三章　职权

第十六条　全体会员大会或全县代表大会之职权如下:

(甲)接纳执行委员会及其他机关关于全县之报告;

(乙)修改本会章程

(丙)制定关于本县教育问题及教育上各项问题之议决案;

(丁)选举执行委员。

第十七条　执行委员会之职权如下:

(甲)代表本会;

(乙)执行全体会员大会或全县代表大会之议决案;

(丙)支配本会之财政;

(丁)聘请办事职员。

第十八条　本会得以议决事项建议求[于]地方教育行政机关。

第十九条　本会得处理教育行政机关委任事务。

第四章　会约

第二十条　全体会员大会或全县代表大会之议决案,各分会须确实遵守。

第廿一条　执行委员会之监督指导各分会,须严密执行,如各分会认为不当时,得向执行委员会提出意见,但未得核准时,仍须执行。

第廿二条　执行委员会须确遵全体会员大会或全县代表大会之决议案行事,如中途有窒碍时,须召集代表大会处理,不得自由行动。

第廿三条　执行委员会不能称职时,有全县半数以上分会之提议,得自由集合全体会员大会或全县代表大会改组执行委员会。

第五章　经费

第廿四条　会员入会时,须缴纳入会费小洋两角。

第廿五条　会员每年须缴纳会费小洋八角,此项会费,支部及分会各用四分之一。

第廿六条　本会得临时募捐,但捐款额数与办法,须由全体会员大会或全县代表大会决定之。

第廿七条　本会得向地方行政机关请求补助。

第六章　附则

第廿八条　各分会章程,不得与本章程抵触,并须经本会执行委员会核准后方为有效。

第廿九条　本章程经全体会员大会或全县代表大会通过,并经本县教育行政机关及第四中山大学教育行政院核准后施行。

第三十条　本章程修改之权,属于全体会员大会或全县代表大会,但亦须经本县教育行政机关、第四中山大学教育行政院核准后方为有效。

（原载:《无锡教育周刊》1927年11月16日第13期,第20—24页）

附录六　无锡县教育会章程

（1948年）

第一章　总则

第一条　本会定名为无锡县教育会。

第二条　本会以研究教育事业,发展地方教育,并协助政府推行教育政令,并共谋本县教育同仁之福利为宗旨,但不得为营利事业。

第三条　本会区域以无锡县现有行政区域为区域。

第四条　本会会址在图书馆路二十三号。

第二章　任务或事业

第五条　本会之任务及事业如左：

一、关于地方教育之研究设计及指导事项；

二、关于增进人民生活上智识之指导事项；

三、关于地方教育之调查统计及编纂事项；

四、举办各种教育研究会及学术讲习会；

五、举办各种教育事项,但须经主管教育行政机关核准；

六、关于一般教育事项并建议于教育行政机关；

七、处理各主管官署委办或咨询事项；

八、关于教育同仁之福利事项；

九、办理其他合于教育宗旨之事项。

第三章　组织

第六条　本会设理事九人，候补理事三人，监事三人，候补监事一人，均由会员大会或代表大会就会员中选举之，由理事互选三人为常务理事，并互选一人为理事长，由监事互选一人为常务监事，任期为二年，期满应即依法改选，连选得连任。

第七条　本会出席省级教育会代表为一人，由会员大会或代表大会就会员中选举之，其任期三年，期满依法改选，连选得连任。

第四章　会员

第八条　凡中华民国人民，住居本区域内，年满二十岁，具有左列资格之一者，得加入本会会员：

一、任公立或已立案之私立学校教员或社会教育机关职员，但职员以中等以上学校毕业者为限；

二、曾在公立或已立案之私立大学或独立学院教育系或师范学校毕业者；

三、曾在师范专科学校或师范学校毕业者；

四、曾在公立或已立案之私立专科以上学校毕业，并从事教育事业一年以上者；

五、曾在公立或已立案之私立学校或社会教育机关服务三年以上者；

六、对于教育确有研究，并有关于教育著作者。

第九条　有左列情事之一者，不得为本会会员：

一、背叛中华民国者；

二、褫夺公权者；

三、禁治产者。

第五章　会员选任解任及其权利或义务

第十条　本会会员均有选举权及被选举权，并有协助本章程第五条各项事业之义务暨享受其权利。

第六章　职员权限、任务及其选任解任

第十一条　本会职员之候选人不限于下级教育会出席之代表。

第十一[二]条　本会职员不得兼任区教育会或省市教育会职员

第十三条　本会职员为无给职。

第十四条　本会职员因有不得已之事由,得照会员大会或代表大会议决,准其辞职,其因职务上违背法令,营私舞弊或有其他重大不正当之行为,得经会员大会或代表大会议决,令其退职或由主管官署将其撤职。

第七章　会议

第十五条　本会会员大会或代表大会,每年召集一次,必要时开临时会议,均由理事长召集之。

第十六条　本会理事会议每月一次,由理事长召集之,监事会议每二月一次,由常务监事召集之,必要时,均得开临时会议。

第十七条　本会会员大会或代表大会之决议,以会员或代表过半数之出席,出席会员或代表过半数之同意行之。

第十八条　左列各该事项之决议,以会员或代表过半数之出席,出席会员或代表三分之一以上之同意行之:

一、修改章程;

二、会员除名;

三、职员退职。

第八章　经费及会计

第十九条　本会经费分列如次:

一、会员入会费　圆,常年费　圆;

二、事业费(此项事业费,经会员大会或代表大会议决,得依法募集之,必要时,得由中央或地方政府补助之)。

第二十条　本会会计年度以每年一月一日起至同年十二月三十一日止。

第二十一条　本会经费之决算,于每年度终了后一个月内编制报告,呈报当地主管官署核销,并通告各会员。

第九章　附则

第二十二条　本章程经会员大会或代表大会通过,并呈准县政府核准后,公布施行,其修改时同。

(摘自:无锡市档案馆藏,档案号ML01194800508010227—ML01194800508010229)

附录七　无锡县大同镇教育会章程

(约1948年)

第一章　总则

第一条　本会定名为无锡县大同镇教育会。

第二条　本会以研究教育事业、发展地方教育,并建教育同人之福利为宗旨,但不得为营利事业。

第三条　本会区域以无锡县大同镇区域为区域。

第四条　本会会址暂假私立正业小学校。

第二章　任务及事业

第五条　本会之任务及事业如下:

一、关于地方教育之研究设计及指导事项;

二、关于增进人民生活上知识之指导事项;

三、关于地方教育之调查统计及编纂事项;

四、举办各种教育研究会及学术讲习会;

五、举办各种教育事项,但须经主管教育行政机关核准;

六、关于一般教育事项并建议于教育行政机关;

七、处理各主管官署委办或咨询事项;

八、办理教育同仁之福利事项；

九、办理其他合于教育宗旨事项。

第三章 组织

第六条 本会设理事三人，候补理事一人，监事一人，候补监事一人，均由会员大会就会员中选举之，由理事互推常务理事一人，任期均为二年，期满应即依法改选，连选得连任。

第七条 本会出席县教育会代表为一人，候补一人，由会员大会或代表大会就会员中选举之，其任期三年，期满依法改选，连选得连任。

第四章 会员

第八条 凡中华民国人民（住居本区域内）年满二十岁，具有左列资格之一者，得加入本会会员：

一、现任公私立或已立案之私立学校教员或社会教育机构职员，但职员以中等以上学校毕业者为限；

二、曾在公立或已立案之私立大学或独立学院教育系或师范学校毕业者；

三、曾在师范专科学校或师范学校毕业者；

四、曾在公立或已立案之私立专科以上学校毕业并从事教育事业一年以上者；

五、曾在公立或已立案之私立学校或社会教育机构服务三年以上者；对于教育确有研究，并有关于教育著作者。

第九条 情况之一者，不得为本会会员：

一、背叛中华民国者；

二、褫夺公权者；

三、禁治产者。

第五章 会员选任解任及其权利或义务

第十条 本会会员均有选举及被选举权，并有协助本章程第五条各项事业之义务暨享受其权利。

第六章 限任务及其选任解任

第十一条 本会职员为无给职。

第十二条 本会职员因职务上违背法令,营私舞弊或有其他重大不正当之行为,得经会员大会或代表大会议决,令其退职或由主管官署将其撤职。

第七章 会议

第十三条 本会会员大会,每年召集一次,必要时开临时会议,会议由常务理事召集之。

第十四条 本会理事会会议每月一次,由理事召集之,监事会议每二月一次,由常务监事召集之,必要时,均得开临时会议。

第十五条 本会会员大会之决议,以会员半数之出席,出席会员过半数之同意行之。

第十六条 左例各该事项之决议,以会员或代表三分之二以上同意行之:

一、修改章程;

二、会员除名;

三、职员退职。

第八章 经费与会计

第十七条 本会经费分列如次:

一、会员入会费一万九,常年费每月五千元;

二、事业费经会员大会议决得依法募集之,必要时,由地方政府补助之。

第十八条 本会会计年度以每月一月一日起至同年十二月三十一日止。

第十九条 本会经费之决算,于每年终了后一个月内,编制报告表,通告各会员。

第九章 附则

第二十条 本章程经会员大会通过,并呈请县会转呈县府核准后,公布施行,其修改时间同。

［原载：无锡县大同镇教育会编《无锡县大同镇教育会章程》，约1948年油印稿。因该件原文模糊，相关内容参照《无锡县教育会章程》(1948年)作了补订，仅作参考］

附录八　无锡县教育会部分会员字号一览[①]

（按姓氏笔画为序）

丁宝书（芸轩）、丁鹏振（逸清、亦清）、丁福保（梅轩）、万济时（叔梅）、卫彬（质文）、王子模（佐才）、王永钰（醉亭）、王廷奎（淮清）、王兆祥（文石）、王肱（干城）、王宗浩（养愚）、王绍曾（介人）、尤凤庭（鸣梧）、尤秉彝（惜阴、雪行）、倪屺怀（丕烈）、邓世麟（汉祥）、叶志青（锡爵）、冯晓钟（琴斋）、边振卿（宗夏）、过文冕（焕荣、冠生）、过丙烈（祖述、永保、永伯、芙蓉山人）、过养基（莘耕）、过锡昌（书侯）、朱正心（寄尘）、朱正色（镜澄）、朱树敏（子远）、朱原（星槎）、华天翻（伯和）、华冈（蔼人）、华文祺（纯甫）、顾大奎（仰苏）、华申祺（实夫，实乎，实甫）、华廷弼（良臣）、华国钧（雍倩、雍千）、华国铨（叔衡）、华昌寿（少纯）、华荫榕（舲生）、华振（倩叔、倩朔）、华振域（书城）、华萼（晋吉）、华鉴远（廷辉）、华锡纶（绾言）、华澄波（寰清）、庄荫梧（凤冈）、刘□燿（然青）、刘品棠（寿镛）、许其倬（卓人）、许士俊（锡彦、雪岩）、许械（少仙、少宣）、许湘涛（宗岳）、许靖圻（定远）、孙广镐（寅宾）、孙广钊（辰初）、孙光圻（曜青）、孙辛农（莘农、在丰）、孙国璋（苇仲）、孙荫培（景初、景苏）、孙思赞（仲襄）、孙保圻（审懿、希侠）、孙保鉴（克明）、孙瑞森（茂林）、孙蓉镜（荫午）、孙锡皋（鸣仙）、孙靖圻（穉孙、子远）、孙肇圻（北薆、颂陀）、孙觐墀（季瞻）、孙藕生（伦鉴）、芮麟（子玉）、严文炜（仰斗）、严尧卿（毓芬）、严慰

[①]清末民国，地方教育人多有字号，但在相关报刊上使用很不规范，有一名多号的，有一名多字的，有名号错用的，有同音异字的等，有的很难辨识其正误。本附录采用常见者留存，以备参考。

苍(为霖)、杜鸿钧(云谷)、李希曾(慰祖)、李崑(康复、匡复)、李惕平(涵苍、国栋)、李湘(继曾)、杨玉英(石癯)、杨光荣(心梅)、杨岷源(振清)、杨鼎复(子佐)、杨嘉钰(荔秋)、杨锺钰(章甫)、吴干卿(廷枢)、吴至刚(养正)、吴廷枚(锦如)、吴廷槐(荫阶)、吴侍梅(士梅、士枚)、吴建昌(熊飞)、吴涛(松云)、吴殿械(□德)、余梦龄(小禅)、邹云翔(芸翔、玉振、云祥)、邹家麟(同一)、邹瘛荣(植甫)、辛干(柏森)、汪士瀛(达洲)、沈寿桐(西苑、西园)、沈显芝(根大)、沈祖藩(伯伟)、宋森(泳苏)、张正行(伯藩)、张汝和(泰初)、张志勋(佩臣)、张伯纯(锡熙)、张光霁(亮时)、张坚(厉若)、张鉴(杏村、杏邨、牧叟)、张肇桐(轶欧、翼后、翼侯)、张肇熊(渭生)、张懋熙(季勉)、张耀中(载臣、醉仁)、郁镜(雪明)、陆仁寿(文南)、陆凤藻(国臣、翰飞)、陆寿禧(筱槎、小槎、啸槎、受禧)、陆畅(鲁斯)、陆揽澄、陆景宣、陈□煌(旭卿)、陈作霖(湛如)、陈然(善、献可)、邵宗虎(虞臣)、范廷铨(寅伯)、范叔梅(时济)、范绍文(虁臣)、范望湖(广涛)、林锡荣(叔显)、金声(素宜)、周公鼎(铭初)、周祖岐(耀西)、周骏(渠清)、周锡璜(遇文)、周璜(燮和、雪禾)、施献臣(嘉绩)、赵守□(荣卿)、赵醒世(挹清)、荣棣辉(鄂生、萼生)、荣善昌(吉人)、胡凤清(桐苏)、胡尔霖(雨人)、胡启元(念倩)、侯元祥(秋华)、侯鸿鉴(保三、葆三、病骥)、俞灿(孟洁)、俞宗振(鹤琴)、俞箴墀(丹石、德孟)、秦凤翔(翼云)、秦权(念淮、执中)、秦同培(于卿)、秦克增(运章、柳芳、柳方)、秦振镐(卓夫、卓甫、卓桴)、秦冕钧(达轩)、秦铭光(颂石、仲实、颂硕、石颂、颂实)、秦毓钧(平甫)、秦萧(鼎新)、袁咏裳(凤起)、莫善乐(仲虁)、贾仲伟(道曾)、顾大受(与可)、顾大贲(雪鱣)、顾坚(鸿志)、顾鸣冈(蔼人)、顾鸣盛(叔愚)、顾宝琛(彬生)、顾型(绍衣)、顾祖玑(子重)、顾祖瑛(子静)、顾倬(植之、述之)、顾鼎铭(介孙、介苏)、顾猷鸿(景生)、顾裳吉(元伯)、钱光鉴(镜清)、钱承驹(季常)、钱基厚(孙卿)、钱锺亮(芗侯、乡侯)、钱鼎奎(湘伯)、钱鉴莹(镜生)、倪家凤(翔青、士杰)、徐振新(志彬、志冰、珠冰)、殷文炜(蓉孙)、殷献臣(质卿)、殷冈月(伯觊)、高维岳(仰山)、唐模(栋如)、唐湛声(卢锋)、唐德镇(玉九)、浦漪人(杏根)、涂恩延(幼香)、诸金吉(汝贤)、陶大杰(伯绶、百寿)、陶兆麟(介如)、陶守恒(达三)、陶树荣(仲实)、陶树森(伯方、伯芳)、陶赞(育臣)、黄龙骧(淡如)、黄豹光(蔚如)、曹同文(仁化)、曹铨(衡之)、曹赞勋(翼臣、翊丞、翌丞)、龚笠如(宝瑗、栗如)、章鸿遇(丙嘉、秉嘉)、蒋士荣(仲怀)、蒋曾烜(省□)、蒋曾燠(哲卿)、嵇长康

(绍周)、薛雄万(仲雄)、程宏远(仲嘉、颂嘉)、裘可桴(葆良、廷梁)、裘锴(剑岑)、廉建中(天铎、谏钟)、窦中正(孟敢)、蔡文森(松如、禹门、处默)、蔡浩(再韩)、蔡其标(虎臣)、蔡浩(再韩)、蔡养默(持志)、蔡樾(荫阶)、潘一尘(德光、泮一尘)、薛明剑(萼培、锷佩、光)、薛奎仁(耀山)、薛翼运(南溟)、戴宗球(任先)、戴宗德(翊先、翼先)、戴标(晓孚)、糜载南(赞治、子襄、咨襄、资襄)、嵇毅复(景修)、倪单立(汉章)

主要参考文献

一、报纸

《无锡白话报》(《中国官音白话报》)光绪二十四年(1898年)。

《申报》1903—1948年。

《白话报》(锡金)1908—1909年。

《锡报》1913年、1917—1938年、1946—1948年。

《新无锡》1914—1937年。

《无锡日报》1915—1916年、1943—1945年。

《无锡商务日报》1916—1917年。

《无锡新报》1922—1925年。

《西神日报》(无锡)1923—1924年。

《苏民报》(无锡)1923—1924年。

《无锡市乡日报》1924年。

《无锡新闻》1925—1926年。

《民声日报》(无锡)1926年。

《中山日报》(无锡)1927年。

《市民公报》(无锡)1927年。

《工商日报》(无锡)1927—1928年。

《锡语报》1928年。

《无锡商报》1929—1930年。

《商报》(无锡)1930年。

《人报》(无锡)1932—1937年、1946—1948年。

《复兴报》(无锡)1935年。

《新锡日报》1938—1942年。

《江苏民报》(无锡)1945—1948年。

《导报》(无锡)1947—1949年。

《新夜报》(无锡)1948—1949年。

《苏南日报》(无锡)1949年。

二、刊物

《时务报》(上海)1998年第61期。

《选报》(上海)1902年7月5日第21期。

《警钟日报》(上海)1904年。

《大陆报》(上海)1904年第2卷第7号。

《东方杂志》(上海)1904年第9期。

《教育杂志》(天津)1905年第7期。

《广益丛报》(重庆)1905年第2卷。

《学部官报》(上海)1906年第3期。

《商务官报》(北京)1907年第8期。

《预备立宪公会报》(上海)1909年第2卷第12期。

《留美学生年报》(上海)1911年第1期。

《江苏教育行政月报》(南京)1913—1914年第1、2、16期。

《教育研究》(上海)1913—1915年各期。

《教育公报》(北京)1914年8月第3册。

《中华教育界》(上海)1914—1916年各期,1946年复刊第1卷第8期。

《武进教育汇编》1917年第3期。

《江苏教育公报》(南京)1925—1926年各期。

《中大季刊》(北京)1926年第1卷第2期。

《中国青年》(上海)1926年第6卷第9号。

《新教育评论》(北京)1926年11月第2卷第26期。

《江苏省教育会年鉴》(上海)1926年第11期。

《第四中山大学教育行政周刊》(南京)1927年第6期。

《大夏周刊》(上海)1927年第47期。

《醒狮》(上海)1927年第134期。

《中央党务月刊》(南京)1928年第3期,1931年第30、31期。

《国立第三中山大学教育周刊》(杭州)1928年第22期。

《大夏季刊》(上海)1929年第1卷第1期。

《地方教育》(南京)1929年第2期。

《安徽教育行政周刊》(安庆)1929年第2卷第25期。

《国立中央大学教育行政周刊》(南京)1929年第94期。

《中央周报》(南京)1929年第55期。

《江苏省政府公报》(镇江)1930年第484期,1931年第693、708、741期,1933年第148期,1948年第3卷第20期。

《法律评论》(北京)1931年第8卷第30期。

《教育部公报》(北京)1931年第3卷第9、10、36期,1947年第19卷第9期。

《法令周刊》(上海)1931年第63期,1932年第33—39期。

《江苏教育》(苏州)1932年第1卷第11、12合期,1933年第2卷第5期,1934年各期。

《生活教育》(上海)1934年第1卷第7期。

《新江苏教育》(苏州)1940年各期。

《监察院公报》(南京)1940年第4—5期。

《教育部公报》(重庆)1944年第16卷第11期。

《民主世纪》(江西赣县)1946年第4期。

《民国教育辅导月刊》(镇江)1947年第1卷第24期。

《首都教育》(南京)1947年第2卷第2、3合期。

《教育杂志》(上海)1947年第32卷第1号。

《教育通讯》(汉口)1947年复刊4第7号。

无锡县教育会:《无锡教育杂志》1913—1917年第1—8期。

南洋公学无锡同学会:《锡秀》1918年5月第2卷第2期。

无锡县教育会:《无锡县教育会年刊》1918—1923年第1—4期。

无锡县教育会:《无锡县教育会教育季刊》1924—1926年。

薛明剑:《无锡杂志·梅园号》1924年1月。

薛明剑:《无锡杂志·考察教育号》1925年春。

薛明剑:《无锡杂志·军事号》1925年11月。

无锡私立公益商业中学校:《商兑》1926年10月第7期。

无锡县教育会:《现代教育》(无锡)1927—1931年第7、8、12、13、19、20期。

无锡县教育局:《无锡教育周刊》1927—1934年。

无锡县立通俗教育馆:《无锡县立通俗教育馆汇刊》1928年7月第3期。

无锡县政府:《无锡县政公报》1929年第1期,1930年第21期,1945年创刊号。

无锡县教育局:《无锡教育月刊》1934—1937年各期。

凌再生、秦颂石:《无锡佛教净业社年刊》1937—1945年各期。

无锡县教育局:《无锡教育·复刊》(概况专号)1948年7月第1期。

政协南通市文史资料编辑部:《南通市文史资料选编》第12辑。

中国人民政治协商会议江苏省无锡市委员会文史资料研究委员会:《无锡文史资料》第1、3、4、6、8、9、11、12、15、16、19辑。

中国人民政治协商会议江苏省无锡县委员会文史资料研究委员会:《无锡县文史资料》第5、8辑。

中共无锡市、县委党史办公室,无锡市档案局:《无锡革命史料选辑》第12辑。

无锡地方志编纂委员会办公室、无锡县志编纂委员会办公室:《无锡地方资料汇编》第5、8辑。

政协无锡市文史资料委员会等:《无锡历史名人传》第2辑。

无锡市史志办公室:《无锡史志》第4期。

无锡市北塘区政协文史工作组:《北塘文史资料》第3辑。

三、档案、口述

中央档案馆、上海市档案馆:《上海革命历史文件汇集·南京、无锡、苏州、丹阳、徐州·一九二五年——一九二七年》,1988年。

江苏省档案馆馆藏档案,1006—1／乙—709。

无锡县政府:《无锡县参议会来人办理情形一览表》,1948年4月23日,无锡市图书馆藏,地2164。

无锡市档案馆藏档案,档案号ML01194500700160013、ML01194000700100007、ML01194000700100009、ML01193800701440098、ML01193800701440006、

ML01194000700100001、ML01194500701410016、ML01193900701360060、ML01194000702050038、ML01194100702050087、ML01194200702050061、ML01194500701180184—ML01194500701180186、ML01194400701550001、ML01194000701300206、ML01194800508010230、ML01194700701450127、ML01194800508010227—ML01194800508010229、ML01194700702750028、ML01194600702060221、ML01194600701320009—ML01194600701320010、ML01194600701410060、ML01194700701320019、ML01194700701310022、ML01194700701310030、ML01194700701310031、ML01194700700840114、ML01194800508010227、ML01194900508010003。

张振强藏无锡、锡金军政府往来函件。

无锡县大同镇教育会:《无锡县大同镇教育会章程》,约1948年油印稿。

《对胡通祥的采访记录》,1959年5月20日,载无锡史志办《资料》第132卷。

苏国强:《辛亥革命在无锡》,古吴轩出版社,2011年。

薛明剑:《薛明剑日记》1922—1925年,手稿。

四、资料

王镐等修、华希闵等纂:《乾隆无锡县志》,清乾隆十五年。

裴大中、倪咸生等修,秦缃业等纂:《无锡金匮县志》,光绪七年刻本。

杨模:《锡金学校重兴纪事》,文明书局,光绪三十年八月。

佚名:《江苏留学同乡录》,约为清末1905年5月后铅印本。

锡金教育会:《锡金教育会章程》,1906年。

侯鸿鉴:《锡金乡土历史、地理》合订本,无锡艺文斋,光绪三十二年。

锡金教育会:《锡金教育会报告》(《锡金教育会第三次报告》)丁未上学期,1907年。

锡金教育会:《锡金教育会报告》(《锡金教育会第三次报告》)丁未下学期,1907年。

侯鸿鉴:《锡金乡土历史》,梁溪文苑阁木活字本,光绪三十四年。

锡金县教育会:《锡金教育会报告》(《锡金教育会第四次报告》)戊申,1908年。

侯鸿鉴:《单级教授法略说》(教育丛书之三),中新书局印刷、无锡速成师范学校出版,宣统元年(1909年)。

锡金教育会:《锡金教育会报告》(辛亥年春夏季),1911年8月。

锡金教育会:《锡金教育会报告》(辛亥年秋冬季),1912年2月。

乐观之:《无锡之将来》,锡成印刷公司,1914年。

无锡县立乙种工业学校:《同学》,1914年11月铅印本。

王抱承:《无锡开化乡志》上卷,1916年印本。

无锡县教育会:《无锡县教育会外部调查报告》,1916年。

丁福保:《竢实学堂最初之历史》,1917年10月抄本。

无锡县立第二高等小学校:《无锡县立第二高等小学校十五周纪念录》,1917年11月。

无锡县教育会:《无锡县教育会外部调查报告》,1917年。

无锡县教育会:《无锡县教育会章程》(修正),1918年。

薛明剑:《无锡指南》,锡成印刷公司,1919年。

无锡县开化乡第一国民学校:《开化乡第一国民学校廿周纪念赠联汇刊》,1919年12月油印本。

秦玉书:《无锡县立图书馆汇刊》,1920年。

徐振新:《无锡大观名胜号》,锡成印刷公司,1921年。

张鉴:《无锡县视学服务概况》(民国八年度),1921年4月铅印本。

李默渊:《无锡教育实业名胜概览》,三师附属商科附设三小商店,1924年。

公益商业中学校:《公益商业中学校第二届毕业刊》,1924年夏铅印本。

公益商业中学校:《无锡私立公益商业中学校一览》,1924年12月刊印本。

周锡璜:《新安乡教育概况》,1924年铅印本。

秦耐铭、李继曾、秦恩培:《无锡年报》(第1号),1925年2月。

侯鸿鉴:《无锡兵灾记》,1925年。

冯天农:《无锡战史》,五大印务局,1925年。

施织孙、徐赤子、范望湖:《无锡民众庆祝北伐胜利大会特刊》,五大印务局,1927年。

秦柳方:《乡村小学教师与民众教育》(民众教育刊物之一),锡澄武宜靖五县民众教育协进会,1928年。

公益工商中学校友会:《公益工商中学校友会纪念册》,1928年冬刊印本。

无锡河埒口小学:《河埒口小学概况》,1929年4月。

无锡县政府无锡市政筹备处:《无锡年鉴》,华丰印刷铸字所,1930年。

无锡县教育局:《两年来的无锡教育》,1930年。

芮麟:《无锡的民众教育》(无锡县民众教育促进会丛书之一),无锡县民众教育促进会,1931年。

顾倬等:《江苏无锡县农村经济调查第一集第四区》,江苏省农民银行总行,1931年12月。

蒋士栋、丁福保等:《锡金游庠同人自述汇刊》,1932年春铅印本。

无锡县教育局:《续两年来的无锡教育》,1932年。

教育部参事处:《中华民国教育法令汇编》,锡成印刷公司,1933年。

无锡县公安局年鉴编纂处:《无锡县公安局年鉴》,锡丰印刷公司,1933年。

陆静山、陈露薇:《新小学布置法》(师范新刊本之一),儿童书局,1936年再版。

无锡县政府:《无锡概览》,文新印刷所,1935年5月铅印本。

无锡县教育局:《三年来的无锡教育》,1935年。

无锡县立中心小学校:《中心小学区三年来教育概况》,1935年铅印本。

无锡私立竞志女学:《无锡私立竞志女学三十周年纪念刊》上册,1935年。

无锡竞志女学校:《江苏无锡私立竞志女学三十周纪念刊》下册,1937年1月刊本。

维新学院:《江浙皖实态调查汇集》,新申新报馆印刷局,1939年。

(伪)无锡县公署:《一年来之新无锡》,维新文化研究社,约1939年底。

上海事务所调查室:《江苏省无锡县·农村实况调查报告书》,1941年2月。

(伪)江苏省政府教育厅编审室:《两年来之江苏教育》,建东印刷公司,1944年。

无锡县临时参议会:《无锡县临时参议会纪念册》,1947年8月。

薛明剑等:《无锡指南》,民生印书馆,1947年第17版。

江苏省工业协会:《无锡工商大集》,中国印书馆,1948年。

钱江:《锡山业勤机器纺纱公厂集股章程》,载《近代史资料》总84号。

许少宣:《悬瓢轩联语》,民国铅印本。

钱基博:《无锡光复志》,民国刊本。

《山明水秀的无锡》纪念专辑编辑小组:《山明水秀的无锡》,台北市无锡同乡会,1978年。

彭泽益:《中国近代手工业史资料》第2卷,中华书局,1984年。

无锡县地名委员会:《无锡县地名录》,1985年铅印本。

孙云年:《江南感旧录》,江苏古籍出版社,1987年。

高景岳、严学熙:《近代无锡蚕丝业资料选辑》,江苏人民出版社、江苏古籍出版社,1987年。

《走向胜利——纪念无锡解放四十周年专辑》,中共无锡县委党史办公室、无锡县志办公室,1989年。

赵永良:《无锡名人辞典》,南京大学出版社,1989年。

璩鑫圭:《中国近代教育史资料汇编·鸦片战争时期教育》,上海教育出版社,2007年。

赵永良:《无锡名人辞典》(二编),学林出版社,1991年。

《陆定一文集》编辑组:《陆定一文集》上卷,人民出版社,1992年。

中共江苏省委党史工作委员会、江苏省档案馆:《苏南行政区(1949～1952)》,中共党史出版社,1993年。

宫爱东:《江苏艺文志·无锡卷》,江苏人民出版社,1994年。

赵永良、张海保:《无锡名人辞典》(三编),科学技术文献出版社,1994年。

无锡市地方志编纂委员会:《无锡市志》第4册,江苏人民出版社,1995年。

赵永良:《无锡名人辞典》(四编暨通讯录),南海出版公司,1996年。

郑逸梅:《郑逸梅选集》第2卷,黑龙江人民出版社,2001年。

荣德生:《乐农自订行年纪事》,上海古籍出版社,2001年。

赵永良、张经济:《无锡名人辞典》(四编续编),南海出版公司,2001年。

宗菊如、陈林荣:《荣氏家族无锡创业史料》,世界华人出版社,2003年。

无锡市新四军历史研究会、无锡市史志办公室:《陈枕白纪念文集》,中国文学出版社,2003年。

赵永良、蔡增基:《无锡望族与名人传记》,黑龙江人民出版社,2003年。

孙士良、许荣海、廉明:《惠山祠堂群楹联》,时代文艺出版社,2004年。

李元奇:《涵苍文集——李惕平诞辰一百周年(1906—2006)》,2005年。

陶行知:《陶行知全集》第1卷,四川教育出版社,2005年。

无锡市史志办公室:《薛明剑文集》(上、下册),当代中国出版社,2005年。

璩鑫圭、唐良炎:《中国近代教育史资料汇编·学制演变》,上海教育出版社,

2007年。

李桂林、戚名琇、钱曼倩：《中国近代教育史资料汇编·普通教育》，上海教育出版社，2007年。

朱有瓛、戚名琇、钱曼倩、霍益萍：《中国近代教育史资料汇编·教育行政机构及教育团体》，上海教育出版社，2007年。

吕达、刘立德、邹海燕：《杜威教育文集》第3卷，人民教育出版社，2008年。

周勇：《江南名校的中国文化教育》，教育科学出版社，2008年。

陶廷枋：《无锡陶氏家谱叙言》，载《无锡陶氏家谱》，北塘街毓秀堂，2009年。

秦志豪：《锡山秦氏人物资料辑要》，中国国际文化出版社，2011年。

《张謇全集》编委会：《张謇全集》第6卷，上海辞书出版社，2012年。

李文海：《民国时期社会调查丛编（一编）文教事业卷》，福建教育出版社，2014年。

梁漱溟：《梁漱溟日记》上，上海人民出版社，2014年。

钱基博：《碑传合编》，华中师范大学出版社，2014年。

赵永良等：《无锡历史文献丛书》第1辑第4册，上海交通大学出版社，2014年。

黄方毅：《黄炎培诗集》，人民出版社，2014年。

马忠文、任青：《中国近代思想家文库·薛福成卷》，中国人民大学出版社，2014年。

无锡市新四军历史研究会：《新四军无锡籍人物选编》下册，中共党史出版社，2011年。

江苏省无锡市史志办公室：《江苏省无锡市抗日战争时期人口伤亡和财产损失》，中央党史出版社，2015年。

无锡历史文献馆：《梁溪忆旧——台北市无锡同乡会〈无锡乡讯〉选萃》，苏州大学出版社，2015年。

钱江：《百人千书——无锡近代教育著作书目初编》，江苏凤凰教育出版社，2016年。

陆阳主编、刘桂秋校订：《钱孙卿集：孙庵年谱·孙庵私乘》，团结出版社，2016年。

五、著作

杨保恒等：《单级教授法》，江苏省教育会，1915年10月增订第5版。

[美]杜威：《杜威教育论著选》，赵祥麟、王承绪编译，华东师范大学出版社，1981年。

顾明远：《教育大辞典》第10卷，上海教育出版社，1990年。

中共无锡市委党史工作委员会、中共无锡县委党史办公室：《无锡人民革命史》，中共党史出版社，1992年。

中共无锡市委党史工作委员会：《迎接黎明——解放战争时期无锡城区人民的革命斗争》，1992年刊印。

陶宝庆：《无锡地方文献选目》，南京出版社，1992年。

唐涵德：《无锡县教育志》，上海科学技术文献出版社，1992年。

刘谦冲：《无锡市教育志》，三联书店，1994年。

无锡市金融志编纂委员会：《无锡市金融志》，复旦大学出版社，1996年。

顾一群：《中国近代科技先驱徐寿徐建寅传》，南京出版社，2015年。

丁凤麟：《薛福成评传》（中国思想家评传丛书），南京大学出版社，1998年。

江苏省地方志编纂委员会：《江苏省志·教育志》下，江苏古籍出版社，2000年。

章开沅、马敏、朱英：《中国近代史上的官绅商学》，湖北人民出版社，2000年。

朱邦华：《无锡民国史话》，《江苏文史资料》编辑部，2000年。

谢长法：《借鉴与融合——留美学生抗战前教育活动研究》，河北教育出版社，2001年。

陈玉堂：《中国近现代人物名号辞典》（续），浙江古籍出版，2001年。

《近百年无锡人物》，江苏文史资料编辑部，2001年。

王伦信：《清末民国时期中学教育研究》，华东师范大学出版社，2002年。

张乃格：《江苏民性研究》，江苏人民出版社，2004年。

凡尼、郁苇：《瞿秋白作品精编》，漓江出版社，2004年。

郁有满：《江苏帮会史》，方志出版社，2004年。

蒋纯焦：《一个阶层的消失——晚清以降塾师研究》，上海书店出版社，2007年。

费孝通：《乡土中国》，世纪出版集团、上海人民出版社，2007年。

王金中、沈仲明：《无锡工商先驱周舜卿》，凤凰出版社，2007年。

[美]费正清：《剑桥中华民国史》上、下卷，中国社会科学出版社，2007年。

孙广勇：《社会转型中的中国近代教育会研究》，华中师范大学出版社，2007年。

丁钢：《声音与经验：教育叙事探究》，教育科学出版社，2008年。

广少奎：《重振与衰变——南京国民政府教育部研究》，山东教育出版社，2008年。

刘小中、丁言模：《瞿秋白年谱详编》，中央文献出版社，2008年。

忻平：《从上海发现历史——现代化进程中的上海人及其社会生活(1927—1937)》，上海大学出版社，2009年1月修订版。

丁钢：《文化的传递与嬗变：中国文化与教育》，广西师范大学出版社，2009年。

[英]约翰·麦高恩：《近代中国人的生活掠影》，李征、吕琴译，南京出版社，2009年。

田正平、陈胜：《中国教育早期现代化问题研究——以清末民初乡村教育冲突考察为中心》，浙江教育出版社，2009年。

谷秀青：《清末民初江苏省教育会研究》，广西师范大学出版社，2009年。

郁有满：《郁有满地方史研究文集》，哈尔滨出版社，2010年。

毕苑：《建造常识：教科书与近代中国文化转型》，福建教育出版社，2010年。

兰军：《国际教育舞台的参演》，山东教育出版社，2010年。

钱江、章振华、徐仲武：《无锡，辛亥百年》，苏州大学出版社，2011年。

芮少麟：《重吻大地：我的父亲芮麟》，上海远东出版社，2011年。

汪春劼：《地方治理变迁——基于20世纪无锡的分析》，社会科学文献出版社，2012年。

石鸥、吴小鸥：《中国近现代教科书史》上册，湖南教育出版社，2012年。

王兴亮：《清末民初乡土教育研究》，四川大学出版社，2013年。

中国科协发展研究中心课题组：《近代中国科技社团》，中国科学技术出版社，2014年。

李光伯：《中国复式教学史》，南京师范大学出版社，2014年。

徐承德，虞朝东：《南京百年城市史(1912—2012)·教育卷》，南京出版社，

2014年。

桑兵：《清末新知识界的社团与活动》，北京师范大学出版社，2014年。

舒新城：《近代中国留学史近代中国教育思想史》，商务印书馆，2014年。

毛晓阳：《清代科举宾兴史》，华中师范大学出版社，2014年。

王仲：《民国苏州商会研究（1927—1936年）》，上海人民出版社，2015年。

张宪文，张玉法：《中华民国专题史·（第十卷）·教育的变革与发展》，南京大学出版社，2015年。

于潇：《社会变革中的教育应对——民国时期全国教育会议研究》，浙江大学出版社，2015年。

章开沅：《章开沅文集》第11卷，华中师范大学出版社，2015年。

梁漱溟：《乡村建设理论》，商务印书馆，2015年。

张龙平：《国家、教育与宗教：基督教教育会与近代中国》，中国社会科学出版社，2015年。

王文荣：《明清江南文人结社考述》，凤凰出版社，2015年。

章振华：《无锡风俗》，文汇出版社，2015年。

冯寿忠：《吴稚晖学术思想研究》，光明日报出版社，2015年。

钱江：《百人千书——无锡近代教育著作书影选编》，江苏凤凰教育出版社，2016年。

汤可可：《无锡商会史（1905—2015）》，中华工商联合出版社，2017年。

六、论文

蔡文森：《小学校运动会改良案》，《教育杂志》1910年第2卷第8期。

朱仲琴：《海属社会面面观》，《新青年》1921年第8卷第5号。

侯鸿鉴：《对于吾邑教育上之谰言》，《无锡杂志·考察教育号》1925年第7期

潘一尘：《中国乡村小学建设》，《地方教育》1929年第2期。

俞钰：《我的中国女子教育观》，《江苏教育》1934年3期。

何思眯：《清季江苏省学会运动之研究1895—1911》，台北政治大学未刊硕士论文，1985年。转引自徐梁伯，蒋顺兴：《江苏通史》，凤凰出版社，2012年。

董远骞：《近代教育家俞子夷与复式教学》，《课程·教材·教法》1989年第9期。

[日]高田幸男：《近代中国地域社会与地方教育会——无锡教育会的地位

及其演变》,载张宪文主编《民国研究》(第1辑),南京大学出版社,1994年。

[日]高田幸男:《近代中国区域社会和教育会——以无锡教育会员工构成分析为中心》,《骏台史学》1994年第91号。

邵雍:《大民会的来龙去脉》,《档案与史学》2003年第6期。

王兴亮:《清末江苏乡土志的编纂与乡土史地教育》,《历史教学》2003年第9期。

赵利栋:《新政、教育与地方社会的变迁——以1904年无锡毁学案为中心》,载《中国社会科学院近代史研究所青年学术论坛(2005年卷)》,社会科学文献出版社,2006年。

田正平:《清末毁学风潮与乡村教育早期现代化的受挫》,《教育研究》2007年第5期(总第328期)。

戴长征:《清末民初"单级教授练习所"研究》,《江苏教育学院学报(社会科学版)》2007年第3期。

陈敏:《论清末教育会学务活动空间的扩张——以江苏省教育会为例》,《教育评论》2008年第6期。

肖朗、杨卫明:《江苏教育总会与清末"单级教授"的导入和推广》,《华东师范大学学报(教育科学版)》2009年第4期。

赵晓阳:《20世纪上半叶中国妇女的启蒙与觉醒:以上海基督教女青年会女工夜校为对象》,《中华女子学院学报》2010年第3期。

王大明、张懿璇:《推士中国之行记略》,《西北大学学报(自然科学版)》2010年第5期。

杨卫明:《中国近代教育学会与政府之关系论略》,《福建师范大学学报(哲学社会科学版)》2014年第2期。

姜萌:《乡土意识与国家情怀:清末乡土史志书写的特点及其问题》,《史学月刊》2014年第5期。

周汉成:《解放前无锡教育行政机构的演变》,《无锡文史资料》第19辑,第120页。

后记

晚清到民国时期的无锡教育会,是近代中国创办最早、存续时间最长、发挥作用典型又独特的地方县域教育社团,不仅在教育界,而且在当时地方社会及更大的范围具有广泛的影响。它与无锡商会、无锡农会并称无锡地方的三大法团。但长期以来,对于无锡教育会,学界鲜有涉及,社会也极少提及,它被遗忘得差不多了,沉没于历史的深潭。

无锡教育会能列入本丛书,成为学术研究的对象,实要感谢储朝晖先生。他的慧眼,让这个社团有了再次进入公共视野的可能,使它的历史价值得以再现并启迪当下;我更有幸受邀参加由他主持的"中国现代教育社团史"研究课题,成为丛书中《无锡教育会史》一书的撰写者,与许多著名的学者共同探讨,研究这个极富意义的课题。这是对我个人的信任,更是对无锡教育会社团以及社团领袖蒋仲怀、顾倬、侯鸿鉴等人所作贡献的认同,也是对晚清到民国时期无锡教育发展成果的认可。

在接手本课题之际,我十分担心资料的留存情况,但进入收集过程,所见实况令我惊喜。无锡教育会历年编有多种会刊,如《无锡教育杂志》《无锡县教育会年刊》《教育季刊》《现代教育》等,还有部分会务报告,不少会员均刊印有个人诗文等专集,大多能找见;在无锡市图书馆保存有民国时期地方出版的50余份旧报,上面对教育会报道的详细程度令我难以忘怀,我花了约一年的时间,逐页翻阅了它们,翻拍了5万余张照片,获得了大量的活动报道资料;在无锡市档案馆,我也查阅到抗战胜利以后与该会活动相关的资料以及无锡解放之初该会终止活动的一些文书资料;不少学术数据库中亦有大量外围资料,内容十分丰富。它们呈现了无锡教育会完整的发展史,使我得以充分、细致地按照中国传统史书的编写体例,用通史的方式撰写它的全史。这是非常值得庆幸的事。在收集资料及撰写本书的过程中,虽然艰苦寂寞,但天天与百年前的教育人对话,感叹甚多。

从列入"中国现代教育社团史"丛书29个社团的情况来看,它们绝大多数为"国字头",如中华平民教育促进会、中国社会教育社、中华职业教育社、中华儿童教育社、全国教育会联合会等;少数是省级社团,如江苏教育会;而无锡教育会是其中唯一的一个县域社团,其典型意义不容置疑。无锡教育会是所有社团中存续时间最长的,而《无锡教育会史》这本著作又无意中成为该套丛书中篇幅最大的一本,以这样的面貌与其他全国、省级的社团并列,是无锡教育会的荣光,也让我感到欣慰。

更为重要的是,梳理了无锡教育会的发展历史,我深感这样的样本对当今和未来社会的启示意义。社会是由人组成的集合体,人们因各种因素会形成不同的类群,社团是其中的一种样态。它们存在的可能与否、存在价值的发挥与否,事关社会的聚合发展,实乃大事!

在本书编写过程中,得到了无锡市图书馆王进雄、朱刚、孟明锋、章虹,无锡市档案史志馆江剑萍,无锡博物院阎智海诸位老师的热情帮助;浙江大学田正平教授、首都师范大学石鸥教授、华东师范大学周勇教授、南京师范大学张新平教授、北京师范大学周慧梅教授,以及学友汤可可、郁有满、刘桂秋、汪春劼、于书娟、陆阳、徐仲武等也给予了专业的指导;无锡市教育学会高国强会长等获悉笔者编著本书,抱以最热情的鼓励与期待;储朝晖老师还第一时间通读了书稿,并提出了不少建设性的意见;西南大学出版社尹清强、王传佳编辑为本书的审读出版投入了巨大的精力。在此,一并表示衷心的感谢!

本书初稿完成于2016年,之后内容稍有修正,但总体变化不大,到正式付印出版已是七年以后了。幸运的是,其间未见有当初疏忽的重要资料的呈现,也未见有新的研究成果面世。希望本书的出版能让更多的人来关注和认识无锡教育会这个同志汇集的地方社团。更可期待的是,由本人编纂的《无锡教育会历史资料汇编》8册,也已由广陵书社承接,预计于2024年初正式出版。

钱江

2022年9月27日于滨湖区政协213办公室

丛书跋

2012年完成自己主编的2012年度国家出版基金资助项目"20世纪中国教育家画传"后,就策划启动新的研究项目,于是决定为曾在中国教育现代化过程中发挥巨大作用而又少有人知的教育社团写史,并在2013年3月拿出第一个包含8本书的编撰方案。当初怎么也没想到这一工作一再积累后延,几乎占用了我8年的主要时间,列入写作的社团一个个增加,参加写作的专家团队、支持者和志愿者不断扩大,最终汇成30本书和由50多位专家组成的团队,并在西南大学出版社鼎力支持下如愿以偿地获得2019年度国家出版基金资助。

1895年中日甲午海战中国战败后,中国社会受到强烈震动,有识之士勇敢地站出来组建各种教育社团,发展现代教育。1895年到1949年,在中国传统教育向现代教育转化、嬗变的过程中,产生了数以百计的教育社团。中华教育改进社等众多的民间教育社团在中国教育现代化进程中都曾发挥过重要的、甚至是无可替代的作用,到处留下了这些社团组织的深深印记,它们有的至今还在发挥着潜移默化的作用,它们是中国教育智库的先声。

但随着时间的推移,知道这段历史的人越来越少。教育社团组织与中国教育早期现代化既是一个有丰富内涵的历史课题,更是一个极具现实意义的实践课题。挑选"中国现代教育社团史"这一极为重大的选题,联合国内这一领域有专深研究的专家进行研究,系统编撰教育社团史,既是为了更好地存史,也是为了有效地资政,为当今及此后教育专业社团的建立、发展和教育改进与发展提供借鉴,为教育智库发展提供独具价值的参考,为解决当下中国教育管理问题提供借鉴，从而间接促进当下教育质量的提升和《中国教育现代化2035》目标的实现。简言之，为中国现代教育社团修史是一项十分有意义的工作。

在存史方面，抢救并如实地为这些社团写史显得十分必要、紧迫。依据修史的惯例，经过70多年的沉淀，人们已能依据事实较为客观地看待一些观点，为这些教育社团修史，恰逢其时；依据信息随时间衰减的规律，当下还有极少数人对70多年前的那段历史有较充分的知晓，错过这个时期，则知道的人越来越少，能准确保留的信息也会越来越少，为这些社团治史时不我待。因此，本套丛书担当着关键时段、恰当时机、以专业方式进行存史的重要责任。

在资政方面，为中国现代教育社团修史是一项十分有现实意义的工作。中国教育改革除了依靠政府，更需要更多的专业教育社团发展起来，建立良性的教育评价和管理体系，并在社会中发挥更大的作用。社团是一个社会中多种活力的凝结和显示，一个保存了多样性社团的社会才是组织性良好的社会，才是活力充足的社会。当时的各个教育社团定位于各自不同的职能，如专业咨询、管理、评价等，在社会和教育变革中以协同、博弈等方式发挥出巨大的作用。它们的建立和发展，既受到中国现代新式教育发展的制约，又影响了中国现代新式教育发展的进程。研究它们无疑会加深我们对那个时期中国新式教育发展过程中各种得失的宏观认识，有助于从宏观层面认识整个新式教育的得失，进而促进教育质量和品质的提升。现今的教育社团发展不是在一张白纸上画画，1900年后在中国产生的各种教育社团是它们的先声。为中国现代教育社团修史将会为当下及未来各个社团的建立发展和教育智库建设提供真实可信而又准确细致的历史镜鉴。

做好这项研究需要有独特的史识和对教育发展与改革实践的深刻洞察，本丛书充分运用主编及团队三十余年来从事历史、实地调查与教育改革实践研究的专业积累。在启动本研究之前，丛书主编就从事与教育社团相关的研究，又曾做过一定范围的资料查找，征集国内各地教育史专业工作者意见，依据当时各社团的重要性和历史影响，以及历史资料的可获取性，采用既选好合适的主题，又选好有较长时期专业研究的作者的"双选"程序，以保障研究的总体质量，使这套丛书不仅分量厚重,质量优秀,还有自己的特色。

本丛书的"现代"主要指社团具有的现代性,这样的界定与中国教育现代化进程相吻合。以历史和教育双重视角,对中华教育改进社等具有现代性的30余个教育社团的历史资料进行系统的查找、梳理和分析。对各社团发展的整体形态做全面的描述,在细节基础上构建完整面貌,对其中有歧义的观点依据史实客观论述,尽可能显示当时全国教育社团发展的原貌和全貌,也尽可能为当下教育社团与教育智库的建立和发展提供有益的历史镜鉴。

为此,我们明确了这套丛书的以下撰写要求:

全套丛书明确史是公器,是资料性著述的定位,严格遵循史的写作规范,以史料为依据,遵守求真、客观、公正、无偏见的原则,处理编撰中的各类问题。

力求实现四种境界:信,所写的内容是真实可靠的,保证资料来源的多样性;简,表述的方式是简明的,抓住关键和本质特征经过由博返约的多次反复,宁可少一字,不要多一字;实,记述的内容是有实际意义和价值的,主要体现为内容和文风两个方面,要求多写事实,少发议论,少写口号,少做判断,少用不恰当的形容词,让事实本身表达观点;雅,尽可能体现出艺术品位和教育特性,表现为所体现的精神、风骨之雅,也表现为结构的独具匠心,表达手法的多样和谐、图文并茂。

对内容选取的基本标准和具体要求如下:

(1)对社团的理念做准确、完整的表述,社团理念在其存续期有变化的要准确写出变化的节点,要通过史料说明该社团的活动是如何在其理念引导下开展的。

(2)完整地写出社团的产生、存续、发展过程,完整地陈述社团的组织结构、活动规模、活动方式、社会影响,准确完整地体现社团成员在社团中的作用、教育思想、教育实践,尽可能做到"横不缺项,纵不断线"。

(3)以史料为依据,实事求是,还原历史,避免主观。客观评价所写社团对社会和教育的贡献,不有意拔高,也不压低同时期其他教育社团。关键性的评价及所有叙述要有多方面的史料支撑,用词尽可能准确无歧义。

(4)凸显各单册所写社团的独特性,注意铺垫该社团所在时代的社会与教育背景,避免出现违背历史事实的表述。

(5)根据隔代修史的原则,只记述中华人民共和国成立之前的历史。对后期延续,以大事记、附录的方式处理,不急于做结论式的历史判定。

(6)各书之间不越界,例如江苏教育会与全国教育会联合会之间,江苏教育会与中华教育改进社之间,详略避让,避免重复。

写法要求为:立意写史,但又不写成干巴、抽象、概念化的历史,而是在掌握大量资料的基础上,全面、深刻理解所写社团的历史细节和深度,写出人物的个性和业绩,写出事件的情节和奥秘,尽可能写出有血有肉、有精气神的历史,增强可读性。写法上具体要求如下:

(1)在全面了解所写社团基础上,按照史的体例,设计好篇目、取舍资料、安排内容、确定写法。在整体准确把握的基础上,直叙历史,不写成专题或论文,语言平和,逻辑清晰。

(2)把社团史写得有教育性。主要通过记叙社团发展过程中的人和事展示其具有的教育功能;通过社团具有的专业性对现实的教育实践发生正向影响,力求在不影响科学性、准确性的前提下尽量写得通俗。

(3)能够收集到的各社团的活动图片尽可能都收集起来,用好可用的图,以文带图,图文互补,疏密均匀。图片尽可能用原始的、清晰的,图片说明文字(图题)应尽量简短;如遇特殊情况,例如在正文中未能充分展开的重要事件,可在图题下加叙述性文字做进一步介绍,作为一个独立的知识点。

(4)关键的史实、引文必须加注出处。

据统计,清末至民国时期教育社团或具有教育属性的社团有一百多个,但很多社团因活动时间不长、影响不大,或因资料不足等,难以写成一本史书。本丛书对曾建立的教育社团进行比较全面的梳理,从中精心选择一批存续时间长、影响显著、组织相对健全、在某一专业领域或某一地区具有代表性、典型性的教育社团进行深入研究,在此基础上做出尽可能符合当时历史原貌和全貌的整体设计,整体上能够充分完整地呈现所在时代教育社团的整体性和多样性特征,依据在中国教育现代化进程中所发挥的作用大小选择确定总体和各部分的研究内容,依据史实客观论述,准确保留历史信息。本丛书的基本框架为一项总体研究和若干项社团历史个案研究。以总体研究统领各个案研究,为个案研究确定原则、方法、背景和思路;个案研究为总体研究提供史实和论证依据,各个案研究要有全面性、系统性、真实性、准确性、权威性、实用性,尽量写出历史的原貌和全貌,以及其背后盘根错节的关系。

入选丛书的选题几经增减,最终完稿的共30册:

《中国现代教育社团发展史论》《中华教育改进社史》《中华平民教育促进会史》《生活教育社史》《中华职业教育社史》《江苏教育会史》《全国教育会联合会史》《中国教育学会史》《无锡教育会史》《中国社会教育社史》《中国民生教育学会史》《中国教育电影协会史》《中国科学社史》《通俗教育研究会史》《国家教育协会史》《中华图书馆协会史》《少年中国学会史》《中华儿童教育社史》《新安旅行团史》《留美中国学生联合会史》《中华学艺社史》《道德学社史》《中华教育文化基金会史》《中华基督教教育会史》《华法教育会史》《中华自然科学社史》《寰球中国学生会史》《华美协进社史》《中国数学会史》《澳门中华教育会史》。

本丛书力求还原并留存中国各现代教育社团的历史原貌和全貌,对当时各教育社团的发展历程、重要事件、关键人物进行系统考察,厘清各社团真实的运作情况,从而解决各社团历史上一些有争议的问题,为教育学和历史学相关领域的发展提供一定的帮助,拓展出新的领域,从而传承、传播教育先驱的精神,为当今教育改革和发展提供历史借鉴和智慧资源,为今后教育智库的发展提供有中国实践基础的历史参考,在拓展教育发展的历史文化空间上发挥其他著述不可替代的作用。在写作过程中严格遵守史的写作规范,以史料为依据,遵守求真、客观、公正、无偏见的原则,处理编撰中的各类问题。

这是一项填补学术空白的研究。这个研究领域在过去70多年仅有零星个别社团的研究,在史学研究领域对社团的研究较多,但对教育社团的研究严重不足;长期以来,在教育史研究领域没有对教育社团系统的研究;对民国教育的研究多集中于一些教育人物、制度,对曾发挥不可替代作用的教育社团的研究长期处于不被重视状态。因此,中国没有教育社团史的系列图书出版,只有与新安旅行团、中华职业教育社相关的专著,其他教育社团则无专门图书出版,只是在个别教育人物的传记等文献中出现某个教育社团的部分史实,浮光掠影,难以窥其全貌。但是教育社团对当时教育的发展发挥了倡导、引领、组织、管理、评价等多重功能,确实影响深远,系统研究中国现代教育社团是此前学术界所未有过的。该研究可以为洞察民国教育提供新的视角,在今后一段时期内具有标志性意义,发挥其他著述不可替代的作用。

这是一项高难度的创新研究。它需要从70多年历史沉淀中钩沉,需要在教育学和史学领域跨越,在教育历史与现实中穿梭,难度系数很高、角度比较独特,20多年前就有人因其难度高攻而未克。研究过程中我们将比较厚实的历史积累和对当下教育问题比较深入的洞见相结合,以史为据,以长期未能引起足够重视的教育社团为研究对象,梳理出每个社团的产生、发展、作用、地位。

这是一项促进教育品质提升的研究。中国当下众多教育问题都与管理和评价体制相关。因此,我们决定研究中国现代教育社团史,对中国教育现代化进程中发挥过重要作用的诸多教育社团的历史进行抢救性记述、研究,对中国教育体系形成的脉络进行详尽的梳理,记录百年中国教育现代化进程中教育社团所起的重大作用,体现教育现代化过程中的"中国智慧",为构建中国教育科学话语体系铺垫史料、理论基础,探明1898到1949年间教育社团在中国教育现代化发展中的作用,为改善中国教育提供组织性资源。

这是一项未能引起足够重视的公益性研究。本研究旨在还原并留存各教育社团的历史原貌和全貌,传承、传播教育先驱的精神,为当今教育改革和发展提供历史借鉴和智慧资源,拓展教育发展的历史文化空间,需要比较厚实的历史积累和对当下教育问题比较深入的洞见。本研究长期处于不被重视状态,但是其对教育的发展确实影响深远,需要研究的参与者具有对历史和现实的使命感。

这个研究项目在设计、论证和实施过程中得到业内专家的大力支持、高度关注和评价。中国教育学会教育史分会原会长田正平先生热心为丛书写了推荐信,又拨冗写了总序,认为:"说到底,这是当代中国教育改革的需要和呼唤。

教育是中华民族振兴的根基和依托,改革和发展中国教育,让中国教育努力赶上世界先进水平,既是中央政府和各级政府义不容辞的职责,也必须依靠广大教育工作者的自觉参与和担当。从这个意义上讲,中国近代教育会社团体与中国教育早期现代化研究,既是一个有丰富内涵的历史课题,更是一个极具现实意义的重大问题。"中国现代教育社团史的课题,"从近代以来数十上百个教育社团中精心选择一批有代表性、典型性、产生过重大影响的教育社团,列为专题,分头进行了深入的研究。我相信,读者诸君在阅读这些成果后所收获的不仅仅是对教育社团的深入理解和崇高敬意,也可能从中引发出一些关于当代中国教育改革的更深层次的思考"。

北京师范大学教育学部原部长、清华大学教育学院院长石中英教授在推荐中道:"对那些历史上有重要影响的教育社团进行研究,既具有非常重要的学术价值,也具有非常强烈的现实意义。""当前,我国改革开放正在逐步地深入和扩大,激发社会组织活力,在整个社会治理体系建设中具有重要作用。现代教育治理体系的建设,也迫切需要发挥专业的教育社团的积极作用。在这个大背景下,依据可靠的历史资料,回溯和评价历史上著名教育社团的产生、发展、组织方式和活动方式等,具有现实意义和社会价值。""总的来说,这个项目设计视角独特,基础良好,具有较高的学术价值、实践价值和出版价值。"

1990年代,中央教育科学研究所张兰馨等多位前辈学者就意识到这一选题的重要性,曾试图做这一研究并组织编撰工作,终因撰写团队难以组建、资料难以查找搜集等各种条件限制而未完成。当我们拜访80多岁的张兰馨先生时,他很高兴地拿出了当年复印收藏的一些资料,还答应将当年他请周谷城先生题写的书名给我们使用,既显示这一研究实现了学者们近30年未竟的愿望,也使这套书更具历史文化内涵。

西南大学出版社是全国百佳图书出版单位、国家一级出版社、全国先进出版单位,承担了多项国家重大文化出版工程项目、国家出版基金资助项目、重庆市出版专项资金资助项目,具有丰富的国家、省市重点项目出版与管理经验。该社出版的多项国家级项目受到各级主管部门、学界、业内的一致好评。西南大学的学术优势为本书的出版提供了学术支撑。

　　本项目30余位作者奉献太多。他们分别来自中国人民大学、北京师范大学、华东师范大学、中山大学、首都师范大学、浙江师范大学等多所高校和研究机构,他们长期从事相关领域的研究,具有极强的学术责任感,具备了较好的专业基础,研究成果丰硕,有丰富的写作经验。在没有启动经费的情况下,他们以社会效益为主,把这项研究既当成一项工作任务,又当成一项对精湛技术、高雅艺术和完美人生的追求,以高度的历史使命感和现实的使命感投入研究,确保研究过程和成果具有较高的严谨性。他们旨在记录中国教育现代化过程中教育社团所起的重大作用,体现教育现代化过程中的"中国智慧",写出理论观点正确、资料翔实准确、体例完备、文风朴实、语言流畅,具有资料性、科学性、思想性,经得起历史检验的,有灵魂、有生命、能传神的现代教育社团史。

　　这套丛书邀约的审读委员主要为该领域的专家,他们大多在主题确定环节就参与讨论,提供资料线索,审读环节严格把关,有效提高了丛书的品质。

　　本人为负起丛书主编职责,采用选题与作者"双选"机制确定了撰写社团和作者,实行严格的丛书主编定稿制,每本书都经过作者拟提纲—主编提修改意见—确定提纲—作者提交初稿—主编审阅,提出修改意见—作者修改—定稿的过程,有些书稿从初稿到定稿经过了七到八次的修改,这些措施有效地保障了这套丛书的编撰质量。尽管做了这些努力,仍难免有错,敬希各位不吝赐正。

　　十分感谢国家出版基金资助。本丛书有重大的出版价值,投入也巨大,但市场相对狭窄。前期在项目论证、项目启动、资料收集、组织编写书稿中投入了大量的人力、物力。多位教育专家和史学专家经过八年的努力,收集了大量的资料,研究的深度和广度都大大超出此前这一领域的研究。各位作者收集了大量的历史资料,走访了全国各大图书馆、资料室,完成了约一千万字、数百幅图片的巨著。前期的资料收集、研讨成本甚高,而使用该书的主要为教育研究者、教育社团和教育行政人员。即便丛书主编与作者是国内教育学、教育史学领域的权威专家,即便丛书经过精心整理、撰写而成,出版后全国各地图书馆、研究院所会有一定的购买,有一定的经济效益,但因发行总数量有限,很难通过少量的销售收入实现对大量经费投入的弥补,国家出版基金资助是保障该套丛书顺利出版的关键。

教育在实现中华民族伟大复兴中发挥着不可替代的作用。完整、准确、精细地回顾过去方能高瞻远瞩而又脚踏实地地展望未来,将优秀传统充分挖掘展现、利用方能有效创造未来,开创教育发展新时代。在中国教育现代化进程中众多现代教育社团是促进者。中国人坚定的自信是建立在5000多年文明传承基础上的文化自信。中国现代教育社团的发起者心怀中华,在中华民族处于危亡之际奔走呼号,立足弘扬中华优秀文化传统提倡革新。本丛书深层次反映了当时中国仁人志士组织起来,试图以教育救国的真实面貌,其中涉及几乎全部的教育界知名人物,对当年历史的还原有利于挖掘中华优秀传统文化的强大生命力和在民族危亡关头的强大凝聚力,弘扬中华优秀传统文化,为构建中华优秀传统文化传承发展体系添砖加瓦。研究这段历史,对于推动中华优秀传统文化创造性转化、创新性发展,对于促进教育智库建设,发展中国教育事业,发挥教育在促进中华民族伟大复兴中的作用具有重要意义。

愿我们所有人为此的努力在中国教育现代化进程中生根、发芽、开花、结果。